Anja Seiffert und Julius Heß

Leben nach Afghanistan

Anja Seiffert und Julius Heß

Leben nach Afghanistan

Die Soldaten und Veteranen der Generation Einsatz der Bundeswehr

Ergebnisse der sozialwissenschaftlichen Langzeitbegleitung des 22. Kontingents ISAF

ZMSBw • Potsdam 2020

Umschlagabbildung: Soldaten der Bundeswehr im Feldlager in Kunduz in Afghanistan. Das Feldlager wurde am 6. Oktober 2013 offiziell an die Afghanen übergeben. Das sei „eine Zäsur“, sagte der damalige Bundesverteidigungsminister Thomas de Maizière bei der Übergabe in Kunduz. Hier sei der Ort, „an dem die Bundeswehr zum ersten Mal gekämpft hat, lernen musste, zu kämpfen“, so de Maizière weiter.
Foto: picture alliance/Michael Kappeler

Die Buchausgabe basiert auf dem Forschungsbericht 119: Leben nach Afghanistan.
PDF-Download kostenlos abrufbar unter www.zmsbw.de

Bibliografische Information der Deutschen Nationalbibliothek
Die Deutsche Nationalbibliothek verzeichnet diese Publikation in der Deutschen Nationalbibliografie; detaillierte bibliografische Daten sind im Internet über www.dnb.de abrufbar.

Redaktion: ZMSBw, Fachbereich Publikationen (0845-01)
Koordination, Lektorat, Bildrechte: Esther Geiger
Satz: Carola Klinke

ISBN 978-3-9415-71-38-9

Inhaltsverzeichnis

Vorwort

Seit bald zwei Jahrzehnten ist Deutschland in Afghanistan engagiert. Kein Einsatz hat die deutsche Politik und die Streitkräfte mehr gefordert. Bundeswehrsoldaten haben sich in Afghanistan im Gefecht bewährt. Sie mussten lernen mit Tod, Verwundung und körperlicher wie psychischer Versehrtheit umzugehen. Das Karfreitagsgefecht bei Kunduz steht beispielhaft für diese Entwicklung. Am 2. April 2020 jährte sich das Gefecht zum zehnten Mal. An diesem Tag waren deutsche Soldaten zum ersten Mal in der Geschichte der Bundeswehr an längeren Kampfhandlungen beteiligt. Die traurige Bilanz: Drei deutsche Soldaten sind gefallen und acht zum Teil schwer verwundet worden. Dieses und andere Ereignisse des Afghanistan-Einsatzes haben die Bundeswehr und mithin das Bild über die Auslandseinsätze in der deutschen Bevölkerung geprägt.

Bis zu diesem Zeitpunkt war dic Meinung weit verbreitet, die Bundeswehr sichere in Afghanistan den Wiederaufbau ab und sorge durch ihre bloße Anwesenheit für Sicherheit. Das änderte sich durch das Karfreitagsgefecht. Die deutsche Öffentlichkeit wurde sich der besonderen Herausforderungen eines militärischen Auslandseinsatzes bewusst, mit der Folge, dass die Akzeptanz des Einsatzes in der deutschen Bevölkerung abnahm.

Der Kampfeinsatz endete 2014 mit der Übergabe der Sicherheitsverantwortung an die afghanische Seite. Gegenwärtig sind deutsche Soldatinnen und Soldaten noch für Ausbildung und Beratung der afghanischen Streitkräfte im Land. Wie es in Afghanistan weitergeht, ist angesichts stockender Verhandlungen der US-Regierung mit Taliban-Vertretern über die Bedingungen für einen Abzug von US-Truppen längst nicht entschieden. Diese politischen Verhandlungen erfolgen vor dem Hintergrund einer sich seit dem Abzug der ISAF-Truppen permanent verschlechternden Sicherheitslage, aber auch eines wachsenden Desinteresses in der deutschen Öffentlichkeit. Die Ausgestaltung dieses Prozesses dürfte nicht nur die Zukunft Afghanistans, sondern auch die politische Entscheidung über das künftige Engagement Deutschlands am Hindukusch stark bestimmen.

Es ist dieser besondere politische und militärische Kontext des Afghanistan-Einsatzes, der das Zentrum für Militärgeschichte und Sozialwissenschaften der Bundeswehr (ZMSBw) bewogen hat, seinen Forschungsbericht „Leben nach Afghanistan – Die Soldaten und Veteranen der Generation Einsatz der Bundeswehr“ als eigenständige Monografie für eine breitere Leserschaft herauszugeben. Das ZMSBw betritt mit dieser Studie Forschungsneuland: Erstmals werden für die Bundeswehr am Beispiel des 2010 in Afghanistan eingesetzten 22. Kontingents ISAF die Langzeitfolgen der schärfsten Seite des

Soldatenberufes für Soldatinnen und Soldaten untersucht. Das ZMSBw trägt damit zur viel geforderten Aufarbeitung des Afghanistan-Einsatzes der Bundeswehr bei.

Einsätze wie in Afghanistan werden Deutschland und die Bundeswehr auf absehbare Zeit weiter fordern. Wissenschaftliche Erkenntnisse sollten neben politischen und militärischen Erfahrungen aus dem Einsatz zur Analyse und kritischen Reflexion – gerade auch mit Blick auf die Gestaltung des deutschen Beitrags in den kommenden Jahren – und als Vorbereitung für künftige Einsätze genutzt werden. Denn die politische und öffentliche Diskussion über das deutsche Engagement in Afghanistan wird trotz aller Ungewissheiten über den Fortgang des Einsatzes weitergehen: Nicht nur die außen- und sicherheitspolitischen Ziele und Interessen Deutschlands, sondern auch die Bilanz von Auslandseinsätzen, das Schicksal von Gefallenen, Verwundeten und Versehrten, der Umgang staatlicher und gesellschaftlicher Institutionen mit Einsatzrückkehrern und ihren Familien, die ethischen Grundlagen soldatischen Handelns im Kampfeinsatz werden diskutiert werden. Auseinandergesetzt werden muss sich auch mit der Frage, wie Auslandseinsätze deutsche Politik, Bundeswehr und Gesellschaft verändert haben.

Die Debatte wird komplex bleiben und kann auch nicht verengt werden. Denn es gilt – das wird beim Lesen dieser Studie sehr deutlich –, die Unterstützung der Bevölkerung für einen Auslandseinsatz immer wieder neu zu gewinnen, um einen gesellschaftlichen Rückhalt zu gewährleisten, auf den die Soldatinnen und Soldaten der Bundeswehr in den oft lebensgefährlichen Einsätzen zu Recht einen Anspruch haben. Dies setzt aber nicht nur eine Bilanzierung des bisherigen Engagements voraus. Von großer Bedeutung ist auch eine ehrliche, transparente und glaubwürdige öffentliche Kommunikation darüber, wie Deutschland und seine Partner einen substanziellen Friedensprozess in Afghanistan verlässlich unterstützen können, der dem Land die Möglichkeit auf eine friedlichere Zukunft eröffnet und so auch der Forderung vieler Afghanistanveteranen nach einer nachhaltigen Wirkung ihres Einsatzes Rechnung trägt.

Das Zentrum für Militärgeschichte und Sozialwissenschaften der Bundeswehr ist mit seinen Veröffentlichungen immer auch Teil der öffentlichen Diskussion über die Bundeswehr. In den vergangenen Jahren sind zahlreiche einschlägige Publikationen von sicherheitspolitischen Experten, Journalisten und Soldaten zum Afghanistan-Einsatz veröffentlicht worden. Weil er eine herausgehobene Bedeutung für die Bundeswehr hat, ist eine sozialwissenschaftliche Studie für eine informierte öffentliche und wissenschaftliche Diskussion umso wichtiger. Im Zentrum stehen dabei die Auswirkungen, die dieser bislang riskanteste Einsatz für die beteiligten Soldatinnen und Soldaten persönlich, aber auch für ihre Familien und die Bundeswehr hat. In diesem Sinne wünsche ich dem Buch eine große Verbreitung in der Wissenschaft und Öffentlichkeit und verbinde damit die Hoffnung, dass es zu einem differenzierteren Blick auf den Afghanistan-Einsatz und auf die Auslandseinsätze der Bundeswehr insgesamt beiträgt.

Dieses Buch ist den Gefallenen des 22. Kontingents gewidmet:

Hauptgefreiter Martin Kadir Augustyniak († 2. April 2010, Isa Khel, westlich von Kunduz)
Oberstabsarzt Dr. Thomas Broer († 15. April 2010, nördlich von Baghlan)
Hauptfeldwebel Nils Bruns († 2. April 2010, Isa Khel, westlich von Kunduz)
Hauptfeldwebel Marius Josef Dubnicki († 15. April 2010, nördlich von Baghlan)
Stabsgefreiter Robert Hartert († 2. April 2010, Isa Khel, westlich von Kunduz)
Stabsunteroffizier Josef Otto Kronawitter († 15. April 2010, nördlich von Baghlan)
Major Jörn Radloff († 15. April 2010, nördlich von Baghlan)

Abschließend danke ich den beiden Autoren, Dr. Anja Seiffert und Dr. Julius Heß, die sich im wahrsten Sinne des Wortes ‚Kärrnerarbeit' zugemutet haben. Auch den Soldatinnen und Soldaten des 22. Kontingents ISAF sei an dieser Stelle ausdrücklich dafür gedankt, dass sie über ihre oft schwerwiegenden Erlebnisse für diese Studie offen und bereitwillig gesprochen haben, ebenso wie dem Fachbereich Publikationen, der den Band bis zur Drucklegung wie immer umsichtig betreut hat.

Dr. Jörg Hillmann

Kapitän zur See und Kommandeur des Zentrums für
Militärgeschichte und Sozialwissenschaften der Bundeswehr

Geleitwort

Liebe Leserinnen und Leser,

mit dem Forschungsbericht *Leben nach Afghanistan – Die Soldaten und Veteranen der Generation Einsatz der Bundeswehr* liegen Ihnen die Ergebnisse einer wohl europa- und wahrscheinlich auch weltweit einzigartigen Studie vor. Sie stellt den Abschluss der Langzeitbegleitung der Soldatinnen und Soldaten des 22. deutschen Kontingents ISAF dar, das sich überwiegend von März bis Oktober 2010 im Rahmen der International Security Assistance Force (ISAF) im Einsatz in Afghanistan befand. Im Fokus des Berichts stehen die Fragen, was dieser Einsatz mit den dort stationierten Soldatinnen und Soldaten gemacht hat, wie er ihr Leben und ihre Einstellungen verändert und wie er sich auf ihren Dienst und ihre Familien, Freunde und Angehörige, also unsere Gesellschaft, ausgewirkt hat bzw. noch auswirkt. Die im Einsatz gewonnenen Erfahrungen prägen die Menschen oft auch dann noch, wenn in der Politik längst anderes auf der Tagesordnung steht. Daher sollte der Forschungsbericht nicht nur sehr sorgfältig von Soldatinnen und Soldaten aller Dienstgrade, sondern insbesondere auch von den Abgeordneten des Deutschen Bundestages, den Repräsentanten unseres Souveräns, den Staatsbürgern, gelesen werden. Sie sind diejenigen, die unsere Soldatinnen und Soldaten im Auftrag des Souveräns in Auslandseinsätze entsenden. Damit übernehmen sie die Verantwortung über Leben und Tod, darüber hinaus auch Fürsorgepflichten, die sich während und nach dem Einsatz durch dessen Folgen ergeben.

Es sollte die Abgeordneten aufhorchen lassen, dass nur jeder Zehnte Befragte die erfahrene Anerkennung durch Politik und Bevölkerung für angemessen hält. Die Soldatinnen und Soldaten fordern dieser Studie nach mehr Wertschätzung. Dies ist eigentlich ein sehr positiver Befund, denn er verdeutlicht: Unsere Soldatinnen und Soldaten scheinen sich als Auftragnehmer der Politik und der Bevölkerung, als Repräsentanten eines demokratischen Staates zu sehen – und eben bewusst nicht als Söldner, die vornehmlich für Geld in den Einsatz ziehen.

Eine weitere Erkenntnis der Untersuchung ist, dass der Großteil der Soldatinnen und Soldaten den Einsatz gut verarbeitet, sogar positiv ins eigene Selbstbild integriert hat. Dies ist sicherlich eine überraschende Erkenntnis, denn das 22. Kontingent hat 2010 ein überaus hartes Jahr in Afghanistan erlebt, mit über 120 Feindkontakten, mit einschneidenden Erlebnissen von Tod, Gewalt und Verwundung.

Dennoch haben die Soldatinnen und Soldaten ihre Erfahrungen vor allem dank der stabilen Bindungen zu ihren Kameradinnen und Kameraden und zu ihren Familien überwiegend gut verarbeitet. Auch der Anteil der seelisch Verwundeten fällt insgesamt deutlich geringer aus als oft vermutet. Dies ist allerdings kein Grund zur Entwarnung: Die Ressourcen für die Versorgung von Einsatzverwundeten und/oder Einsatzversehrten sind größer geworden, aber insgesamt noch immer nicht ausreichend.

Nicht verwunderlich ist, dass die politische Bilanz des Afghanistan-Einsatzes aus Sicht der Soldatinnen und Soldaten gemischt ausfällt. Dies kann ich durchaus nachvollziehen und im Grundsatz auch teilen. Wir wissen, dass 2014, als der ISAF-Kampfeinsatz beendet und in die Ausbildungsmission „Resolute Support" überführt wurde, eine gewisse Stabilisierung der Lage in Afghanistan eingetreten war. Allerdings hätten wir wissen können, dass die afghanischen Sicherheitskräfte dann doch noch nicht durchhaltefähig genug waren, um die Lage selbst nachhaltig unter Kontrolle halten zu können, zumal Defizite, sei es bei Logistik, Führung oder Unterstützung, bekannt waren. Die jährliche Erhöhung des Gewaltniveaus nach 2014, die gestiegene Zahl der Anschläge, der zivilen Opfer, der gefallenen afghanischen Soldaten und Polizisten in erschreckendem Ausmaß wurden von den Soldatinnen und Soldaten wahrgenommen. Sie stellten die Frage nach der Wirksamkeit und damit nach der Sinnhaftigkeit des Einsatzes. Fragen, die durch die militärische Führung und insbesondere durch die Politik zu beantworten sein werden. Auch das ist übrigens Maßgabe der Inneren Führung.

Ich bin dankbar, dass ich dieses wertvolle Forschungsunternehmen als Befehlshaber des Einsatzführungskommandos der Bundeswehr über mehrere Jahre trotz damals durchaus skeptischer Stimmen aus dem Ministerium, aber auch aus dem eigenen Kommando, aktiv begleiten und unterstützen durfte. Darüber hinaus bin ich felsenfest davon überzeugt, dass wir alle Einsätze nicht nur auswerten, sondern wenn möglich auch sozialwissenschaftlich begleiten sollten, um Erkenntnisse darüber zu gewinnen, wie wir die Bildung, Ausbildung und Führung innerhalb der Bundeswehr selbst, aber auch die Kommunikation zwischen Bundeswehr, Politik und Gesellschaft besser und effektiver gestalten können.

Ferner bin ich davon überzeugt, dass es sehr wertvoll sein könnte, den derzeit gefährlichsten Einsatz der Bundeswehr neben Afghanistan, den in Mali, in ähnlicher Form zu begleiten. Denn dort arbeiten wir in einer anderen Form von Multinationalität, nicht in einem Nato-Umfeld, sondern mit der Operation MINUSMA im Rahmen der Vereinten Nationen. Auch das Einsatzumfeld ist in Sachen paralleler Missionen, Geografie, Topografie, ethnischer Gruppierungen und Formen der Gewaltanwendung zum Teil zwar ähnlich, aber im Detail und in der Ausdifferenzierung doch wieder ganz anders als in Afghanistan. Gerade Erfahrungen aus dieser anderen Art der Multinationalität könnten aus meiner Sicht bei einer weiteren militärischen Integration in Europa sehr hilfreich sein.

Abschließend gilt dem Forscherteam ein ganz besonderer Dank für diese wertvolle Studie, die mit großem Engagement, sozusagen „hands on“ und auch unter Einschluss erfolgreicher Feldforschung in Afghanistan erstellt wurde.

Potsdam, im Mai 2019

Rainer L. Glatz
Generalleutnant a.D.

Kurzfassung

Die vorliegende Studie *Leben nach Afghanistan – Die Soldaten und Veteranen der Generation Einsatz der Bundeswehr* stellt den Abschluss der vom Bundesministerium der Verteidigung (BMVg) am 15. Oktober 2012 beauftragten Langzeitbegleitung der Soldatinnen und Soldaten des 22. Kontingents ISAF dar, die sich überwiegend von März bis Oktober 2010 im Rahmen der International Security Assistance Force (ISAF) im Einsatz in Afghanistan befanden. Der Fokus liegt auf längerfristigen Folgen und Wirkungen des Einsatzes. Die Angehörigen dieses Kontingents wurden im Rahmen der bisher ersten soziologischen Langzeituntersuchung zu (Einsatz-)Soldaten und Veteranen der Bundeswehr über einen Zeitraum von mehreren Jahren vom Zentrum für Militärgeschichte und Sozialwissenschaften der Bundeswehr (ZMSBw, vormals Sozialwissenschaftliches Institut der Bundeswehr) sozialwissenschaftlich begleitet und mehrfach mit unterschiedlichen Methoden befragt: wenige Wochen vor dem Einsatz, während des Einsatzes in Afghanistan, wenige Wochen nach der Rückkehr und dann nochmals knapp drei Jahre später. Hierdurch sollen Erkenntnisse zu andauernden Veränderungen gewonnen werden. Die Untersuchung basiert auf einem komplexen Mixed-Methods-Design, das quantitative Fragebogenerhebung zu verschiedenen Zeitpunkten sowie qualitative Methoden, vor allem Interviews, Gruppendiskussionen und teilnehmende Beobachtung beinhaltet. Das schließt Feldforschungen im Einsatz in Afghanistan mit ein.

In der vorliegenden Studie werden Befunde aus verschiedenen Befragungen zusammengeführt. Hierfür werden ausgewählte Ergebnisse aus vorangegangenen Befragungen des 22. Kontingents ISAF aus den Jahren 2010 und 2011 wieder aufgegriffen und diese durch die Befunde der Wiederholungsbefragung desselben Kontingents aus dem Jahr 2013 fundiert. Zudem werden Vergleichsdaten aus Bundeswehr- und Bevölkerungsbefragungen des ZMSBw herangezogen.

Für die Wiederholungsbefragung wurden die fast drei Jahre nach dem Einsatz noch im aktiven Dienst befindlichen Soldatinnen und Soldaten des 22. Kontingents ISAF, in dieser Studie als (Einsatz-)Soldaten bezeichnet, sowie die inzwischen aus der Bundeswehr ausgeschiedenen Angehörigen desselben Kontingents, in dieser Studie als (Einsatz-)Veteranen bezeichnet, in zwei getrennten Wellen per Fragebogen befragt (Dezember 2012 bis März 2013 sowie Juni bis Oktober 2013). In der Summe liegen 1 103 Datensätze vor (Rücklaufquote 21 %). Der Datensatz wurde nach Dienstgradgruppen gewichtet; er ist repräsentativ für das gesamte 22. Kontingent ISAF. Zusätzlich wurden in den Jahren nach der Rückkehr aus dem Einsatz zahlreiche Gespräche und Interviews mit Kontingentangehörigen geführt. Diese Erkenntnisse fließen als Interpretationskontext für die quantitativen Befunde in die Studie mit ein. Somit können erstmals Folgen und Wirkungen von Einsatzerfahrungen auf das Leben von (Einsatz-)Soldaten und Veteranen der Bundeswehr über einen Zeitraum von mehreren Jahren untersucht werden. Im Folgenden werden die Ergebnisse der Studie zusammengefasst.

Einsatzkontext

Die Angehörigen des 22. Kontingents ISAF hatten es 2010 in Afghanistan mit einem hochkomplexen Einsatzumfeld zu tun, in dem ihre Aufgaben zwischen Kampfsituationen, Stabilisierungs- und Ausbildungsaufgaben changierten. Das Jahr war zudem das gewaltintensivste für die Bundeswehr in Afghanistan. Im 22. Kontingent ISAF sind sieben deutsche Soldaten gefallen und 28 wurden im Einsatz teilweise schwer verwundet.

Im Einsatzzeitraum des Kontingents wurde die Counterinsurgency-Strategie (COIN) von ISAF im deutschen Verantwortungsbereich im Norden Afghanistans sukzessive umgesetzt. Das deutsche Einsatzkontingent wurde dafür reorganisiert und die Operationsweise an die veränderte Einsatzstrategie angepasst. So wurde die deutsche Quick Reaction Force (QRF) im Laufe des Einsatzes in die neu aufgestellten Ausbildungs- und Schutzbataillone (Task Forces) integriert. Sie sollten im Verbund mit ISAF-Truppen und afghanischen Einheiten (‚Partnering') eine stärkere Präsenz in der Fläche gewährleisten, um einerseits offensiv gegen Aufständische vorzugehen und Gebiete zurückzugewinnen sowie diese andererseits dauerhaft unter Kontrolle der afghanischen Regierung zu stellen. Hierfür wurde erstmals seit Beginn der Auslandseinsätze ein Gefechtsverband der Bundeswehr geschlossen und dauerhaft über mehrere Monate außerhalb militärischer Einsatzliegenschaften eingesetzt. Besonders im Raum Kunduz und Baghlan wurden die dort eingesetzten Einheiten mit asymmetrischen Gefechtssituationen und umfassenden Angriffen von Aufständischen konfrontiert. Das Einsatzumfeld aber war komplexer. Die Angehörigen des Kontingents hatten es mit einer Gemengelage ganz unterschiedlicher Konfliktkonstellationen mit differierendem Gewaltniveau zu tun, auf das sie entsprechend abgestuft reagieren mussten. Das setzte bei ihnen ein breites und multifunktionales Profil voraus. Sie mussten in der Friedenssicherung ebenso kompetent sein wie im Gefecht.

Gewalterfahrungen im Einsatz

Die Angehörigen des 22. Kontingents ISAF blicken am Ende des Einsatzes auf schwerwiegende Erlebnisse mit direkter und indirekter Gewalt zurück. Die Erfahrungen mit Beschuss und Gefechten, Tod und Verwundung prägen den Horizont dieses Kontingents. Dennoch war nicht jeder Angehörige des Kontingents in gleicher Art und Weise von dieser Gewalt betroffen. Der Einsatz differenzierte sich für sie in Form eines Patchworks unterschiedlicher Erfahrungswelten, je nachdem wo sie in Afghanistan eingesetzt waren und welche Aufgabe sie dort übernommen hatten.

Viele (Einsatz-)Soldaten und Veteranen des 22. Kontingents ISAF zählen zu den besonders Einsatzerfahrenen der Bundeswehr. Dennoch verfügten die wenigsten von ihnen vor dem Einsatz 2010 in Afghanistan über Kampferfahrungen. In diesem Einsatz wurden sie in erheblichem Maße mit direkter und indirekter Gewalt konfrontiert: Mehr als die Hälfte (53 %) des Kontingents berichtet, feindlichen Beschuss erlebt zu haben. Fast ebenso viele geben an, mit dem Tod (44 %) oder der Verwundung (50 %) von Kameraden konfrontiert gewesen zu sein. Etwa ein Viertel (28 %) hat nach eigenen Angaben in Gefechten gegen Aufständische gekämpft. Diese Gewalterfahrungen sind jedoch ungleich über das Kontingent verteilt. Jeder Zweite (52 %), der in Kunduz eingesetzt war, und mehr als zwei Drittel (72 %) derjenigen, die frei in der Fläche disloziert waren, sagen, an Gefechten gegen Aufständische beteiligt gewesen zu sein. Dies gilt hingegen nur für 8 Prozent aus Mazar-e-Sharif und für 6 Prozent aus Kabul. Besonders hohe Einsatzrisiken haben Ausbildungs- und Schutzkräfte des Kontingents getragen. Jeder Zweite von ihnen (56 %) hat nach eigenen Angaben in Kampfhandlungen gegen Aufständische gestanden. Für Befragte mit Planungs- und Führungs- oder Unterstützungsaufgaben im Einsatz trifft dies hingegen wesentlich seltener zu (zwischen 7 % und 10 %). Darüber hinaus waren Mannschaften überproportional in Gefechten involviert (50 % der Mannschaften gegenüber 10 % der Stabsoffiziere), wie auch Jüngere (55 % der unter 26-Jährigen gegenüber 10 % der über 40-Jährigen) und Veteranen (35 % gegenüber 24 % unter Soldaten).

Interkulturelle Einsatzerfahrungen

Der Erfahrungshorizont des 22. Kontingents ISAF ist nicht nur durch Gefechtserlebnisse geprägt. Die Soldaten und Veteranen dieses Kontingents verfügen zudem über breite interkulturelle und multinationale Einsatzerfahrungen. Diese Aspekte zusammen reflektieren die Komplexität des damaligen Afghanistaneinsatzes.

Für viele Kontingentangehörige waren interkulturelle Überschneidungssituationen und multinationale Zusammenarbeit gelebte Normalität im Afghanistaneinsatz. Etwa zwei

Drittel (69 %) des Kontingents hatte regelmäßig (d.h. täglich oder wöchentlich) mit Kameraden anderer Nationen im Einsatz zu tun. Die multinationale Zusammenarbeit im Einsatz wird von vielen Befragten dabei positiv gesehen. Zwei Drittel (66 %) geben an, dass sie sich im Einsatz auf Angehörige anderer ISAF-Nationen genauso verlassen konnten wie auf eigene Kameraden der Bundeswehr. Mehr als die Hälfte des Kontingents hatte zudem regelmäßige (d.h. tägliche oder wöchentliche) Kontakte sowohl zur afghanischen Bevölkerung (56 %) als auch zu afghanischen Sicherheitskräften (52 %). Nur ein knappes Viertel (22 %) des Kontingents hatte im Laufe des Einsatzes keinerlei Kontakt zur Bevölkerung. Die positiven Erfahrungen (48 %) im Umgang mit der Bevölkerung übersteigen dabei bei Weitem die negativen (18 %). Differenzierter wird die Zusammenarbeit mit afghanischen Sicherheitskräften eingeschätzt. Fast die Hälfte (44 %) des Kontingents kommt drei Jahre später zu einem gemischten Urteil. Weitere 19 Prozent bewerten die Kooperation positiv und 38 Prozent negativ. Zu verbalen oder gewaltsamen Auseinandersetzungen mit afghanischen Partnern kam es dennoch offenbar selten (7–5 % sagen, dass es hierzu manchmal kam).

Generation Einsatz der Bundeswehr und das 22. Kontingent ISAF

Die Soldaten und Veteranen des 22. Kontingents ISAF sind typische Vertreter der Generation Einsatz der Bundeswehr. Sie zählen zu den besonders Einsatzerfahrenen der Bundeswehr. Im Durchschnitt haben sie an drei Auslandseinsätzen der Bundeswehr teilgenommen.

Die Soldaten und Veteranen des 22. Kontingents ISAF weisen im Vergleich zur Bundeswehr insgesamt (nur militärischer Anteil) eine weit überdurchschnittliche Einsatzerfahrung auf. Während nur 39 Prozent sämtlicher Soldatinnen und Soldaten, die 2012 ihren Dienst in der Bundeswehr versahen, überhaupt an einem Auslandseinsatz mit mehr als 30 Tagen teilgenommen haben (ca. 31 % von diesen waren in ein bis drei Einsätzen und ca. 8 % in vier oder mehr Einsätzen), waren 69 Prozent der Angehörigen des 22. Kontingents ISAF neben ihrem Einsatz in Afghanistan 2010 in mindestens einem weiteren Auslandseinsatz (50 % von ihnen waren in ein bis drei zusätzlichen Einsätzen und 19 % in vier oder mehr zusätzlichen Einsätzen) eingesetzt. Zur einsatzerfahrenen Generation der Bundeswehr zählen dabei überdurchschnittlich viele Berufssoldaten, Männer, Feldwebel sowie in den 1970er- bis frühen 1980er-Jahren Geborene. Das sind genau jene Soldatengruppen, die im 22. Kontingent ISAF überrepräsentiert waren.

Lebenslagen von (Einsatz-)Soldaten und Veteranen

Die Mehrzahl der Kontingentangehörigen ist auch noch drei Jahre nach der Rückkehr aus dem Afghanistaneinsatz im aktiven Dienst bei der Bundeswehr. Fast jeder Dritte des Kontingents ist dagegen seit Einsatzende aus der Bundeswehr ausgeschieden. Im Hinblick auf ihre Bindungsverhältnisse unterscheiden sich (Einsatz-)Soldaten und Veteranen dabei nicht wesentlich von anderen Soldatengruppen in der Bundeswehr. Mehrheitlich sind sie wie die meisten Bundeswehrsoldaten auch partnerschaftlich gebunden. Sie leben jedoch häufiger als vergleichbare Bevölkerungsgruppen in Ehen bzw. in festen Paarbeziehungen. Auch die Scheidungsquote fällt für (Einsatz-)Soldaten und Veteranen insgesamt geringer aus als im Bevölkerungsdurchschnitt.

Die meisten Kontingentangehörigen (70 %) sind fast drei Jahre nach der Rückkehr aus dem Afghanistaneinsatz noch im aktiven Dienst bei der Bundeswehr. Im Vergleich zur Bundeswehr insgesamt finden sich unter ihnen zwar mehr Männer (94 % im Kontingent zu 89 % in der Bundeswehr), Feldwebel (43 % zu 36 %) und Berufssoldaten (42 % zu 29 %), in ihrer familiären Lebenssituation unterscheiden sie sich jedoch nicht wesentlich von anderen Soldatengruppen der Bundeswehr. Mehrheitlich sind sie ebenso wie die meisten Bundeswehrsoldaten partnerschaftlich gebunden (76 % zu 71 %). Unter den Einsatzrückkehrern finden sich aber mehr Verheiratete (46 % zu 37 %), die häufiger schon eigene Kinder haben (35 % zu 30 %). Sie sind im Schnitt auch etwas älter als der Durchschnitt in der Bundeswehr. Es dominieren unter ihnen die Altersgruppen zwischen 26 und 35 Jahren (53 % zu 39 % in der Bundeswehr insgesamt). Die Veteranen des Kontingents sind allerdings noch jünger als die Gruppe der noch aktiven Soldaten desselben Kontingents (55 % der Veteranen sind unter 30 Jahre alt gegenüber 38 % der aktiven Soldaten des Kontingents). Dementsprechend sind sie seltener bereits verheiratet als diese (35 % gegenüber 45 %). Insgesamt unterscheidet sich der Anteil partnerschaftlich Gebundener aber nicht wesentlich zwischen Soldaten und Veteranen (77 % bzw. 76 % partnerschaftliche Gebundene). Sie weichen in ihren Bindungsverhältnissen jedoch auffällig vom Bevölkerungsdurchschnitt ab (43 % partnerschaftlich Gebundene). Auch der Anteil Geschiedener fällt für Soldaten und Veteranen geringer aus als für den Bevölkerungsdurchschnitt (6 % in der Bevölkerung zu 3 % in der Bundeswehr insgesamt, 3 % für (Einsatz-) Soldaten und 2 % für Veteranen). Insgesamt weisen diese Befunde auf ein ausgeprägtes Bindungsverhalten von (Einsatz-)Soldaten und Veteranen der Bundeswehr hin.

Die Veteranen haben die Bundeswehr dabei meist mit einem niedrigeren Dienstgrad verlassen (46 % Mannschaften unter (Einsatz-)Veteranen gegenüber 11 % Mannschaften unter (Einsatz-)Soldaten des Kontingents). Der Zeitpunkt des Ausscheidens aus der Bundeswehr variierte: Nur ein Fünftel (21 %) der Veteranen ist bereits kurz nach Einsatzende aus der Bundeswehr ausgeschieden, weitere 31 Prozent beendeten ihren Dienst im Jahr 2011, ein Großteil (41 %) hat die Bundeswehr dagegen 2012 verlassen und die übrigen 7 Prozent schieden erst 2013 aus. Im Zivilleben sind Veteranen meist weiter voll berufstätig (62 %) oder befanden sich zum Befragungszeitpunkt gerade in Aus- bzw. Weiterbildung (22 %). Nur eine Minderheit (3 %) gab an, arbeitsuchend zu sein.

Belastungen und Beanspruchungen direkt nach Rückkehr und drei Jahre später

Die Soldaten und Veteranen kommen in der eigenen Wahrnehmung drei Jahre später mit den Belastungen des Einsatzes überwiegend gut zurecht. Die allgemeinen Rahmenbedingungen und Anforderungen des Dienstes bzw. Berufes in Deutschland haben für die Mehrzahl der Befragten sowohl direkt nach der Rückkehr aus dem Einsatz als auch drei Jahre später ein wesentlich höheres Belastungspotenzial als mit dem Einsatz verbundene Beanspruchungen. Für eine kleinere Teilgruppe, die auch noch fast drei Jahre später von bleibenden psychischen oder physischen Verletzungen sowie von Fremdheitsgefühlen im Alltag berichtet, gelten diese Befunde nicht gleichermaßen.

Das Belastungsempfinden der Befragten wird sowohl direkt nach der Rückkehr aus dem Einsatz als auch drei Jahre später von der alltäglichen Bürokratie im Dienst, hohem Arbeitsaufkommen sowie häufigen Abwesenheiten vom sozialen und familiären Umfeld dominiert. Das trifft auf Kontingentangehörige, die kurz vor Ende ihrer Dienstzeit stehen oder die aus der Bundeswehr ausgeschieden sind, nicht in gleicher Weise zu. Sie fühlen sich stärker durch eine als unsicher und schwer planbar wahrgenommene berufliche Zukunft belastet (jeweils 26 % von ihnen). Insgesamt jedoch nimmt die Bürokratie des Dienst- bzw. Berufsalltags bei den Belastungsfaktoren zu beiden Zeitpunkten (48 % nach der Rückkehr und 39 % drei Jahre später) eine Spitzenstellung ein. Bereits danach folgen Belastungen aufgrund häufiger berufsbezogener Abwesenheiten (41 % nach Rückkehr und 32 % drei Jahre später) sowie damit verbunden die wenige Zeit, die für Familie (37 % nach Rückkehr und 28 % drei Jahre später) und Freunde (30 % nach Rückkehr und 21 % drei Jahre später) bleibt. Im Vergleich dazu spielen familiäre Probleme wie Partnerschaftskonflikte (22 % nach Rückkehr und 16 % drei Jahre später) oder Schwierigkeiten mit den Kindern (20 % nach Rückkehr und 13 % drei Jahre später) ebenso wie psychische

(15 % nach Rückkehr und 8 % drei Jahre später) oder physische Beeinträchtigungen (8 % nach Rückkehr und 7 % drei Jahre später) eine geringere Rolle für das Belastungsempfinden der Befragten. Die Höhe des Belastungsempfindens ist dabei auch noch drei Jahre nach der Rückkehr wesentlich von den Erfahrungskontexten des Einsatzes abhängig. Gefechtserfahrene Befragte berichten signifikant häufiger von bleibenden psychischen oder physischen Verletzungen (8 % gegenüber 3 % für die Vergleichsgruppe). Gleichzeitig fühlen sie sich häufiger durch familiäre Probleme belastet (16 % gegenüber 10 % für Befragte ohne Gefechtserfahrung). Das Belastungsempfinden ist drei Jahre später aber auf einem insgesamt niedrigeren Niveau als noch direkt nach der Rückkehr. Dies gilt vor allem für die Beanspruchung durch psychische oder physische Beeinträchtigungen sowie durch familiäre und partnerschaftliche Probleme. Auch Fremdheitsgefühle im Alltag werden drei Jahre später von deutlich weniger Befragten (26 % nach Rückkehr und 9 % drei Jahre später) als belastend empfunden. Diese Tendenz ist für Veteranen insgesamt sogar stärker ausgeprägt als für Soldaten. Noch in der Zeit direkt nach der Rückkehr aus dem Einsatz fühlten sich beide Gruppen am häufigsten durch solche Faktoren belastet, die den allgemeinen Anforderungen und Rahmenbedingungen des Dienstalltags am Heimatstandort in Deutschland zuzurechnen sind. Fast drei Jahre später ändert sich das. Die Dimension alltägliche Bürokratie, hohes Arbeitsaufkommen und häufige Abwesenheiten von zu Hause verliert für das Belastungsempfinden von Veteranen deutlich an Relevanz (36 % nach Rückkehr und 16 % drei Jahre später). Für die Gruppe der noch aktiven Soldatinnen und Soldaten des Kontingents gehen die wahrgenommenen Belastungen durch allgemein berufsbezogene Anforderungen dagegen weit weniger stark zurück (37 % nach Rückkehr und 31 % drei Jahre später). Auch das Belastungsniveau durch psychische oder physische Beanspruchungen nimmt in der eigenen Wahrnehmung bei Veteranen deutlicher ab (9 % nach Rückkehr und 2 % drei Jahre später) als bei Soldaten (10 % nach Rückkehr und 5 % drei Jahre später). Insgesamt bleiben jedoch für beide Gruppen allgemein dienstliche bzw. berufliche Anforderungen auch noch drei Jahre später die mit Abstand größte Belastung. Für einen Teil von etwa 7 Prozent der Befragten, die von bleibenden psychischen oder physischen Einsatzfolgen sowie von Fremdheitsgefühlen im Alltag berichtet, gelten diese Befunde jedoch nicht.

Persönliche Veränderungen nach dem Einsatz

Die Erfahrungen des Einsatzes prägen und sie verändern: Es wird dabei bei Weitem mehr von positiven als von negativen persönlichen Veränderungen berichtet. Positive Veränderungen der eigenen Person stellen für Soldaten und Veteranen in der Selbsteinschätzung drei Jahre nach dem Einsatz nicht eine Ausnahme, sondern die Regel dar. Ein großer Teil der Befragten berichtet von einem gewachsenen Selbstbewusstsein durch den Einsatz. Viele halten sich für psychisch belastbarer und gelassener. Ein kleinerer Teil fühlt sich dagegen noch immer fremd im eigenen Leben.

Mehr als die Hälfte der Befragten gibt an, dass sie nach der Rückkehr aus dem Einsatz einige Dinge in ihrem Leben (54 % Soldaten bzw. 64 % Veteranen) oder auch ihr ganzes Leben neu ordnen mussten (jeweils 4 %). Besonders Jüngere (78 % der bis zu 25-Jährigen gegenüber bspw. 36 % der über 50-Jährigen) und Gefechtserfahrene (71 % gegenüber 57 % für Befragte ohne Gefechtserfahrung) verbinden mit dem Einsatz prägende Erlebnisse. Dem Einsatz wird dabei überwiegend positive Wirkung auf die eigene Person zugeschrieben: Eine große Mehrzahl der Befragten (67 % Soldaten bzw. 78 % Veteranen) berichtet, dass der Einsatz sie selbstbewusster gemacht hat. Diese Einschätzung teilen vor allem Jüngere (94 % der bis zu 25-Jährigen) und Gefechtserfahrene (89 %). Mehr als die Hälfte (55 % Soldaten bzw. 62 % Veteranen) weiß heute zudem, das Leben mehr zu schätzen. Fast ebenso viele glauben, psychisch belastbarer (40 % Soldaten bzw. 51 % Veteranen) sowie gelassener geworden zu sein (43 % Soldaten bzw. 50 % Veteranen). Mehrheitlich haben die Befragten (55 % Veteranen bzw. 65 % Soldaten) nach der Rückkehr auch schnell wieder in das private Leben zu Hause zurückgefunden. Dabei ist Veteranen die Rückkehr wohl doch etwas schwerer gefallen als Soldaten. Die meisten von ihnen haben diese Schwierigkeiten drei Jahre später aber offenbar überwunden. Nur ein Teil gibt an, seit der Rückkehr aus dem Einsatz aggressiver geworden zu sein (13 % Soldaten bzw. 15 % Veteranen), sich immer mehr vom privaten Umfeld zurückgezogen zu haben (10 % Soldaten bzw. 12 % Veteranen) oder sich auch noch immer fremd im eigenen Leben zu fühlen (4 % Soldaten bzw. 8 % Veteranen). Es sind dabei häufig dieselben Gruppen, die drei Jahre später sowohl von positiven Veränderungen der eigenen Person als auch von negativen psychosozialen Folgen des Einsatzes berichten: Gefechtserfahrene, Jüngere, Ledige und Veteranen. Für partnerschaftlich gebundene, ältere und besonders einsatzerfahrene Befragte ist der Einsatz in der Selbsteinschätzung dagegen häufiger folgenlos für das weitere Leben geblieben.

Verletzungsfolgen des Einsatzes

Aus Sicht der meisten Befragten hat der Einsatz keine langfristig negativen Folgen für die eigene Gesundheit gezeitigt. Etwa jeder Zehnte des Kontingents berichtet dagegen drei Jahre nach dem Einsatz von noch bleibenden Verletzungsfolgen. Gefechtserfahrungen stellen sich als Risikofaktor für andauernde gesundheitliche Einschränkungen heraus.

Nur eine Minderheit (2 %) der Befragten musste den Einsatz aufgrund einer körperlichen oder seelischen Verwundung vorzeitig abbrechen. Der Einsatz war dennoch mit erheblichen Belastungen für die Gesundheit der Soldaten und Veteranen verbunden. Jeder Fünfte des Kontingents (20 % Soldaten bzw. 19 % Veteranen) gibt an, sich direkt nach der Rückkehr aus dem Einsatz in ärztliche oder psychologische Behandlung begeben zu haben. Drei Jahre später gehen die Behandlungskontakte deutlich (auf 13 % Soldaten bzw. 10 % Veteranen) zurück. Das gilt besonders für physisch und psychisch hoch Belastete (bspw. von 26 % auf 12 % für Ausbildungs- und Schutzkräfte). Dies deutet auf einen Genesungs- bzw. Bewältigungsprozess von erlittenen Verwundungen in den vergangenen drei Jahren hin. Für etwa jeden Zehnten des Kontingents (13 % Soldaten bzw. 10 % Veteranen), der sich nach eigenen Angaben noch immer durch die Folgen einer Verwundung bzw. durch ein seit der Rückkehr aus dem Einsatz noch andauerndes gesundheitliches Problem im Alltag eingeschränkt fühlt, hat der Einsatz aber auch langfristig negative Folgen gezeitigt. Besonders Gefechtserfahrene fühlen sich durch bleibende gesundheitliche Probleme im Alltag eingeschränkt (19 % von ihnen gegenüber 9 % für Befragte ohne diese Erfahrung). Sie befinden sich zudem signifikant häufiger (15 % gegenüber 10 %) in ärztlicher oder psychologischer Behandlung.

Gesundheitsrisiken nach dem Einsatz

Im Vergleich mit der Zeit vor dem Einsatz hat sich das eigene Gesundheitsrisikoverhalten in der Selbstwahrnehmung der Befragten nach dem Einsatz größtenteils nicht verändert. Alltäglicher Stress und Hektik sind drei Jahre nach der Rückkehr aus Afghanistan für eine Mehrzahl der Soldaten und Veteranen das größte Gesundheitsrisiko. Das gilt nicht für alle. Ein kleinerer Teil von 2 Prozent der Befragten berichtet von einem stark gestiegenen Alkoholkonsum seit Einsatzende.

Drei Jahre nach dem Einsatz ist der mit Abstand am häufigsten von Soldaten und Veteranen genannte Risikofaktor für eine gesunde Lebensführung alltägliche Stressbelastung. Etwa drei Viertel (75 % Soldaten bzw. 71 % Veteranen) der Befragten sagt, dass Stress und Hektik in ihrem gegenwärtigen Alltag mehr oder weniger stark vorliegen. In der

Selbsteinschätzung hat bei einem Viertel (25 %) die Stressbelastung nach dem Einsatz sogar zugenommen. Dies trifft häufiger auf Soldaten (28 %) und seltener auf Veteranen (19 %) zu. Dagegen ist das Stressempfinden nur für 15 Prozent der Soldaten bzw. 20 Prozent der Veteranen seit der Rückkehr aus dem Einsatz geringer geworden. Für die meisten Befragten haben sich die wahrgenommenen Gesundheitsrisiken im Vergleich mit der Zeit vor dem Einsatz jedoch nicht verändert. Es wird zudem nicht nur von negativen, sondern ebenso von positiven Veränderungen gesundheitsbezogener Verhaltensweisen nach dem Einsatz berichtet. Drei Jahre später sind positiv und negativ wahrgenommene Veränderungen im Gesundheitsrisikoverhalten für die Befragten insgesamt auch in etwa ausgeglichen. Das gilt für eine Teilgruppe nicht gleichermaßen: In keiner anderen Gruppe ist das Stressempfinden nach dem Einsatz so deutlich angestiegen wie für jene Befragte, die von bleibenden psychischen oder physischen Beeinträchtigungen berichten (54 % gegenüber 21 % der Vergleichsgruppe). Wesentlich häufiger geben sie auch an, dass ihr Alkoholkonsum seit der Rückkehr aus dem Einsatz stark zugenommen hat (9 % gegenüber 1 % für nicht Belastete). Das gilt ebenso für Gefechtserfahrene (6 % gegenüber 1 % der nicht Gefechtserfahrenen) wie für Ledige (7 % gegenüber 1 % der partnerschaftlich Gebundenen) und Veteranen (4 % gegenüber 1 % der Soldaten). Insgesamt ist es aber nur eine kleine Gruppe von 2 Prozent sämtlicher Befragten, die von einem viel stärkeren Alkoholkonsum seit Einsatzende berichtet.

Subjektive Gesundheit drei Jahre nach dem Einsatz

Eine Mehrzahl der Soldaten und Veteranen verfügt über eine gute subjektive Gesundheit. Nur eine kleinere Gruppe bescheinigt sich selbst eine schlechte Gesundheit. Die Gesundheitsbewertung fällt im Vergleich mit der deutschen Bevölkerung jedoch insgesamt schlechter aus.

Eine große Mehrheit sowohl der Soldaten (73 %) als auch der Veteranen (84 %) schätzt die eigene Gesundheit drei Jahre nach der Rückkehr aus dem Einsatz als gut ein. Nur wenige (8 % Soldaten bzw. 4 % Veteranen) attestieren sich selbst eine schlechte Gesundheit. Subjektives Empfinden und objektive Gesundheit müssen dabei nicht identisch sein: Während sich 13 Prozent der Soldaten bzw. 10 Prozent der Veteranen durch Verletzungsfolgen des Einsatzes im Alltag eingeschränkt fühlen, bewerten nur 8 Prozent der Soldaten bzw. 4 Prozent der Veteranen die eigene Gesundheit als schlecht. Nicht in jedem Einzelfall wird eine bleibende Verwundung offenbar drei Jahre später noch als Überforderung empfunden. Im Vergleich zur deutschen Bevölkerung schätzen die Befragten ihre eigene Gesundheit insgesamt jedoch skeptischer ein. Dies gilt besonders für Jüngere bis 30 Jahre (77 % gute Gesundheit für das Kontingent im Vergleich zu 91 % für die Bevölkerung).

In der Altersgruppe der über 45-Jährigen kehrt sich das Verhältnis um. Hier sind es mehr Befragte unter den Kontingentangehörigen, die sich selbst eine gute Gesundheit bescheinigen (78 % im Kontingent im Vergleich zu 67 % in der Bevölkerung). Für einen Teil der Soldaten und Veteranen machen sich Verletzungsfolgen des Einsatzes offensichtlich noch negativ im Gesundheitsempfinden bemerkbar (32 % schlechte Gesundheit für psychisch bzw. 36 % für körperlich Beeinträchtigte gegenüber 5 % für nicht Belastete). Vorhandene dienst- bzw. berufsbezogene Belastungen (61 % gute Gesundheit für dienstlich/beruflich hoch Belastete gegenüber 79 % für dienstlich/beruflich weniger Belastete) ebenso wie aufgetretene familiäre Probleme (48 % gute Gesundheit für familiär hoch Belastete gegenüber 80 % für familiär weniger Belastete) wirken sich ebenfalls mindernd auf die Gesundheitsbewertung der Befragten aus. Dies erklärt teilweise auch, warum Veteranen sich gesünder als Soldaten fühlen (84 % gute Gesundheit für Veteranen gegenüber 73 % für Soldaten). Sie berichten nach dem Ausscheiden aus der Bundeswehr seltener von beruflicher Überlastung.

Alltagserleben drei Jahre nach dem Einsatz

Eine Mehrzahl der Soldaten und Veteranen erlebt sich im gegenwärtigen Alltag als mental überwiegend ausgeglichen. Für Einsatzverwundete gilt das nicht in derselben Weise. Sie fühlen sich im Alltagsleben häufiger auch noch drei Jahre nach dem Einsatz erheblich emotional belastet.

Für drei Viertel (76 %) der Befragten halten sich positive und negative Empfindungen im gegenwärtigen Alltagserleben in etwa die Waage. Besonders Veteranen (81 % gutes Wohlbefinden gegenüber 73 % Soldaten), Männer (77 % gegenüber 55 % Frauen) sowie partnerschaftlich gebundene Befragte (78 % gegenüber 68 % Ledigen) erleben sich in ihrem momentanen Alltag als emotional überwiegend ausgeglichen. Etwa ein Viertel der Befragten berichtet dagegen ein schlechtes (17 % Soldaten bzw. 10 % Veteranen) oder sehr schlechtes (9 % Soldaten bzw. 8 % Veteranen) persönliches Wohlbefinden. Dies trifft besonders häufig auf Befragte zu, die von bleibenden psychischen oder physischen Verletzungen des Einsatzes berichten. Mehrheitlich fühlen sie sich im Alltag auch noch drei Jahre später erheblich mental belastet (64 % sehr schlechtes oder schlechtes Wohlbefinden für psychisch bzw. 59 % für physisch Verwundete gegenüber 22 % bzw. 23 % für nicht Belastete). Daneben machen sich ähnlich wie im Gesundheitsempfinden der Befragten vorliegende hohe dienstliche bzw. berufliche Belastungen oder aufgetretene familiäre Schwierigkeiten einschränkend im emotionalen Alltagserleben von Soldaten und Veteranen bemerkbar (50 % sehr schlechtes oder schlechtes Wohlbefinden für familiär bzw. 40 % für dienstlich/beruflich hoch Belastete im Vergleich zu 21 % bzw. 19 % für davon weniger Belastete).

Auswirkungen des Einsatzes auf die Lebenszufriedenheit

Eine überwiegende Mehrzahl der Soldaten und Veteranen ist drei Jahre nach dem Einsatz mit dem eigenen Leben im Großen und Ganzen zufrieden. Nur ein kleiner Teil ist persönlich unzufrieden. Am Wichtigsten für die Zufriedenheit der Befragten mit dem Leben sind neben familiären Bindungen psychische und persönliche Aspekte ihres Lebens.

Mehr als jeweils zwei Drittel der Soldaten (70 %) und Veteranen (68 %) sagen in der Befragung drei Jahre später, mit dem eigenen Leben zufrieden zu sein. Fast ein Viertel (23 % Soldaten bzw. 24 % Veteranen) der Befragten gibt eine eher gemischte Lebenszufriedenheit an und nur ein geringer Anteil von 7 Prozent der Soldaten bzw. 8 Prozent der Veteranen ist persönlich unzufrieden. In diesen Antworten machen sich langfristig stabile Auswirkungen des Einsatzes auf das Leben bemerkbar. Entscheidend ist jedoch, wie die Erlebnisse des Einsatzes drei Jahre später verarbeitet und in das eigene Selbstbild integriert worden sind. Je positiver die Erfahrungen für die eigene Person und das weitere Leben eingeschätzt werden, desto höher fällt tendenziell auch die persönliche Lebenszufriedenheit aus. Während beispielsweise 72 Prozent jener Soldaten und Veteranen, die drei Jahre später das Gefühl haben, durch den Einsatz selbstbewusster geworden zu sein, mit dem eigenen Leben im Großen und Ganzen zufrieden sind, trifft dies nur auf 64 Prozent derjenigen zu, für die der Einsatz in der eigenen Wahrnehmung persönlich folgenlos geblieben ist. Umgekehrt gilt jedoch stärker noch: Je negativer die Folgen des Einsatzes für die eigene Person und das weitere Leben eingeschätzt werden, desto geringer ist die persönliche Lebenszufriedenheit ausgeprägt. So sind Befragte, die von bleibenden psychischen oder physischen Verletzungen berichten, vergleichsweise selten zufrieden mit dem eigenen Leben (37 % Zufriedene für körperlich bzw. 25 % für psychisch Beeinträchtigte gegenüber 72 % für nicht Belastete). Unter ihnen befinden sich auch die meisten Unzufriedenen (36 % für psychisch bzw. 31 % für körperlich Beeinträchtigte gegenüber 7 % für nicht Belastete). Für Gefechtserfahrene fallen die Unterschiede weniger deutlich aus (64 % Lebenszufriedenheit gegenüber 72 % für Befragte ohne diese Erfahrung). Freilich sind die Soldaten und Veteranen nicht mit allen Aspekten ihres Lebens gleichermaßen zufrieden. Mit Abstand am zufriedensten sind sie mit ihren persönlichen Fähigkeiten und Kompetenzen (73 % Soldaten bzw. 80 % Veteranen). Eine vergleichbar hohe Zufriedenheit weisen sie nur noch mit ihren Partnerschaften (73 % Soldaten bzw. 78 % Veteranen) sowie mit dem Privat- und Familienleben (69 % Soldaten bzw. 76 % Veteranen) auf.

Mit der allgemeinen Gesundheit sind sie ebenfalls meist zufrieden (72 % Veteranen bzw. 61 % Soldaten). Soldaten sind dabei mit ihrer seelischen Gesundheit (71 %) wesentlich zufriedener als mit ihrer körperlichen Gesundheit (59 %). Für Veteranen kehrt sich dieses Verhältnis tendenziell um. Sie sind mit der körperlichen Gesundheit (72 %) zufriedener als mit der seelischen Gesundheit (67 %). Alles in allem sind aber beide Gruppen sowohl mit ihrer seelischen (71 % Soldaten gegenüber 67 % Veteranen) als auch mit ihrer körperlichen Gesundheit (59 % Soldaten gegenüber 72 % Veteranen) zufrieden. Im Vergleich dazu schneiden berufsbezogene Aspekte des Lebens deutlich schlechter ab. Weniger als die Hälfte (43 %) der Soldaten ist gegenwärtig mit dem Dienst in der Bundeswehr zufrieden. Veteranen weisen eine höhere Berufszufriedenheit auf (62 %). Für sie (42 %) fällt die Einkommenszufriedenheit geringer aus als für Soldaten (48 %). Insgesamt sind jedoch beide Gruppen mit den persönlichen und familiären Aspekten ihres Lebens zufriedener als mit dem dienstlichen bzw. beruflichen Bereich. Allerdings haben nicht alle diese Aspekte eine gleich große Bedeutung für die subjektiv wahrgenommene Lebenszufriedenheit. Die Zufriedenheit mit dem eigenen Leben ist für die Befragten ganz wesentlich mit der psychischen Gesundheit verbunden. Partnerschaftlich Gebundene weisen nicht nur eine höhere allgemeine Lebenszufriedenheit auf als Ledige (74 % im Vergleich zu 54 %), sondern sie sind auch mit ihrer seelischen Gesundheit (72 % im Vergleich zu 58 % unter Alleinstehenden) sowie mit dem Dienst bzw. Beruf zufriedener als Ledige (51 % im Vergleich zu 39 %). Auch ein höheres Lebensalter wirkt sich tendenziell positiv auf die Lebenszufriedenheit der Befragten aus. Am zufriedensten ist die Altersgruppe ab 45 Jahren (81 % der 44- bis 50-Jährigen und 84 % der über 50-Jährigen). In dieser Altersgruppe befinden sich auch mehr Befragte, die mit ihrer psychischen Gesundheit persönlich zufrieden sind (74 % im Vergleich zu 55 % bspw. für die Altersgruppe zwischen 31 bis 35 Jahren).

Die Erfahrungen des Einsatzes werden wie andere einschneidende Lebensereignisse offenbar auch individuell sehr unterschiedlich wahrgenommen und bewertet. Besonders Jüngere und Gefechtserfahrene teilen drei Jahre später die Einschätzung, an ihren Einsatzerfahrungen persönlich gewachsen zu sein. Das wirkt sich tendenziell positiv auf die wahrgenommene Lebenszufriedenheit bzw. stärker noch auf die Zufriedenheit der Befragten mit ihren persönlichen Kompetenzen und Fähigkeiten aus. Für einen kleineren Teil zeigt sich dagegen ein differenzierter Befund, der besonders häufig bei Einsatzverwundeten zu beobachten ist. So ist in keiner anderen Gruppe die persönliche Lebenszufriedenheit so gering ausgeprägt wie in jener Teilgruppe, die auch noch drei Jahre nach der Rückkehr von bleibenden psychischen oder physischen Verletzungen berichtet. Das weist auf einen größeren Unterstützungsbedarf besonders für körperlich oder seelisch Verwundete und ihre Familien auch noch lange nach dem Einsatz hin.

Veränderungen für Familie und Partnerschaft

> *Die Partnerschaften und Familien haben aus Sicht der Befragten die Einsatzzeit überwiegend gut überstanden. Ebenso viele Soldaten und Veteranen berichten von positiven wie von negativen Auswirkungen des Einsatzes auf Familie und Partnerschaft. Während ein Teil der Partnerschaften jedoch gestärkt aus dieser Zeit hervorgeht, berichtet eine andere Teilgruppe von negativen Folgen.*

Ein Großteil der Befragten (77 % Soldaten bzw. 76 % Veteranen) lebt in festen Paarbeziehungen. Fast die Hälfte hat eigene Kinder (52 % Soldaten bzw. 42 % Veteranen). 21 Prozent der Soldaten bzw. 25 Prozent der Veteranen berichten von positiven und fast ähnlich viele Soldaten (26 %) und Veteranen (23 %) von negativen Veränderungen ihrer Partnerschaften. Eine Mehrzahl (53 % Soldaten bzw. 52 % Veteranen) gibt hingegen an, keine Veränderungen festgestellt zu haben. Ebenso hat sich für mehr als zwei Drittel der Befragten (69 % Soldaten bzw. 70 % Veteranen) das Verhältnis zu den Kindern nicht verändert. Bei weiteren 16 Prozent der Soldaten bzw. 21 Prozent der Veteranen überwiegen positive Auswirkungen auf die Beziehung zu den Kindern, während etwas weniger (16 % Soldaten bzw. 9 % Veteranen) Veränderungen zum Negativen nennen. Eine Ausnahme stellen lediglich psychisch oder physisch Verwundete dar. Sie geben wesentlich häufiger an, dass sich ihre Paarbeziehung nach dem Einsatz zum Schlechteren verändert hat (49 % der psychisch bzw. 43 % der körperlich Beeinträchtigten im Vergleich zu 24 % der nicht Belasteten). Trotz dieser erheblichen Schwierigkeiten sind aber offensichtlich auch die meisten ihrer Partnerschaften langfristig stabil geblieben (64 % der Partnerschaften für körperlich bzw. 68 % für psychisch Beeinträchtigte gegenüber 77 % bzw. 78 % für die Vergleichsgruppen). Eine beachtliche Anzahl der Partnerschaften ist aus Sicht der Befragten aus der Einsatzzeit zudem gestärkt hervorgegangen. 39 Prozent der Soldaten bzw. 43 Prozent der Veteranen teilen die Einschätzung, dass ihre Partnerschaften durch den Einsatz gefestigt worden sind. Dahinter steht oft eine höhere Wertschätzung des Familienlebens nach dem Einsatz. 72 Prozent der Soldaten bzw. 63 Prozent der Veteranen sagen, dass ihnen die Zeit mit der Familie seit der Rückkehr aus dem Einsatz wichtiger geworden ist. Auch Befragte, die von bleibenden psychischen oder physischen Beeinträchtigungen berichten, unterscheiden sich in dieser ausgeprägten Familienorientierung nicht von der Vergleichsgruppe der nicht belasteten Befragten. Sie berichten auf etwa gleich hohem Niveau von einer höheren Wertschätzung des Familienlebens nach dem Einsatz (71 % körperlich bzw. 70 % seelisch Beeinträchtigten gegenüber jeweils 69 % der nicht Belasteten). Insgesamt spiegeln sich die differierenden Erfahrungen mit den Auswirkungen des Einsatzes auf Familie und Partnerschaft aber nur teilweise in der Bereitschaft wider, erneut an einem Auslandseinsatz teilzunehmen. Obwohl die lange einsatzbedingte Trennung von Partner und Familie für viele Soldaten (59 %) der wichtigste Grund ist, der gegen einen erneuten Einsatz spricht, würden sich 68 Prozent von ihnen erneut freiwillig melden. Die Höhe der Einsatzbereitschaft unterscheidet sich auch nicht wesentlich zwischen alleinstehenden und partnerschaftlich gebundenen Befragten (66 % Bereitschaft zur freiwilligen Einsatzteilnahme für partnerschaftlich Gebundene im Vergleich zu 71 % für Ledige). Einsatz- und Familienorientierung schließen sich offenbar für viele (Einsatz-)Soldaten und Veteranen nicht aus, sondern machen unterschiedliche Bestandteile des Selbstbildes aus. Wichtig für die Einsatzmotivation ist jedoch die Einstellung von Partner und Familie zum Einsatz. Bei Befragten, deren Partner und Familien dem Einsatz positiv gegenüberstehen, fällt die Bereitschaft, erneut freiwillig an einem Auslandseinsatz teilzunehmen, deutlich höher aus als bei Befragten, deren Partner und Familien eine kritische Haltung zum Einsatz haben (84 % im Vergleich zu 54 %).

Liebesbeziehungen und Trennungen nach dem Einsatz

In den knapp drei Jahren seit dem Einsatz kommt es nicht zu vermehrten partnerschaftlichen Trennungen. Der Anteil an Alleinstehenden bleibt konstant. Die Trennungsquote liegt drei Jahre nach der Rückkehr für (Einsatz-)Soldaten bei 21 Prozent und für Veteranen bei 28 Prozent. Den Trennungen gegenüber steht eine Bindungsquote von 56 Prozent.

Der Anteil an Alleinstehenden unter den Befragten zeigt über den gesamten betrachteten Zeitraum von fast vier Jahren (2010–2013) einen gleichbleibenden Anteil von etwa einem Viertel (24 %). Auch für die Bundeswehr insgesamt nimmt der Anteil an Ledigen mit steigender Einsatzerfahrung nicht zu. Während etwa ein Drittel (35 %) sämtlicher Bundeswehrsoldaten ohne Einsatzerfahrung ledig ist, sinkt dieser Anteil für Befragte, die in mindestens einem Auslandseinsatz eingesetzt waren, auf ein Fünftel (20 %) und für Bundeswehrsoldaten, die an über drei Auslandseinsätzen teilgenommen haben, auf etwa ein Siebtel (15 %). Die Trennungsquote für das Kontingent (d.h. für Soldaten und Veteranen zusammengenommen) liegt knapp drei Jahre nach der Rückkehr bei 23 Prozent. Insgesamt ist demnach ein knappes Viertel jener Partnerschaften und Ehen, die noch im Einsatz bestanden, im Laufe der Zeit gescheitert. Die Trennungsquote wird dabei wesentlich vom Alter sowie von den Bindungsverhältnissen beeinflusst: Jüngere, unverheiratete und kinderlose Paare trennen sich häufiger als ältere und verheiratete Paare mit Kindern im eigenen Haushalt. Dementsprechend fällt die Trennungsquote für Veteranen (28 %) höher aus als für Soldaten (21 %). Höher fällt die Trennungsquote auch für Befragte aus, die von andauernden psychischen oder physischen Belastungsfolgen des Einsatzes berichten

(36 % für körperlich und 33 % für psychisch Beeinträchtigte im Vergleich zu 23 % bzw. 22 % der nicht Belasteten) und für Gefechtserfahrene (33 % im Vergleich zu 19 % unter nicht Gefechtserfahrenen). Den Trennungen gegenüber steht eine Vielzahl von neu eingegangenen Partnerschaften. Die parallel zur Trennungsquote berechnete Bindungsquote (Anteil von Befragten mit neuen Partnern an allen vormals Alleinstehenden) liegt für Veteranen bei 62 % und für Soldaten bei 53 % (im Durchschnitt für das Kontingent bei 56 %). Die Anzahl der Trennungen und neu eingegangenen Partnerschaften gleicht sich insgesamt gesehen aus.

Unterstützung für Einsatzrückkehrer und ihre Familien

Das Hilfesuchverhalten in der Zeit nach der Rückkehr aus dem Einsatz unterscheidet sich nicht wesentlich zwischen Soldaten und Veteranen. Der wichtigste Ansprechpartner für Einsatzrückkehrer und ihre Familien ist das soziale (Verwandte und Freunde) sowie dienstliche (Kameraden, Vorgesetzte und Teileinheit) Nahumfeld. Daneben kommt den Familienbetreuungsstellen eine hohe Bedeutung zu. Auch psychosoziale Gesprächsangebote werden häufig, aber eher anlassbezogen in Anspruch genommen. Soldaten wünschen sich vor allem mehr Zeit mit der Familie nach der Rückkehr. Für Veteranen sind regelmäßige Zusammenkünfte mit Kameraden aus dem Einsatz nach Dienstzeitende wichtig.

Um die Zeit nach der Rückkehr besser meistern zu können, hat nahezu jeder Befragte in der einen oder anderen Art und Weise Hilfe für sich und die Familie in Anspruch genommen (91 % Soldaten bzw. 93 % Veteranen). Der wichtigste Ansprechpartner für Einsatzrückkehrer (d.h. in dieser Studie für Soldaten und Veteranen zusammen) ist das unmittelbare soziale Umfeld. Etwa jeweils vier Fünftel sowohl der Soldaten als auch der Veteranen und ihre Familien haben Unterstützung von Verwandten oder Freunden (84 % Soldaten bzw. 83 % Veteranen), von Kameraden (83 % Soldaten bzw. 80 % Veteranen), Vorgesetzten (79 % Soldaten bzw. 75 % Veteranen) oder von der eigenen Teileinheit bzw. dem Verband (78 % Soldaten bzw. 77 % Veteranen) erhalten. Die Zufriedenheit mit der Unterstützung durch Verwandte/Freunde (63 % zufriedene Soldaten bzw. 61 % Veteranen) oder durch Kameraden (57 % Soldaten bzw. 63 % Veteranen) ist hoch ausgeprägt. Die Unterstützung durch Vorgesetzte (36 % zufriedene Soldaten bzw. 38 % Veteranen) oder Teileinheit/Verband (43 % Soldaten bzw. 40 % Veteranen) wird wesentlich skeptischer beurteilt. Die Familienbetreuungsstellen sind die drittwichtigsten Ansprechpartner für Einsatzrückkehrer und ihre Familien. Obwohl vergleichsweise viele Befragte und ihre Familien (60 % Soldaten bzw. 59 % Veteranen) Hilfen der Familienbetreuungsstellen in Anspruch genommen haben, ist aber weniger als die Hälfte sowohl der Soldaten

(43 %) als auch der Veteranen (49 %) mit der erhaltenen Unterstützung zufrieden. Spezialisierte Hilfsangebote werden dagegen eher anlassbezogen wahrgenommen (49 % Soldaten bzw. 46 % Veteranen nutzen den Sanitätsdienst, 39 % bzw. 41 % suchen Truppenpsychologen auf, 38 % bzw. 37 % wenden sich an die Militärseelsorge, jeweils 29 % gehen zu zivilen Ärzten), gefolgt von Angeboten des Bundeswehrsozialwerks (33 % Soldaten bzw. 38 % Veteranen) und des Sozialdienstes der Bundeswehr (27 % Soldaten bzw. 32 % Veteranen). Am seltensten werden von den Befragten und ihren Familien Angebote von privaten Organisationen, Verbänden oder Initiativen nachgefragt (17 % Soldaten bzw. 25 % Veteranen). Vergleichsweise deutliche Unterschiede im Hilfesuchverhalten zwischen Soldaten und Veteranen zeigen sich nur für die Nachfrage nach Leistungen der Bundeswehrverwaltung und privater Organisationen. Veteranen haben häufiger als Soldaten (36 % im Vergleich zu 25 %) Hilfen der Bundeswehrverwaltung für sich und die Familie nach der Rückkehr genutzt. Die Leistungen der Bundeswehrverwaltung schneiden in der Bewertung der Veteranen jedoch vergleichsweise schlecht ab. Fast die Hälfte (44 %) von ihnen ist mit der dort erhaltenen Hilfe unzufrieden. Tendenziell nutzen Veteranen zwar häufiger als Soldaten Angebote von privaten Organisationen, Initiativen oder Verbänden (25 % Veteranen bzw. 17 % Soldaten), ‚offizielle' Hilfen des Psychosozialen Netzwerks der Bundeswehr werden aber auch von ihnen stärker in Anspruch genommen als zivile Angebote (41 % Nutzung des Psychologischen Dienstes etwa im Vergleich zu 25 % Nutzung privater Anbieter).

Psychosoziale Gesprächsangebote werden hingegen sowohl von Soldaten als auch von Veteranen öfter bei konkreten persönlichen oder familiären Problemen nachgefragt. Der Anteil an Befragten, der Gesprächsangebote des Psychologischen Dienstes der Bundeswehr in Anspruch genommen hat, ist unter Gefechtserfahrenen besonders hoch (61 % im Vergleich zu 31 % Befragte ohne Gefechtserfahrung). Gefechtserfahrene haben häufiger auch Hilfen im Kameradenkreis nachgefragt (90 % im Vergleich zu 79 % Befragte ohne Gefechtserfahrung). Dabei wird die erhaltene psychosoziale Unterstützung von Soldaten und Veteranen gleichermaßen gemischt bewertet. Während die Zufriedenheit mit der Militärseelsorge für beide Gruppen auffallend hoch ausfällt (56 % Soldaten bzw. 61 % Veteranen), ist diese in Bezug auf die Truppenärzte (43 % Soldaten bzw. 42 % Veteranen) und Truppenpsychologen (41 % Soldaten bzw. 46 % Veteranen), Peers (31 % Soldaten bzw. 40 % Veteranen) oder den Sozialdienst der Bundeswehr (32 % Soldaten bzw. 40 % Veteranen) in beiden Gruppen geringer ausgeprägt. Neben mehr Verständnis und Unterstützung von Vorgesetzten sowie vonseiten der Teileinheit/des Verbandes wünschen sich vor allem Soldaten mehr Hilfen für ihre Partner und Familien (41 %). Besonders wichtig ist ihnen eine gemeinsame Auszeit mit der Familie nach der Rückkehr. Auch Veteranen wünschen sich häufig mehr Zeit sowie Beratung und Unterstützung für ihre Partner und

Familien (17 % gemeinsame Kur oder Urlaub mit der Familie, 17 % mehr Seminare, Beratung und Information der Familien sowie 10 % mehr psychologische Betreuung der Familien). Am häufigsten fehlt ihnen jedoch der Austausch mit Kameraden aus dem Einsatz (29 %). Sie vermissen zudem Unterstützung von der Bundeswehr für den Übergang in das zivile Leben (10 %) sowie angemessene Anerkennung sowohl durch ehemalige Vorgesetzte als auch durch die Bundeswehr allgemein (9 %), etwa in Form konkreter Maßnahmen wie regelmäßiger (Einsatz-)Veteranentreffen.

Langfristige Strategien im Umgang mit Einsatzerfahrungen

Die Befragten haben verschiedene Strategien entwickelt, um mit den Erfahrungen des Einsatzes langfristig umzugehen. In der persönlichen Kommunikation über das Erlebte fungiert der Kameradenkreis als primärer Gesprächspartner. Viele Befragte wollen Partner und Familie mit den oft einschneidenden Erlebnissen des Einsatzes nicht belasten. Besonders Gefechtserfahrenen fällt es schwer, über ihre Erfahrungen zu sprechen. Fast die Hälfte von ihnen hat noch nicht mit dem Partner oder der Familie über das Erlebte gesprochen. Offen erzählen viele darüber nur im Kameradenkreis.

Jeder zweite Befragte (20 % Soldaten bzw. 26 % Veteranen) hat auch drei Jahre nach der Rückkehr noch niemandem von den Erlebnissen des Einsatzes erzählt. Dahinter stehen unterschiedliche Einschätzungen: 16 Prozent der Soldaten bzw. 23 Prozent der Veteranen finden es schwer, überhaupt mit jemandem über das Erlebte zu sprechen. Ein Drittel (jeweils 36 %) möchte Partner und Familie mit den Erlebnissen des Einsatzes nicht belasten und mehr als ein Viertel (27 % Soldaten bzw. 26 % Veteranen) teilt die Einschätzung, dass das Gespräch über das Erlebte nicht hilft. Ein anderer Teil (21 % Soldaten bzw. 30 % Veteranen) ist zudem der Auffassung, die Einsatzerlebnisse mit sich selbst ausmachen zu müssen. In der persönlichen Kommunikation über das Erlebte fungieren dabei die Kameraden aus dem Einsatz als primäre Gesprächspartner. Etwa ein Drittel (30 % Soldaten bzw. 36 % Veteranen) redet ausschließlich im Kameradenkreis über die Risiken und Bedrohungen, die sie im Einsatz erlebt haben. Über ein Viertel (27 % Soldaten bzw. 28 % Veteranen) spricht darüber auch mit Partner und Familie. In der Befragung vor dem Einsatz gab noch fast die Hälfte (46 %) an, mit Partner oder Familie über mögliche Gefahren des Einsatzes zu sprechen. Besonders Gefechtserfahrenen fällt es dabei schwer, gegenüber dem Partner oder der Familie die Erfahrungen des Einsatzes zu thematisieren. Fast jeder Zweite von ihnen (45 %) hat auch noch drei Jahre später nicht mit Partnerin/Partner oder Familie über das Erlebte gesprochen. Offen erzählen viele (44 %) von ihnen über ihre Grenzerfahrungen nur im Kameradenkreis. Die hohe Bedeutung, die der Kameradenkreis für die kommunikative Aufarbeitung von Einsatzerlebnissen hat, zeigt sich auch im Kontakt, den viele Soldaten und Veteranen auch noch drei Jahre nach der Rückkehr untereinander pflegen. Im Durchschnitt stehen 48 Prozent der Soldaten und 27 Prozent der Veteranen alle zwei Wochen oder häufiger in Kontakt mit ehemaligen Kameraden aus dem Einsatz. Für Gefechtserfahrene trifft dies noch häufiger zu. Hier sind es 68 Prozent der gefechtserfahrenen Soldaten bzw. 40 Prozent der gefechtserfahrenen Veteranen, die sagen, mindestens alle zwei Wochen Kontakt zu ehemaligen Kameraden aus dem Einsatz zu haben. Für (Einsatz-)Soldaten und Veteranen im Allgemeinen sowie für Gefechtserfahrene im Besonderen ist der Kameradenkreis offensichtlich der zentrale Ort, an dem das im Einsatz Erlebte gemeinsam verarbeitet und verhandelt wird, das anderswo schwer zu kommunizieren ist.

Integration von Einsatzrückkehrern in das dienstliche Umfeld

Die Befragten erleben sich überwiegend gut in ihr dienstliches Umfeld integriert und fühlen sich in ihren Einheiten als Person meist respektiert und wertgeschätzt. Auch die Kameradschaft und Zusammenarbeit am Standort wird überwiegend positiv wahrgenommen. Viele Soldaten und Veteranen empfinden die Bundeswehr jedoch als überbestimmtes System und kritisieren häufig eine mangelnde Vorbildfunktion von Vorgesetzten. Sie wünschen sich mehr Anerkennung ihrer Leistungen sowie Vorgesetzte, die vorleben, dass bei Fehlern auch Verantwortung übernommen werden muss.

In der eigenen Teileinheit am Standort (bzw. für Veteranen der letzten Teileinheit, der sie vor dem Ausscheiden aus dem Dienst bei der Bundeswehr angehörten) fühlen sich die Befragten größtenteils als Person respektiert (83 % Soldaten bzw. 85 % Veteranen) und kommen mit den an sie gestellten Anforderungen überwiegend gut zurecht (88 % Soldaten bzw. 91 % Veteranen). Nur ein kleiner Teil (6 % Soldaten bzw. 7 % Veteranen) glaubt, in der eigenen Einheit persönlich nicht respektiert zu werden. Auch das Dienstklima (jeweils 70 %) sowie die Kameradschaft und Zusammenarbeit (67 % Soldaten bzw. 70 % Veteranen) werden in den meisten Teileinheiten als kooperativ wahrgenommen. Mehr als die Hälfte (55 % Soldaten bzw. 62 % Veteranen) der Befragten teilt zudem die Einschätzung, dass in der eigenen Teileinheit mit Fehlern und Kritik offen umgegangen wird. Die vertikale Interaktion am Standort wird hingegen skeptischer eingeschätzt. So werden die Informationsweitergabe und die Einbindung in die Entscheidungsfindung von den Befragten eher gemischt bewertet. Nur etwa jeder Zweite denkt, dass es bei wichtigen Fragen für alle ein Mitspracherecht gibt (51 % Soldaten bzw. 44 % Veteranen), dass Probleme im Dienstalltag schnell behoben werden (51 % Soldaten bzw. 47 % Veteranen) und dass die Anerkennung der eigenen Leistungen durch Vorgesetzte angemessen ist

(44 % Soldaten bzw. 46 % Veteranen). Organisationsstrukturelle Aspekte werden ebenfalls differenziert wahrgenommen. So gibt fast die Hälfte (jeweils 47 %) der Befragten an, dass viele Auflagen und Regeln in der Bundeswehr die schnelle Erfüllung der Aufgaben oft einschränken würden. Am häufigsten kritisieren (Einsatz-)Soldaten und Veteranen jedoch die Vorbildfunktion von Vorgesetzten. Nur etwas mehr als ein Drittel von ihnen sagt, Vorgesetzte würden vorleben, dass bei Fehlern Verantwortung übernommen werden muss (36 % Soldaten bzw. 38 % Veteranen). Dennoch ist eine Mehrzahl sowohl der Soldaten (57 %) als auch der Veteranen (60 %) mit ihrem unmittelbaren Vorgesetzten (bei Veteranen: dem letzten unmittelbaren Vorgesetzten) zufrieden. Die Zufriedenheit mit dem nächsthöheren (49 % Soldaten bzw. 55 % Veteranen) sowie mit höheren (34 % Soldaten bzw. 50 % Veteranen) Vorgesetzten ist dagegen geringer ausgeprägt. Die Erfahrungen des Einsatzes haben dabei auch noch drei Jahre nach der Rückkehr wesentlichen Einfluss darauf, wie die Befragten die Führungs- und Organisationskultur am Standort wahrnehmen. Das gilt aber nicht für alle organisationskulturellen Aspekte, sondern vor allem für die wahrgenommene Anerkennung durch Vorgesetzte sowie den Umgang mit dienstlichen Problemen. Befragte, die sich auch noch drei Jahre später positiv mit dem Einsatz im 22. Kontingent ISAF identifizieren, sind am Standort signifikant zufriedener mit der empfundenen Anerkennung der eigenen Leistung durch Vorgesetzte (48 % gegenüber 34 % unter denen, die sich weniger stark mit dem Einsatz identifizieren), mit der Unterstützung durch Kameraden bei dienstlichen Problemen (75 % gegenüber 60 %) sowie mit der Behebung von Schwierigkeiten im Dienstablauf (53 % gegenüber 39 %). Ein positives Urteil über die erlebte Führungs- und Organisationskultur in der eigenen Einheit am Standort zeitigt zudem positive Effekte auf die Bindung der Befragten an die Bundeswehr. Besonders hoch ist die Verbundenheit mit der Bundeswehr unter (Einsatz-)Soldaten und Veteranen ausgeprägt, die sich in ihrer Teileinheit (bei Veteranen: der letzten Teileinheit) als Person respektiert sehen (76 % gegenüber 50 % bei denjenigen, die sich persönlich nicht respektiert sehen), die gute Kameradschaft und Teamwork erleben (78 % gegenüber 60 %, die das weniger erleben) und deren Vorgesetzte vorleben, dass bei Fehlern Verantwortung übernommen werden muss (82 % gegenüber 66 % unter denen, für deren Vorgesetzte das weniger gilt). Organisationsstrukturelle Aspekte haben dagegen keinen Einfluss auf das Commitment der Befragten gegenüber der Bundeswehr.

Identifikation mit dem Soldatenberuf und Bindung an die Bundeswehr

Die Befragten fühlen sich mit der Bundeswehr meist eng verbunden und identifizieren sich überwiegend positiv mit dem Soldatenberuf. Viele Veteranen wären zudem gerne bei der Bundeswehr geblieben. Die Erfahrungen des Einsatzes spielen dafür eine wichtige Rolle.

Eine Mehrzahl sowohl der Soldaten (74 %) als auch der Veteranen (65 %) berichtet drei Jahre nach dem Einsatz, sich eng mit der Bundeswehr verbunden zu fühlen. Die meisten Soldaten (75 %) und Veteranen (87 %) stehen auch noch immer hinter der persönlichen Entscheidung, die Soldatenlaufbahn eingeschlagen zu haben. Nur ein kleiner Teil von 8 Prozent der Soldaten teilt dagegen die Einschätzung, gegenwärtig nur noch Dienst nach Vorschrift zu leisten. Die meisten Veteranen wären zudem gerne als Soldat bei der Bundeswehr geblieben (58 %). Die Identifikation mit dem Einsatz hat dafür eine wichtige Bedeutung. Befragte, die sich drei Jahre später mit dem Einsatz im 22. Kontingent ISAF stark identifizieren, weisen nicht nur eine signifikant höhere Bindung an die Bundeswehr, sondern auch eine wesentlich höhere soldatische Motivation auf als diejenigen Befragten, die sich weniger stark mit dem Einsatz identifizieren (73 % die sich stark mit dem Einsatz identifizieren, weisen eine hohe soldatische Motivation auf gegenüber 55 % in der Vergleichsgruppe; 77 % die sich stark mit dem Einsatz identifizieren, fühlen sich eng mit der Bundeswehr verbunden gegenüber 49 % in der Vergleichsgruppe).

Auswirkungen des Einsatzes auf das berufliche Fortkommen

Aus Sicht der meisten Befragten ist die Teilnahme am Einsatz folgenlos für die weitere Karriere in der Bundeswehr geblieben. Auch die Möglichkeiten, im Einsatz erworbene Fähigkeiten und Kenntnisse in den Dienst am Standort einzubringen, werden differenziert bewertet. Eine Ausnahme stellen gefechtserfahrene Soldaten dar. Sie beurteilen die Integration ihrer Erfahrungen in den Dienstalltag ebenso wie die erlebte Anerkennung im Kameradenkreis meist positiv. Die Auswirkungen des Einsatzes auf das berufliche Fortkommen in der Bundeswehr werden dagegen auch von ihnen skeptisch eingeschätzt.

Die Auswirkungen des Einsatzes auf die weitere berufliche Entwicklung werden von den Befragten verschieden wahrgenommen: Fast die Hälfte der Soldaten (44 %) bzw. mehr als die Hälfte der Veteranen (56 %) sind der Auffassung, dass die Teilnahme am Einsatz mit dem 22. Kontingents ISAF sie beruflich nicht weitergebracht hat. Auch sagen nur etwa ein Viertel (27 %) der Soldaten bzw. ein Fünftel (18 %) der Veteranen, dass die

Einsatzteilnahme zu einer Verbesserung der Karriereaussichten in der Bundeswehr beigetragen hat. Ähnlich differenziert wird die Integration von Einsatzerfahrungen in den Dienst am Standort eingeschätzt. Weniger als die Hälfte (44 %) der Soldaten glaubt, die im Einsatz erworbenen Kenntnisse und Fähigkeiten gut in den Dienstalltag am Standort einbringen zu können. Lediglich ein Drittel (36 % Soldaten bzw. 27 % Veteranen) der Befragten ist der Ansicht, dass ihre Einsatzerfahrungen zu einer höheren persönlichen Wertschätzung im Kameradenkreis beigetragen haben. Eine Ausnahme stellen gefechtserfahrene Soldaten dar. Sie beurteilen die Integration ihrer Erfahrungen in den Dienst am Standort mehrheitlich (57 %) positiv. Vergleichsweise häufig (46 %) haben sie auch den Eindruck, aufgrund ihrer im Einsatz gemachten Erfahrungen höhere Anerkennung bei Kameraden zu finden. Die Auswirkungen des Einsatzes auf das berufliche Fortkommen in der Bundeswehr werden dagegen von ihnen ähnlich skeptisch eingeschätzt wie von Befragten ohne Gefechtserfahrung. In beiden Gruppen (46 % bzw. 43 %) teilt knapp die Hälfte der Befragten die Einschätzung, dass die Teilnahme am Einsatz sie beruflich nicht weitergebracht hat. Nur etwa jeder Dritte Befragte (29 % bzw. 27 %) ist zudem der Auffassung, die Einsatzteilnahme hätte zu einer Verbesserung der Karriereaussichten in der Bundeswehr beigetragen. Aus Sicht der meisten Soldaten und Veteranen ist die Einsatzteilnahme offenbar weitgehend folgenlos für das weitere berufliche Fortkommen geblieben.

Soldatische Motivation und Identifikation mit dem Einsatz

Ein großer Teil der Soldaten und Veteranen ist nach eigenen Angaben stolz auf das im 22. Kontingents ISAF Geleistete. Das wirkt sich positiv sowohl auf die soldatische Motivation als auch auf die Bereitschaft für eine weitere Einsatzteilnahme aus. Die meisten der (Einsatz-)Soldaten würden freiwillig erneut an einem Auslandseinsatz wie in Afghanistan teilnehmen.

Die persönliche Motivation im Dienst nimmt im Durchschnitt für das Kontingent über den gesamten betrachteten Zeitraum von 2010 bis 2013 zwar kontinuierlich ab, befindet sich knapp drei Jahre nach dem Einsatz aber noch immer auf einem relativ hohen Niveau (bspw. 77 % hohe persönliche Motivation im Einsatz gegenüber 69 % nach dem Einsatz). Die Identifikation mit dem Einsatz im 22. Kontingent ISAF wächst dagegen für die Befragten ebenso wie die Bereitschaft, erneut freiwillig an einem Auslandseinsatz teilnehmen zu wollen, beständig über die Zeit hin an. Diese ist in der Befragung des Kontingents im Einsatz am geringsten ausgeprägt, steigt bereits wenige Wochen nach der Rückkehr aus Afghanistan wieder an und ist knapp drei Jahre nach der Rückkehr aus dem Einsatz am höchsten ausgeprägt (59 % im Einsatz, 66 % etwa sechs Wochen nach der Rückkehr und 68 % drei Jahre später). Ein noch stärkerer Anstieg zeigt sich für die Identifikation mit dem Afghanistaneinsatz: Der empfundene Stolz auf die Zugehörigkeit zum 22. Kontingent ISAF ist im Durchschnitt für das Kontingent im Einsatz in Afghanistan am geringsten ausgeprägt, nimmt wenige Wochen nach der Rückkehr nach Deutschland wieder deutlich zu und erreicht in der Befragung fast drei Jahre nach dem Einsatz den höchsten Wert (71 % vor dem Einsatz, 66 % im Einsatz, 76 % etwa sechs Wochen nach der Rückkehr und 81 % drei Jahre später). Dagegen nimmt die Zustimmung zu der Aussage „Ich würde bzw. hätte lieber auf den Einsatz im 22. Kontingent ISAF verzichtet" beständig ab (17 % vor dem Einsatz, 14 % im Einsatz, 12 % sechs Wochen nach dem Einsatz und 8 % drei Jahre später). Diese insgesamt hohe Bereitschaft der Befragten für eine weitere Einsatzteilnahme ist dabei eng mit der wahrgenommenen Wirksamkeit und Identifikation mit dem zurückliegenden Afghanistaneinsatz verbunden. So weisen etwa jene (Einsatz-)Soldaten, die den Einsatz des 22. Kontingents ISAF alles in allem als erfolgreich wahrnehmen und sich mit diesem Einsatz positiv identifizieren, eine signifikant höhere Bereitschaft für eine weitere Einsatzteilnahme auf als die Vergleichsgruppe, dic den Einsatz als weniger erfolgreich wahrnimmt und sich weniger stark mit dem zurückliegenden Afghanistaneinsatz identifiziert (75 % gegenüber 42 %).

Insgesamt empfindet dabei die überwiegende Mehrzahl der Befragten (86 % Veteranen zw. 78 % Soldaten) Stolz, Soldat des 22. Kontingents ISAF gewesen zu sein. Nur 9 Prozent der Soldaten bzw. 7 Prozent der Veteranen sagen, dass sie lieber auf den Einsatz verzichtet hätten. Neun von zehn Befragten (93 % Soldaten bzw. 92 % Veteranen) beurteilen auch die Leistung ihrer Teileinheit im Einsatz mit dem 22. Kontingent als gut. Die Verdienste des Gesamtkontingents werden zwar insgesamt etwas skeptischer bewertet, aber auch diese werden von den meisten Soldaten (54 %) und Veteranen (57 %) als erfolgreich wahrgenommen. Die wahrgenommene Wirksamkeit des Einsatzes ist dabei wesentlicher Faktor nicht nur für die Identifikation mit dem zurückliegenden Einsatz, sondern auch für die Bereitschaft der Befragten, erneut freiwillig an einem weiteren Auslandseinsatz teilzunehmen. Wer etwa von den Soldaten drei Jahre später die Auffassung vertritt, dass der Einsatz mit dem 22. Kontingent ISAF alles in allem erfolgreich gewesen ist, der steht einer neuerlichen Einsatzteilnahme auch wesentlich positiver gegenüber als Befragte, die dieser Aussage nicht zustimmen (75 % im Vergleich zu 60 %).

Einstellungen zum Einsatz der Bundeswehr in Afghanistan drei Jahre später

Die meisten Soldaten und Veteranen stehen auch noch drei Jahre nach der Rückkehr aus dem Einsatz hinter der politischen Entscheidung, die Bundeswehr nach Afghanistan zu entsenden. Nur ein kleiner Teil ist der Auffassung, die Bundeswehr sollte Afghanistan umgehend verlassen. Sie kritisieren jedoch häufiger die Einsatzstrategie und befürchten, dass mit dem Abzug der internationalen Truppen die Gewalt in Afghanistan wieder ausbricht. Viele wünschen sich ein längerfristiges Engagement der Bundeswehr in Afghanistan. Die Bilanz des Afghanistaneinsatzes fällt differenziert aus. Dies gilt besonders für die einstigen Ausbildungs- und Schutzkräfte des Kontingents. Sie halten häufig ein robustes Vorgehen der Bundeswehr in Afghanistan für weiterhin notwendig. Die meisten sehen dafür jedoch keine ausreichende politische und gesellschaftliche Unterstützung.

Mehr als die Hälfte der Befragten (55 %) steht noch immer hinter der politischen Entscheidung, die Bundeswehr nach Afghanistan zu entsenden. Bedeutsame Abweichungen in den Einstellungen zwischen (Einsatz-)Soldaten und Veteranen gibt es nicht. Die Zustimmung der Befragten zum Einsatz hängt dabei ganz wesentlich von der Einschätzung ab, ob sie das Engagement der Bundeswehr in Afghanistan als wirksam wahrnehmen. Wer etwa unter den Soldaten und Veteranen drei Jahre später noch der Aussage zustimmt, dass den Menschen in Afghanistan mit dem Einsatz der Bundeswehr geholfen wird, der steht signifikant häufiger auch hinter der politischen Entscheidung, die Bundeswehr nach Afghanistan entsendet zu haben (73 % im Vergleich zu 37 % unter Befragten, die dieser Aussage nicht zustimmen). Die Wirksamkeit des Afghanistaneinsatzes wird jedoch von den Befragten differenziert bewertet. Während etwa eine Hälfte des Kontingents durch den Einsatz positive Effekte für die Entwicklung in Afghanistan sieht, kommt eine andere Hälfte mit Blick auf das Erreichte zu keinem eindeutigen Urteil bzw. ist skeptisch. So teilt etwa die Hälfte (52 %) der Befragten die Einschätzung, dass der Einsatz der Bundeswehr einen sinnvollen Beitrag dazu geleistet hat, den Menschen in Afghanistan zu helfen. Etwa ein Viertel (27 %) der Befragten ist hingegen davon überzeugt, dass der Einsatz der Bundeswehr letztendlich nutzlos gewesen sei, da er zu keinen grundlegenden Verbesserungen beigetragen habe. Weitere 26 Prozent der Befragten stimmen dieser Aussage teilweise zu. Trotz dieser eher gemischten Bilanz des Einsatzes sind aber nur wenige Befragte der Ansicht, dass die Bundeswehr Afghanistan umgehend verlassen soll (17 %). Eine Mehrzahl der Befragten lehnt diese Aussage vielmehr explizit ab (64 %). Ein Großteil der Soldaten und Veteranen ist davon überzeugt, dass die Gewalt in Afghanistan wieder eskaliert, wenn die internationalen Truppen abgezogen sind (85 %). Die weitere Ausrichtung des Afghanistaneinsatzes ist für viele Soldaten und Veteranen daher keine Nebensache, sondern hat wesentlichen Einfluss auf ihre soldatische Identifikation und Motivation. Diese Frage wird von den Befragten jedoch entlang der Aufgaben, die sie im Einsatz hatten, differenziert beantwortet. Während etwa eine Hälfte der Befragten ein künftiges Engagement unterstützt, das neben verstärkten Aufbauanstrengungen ziviler Organisationen (53 %) zusätzlich Ausbildungs- und Beratungsaufgaben (47 %) für die Bundeswehr beinhaltet, und somit weitgehend offiziellen politischen Festlegungen des Post-ISAF-Einsatzes folgt, hält eine andere Gruppe diese Einsatzstrategie nur teilweise (37 %) für sinnvoll bzw. lehnt (16 %) diese explizit ab. Diese Gruppe teilt häufiger die Einschätzung, dass mit dem Abzug der ISAF-Truppen die Gewalt in Afghanistan wieder eskaliert und ist zudem häufiger der Meinung, dass die Bundeswehr weiterhin militärisch robust in Afghanistan vorgehen sollte. Es sind dabei häufiger Befragte, die im Einsatz zu den Ausbildungs- und Schutzkräften zählten, die regelmäßige Kontakte sowohl zur Zivilbevölkerung als auch zu afghanischen Sicherheitskräften im Einsatz hatten und folglich häufiger auch in Gefechten gegen Aufständische standen, die auch noch drei Jahre nach Einsatzende wesentlich stärker die Auffassung vertreten, die Bundeswehr solle in Afghanistan weiterhin militärisch robust vorgehen (49 % für Ausbildungs- und Schutzkräfte im Vergleich zu 34 % für Planungs- und Führungskräfte bzw. 31 % für Unterstützungskräfte; 55 % für Gefechtserfahrene im Vergleich zu 32 % für Befragte ohne Gefechtserfahrung). Allerdings beurteilen sie sowohl die Konfliktlage als auch das in Afghanistan bisher Erreichte differenzierter als Befragte ohne diese Erfahrung. So teilen etwa Gefechtserfahrene signifikant häufiger (33 % im Vergleich zu 24 % Befragte ohne Gefechtserfahrung) die Einschätzung, dass der Einsatz der Bundeswehr nutzlos gewesen sei, da er nicht zu grundlegenden Verbesserungen in Afghanistan beigetragen habe. Es erstaunt daher nicht, wenn Ausbildungs- und Schutzkräfte häufiger auch noch drei Jahre später die Auffassung vertreten, die Bundeswehr sollte weiterhin militärisch robust in Afghanistan vorgehen. Besonders sie erwarten positive Effekte ihres Engagements und formulieren vor dem Hintergrund ihrer in Afghanistan gemachten Erfahrungen Anforderungen an ein wirksames militärisches Vorgehen der Bundeswehr. Dafür sehen sie aber keinen ausreichenden politischen und gesellschaftlichen Rückhalt. Die politische Unterstützung für den Einsatz der Bundeswehr in Afghanistan wird allerdings skeptisch beurteilt. Nur 18 Prozent der Befragten sind der Auffassung, dass die deutsche Politik hinter dem Engagement der Bundeswehr in Afghanistan steht. Unter Gefechtserfahrenen ist sogar nur jeder Zehnte davon überzeugt, dass die deutsche Politik hinter dem Engagement der Bundeswehr in Afghanistan steht (12 % im Vergleich zu 21 % für Gefechtsunerfahrene).

Folgen des Einsatzes für Einstellungen zur Anwendung militärischer Gewalt

Die Befragten zeigen eine insgesamt hohe Bereitschaft, militärische Gewalt auch in künftigen Auslandseinsätzen zur Auftragsdurchsetzung anzuwenden. Im Vergleich mit der Zeit vor dem Einsatz lässt sich drei Jahre nach der Rückkehr insgesamt aber keine höher ausgeprägte Akzeptanz militärischer Gewaltanwendung für die Befragten beobachten.

Die Bereitschaft zur Anwendung militärischer Gewalt ist in der Zeit im Einsatz, im Zusammenhang mit den lebensbedrohlichen Eindrücken in Gefechten, mit Tod und Verwundung für das Kontingent am höchsten ausgeprägt. Dies gilt sowohl für Befragte, die im Laufe des Einsatzes mit dem 22. Kontingent ISAF tatsächlich in Gefechtssituationen gerieten, als auch für jene, die diese Erfahrung im Einsatz nicht gemacht haben. In der Einsatzbefragung geben beispielsweise 79 Prozent der Gefechtserfahrenen und 67 Prozent der Befragten ohne diese Erfahrung an, zur Auftragsdurchsetzung bereit zu sein, die Flucht feindlicher Kämpfer durch gezielten Waffeneinsatz zu verhindern. Bereits wenige Wochen nach der Rückkehr nimmt die Bereitschaft zur Anwendung militärischer Gewalt für das gesamte Kontingent spürbar ab. Dies trifft zunächst nur auf die Gruppe der Gefechtsunerfahrenen zu. So sinkt die Bereitschaft zum gezielten Waffeneinsatz für die Gruppe der nicht Gefechtserfahrenen von 67 Prozent im Einsatz auf 61 Prozent wenige Wochen nach der Rückkehr. Die Gruppe der Gefechtserfahrenen weist dagegen wenige Wochen nach der Rückkehr aus dem Einsatz noch eine gleich hohe Bereitschaft zur Anwendung militärischer Gewalt auf wie in der Einsatzbefragung (79 % im Vergleich zu 80 %). In der Langzeitperspektive verliert die Akzeptanz militärischer Gewaltanwendung aber auch für die Gruppe der Gefechtserfahrenen erheblich an Relevanz. Fast drei Jahre nach der Rückkehr aus dem Einsatz bewegt sich die Bereitschaft eines gezielten Waffeneinsatzes gegen feindliche Kämpfer sowohl für Gefechtserfahrene (65 %) als auch für nicht Gefechtserfahrene (55 %) auf einem ähnlichen oder sogar deutlich niedrigeren Niveau als noch wenige Wochen vor der Abreise nach Afghanistan (74 % für Befragte, die später im Einsatz tatsächlich in Gefechten gerieten bzw. 56 % für Befragte, die diese Erfahrung im Einsatz mit dem Kontingent nicht gemacht haben). Die allgemeine Bereitschaft zur Anwendung militärischer Gewalt ist dabei wesentlich von den Einsatzszenarien abhängig: Szenarien mit niedriger Eskalationsstufe erhalten grundsätzlich höhere Zustimmung (90 % Zustimmung für Warnschüsse oder 80 % für gezielte Schüsse auf potenzielle Angreifer), Szenarien mit hoher Eskalationsstufe hingegen geringere Zustimmung (57 %

für Schusswaffengebrauch zur Verhinderung der Flucht feindlicher Kämpfer). Die Bereitschaft zur Anwendung militärischer Gewalt sinkt zudem deutlich (auf 17 %), wenn mit dem Waffeneinsatz Gefährdungen für Zivilisten verbunden sind.

Soziale Anerkennung von (Einsatz-)Soldaten und Veteranen der Bundeswehr

Anerkennung und Wertschätzung sind wichtige soziale Ressourcen, die sich positiv auf die soziale Integration von (Einsatz-)Soldaten und Veteranen auswirken. Eine Mehrzahl der Befragten fühlt sich im privaten und dienstlichen Nahumfeld als (Einsatz-)Soldat bzw. Veteran anerkannt und wertgeschätzt. Durch deutsche Politik und Bevölkerung sieht sich dagegen nur jeder Zehnte des Kontingents anerkannt und wertgeschätzt.

Etwa sieben von zehn Kontingentangehörigen sehen sich als (Einsatz-)Soldat bzw. Veteran wertgeschätzt und anerkannt durch Kameraden (73 %), Familie (69 %) sowie Partner bzw. Partnerin (68 %). Von Freunden und Bekannten sehen sich noch 49 Prozent der Befragten anerkannt und wertgeschätzt, von unmittelbaren Vorgesetzten 55 Prozent und von höheren militärischen Vorgesetzten 40 Prozent der Befragten. Wesentlich negativer fällt das Urteil im Hinblick auf die erfahrene Anerkennung durch die deutsche Politik (10 %) und Bevölkerung (8 %) aus. Bei Gefechtserfahrenen sind es sogar noch weniger Befragte, die die entgegengebrachte Anerkennung und Wertschätzung durch Politik (7 %) und Bevölkerung (6 %) als angemessen empfinden. Bemerkenswert ist zudem, dass sich (Einsatz-)Veteranen nicht wesentlich weniger durch ihr soziales Nahumfeld (72 % Anerkennung etwa durch Familie gegenüber 68 % bei Soldaten) anerkannt und wertgeschätzt fühlen als Soldaten. Die wahrgenommene Wertschätzung durch Kameraden (81 % gegenüber 69 % Soldaten) und unmittelbare (67 % gegenüber 49 % Soldaten) sowie höhere (50 % gegenüber 35 % Soldaten) Vorgesetzte fällt für Veteranen sogar höher aus als für Soldaten. Die Anerkennung durch Politik (12 % gegenüber 10 %) und Bevölkerung (10 % gegenüber 7 %) schätzen sie dagegen ähnlich skeptisch ein wie Soldaten. Die erfahrene Anerkennung und Wertschätzung sowohl im persönlichen Nahumfeld als auch durch die deutsche Politik und Bevölkerung ist dabei keine Nebensache, sondern eng mit der sozialen Integration von (Einsatz-)Soldaten und Veteranen verbunden. Sie wirkt sich positiv sowohl auf das persönliche Wohlbefinden der Befragten als auch auf die soldatische Motivation und die Bindung an die Bundeswehr sowie die Identifikation mit dem Einsatz aus: Befragte, die sich durch Partner und Familie als (Einsatz-)Soldat bzw. Veteran anerkannt und wertgeschätzt fühlen, berichten drei Jahre nach dem Einsatz nicht nur von einer signifikant höheren soldatischen Motivation (74 % gegenüber 61 % unter Befragten, die sich nicht wertgeschätzt fühlen) sowie eine engere Bindung an die Bundeswehr (76 % gegenüber 62 %), sondern auch von einem höheren persönlichen Wohlbefinden (79 % gegenüber 67 %). Im Gegensatz dazu spielt die erfahrene Anerkennung durch die deutsche Politik und Bevölkerung zwar eine geringere Rolle für das emotionale Alltagserleben von Soldaten und Veteranen, wirkt sich jedoch deutlich auf die soldatische Motivation aus. Wer sich unter den Soldaten und Veteranen durch die deutsche Bevölkerung und Politik als (Einsatz-)Soldat bzw. Veteran anerkannt fühlt, der berichtet in der Befragung drei Jahre später auch von einer signifikant höheren soldatischen Motivation (84 % bzw. 80 % gegenüber jeweils 68 % für Befragte, die sich durch deutsche Bevölkerung oder Politik nicht wertgeschätzt fühlen) und engeren Bindung an die Bundeswehr sowie höheren Identifikation mit dem Einsatz (90 % gegenüber 80 %). Eine Veteranenpolitik für mehr öffentliche Wertschätzung und praktische Unterstützung wird dabei nicht nur von weiten Teilen der Bevölkerung, sondern auch von einer großen Mehrzahl der (Einsatz-)Soldaten und Veteranen befürwortet. Als Maßnahmen zur Unterstützung wünschen sich die Befragten in sämtlichen Gruppen mit Abstand am häufigsten eine verbesserte medizinische Versorgung von psychisch oder körperlich versehrten (Einsatz-)Veteranen (99 % Soldaten, 98 % Veteranen, 93 % Bevölkerung) sowie soziale Maßnahmen zur Betreuung und Versorgung von Familienangehörigen von (Einsatz-)Veteranen und Hinterbliebenen (82 % Zustimmung Soldaten und 73 % Veteranen; 77 % Bevölkerung). Ein Großteil der Einsatzrückkehrer befürwortet zudem eine staatliche Förderung von privaten Initiativen wie der „Gelben Schleife" (86 %). In der Bevölkerung fällt die Zustimmung dazu deutlich geringer aus (57 %). Eine Veteranenkarte nach US-amerikanischem Vorbild, die etwa Vergünstigungen für Freizeitangebote bietet, findet hingegen lediglich unter (Einsatz-)Soldaten größere Zustimmung (63 % Soldaten, 51 % Veteranen, 48 % Bevölkerung). Insgesamt jedoch erzielen medizinische und soziale Maßnahmen ebenso wie finanzielle Unterstützungsleistungen in sämtlichen Gruppen höhere Zustimmungswerte als symbolische Anerkennungsmaßnahmen. Bemerkenswert ist allerdings, dass in der deutschen Bevölkerung offenbar eine größere Offenheit für eine Symbolpolitik der Anerkennung von (Einsatz-)Soldaten und Veteranen besteht als unter Rückkehrern selbst. Während 66 Prozent der Befragten in der deutschen Bevölkerung etwa Einladungen von (Einsatz-)Veteranen zu öffentlichen Veranstaltungen mit Symbolcharakter befürworten, trifft dies auf signifikant weniger Befragten (50 %) unter den Einsatzrückkehrern zu. 62 Prozent der deutschen Bevölkerung können sich zudem öffentliche Verleihungen von Veteranenabzeichen, Orden und Medaillen vorstellen, von Einsatzrückkehrern wird dies hingegen signifikant seltener befürwortet (55 %). Die vergleichsweise geringste Zustimmung findet dagegen in sämtlichen Gruppen ein Veteranentag, an dem ausschließlich (Einsatz-)Veteranen der Bundeswehr geehrt werden (50 % und 53 %).

1 Auftrag, Ziele und Begriffe

Das Sozialwissenschaftliche Institut der Bundeswehr (SOWI), seit 1. Januar integriert in das Zentrum für Militärgeschichte und Sozialwissenschaften der Bundeswehr (ZMSBw), wurde am 15. Oktober 2012 vom Bundesministerium der Verteidigung (BMVg) mit der Durchführung eines breit angelegten Forschungsprojekts zum Thema *Afghanistanrückkehrer – Langzeitbefragung von Soldaten und Veteranen des 22. Kontingents ISAF* beauftragt. Die vorliegende Studie *Leben nach Afghanistan – Die Soldaten und Veteranen der Generation Einsatz der Bundeswehr* stellt den Abschluss dieser Untersuchung dar. Sie basiert im Wesentlichen auf einer Wiederholungsbefragung von sämtlichen Angehörigen des 22. Kontingents ISAF im Jahr 2013, die bereits in den Jahren 2010 und 2011 vom ZMSBw bzw. vormals SOWI befragt wurden.

Diese Folgebefragung ist in die erste sozialwissenschaftliche Langzeitbegleitung von (Einsatz-)Soldaten und Veteranen der Bundeswehr eingebettet.[1] Die Soldatinnen und Soldaten des 22. Kontingents ISAF (International Security Assistance Force), die sich überwiegend von März bis Oktober 2010 im Einsatz in Afghanistan befanden, wurden im Rahmen der bisher umfassendsten soziologischen Studie zum Afghanistaneinsatz der Bundeswehr von einem Projektteam des SOWI/ZMSBw (im Folgenden nur ZMSBw genannt) über die gesamte Dauer des Einsatzes hinweg begleitet und zu verschiedenen Zeitpunkten befragt – von der Vorausbildung über den Einsatz bis hin zur Einsatznachbereitung. In zahlreichen Interviews, mit Hilfe von Fragebögen und auch durch Feldforschung in Kunduz, Mazar-e-Sharif und Taloqan hat das Team Erkenntnisse zur Einsatzrealität in Afghanistan gesammelt und ausgewertet. Die Ergebnisse der Studie *ISAF 2010* liegen in mehreren Forschungsberichten und Veröffentlichungen vor.[2] Im Jahr 2013, fast drei Jahre nach der Rückkehr der Soldatinnen und Soldaten aus Afghanistan, wurde diese Studie dann zur ersten Langzeitbefragung von (Einsatz-)Soldaten und Veteranen der Bundeswehr ausgebaut. Hierfür wurden die noch im aktiven Dienst befindlichen ebenso wie die mittlerweile aus der Bundeswehr ausgeschiedenen Soldatinnen und Soldaten dieses Kontingents nochmals nach ihren Erfahrungen gefragt. Dadurch konnten Auswirkungen von

1 Zur Methode und Durchführung der Untersuchung siehe ausführlicher Kapitel 4 der vorliegenden Studie.

2 Siehe Seiffert et al. (2010a; 2010b; 2011a; 2011b); Seiffert/Langer/Pietsch (2012); Langer (2012; 2016); Pietsch (2012); Seiffert (2012; 2013; 2014; 2015; 2016b); Seng/Seiffert (2016); Heß (2013); Seiffert/Heß (2012).

Der Einsatz im Rahmen der International Security Assistance Force (ISAF) in Afghanistan von Anfang 2002 bis Ende 2014 war der bislang komplexeste und riskanteste Einsatz für die Bundeswehr. *picture alliance/Maurizio Gambarini*

Einsatzerfahrungen auf das Leben von (Einsatz-)Soldaten und Veteranen der Bundeswehr über einen Zeitraum von mehreren Jahren untersucht werden.

Diese erneute Befragung ist als Mehrthemenbefragung konzipiert, die an die Ergebnisse der vorangegangenen Befragungen des Kontingents anknüpft.[3] Im Wesentlichen sollen mit dieser Wiederholungsbefragung zusätzliche Erkenntnisse über längerfristige Folgen und Wirkungen eines Einsatzes für Soldaten und Veteranen und ihre Familien sowie für das Selbstverständnis der Generation Einsatz und die Bundeswehr als Organisation gewonnen werden, insbesondere um Maßnahmen zur Reduzierung von Belastungsfolgen entwickeln und ergreifen zu können.

Ein Zwischenbericht mit ausgewählten Ergebnissen der Wiederholungsbefragung zum Thema *Der Einsatz, die Liebe, der Dienst und die Familie* wurde bereits im Jahr 2013 vom ZMSBw vorgelegt und 2014 auf der Homepage veröffentlicht.[4] Diese Befunde bezogen sich ausschließlich auf den Anteil der zum Befragungszeitpunkt noch im aktiven Dienst bei der Bundeswehr befindlichen Soldatinnen und Soldaten des Kontingents. Ergebnisse für die aus der Bundeswehr ausgeschiedenen Kontingentangehörigen waren nicht enthalten. Dieses Vorgehen war notwendig, da die aus der Bundeswehr ausgeschiedenen Angehörigen des Kontingents aufgrund eines datenschutzrechtlichen Überprüfungsverfahrens zu einem späteren Zeitpunkt befragt werden mussten. Diese Veteranenbefragung wurde Anfang Oktober 2013 abgeschlossen. Die Befunde werden hier erstmals präsentiert.

Die Zusammenführung der Ergebnisse der Gesamtuntersuchung stand ebenfalls noch aus. In der vorliegenden Untersuchung werden ausgewählte Befunde der Vorgängerstudie *ISAF 2010* zur Einsatzrealität aus Sicht der Soldatinnen und Soldaten des 22. Kontingents ISAF aufgegriffen und diese durch Ergebnisse der Wiederholungsbefragung von sämtlichen (noch aktiven und aus der Bundeswehr ausgeschiedenen) Angehörigen dieses Kontingents fundiert. Erkenntnisse aus den Interviews und Gesprächen, die in der Vorausbildung sowie im Rahmen der Feldforschung im Einsatz in Afghanistan und in den Jahren danach mit Kontingentangehörigen geführt wurden, fließen in die Ergebnisdarstellung als Interpretationskontext für die quantitativen Befunde ein. Aus Vergleichsgründen werden für diese Studie zu einigen Themenbereichen zudem Daten der repräsentativen Streitkräfte- und Bevölkerungsumfragen des ZMSBw aus dem Jahr 2012 herangezogen. Einschätzungen und Erwartungen von (Einsatz-)Soldaten und Veteranen können dadurch in

---

3 Siehe zu den Themen dieser Untersuchung die Projektskizze im Anhang dieses Berichts.

4 Siehe die Forschungsberichte Seiffert/Heß (2014); Seiffert (2013; 2015; 2016a; 2016b) sowie Seng/Seiffert (2016).

Bezug zu den Streitkräften insgesamt sowie zur deutschen Bevölkerung gesetzt werden. Die Befunde der Langzeitbefragung erhalten dadurch Tiefenschärfe.

Das Themenspektrum der vorliegenden Studie ist weit gefasst: Es reicht von einer Differenzierung der Generation Einsatz der Bundeswehr über die Analyse von Gewalterlebnissen, mit denen Soldaten und Veteranen im Afghanistaneinsatz konfrontiert waren, bis hin zur Untersuchung der Folgewirkungen dieser Erfahrungen auf verschiedene Lebensbereiche. Es werden Auswirkungen des Einsatzes auf die Persönlichkeit ebenso untersucht wie Folgen für Familie und Partnerschaft sowie die Unterstützung, die sich Soldaten und Veteranen für sich und ihre Familien nach der Rückkehr aus dem Einsatz von der Bundeswehr wünschen. Ein weiterer Schwerpunkt befasst sich mit Auswirkungen des Einsatzes auf die subjektive Gesundheit, das Wohlbefinden und die Lebenszufriedenheit von (Einsatz-)Soldaten und Veteranen. Es werden der langfristige Umgang mit Gewalterfahrungen, die Integration von Einsatzerfahrungen in den Dienst- bzw. Berufsalltag sowie Aspekte zum soldatischen Selbstverständnis und zur Einsatzmotivation beleuchtet. In einem weiteren Themenkomplex geht es um die Frage, wie Soldaten und Veteranen den Afghanistaneinsatz aus ihrer heutigen Perspektive beurteilen, wie sie die Wirksamkeit und Sinnhaftigkeit des Einsatzes im Rückblick einschätzen und welche Anerkennung und Wertschätzung sie sich als Afghanistanveteranen selber wünschen. Damit liegen erstmals empirisch fundierte Erkenntnisse nicht nur zu längerfristigen Folgewirkungen des Afghanistaneinsatzes vor, sondern auch zur Wiedereingliederung von (Einsatz-)Soldaten und Veteranen in ihr privates und dienstliches/berufliches Umfeld sowie zu ihren Einschätzungen und Erwartungen an Politik und Gesellschaft.

An dieser Stelle ist noch eine begriffliche Klarstellung notwendig: Der Veteranenbegriff ist einer breiten Öffentlichkeit in Deutschland im Zusammenhang mit den Auslandseinsätzen der Bundeswehr wenig bekannt. Auch im wissenschaftlichen Diskurs über die Auslandseinsätze ist dieser Begriff recht unbestimmt.[5] Als diese Studie im September 2017 vorgelegt wurde, war der Veteranenbegriff für die Bundeswehr zudem offiziell noch nicht abschließend definiert.[6] Am 26. November 2018 hat Bundesverteidigungsministe-

---

5 Siehe zur Diskussion über den Veteranenbegriff für den Bundeswehrkontext sowie zur Definition Daxner (2014a und b).

6 Eine vorläufige Definition hatte der damalige Bundesverteidigungsminister Thomas de Maizière am 16. Januar 2013 in seiner Rede beim Abschiedsappell der 10. Panzerdivision in Bad Reichenhall vor ihrem Afghanistaneinsatz vorgelegt: „Veteran der Bundeswehr ist, wer ehrenhaft aus dem aktiven Dienst in der Bundewehr ausgeschieden ist und als Angehöriger der Bundeswehr im Ausland an mindestens einem Einsatz oder einer besonderen Verwendung im Rahmen von humanitären, friedenerhaltenden oder friedenschaffenden Maßnahmen teilgenommen hat. Gleiches gilt für die Teilnahme an mindestens einer Ausbildungsmission der NATO oder EU außerhalb des Bündnisgebietes. Schließlich halte ich mir die Möglichkeit offen, den Status eines Veteranen der Bundeswehr aktiv zuzuerkennen, sollte dies angemessen und geboten sein.“ Vgl. Bundeswehr (2013).

rin Ursula von der Leyen den Veteranenbegriff in einem Tagesbefehl für die Bundeswehr festgelegt: „Veteranin oder Veteran der Bundeswehr ist, wer als Soldat oder Soldatin der Bundeswehr im aktiven Dienst steht oder aus diesem Dienstverhältnis ehrenhaft ausgeschieden ist, also den Dienstgrad nicht verloren hat."[7]

In der vorliegenden Studie wird eine *einsatzerfahrene* Gruppe aktiver und ehemaliger Soldatinnen und Soldaten der Bundeswehr untersucht. In dieser Studie wird daher im Sinne eines wissenschaftlichen Arbeitsbegriffs zwischen noch im aktiven Dienst befindlichen und aus der Bundeswehr ausgeschiedenen Soldatinnen und Soldaten unterschieden. Von *(Einsatz-)Veteranen* wird in der vorliegenden Studie immer dann gesprochen, wenn Angehörige des 22. Kontingents ISAF gemeint sind, die zum Befragungszeitpunkt etwa drei Jahre nach dem Einsatz aus der Bundeswehr ausgeschieden waren. Die zu diesem Zeitpunkt noch im aktiven Dienst befindlichen Soldatinnen und Soldaten desselben Kontingents werden dagegen als *(Einsatz-)Soldaten* bezeichnet. Wenn beide einsatzerfahrene Gruppen zusammen – sowohl noch aktive als auch aus der Bundeswehr ausgeschiedene Soldatinnen und Soldaten des Kontingents – gemeint sind, wird von *Einsatzrückkehrern* gesprochen. Der dieser Studie zugrunde gelegte Generationenbegriff wird in Kapitel 5 erläutert. Weitere wichtige Begriffe der vorliegenden Studie, wie beispielsweise Gewalt, Motivation, Belastung oder Gesundheit, werden ebenfalls in den jeweiligen Abschnitten definiert.

---

7 Vgl. Bundeswehr (2018).

2 Erkenntnisinteresse und Forschungsfragen

Der Blick auf die Auslandseinsätze der Bundeswehr bleibt meist auf legitimatorische oder strategische Fragen begrenzt. Wie Soldatinnen und Soldaten Kontext und Realität eines Einsatzes wahrnehmen, welche Erfahrungen sie tatsächlich im Umgang mit militärischer Gewalt im Einsatz machen und welche Folgen diese Erfahrungen für das Selbstbild und die Organisation, aber auch für das private und berufliche Umfeld sowie für das Verhältnis von Bundeswehr und Gesellschaft haben, wird hingegen seltener thematisiert. Anknüpfend an bereits vorgelegte Erkenntnisse unserer Langzeitstudie zum Afghanistaneinsatz der Bundeswehr wird dieser Themenkomplex in der vorliegenden Studie wieder aufgegriffen und durch Befragungsergebnisse, die wir im Rahmen einer Wiederholungsbefragung sämtlicher Angehörigen des 22. Kontingents ISAF gut drei Jahre nach der Rückkehr aus dem Einsatz gewonnen haben, fundiert. (s. Kapitel 1 und 4)

Für Soldatinnen und Soldaten und deren Angehörige stellt nicht nur die Einsatzzeit[8] eine große Herausforderung dar, sondern oft auch die Zeit nach der Rückkehr. (Seiffert/Heß 2014; Wendl 2013) In Einsätzen in internationalen Krisenregionen bewegen sich Soldatinnen und Soldaten meist in einer hochgradig fremden Kultur und müssen mit verschiedensten zivilen und militärischen Akteuren zusammen handeln. Sie erleben Not und Leid der einheimischen Bevölkerung, werden mit Zerstörung, Tod und Verwundung konfrontiert und manche von ihnen haben wie im zurückliegenden ISAF-Einsatz in Afghanistan auch in schweren Gefechten gegen Aufständische gestanden und getötet – erstmals in der Geschichte der Bundeswehr. Der erste in einem Feuergefecht Gefallene der Bundeswehr war ein 21-jähriger Hauptgefreiter. Er starb im April 2009 im Einsatz in Afghanistan.[9] (Der Themenkomplex „Gefechtserfahrung“ wird ausführlich in Kapitel 3 sowie in den Abschnitten 5.3 und 5.4 behandelt.)

Solche einschneidenden Erlebnisse gehen nicht einfach spurlos an Menschen vorbei, sondern müssen nach der Rückkehr nach Deutschland verarbeitet und in den Alltag zu Hause integriert werden. (Seiffert 2014; 2016a; 2016b) Besonders Gewalterlebnisse, aber auch ethisch schwierige Entscheidungen können noch lange nach dem Einsatz als Belastung

---

8 Siehe zur Belastungs- und Bedrohungswahrnehmung von Soldatinnen und Soldaten während des Einsatzes Seiffert et al. (2010b).

9 Siehe zu den Gefallenen und Verwundeten der Bundeswehr in Auslandseinsätzen Kapitel 3 sowie zu den konkreten Erfahrungen des Kontingents mit direkter und indirekter Gewalt Abschnitt 5.3 des vorliegenden Berichts und zuvor schon Seiffert (2012; 2013).

Ein Fallschirmjäger reicht einem kleinen afghanischen Jungen eine Wasserflasche. Was die Erfahrungen in Afghanistan für das Leben von Soldaten bedeuten, ist in Deutschland kaum bekannt. *picture alliance/Maurizio Gambarini*

fortdauern und tiefe Spuren im Leben von (Einsatz-)Soldaten und Veteranen und ihren sozialen Beziehungen hinterlassen. (Seiffert/Heß 2014; Knobloch/Theiss 2012)

Neu ist dieses Phänomen nicht. Bereits der US-amerikanische Psychotherapeut Jonathan Shay formulierte Mitte der 1990er-Jahre basierend auf seinen Eindrücken, die er im Laufe seiner Arbeit mit Vietnamkriegsveteranen gesammelt hatte: „Menschen verlassen das Land und kehren zurück mit Erfahrungen, die auf extreme Weise anders sind als die ihrer zurück gebliebenen Mitmenschen." (Shay 1998: 57)

Die Rückkehr aus dem Einsatz kann so zu einer Belastungsprobe für alle Beteiligten werden. (vgl. Abschnitt 6.1) Das Zusammenleben zu Hause und am Standort muss wieder neu organisiert und strukturiert werden. Schwieriger ist das Einfinden in den Alltag für all diejenigen, die psychisch oder physisch verletzt zurückkehren. Für sie und ihre Angehörigen verändert sich das Leben meist von Grund auf. Sie müssen neue Lebensperspektiven entwickeln und dabei auch unterstützt werden. Zu den psychischen Folgen von Auslandseinsätzen, besonders zu der medial so präsenten Posttraumatischen Belastungsstörung (PTBS), liegen mittlerweile fundierte Befragungsergebnisse für Bundeswehrsoldaten vor.[10] Für die neuen (Einsatz-)Veteranen der Bundeswehr sind hierzu dagegen noch keine empirischen Erkenntnisse vorhanden.

Allerdings dürfen die Folgen von Auslandseinsätzen nicht allein psychologisch begriffen werden. Einsatzerlebnisse können nicht nur individuelle, sondern ebenso soziale Auswirkungen zeitigen, zunächst einmal unabhängig davon, ob die Erfahrungen mit negativen oder positiven Folgen assoziiert sind: „Die Rückkehrer agieren nicht in einem abgeschlossenen Raum, sondern in einem sozialen Umfeld, das von ihren Erfahrungen ebenso mit beeinflusst wird, wie umgekehrt der gesellschaftliche und politische Kontext die Möglichkeiten der individuellen Bearbeitung mitbestimmt." (Seiffert 2014: 4) Eine „Psychologisierung des Diskurses über die Auslandseinsätze der Bundeswehr birgt nicht zuletzt die Gefahr einer Entpolitisierung der öffentlichen Debatte über die Auslandseinsätze" (Seiffert 2014: 14). Die Datenlage zu den Auswirkungen von Auslandseinsätzen auf das private und berufliche Umfeld von (Einsatz-)Soldaten und Veteranen, ist jedoch ebenso wie zu den Folgen von Auslandseinsätzen für das Verhältnis von Bundeswehr und Gesellschaft vergleichsweise gering.

---

10 Vgl. für den Bundeswehrkontext etwa Barre/Biesold (2002); Wothe/Siepmann (2003); Dunker (2009); Zimmermann/Hahne/Ströhle (2009); Zimmermann (2011); Kowalski et al. (2012); Wittchen et al. (2012); Wittchen/Trautmann (2013); Heß/Seiffert/Zimmermann (2013); Heß/Seiffert/Steinbrecher (i.E.).

Im internationalen Kontext wurden Befragungsergebnisse speziell zur sozialen Integration von Einsatzrückkehrern vor allem für die US-amerikanischen und kanadischen Streitkräfte vorgelegt. In einer Studie von McCreary et al. mit kanadischen Soldatinnen und Soldaten auf Grundlage der von ihnen entwickelten Post-Deployment Reintegration Scale (PDRS), die sie im Rahmen ihrer mehr als zehn Jahre währenden Forschungen auf Basis von Befragungen zu den Bewertungen der Auswirkungen von Einsatzerfahrungen in den drei Bereichen Persönliches, Familie und Dienst konzipiert hatten, zeigten sich für die kanadischen Rückkehrer sechs Monate nach ihrem Einsatz in Afghanistan wesentlich häufiger gute als schlechte Integrationswerte auf der PDRS-Skala. (McCreary et al. 2014; n=3 006) Werber et al. untersuchten auf Grundlage der PDRS-Skala die familiäre Wiedereingliederung von US-amerikanischen Soldatinnen und Soldaten nach einem Einsatz in Afghanistan: (Werber et al. 2013; n=174) 80 Prozent der Soldatinnen und Soldaten bewerteten diese drei bis neun Wochen nach ihrer Rückkehr für sich persönlich als gelungen, 15 Prozent kamen zu einem gemischten Urteil und etwa 5 Prozent sprachen von einer nicht gelungenen Integration. (Werber et al. 2013: 33) Als Risikofaktoren, die eine Wiedereingliederung in das familiäre Umfeld erschwerten, identifizierten die Forscher neben aufgetretenen Problemen in Familie und Partnerschaft vor allem psychische oder physische Verwundungen.

Mit dem Einsatz verbanden die Rückkehrer aber nicht nur negative Folgen, sondern auch positive Aspekte. So berichteten in einer Studie von Pietrzak et al. 72 Prozent der befragten US-amerikanischen Heimkehrer aus der Operation Enduring Freedom und Iraqi Freedom von mindestens einer positiven Veränderung nach ihrer Rückkehr in den Bereichen Selbst- und Weltbild, Familie oder Dienst. (Pietrzak et al. 2010; n=272) In einem Review von Schok et al. auf der Basis von sieben empirischen Studien zu Bewertungen von Einsatzerfahrungen überwiegend von Soldatinnen und Soldaten der US-Streitkräfte kommen die Autoren zu dem Schluss, dass die Rückkehrer insgesamt mehr positive als negative Auswirkungen ihrer Einsatzerfahrungen auf verschiedene Bereiche ihres Lebens wahrnehmen. Hierzu zählen beispielsweise, Widrigkeiten besser bewältigen zu können oder eine neue Perspektive auf das Leben entwickelt zu haben. (Schok et al. 2008)

Für den Bundeswehrkontext liegen hierzu noch kaum Daten vor. (Seiffert/Heß 2014; Seng/Seiffert 2016) Die vorliegende Studie orientiert sich daher an diesen internationalen Forschungen, geht gleichzeitig aber über diese hinaus: Ihr liegt die Annahme zugrunde, dass die Erfahrungshorizonte in Auslandseinsätzen für Bundeswehrsoldaten in der konkreten Realität vor Ort nicht nur vielfältig und komplex sind, sondern dass für ein ganzheitliches Verständnis der Aufarbeitung von Einsatzerfahrungen neben möglichen persönlichen, privaten und beruflichen Veränderungen ebenso soziokulturelle Auswirkungen auf das soldatische Selbstverständnis und die Bundeswehr als Gesamtorganisation einbezogen werden müssen, zumal sich darin Aspekte im Verhältnis von Politik, Streitkräften und Gesellschaft widerspiegeln. (Seiffert 2013)

Hierfür wird in der vorliegenden Studie exemplarisch auf Basis der Befragungsdaten für das 22. Kontingent ISAF untersucht, welche Gewalterfahrungen Soldaten und Veteranen der Bundeswehr im Afghanistaneinsatz 2010 gemacht haben, wie sie die Rückkehr nach Deutschland gemeistert und in den Alltag zu Hause zurückgefunden haben, aber auch wie sie mit den oft einschneidenden Erlebnissen langfristig umgehen und wie diese ihr Leben prägen: Mit welchen Schwierigkeiten waren sie unmittelbar nach der Rückkehr nach Deutschland konfrontiert und womit kämpfen sie noch drei Jahre später? Welche Folgen hat der Einsatz für die eigene Persönlichkeit und die Gesundheit, aber auch für ihre Partnerschaften und Familien gezeitigt und welche Unterstützung erwarten sie für sich und ihre Familien von der Bundeswehr? Wie können sie ihre im Einsatz gewonnenen Kompetenzen und Fähigkeiten in den Dienst- bzw. Berufsalltag einbringen? Wie bewerten sie im Rückblick der vergangenen Jahre den damaligen Kampfeinsatz in Afghanistan, wie wirken sich die gemachten Erfahrungen langfristig auf Einstellungen und Orientierungen des Selbstbildes aus und welche Anerkennung erwarten sie von der deutschen Politik und Gesellschaft?

Im Rahmen der vorliegenden Studie sollen im Einzelnen folgende Forschungsfragen untersucht werden:

- Wie ist die Gruppe der (Einsatz-)Soldaten und Veteranen sozial strukturiert? Unterscheiden sich ihre Lebenslagen von anderen Soldatengruppen in der Bundeswehr und im Vergleich zur deutschen Bevölkerung?
- Wer zählt zu den Soldaten und Veteranen der Generation Einsatz der Bundeswehr? Wie einsatzerfahren ist die Bundeswehr insgesamt und welche Soldatengruppen gehören zu den besonders Einsatzerfahrenen? Wie unterscheidet sich das Ausmaß an vorhandener Einsatzerfahrung zwischen (Einsatz-)Soldaten, Veteranen und Bundeswehr insgesamt?
- Welche Gewalterfahrungen haben Soldaten und Veteranen im Afghanistaneinsatz 2010, aber auch in anderen Einsätzen der Bundeswehr zuvor oder danach gemacht? Wie differieren die Erfahrungswelten in der Realität eines Einsatzes aus ihrer Sicht? Welche Erfahrungen haben sie im Umgang mit der einheimischen Bevölkerung und afghanischen Sicherheitskräften sowie anderen ISAF-Nationen gemacht und wie bewerten sie diese Erfahrungen drei Jahre später?

- Was sind wesentliche Belastungsfaktoren im Vergleich direkt nach der Rückkehr und drei Jahre später? Lassen sich Unterschiede im Belastungsempfinden zwischen (Einsatz-)Soldaten und Veteranen beobachten?
- Wie haben sich die Erfahrungen des Einsatzes aus Sicht der Soldaten und Veteranen langfristig auf die eigene Persönlichkeit und das weitere Leben ausgewirkt und wie werden diese in das Selbstbild integriert?
- Welche Verletzungsfolgen hat der Einsatz für die Angehörigen des Kontingents gezeitigt und wie unterscheidet sich das Ausmaß zwischen Soldaten und Veteranen? Welche Gesundheitsrisiken sehen sie drei Jahre später für sich persönlich und wie nehmen sie die eigene Gesundheit und ihr persönliches Wohlbefinden selber wahr? Wie zufrieden sind sie insgesamt mit ihrem Leben? Zeigen sich dabei Unterschiede zwischen Soldaten und Veteranen?
- Welche Auswirkungen hatte der Einsatz aus Sicht der Soldaten und Veteranen langfristig auf ihre Familien und Partnerschaften?
- Wie gehen Soldaten und Veteranen mit im Einsatz gemachten Erfahrungen um, welche institutionalisierten und privaten Angebote zur Unterstützung haben sie nach der Rückkehr für sich und die Familie genutzt und wo sehen sie Verbesserungsbedarf? Unterscheiden sich das Hilfesuchverhalten und die Unterstützungswünsche zwischen Soldaten und Veteranen?
- Wie sehen Soldaten und Veteranen die Möglichkeiten, ihre im Einsatz gemachten Erfahrungen in den Dienst- bzw. Berufsalltag einzubringen? Wie wirkt sich die Teilnahme am Einsatz aus ihrer Sicht auf die weitere Karriere aus? Wären Veteranen gerne bei der Bundeswehr geblieben? Wie nehmen Soldaten und Veteranen die Führungs- und Organisationskultur der Bundeswehr am Standort wahr? Führen Inflexibilitäten in der Organisation langfristig zu Frustration und Enttäuschung?
- Was motiviert (Einsatz-)Soldaten im Dienst und für den Einsatz? Wie schätzen Soldaten und Veteranen fast drei Jahre später die Wirksamkeit und Sinnhaftigkeit ihres zurückliegenden Afghanistaneinsatzes ein? Lassen sich in den Daten Hinweise darauf finden, wie sich die Erfahrungen des Einsatzes langfristig auf Einstellungen und Orientierungen des soldatischen Selbstverständnisses ausgewirkt haben?

- Welche Maßnahmen zur sozialen Anerkennung und Wertschätzung wünschen sich (Einsatz-)Soldaten und Veteranen fast drei Jahre später und wie unterscheiden sich ihre Einschätzungen im Vergleich zur deutschen Bevölkerung?

Im nachfolgenden Kapitel 3 wird zunächst die Entwicklung des Afghanistaneinsatzes der Bundeswehr skizziert. Dies ist notwendig, um die Erfahrungen, die die Soldaten und Veteranen im Einsatz mit dem 22. Kontingent ISAF gemacht haben, in den Gesamtkontext des Afghanistaneinsatzes der Bundeswehr einordnen zu können. Im Anschluss werden in Kapitel 4 die Methode und die Durchführung der Studie sowie die Datengrundlage beschrieben. In Kapitel 5 wird eine erfahrungsbezogene Differenzierung der Generation Einsatz für die Bundeswehr vorgenommen. Anschließend werden Gewalterfahrungen in Auslandseinsätzen exemplarisch für den Afghanistaneinsatz des 22. Kontingents ISAF untersucht. In Kapitel 6 werden schließlich die Befragungsergebnisse sowohl für die in der Bundeswehr noch aktiven als auch für die mittlerweile aus dem Dienst bei der Bundeswehr ausgeschiedenen Soldatinnen und Soldaten dieses Kontingents zu den Folgen und Wirkungen des Einsatzes in den Bereichen Persönliches, Familie und Dienst/Beruf analysiert.

3 Der Einsatzkontext des 22. Kontingents ISAF

Wenn man wissen möchte, wie sich Einsatzerfahrungen langfristig auf das Leben von (Einsatz-)Soldaten und Veteranen der Bundeswehr auswirken, muss man die Kontexte kennen, in denen sie sich im Einsatz konkret bewegt und in denen sie spezifische Erfahrungen gemacht haben. In diesem Kapitel werden die Entwicklung des Afghanistaneinsatzes der Bundeswehr und der besondere Einsatzkontext für das 22. deutsche Kontingent ISAF skizziert. Dabei sei an dieser Stelle nochmals darauf hingewiesen, dass die Angehörigen dieses Kontingents sich überwiegend von März bis Oktober 2010 im Einsatz in Afghanistan befanden, in einer für sie hochriskanten Phase des ISAF-Einsatzes. (Abbildung 1)

Die Bundeswehr beteiligt sich seit den 1990er-Jahren an Auslandseinsätzen zur internationalen Krisenbewältigung. Mit Stand September 2017 befindet sie sich mit etwa 3 500 Soldatinnen und Soldaten in 15 internationalen Missionen.[11] Diese Einsätze sind für die Soldatinnen und Soldaten im Laufe der Jahre zunehmend komplexer und riskanter geworden. Der Einsatz im Rahmen von ISAF steht dafür wie kein anderer Einsatz der Bundeswehr.[12] In den Auslandseinsätzen der Bundeswehr sind bisher 110 deutsche Soldatinnen und Soldaten ums Leben gekommen. Mehr als jeder Zweite davon starb in Afghanistan. Durch Anschläge oder in Gefechtshandlungen sind 37 deutsche Soldaten gefallen. Allein im ISAF-Einsatz fielen 35 Bundeswehrsoldaten.[13]

Der ISAF-Einsatz endete mit der Übergabe der Sicherheitsverantwortung an die afghanische Regierung am 31. Dezember 2014. Das bedeutete eine Zäsur für die Bundeswehr. Seither sollen afghanische Armee (Afghan National Army; ANA) und Polizei (Afghan National Police; ANP) selbstständig für Sicherheit im Land sorgen. Die Bundeswehr hat im Rahmen der internationalen Nachfolgemission Resolute Support (RSM) überwiegend noch Beratungs- und Ausbildungsaufgaben für die afghanische Nationalarmee. Die Unterstützung afghanischer Sicherheitskräfte (Afghan National Security Forces; ANSF) durch Waffeneinsatz ist nicht vorgesehen. Deutschland ist mit einer Gesamtstärke von bis zu 980 Soldatinnen und Soldaten (Stand September 2017) nach den USA, die mit 6 800

[11] Zu den laufenden Einsätzen und Missionen der Bundeswehr siehe Bundeswehr (2017).

[12] Vgl. zur Entwicklung des ISAF-Einsatzes Glatz/Tophoven (2015), zu den verschiedenen Phasen des Einsatzes Nachtwei (2012) sowie allgemeiner Münch (2015).

[13] Im ISAF-Einsatz sind 58 Bundeswehrsoldaten ums Leben gekommen. Vgl. Bundeswehr (2017); Icasualties (2017).

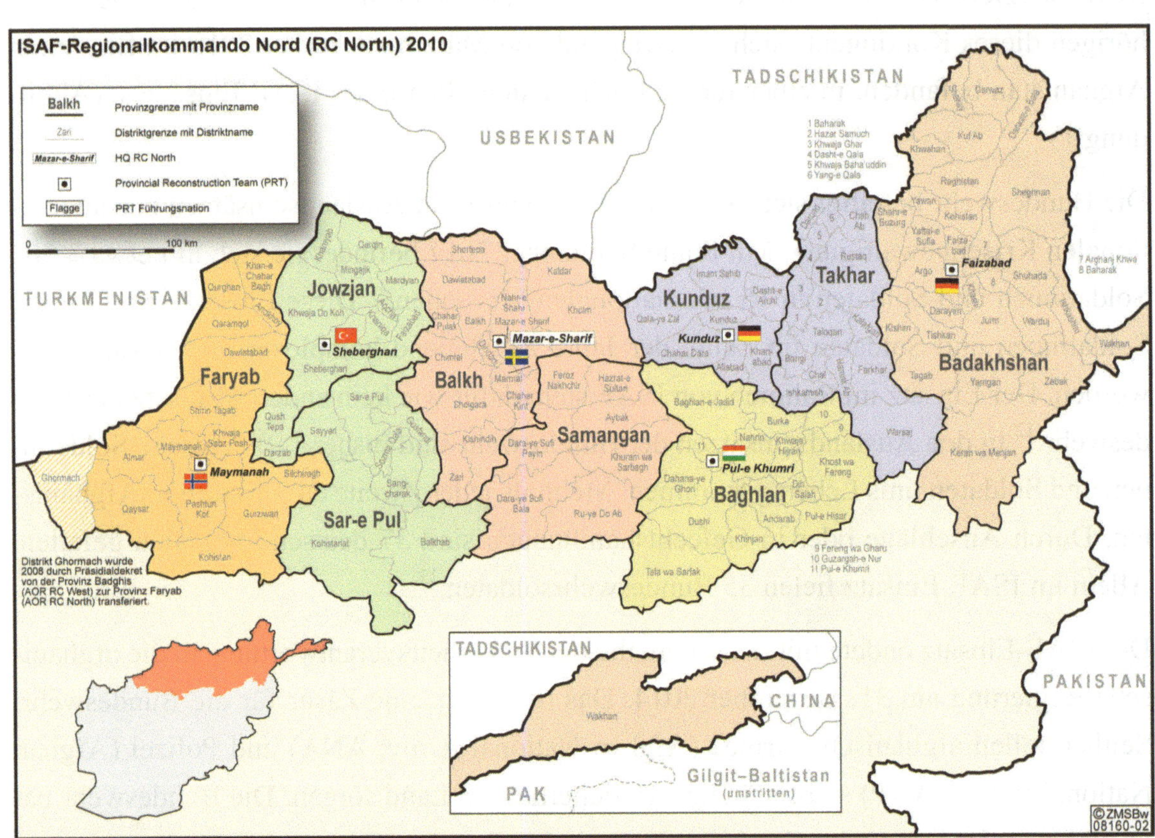

Der deutsche Verantwortungsbereich von ISAF war so groß wie Bayern und Hessen zusammen. Soldaten des 22. Kontingents ISAF waren weit im Osten in der schwer zugänglichen Provinz Badakhshan stationiert, im Westen in den Provinzen Kunduz und Baghlan kämpften sie gegen Aufständische.

Soldatinnen und Soldaten an RSM beteiligt sind, zweitgrößter Truppensteller in Afghanistan. Das internationale gesamtstaatliche Aufbauengagement für Afghanistan ist aber langfristiger ausgelegt. (Glatz 2015: 14)

Die deutsche Beteiligung an der ISAF-Mission stand unter dem Vorzeichen der Bündnissolidarität nach den schweren Terroranschlägen des 11. September 2001 in den USA auf das World Trade Center und das Pentagon. Ähnlich wie die Einsätze auf dem Balkan begann der ISAF-Einsatz Anfang 2002 zunächst als robust mandatierte Stabilisierungsmission und entwickelte sich für die Bundeswehr erst über die Jahre zu einem Aufstandsbekämpfungseinsatz (Nachtwei 2012: 38), in dem Bundeswehrsoldaten fast täglich mit Anschlägen und Gefechten rechnen mussten (Seiffert 2012: 88).

In den Anfangsjahren war der politische Auftrag noch auf die Sicherheitsunterstützung für die vorläufigen afghanischen Staatsorgane und die militärische Absicherung des zivilen Aufbaus begrenzt. Dem Terrornetzwerk Al-Qaida sollte der Rückzugsraum beschnitten und das Land für den Wiederaufbau durch die UN stabilisiert werden, damit von ihm keine Gefahren mehr für die internationale Sicherheit ausgehen. (Deutscher Bundestag 2001) Erst am 26. Februar 2010 wurde in das Mandat des Deutschen Bundestages auch der Schutz der Zivilbevölkerung als militärische Aufgabe für die Bundeswehr aufgenommen. (Deutscher Bundestag 2010)

Deutschland war nach den USA und Großbritannien der drittgrößte Truppensteller von ISAF. Zu Beginn war der Einsatz noch mit einem geringen Kräfteansatz von insgesamt rund 5 000 ISAF-Soldatinnen und Soldaten auf die Hauptstadt Kabul begrenzt: Mit UN-Resolution vom 13. Oktober 2003 und der Übernahme der Führungsverantwortung durch die NATO wurde er schließlich schrittweise bis Oktober 2006 auf das gesamte Land ausgeweitet.[14] Deutschland übernahm bereits im Herbst 2003 als eine der ersten ISAF-Nationen in der nordafghanischen Provinz Kunduz die Verantwortung für ein regionales Wiederaufbauteam (Provincial Reconstruction Team; PRT) zur Koordinierung der zivilen und militärischen Maßnahmen unter Mandat von ISAF. Ein weiteres deutsches PRT wurde Anfang September 2004 in Feyzabad eingerichtet.

Das Prinzip des „Afghan Ownership" war damals Maßgabe der Politik. Die deutschen Soldatinnen und Soldaten sollten die afghanischen Kräfte unterstützen, aber keinesfalls an ihrer Stelle handeln. Die Aufgaben der Bundeswehr bestanden in dieser Zeit vor allem

---

[14] Anfänglich hatte der Einsatz einen Kräfteansatz von rund 5 000 Soldatinnen und Soldaten aus 21 Nationen, von denen Deutschland 1 050 Kräfte stellte. Bis Ende 2008 wuchsen die internationalen ISAF-Truppen auf 40 000 Mann auf.

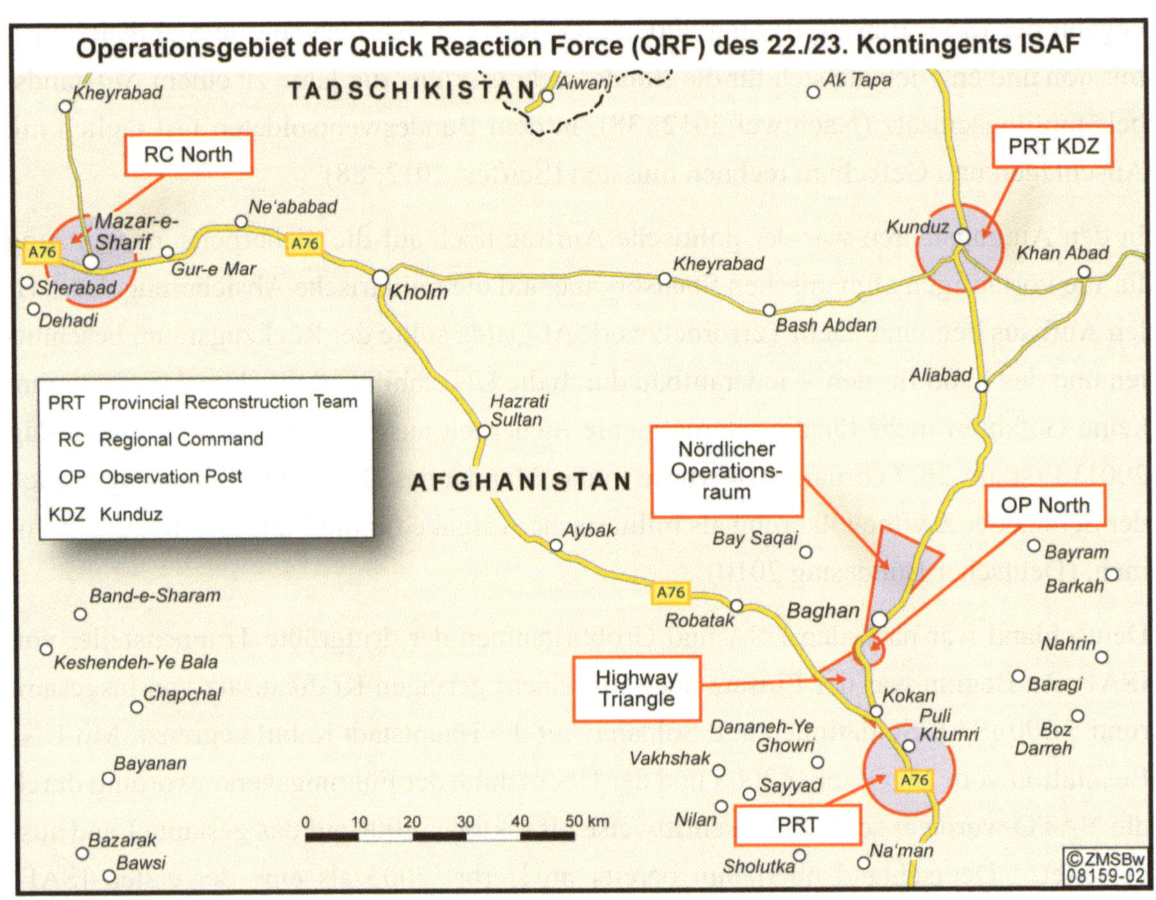

2010 war das gefechtsintensivste Jahr für die Bundeswehr in Afghanistan. 62 deutsche Soldaten wurden in diesem Jahr verwundet und acht sind gefallen.

darin, Präsenz durch Patrouillen zu zeigen, Gesprächsaufklärung oder Key-Leader-Engagement in der Region zu betreiben. Hierfür war nicht nur der enge Kontakt zur Zivilbevölkerung, sondern auch das Zusammenwirken von zivilen und militärischen Akteuren der PRT unerlässlich. (Hett 2005: 8) Interkulturell kompetentes Handeln wurde für die Bundeswehr zu einem Schlüsselelement für die militärische Auftragserfüllung. (Langer 2012: 125) Auch die Einsatzvorbereitung wurde auf diese bevölkerungsorientierten Aufgaben ausgerichtet. In der Bundeswehr wurde Wert auf die Vermittlung kulturspezifischen Basiswissens und auf den kultursensiblen Umgang mit Menschen in einem fremden Land gelegt.

Im Juni 2006 übernahm Deutschland die Führungsverantwortung für das Regionalkommando Nord (RCN) von ISAF, einschließlich des Feldlagers Mazar-e-Sharif für 16 ISAF-Nationen. Seit Juli 2008 stellte die Bundeswehr die Schnelle Eingreiftruppe (Quick Reaction Force; QRF) für den deutschen Verantwortungsbereich von ISAF, ein Gebiet, das etwa halb so groß wie Deutschland ist. Die maximale Truppenstärke der deutschen ISAF-Kontingente wuchs von anfänglich 1 050 auf 5 350 deutsche Soldatinnen und Soldaten im Jahr 2010 an. Die zivilen Fähigkeiten und Ressourcen für den Wiederaufbau des Landes hinkten jedoch hinterher. Die internationale Aufbauhilfe für die afghanische Polizei beispielsweise, ein Schlüsselelement selbsttragender Sicherheit, wurde von deutscher Seite erst 2008 intensiviert. (Nachtwei 2015: 320) Auch die Koordinierung der verschiedenen internationalen Akteure und Aufbaumaßnahmen kam nur schleppend voran. Dies hatte zur Folge, dass die Kohärenz des internationalen Gesamtengagements für Afghanistan nicht gegeben war.

In den Anfangsjahren des Einsatzes schien der militärische Stabilisierungsauftrag noch zur Sicherheitslage im deutschen Verantwortungsbereich zu passen. Aus dieser Zeit stammt auch das geflügelte Wort von „Bad Kunduz“, wie der Einsatzort des PRT Kunduz in den ersten Jahren des Einsatzes unter Bundeswehrsoldaten genannt wurde. In dieser Zeit bewegten sich deutsche Soldatinnen und Soldaten noch ohne großen Schutz und schweres Gerät inmitten der afghanischen Bevölkerung. Dies änderte sich ab 2006 erst im Süden und Osten Afghanistans und spätestens ab Mitte 2007 dann auch im deutschen Verantwortungsbereich im Norden des Landes. ISAF wurde zunehmend mit Aktivitäten von Aufständischen konfrontiert. Im Mai 2007 fielen drei Bundeswehrsoldaten auf dem Markt in Kunduz einem Selbstmordanschlag zum Opfer. Daraufhin wurden die Patrouillentätigkeiten des PRT über Wochen ausgesetzt. Mit den wenigen Kräften der Bundeswehr konzentrierte man sich auf den Schutz des militärischen Feldlagers. Die Distanz zwischen afghanischer Zivilbevölkerung und ISAF wuchs. Die wiedererstarkten Taliban und andere Gruppierungen bewaffneter Kämpfer wussten dies zu nutzen. Sie weiteten ihre Einflussgebiete aus. Seit 2008 gerieten auch weite Teile im Raum Kunduz und Baghlan unter ihre Kontrolle:[15] „Im Herbst 2008 konstatierte der (deutsche, Anm. d. Verf.) PRT-Kommandeur gegenüber den Obleuten des deutschen Verteidigungsausschusses, ISAF habe in Kunduz die Initiative verloren." (Nachtwei 2012: 38) Immer häufiger mussten auch deutsche Soldatinnen und Soldaten damit rechnen, in Hinterhalte und Gefechte von Aufständischen verwickelt zu werden. Das einstige „Bad Kunduz" war zu einem der gefährlichsten Orte geworden, an dem Bundeswehrsoldaten in diesen und den folgenden Jahren eingesetzt werden konnten. Diese Eskalationsdynamik lässt sich für den deutschen Verantwortungsbereich von ISAF exemplarisch anhand der Sicherheitsvorfälle unter deutscher Beteiligung darstellen. In der folgenden Abbildung 1 ist die Entwicklung der Sicherheitslage in den Jahren von 2002 bis 2014 für den Norden Afghanistans sowie für Kabul, wo sich das Hauptquartier von ISAF befand, auf Basis der Anzahl sowohl an sogenannten Feindkontakten unter direkter und indirekter Beteiligung deutscher Soldatinnen und Soldaten als auch an deutschen Gefallenen und Verwundeten dargestellt.

Abbildung 1: Entwicklung der Sicherheitslage im deutschen Verantwortungsbereich ISAF

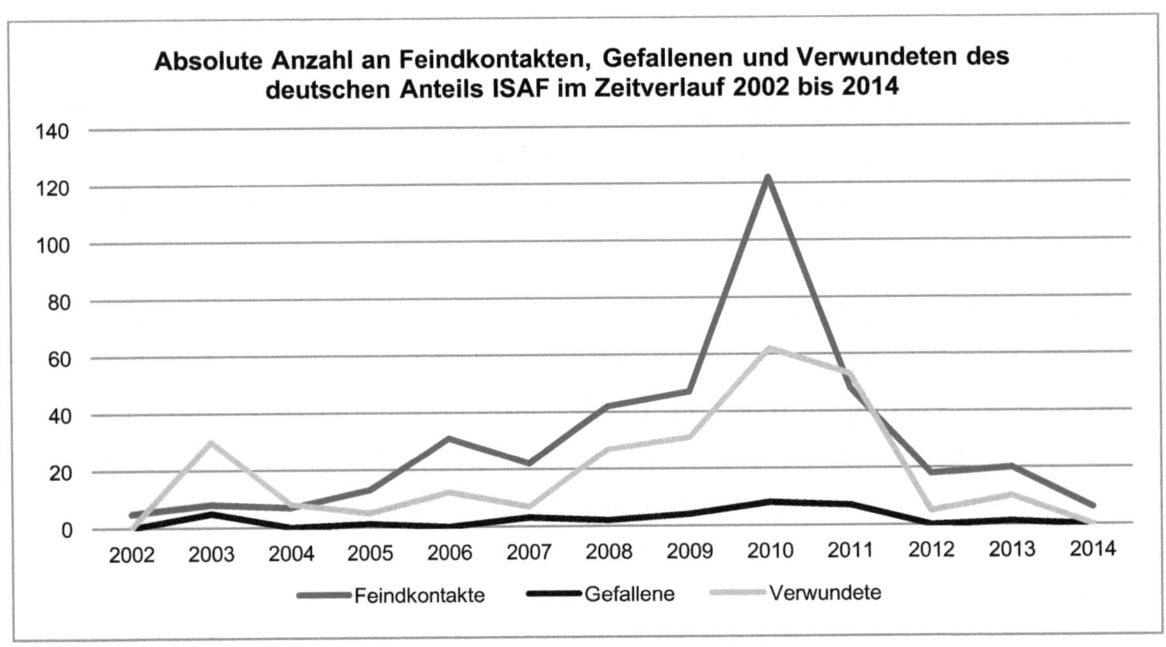

Anmerkungen: Es wurden sämtliche Jahrgänge der „Unterrichtungen des Parlamentes" von 2002 bis 2014 nach Feindkontakten sowie gefallenen und verwundeten deutschen Soldatinnen und Soldaten ausgewertet. Die Kategorie „Feindkontakte" umfasst hierbei sämtliche Sicherheitsvorfälle, beabsichtigte Schussabgaben und Gefechtssituationen unter Beteiligung deutscher Soldaten. Datenbasis: „Unterrichtung des Parlamentes über die Auslandseinsätze der Bundeswehr", herausgegeben von BMVg, Abteilung Strategie und Einsatz III 1; Jahrgänge 2002–2014; eigene Auswertung.

[15] Siehe ausführlicher Steinberg/Wörmer (2010).

Demnach stieg seit 2007 die Gefährdungslage für in Afghanistan eingesetzte Bundeswehrsoldaten sukzessive an und erreichte im Jahr 2010 einen Höhepunkt. Das Jahr 2010 war mit über 120 Feindkontakten, 62 verwundeten und acht gefallenen deutschen Soldaten das gewaltintensivste für die Bundeswehr in Afghanistan.

Während sich ab 2007/2008 die Einsatzrealität für die deutschen Soldatinnen und Soldaten in Teilen ihres Verantwortungsbereichs zunehmend zu einem Terror- und Guerillakrieg entwickelt hatte, änderte sich die Wahrnehmung des Einsatzes in Deutschland nur zögerlich. Das Kämpfen war für die in Afghanistan eingesetzten Soldatinnen und Soldaten der Bundeswehr längst keine Randerscheinung mehr, im politischen Berlin aber tat man sich schwer mit dieser Entwicklung. (Seiffert 2012: 89) Erst die öffentliche Debatte über die Umstände des durch den damaligen deutschen PRT-Kommandeur angeordneten Bombardements zweier entführter Tanklaster Anfang September 2009 in der Nähe von Kunduz, denen zahlreiche Zivilisten zum Opfer fielen, korrigierte den Blick auf den Charakter des Einsatzes in der deutschen Öffentlichkeit. Im Februar 2010 bewertete auch die Bundesregierung die Konfliktlage in Afghanistan völkerrechtlich neu und stufte den Einsatz nunmehr als „nicht-internationalen bewaffneten Konflikt“ ein.[16] Bereits kurz zuvor hatte der damalige Bundesverteidigungsminister Karl-Theodor zu Guttenberg die Einsatzrealität in Afghanistan als „kriegsähnlich“ bezeichnet und eingeräumt, man könne „umgangssprachlich von Krieg“ (Der Spiegel 2010) sprechen.

Die NATO-geführte ISAF reagierte im Herbst 2009 auf die verschärfte Sicherheitslage mit einer veränderten Einsatzstrategie.[17] Die Counterinsurgency-Strategie (COIN) von ISAF verfolgte einen integrierten Ansatz, der neben militärischen auch diplomatische, politische und entwicklungsbezogene Aspekte umfasste. Durch die Bereitstellung besserer Leistungen sollte die Bevölkerung für die eigene Seite gewonnen und von den Aufständischen getrennt werden. (Schetter/Prinz 2011: 208) Auf der operativen militärischen Ebene zog sie zunächst eine Aufstockung der internationalen Truppen (auf etwa 140 000 internationale Soldatinnen und Soldaten im August 2010) und eine Intensivierung der Gefechtshandlungen nach sich. Parallel dazu wurden von Seiten der afghanischen Regierung politische Initiativen für einen Aussöhnungsprozess mit Aufständischen eingeleitet. Die internationalen Anstrengungen besonders für den Aufbau afghanischer Polizei und Armee wurden ebenfalls intensiviert.

---

16 So der damalige Außenminister Guido Westerwelle in seiner Regierungserklärung vom 10. Februar 2010 (siehe Friederichs 2010).

17 Siehe zur COIN-Strategie von ISAF McChrystal/Hall (2009), Tettweiler (2010) sowie Münch (2015).

Die COIN-Strategie von ISAF wurde ab Anfang 2010 sukzessive auch im deutschen Verantwortungsbereich in Nordafghanistan umgesetzt. Hierfür wurde die Stärke des deutschen Kontingents erhöht. Zusätzlich verstärkten im ersten Halbjahr 2010 rund 5 500 US-amerikanische Soldatinnen und Soldaten den deutschen Verantwortungsbereich. Gleichzeitig erfolgte eine Reorganisation des deutschen Einsatzkontingents und eine Anpassung der Operationsweise an die veränderte Einsatzstrategie. So wurde die deutsche QRF aufgelöst und in die beiden neu aufgestellten deutschen Ausbildungs- und Schutzbataillone (Task Forces) integriert. Diese unterstanden direkt dem deutschen Regionalkommandeur Nord und hatten eine Sollstärke von jeweils rund 750 Soldatinnen und Soldaten. Sie umfassten neben zwei Kampfkompanien und einem Panzergrenadierzug auch Pionier-, Aufklärungs- und bewegliche Sanitätskräfte sowie luftbewegliche Fähigkeiten. Diese Task Forces sollten im Verbund vor allem mit ISAF-Truppen und afghanischen Einheiten im Rahmen des Partnering eine stärkere Präsenz in der Fläche im Norden des Landes gewährleisten, um einerseits Gebiete von Aufständischen zurückzugewinnen und diese andererseits dauerhaft unter Kontrolle der afghanischen Regierung zu stellen. Dadurch sollte der Abzug der internationalen Truppen eingeleitet werden. Das deutsche ISAF-Kontingent wurde zusätzlich mit Panzerhaubitzen und Mörsern stärker bewaffnet.

Als Anfang März 2010 ein Großteil der Soldatinnen und Soldaten des 22. Kontingents ISAF seinen Einsatz am Hindukusch begann, wurden im politischen Berlin noch die möglichen Auswirkungen der Neuausrichtung der ISAF-Strategie hin zur Aufstandsbekämpfung und die massive Aufstockung der US-Truppen im deutschen Verantwortungsbereich diskutiert.[18] Derweil befasste sich gerade der Verteidigungsausschuss des Deutschen Bundestages als parlamentarischer Untersuchungsausschuss mit den Vorgängen um die Luftangriffe auf die Tanklaster. Auch das von der Bundesanwaltschaft wegen der Bombardements eingeleitete strafrechtliche Ermittlungsverfahren gegen den deutschen PRT-Kommandeur war noch nicht abgeschlossen. Mit zunehmender Gewalteskalation verlor der ISAF-Einsatz indes rasant an Unterstützung in der deutschen Bevölkerung. Eine Mehrheit der Deutschen lehnte den Einsatz erstmals ab. (Bulmahn et al. 2010: 56)

Noch zur selben Zeit stellten sich in Deutschland die Soldatinnen und Soldaten der 5. QRF des 22. deutschen Kontingents ISAF auf ihre Aufgaben in den später im Einsatz neu aufzustellenden Ausbildungs- und Schutzbataillonen (Task Forces) ein. Sie verlegten erst Anfang April 2010 in das Einsatzland und sollten gemeinsam mit afghanischen Si-

---

[18] Dies bezieht sich auf bereits vorliegende Veröffentlichungen (Seiffert 2012; 2013; 2016a; 2016b).

cherheitskräften offensiv gegen Aufständische vorgehen, um Gebiete im Norden freizukämpfen und auch zu halten.[19] Dafür wurde erstmals seit Beginn der Auslandseinsätze ein Gefechtsverband der Bundeswehr geschlossen und dauerhaft über mehrere Monate außerhalb militärischer Einsatzliegenschaften eingesetzt. (Szembritzki 2016: 207)

Diese Operationen waren mit einem erheblichen Gefährdungspotenzial für die eingesetzten Soldatinnen und Soldaten verbunden, was sich bereits in den Daten der Befragung des Kontingents im Einsatz beobachten ließ. (Seiffert 2012; Seiffert et al. 2010b) Die neue Einsatzstrategie forderte eine wesentlich größere Bereitschaft, im Interesse einer Vermeidung von zivilen Opfern unter einer von Aufständischen zudem oft nicht klar zu trennenden Zivilbevölkerung, höhere Risiken für die eigenen Truppen in Kauf zu nehmen. (Seiffert 2012: 84)

In Afghanistan hatten es die Soldatinnen und Soldaten des Kontingents mit einer Gemengelage ganz unterschiedlicher Konfliktkonstellationen mit differierendem Gewaltniveau zu tun, auf das sie entsprechend abgestuft reagieren mussten. Besonders im Raum Kunduz und Baghlan mussten sie sich dabei auf asymmetrische Gefechtssituationen mit Raketenbeschuss, Selbstmordanschlägen und sogenannten Hit-and-run-Attacken, aber auch auf komplexe Angriffe von Aufständischen einstellen.[20] Die Gefahren vergrößerten sich für sie noch, da sie auf einen „Feind ohne Gestalt“ (Münkler 2001: 581) trafen, der meist verdeckt aus dem Hinterhalt operierte. Das verlangte ihnen nicht nur enorme soziale, intellektuelle, physische und psychische Leistungen ab, sondern setzte bei ihnen auch ein breites, multifunktionales Profil voraus: „Sie mussten in der Friedenssicherung ebenso kompetent sein wie im Gefecht.“ (Seiffert 2012: 81)

Bereits in den ersten Einsatzwochen des Kontingents fielen am 2. April 2010 in schweren Feuergefechten, die vielen in der Truppe als „Blutiger Karfreitag“ in Erinnerung bleiben sollten, drei Soldaten in der nordafghanischen Provinz Kunduz im Distrikt Charah Darreh, acht weitere wurden teilweise schwer verwundet. Nur zwei Wochen später kamen vier weitere Soldaten des Kontingents in der benachbarten Region Baghlan ums Leben. Im September 2010 waren Soldatinnen und Soldaten der 5. QRF, die den Einsatz anders als viele ihrer Kameradinnen und Kameraden des 22. Kontingents erst nach sechs Mona-

---

[19] Obwohl die volle Einsatzbereitschaft der beiden deutschen Ausbildungs- und Schutzbataillone in Kunduz im August und in Mazar-e-Sharif erst Ende Oktober 2010 erreicht wurde, operierten bereits Soldatinnen und Soldaten des 22. Kontingents ISAF gemeinsam mit afghanischen Sicherheitskräften (‚Partnering‘) in der Fläche von Außenposten aus. So führten in der Provinz Baghlan Einheiten der 5. QRF seit dem Frühjahr 2010 gemeinsam mit afghanischen und US-Einheiten im Rahmen der Operation „Taohid“ sogenannte Clear- and Hold-Operationen durch, um Gebiete von Aufständischen freizukämpfen und an afghanische Sicherheitskräfte zu übergeben.

[20] Siehe zu den unterschiedlichen Erfahrungswelten im Einsatz mit dem 22. Kontingent ISAF Seiffert (2012; 2013) sowie Abschnitt 5.3 der vorliegenden Studie.

ten im Oktober 2010 beenden sollten, in der Nähe der nordafghanischen Stadt Pol-e Khomri an den wohl umfangreichsten Gefechten, die die Bundeswehr bis dahin erlebt hatte, gegen etwa 60 Aufständische beteiligt. Diese Gefechte dauerten über vier Tage. In der Spiegel-Ausgabe vom 11. Oktober 2010 wurden diese als bisher schwerste Gefechte bezeichnet, die deutsche Soldatinnen und Soldaten seit dem Zweiten Weltkrieg erlebt hätten. (Demmer 2010)

Insgesamt sind im 22. Kontingent ISAF sieben deutsche Soldaten gefallen, 28 wurden teilweise schwer verwundet und 36 Soldaten mussten den Einsatz aufgrund psychiatrischer Diagnosen vorzeitig beenden.[21]

Im Einsatz selbst war für die Angehörigen des Kontingents oft noch nicht absehbar, ob es mit dem Aufwuchs der Kräfte und dem veränderten militärischen Vorgehen gelingen sollte, den Einfluss der Aufständischen zu begrenzen und bessere Sicherheitsvoraussetzungen für stabilere Verhältnisse des Wiederaufbaus zu schaffen. Das Einsatzgeschehen stellte sich für viele Soldatinnen und Soldaten höchst unübersichtlich und kontingent dar. (Seiffert 2012: 89) Nach Einschätzung von externen Beobachtern konnte zeitweilig wohl eine Kehrtwende erreicht werden. So konstatierten im Frühjahr 2011 Afghanistanexperten, dass ISAF gemeinsam mit afghanischen Sicherheitskräften im deutschen Verantwortungsbereich die militärische Oberhand zurückgewonnen hätte. (Reuter 2011) Parallel zum Abzug der ISAF-Truppen verschlechterte sich die Sicherheitslage in Afghanistan jedoch rasant. (Nachtwei 2016: 282) Die Übergabe der Sicherheitsverantwortung an die afghanischen Kräfte und die Rückführung des ISAF-Einsatzes wurde Mitte 2011 eingeleitet. (Wieker 2012: 31) Schrittweise zogen sich die ISAF-Truppen aus der Fläche zurück. Das deutsche PRT Feyzabad wurde 2012 an afghanische Sicherheitskräfte übergeben, das PRT Kunduz und weitere Standorte im deutschen Verantwortungsbereich folgten 2013. Mit dem Ende von ISAF am 31. Dezember 2014 waren die Übergabe der Sicherheitsverantwortung und die Rückverlegung der internationalen ISAF-Truppen abgeschlossen. Die meisten Experten sind sich heute weitgehend einig, dass sich afghanische Sicherheitskräfte und bewaffnete Opposition seither allenfalls „in einem strategischen Patt befinden" und für die weitere Entwicklung in Afghanistan ein „Halten des Status quo als Best case" gelten kann (Nachtwei 2016: 13).

[21] Die genannten Daten basieren auf eigenen Auswertungen der „Unterrichtungen des Parlamentes". Angemerkt werden muss jedoch, dass sich diese ausschließlich auf durch gegnerische Fremdeinwirkung Gefallene und Verwundete des Kontingents beziehen. Die Anzahl an Soldatinnen und Soldaten des Kontingents, die auch noch fast drei Jahre später von bleibenden psychischen oder physischen Beeinträchtigungen des Einsatzes berichten, fällt für das Kontingent höher aus. (vgl. Abschnitt 6.1 und 6.3)

Der ISAF-Einsatz endete für die Bundeswehr nach 13 Jahren. Es folgte in Afghanistan RSM. Andere Krisenregionen und Aufgaben sind inzwischen mehr in den Vordergrund des öffentlichen Interesses gerückt. Auslandseinsätze aber bleiben für die Bundeswehr absehbar eine wichtige Aufgabe. Hinzu kommt, dass sich die Folgewirkungen des Afghanistaneinsatzes weder für Soldaten und Veteranen und ihre Angehörigen noch für Bundeswehr, Politik und Gesellschaft einfach beiseiteschieben lassen; die Erfahrungen haben sich, wie die Befunde unserer Studie *ISAF 2010* zeigen, nicht nur in das Selbstverständnis und die Organisationskultur der Bundeswehr eingeschrieben, sondern die Rückkehrer müssen sich mit ihren oft einschneidenden Erlebnissen auch wieder in das soziale und berufliche Leben hier in Deutschland integrieren. (Seiffert 2012; Seiffert/Heß 2014) In den vergangenen Jahren sind viele Maßnahmen zur Betreuung und Versorgung von Einsatzrückkehrern und ihren Familien auf den Weg gebracht worden, die ihnen bei der Wiedereingliederung in das alltägliche Leben in Deutschland helfen sollen. (s. Abschnitt 6.10) Auch dem veränderten Anerkennungsbedürfnis von (Afghanistan-)Soldaten und Veteranen hat die Politik versucht, durch die Entwicklung einer neuen Gedenk- und Symbolkultur für die Bundeswehr zu entsprechen. Dennoch sind die Erfahrungen des Afghanistaneinsatzes politisch und gesellschaftlich bisher noch nicht hinreichend aufgearbeitet worden. (Seiffert 2014) Zumindest viele Soldaten und Veteranen, die wir für unsere Studie befragt haben, erwarten von Politik und Gesellschaft eine Antwort auf die für viele so wichtige Frage, wie diese eigentlich „zum scharfen Ende" ihres Berufs stehen. Die Anfang 2017 geführte öffentliche Debatte über Tradition in der Bundeswehr verdeutlicht, worum es dabei geht: um eine Neubestimmung des Soldatenbildes sowie des Verhältnisses von Bundeswehr und Gesellschaft unter sich stetig wandelnden politischen und gesellschaftlichen Kontextfaktoren. Diese (Neu-)Orientierungen im Verhältnis von Bundeswehr, Politik und Gesellschaft sind ebenso wie die notwendigen Aushandlungen innerhalb der Bundeswehr selbst kein kurzfristig abschließbarer Prozess, sondern sie brauchen Zeit und bleiben angesichts rasch wechselnder Kontexte zudem in Bewegung. (Seiffert 2015: 237) Wie Soldaten und Veteranen den bislang riskantesten und komplexesten Einsatz der Bundeswehr drei Jahre nach ihrer Rückkehr aus Afghanistan selber einschätzen und bewerten, wie sie mit den Erfahrungen des Einsatzes langfristig umgehen und wie sie diese in ihr Selbstbild sowie in das private und berufliche Leben integriert haben, aber auch wie die Erlebnisse des Einsatzes ihr Leben langfristig prägen und verändern, das wird in der vorliegenden Studie untersucht.

Ärmelpatches von Soldaten des 22. Kontingents ISAF, aufgenommen im Feldlager in Kunduz und Masar-e-Sharif, Ende April 2010. *ZMSBw*

4 Methode und Durchführung

Mit der vorliegenden Studie *Leben nach Afghanistan – Die Soldaten und Veteranen der Generation Einsatz* wird die Langzeitbegleitung der Soldatinnen und Soldaten des 22. Kontingents ISAF durch das ZMSBw abgeschlossen. (vgl. Kapitel 1) Die Angehörigen dieses Kontingents wurden im Rahmen einer umfassend angelegten soziologischen Untersuchung zum Einsatz der Bundeswehr in Afghanistan über einen Zeitraum von mehreren Jahren vom SOWI/ZMSBw sozialwissenschaftlich begleitet und mehrfach mit unterschiedlichen Methoden befragt.[22] Die Studie basiert auf einem komplexen Mixed-Methods-Design, das quantitative Fragebogenerhebung zu verschiedenen Zeitpunkten sowie qualitative Methoden, vor allem Interviews, Gruppendiskussionen und teilnehmende Beobachtung beinhaltet. Das schließt Feldforschungen im Einsatz in Afghanistan ein.

Die Wiederholungsbefragung der Angehörigen des 22. Kontingents ISAF ist Teil dieser modularen Untersuchung. Das heißt, dieselben Soldatinnen und Soldaten, die bereits in den Jahren 2010 und 2011 vom SOWI befragt wurden, sind gut drei Jahre nach der Rückkehr aus Afghanistan erneut schriftlich per Fragebogen vom ZMSBw befragt worden. Diese Folgebefragung bildet den letzten Baustein einer Reihe von inhaltlich aufeinander aufbauenden Befragungen der Angehörigen des 22. Kontingents ISAF. Die Durchführung und Zielsetzung der verschiedenen Teilprojekte soll im Folgenden kurz dargestellt werden.

Das SOWI wurde bereits Ende September 2009 vom BMVg mit der Durchführung einer umfassenden Untersuchung zum Einsatz der Bundeswehr in Afghanistan beauftragt. Wesentliche Zielsetzung dieser Studie *ISAF 2010* (*Studie I – Einsatzstudie ISAF 2010*) war die sozialwissenschaftliche Analyse der Einsatzrealität aus Sicht der Soldatinnen und Soldaten des 22. Kontingents ISAF, die sich überwiegend von März bis Oktober 2010 im Einsatz in Afghanistan befanden. Dieses Kontingent sollte über die gesamte Dauer des Einsatzes sozialwissenschaftlich begleitet und mehrfach befragt werden. Das methodische Kernelement der Studie stellte die schriftliche Befragung sämtlicher Angehöriger des Kontingents mittels standardisierter Fragebögen zu drei Zeitpunkten dar – vor Beginn

[22] Detaillierte Ausführungen zum methodischen Design der Untersuchung und zur Operationalisierung der Themenfelder sind in den Forschungskonzepten zu den Studien *ISAF 2010* (8.12.2009) und *Afghanistanrückkehrer* (25.10.2012) enthalten, die dem BMVg vorliegen, sowie in den bereits vorliegenden und teilweise veröffentlichten Forschungsberichten (Seiffert/Heß 2014; Heß/Seiffert/Zimmermann 2013; Seiffert et al. 2011a; 2011b; 2010a; 2010b) zu finden.

des Einsatzes, im Einsatz in Afghanistan und wenige Wochen danach. Die ersten Befragungen wurden von einem interdisziplinären Forscherteam[23] des SOWI (später ZMSBw) im Zeitraum von Januar 2010 bis Ende Februar 2011 durchgeführt. Ergänzend wurden qualitative Methoden eingesetzt, vor allem Interviews und Gruppendiskussionen sowie teilnehmende Beobachtung zu verschiedenen Zeitpunkten: in der Zeit der Einsatzvorbereitung[24], während des Einsatzes in Afghanistan[25] sowie in der Einsatznachbereitung[26]. Für die Feldforschungen im Einsatz in Afghanistan hielt sich das Team von Ende April bis Anfang Juni 2010 an Einsatzorten der Bundeswehr in Kunduz und Mazar-e-Sharif auf. Ergebnisse dieser Studie liegen in mehreren Forschungsberichten und Teilpublikationen vor.[27]

Darauf aufbauend wurde 2012 im Rahmen einer Kooperation mit dem Psychotraumazentrum (PTZ) am Bundeswehrkrankenhaus Berlin eine weitere Teilstudie (*Teilstudie II – Repatriierungsstudie*) zum Thema *Psychisch bedingte Repatriierungen aus ISAF und KFOR von 2002 bis 2010* entwickelt. Ziel dieses Projekts war die Identifizierung von Risiko- und Schutzfaktoren für psychisch bedingte Repatriierungen aus Auslandseinsätzen der Bundeswehr. Dieses Projekt basiert auf vom SOWI erhobenen Befragungsdaten der Angehörigen des 22. Kontingents ISAF sowie medizinischen Repatriierungsdaten des PTZ. Die Durchführung der Studie wurde im Jahr 2012 vom BMVg beauftragt. Die Ergebnisse wurden 2013 als Forschungsbericht vorgelegt und sind in Teilen veröffentlicht.[28]

---

23 Zu diesem Team gehörten: Bastian Krause, Dr. Phil C. Langer, Carsten Pietsch und Dr. Anja Seiffert (Projektleitung). Seit Ende 2011 besteht das Team aus Julius Heß und Dr. Anja Seiffert (Projektleitung).

24 Das Projektteam hat beispielsweise im Rahmen der einsatzvorbereitenden Ausbildung des 22. Kontingents ISAF an der Zentralen Führerausbildung für Angehörige des Kontingents vom 25. bis 28. Januar 2010 am Zentrum Innere Führung in Koblenz als Beobachter teilgenommen sowie die vorbereitende Gefechtsausbildung der QRF bzw. der späteren Task Forces am Gefechtsübungszentrum in Letzlingen im März 2010 begleitet. Im Rahmen dieser teilnehmenden Beobachtung wurden zahlreiche Gespräche und Interviews sowie teilweise Beobachtungsprotokolle angefertigt, die anschließend auf zentrale kategoriale Aussagen hin verdichtet wurden.

25 Im Rahmen des Feldforschungsaufenthaltes des Projektteams in Afghanistan von Ende April bis Anfang Juni 2010 sind 163 qualitative Interviews und Gruppendiskussionen mit Soldatinnen und Soldaten aller Dienstgrad- und Altersgruppen sowie Aufgaben- und Tätigkeitsbereichen in den Feldlagern Kunduz und Mazar-e-Sharif geführt worden. Diese sind auf Band aufgezeichnet und anschließend überwiegend transkribiert worden. Zusätzlich hat das Projektteam Angehörige des 22. Kontingents ISAF etwa bei Patrouillenfahrten, Treffen mit Dorfältesten, bei der Polizeiausbildung oder der Stabsarbeit sowohl innerhalb als auch außerhalb der Feldlager begleitet. Siehe auch Seiffert/Langer/Pietsch (2012); Seiffert (2013; 2014; 2016a; 2016b); Langer (2016).

26 Das Projektteam hat beispielsweise im September und Dezember 2010 als passive Beobachter an vier Einsatznachbereitungsseminaren von Teileinheiten des 22. Kontingents ISAF teilgenommen und dort Gespräche sowie Interviews mit Angehörigen des Kontingents geführt.

27 Siehe Seiffert et al. (2010a; 2010b; 2011a; 2011b); Seiffert/Langer/Pietsch (2012); Langer (2012); Pietsch (2012); Seiffert (2012; 2013; 2014; 2015; 2016b); Heß (2013); Seiffert/Heß (2012).

28 Siehe Heß/Seiffert/Zimmermann (2013); Zimmermann et al. (2015).

Anknüpfend an die vorherigen Befragungen der Studie *ISAF 2010* wurde schließlich im Jahr 2013 die Einsatzbegleitung des 22. Kontingents ISAF zur ersten Langzeitbefragung von (Einsatz-)Soldaten und Veteranen der Bundeswehr ausgebaut. (*Teilstudie III und IV – Rückkehrer- und Veteranenstudie*) Dadurch sollten Erkenntnisse über andauernde Veränderungen gewonnen werden. Hierfür wurden die noch in der Bundeswehr aktiven ebenso wie die mittlerweile aus dem aktiven Dienst bei der Bundeswehr ausgeschiedenen Soldatinnen und Soldaten des 22. Kontingents ISAF nochmals schriftlich mit Fragebogen nach ihren Erfahrungen gefragt. Begleitend wurden Focus-Back-Talk-Gespräche (Interviews) mit Angehörigen des Kontingents geführt.[29]

Teilergebnisse dieser Wiederholungsbefragung liegen für den Anteil der noch aktiven Soldatinnen und Soldaten des Kontingents als Zwischenbericht sowie in weiteren Veröffentlichungen vor. (vgl. Seiffert/Heß 2014; Seiffert 2014; 2016a) Eine Ausnahme stellen die Befunde der Wiederholungsbefragung für den Anteil der zum Befragungszeitpunkt aus der Bundeswehr bereits ausgeschiedenen Angehörigen des Kontingents (*Veteranenstudie – Teilstudie IV*) dar. Diese Befragungsergebnisse werden in dieser Studie erstmals präsentiert.

Parallel wurde im Jahr 2012 auf der Basis von qualitativen Interviews mit Bundeswehrsoldaten eine eigenständige, explorative Studie zum Thema *Zurück aus Afghanistan – Zwischen posttraumatischem Wachstum und einsatzbedingtem Benefit* (*Studie V – Explorative Rückkehrerstudie*) durchgeführt. Diese Studie war inhaltlich-konzeptionell in die Rückkehrer- und Veteranenforschung am SOWI eingebettet. Sie untersucht, ob Afghanistanrückkehrer nach dem Einsatz auch positive Veränderungen erleben. Die Ergebnisse wurden 2016 veröffentlicht. (vgl. Seng/Seiffert 2016)

Neben den Befunden der Veteranenbefragung stand die Zusammenführung der Ergebnisse der Gesamtuntersuchung aus. Die vorliegende Studie greift ausgewählte Befunde, die im Rahmen der Studie *ISAF 2010* gewonnenen wurden, wieder auf und fundiert diese nunmehr durch Daten der Wiederholungsbefragung aus dem Jahr 2013 von *sämtlichen* (fast drei Jahre später noch im aktiven Dienst befindlichen bzw. mittlerweile aus der Bundeswehr ausgeschiedenen) Angehörigen des 22. Kontingents ISAF. (s. zur Datengrundlage der vorliegenden Studie Tabelle 2)

---

[29] In den Jahren nach der Rückkehr wurden im Zeitraum von Anfang 2012 bis Ende 2015 mehr als 30 so genannte Focus-Back-Talk-Gespräche (Interviews) mit Angehörigen des 22. Kontingents ISAF geführt, die teilweise auf Band aufgezeichnet wurden. Sie dienen der Kontextualisierung sowie besseren Einordnung und Bewertung der quantitativen Befunde.

Erkenntnisse aus den Interviews und Gesprächen, die das Team in der Vorausbildung sowie im Rahmen der Feldforschung im Einsatz in Afghanistan und in den Jahren danach mit Kontingentangehörigen geführt hat, fließen in die Ergebnisdarstellung als Interpretationskontext für die quantitativen Befunde ein. Aus Vergleichsgründen werden für diese Studie zu einigen Themenbereichen außerdem Daten der repräsentativen Streitkräfte- und Bevölkerungsumfragen des ZMSBw aus dem Jahr 2012 herangezogen.

4.1 Datenerhebung und Stichprobe

Die schriftliche Wiederholungsbefragung der Angehörigen des 22. Kontingents ISAF fand knapp drei Jahre nach der Rückkehr der Soldatinnen und Soldaten aus Afghanistan statt. Sie ist wie die vorangegangenen Befragungen als *Vollerhebung* des Kontingents konzipiert. Die Grundgesamtheit umfasst alle aktiven und ehemaligen Soldatinnen und Soldaten dieses Kontingents. Die Befragung wurde in zwei Wellen durchgeführt. Die schriftliche Befragung der in der Bundeswehr zu diesem Zeitpunkt noch aktiven Soldatinnen und Soldaten des Kontingents (in dieser Studie als (Einsatz-)Soldaten verstanden) wurde Ende Dezember 2012 begonnen und Ende März 2013 abgeschlossen. (vgl. Seiffert/Heß 2014) Zwischenergebnisse liegen als Forschungsbericht vor und sind im August 2014 auf der Homepage des ZMSBw veröffentlicht worden. (Seiffert/Heß 2014) Die Befragung der bereits aus der Bundeswehr ausgeschiedenen Angehörigen des 22. Kontingents ISAF (in dieser Studie als (Einsatz-)Veteranen verstanden) musste aufgrund eines datenschutzrechtlichen Überprüfungsverfahrens zur Herausgabe der Privatanschriften für den Versand der Fragebögen zu einem späteren Zeitpunkt durchgeführt werden. Diese Veteranenbefragung wurde im Zeitraum von Anfang Juni bis Anfang Oktober 2013 schriftlich durchgeführt. Für die vorliegende Studie sind die Daten der beiden Befragungswellen zusammengeführt worden. Damit sind repräsentative Aussagen für das gesamte 22. Kontingent ISAF möglich.

Die Befragungen sowohl der Veteranen als auch der Soldaten wurden mittels Fragebogen durchgeführt. Die Teilnahme an der Befragung war freiwillig und anonym. Aus Gründen der angestrebten Vergleichbarkeit der Befragungsergebnisse für die Gruppe der Soldaten mit denen der Veteranen sind die Fragebögen bis auf wenige Ausnahmen inhaltlich aufeinander abgestimmt.[30]

---

[30] Der Fragebogen liegt der Studie bei (siehe Anhang).

Grundlage für den Versand der Fragebögen waren die Kontingent- und Fluglisten zum 22. Kontingent ISAF, die das Einsatzführungskommando der Bundeswehr dem Projektteam für die vorhergehenden Befragungen zur Verfügung gestellt hatte. Die Ermittlung des aktuellen Status der Kontingentangehörigen erfolgte ebenso wie die Aktualisierung der Dienst- bzw. der Privatadressen durch BMVg P I 3. Das Bundesamt für das Personalmanagement der Bundeswehr (BAPersBw) hat die Aktualisierung der Adressliste unterstützt. Der Versand der Fragebögen erfolgte auf dem Postweg entweder an die jeweilige Dienstadresse oder an die dem BAPersBw letzte bekannte Privatadresse.

Nach Aktualisierung und Bereinigung der Kontingent- und Fluglisten ergab sich für die Wiederholungsbefragung eine Gesamtzahl von 4 071 Soldaten und 1 196 Veteranen des 22. Kontingents ISAF, die sich realistischerweise an der Befragung beteiligen konnten. Auf der Grundlage der aktualisierten Liste befanden sich demnach über drei Viertel des Kontingents (4 071 Soldatinnen und Soldaten) zum Befragungszeitpunkt im Jahr 2013 noch im aktiven Dienst bei der Bundeswehr. Hingegen war fast drei Jahre nach Rückkehr aus dem Einsatz etwa ein Viertel der Kontingentangehörigen (1 196 Soldatinnen und Soldaten) aus der Bundeswehr ausgeschieden.

Die Befragung der Soldaten wurde am 25. März und die Befragung der Veteranen am 10. Oktober 2013 beendet. Zu diesem Zeitpunkt sind dem ZMSBw insgesamt 843 ausgefüllte Fragebögen von Soldaten und 260 ausgefüllte Fragebögen von Veteranen zugeschickt worden.[31] In der Summe liegen somit 1 103 Datensätze zur Auswertung vor.

Die Rücklaufquote der Befragung liegt für das gesamte Kontingent bei 21 Prozent (für Soldaten bei 21 % und für Veteranen bei 22 %). Im Vergleich mit der vorhergehenden Befragung des Kontingents aus dem Jahr 2011 ist die Rücklaufquote um etwa 4 Prozentpunkte gesunken. (vgl. Seiffert et al. 2011a)

Der Effekt einer abnehmenden Teilnahmebereitschaft bei Längsschnittstudien ist in der empirischen Sozialforschung gut bekannt und war erwartet worden. Die Ursachen dafür können vielfältig sein. Neben einer nach fast drei Jahren gesunkenen Teilnahmebereitschaft ist es denkbar, dass trotz Aktualisierung der Dienst- und Privatadressen ein gewisser Teil der Fragebögen die Adressaten nicht erreicht hat. Als Indiz dafür kann eine nicht

[31] Die Anzahl weicht gegenüber dem Zwischenbericht vom Juli 2013 (Seiffert/Heß 2014) geringfügig ab. Dies hat folgende Gründe: Einige der als Veteranen angeschriebenen Personen gaben an, noch aktive Soldaten der Bundeswehr zu sein. Einige, die als aktive Soldaten angeschrieben wurden, berichteten, mittlerweile aus der Bundeswehr ausgeschieden zu sein. Zudem wurden für die vorliegende Studie Fragebögen berücksichtigt, die von noch aktiven Kontingentangehörigen nach dem offiziellen Ende der Befragung (5. März 2013) an das ZMSBw geschickt wurden. Der Zwischenbericht (Seiffert/Heß 2014) berücksichtigt hingegen nur bis zum 5. März 2013 eingegangene Antworten.

unerhebliche Anzahl als nicht zustellbar zurückgesandter Fragebögen gelten. Welche weiteren Effekte jeweils zum Tragen kommen, ist jedoch nur schwer abzuschätzen.

Die Stichprobenzusammensetzung weicht in Bezug auf die Anteilsverteilung der Dienstgradgruppen von der Grundgesamtheit aller Angehörigen des 22. Kontingents ab. So sind Unteroffiziere ohne Portepee und vor allem Mannschaften in den Antwortrückläufen unterrepräsentiert, während Offiziere und vor allem Stabsoffiziere überrepräsentiert sind (Tabelle 1). Das Phänomen einer mit höherer Dienstgradgruppe steigenden Antwortbereitschaft ist aus einer Vielzahl anderer empirischer Studien gut bekannt und konnte zudem bereits in den vorhergehenden Befragungen des Kontingents beobachtet werden.[32]

Tabelle 1: Wiederholungsbefragung des 22. Kontingents ISAF (Soldaten und Veteranen): Stichprobe und Grundgesamtheit im Vergleich

	StOffz.	Offz.	Uffz. m. P.	Uffz. o. P.	Mannschaften	Keine Angabe	Gesamt
Rücklauf (Anzahl und Prozent)	1 103 ausgefüllte Fragebögen bis 15. September zurückgesandt = 21 %						
Stichprobe n	143	202	503	98	147	10	1 103
Stichprobe %	13,1 %	18,5 %	46,0 %	9,0 %	13,4 %		100 %
Gewichtung der Stichprobe nach Dienstgradgruppe (Faktor)	0,52	0,64	0,95	1,52	1,80	1	
SOLL-Stärke und Prozent (Soldatinnen/Soldaten des 22. Kontingents)	358 6,8 %	626 11,9 %	2 291 43,6 %	715 13,6 %	1 265 24,1 %	12	5 267 100 %

Datenbasis: Befragung des 22. Kontingents ISAF durch das ZMSBw, Januar bis März 2013 und Juni bis Oktober 2013.

Abweichungen der Verteilungen der Antwortrückläufe von der Referenzstruktur werden in der empirischen Sozialforschung üblicherweise durch faktorielle Gewichtung korrigiert. Um in der Ergebnisdarstellung repräsentative Aussagen für die Grundgesamtheit sämtlicher Soldaten und Veteranen des 22. Kontingents ISAF treffen zu können, wurde daher für die Summe der rückgelaufenen Antworten eine Gewichtung vorgenommen.

[32] Dies kann durch Bildungsunterschiede zwischen den Dienstgradgruppen, den Grad der Identifizierung mit der Institution Bundeswehr und dem Einsatz (was sich auch in einer engen Kopplung des Antwortverhaltens an die Statusgruppenzugehörigkeit zeigt) sowie durch eine mit höherem Dienstgrad zunehmende Einsicht in die politischen und militärischen Strukturen und Entscheidungsabläufe in der Bundeswehr erklärt werden. (vgl. Seiffert et al. 2011a)

Hierdurch wurde im Datensatz eine proportionale Abbildung der Antwortrückläufe in Bezug auf die dienstgradgruppenspezifische Zusammensetzung der Grundgesamtheit aller Angehörigen des Kontingents erzeugt.[33] Somit konnte die beschriebene Disproportionalität der Antwortrückläufe gegenüber der Grundgesamtheit korrigiert und eine Erhöhung der Aussagekraft für sämtliche Angehörigen des 22. Kontingents ISAF erreicht werden.

Zur Prüfung der Repräsentativität des Datensatzes wurde darüber hinaus verglichen, ob die Verteilungen von Geschlecht, Alter, Organisationsbereich bzw. Teilstreitkraft und Status (jeweils zum Zeitpunkt des Einsatzes) zwischen dem aktuellen Datensatz und der Grundgesamtheit abweichen. Im ungewichteten Datensatz sind junge Soldaten und Veteranen bis 25 Jahren unterrepräsentiert. Angehörige des Zentralen Sanitätsdienstes und Berufssoldaten hingegen sind überrepräsentiert. Nach Gewichtung des Datensatzes anhand der Verteilung der Dienstgradgruppen verlieren diese Abweichungen fast vollständig an Relevanz. Es bleibt in dem gewichteten Datensatz nur ein leichtes Untergewicht an Kontingentangehörigen bis zu 25 Jahren (31 % in der Grundgesamtheit und 27 % im gewichteten Datensatz). Im Ergebnis lässt sich jedoch festhalten, dass es aufgrund der Größe der realisierten Antwortrückläufe und des eingeführten Gewichtungsfaktors möglich ist, auf die Gesamtheit aller Angehörigen des 22. Kontingents zu schließen. Die in der vorliegenden Studie dargestellten Befragungsergebnisse sind somit repräsentativ für die Gesamtheit der Soldaten und Veteranen des 22. Kontingent ISAF.

4.2 Kontrollgruppen – Bundeswehr und Bevölkerung

In der vorliegenden Studie wird eine Gegenüberstellung von ausgewählten Daten der Befragungen des 22. Kontingents ISAF mit vergleichbaren Befragungsdaten für die Bundeswehr insgesamt und für die deutsche Bevölkerung durchgeführt. Hierfür wurden Daten der Wiederholungsbefragung des Kontingents aus dem Jahr 2013 mit Befragungsdaten der repräsentativen Streitkräfte- und Bevölkerungsumfragen des ZMSBw aus dem Jahr 2012 zusammengeführt und gemeinsam ausgewertet.

Der Vergleich beschränkt sich auf Themenbereiche zur Lebenszufriedenheit, zu den Dienst- bzw. Berufsbelastungen für Privat- und Familienleben sowie auf die Haltungen

[33] Der Datensatz wurde in SPSS in Bezug auf die Variable „Dienstgradgruppe während des Einsatzes im 22. Kontingent“ mit folgenden Faktoren gewichtet, die sich aus einem Soll-/Ist-Vergleich der entsprechenden Zusammensetzung von Grundgesamtheit und Stichprobe ergeben (s. Tabelle 1). Die Daten von zehn Befragten, die ihren Dienstgrad nicht angegeben haben, wurden nicht gewichtet.

zu einer Veteranenpolitik für die Bundeswehr. Darüber hinaus werden Daten der repräsentativen Streitkräfteumfrage für einen soziostrukturellen Vergleich zwischen verschiedenen Soldatengruppen sowie für eine generationenspezifische Differenzierung der Bundeswehr entlang vorhandener Einsatzerfahrungen herangezogen.

Die Daten zur Gesamtheit sämtlicher Bundeswehrsoldaten sind der Streitkräfteumfrage 2012 des ZMSBw zur Vereinbarkeit von Dienst und Privat- bzw. Familienleben entnommen (Bulmahn et al. 2014). Die Grundgesamtheit dieser Befragung umfasst alle Soldatinnen und Soldaten sowie zivile Mitarbeiterinnen und Mitarbeiter der Bundeswehr über sämtliche Laufbahn- und Statusgruppen hinweg. Die Umfrage wurde von Oktober bis November 2012 durchgeführt. Für die vorliegende Studie wurden nur die Daten von 1 549 Soldatinnen und Soldaten der Bundeswehr genutzt und nicht die weiteren Daten ziviler Mitarbeiter. Diese Stichprobe wurde einer faktoriellen Gewichtung unterzogen, um eine proportionale Abbildung in Bezug auf die Verteilung der Merkmale Geschlecht, Organisationsbereich, Dienstverhältnis und Dienstgradgruppe in der Grundgesamtheit aller Soldatinnen und Soldaten der Bundeswehr zu erzeugen. Eine Analyse der Daten dieser Stichprobe erlaubt somit *repräsentative* Ergebnisse für die Gesamtheit aller Bundeswehrsoldaten. (Bulmahn et al. 2014: 16)

Zudem wurde für Vergleiche zwischen Soldaten und Veteranen des 22. Kontingents ISAF, Bundeswehr insgesamt und deutscher Bevölkerung ein weiterer Gewichtungsfaktor berechnet. Für Gegenüberstellungen aller drei Gruppen wurde die Stichprobe der Streitkräfteumfrage nach Alters- und Geschlechtsverteilung des 22. Kontingents ISAF gewichtet. Auf die Verwendung dieses Gewichtungsfaktors wird im Ergebnisteil der Studie jeweils hingewiesen.

Daten zur deutschen Bevölkerung wurden der Bevölkerungsumfrage 2012 des ZMSBw zum sicherheitspolitischen Meinungsbild sowie zu den Einstellungen zur Bundeswehr, zur Attraktivität des Arbeitgebers und zur Vereinbarkeit von Beruf und Privat- bzw. Familienleben entnommen (Bulmahn 2012; Wanner/Bulmahn 2013). Die Grundgesamtheit dieser Umfrage umfasst die deutschsprachige Bevölkerung Deutschlands ab 16 Jahren in Privathaushalten. Zwei verschiedene Stichproben wurden hier für unterschiedliche Forschungsfragen und mit unterschiedlicher Methodik erhoben: 2 627 Personen aus der deutschen Bevölkerung wurden zwischen August und September 2012 persönlich interviewt. Weitere 2 500 Personen wurden zwischen Juli und August 2012 telefonisch befragt. Diese Stichprobendaten wurden in der vorliegenden Studie ausschließlich für Gegenüberstellungen von Kontingentangehörigen, Bundeswehrsoldaten insgesamt und deutscher Bevölkerung genutzt. Die Bevölkerungsstichproben wurden daher auf die Altersgruppe der 19- bis 64-Jährigen reduziert und gemäß der Alters- und Geschlechterverteilung des

22. Kontingents ISAF gewichtet, um eine Vergleichbarkeit aller Gruppen zu gewährleisten. In der Tabelle 2 ist die Datenbasis der vorliegenden Untersuchung im Einzelnen dargelegt.

Tabelle 2: Datengrundlage: Überblick über Befragungen des ZMSBw

Umfrage	Grundgesamtheit	Erhebungszeitraum	Stichprobenumfang
Einsatzbefragungen	Soldaten des 22. Kontingents ISAF vor dem Einsatz	01/2010–03/2010	1 303
	Soldaten des 22. Kontingents ISAF im Einsatz	04/2010–05/2010	1 246
	Soldaten des 22. Kontingents ISAF 6 Wochen nach dem Einsatz	07/2010–12/2010	1 165
Wiederholungsbefragung	Soldaten des 22. Kontingents ISAF	01/2013–03/2013	843
	Veteranen des 22. Kontingents ISAF	05/2013–10/2013	260
Streitkräfteumfrage	Sämtliche Bundeswehrsoldaten	10/2012–11/2012	1 549
Bevölkerungsumfrage	Deutsche Bevölkerung (Persönliches Interview)	08/2012–09/2012	2 627
	Deutsche Bevölkerung (Telefoninterview)	07/2012–08/2012	2 500

Darüber hinaus wurden für verschiedene Analysen Befragungsdaten der drei vorhergehenden Befragungen des 22. Kontingents ISAF aus den Jahren 2010 und 2011 herangezogen. Erkenntnisse, die im Rahmen der teilnehmenden Beobachtung im Einsatz in Afghanistan sowie in den Jahren danach in Interviews und Gesprächen mit Angehörigen des Kontingents gewonnen wurden, fließen im Sinne einer dichteren Deutung und Interpretation der Daten als Hintergrundinformation mit ein. (Seiffert et al. 2010a; 2010b; 2011a; Seiffert/Heß 2014) Für die Methodik dieser Befragungen wird auf die bereits existierenden Forschungsberichte der Studie *ISAF 2010* verwiesen.

5 Generation Einsatz der Bundeswehr

Die Auslandseinsätze der Bundeswehr seit Anfang der 1990er-Jahre haben in Deutschland eine neue Gruppe von Soldaten und Veteranen hervorgebracht, deren Leben durch diese Einsätze beeinflusst wird. (Seiffert/Heß 2014; Seiffert 2014; 2016a; 2016b; Seng/Seiffert 2016)[34] In der militärsoziologischen Forschung in Deutschland wissen wir bisher jedoch noch wenig darüber, wer diese soziale Gruppe eigentlich genau ist, in welchen Lebenslagen sich (Einsatz-)Soldaten und Veteranen etwa befinden und mit welchen sozialen Realitäten sie konfrontiert sind. Die einsatzerfahrene Gruppe aktiver und ehemaliger Soldatinnen und Soldaten der Bundeswehr ist noch wenig erforscht. Dies gilt ebenso für die Frage, wie (Einsatz-)Soldaten und Veteranen die Wiedereingliederung in das private und professionelle Umfeld nach der Rückkehr aus dem Einsatz gelingt. (vgl. Kapitel 2)

In der inzwischen umfangreichen Selbstthematisierungs- und Aufarbeitungsliteratur vor allem zum Afghanistaneinsatz wird diese Gruppe im Sinne einer Selbstzuschreibung häufig als „Generation Einsatz" der Bundeswehr bezeichnet. Der Band *Generation Einsatz: Fallschirmjäger berichten ihre Erfahrungen aus Afghanistan* (Brinkmann/Hoppe 2010) ist ein Beleg hierfür; es ist einer der ersten Bände dieser Art, der Erfahrungsberichte des damaligen Fallschirmjägerbataillons 313 in Seedorf aus sieben Jahren ISAF-Einsatz in Afghanistan zusammenführt.

Der Generationenbegriff wurde im Rahmen der Studie *ISAF 2010* als kategorialer Begriff für die militärsoziologische Forschung aufgegriffen und die Generation Einsatz der Bundeswehr exemplarisch anhand der Folgen des Afghanistaneinsatzes für das soldatische Selbstverständnis und die Bundeswehr als Gesamtorganisation empirisch fundiert. (Seiffert 2012; 2013; 2014; 2015; 2016a; 2016b; Seng/Seiffert 2016) Diese Befunde verweisen auf individuell durchaus unterschiedliche, facettenreiche Identifikationsmuster von (Einsatz-)Soldaten und Veteranen, insgesamt legen sie aber den Schluss nahe, dass sich durch die Interaktionen in riskanten Auslandseinsätzen wie in Afghanistan eine neue Soldatengeneration innerhalb der Bundeswehr herausgebildet hat, die nicht nur einen gemeinsamen Erfahrungshorizont teilt und sich durch die oft einschneidenden Erlebnisse in diesen Einsätzen miteinander verbunden fühlt, sondern deren professionelle Identität durch diese

[34] An dieser Stelle sei zumindest darauf hingewiesen, dass aus internationalen Krisenregionen neben Bundeswehrsoldaten auch deutsche Polizisten, Entwicklungshelfer und Diplomaten zurückkehren, für die die Integration in das Leben in Deutschland ebenso eine große Herausforderung darstellen kann.

Deutsche Soldaten auf Patrouille in Kunduz, Juli 2010. Der Afghanistaneinsatz ist in Deutschland zum Synonym für den Wandel der Bundeswehr zur Einsatzarmee geworden. Über 90.000 Bundeswehrsoldaten waren von Anfang 2002 bis Ende 2018 in Afghanistan eingesetzt. *Bundeswehr/von Söhnen*

Erfahrungen auch maßgeblich beeinflusst wird.[35] Diese Prägungen durch Auslandseinsätze, so eine zentrale These der vorliegenden Studie, können sich für Soldaten und Veteranen über die Zeit hin verändern und überformen, sie lassen sich aber nicht so einfach abstreifen, sondern bleiben selbst nach dem Ausscheiden aus der Bundeswehr ein bedeutsamer Aspekt für das Selbstbild.

Gegen eine solche Verwendung des Generationenbegriffs im Bundeswehrkontext könnte man kritisch einwenden, dass schwerwiegende Erfahrungen in Organisationen in der Regel nicht zur Distinktion unterschiedlicher Gruppen entlang der Altersachse reichen. (Grewer/Matthäi/Reindl 2007) Auch in unseren bisherigen Forschungen zu den Auswirkungen von Einsatzerfahrungen auf die Bundeswehr als Gesamtorganisation konnten wir feststellen, dass sich trennscharfe generationelle Zuordnungen zumeist als schwierig erweisen. (Seiffert 2013) Das Alter beispielsweise kann, muss aber nicht ausschlaggebend sein für das Gefühl, zur Generation Einsatz der Bundeswehr zu gehören.

Dennoch können, so die Annahme in der vorliegenden Studie, mit dem Konzept der Generation typische Lebenslagen von (Einsatz-)Soldaten und Veteranen verbunden und grobe Zuordnungen für die Bundeswehr gewonnen werden. Ein solches Generationenverständnis geht wesentlich auf Karl Mannheim (1964: 509) zurück. Nach Mannheim müssen eine „Generationenlagerung", ein „Generationenzusammenhang" und eine „Generationeneinheit" vorhanden sein, um eine Generation zu konstituieren. Mitglieder einer so verstandenen (sozialen) Generation sind also nicht einfach zur selben Zeit geboren (Lage), sie teilen gewissermaßen ein gemeinsames Schicksal (Zusammenhang) und ein gemeinsames Bewusstsein (Einheit). (Szydlik 2000) Dieses gesamtgesellschaftliche Generationenkonzept lässt sich, so die Überlegung in der vorliegenden Studie, auch auf gesellschaftliche Subsysteme wie die Streitkräfte anwenden.

Ausgehend von dieser Perspektive beschreibt Generation Einsatz nicht allein eine Geburtskohorte innerhalb der Bundeswehr. Im Grunde geht es um veränderte Alltags- und Lebensbedingungen von Soldatinnen und Soldaten durch die Beteiligung an Auslandseinsätzen, die mit sozialen und kulturellen Erfahrungen im Generationenbegriff gebündelt werden. Entscheidendes Kriterium für die Zugehörigkeit zu dieser Soldatengeneration ist dabei das Gefühl der Verbundenheit untereinander aufgrund gemeinschaftlich geteilter Erfahrungen in internationalen Kriseninterventionseinsätzen. Diese Erfahrungen können in der konkreten Situation vor Ort, abhängig von der Sicherheitslage und den

---

[35] Zu vorliegenden Befunden zum organisationskulturellen und mentalen Wandel der Bundeswehr siehe etwa Seiffert (2005; 2012; 2013; 2014; 2015; 2016a; 2016b), Seiffert et al. (2010b; 2011a) sowie Seiffert/Langer/Pietsch (2012) und Tomforde (2010; 2016).

konkreten Aufgaben, wie die Befunde der Studie *ISAF 2010* zeigen, für Soldatinnen und Soldaten differieren, „sie schaffen jedoch einen gemeinsamen Bezugsrahmen, der sich auf Einstellungen und Orientierungen auswirkt". (Seiffert 2012: 85)

Mit dieser Definition wird berücksichtigt, dass die Bundeswehr wie jede gesellschaftliche Organisation soziokulturell durch Mehrdimensionalität gekennzeichnet ist: Weder haben alle Soldatinnen und Soldaten in der Bundeswehr die gleiche Aufgabe und Funktion noch befinden sich alle in derselben Lebensphase und es nehmen auch nicht alle, wie die Befunde der vorliegenden Studie zeigen, im Laufe ihrer Dienstzeit bei der Bundeswehr an Auslandseinsätzen teil. (s. Abschnitt 5.3) Die Handlungskontexte können sich für Soldatinnen und Soldaten abhängig von den professionellen Anforderungen ebenso wie von den sozialen und politischen Rahmenbedingungen erheblich unterscheiden.

Die objektiven Lebens- und Alltagsbedingungen, so eine der soziologischen Kernthesen, beeinflussen jedoch maßgeblich Einstellungen und Werthaltungen von Personen. (Georg 1998: 55) Aus einer identitätstheoretischen Perspektive sind die Kontexte, in denen sich Soldatinnen und Soldaten sowohl in der Heimat als auch im Einsatz bewegen und in denen sie identitätsrelevante Erfahrungen machen, daher keine Nebensache. Vielmehr ist von unterschiedlichen Soldatenidentitäten aufgrund differierender Bezüge auszugehen, die sich zudem durch gesellschaftlichen Wandel in einem kontinuierlichen Veränderungsprozess befinden. Dahinter steht die Überlegung, dass das Leitbild des Staatsbürgers in Uniform und die Prinzipien der Inneren Führung zwar den übergeordneten Bezugsrahmen für das Selbstverständnis der Bundeswehr setzen, innerhalb dieses normativen Rahmens sind jedoch für Soldatinnen und Soldaten der Bundeswehr unterschiedliche Entwicklungen ihres Selbstverständnisses möglich. (Seiffert 2005)

Für die Bundeswehr ist Pluralität nun nichts Neues: Identitäten, Symbolisierungen und Ausdrucksweisen unterscheiden sich zwischen den einzelnen Organisationsbereichen, Truppengattungen und Dienstgradgruppen seit jeher. (Seiffert 2013: 13) Die Auslandseinsätze, besonders die Kampferfahrungen des Afghanistaneinsatzes, haben hier aber eine neue Facette hinzugefügt. Auf Basis dieser Erfahrungen haben sich „eigene soziokulturelle Praktiken, Verhaltensweisen und Einsatzidentitäten" (Seiffert 2012: 88) herausgebildet, die nicht nur zu einer stärkeren Differenzierung des Bundeswehr-Selbstverständnisses, sondern auch zu einem organisationskulturellen Wandel der Bundeswehr beigetragen haben.[36] Ohne die oft einschneidenden Erfahrungen des Afghanistaneinsatzes ist

[36] Siehe zu den Auswirkungen der Afghanistanerfahrung auf die Gesamtorganisation Seiffert (2012; 2013; 2015; 2016a; 2016b).

etwa die in den vergangenen Jahren entstandene neue Gedenk- und Symbolkultur der Bundeswehr mit sowohl offiziellem als auch inoffiziellem Charakter – die Gefechtsmedaille, das Ehrenkreuz für Tapferkeit, das zentrale Mahnmal der Bundeswehr im Bendlerblock, der Wald der Erinnerung in Potsdam oder der unter Afghanistanrückkehrern verbreitete Coin-Check – nicht zu verstehen. Angesichts zunehmender Internationalisierung und größerer Diversität innerhalb der Bundeswehr dürfte sich diese organisationskulturelle Differenzierung zudem noch verstetigen.

In der vorliegenden Studie werden diese Überlegungen aufgegriffen. Es wird datengestützt untersucht, von welcher sozialen Gruppe der Bundeswehr wir im Zusammenhang mit der Generation Einsatz eigentlich genau sprechen, wie sich ihre Lebenslagen von anderen Soldatengruppen, aber auch im Vergleich zur deutschen Bevölkerung unterscheiden, mit welchen Erfahrungswelten sie im Einsatz konfrontiert sind und wie sie mit diesen Erlebnissen langfristig umgehen. Nicht zuletzt wird untersucht, wie der soziale Übergang von der militärischen Einsatzwelt in die private und dienstliche bzw. zivilberufliche Lebenswelt in Deutschland gelingt und wie sich dadurch gegebenenfalls Einstellungen und Orientierungen verändern. Die Generation Einsatz der Bundeswehr wird in dieser Studie demnach nicht bloß von „außen" etikettiert, sondern gewissermaßen von „innen" heraus empirisch als soziale und erfahrungsbezogene Gruppe rekonstruiert.

Dafür wird zunächst anhand von „Kriterien der Lagezuschreibung" (Berger/Hradil 1990: 10), wie Alter, Geschlecht, Dienstgrad oder Status, die soziostrukturelle Zusammensetzung für die Gruppe der (Einsatz-)Soldaten und Veteranen exemplarisch auf Basis der Daten des 22. Kontingents ISAF beschrieben und mit anderen Soldatengruppen der Bundeswehr verglichen (Abschnitt 5.1). Anschließend wird für die Bundeswehr eine generationenspezifische Differenzierung entlang der vorhandenen Einsatzerfahrungen vorgenommen (Abschnitt 5.2). Die Erfahrungswelten eines Auslandseinsatzes werden schließlich auf Basis der Daten der Wiederholungsbefragung des 22. Kontingents ISAF beispielhaft fundiert (Abschnitt 5.3 und 5.4). Im Anschluss wird untersucht, welche Folgen die Erfahrungen dieses Einsatzes drei Jahre später für das Leben der (Einsatz-)Soldaten und Veteranen des 22. Kontingents ISAF hatten. (Kapitel 6)

5.1 Lebenslagen von (Einsatz-)Soldaten und Veteranen

Die Bundeswehr beteiligt sich seit über zwei Jahrzehnten an Auslandseinsätzen. Wer aber sind eigentlich die Männer und Frauen, die aus den weltweiten Krisenregionen nach Deutschland zurückkehren? Die Gruppe der Einsatzrückkehrer (in dieser Studie verstanden als einsatzerfahrene Gruppe aktiver und ehemaliger Soldatinnen und Soldaten der

Nicht jeder Soldat der Bundeswehr verfügt über Einsatzerfahrung. Es sind häufig dieselben Gruppen, die immer wieder in einen Auslandseinsatz gehen. Das Bild zeigt einen Scharfschützen des 22. Kontingents ISAF bei der Patrouille im Raum Imam Sahib, 14. Mai 2010. *PIZ Kunduz*

Bundeswehr) soll im Folgenden exemplarisch auf Datenbasis der Wiederholungsbefragung des 22. Kontingents ISAF aus dem Jahr 2013 soziostrukturell beschrieben und deren Zusammensetzung anschließend auf Grundlage der Daten der repräsentativen Streitkräftebefragung des ZMSBw aus dem Jahr 2012 mit anderen Soldatengruppen in der Bundeswehr verglichen werden. Dadurch lassen sich Hinweise auf soziale Lebenslagen von (Einsatz-)Soldaten und Veteranen der Bundeswehr gewinnen.

Die Mehrzahl der Angehörigen des 22. Kontingent ISAF ist auch noch fast drei Jahre nach der Rückkehr aus dem Afghanistaneinsatz im aktiven Dienst bei der Bundeswehr. Zum Befragungszeitpunkt sind in der realisierten, gewichteten Stichprobe 70 Prozent der Befragten noch aktive Soldatinnen und Soldaten. Hingegen sind 30 Prozent der Befragten mittlerweile aus dem Dienst bei der Bundeswehr ausgeschieden und zählen in dieser Studie folglich zu den (Einsatz-)Veteranen der Bundeswehr.[37] (vgl. Kapitel 1) Der Zeitpunkt des Verlassens der Bundeswehr variierte dabei. Während 21 Prozent der Veteranen bereits kurz nach Einsatzende im Jahr 2010 aus der Bundeswehr ausgeschieden sind und weitere 31 Prozent ihren aktiven Dienst im Jahr 2011 beendeten, sind 41 Prozent der Veteranen im Jahr 2012 und die übrigen 7 Prozent erst 2013 aus der Bundeswehr ausgeschieden. Der letzte für diese Studie befragte Einsatzveteran hat die Bundeswehr im April 2013 verlassen. Der Großteil in beiden Gruppen sind Männer. Dies gilt für 92 Prozent der (Einsatz-)Soldaten und für 98 Prozent der (Einsatz-)Veteranen. Der Frauenanteil fällt folglich für (Einsatz-)Veteranen noch geringer aus als für (Einsatz-)Soldaten (2 % gegenüber 8 %). Darüber hinaus sind die meisten Befragten auch noch drei Jahre nach dem Einsatz relativ jung. 61 Prozent der (Einsatz-)Soldaten und sogar 76 Prozent der Veteranen sind zum Befragungszeitpunkt unter 35 Jahre alt. Die weit überwiegende Mehrzahl ist zudem partnerschaftlich gebunden.[38] Dies gilt für 77 Prozent der Soldaten und für 76 Prozent der Veteranen, die drei Jahre nach der Rückkehr aus dem Einsatz angeben, entweder verheiratet zu sein oder in einer festen Paarbeziehung zu leben. Viele haben eigene Kinder. Dies trifft auf 51 Prozent der (Einsatz-)Soldaten und auf 42 Prozent der Veteranen zu. Bei knapp der Hälfte der Eltern sind die Kinder unter sieben Jahren (48 % aller Eltern des Kontingents).

---

[37] Durch die Gewichtung ergibt sich ein höherer Anteil an Veteranen als in der nicht gewichteten Stichprobe (dort 25 % Veteranen).

[38] Die Auswirklungen des Einsatzes auf das partnerschaftliche Verhältnis werden in Abschnitt 6.8 analysiert.

Abbildung 2: Sozialstruktur für (Einsatz-)Soldaten und Veteranen des 22. Kontingents ISAF

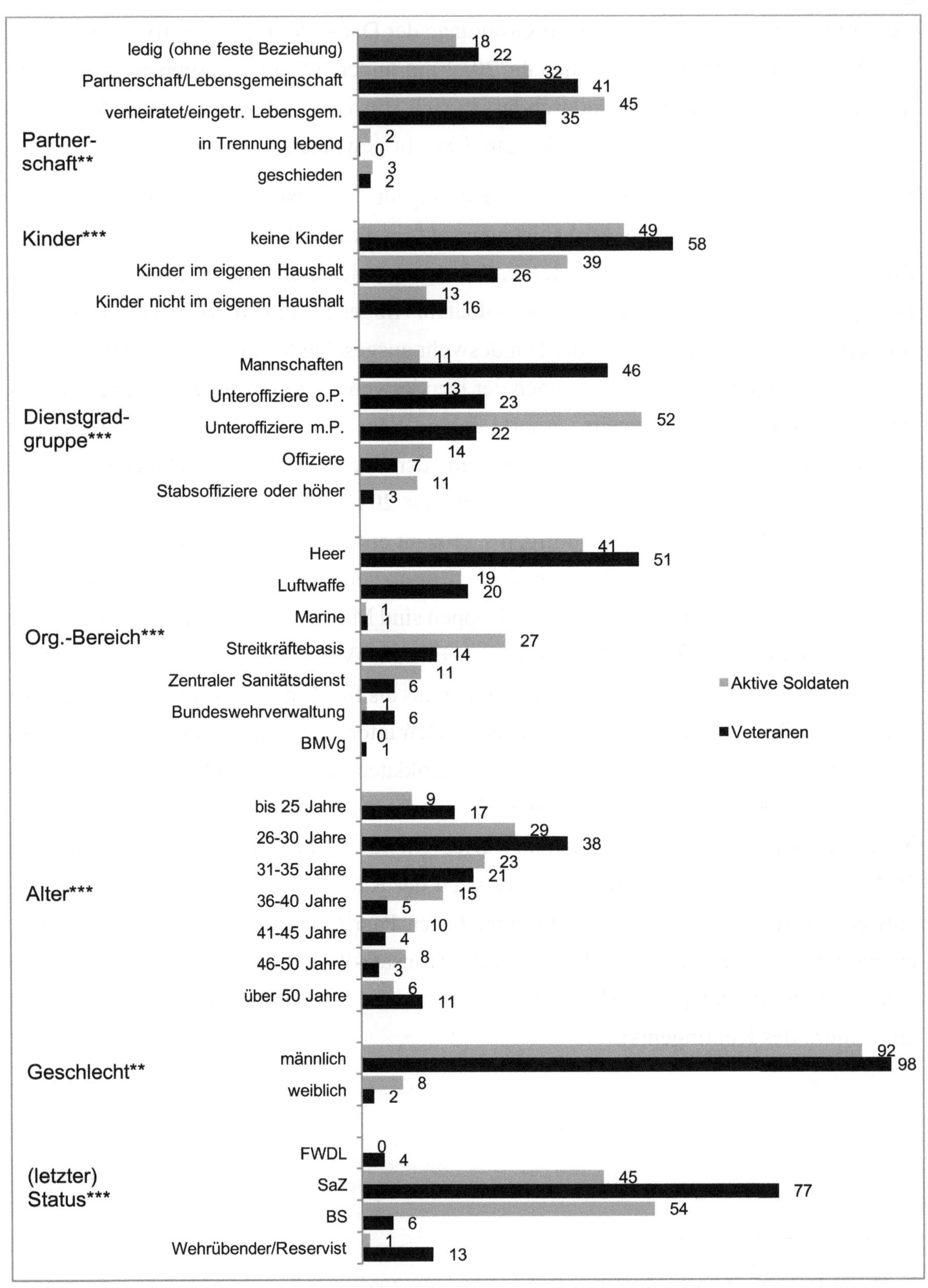

Anmerkungen: ***=höchst signifikant auf 0,1 %-Niveau; **=hoch signifikant auf dem 1 %-Niveau. Signifikanz nach Chi-Quadrat. Datenbasis: Befragung des 22. Kontingents ISAF durch das ZMSBw, Dezember 2012 bis März 2013 und Mai bis Oktober 2013. Angaben in Prozent.

Die beiden Gruppen weichen in ihrer sozio- und militärdemografischen Zusammensetzung jedoch signifikant voneinander ab. In Abbildung 2 sind die wesentlichen soziostrukturellen Merkmale im Vergleich zwischen (Einsatz-)Soldaten und Veteranen exemplarisch für das 22. Kontingents ISAF dargestellt. Auffallend ist zunächst, dass die beiden Gruppen sich in militärdemografischer Hinsicht voneinander unterscheiden. Die Mehrzahl (54 %) der (Einsatz-)Soldaten ist Berufssoldat. Die meisten (52 %) von ihnen haben einen Feldwebeldienstgrad. Offiziere und Stabsoffiziere sind ebenfalls signifikant häufiger in der Gruppe der Soldaten vertreten (25 % gegenüber 10 % unter Veteranen). Veteranen haben die Bundeswehr dagegen mehrheitlich (77 %) als Soldat auf Zeit mit einem eher niedrigen Dienstgrad verlassen. Viele sind Mannschaftssoldaten (46 %) oder Unteroffiziere ohne Portepee (23 %). Bei (Einsatz-)Soldaten sind es hingegen nur 11 Prozent Mannschaften und 13 Prozent Unteroffiziere ohne Portepee. In der Gruppe der Veteranen befindet sich zudem ein Anteil an Reservedienstleistenden (Wehrübende/Reservisten). Dies trifft auf gut einen von zehn (13 %) Veteranen zu.

Die (Einsatz-)Veteranen sind im Durchschnitt jünger als die (Einsatz-)Soldaten. Mehr als die Hälfte (56 %) der Veteranen ist auch noch drei Jahre nach der Rückkehr aus dem Einsatz unter 30 Jahre alt, gegenüber etwas mehr als einem Drittel der Soldaten (38 %). Die jüngeren Veteranen sind zudem seltener verheiratet (35 % der Veteranen gegenüber 45 % der Soldaten).[39] Diese Unterschiede in der Lebensführung sollten aber nicht überbewertet werden, da fast ebenso viele (Einsatz-)Veteranen wie Soldaten angeben, in einer festen Paarbeziehung zu leben und auch unter den jüngeren Veteranen eine beachtliche Anzahl bereits eigene Kinder hat (42 % von ihnen gegenüber 51 % der Soldaten).[40] (Abschnitt 6.7 und 6.8)

Die Mehrzahl (62 %) der Veteranen ist nach der Bundeswehrzeit zudem weiter voll berufstätig. Weitere 22 Prozent von ihnen befanden sich zum Befragungszeitpunkt in betrieblicher Ausbildung oder in Umschulung. 6 Prozent arbeiteten nach eigenen Angaben in Teilzeitmodellen oder waren geringfügig beschäftigt. Nicht mehr erwerbstätig bzw. bereits pensioniert waren 7 Prozent der Veteranen. Nur eine Minderheit von 3 Prozent gibt an, derzeit Arbeit suchend zu sein. (Abbildung 3)

---

39 Wie bereits erwähnt wird die familiäre Situation von (Einsatz-)Soldaten und Veteranen in den Abschnitten 6.7 und 6.8 der vorliegenden Untersuchung ausführlicher untersucht.

40 Allerdings ist der Anteil von Älteren über 50 Jahren ebenfalls unter Veteranen höher als unter (Einsatz-)Soldaten (11 % gegenüber 6 %). Das ist jedoch wenig verwunderlich, da zur Veteranengruppe auch jene mittlerweile als Pensionäre aus der Bundeswehr ausgeschiedene Kontingentangehörige sowie Reservedienstleistende zählen.

Die soziostrukturellen Daten deuten demnach sowohl auf Unterschiede als auch auf Gemeinsamkeiten in den Lebenslagen von (Einsatz-)Soldaten und Veteranen: Veteranen sind im Vergleich zu (Einsatz-)Soldaten noch jünger und haben die Bundeswehr häufiger mit einem niedrigeren Dienstgrad verlassen. In der Gruppe der (Einsatz-)Soldaten überwiegen dagegen Berufssoldaten mit einem Feldwebel- oder Offiziersdienstgrad. In beiden Gruppen dominieren jedoch Männer bis 35 Jahre, die meist partnerschaftlich gebunden und überwiegend voll berufstätig sind. Viele haben zudem eigene Kinder, oft noch kleine Kinder unter 7 Jahren.

Abbildung 3: Erwerbsstatus von (Einsatz-)Veteranen des 22. Kontingents ISAF

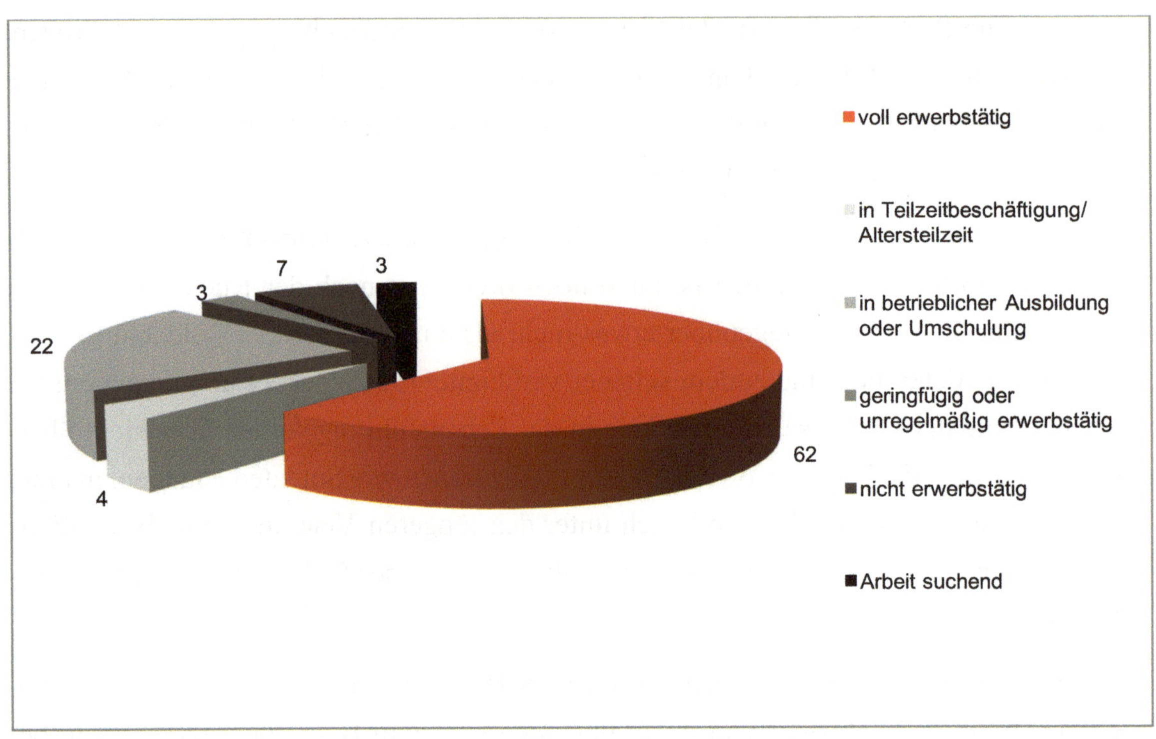

Datenbasis: Befragung des 22. Kontingents ISAF durch das ZMSBw, Dezember 2012 bis März 2013 und Mai bis September 2013. Angaben in Prozent. Anmerkung: Da die dargestellten Anteilswerte auf ganze Zahlen gerundet sind, summieren sie sich nicht auf zu 100 Prozent.

Wie aber unterscheiden sich (Einsatz-)Soldaten und Veteranen in ihren Lebenslagen von anderen Soldatengruppen in der Bundeswehr? Im Folgenden geht es um einen soziostrukturellen Vergleich zwischen Einsatzrückkehrern (d.h. hier (Einsatz-)Soldaten und Veteranen zusammen) und Bundeswehr insgesamt. Für diesen Vergleich wurden die Daten der Wiederholungsbefragung des Kontingents aus dem Jahr 2013 mit den Daten der repräsentativen Streitkräfteumfrage des ZMSBw von 2012 gespiegelt. Während die Streitkräfteumfrage als Grundgesamtheit sämtliche Bundeswehrsoldaten umfasst, bezieht sich die Wiederholungsbefragung auf sämtliche aktive und ehemalige Soldatinnen und Soldaten des 22. Kontingents ISAF.

Abbildung 4: Sozialstruktur im Vergleich zwischen Bundeswehr insgesamt und Einsatzrückkehrern des 22. Kontingents ISAF

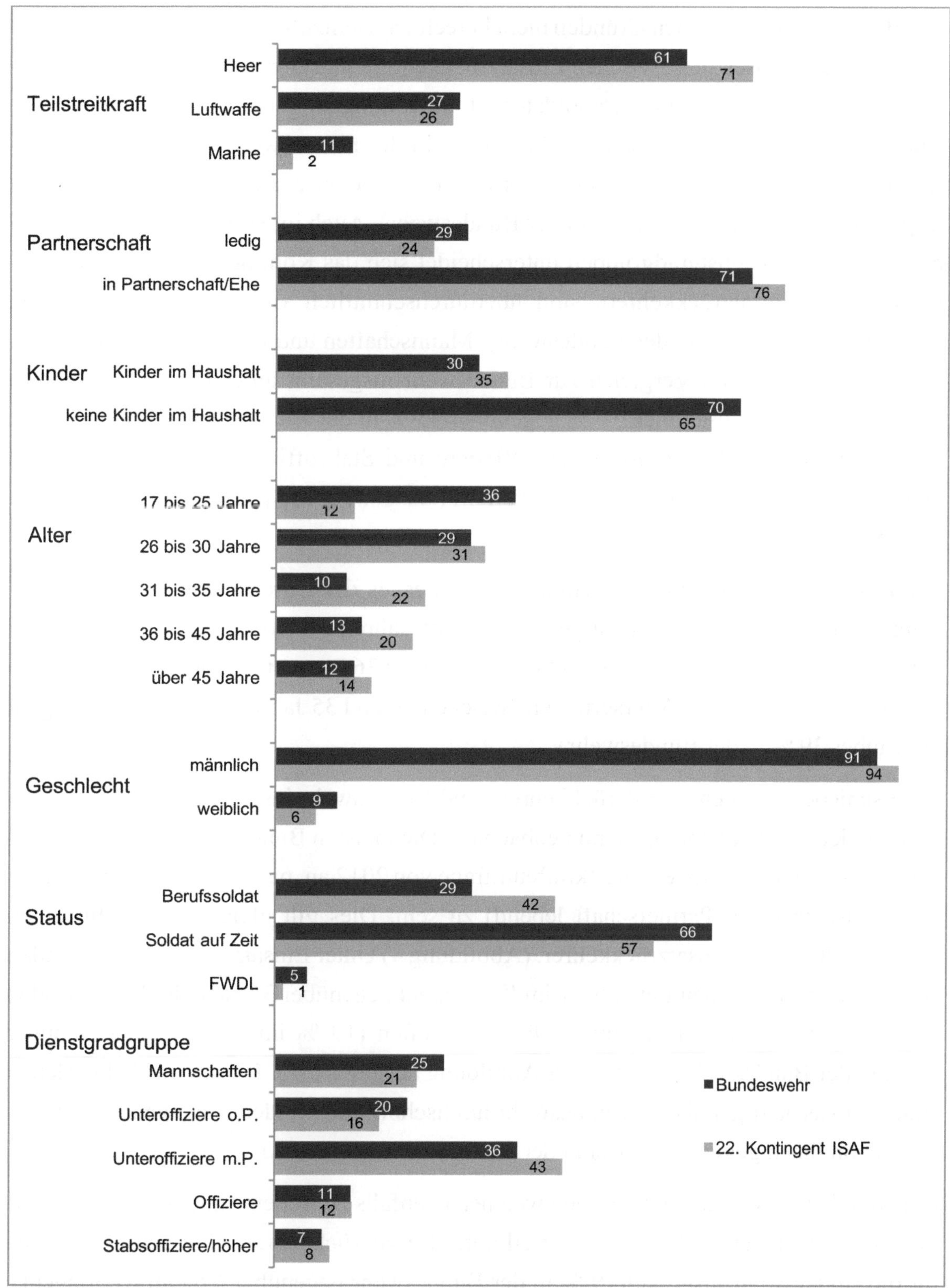

Datenbasis: Befragung des 22. Kontingents ISAF durch das ZMSBw, Dezember 2012 bis März 2013 und Mai bis September 2013. Befragung der Streitkräfte durch das ZMSBw, Oktober bis November 2012. Angaben in Prozent. Signifikanzen nicht berechnet. Anmerkung: Da die dargestellten Anteilswerte auf ganze Zahlen gerundet sind, summieren sie sich nicht auf zu 100 Prozent.

Abbildung 4 zeigt die Verteilung wesentlicher Strukturmerkmale für das 22. Kontingent ISAF und die Bundeswehr insgesamt im Vergleich. Signifikanzwerte wurden für diesen Vergleich aus methodischen Gründen nicht berechnet. Demzufolge weicht die soziostrukturelle Zusammensetzung zwischen Einsatzrückkehrern und Bundeswehr insgesamt voneinander ab. Der Anteil an Heeressoldaten ist im Kontingent höher ausgeprägt als für die Bundeswehr insgesamt (71 % gegenüber 61 % in der Bundeswehr). Der Anteil an Berufssoldaten fällt unter Einsatzrückkehrern ebenfalls höher aus als für die Bundeswehr insgesamt (42 % gegenüber 29 % in der Bundeswehr). Auch im Hinblick auf die Zusammensetzung der Dienstgradgruppen unterscheidet sich das Kontingent von der Bundeswehr: Unter Einsatzrückkehrern sind überdurchschnittlich viele Feldwebel vertreten (43 % gegenüber 36 % in der Bundeswehr). Mannschaften und Unteroffiziere ohne Portepee sind dagegen im Vergleich zur Bundeswehr insgesamt unter Einsatzrückkehrern unterrepräsentiert (zusammen 37 % gegenüber 45 % in der Bundeswehr). Im Gegensatz dazu sind die Dienstgradgruppen der Offiziere und Stabsoffiziere relativ gleichmäßig zwischen Bundeswehr und Kontingent verteilt (zusammen 18 % gegenüber 20 %). (Abbildung 4)

Die Einsatzrückkehrer sind im Schnitt etwas älter als der Durchschnitt in der Bundeswehr. Während der Anteil an Jüngeren bis zu 25 Jahren im Kontingent nur 12 Prozent beträgt, liegt dieser für die Bundeswehr insgesamt bei 36 Prozent. Unter den Rückkehrern dominieren hingegen die Altersgruppen zwischen 26 und 35 Jahren (53 % im Kontingent gegenüber 39 % in der Bundeswehr).

Unterschiede zwischen Einsatzrückkehrern und Bundeswehr insgesamt lassen sich auch im Hinblick auf den Familienstand beobachten. Die meisten Bundeswehrsoldaten (71 %) geben in der repräsentativen Streitkräfteumfrage von 2012 an, partnerschaftlich gebunden (verheiratet/in fester Partnerschaft lebend) zu sein. Dies gilt gleichermaßen für einen Großteil (76 %) der Einsatzrückkehrer. (Abbildung 4) Unter Einsatzrückkehrern befinden sich jedoch mehr Verheiratete (46 % im Kontingent gegenüber 37 % in der Bundeswehr) und folglich weniger unverheiratete Partnerschaften (19 % im Kontingent gegenüber 26 % in der Bundeswehr; nicht in der Abbildung ausgewiesen). Einsatzrückkehrer leben zudem etwas häufiger als der Bundeswehrdurchschnitt mit Kindern im eigenen Haushalt (35 % von ihnen gegenüber 30 % in der Bundeswehr insgesamt).

Die Anteile von Männern und Frauen weichen ebenfalls zwischen Bundeswehr und Kontingent voneinander ab. Der Frauenanteil unter Einsatzrückkehrern fällt geringer aus als für die Bundeswehr insgesamt (9 % in der Bundeswehr gegenüber 6 % im Kontingent). (Abbildung 4)

Im Vergleich zur Bundeswehr insgesamt finden sich demnach unter Einsatzrückkehrern mehr Männer, Feldwebel und Berufssoldaten. Im Hinblick auf ihre familiäre Lebenssituation unterscheiden sie sich jedoch nicht gravierend von anderen Soldatengruppen der Bundeswehr. Mehrheitlich sind sie ebenso wie die meisten Soldatinnen und Soldaten der Bundeswehr auch partnerschaftlich gebunden. Einsatzrückkehrer sind jedoch häufiger verheiratet und haben eigene Kinder. Dies aber dürfte wesentlich mit Alterseffekten zusammenhängen. Sie sind im Schnitt etwas älter als der Durchschnitt in der Bundeswehr. Bedeutsame Unterschiede in den Lebenslagen lassen sich auf Basis dieser Daten nicht beobachten. Der Vergleich der soziostrukturellen Daten deutet vielmehr darauf hin, dass (Einsatz-)Soldaten und Veteranen familiär und beruflich meist ähnlich eingebunden sind wie vergleichbare Soldatengruppen der Bundeswehr. (vgl. Abschnitt 6.8)

5.2 Wie einsatzerfahren ist die Bundeswehr?

Die Bundeswehr versteht sich ihrem offiziellen Selbstverständnis nach als Einsatzarmee. Das bedeutet aber nicht automatisch, dass jeder Soldat bzw. jede Soldatin im Laufe der Dienstzeit bei der Bundeswehr auch tatsächlich an einem Auslandseinsatz teilnehmen muss. Ein überwiegender Teil der (Einsatz-)Soldaten und Veteranen des 22. Kontingents ISAF zählt zu den besonders Einsatzerfahrenen der Bundeswehr. Die noch aktiven Soldatinnen und Soldaten des Kontingents hatten zum Befragungszeitpunkt im Durchschnitt bereits mehr als 3-mal an einem Auslandseinsatz der Bundeswehr teilgenommen (Mittelwert: 3,2; Standardabweichung: 2,8). Die bereits aus der Bundewehr ausgeschiedenen Angehörigen desselben Kontingents verfügen im Vergleich dazu über ein etwas geringeres Maß an Einsatzerfahrung (Mittelwert: 2,8; Standardabweichung: 2,6).[41] In Abbildung 5 ist die Anzahl an geleisteten Auslandseinsätzen im Vergleich zwischen (Einsatz-)Soldaten und Veteranen für das 22. Kontingents ISAF dargestellt.

41 Nach Mann-Whitney-U-Test höchst signifikant auf 0,1 Prozent-Niveau.

Ein ISAF-Soldat in der Wüste Afghanistans. Viele Soldaten, die für diese Studie befragt wurden, zählten schon vor ihrem Einsatz 2010 in Afghanistan zu den Einsatzerfahrenen in der Bundeswehr. *Bundeswehr/von Söhnen*

Abbildung 5: Anzahl absolvierter Auslandseinsätze im Vergleich zwischen (Einsatz-)Soldaten und Veteranen des 22. Kontingents ISAF

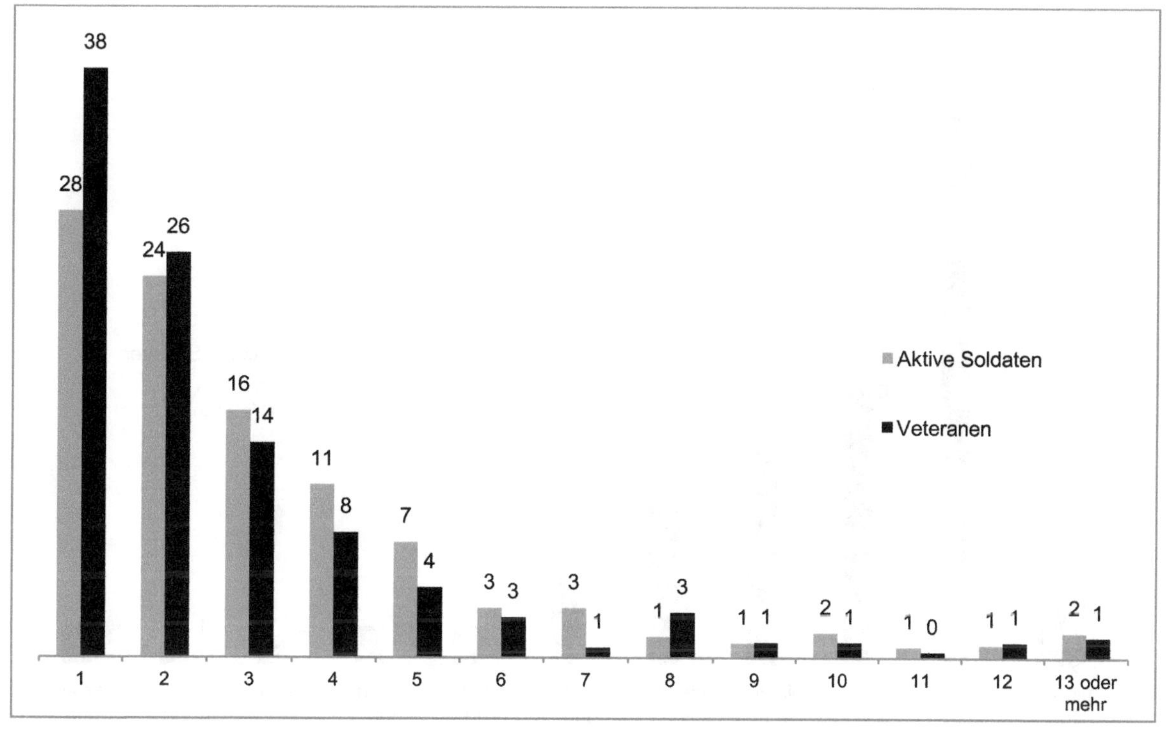

Datenbasis: Befragung des 22. Kontingents ISAF durch das ZMSBw, Dezember 2012 bis März 2013 und Mai bis Oktober 2013. Angaben in Prozent. Anmerkung: Da die dargestellten Anteilswerte auf ganze Zahlen gerundet sind, summieren sie sich nicht auf zu 100 Prozent.

Der Unterschied zwischen den beiden Gruppen besteht vor allem im Anteil an Veteranen, deren Teilnahme am 22. Kontingent ISAF die einzige Einsatzverwendung im Laufe ihrer Bundeswehrzeit geblieben ist (38 % der Veteranen gegenüber 28 % der Soldaten). Diese Differenz spiegelt sich nachvollziehbar auch in der absoluten Anzahl der im Laufe der Dienstzeit geleisteten Einsatztage wider. Im Schnitt waren Befragte in der Gruppe der noch aktiven Soldatinnen und Soldaten des Kontingents 359 Tage, fast ein Jahr ihres Lebens, als Soldat oder Soldatin im Ausland eingesetzt (Mittelwert: 359,2; Standardabweichung: 249,7). Die bereits ausgeschiedenen Angehörigen desselben Kontingents blicken in der Regel auf eine etwas geringere Anzahl geleisteter Einsatztage zurück. Sie haben im Laufe ihrer Dienstzeit bei der Bundeswehr durchschnittlich 328 Tage im Einsatz verbracht (Mittelwert: 323,8; Standardabweichung: 242,6).[42] (Abbildung 6)

---

[42] Mit dem 22. Kontingent ISAF waren die Befragten durchschnittlich 132 Tage in Afghanistan (Mittelwert: 131,6; Standardabweichung: 52,8).

Abbildung 6: Einsatztage in allen Auslandseinsätzen für (Einsatz-)Soldaten und Veteranen des 22. Kontingents ISAF

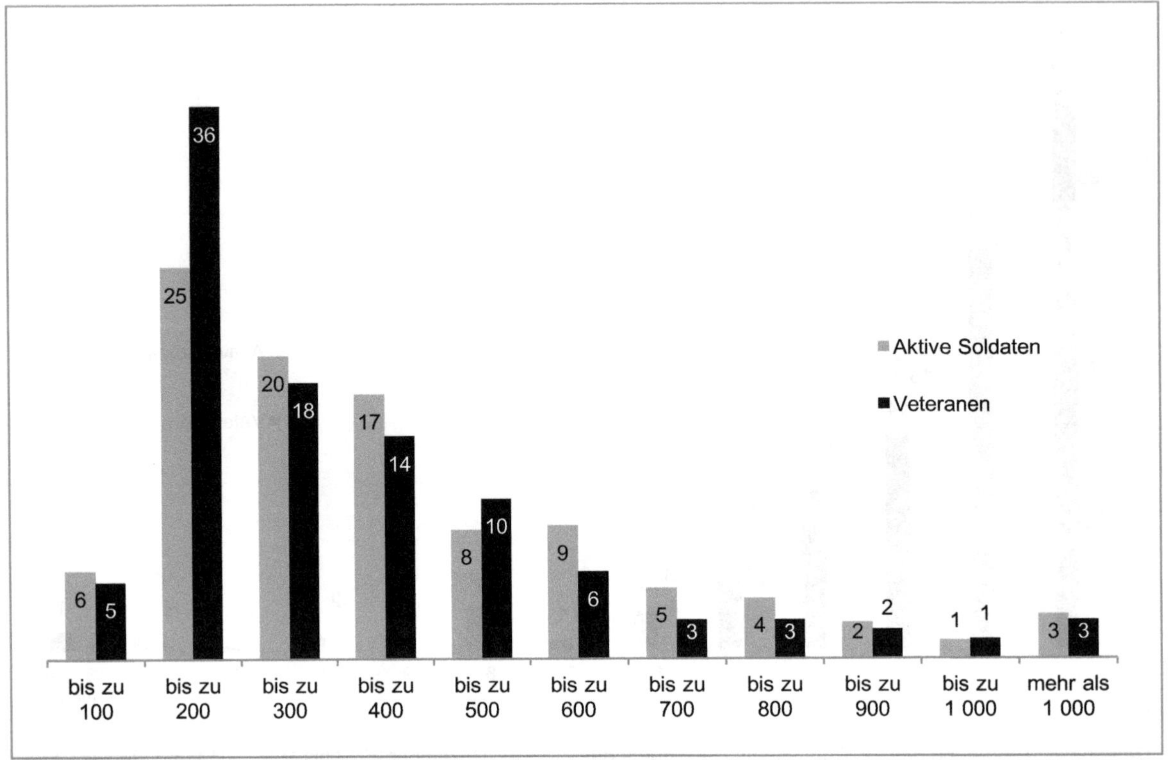

Datenbasis: Befragung des 22. Kontingents ISAF durch das ZMSBw, Dezember 2012 bis März 2013 und Mai bis Oktober 2013. Angaben in Prozent. Anmerkung: Da die dargestellten Anteilswerte auf ganze Zahlen gerundet sind, summieren sie sich nicht auf zu 100 Prozent.

Die individuelle Belastung durch Auslandseinsätze variiert demnach bereits unter Soldaten und Veteranen des 22. Kontingents ISAF erheblich. Die Spannbreite reicht von unter 100 bis hin zu insgesamt mehr als 1 000 geleisteten Einsatztagen. Bemerkenswerterweise befinden sich in der Gruppe der am stärksten belasteten 10 Prozent der Befragten mit über 700 Einsatztagen anteilsmäßig jedoch ebenso viele Soldaten wie Veteranen. In der Gruppe der Veteranen sind jedoch gleichzeitig weitaus mehr Befragte vertreten, die im Laufe ihrer Dienstzeit zusammengenommen nur zwischen 100 und 200 Tagen an einem Auslandseinsatz teilgenommen haben.[43] Das gilt für etwas mehr als ein Drittel (36 %) der Veteranen (gegenüber 25 % der Soldaten). (Abbildung 6)

Wesentlicher Einflussfaktor für das Ausmaß an vorhandener Einsatzerfahrung ist dabei das Alter. Die vorhandene Einsatzerfahrung steigt statistisch signifikant mit dem Lebensalter der Befragten an. Auffallend ist deshalb, dass höhere Dienstgrade unter den Einsatz-

---

43 Der Unterschied ist nach Chi-Quadrat-Test hoch signifikant auf 1 Prozent-Niveau.

rückkehrern über geringere Erfahrung in Auslandseinsätzen verfügen, wenn der Alterseffekt konstant gehalten und somit herausgerechnet wird. Dies gilt vor allem für die Gruppe der Stabsoffiziere des 22. Kontingents ISAF, die im Gegensatz zu gleichaltrigen Feldwebeln desselben Kontingents wesentlich seltener an Auslandseinsätzen teilgenommen haben. Die Feldwebel gehören zu den Einsatzerfahrensten unter den Rückkehrern. Darüber hinaus waren sie ebenso wie die Dienstgradgruppe der Offiziere relativ gleichmäßig über die verschiedenen Aufgabenbereiche im Einsatz (Ausbildung/Schutz, Planung/Führung und Unterstützung) verteilt. (vgl. Abschnitt 5.3) Stabsoffiziere nahmen häufiger Planungs- und Führungsaufgaben im Einsatz wahr. In den Kampfeinheiten des Kontingents befanden sich dagegen überdurchschnittlich viele Mannschaften. Auch rein zahlenmäßig sind Feldwebeldienstgrade am häufigsten im 22. Kontingent ISAF vertreten (43 % der Befragten). (vgl. Abschnitt 5.1) Die Feldwebeldienstgrade bildeten offenbar das Rückgrat für den damaligen Afghanistaneinsatz.[44] In Abbildung 7 ist die vorhandene Einsatzerfahrung differenziert nach Alter und Dienstgradgruppe für die Angehörigen des 22. Kontingents ISAF ausgeführt. (Abbildung 7)

Bereits diese Ergebnisse verweisen auf eine insgesamt hohe Einsatzfrequenz unter Soldaten und Veteranen des 22. Kontingents ISAF. Weitere Daten stützen diesen Befund: So berichtet jeder Dritte (36 %) in der Gruppe der noch aktiven Soldatinnen und Soldaten des Kontingents, in den fast drei Jahren nach dem Einsatz mit dem 22. Kontingent ISAF bereits mindestens ein weiteres Mal an einem Auslandseinsatz der Bundeswehr teilgenommen zu haben. Weitere 20 Prozent von ihnen waren zum Zeitpunkt der Befragung bereits für einen erneuten Auslandseinsatz eingeplant. Erstaunlicherweise ist der Anteil an Soldaten, die bereits für einen weiteren Einsatz vorgesehen waren, signifikant höher unter denen, die in den vergangenen drei Jahren nach ihrem Einsatz erneut an einem Auslandseinsatz teilgenommen hatten, als unter jenen, die nicht nochmals im Auslandseinsatz eingesetzt waren (42 % gegenüber 32 %).

---

[44] Vgl. hierzu auch den folgenden Abschnitt 5.3 zu den Gewalterfahrungen des Kontingents.

Abbildung 7: Vorhandene Einsatzerfahrung der Angehörigen des 22. Kontingents ISAF differenziert nach Alter und Dienstgradgruppe

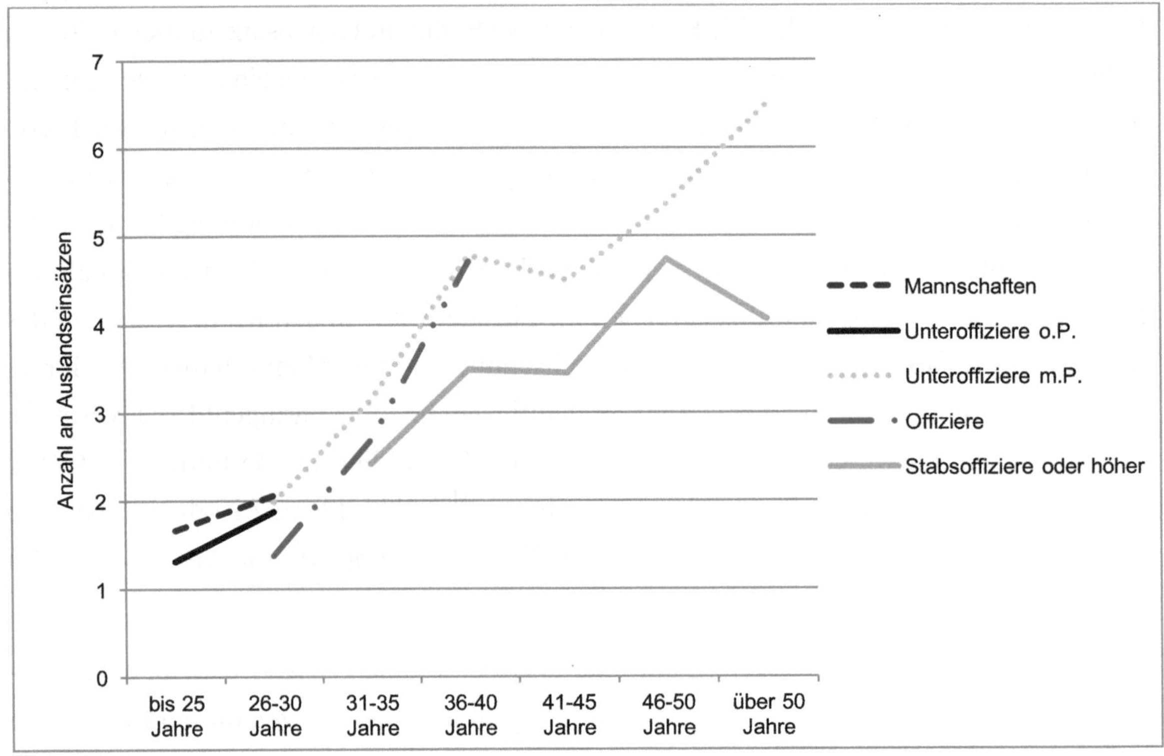

Datenbasis: Befragung des 22. Kontingents ISAF durch das ZMSBw, Dezember 2012 bis März 2013 und Mai bis Oktober 2013.

Bereits in diesen Daten deutet sich an, dass es offenbar häufig dieselben Gruppen in der Bundeswehr sind, die immer wieder in einen Einsatz gehen. Aufschlussreich ist hierfür ein Vergleich der vorhandenen Einsatzerfahrung zwischen dem 22. Kontingents ISAF und der Bundeswehr insgesamt. Für diesen Vergleich wurden abermals die Daten der Wiederholungsbefragung des Kontingents aus dem Jahr 2013 mit den Daten der repräsentativen Streitkräfteumfrage des ZMSBw von 2012 gespiegelt. Auf Grundlage dieser Daten kann nun ermittelt werden, ob Soldaten und Veteranen des 22. Kontingents ISAF öfter im Ausland eingesetzt waren als andere Bundeswehrsoldaten, ob sich also auch abzüglich des Einsatzes mit dem 22. Kontingent ISAF ein im Vergleich zu anderen Bundeswehrsoldaten insgesamt höheres Maß an Einsatzteilnahmen für die Angehörigen des Kontingents feststellen lässt.

In diesen Daten zeigt sich eindrücklich, dass Soldaten und Veteranen des 22. Kontingents ISAF durchschnittlich häufiger in *weiteren* Einsätzen als andere Bundeswehrsoldaten *überhaupt* im Auslandseinsatz eingesetzt waren. Sie weisen also nicht nur lediglich einen Einsatz mehr als andere Soldatinnen und Soldaten der Bundeswehr auf, sondern haben insgesamt wesentlich häufiger an Auslandseinsätzen teilgenommen. In der folgenden Abbildung ist die Anzahl an geleisteten Auslandseinsätzen im Vergleich zwischen Bundeswehrsoldaten insgesamt und Angehörigen des 22. Kontingents ISAF dargestellt. (Abbildung 8)

Abbildung 8: Einsatzerfahrung im Vergleich zwischen Bundeswehr insgesamt und Einsatzrückkehrern des 22. Kontingents ISAF

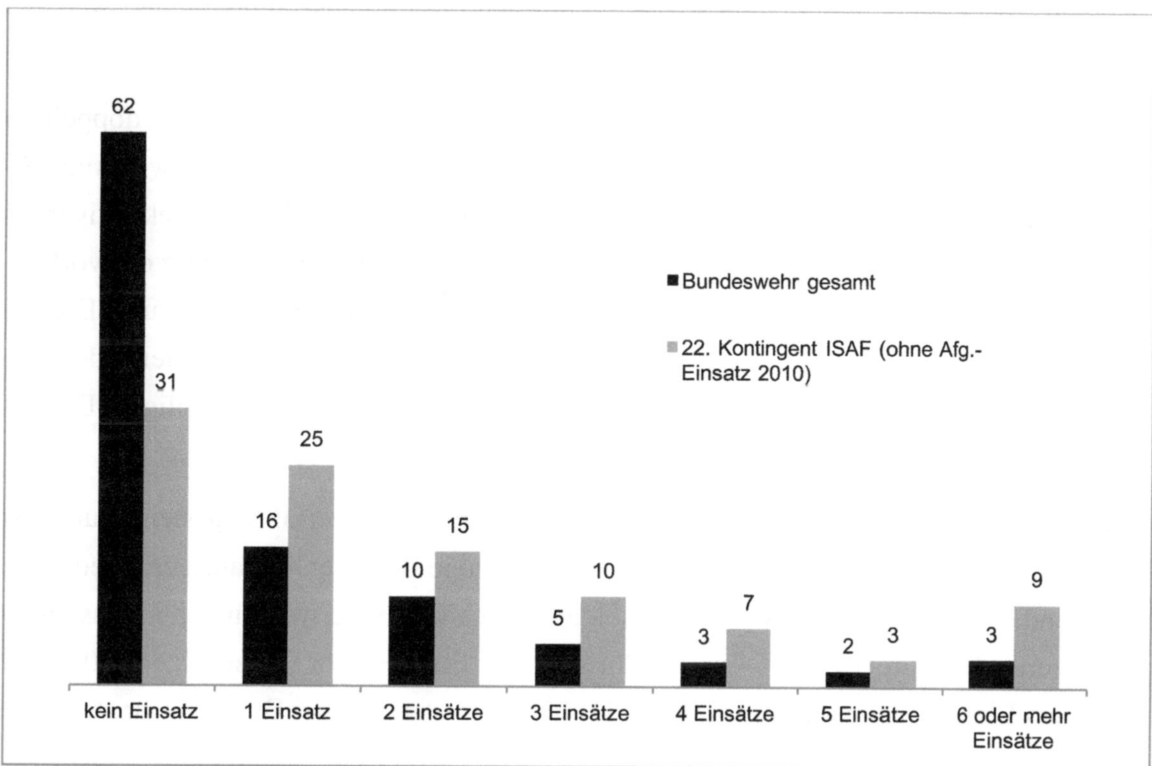

Datenbasis: Befragung des 22. Kontingents ISAF durch das ZMSBw, Dezember 2012 bis März 2013 und Mai bis Oktober 2013. Befragung der Streitkräfte durch das ZMSBw, Oktober bis November 2012. Angaben in Prozent.

Die Mehrzahl der Soldaten und Veteranen des 22. Kontingents ISAF zählt folglich zu den besonders Einsatzerfahrenen in der Bundeswehr: Während 62 Prozent sämtlicher Bundeswehrsoldaten in der repräsentativen Streitkräfteumfrage von 2012 angeben, noch nie an einem Auslandseinsatz mit mehr als 30 Tagen teilgenommen zu haben, waren nur 31 Prozent der Kontingentangehörigen neben ihrem Einsatz im 22. Kontingent ISAF an keinem weiteren Auslandseinsatz beteiligt. Die Hälfte (50 %) des Kontingents hat vielmehr noch ein bis drei zusätzliche Einsätze aufzuweisen. Weitere 19 Prozent von ihnen hatten zum Befragungszeitpunkt neben dem Einsatz im 22. Kontingent ISAF sogar schon an mehr als vier Auslandseinsätzen teilgenommen. Dies gilt hingegen nur für 8 Prozent sämtlicher Bundeswehrsoldaten.[45] Diese Befunde sind umso erstaunlicher, da hier die jüngeren Veteranen bereits einbezogen sind.

Insgesamt kann festgehalten werden, dass etwa ein Drittel sämtlicher Bundeswehrsoldaten überdurchschnittlich häufig an Auslandseinsätzen teilnimmt, während eine andere, größere Gruppe in der Bundeswehr damit offenbar weit seltener rechnen muss. Wer aber zählt innerhalb der Bundeswehr zu jener Gruppe einsatzerfahrener Soldatinnen und Soldaten und deckt sich diese in ihrer soziostrukturellen Zusammensetzung mit den Soldaten und Veteranen des 22. Kontingent ISAF?

Auffallend ist zunächst, dass Angehörige der Marine durchschnittlich etwa doppelt so häufig an internationalen Missionen (etwa 1,7-mal)[46] teilgenommen haben wie Angehörige des Heeres (etwa 0,8-mal) oder der Luftwaffe (etwa 0,7-mal).[47] Aussagekräftiger als diese nur grobe Analyse nach Uniformträgerbereich ist die Aufschlüsselung der vorhandenen Einsatzerfahrung unter sämtlichen Bundeswehrsoldaten nach Alter und Dienstgradgruppe. Da beide Merkmale miteinander verknüpft sind, lohnt ein Vergleich der vorhandenen Einsatzerfahrung gleichaltriger Bundeswehrsoldaten der jeweiligen Dienstgradgruppen.

Die unter Bundeswehrsoldaten insgesamt vorhandene Einsatzerfahrung steigt zunächst linear mit dem Alter an und sinkt dann für die Gruppe der über 45-Jährigen wieder ab. Während bis zu 25-jährige Bundeswehrsoldaten noch kaum Verwendungen in Auslandseinsätzen aufweisen, haben 26- bis 30-Jährige in der Bundeswehr statistisch etwa 0,8-mal an einem Einsatz teilgenommen. Für die 31- bis 35-Jährigen in der Bundeswehr steigt die

---

[45] Diese bedeutenden Unterschiede bleiben selbst dann bestehen, wenn man den Datensatz der repräsentativen Streitkräfteumfrage nach der Verteilung der Dienstgradgruppen im 22. ISAF-Kontingent gewichtet. Die beobachteten Effekte lassen sich somit nicht auf die Verteilung von Dienstgradgruppen und damit verbundenen Merkmalen wie etwa das Alter zurückführen. Es sei jedoch darauf hingewiesen, dass sich die Angaben für die gesamte Bundeswehr explizit auf Einsätze ab 30 Einsatztagen beziehen, wohingegen im Fragebogen für die Einsatzrückkehrer keine derartige Begrenzung besteht. Es ist allerdings höchst unwahrscheinlich, dass diese Unschärfe für die großen Unterschiede in der Einsatzerfahrung zwischen Bundeswehr insgesamt und Einsatzrückkehrern verantwortlich ist.

[46] Sämtliche Angaben dieses Abschnitts zur durchschnittlichen Anzahl an Einsatzteilnahmen von Bundeswehrangehörigen stellen grobe Schätzungen dar. Die zugrundeliegenden Daten fassen sämtliche Soldaten mit sechs oder mehr Einsätzen zu einer Gruppe ohne Binnendifferenzierung zusammen. Die angegebenen Mittelwerte sind somit nicht exakt, sondern mit Sicherheit zu niedrig und eignen sich lediglich zum groben Vergleich unterschiedlicher Gruppen.

[47] Eine Analyse der Einsatzbelastung der Teilnehmer verschiedener Auslandsmissionen der Bundeswehr zeigt, dass vor allem Bundeswehrsoldaten, die an Einsätzen der Marine teilgenommen haben, besonders häufig auch an weiteren Einsätzen beteiligt waren. Teilnehmer der Operationen Active Endeavour und Enduring Freedom am Horn von Afrika sowie von EU NAVFOR/Atalanta waren im Durchschnitt insgesamt in etwa 2,5 Auslandsmissionen. Auf der anderen Seite waren Teilnehmer des ISAF-Einsatzes durchschnittlich nur insgesamt etwa 1,5-mal im Ausland eingesetzt. Hierbei ist jedoch zu beachten, dass sich die Anforderungen ebenso wie die Risiken in den verschiedenen internationalen Missionen unterscheiden können.

durchschnittliche Einsatzerfahrung auf etwa 1,5 Einsätze. Die 36- bis 45-Jährigen bilden für das Jahr 2012 die einsatzerfahrenste Gruppe innerhalb der Bundeswehr. Sie haben etwa 1,75-mal an Auslandseinsätzen teilgenommen. Für die über 45-Jährigen in der Bundeswehr sinkt dieser Wert wieder auf etwa 1,5 Einsätze.

Ein simultaner Vergleich der vorhandenen Einsatzerfahrung von sämtlichen Bundeswehrsoldaten differenziert nach Dienstgradgruppen und Alter zeigt, dass Feldwebel und Stabsoffiziere häufiger an Auslandseinsätzen teilgenommen haben als Gleichaltrige anderer Dienstgradgruppen. (Abbildung 9) Dieser Befund deckt sich in weiten Teilen mit den zuvor dargestellten Ergebnissen der Befragung für die Soldaten und Veteranen des 22. Kontingents ISAF. Auch aus dieser Befragung waren die Feldwebel und Offiziere als besonders einsatzerfahrene Gruppe hervorgegangen. Abweichungen bestanden lediglich für die Gruppe der Stabsoffiziere, die in der Bundeswehr insgesamt im Gegensatz zum Kontingent zu den besonders Einsatzerfahrenen zählen.

Abbildung 9: Vorhandene Einsatzerfahrung in der Bundeswehr insgesamt differenziert nach Alter und Dienstgradgruppe in nicht-exakten Mittelwerten

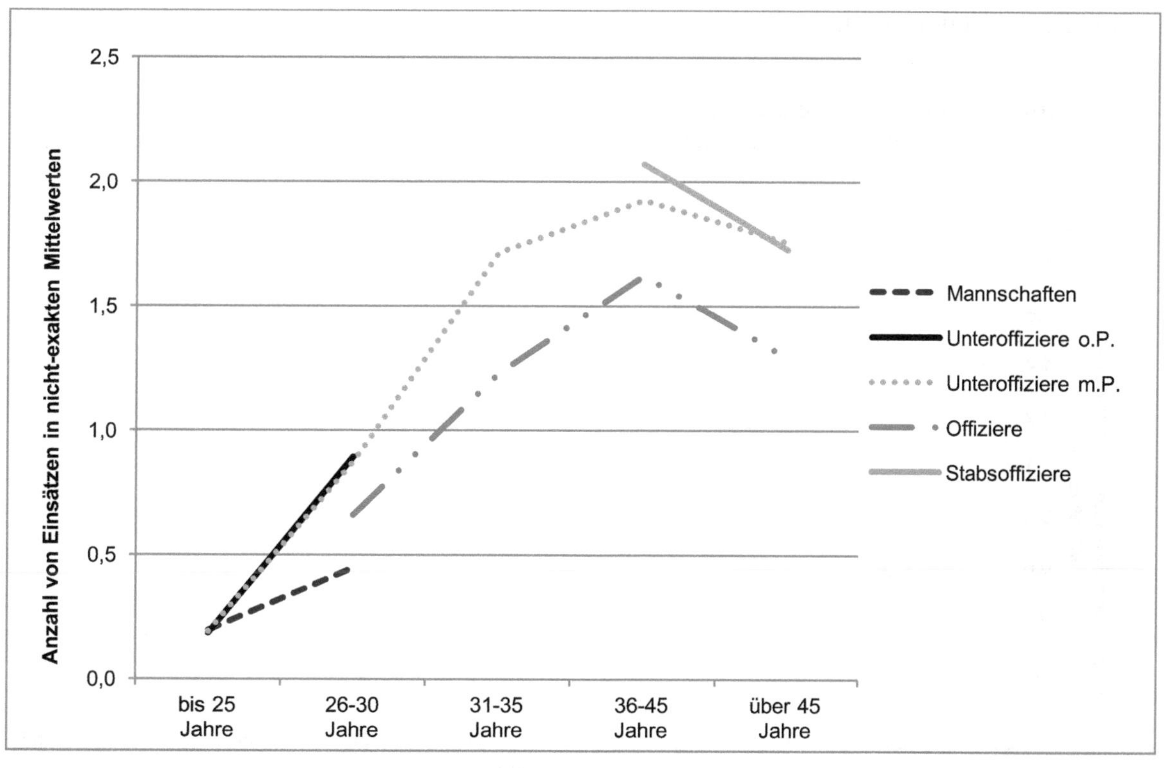

Datenbasis: Befragung der Streitkräfte durch das ZMSBw, Oktober bis November 2012. Angabe von nicht-exakten Mittelwerten, s. Fußnote 45.

Die vorliegenden Daten verweisen zudem darauf, dass Mannschaftsdienstgrade der Bundeswehr seltener an Einsätzen teilnehmen als gleichaltrige Unteroffiziere und Offiziere. Dahinter steht jedoch der Zusammenhang, dass Berufssoldaten häufiger in Auslandseinsätzen eingesetzt werden als Zeitsoldaten. Bei konstant gehaltenem Alter weisen Berufssoldaten eine fast doppelt so hohe Einsatzbelastung auf wie Zeitsoldaten der Bundeswehr.

Auch lassen sich geschlechtsspezifische Differenzen beobachten: Während 39 Prozent der Männer in der Bundeswehr an einem Auslandseinsatz teilgenommen haben, gilt dies hingegen nur für 27 Prozent der Frauen in der Bundeswehr. Zu den besonders Einsatzerfahrenen innerhalb der Bundeswehr, die bereits an mehr als zwei Auslandseinsätzen teilgenommen haben, zählen ebenfalls signifikant mehr Männer (13 % gegenüber 5 % Frauen).

Die Ergebnisse deuten erwartungsgemäß auf einen starken Zusammenhang zwischen Alter und Einsatzerfahrung hin. Dieser Zusammenhang ist allerdings nicht linear. Abbildung 10 zeigt die für das Jahr 2012 unter sämtlichen Bundeswehrsoldaten vorhandene Einsatzerfahrung eingetragen entlang einer horizontalen Achse, die das Lebensalter der Soldatinnen und Soldaten zu diesem Zeitpunkt wiedergibt. Während die Einsatzerfahrung für Bundeswehrsoldaten von einem Alter bis zu 40 Jahren zunimmt, sinkt die Kurve anschließend wieder deutlich ab.

Abbildung 10: Vorhandene Einsatzerfahrung von sämtlichen Bundeswehrsoldaten differenziert nach Lebensalter

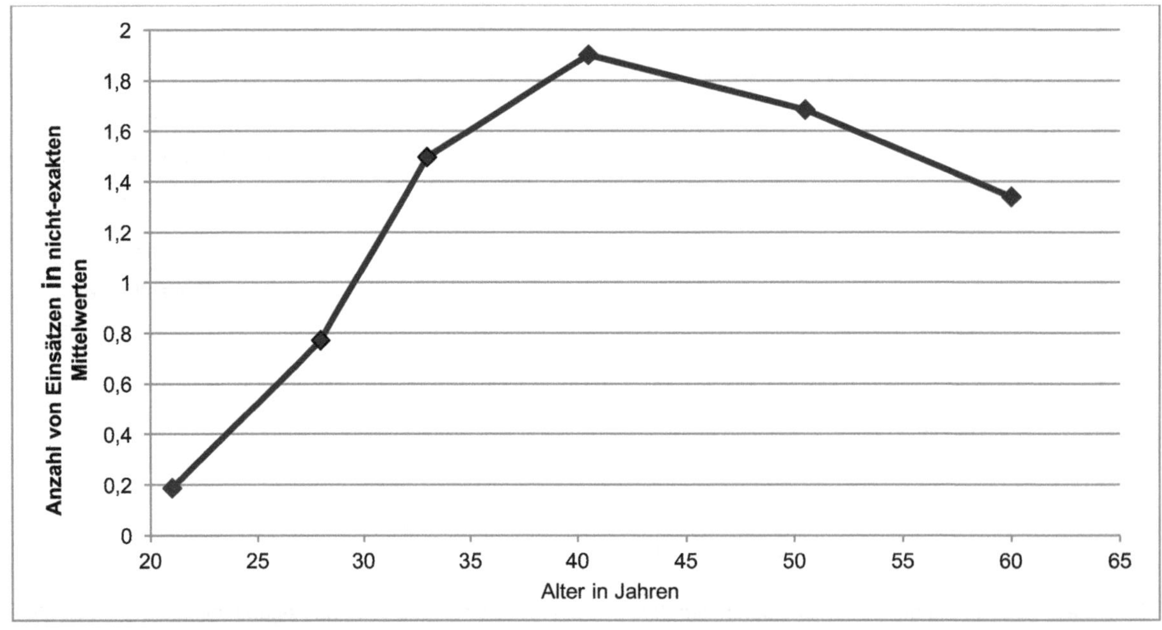

Datenbasis: Befragung der Streitkräfte durch das ZMSBw, Oktober bis November 2012. Angabe von nicht-exakten Mittelwerten, s. Fußnote 45.

Das Ausmaß der zum Befragungszeitpunkt in der Bundeswehr vorhandenen Einsatzerfahrung ist demnach umgedreht u-förmig über die Altersgruppen verteilt. Zu den besonders Einsatzerfahrenen der Bundeswehr zählen eher die mittleren Altersgruppen. Die älteren und jüngeren Altersgruppen weisen dagegen geringere Erfahrungen in Auslandseinsätzen auf. Diese Befunde stellen gleichwohl eine Momentaufnahme dar. Die mittlere Generation rückt nach und nach in höhere Positionen vor, während die ältere sukzessive aus dem aktiven Dienst bei der Bundeswehr ausscheidet. Darüber hinaus kann sich die vorhandene Einsatzerfahrung im Laufe der weiteren Dienstzeit in der Bundeswehr besonders für Jüngere noch verschieben.

Zu berücksichtigen ist somit, dass ein über die Jahre hin verändertes Engagement der Bundeswehr in internationalen Missionen die Einsatzerfahrung verschiedener Alterskohorten in unterschiedlichem Maße beeinflusst.[48] Bundeswehrsoldaten verschiedener Jahrgänge erlebten demnach auf der Zeitachse eine sich verändernde Beanspruchung durch die Teilnahme an Auslandseinsätzen. Statistisch kann auch von einer sich verändernden Einsatzdichte gesprochen werden. Gemeint ist damit die Anzahl von geleisteten Auslandseinsätzen pro Dienstjahr. So dürfte etwa für Soldatinnen und Soldaten, die von 1990 bis 2000 Dienst in der Bundeswehr geleistet haben, eine geringere Einsatzdichte zu beobachten sein als für Soldatinnen und Soldaten, die ihren Dienst zu einem späteren Zeitpunkt absolvierten. Welche Alterskohorte in der Bundeswehr ist aber nun in besonderer Weise von der Teilnahme an Auslandseinsätzen betroffen? Diese Frage wird im Folgenden ebenfalls basierend auf den Daten der repräsentativen Streitkräfteumfrage des ZMSBw aus dem Jahr 2012 untersucht.

In dieser Analyse zeigt sich, dass die Geburtsjahrgänge um das Jahr 1980 herum jene Alterskohorte in der Bundeswehr bilden, die zum Befragungszeitpunkt relativ zur Dauer ihrer bisherigen Dienstzeit am häufigsten an Auslandseinsätzen teilgenommen hat (statistisch etwa 1,4 Einsätze pro Dienstjahrzehnt). (Abbildung 11) Ähnliches gilt für Anfang bis Mitte der 1980er-Jahre (statistisch etwa 1,1 Einsätze pro Dienstjahrzehnt) und in den 1970er-Jahren Geborene (etwa 1 Einsatz pro Dienstjahrzehnt). Für Soldatinnen und Soldaten, die Ende der 1980er- bis Mitte der 1990er-Jahre geboren sind, ist die statistische Einsatzdichte dagegen deutlich niedriger und entspricht der von vor 1957 Geborenen. (Abbildung 11)

[48] Vgl. zur Entwicklung der Auslandseinsätze der Bundeswehr Chiari (2012) sowie den Bericht der Kommission zur Untersuchung des Einsatzes des G36-Sturmgewehres in Gefechtssituationen vom Oktober 2015 (Königshaus/Nachtwei 2015).

Abbildung 11: Anzahl von Einsätzen pro Dienstjahr in der Bundeswehr insgesamt nach Alterskohorten

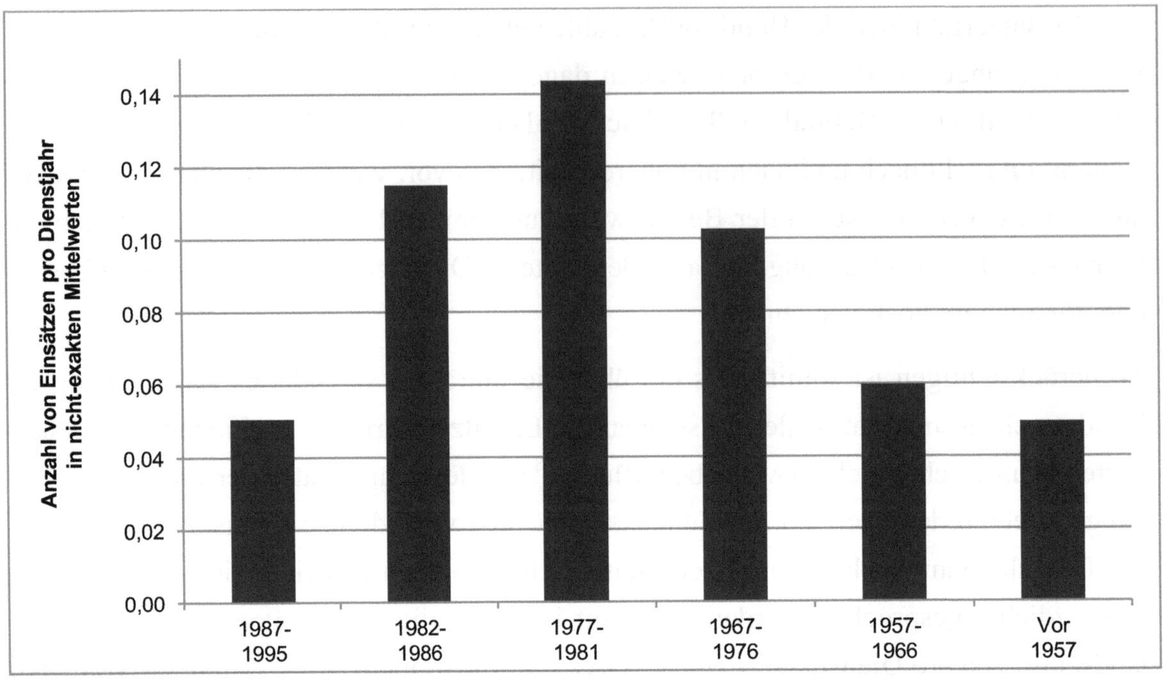

Anzahl von Einsätzen pro Dienstjahr in nicht-exakten Mittelwerten

0,14
0,12
0,10
0,08
0,06
0,04
0,02
0,00

1987-1995
1982-1986
1977-1981
1967-1976
1957-1966
Vor 1957

Datenbasis: Befragung der Streitkräfte durch das ZMSBw, Oktober bis November 2012. Angabe von nicht-exakten Mittelwerten, s. Fußnote 45.

Insgesamt deuten die Befunde dieses Abschnitts darauf hin, dass die einsatzerfahrene Gruppe der Soldaten und Veteranen durchaus heterogen zusammengesetzt ist; dennoch lässt sich diese auf Grundlage der vorliegenden Daten für die Bundeswehr genauer eingrenzen: Zur Generation Einsatz zählen überdurchschnittlich viele Männer, Berufssoldaten und Feldwebel sowie die Alterskohorten der in den 1970er- bis frühen 1980er-Jahren Geborenen. Das sind genau jene Soldatengruppen, die im 22. Kontingent ISAF überrepräsentiert waren. Darunter befinden sich ebenfalls wesentlich mehr Männer, Berufssoldaten und Feldwebel. Darüber hinaus gehört auch noch drei Jahre nach dem Einsatz die Mehrzahl von ihnen zur mittleren Altersgruppe der Bundeswehr. Die Soldaten und Veteranen des 22. Kontingent ISAF können somit als typische Vertreter der Generation Einsatz der Bundeswehr bezeichnet werden. Im Gegensatz zu den meisten anderen Bundeswehrsoldaten verfügen sie über ein wesentlich höheres Maß an Einsatzerfahrung. Im Durchschnitt haben sie bereits an drei Auslandseinsätzen der Bundeswehr teilgenommen. Demgegenüber hat die Mehrheit (62 %) sämtlicher Bundeswehrsoldaten, die im Jahr 2012 ihren Dienst in der Bundeswehr versahen, noch an keinem Auslandseinsatz der Bundeswehr mit mehr als 30 Tagen teilgenommen. Es sind demnach tatsächlich häufiger dieselben Gruppen in der Bundeswehr, die immer wieder in einen Einsatz gehen, während viele andere damit seltener rechnen müssen: Auf Basis der vorliegenden Daten kann dabei

Deutsche Soldaten am Wrack des »Dingo«. Das geschützte Transportfahrzeug des Golf-Zuges der 1. Infanteriekompanie Kunduz war durch einen Sprengstoffanschlag während des Karfreitagsgefechts am 2. April 2010 bei Isa Khel zerstört worden.

Privatarchiv Mario K.

insgesamt etwa ein Drittel sämtlicher Bundeswehrsoldaten zur Generation Einsatz der Bundeswehr gezählt werden. Welche Gewalterfahrungen Soldaten und Veteranen dieser Generation in Auslandseinsätzen machen, wird im folgenden Abschnitt beispielhaft für das 22. Kontingents ISAF untersucht.

5.3 „Das lässt dich dein Leben nicht mehr los, nie mehr ..." – Gewalterfahrungen im Afghanistaneinsatz

Gewalt wird in der Soziologie gewöhnlich als abweichendes Verhalten, als Geschehen im Ausnahmezustand klassifiziert. (Lamneck 1999) Das aber trifft für militärische Gewalt nicht den Kern. Die Bereitschaft zur Androhung und Anwendung von Gewalt gehört zum Wesensmerkmal von Streitkräften. Bundeswehrsoldaten nehmen seit Anfang der 1990er-Jahre in internationalen Missionen zur Krisenbewältigung komplexe Aufgaben wahr, die von quasi polizeilichen Aufgaben mit sozialen, diplomatischen und ordnenden Komponenten über Ausbildungs- und Beratungsaufgaben bis hin zum Kampfeinsatz reichen können. (Seiffert et al. 2010b: 44) Sie müssen im Rahmen des Mandats und gültiger Rechtsnormen militärische Gewalt zur Auftragsdurchsetzung androhen und notfalls auch einsetzen.

Während die Folgen von Kampfeinsätzen in der internationalen Forschung bereits seit Längerem relevant sind (Grossman 1995), wurde dieses Forschungsfeld für die Bundeswehr bisher kaum thematisiert. Das ist auch nicht verwunderlich, schließlich sind Kampfeinsätze für die Bundeswehr eher die Ausnahme als die Regel. (vgl. Seiffert 2016b: 222) In der Studie *ISAF 2010* haben wir dieses Forschungsfeld für die Bundeswehr aufgegriffen und gefragt, welche Gewalterfahrungen Soldatinnen und Soldaten im ISAF-Einsatz in Afghanistan machen und wie sich diese Erfahrungen auf das Selbstverständnis und die Organisationskultur der Bundeswehr auswirken. (vgl. Seiffert 2012; 2013 und 2015)

In diesem Abschnitt werden die Erkenntnisse der Einsatzbefragung zu den Erfahrungswelten des Afghanistaneinsatzes wiederaufgenommen und durch die Befunde der Wiederholungsbefragung des 22. Kontingents ISAF drei Jahre später fundiert. (vgl. Seiffert 2012; Seiffert et al. 2010b) Dabei sei an dieser Stelle nochmals darauf hingewiesen, dass die Angehörigen dieses Kontingents sich in einer hochriskanten Phase des ISAF-Einsatzes in Afghanistan befanden. (vgl. Kapitel 3) Anschläge, Hinterhalte und Gefechte bestimmten damals die Einsatzrealität. Das zeigt sich auch in den Erfahrungshorizonten der Soldaten und Veteranen drei Jahre später. Insgesamt verfügen sie über beträchtliche Erfahrungen mit direkter und indirekter Gewalt. (vgl. Abbildung 12)

Abbildung 12: Erfahrungen des Kontingents mit direkter und indirekter Gewalt im Einsatz

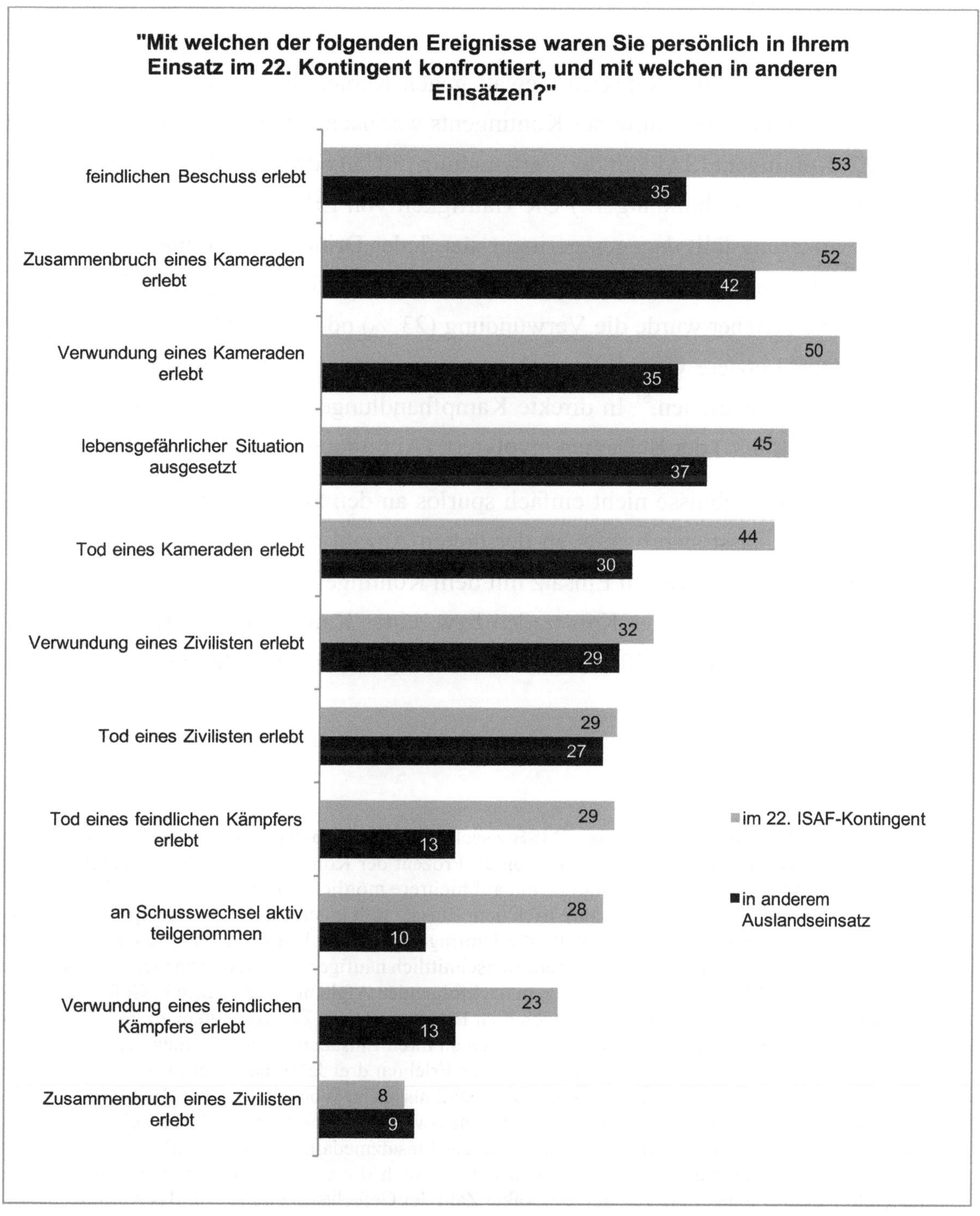

Datenbasis: Befragung des 22. Kontingents ISAF durch das ZMSBw, Dezember 2012 bis März 2013 und Mai bis Oktober 2013. Angaben in Prozent.

Mehr als die Hälfte (53 %) des Kontingents gibt in der Befragung drei Jahre später an, im ISAF-Einsatz feindlichen Beschuss erlebt zu haben. Vier von zehn Befragten (44 %) haben den Tod von Kameraden im Einsatz miterlebt und etwa ein Viertel[49] (28 %) des Kontingents hat nach eigenen Angaben in Gefechten gegen Aufständische gekämpft.[50] (Abbildung 12)

Im Besonderen haben die Befragten Gewalt gegen Kameradinnen und Kameraden im Einsatz miterlebt. Fast die Hälfte des Kontingents war nach eigenen Angaben im Einsatz mit dem 22. Kontingent ISAF mit der Verwundung (50 %) oder dem Tod von Kameraden (44 %) konfrontiert. (Abbildung 12) Die Häufigkeit von Erlebnissen mit Gewalt gegen die Zivilbevölkerung fällt dagegen geringer aus. Jeder Dritte des Kontingents war nach eigenen Angaben mit der Verletzung (32 %) oder dem Tod (29 %) von Zivilisten konfrontiert. Etwas seltener wurde die Verwundung (23 %) oder der Tod (29 %) feindlicher Kämpfer erlebt. Letztere Gewaltdimension steht zudem in engem Zusammenhang mit erlebten Gefechtssituationen.[51] In direkte Kampfhandlungen war nach eigener Aussage etwa ein Viertel (28 %) der Befragten involviert. (Abbildung 12)

Dass diese Gewalterlebnisse nicht einfach spurlos an den Soldaten und Veteranen vorbeigegangen sind, lässt sich bereits an der hohen Anzahl derjenigen ablesen, die auch noch drei Jahre später sagen, im Einsatz mit dem Kontingent den psychischen oder physischen Zusammenbruch eines Kameraden bzw. einer Kameradin miterlebt zu haben. Dies trifft auf mehr als die Hälfte (52 %) des Kontingents zu. (Abbildung 12)

---

49 Allerdings hat die Befragung durch das ZMSBw sechs Wochen nach dem Einsatz bei der wortgleichen Frage eine aktive Teilnahme an Gefechten von 21 Prozent der Kontingentangehörigen ergeben. (vgl. Seiffert et al. 2011a) Diese Abweichung kann auf mehrere mögliche Gründe zurückgeführt werden: 1.) Die Struktur der Stichprobe drei Jahre nach dem Einsatz fällt unterschiedlich im Vergleich zu sechs Wochen nach dem Einsatz aus. So könnte die Umfrage sechs Wochen nach Ende des Einsatzes vor allem diejenigen Einsatzrückkehrer mit überdurchschnittlich häufiger Beteiligung an Gefechten seltener erreicht haben. 2.) Manche Befragten waren in nachfolgenden Afghanistaneinsätzen in Gefechte verwickelt und schreiben diese Ereignisse dennoch dem Einsatz mit dem 22. Kontingent zu. Das ist keineswegs abwegig, denn manche Befragte erinnern sich an ihren Einsatz nicht im Rahmen der Kontingentnummer. 3.) In der rückblickenden Einordnung des Erlebten drei Jahre nach dem Einsatz findet eine andere Bewertung der erlebten Einsatzsituationen statt als sechs Wochen nach der Rückkehr. Manche Befragten werten ihre ‚passive' Beteiligung an Schusswechseln nun eher als aktive Teilnahme. Dies erscheint insbesondere für Befragte plausibel, die die Einsatzmedaille „Gefecht" erhalten haben, aber nicht aktiv an Schusswechseln teilgenommen haben. Auch diese Ad-hoc-Erklärungen lösen jedoch nicht alle Unsicherheiten in Bezug auf die exakte Zahl der Gefechtserfahrenen für das Kontingent auf. Daher wird im Folgenden davon gesprochen, dass etwa ein Viertel der Kontingentangehörigen zu den Gefechtserfahrenen gezählt werden kann. Dies erscheint gerechtfertigt, da sowohl Mittelwert als auch geometrisches Mittel der beiden Werte gerundete 24 Prozent ergeben.

50 Der vorliegenden Studie liegt ein enger Gefechtsbegriff zugrunde, wonach in die Kategorie der Gefechtserfahrenen ausschließlich Soldaten und Veteranen subsumiert werden, die in den Befragungen angaben, im Einsatz aktiv an einem Schusswechsel beteiligt gewesen zu sein.

51 In einer Faktorenanalyse verschiedener Dimensionen von Gewalterfahrungen lädt die Variable „Tod feindlicher Kämpfer erlebt" sowohl auf den Faktor, der Gewalt gegen die eigene Person beschreibt, als auch auf den Faktor, der Gewaltanwendung gegen Aufständische umfasst.

Ein Vergleich der genannten Gewalterlebnisse zwischen dem Afghanistaneinsatz mit dem 22. Kontingent ISAF und anderen Einsätzen der Bundeswehr – hiermit sind sowohl Einsätze in anderen Krisenregionen als auch Einsätze mit anderen ISAF-Kontingenten gemeint – zeigt Gemeinsamkeiten, aber auch deutliche Abweichungen. (Abbildung 12) In vorangegangenen bzw. nachfolgenden Einsätzen haben die Befragten nach eigenen Angaben beinahe genauso viel Gewalt gegen die Zivilbevölkerung miterlebt wie im Einsatz mit dem 22. Kontingent ISAF (29 % gegenüber 32 %). Auch die wahrgenommene Bedrohung für das eigene Leben wird von den Befragten für den Einsatz mit dem 22. Kontingent ISAF zwar als höher eingeschätzt, ist aber offensichtlich kein Alleinstellungsmerkmal für diesen Einsatz (45 % im Vergleich zu 37 % bei anderen Einsätzen). (Abbildung 12) Deutliche Abweichungen zeigen sich hingegen bei allen Gewalterlebnissen, die von Anschlägen und Feuergefechten mit Aufständischen ausgehen, wie feindlicher Beschuss (53 % gegenüber 35 % in anderen Einsätzen), Tod (29 % gegenüber 13 %) oder Verwundung (23 % gegenüber 13 %) feindlicher Kämpfer sowie der aktiven Teilnahme an Schusswechseln (28 % gegenüber 10 %). (Abbildung 12)

Gefechtshandlungen sind somit das Merkmal, das den Afghanistaneinsatz im Jahr 2010 am deutlichsten von anderen Einsätzen der Bundeswehr, aber auch von anderen Einsatzphasen des Afghanistaneinsatzes trennt. (Kapitel 3) Darüber hinaus bewegten sich Befragte, die im Einsatz mit dem 22. Kontingent ISAF aktiv in Gefechten gestanden haben, besonders häufig außerhalb der militärischen Feldlager, sind häufig noch mit anderen Dimensionen von Gewalt konfrontiert worden und haben häufiger auch noch drei Jahre später mit körperlichen oder psychischen Folgen des Einsatzes zu kämpfen (Abschnitt 6.1 und 6.3).[52] Die im Einsatz mit dem 22. Kontingent ISAF gemachten Kampferfahrungen bilden daher eine wichtige analytische Kategorie für die vorliegende Studie.

Gleichzeitig muss darauf hingewiesen werden, dass nicht nur Kampfeinsätze, sondern auch andere Einsatzszenarien mit erheblicher Gewaltexposition für die eingesetzten Soldatinnen und Soldaten verbunden sein können. Insbesondere die Not und das Leid der einheimischen Bevölkerung sowie eine hohe Bedrohungswahrnehmung für das eigene wie für das Leben anderer sind den vorliegenden Befunden zufolge gemeinsam geteilte Erfahrungen von Bundeswehrsoldaten in ganz unterschiedlichen Einsatzszenarien. (Abbildung 12)

---

[52] Gewalterfahrungen treten in der Regel im Einsatz nicht getrennt auf. Oft werden sie entweder in einer einzigen Gefechtssituation gemeinsam oder in zeitlicher Folge im Laufe des Einsatzes erlebt. Beinahe alle Befragten (99 %), die etwa von einer aktiven Teilnahme an einem Schusswechsel berichteten, haben eigenen Angaben zufolge auch Beschuss erlebt und geben an, lebensbedrohlichen Situationen ausgesetzt gewesen zu sein (93 %). Insofern kumulieren Gewalterfahrungen im Einsatz und sind additiv als sich gegenseitig verstärkende Beanspruchungen zu verstehen. (Seiffert et al. 2011b: 17; Seiffert 2012: 86)

Anhaltspunkte dafür konnten wir bereits in den Ergebnissen der Befragung des Kontingents im Einsatz in Afghanistan beobachten. In den Analysen der Befragungsdaten zur subjektiven Bedrohungswahrnehmung im Einsatz zeigte sich etwa, dass selbst diejenigen des Kontingents, die die geschützten militärischen Feldlager im Laufe des Einsatzes nicht einmal verlassen hatten und keinen oder allenfalls wenig Kontakt zu Land und Leuten hatten, sich dennoch am meisten – wie auch Soldatinnen und Soldaten, die überwiegend außerhalb der Feldlager in der Fläche operierten – durch Gefahren, die von Aufständischen ausgingen, etwa durch Anschläge, Hinterhalte oder Angriffe, bedroht fühlten.[53] (vgl. Seiffert 2012; Seiffert et al. 2010b) Diese gemeinsam geteilte Bedrohungswahrnehmung bildete gewissermaßen eine Klammer für die unterschiedlichen Erfahrungswelten, in denen sich die Angehörigen des Kontingents im Einsatz vor Ort konkret bewegten.[54] (vgl. Abschnitt 5.4)

Angesichts des Gefährdungspotenzials, mit denen viele des Kontingents im Einsatz umgehen mussten, scheint dies auch nachvollziehbar. In asymmetrischen Einsatzszenarien wie in Afghanistan ist die Bedrohung nicht allein auf die konkrete Gefahrensituation beschränkt, sondern ein Anschlag kann zu jeder Zeit und auch an vermeintlich sicheren Orten stattfinden. Der Einsatzalltag des Kontingents war daher von einer diffusen Bedrohung bestimmt, die selbst jene des Kontingents empfanden, die sich im Laufe ihres Einsatzes nicht oder allenfalls selten außerhalb der geschützten militärischen Feldlager aufhielten. (vgl. Seiffert 2012: 90)

Die Erfahrungen in Gefechten, mit Tod und Verwundung prägen daher nicht nur den Horizont der von dieser Gewalt im Einsatz direkt Betroffenen, sondern stellten für das Gesamtkontingent einen übergeordneten Referenzrahmen zur Wahrnehmung der erlebten Einsatzrealität dar, der die verschiedenen Einheiten miteinander verband, Solidarität und Verbundenheit untereinander schaffte und auch noch in der Zeit nach dem Einsatz dabei half, mit den Belastungen des Einsatzes besser umgehen zu können. (vgl. Seiffert 2013: 14; 2015: 239)

---

[53] Die Frage im Fragebogen lautete: „Wie bedroht fühlen Sie sich durch folgende Gefahren?" Als Antwortmöglichkeiten wurden unterschiedliche Bedrohungsszenarien angeführt, die von Angriffen feindlicher Kräfte, Tod und Verwundung, Anschläge und Raketenbeschuss, Versagen von Vorgesetzten, unsachgemäßer Waffengebrauch, Übergriffe der Zivilbevölkerung bis hin zu Verkehrsunfällen und Krankheitsrisiken im Einsatzland reichten. Aus diesen Items wurden drei Faktoren (Feindbedrohung, operationelle Risiken und nichtmilitärische Risiken) gebildet. Die Differenzierung nach Aufgaben und Einsatzort zeigte dabei, dass 71 Prozent bzw. 59 Prozent der Befragten, die aufgabenbezogen häufig bzw. gelegentlich außerhalb der Lager operierten, sich vor allem durch Feindaktivitäten bedroht fühlten. Dies gilt jedoch gleichermaßen auch für 43 Prozent derjenigen Befragten, die das Lager im Laufe des Einsatzes nicht einmal verlassen haben. (vgl. Seiffert et al. 2010b: 38 ff.)

[54] Ausführlicher hierzu Seiffert (2012).

Damit soll nun nicht gesagt werden, dass alle Angehörige des Kontingents im Einsatz in Afghanistan auch die gleichen Erfahrungen gemacht hätten und alle in gleicher Art und Weise von dieser Gewalt betroffen waren. Die Anforderungen, Belastungen und Gefahren differierten für die Soldatinnen und Soldaten in der konkreten Situation vor Ort vielmehr abhängig vom Einsatzort und den Aufgaben, mit denen sie im Einsatz betraut waren, erheblich.[55] Jede Beschäftigung mit den Folgen von Gewalterfahrungen in Auslandseinsätzen muss jedoch nicht nur die unterschiedliche individuelle Betroffenheit, sondern auch die gemeinsamen Bezüge berücksichtigen. (Seiffert 2012: 91)

Die Erfahrungshorizonte und Gefahrenpotenziale im Einsatz unterschieden sich für die Kontingentangehörigen zunächst durch den Einsatzort, an dem sie in Afghanistan eingesetzt waren. Besonders in den Regionen Kunduz und Baghlan waren sie mit einer hochgradig instabilen Sicherheitslage und asymmetrischen Gefechtssituationen konfrontiert. Fast täglich mussten sie dort mit Anschlägen, Hinterhalten oder Gefechten rechnen. (vgl. Kapitel 3) Gemeinsam mit afghanischen Sicherheitskräften sollten sie vor allem dort im Rahmen der damals gerade implementierten Partnering-Strategie von ISAF offensive militärische Operationen gegen Aufständische durchführen, die afghanischen Partner dabei gleichzeitig ausbilden und zudem den Schutz der Bevölkerung gewährleisten.[56] (Kapitel 3)

Das war mit enormen Risiken für die an diesen Orten eingesetzten Soldatinnen und Soldaten verbunden. Sie berichten drei Jahre später dann auch signifikant häufiger als andere des Kontingents, im Laufe des Einsatzes in Gefechtssituationen geraten zu sein. Dies trifft auf mehr als die Hälfte (52 %) jener Befragten zu, die in Kunduz waren, und gilt sogar für mehr als zwei Drittel (71 %) derjenigen, die überwiegend frei in der Fläche in Außenposten eingesetzt waren, folglich meist zur QRF zählten, die im Laufe des Einsatzes in die neu aufzustellenden Ausbildungs- und Schutzbataillone integriert wurde. (Abbildung 13)

Anschaulich beschreibt die Realität dieser Einsatzwelt die Passage eines Interviews mit einem Kompaniechef: „Am Anfang ist für viele dieser Schock. Die fremde Kultur, die Hitze, der Sand, der Staub, der Dreck, die Gefechtseindrücke, die ständige Anspannung, nicht zu wissen, was kommt, wo die Gefahr herkommt. Das geht an die Nerven. Da wollen manche am liebsten gleich wieder nach Hause. Ich kann mich aber nicht wegducken. Ich muss da sein, für meine Männer. Gerade auch wegen der TICs [Troops in Contact; Anm. der Verf.], die wir hatten. Ja, das ist meine Welt hier. Das kann sich keiner in Deutschland vorstellen. Ich kann nur sagen: Willkommen hier in meiner Welt."

---

[55] Die Darstellung folgt hier weitgehend den Ausführungen von Seiffert (2012; 2013; 2015).

[56] Vgl. zur Partnering-Strategie im deutschen Verantwortungsbereich im Norden Afghanistans Vollmer (2015: 84).

Ganz anders sah hingegen die Einsatzrealität für viele des Kontingents aus, die in der sogenannten Blue Box in der Nähe von Mazar-e-Sharif eingesetzt waren: Die Sicherheitslage unterschied sich dort von jener in Kunduz und Baghlan. Für die dort eingesetzten Einheiten ging es zumeist darum, Präsenz in den Ortschaften zu zeigen, Kontakte zu pflegen und Gesprächsaufklärung zu betreiben. Die Situation konnte sich zwar rasch von einer Sekunde zur nächsten ändern, dennoch wurden die im Camp Marmal eingesetzten Soldatinnen und Soldaten im Laufe des Einsatzes wesentlich seltener mit Gefechtssituationen konfrontiert. Hier sind es 6 Prozent von denjenigen, welche in Mazar-e-Sharif stationiert waren, die fast drei Jahre später von überstandenen Gefechtssituationen berichten. (Abbildung 13)

Das Hauptquartier für die von Deutschland geführte Nordregion von ISAF war damals ebenfalls im Camp Marmal in der Nähe von Mazar-e-Sharif beheimatet. Von dort wurde auch der deutsche Anteil von ISAF geführt und von dort stellte die Bundeswehr unter anderem auch die Aufklärungskapazitäten für die Nordregion Afghanistans, gewährleistete die Versorgung und betrieb den Flughafen von Mazar-e-Sharif. Im Camp Marmal waren daher wesentlich mehr Planungs- und Führungskräfte sowie Unterstützungskräfte des Kontingents eingesetzt. (vgl. Seiffert et al. 2010b)

Ein im Stab im Camp Marmal eingesetzter Offizier schilderte im Interview seinen Einsatzalltag dann auch mit anderen Worten als viele Befragte, die in Kunduz oder in Außenposten eingesetzt waren: „Natürlich ist das nicht immer ein schönes Gefühl, wenn man die ganze Zeit hier im Container hockt. Hier sind die Verhältnisse natürlich andere als für die Jungs da draußen. Das Gefühl der Sicherheit ist schon da. Klar belastet das, die ganze Routine, keine Freiräume, tagelang, monatelang, ab und an vielleicht auch mal rauskommen, ja, aber das ist doch anders. Die Truppenküche ist vielfältiger, die Sportmöglichkeiten, die Angebote. Und wenn dann so 30 nicht ganz so wohlriechende Männer, die über Tage oder Wochen draußen waren, hier reinkommen und hier mal sitzen, weiß man, dass das, was Anderes ist. Da sieht man dann um sich und da sitzt der eine, der draußen war, enorm gestresst ist, und dann guckt man weiter und sieht andere, die auch gestresst sind, für die das aber doch anders ist, der Lagerkoller, die Routine. Das ist 'ne andere Welt, aber das gehört dazu."

Die Erfahrungshorizonte und Gefahrenpotenziale differierten für die Angehörigen des Kontingents demnach nicht nur von Einsatzort zu Einsatzort, sondern diese unterschieden sich stärker noch durch die Aufgabe, mit der sie im Einsatz betraut waren.[57] (vgl. Seiffert 2012: 87) Besonders Ausbildungs- und Schutzkräfte (65 % von diesen) operierten gemeinsam mit ISAF-Verbündeten und afghanischen Sicherheitskräften überwiegend außerhalb der militärischen Feldlager.[58] (vgl. Kapitel 3) Mehr als die Hälfte (56 %) von ihnen berichtet in der Befragung drei Jahre später, im Einsatz mit dem 22. Kontingent ISAF in Gefechten gegen Aufständische gekämpft zu haben. (Abbildung 13) Befragte, die im Einsatz Planungs- und Führungsaufgaben oder Unterstützungsaufgaben innehatten, verließen im Laufe ihres mehrmonatigen Einsatzes die militärischen Feldlager wesentlich seltener. Hier ist es nur jeder Zehnte (7 % der Planungs- und Führungskräfte bzw. 10 % der Unterstützungskräfte), der drei Jahre später von überstandenen Gefechtssituationen berichtet. (Abbildung 13)

Die unterschiedlichen Erfahrungshorizonte des Einsatzes zeigen sich auch im wahrgenommenen Lebensrisiko. Während mehr als drei Viertel (76 %) jener Befragten, die im Einsatz mit Ausbildung- und Schutzaufgaben betraut waren, davon berichten, sich im Einsatz unmittelbar in lebensbedrohlichen Situationen befunden zu haben, sagen dies jeweils nur etwa ein Viertel (27 % bzw. 24 %) derjenigen, die Planungs- und Führungsaufgaben oder Unterstützungsaufgaben im Einsatz hatten. (nicht in Abbildung ausgewiesen) Wesentlicher Einflussfaktor für das empfundene Lebensrisiko ist dabei auch noch in der langfristigen Perspektive die tatsächlich erlebte Gewalt im Einsatz. Zwischen der wahrgenommenen Lebensbedrohung und der real erfolgten Gewaltexposition, etwa durch das Erleben von Beschuss oder der eigenen Teilnahme an einem Schusswechsel, besteht auch noch drei Jahre nach der Rückkehr ein statistisch höchst signifikanter Zusammenhang.[59]

---

57 Etwa ein knappes Fünftel des Kontingents (19 %) sagt, im Einsatz mit Planungs- und Führungsaufgaben betraut gewesen zu sein. Weitere 41 Prozent der Befragten nahmen Ausbildungs- und Schutzaufgaben im Einsatz wahr, 40 Prozent geben an, dass sie Unterstützungsaufgaben innehatten.

58 65 Prozent der Ausbildungs- und Schutzkräfte des Kontingents bewegten sich überwiegend außerhalb der militärischen Feldlager. Hingegen gilt dies nur für 14 Prozent jener Befragten, die im Einsatz mit Führungs- und Planungsaufgaben oder mit Unterstützungsaufgaben betraut waren.

59 Nach Chi-Quadrat-Test höchst signifikant auf 0,1 Prozent-Niveau.

Abbildung 13: Gefechtserfahrung im Einsatz mit dem 22. Kontingent differenziert nach Einsatzaufgaben, Einsatzort sowie soziodemografischen Merkmalen

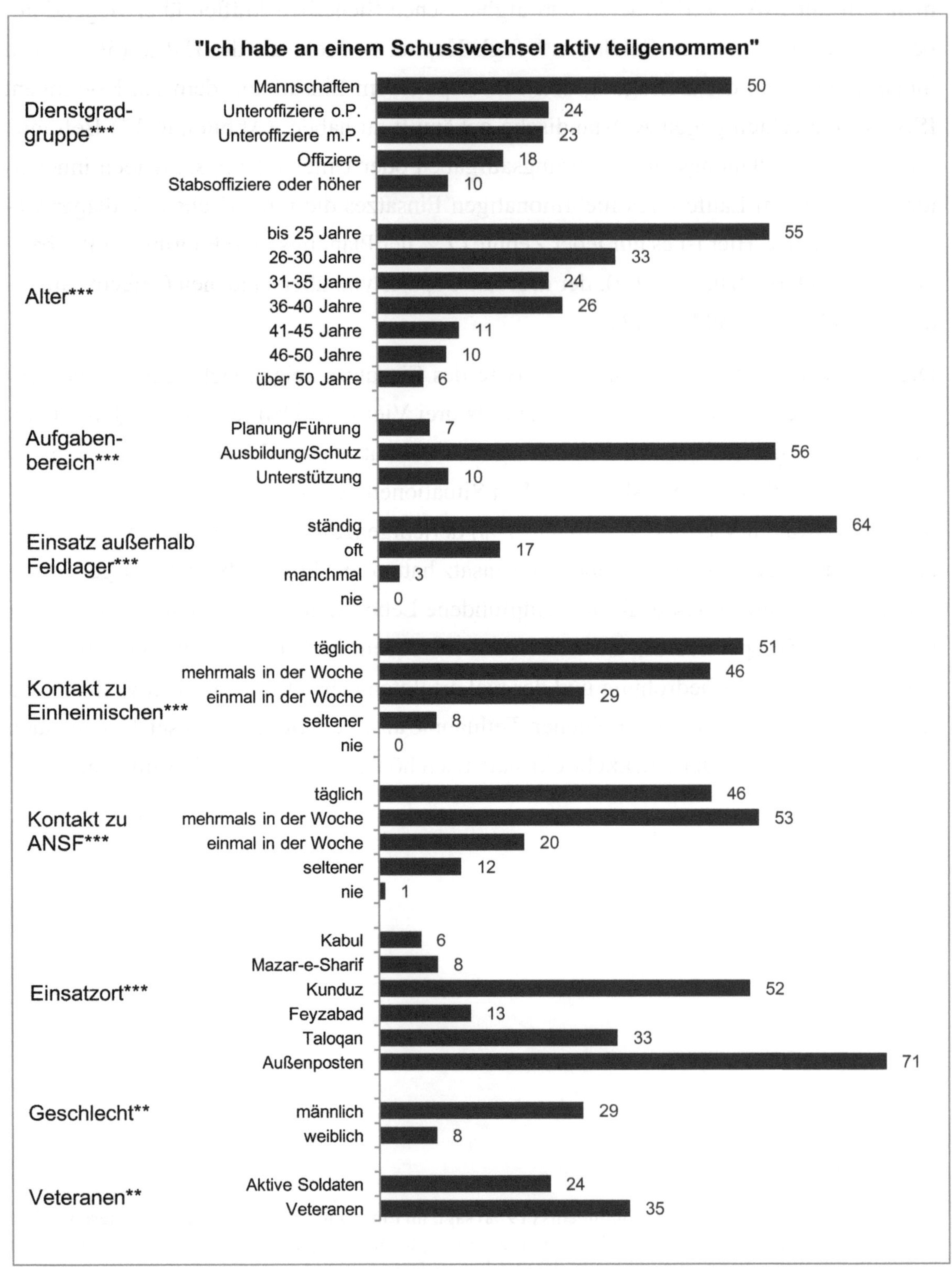

Anmerkungen: ***=höchst signifikant auf 0,1 %-Niveau; **=hoch signifikant auf dem 1 %-Niveau. Signifikanz nach Chi-Quadrat. Datenbasis: Befragung des 22. Kontingents ISAF durch das ZMSBw, Dezember 2012 bis März 2013 und Mai bis Oktober 2013. Angaben in Prozent.

Die Erfahrungshorizonte unterscheiden sich für die Befragten jedoch nicht nur zwischen den Aufgabenbereichen und Einsatzorten, sondern auch in Bezug auf den Dienstgrad und das Alter sind präzisierende Anmerkungen zum Ausmaß der Gewaltexposition im Einsatz notwendig. Im Verhältnis zur Zusammensetzung des Kontingents sind es signifikant mehr Mannschaften (50 %) und Jüngere (55 % der unter 26-Jährigen), die drei Jahre später auf überstandene Gefechtssituationen zurückblicken. (Abbildung 13) Demgegenüber verfügen höhere Dienstgrade (bspw. 10 % der Stabsoffiziere) deutlich seltener über Gefechtserfahrungen. (Abbildung 13)

Es sind demnach wesentlich mehr der Jüngeren (55 % der unter 25-Jährigen) und niedrigen Dienstgrade (50 % der Mannschaften), die fast drei Jahre später von Gefechtserfahrungen im Einsatz mit dem 22. Kontingent berichten.[60] (Abbildung 13) So erklärt sich auch, warum in der Gruppe der Veteranen mehr Gefechtserfahrene zu finden sind; unter ihnen befinden sich wesentlich mehr Jüngere und Mannschaften, die im Einsatz häufiger in den Kampfeinheiten eingesetzt waren, mittlerweile aber die Bundeswehr verlassen haben. (Abschnitt 5.1)

Das Ausmaß der im Einsatz gemachten Erfahrungen mit direkter und indirekter Gewalt ist in Abbildung 14 im Vergleich zwischen Soldaten und Veteranen für das 22. Kontingents ISAF dargestellt. Demzufolge zeigen sich signifikante Unterschiede zwischen den beiden Gruppen vor allem bei Gewalterlebnissen, die mit Gefechtshandlungen verbunden sind, wie feindlicher Beschuss (61 % gegenüber 50 %), lebensgefährlichen Situationen (53 % gegenüber 42 %) und aktive Teilnahme an Schusswechseln (35 % gegenüber 24 %). Bezogen auf indirekte Gewalterlebnisse lassen sich hingegen keine bedeutsamen Unterschiede zwischen Soldaten und Veteranen beobachten.

---

[60] Die Unterschiede sind nach Chi-Quadrat-Test auf 1 Prozent-Niveau hoch signifikant.

Abbildung 14: Erfahrungen mit direkter und indirekter Gewalt im Einsatz im Vergleich zwischen (Einsatz-)Soldaten und Veteranen

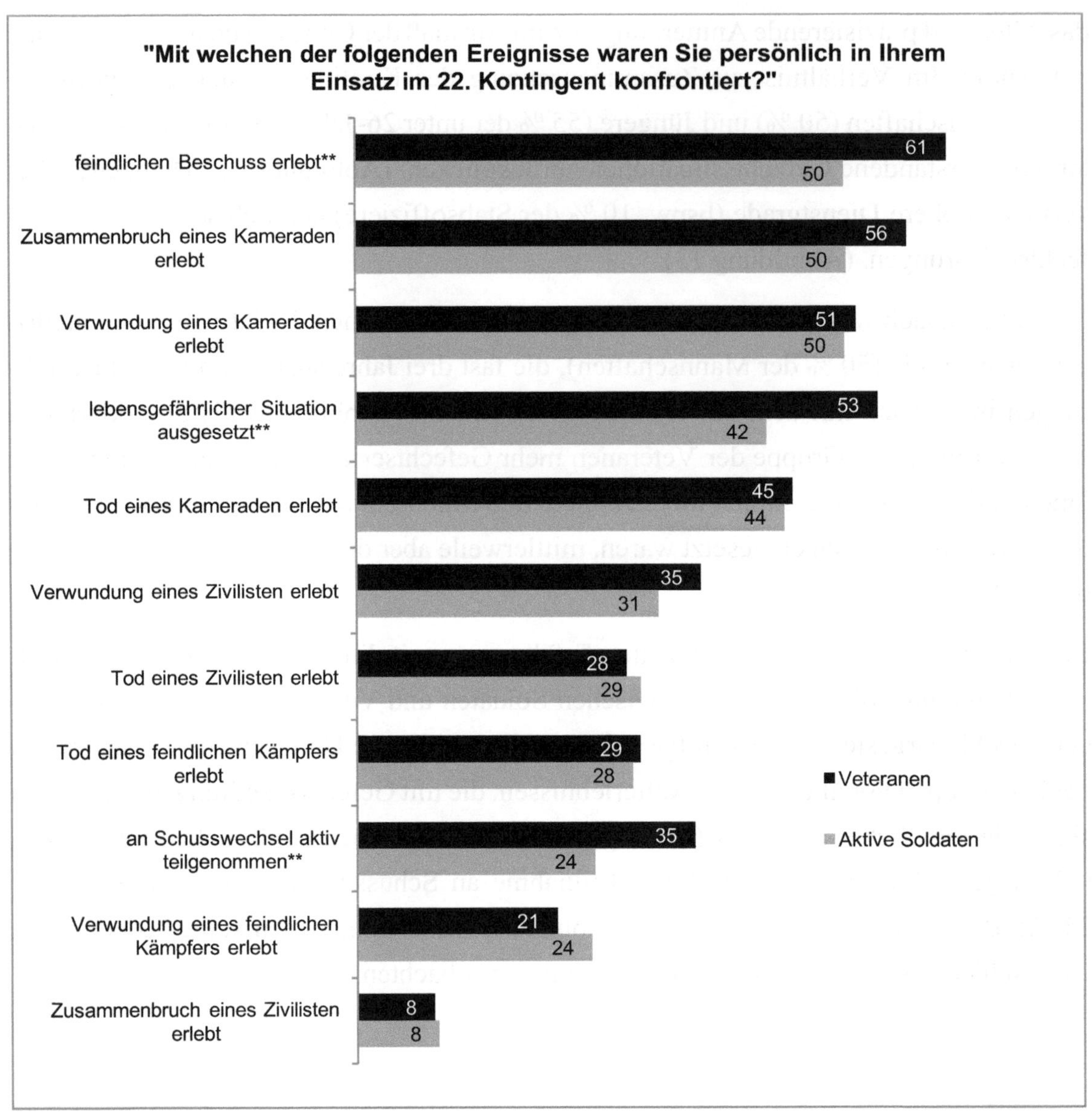

Anmerkungen: **=hoch signifikant auf dem 1 %-Niveau. Signifikanz nach Chi-Quadrat.
Datenbasis: Befragung des 22. Kontingents ISAF durch das ZMSBw, Dezember 2012 bis März 2013 und Mai bis Oktober 2013. Angaben in Prozent.

Allerdings war davon auszugehen, dass ein Teil der Befragten in anderen Auslandseinsätzen zuvor oder danach mit Gefechtssituationen konfrontiert war. Um das gesamte Ausmaß an vorhandener Kampferfahrung für die Befragten in *sämtlichen* ihrer bisherigen Einsätze besser abschätzen zu können, wurden diese daher in der Befragung drei Jahre später zusätzlich um eine Antwort auf die Frage gebeten, an wie vielen Schusswechseln sie – alle Auslandseinsätze zusammengenommen – bisher aktiv beteiligt gewesen waren.[61] In Abbildung 15 sind die Häufigkeiten dargestellt, mit denen die Befragten nach eigenen Angaben in sämtlichen ihrer bisherigen Auslandseinsätze mit Gefechtssituationen konfrontiert waren.

Abbildung 15: Häufigkeit von aktiver Beteiligung an Schusswechseln in sämtlichen Einsätzen

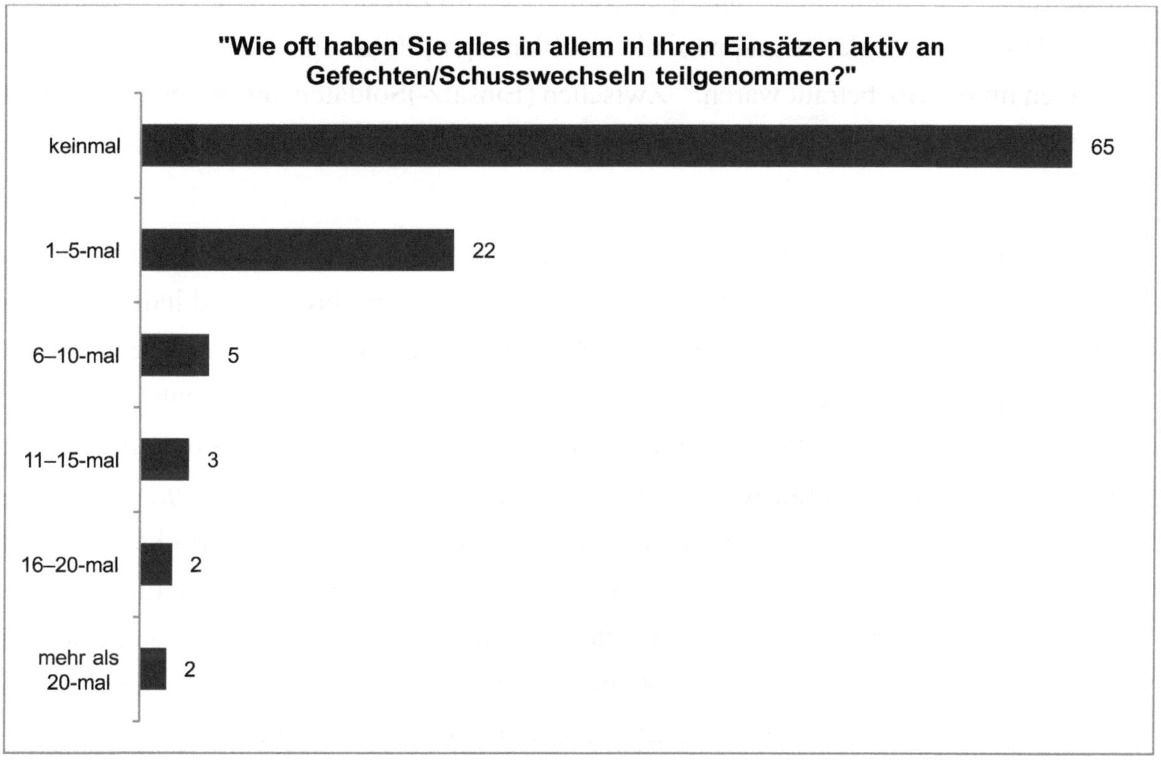

"Wie oft haben Sie alles in allem in Ihren Einsätzen aktiv an Gefechten/Schusswechseln teilgenommen?"

keinmal	65
1–5-mal	22
6–10-mal	5
11–15-mal	3
16–20-mal	2
mehr als 20-mal	2

Datenbasis: Befragung des 22. Kontingents ISAF durch das ZMSBw, Dezember 2012 bis März 2013 und Mai bis Oktober 2013. Angaben in Prozent.

Demzufolge hat etwa ein Drittel (35 %) des Kontingents von der Waffe in einer Gefechtssituation im Einsatz schon Gebrauch gemacht. Hingegen sagen etwa zwei Drittel (65 %) der Befragten, bisher noch nicht aktiv an einem Schusswechsel im Einsatz beteiligt gewesen zu sein. Die meisten Gefechtserfahrenen (22 % des Kontingents) waren nach eigenen Angaben in sämtlichen ihrer Einsätze 1- bis 5-mal in Kampfhandlungen involviert. 8 Prozent der Befragten berichten, zwischen 6- bis 15-mal in Gefechten gestanden zu

61 Hier sei nochmals darauf hingewiesen, dass der vorliegenden Studie ein enger Gefechtsbegriff zugrunde liegt, wonach zu den Gefechtserfahrenen ausschließlich jene Befragten gezählt werden, die angaben, im Einsatz aktiv an einem Schusswechsel beteiligt gewesen zu sein.

haben, und nur eine kleinere Gruppe von 4 Prozent des Kontingents gibt an, in den bisherigen Einsätzen mehr als 16-mal aktiv an Schusswechseln beteiligt gewesen zu sein. (Abbildung 15)

Wesentlicher Einflussfaktor für die Häufigkeit an erlebten Kampfsituationen sind auch dieser Analyse zufolge die Aufgaben, mit denen die Befragten im Einsatz jeweils betraut waren. So liegt das statistische Risiko, im Einsatz in Gefechte verwickelt worden zu sein, für Befragte, die Ausbildungs- und Schutzaufgaben im Einsatz hatten, um das Achtfache höher als für die Vergleichsgruppen, die mit Planungs-, Führungs- oder Unterstützungsaufgaben im Einsatz betraut waren.[62] Zwischen (Einsatz-)Soldaten und Veteranen besteht hingegen kein unterschiedliches statistisches Risiko für vorhandene Gefechtserfahrungen.[63]

Zusammenfassend kann an dieser Stelle festgehalten werden, dass die Befragten im Einsatz mit dem 22. Kontingent ISAF in erheblichem Maße mit direkter und indirekter Gewalt konfrontiert waren. Die Erlebnisse in Gefechten, mit Tod und Verwundung prägen den Horizont dieses Kontingents. Dennoch waren nicht alle des Kontingents in gleicher Art und Weise von dieser Gewalt im Einsatz betroffen. Die Einsatzwelten, in denen sich die Angehörigen des Kontingents in der konkreten Realität vor Ort bewegten, unterschieden sich je nachdem, wo sie eingesetzt waren und welche Aufgabe sie dort hatten. Jeder Zweite, der in Kunduz eingesetzt war und mehr als zwei Drittel derjenigen, die überwiegend in Außenposten bzw. frei in der Fläche disloziert waren, berichten drei Jahre später, in Gefechten gegen Aufständische gekämpft zu haben. Dies gilt hingegen für deutlich weniger Befragte, die in Mazar-e-Sharif, Kabul oder Feyzabad eingesetzt waren. Besonders hohe Einsatzrisiken haben Ausbildungs- und Schutzkräfte des Kontingents getragen. Jeder Zweite (56 %) von ihnen hat nach eigenen Angaben im Einsatz mit dem 22. Kontingent ISAF in Gefechten gegen Aufständische gestanden. Dies trifft hingegen nur auf etwa einen von zehn der Planungs-, Führungs- oder Unterstützungskräfte zu. Auch in Bezug auf den Dienstgrad und das Alter sind präzisierende Hinweise zum Ausmaß der erfahrenen Gewaltexposition notwendig. Es sind häufiger Mannschaften, Feldwebel und vor allem Jüngere, folglich auch mehr Veteranen, die drei Jahre später von überstandenen

---

[62] Eine logistische Regressionsanalyse für das Risiko, in Afghanistan oder einem anderen Einsatz ein Gefecht erlebt zu haben, zeigt gegenüber den jeweiligen Vergleichsgruppen ein 8-faches Risiko für Soldaten mit Ausbildungs- und Schutzaufgaben und ein 2,8-faches Risiko für Mannschaften. Sämtliche anderen Variablen sind hingegen nicht signifikant (Nagelkerkes R-Quadrat=0,32, n=1 040).

[63] Beinahe drei Jahre nach dem Einsatz ist etwa ein Drittel (35 %) der Gefechtserfahrenen des Kontingents aus der Bundeswehr ausgeschieden. Hingegen sind noch 65 Prozent von ihnen im aktiven Dienst bei der Bundeswehr. Mehr als die Hälfte (53 %) der noch aktiv in der Bundeswehr dienenden Gefechtserfahrenen haben einen Feldwebeldienstgrad.

Gefechtssituationen im Einsatz mit dem 22. Kontingent ISAF berichten. Für sämtliche Auslandseinsätze zusammen unterscheidet sich das Ausmaß an vorhandenen Kampferfahrungen jedoch nicht zwischen (Einsatz-)Soldaten und Veteranen des Kontingents.

5.4 „Da ist am Anfang erst mal diese fremde Kultur ..." – Interkulturelle Einsatzerfahrungen

In den vorangegangen Befunden deutete sich schon an, dass die Einsatzrealität für die Befragten vor Ort oft hochkomplex war. (vgl. Abschnitt 5.3 und Kapitel 3) Viele des Kontingents bewegten sich inmitten der afghanischen Bevölkerung und hatten es mit einer Gemengelage ganz unterschiedlicher Konfliktkonstellationen mit differierendem Gewaltniveau zu tun, das von indirekter Gewalt bis hin zu Todesgefahr in Gefechten reichen konnte. Das setzte nicht nur den abgestuften Einsatz von Zwangs- und Gewaltmitteln voraus, sondern war auch mit erheblicher Verantwortungs- und Risikobereitschaft gerade für Vorgesetzte in den Ausbildungs- und Schutzkompanien verbunden. (Seiffert 2012: 88) Selbst in unübersichtlichen Handlungssituationen innerhalb kürzester Zeit eine Entscheidung zu treffen, die mit weitreichenden Folgen nicht nur für die eigenen Einheiten, sondern auch für das Leben der Zivilbevölkerung verbunden sein konnte, ist keine leichte Angelegenheit. Die Befragten agierten zudem in einem hochgradig multinationalen Einsatzumfeld, in dem sie eng mit verschiedenen zivilen und militärischen Akteuren kooperieren mussten. (vgl. Kapitel 3) Für diese Aufgaben mussten sie nicht nur militärische Fähigkeiten beherrschen, sondern ebenso über soziale und interkulturelle Verhandlungskompetenzen verfügen.[64] (Seiffert 2015: 231) In welchen interkulturellen Handlungszusammenhängen sich die Soldaten und Veteranen im Einsatz mit dem 22. Kontingents ISAF konkret bewegten und mit welchen Eindrücken sie dabei konfrontiert worden sind, soll in diesem Abschnitt untersucht werden.

Die interkulturellen Handlungskontexte im Einsatz umfassten zum einen Kontakte zur afghanischen Bevölkerung außerhalb der militärischen Feldlager.[65] (Heß 2013; Langer 2012) Mehr als die Hälfte (56 %) des Kontingents berichtet von regelmäßigen (d.h. täglichen oder mindestens wöchentlichen) Kontakten zur afghanischen Bevölkerung außerhalb der militärischen Einsatzliegenschaften. Dagegen hatten 22 Prozent der Befragten im Laufe des mehrmonatigen Einsatzes keinerlei Kontakt mit der Zivilbevölkerung. (Ab-

---

64 Siehe zum Anforderungsprofil Seiffert (2012).

65 Teilergebnisse der Studie zu den interkulturellen Handlungskontexten im Einsatz sind bereits veröffentlicht (siehe hierzu Langer 2012: 127). Diese Befunde werden in der vorliegenden Studie um Befragungsergebnisse zur Kooperation mit afghanischen Sicherheitskräften ergänzt.

Ein Soldat der afghanischen Armee erklärt einem deutschen Kameraden den Aufbau eines Mörserrohrs in der Polizeistation von Aq-Tappeh, 13. September 2010. Die Einsatzstrategie wurde 2010 im Regionalkommando Nord neu ausgerichtet: Die Soldaten mussten kämpfen, die Lage in ihrem Verantwortungsbereich stabilisieren und afghanische Sicherheitskräfte ausbilden.

Bundeswehr/Walter Wayman

bildung 16) Zum anderen kooperierte ein Teil des Kontingents im Rahmen der COIN-Strategie von ISAF eng mit afghanischen Sicherheitskräften, plante gemeinsame Operationen mit ihnen, bildete diese gleichzeitig aus und stand gemeinsam mit ihnen in Gefechten gegen Aufständische.[66] (vgl. Kapitel 3) Mehr als die Hälfte (52 %) der Befragten berichtet von regelmäßigen (d.h. täglichen oder mindestens wöchentlichen) Kontakten zu Angehörigen von afghanischer Armee oder Polizei. (Abbildung 16)

Abbildung 16: Häufigkeit interkultureller und multinationaler Kontakte im Einsatz

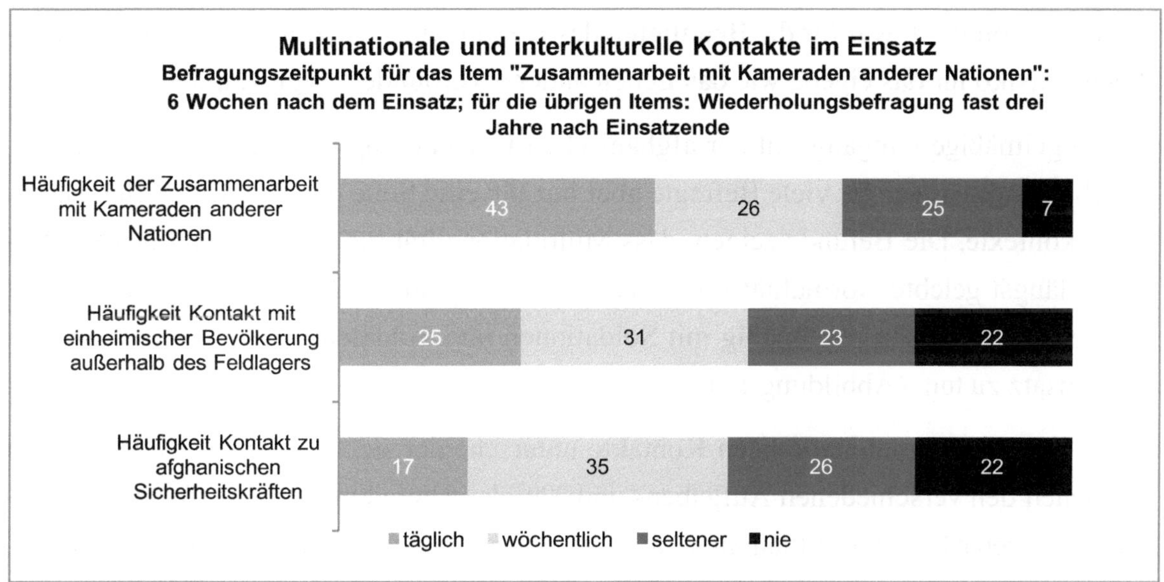

Datenbasis: Befragung des 22. Kontingents ISAF durch das ZMSBw, Juli bis Dezember 2010, Dezember 2012 bis März 2013 und Mai bis Oktober 2013. Angaben in Prozent.

Dabei lässt sich auch für diesen Zusammenhang eine unterschiedliche individuelle Betroffenheit beobachten.[67] Befragte, die im Einsatz in Ausbildungs- und Schutzkompanien eingesetzt waren, sind im Laufe des Einsatzes nicht nur signifikant häufiger in Gefechtssituationen geraten, sondern hatten wesentlich häufiger auch Umgang mit afghanischen Sicherheitskräften und der einheimischen Bevölkerung. (Abschnitt 5.3) Während acht von zehn Befragten mit Ausbildungs- und Schutzaufgaben regelmäßig mit der afghanischen Bevölkerung bzw. den afghanischen Sicherheitskräften im Einsatz zu tun hatten (81 % bzw. 76 %),[68] gilt dies nur für drei von zehn (27 % bzw. 30 %), die im Einsatz mit Planungs- und Führungsaufgaben oder mit Unterstützungsaufgaben betraut waren. Es sind dementsprechend häufiger Jüngere (54 % der unter 26-Jährigen) und niedrigere Dienstgrade (65 % der Mannschaften), die sagen, im Einsatz mit dem 22. Kontingent ISAF eng

---

[66] Siehe hierzu auch Kapitel 3, Abschnitt 5.3 sowie Vollmer (2015).
[67] Vgl. den vorhergehenden Abschnitt zu den Gewalterfahrungen.
[68] Nach Chi-Quadrat-Test höchst signifikant auf 0,1 Prozent-Niveau.

mit afghanischen Sicherheitskräften zusammengearbeitet zu haben.[69] (nicht in der Abbildung ausgewiesen)

Zwischen der angegebenen Häufigkeit der Kontakte zu afghanischen Sicherheitskräften und den im ISAF-Einsatz erlebten Gefechtshandlungen besteht zudem ein statistisch signifikanter Zusammenhang. Acht von zehn (82 %) Befragten, die im Einsatz mit dem 22. Kontingent ISAF regelmäßige Kontakte mit afghanischen Sicherheitskräften hatten, berichten gleichzeitig, im Einsatz in Gefechten gegen Aufständische gekämpft zu haben.[70] Die enge Kooperation mit afghanischen Sicherheitskräften im Rahmen der Partnering-Strategie von ISAF war für die Beteiligten des Kontingents demzufolge mit einem erheblichen Risiko für das eigene wie das Leben anderer verbunden. (vgl. Kapitel 3)[71]

Der regelmäßige Umgang mit der afghanischen Bevölkerung und den afghanischen Sicherheitskräften war für viele Befragte aber nur die eine Seite der interkulturellen Handlungskontexte. Die Befunde zeigen, dass Multinationalität für die Mehrzahl des Kontingents längst gelebte Normalität im Einsatz war. (vgl. Langer 2012: 128) Mehr als zwei Drittel (69 %) hatten regelmäßig mit Soldatinnen und Soldaten anderer ISAF-Nationen im Einsatz zu tun. (Abbildung 16)

Das Ausmaß der multinationalen Kontakte unterscheidet sich jedoch ebenfalls deutlich zwischen den verschiedenen Aufgaben- und Tätigkeitsbereichen. Stabsoffiziere und Offiziere waren häufiger mit Planungs- und Führungsaufgaben im Einsatz betraut. (vgl. Abschnitt 4.3) Sie bewegten sich daher überdurchschnittlich oft in multinationalen Handlungskontexten. Mehr als zwei Drittel der Stabsoffiziere (68 %) und mehr als die Hälfte (56 %) der Offiziere geben an, dass sie im Einsatz regelmäßig dienstlich mit Kameraden und Kameradinnen anderer ISAF-Nationen zu tun hatten. Feldwebel weisen im Vergleich zwar geringere, aber noch immer relativ breite Erfahrungen in der multinationalen Zusammenarbeit auf. So sagt fast die Hälfte der Feldwebel (44 %), regelmäßig im Einsatz mit anderen ISAF-Streitkräften zusammengearbeitet zu haben. Dies gilt hingegen nur für jeweils etwa ein Drittel der Unteroffiziere ohne Portepee (37 %) oder der Mannschaften (32 %). (vgl. Seiffert et al. 2011a)

Die multinationale Zusammenarbeit im Einsatz wird von den Befragten dabei überaus positiv gesehen. So geben zwei Drittel (66 %) der Befragten an, dass sie sich im Einsatz auf Angehörige anderer ISAF-Nationen genauso verlassen konnten, wie auf die eigenen

---

69 Nach Chi-Quadrat-Test höchst signifikant auf 0,1 Prozent-Niveau.

70 Nach Chi-Quadrat-Test höchst signifikant auf 0,1 Prozent-Niveau.

71 Vgl. zur Partnering-Strategie im deutschen Verantwortungsbereich im Norden Afghanistans: Vollmer (2015: 84).

Kameradinnen und Kameraden der Bundeswehr. Die Mehrheit (54 %) der Befragten teilt zudem die Auffassung, dass die multinationale Zusammenarbeit die Auftragserfüllung im Einsatz erleichtert habe. Als Hindernis einer gelingenden multinationalen Zusammenarbeit werden von den meisten (74 %) des Kontingents mangelnde Fremdsprachenkenntnisse sowie von mehr als einem Drittel (40 %) unklare Regeln für die Zusammenarbeit gesehen. (Abbildung 19; vgl. Seiffert et al. 2011a)

Im Vergleich zur überwiegend positiven Einschätzung der multinationalen Zusammenarbeit wird der Umgang mit der afghanischen Bevölkerung differenzierter wahrgenommen. (Abbildung 17) Dennoch übersteigen die positiven Erfahrungen (48 %) bei Weitem die negativen (18 %). Die Häufigkeit der angegebenen negativen Erfahrungen nimmt zudem mit dem angefragten Eskalationsgrad deutlich ab: So benennt mehr als die Hälfte des Kontingents (59 %) manchmal oder oft auftretende Missverständnisse im Umgang mit der Zivilbevölkerung außerhalb der Feldlager. Zu verbalen Auseinandersetzungen (20 %) oder zu gewaltsamen Zwischenfällen (13 %) kam es aber offenbar vergleichsweise selten. (Abbildung 17)

Abbildung 17: Bewertung der Kontakte zur afghanischen Bevölkerung

"Wie oft kam es beim Kontakt mit der einheimischen Bevölkerung außerhalb des Feldlagers zu ...?"
Befragungszeitpunkt 6 Wochen nach dem Einsatz

	oft	manchmal	selten oder nie
positiven Erfahrungen	48	34	18
Missverständnissen	23	36	41
verbalen Auseinandersetzungen	5	15	80
gewaltsamen Zwischenfällen	4	9	86

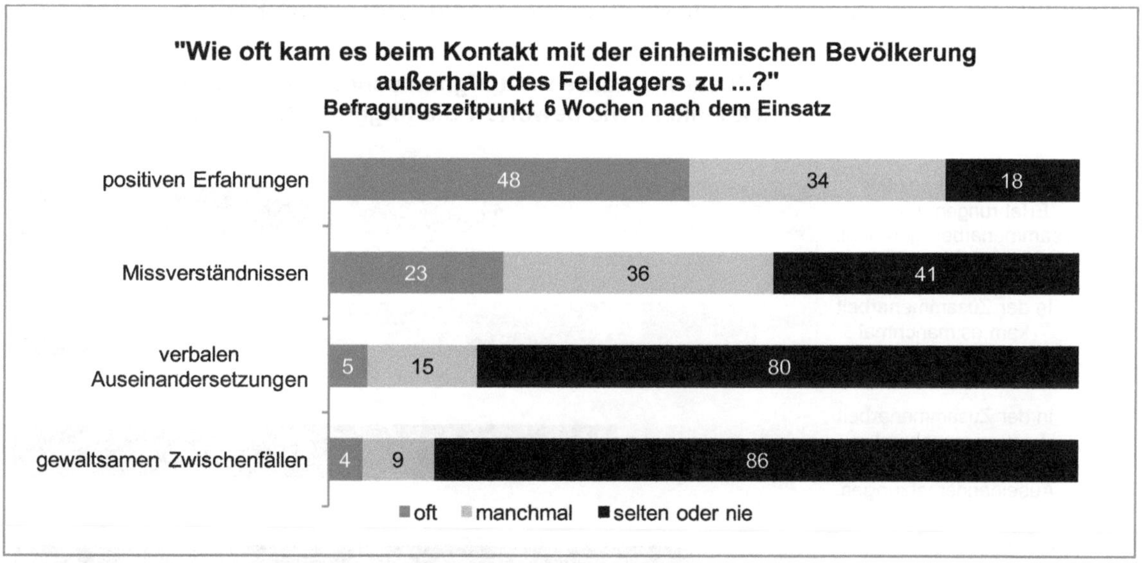

Datenbasis: Befragung des 22. Kontingents ISAF durch das ZMSBw, Juli bis Dezember 2010. Angaben in Prozent.

Die Erfahrungen in der Zusammenarbeit mit afghanischen Sicherheitskräften werden im Vergleich dazu skeptischer eingeschätzt. (Abbildung 18) Fast die Hälfte (44 %) der Befragten kommt drei Jahre später zu einem eher gemischten Urteil, weitere 19 Prozent berichten von positiven und 38 Prozent von negativen Erfahrungen. Trotz dieses hohen

Konfliktpotenzials kam es aber offenbar auch in der Kooperation mit afghanischen Sicherheitskräften vergleichsweise selten zu verbalen Auseinandersetzungen (25 %) oder zu gewaltsamen Zwischenfällen (15 %). (Abbildung 18)

Insgesamt können diese Einschätzungen als Hinweis auf die Komplexität der Anforderungen im damaligen Afghanistaneinsatz verstanden werden. Das Partnering im Rahmen von ISAF erforderte eine enge Abstimmung und Kooperation mit afghanischen Sicherheitskräften. (vgl. Kapitel 3) Das kann in interkulturellen Handlungskontexten leicht zu Missverständnissen und Auseinandersetzungen beitragen; zumal wenn die Partner den Soldatinnen und Soldaten wenig vertraut und deren Werte ihnen oft fremd oder gar problematisch erscheinen.[72] Bei gemeinsamen Operationen kann sich diese Situation noch zusätzlich verkomplizieren. So waren aus den afghanischen Sicherheitskräften längst nicht immer schon verlässliche Partner geworden. Anschläge durch sogenannte Innentäter in den Reihen der afghanischen Einheiten waren etwa nicht auszuschließen. Das Partnering war mit hohen Anforderungen an die Soldatinnen und Soldaten verbunden. Es forderte von ihnen nicht nur eine hohe persönliche Risikobereitschaft, sondern auch eine ausgeprägte Toleranz und Kooperationsfähigkeit.

Abbildung 18: Bewertung der Kontakte zu afghanischen Sicherheitskräften

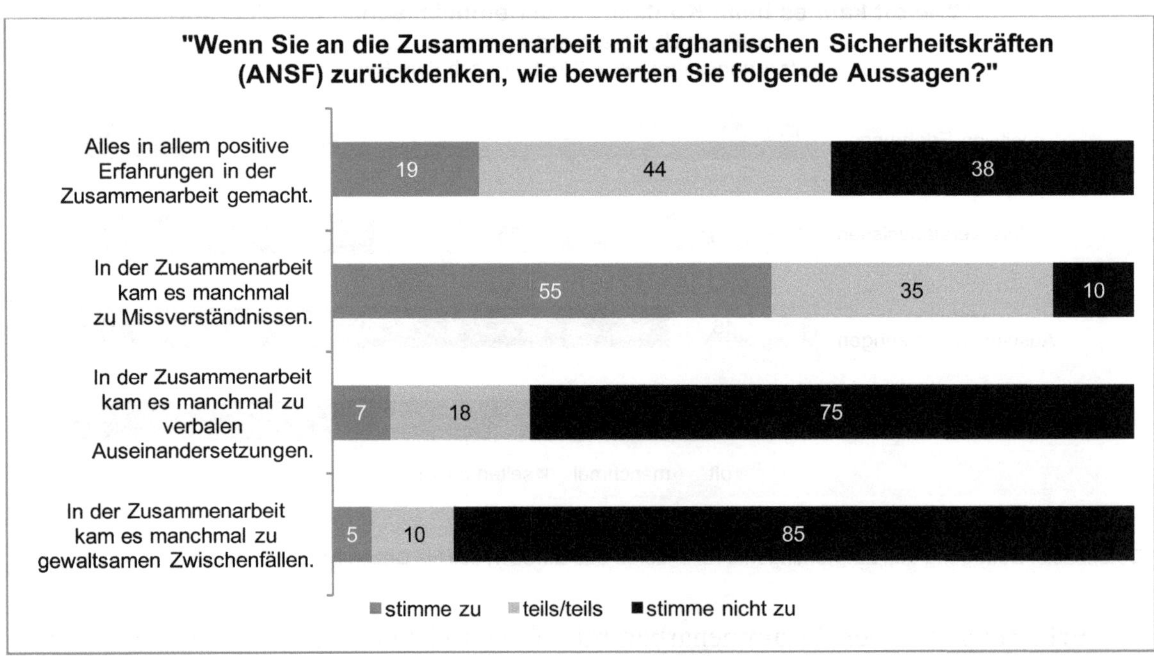

Datenbasis: Befragung des 22. Kontingents ISAF durch das ZMSBw, Dezember 2012 bis März 2013 und Mai bis Oktober 2013. Angaben in Prozent.

[72] Siehe hierzu sowie zu den nachfolgenden Ausführungen Seiffert (2012: 88 ff.)

Eine gewisse Skepsis gegenüber der Zuverlässigkeit von afghanischen Sicherheitskräften spiegelt sich noch in weiteren Daten wider. (Abbildung 19) So ist nur eine Minderheit von 5 Prozent der Befragten im Rückblick der Auffassung, dass sie sich im Einsatz auf die afghanischen Sicherheitskräfte bereits genauso hätten verlassen können wie auf Angehörige anderer ISAF-Nationen. Ein weiteres Viertel (27 %) kann dieser Aussage teilweise zustimmen. Die Mehrheit (68 %) lehnt diese Einschätzung jedoch explizit ab. Mit Blick auf die Zusammenarbeit mit den internationalen ISAF-Truppen fallen die Bewertungen dagegen erwartungsgemäß positiver aus. Hier sind es 66 Prozent der Befragten, die glauben, sich auf ISAF-Truppen anderer Nationen im Einsatz genauso verlassen zu können wie auf die eigenen Kameradinnen und Kameraden der Bundeswehr.

Abbildung 19: Bewertung der Kooperation mit afghanischen Sicherheitskräften und Einschätzung multinationaler Zusammenarbeit im Einsatz

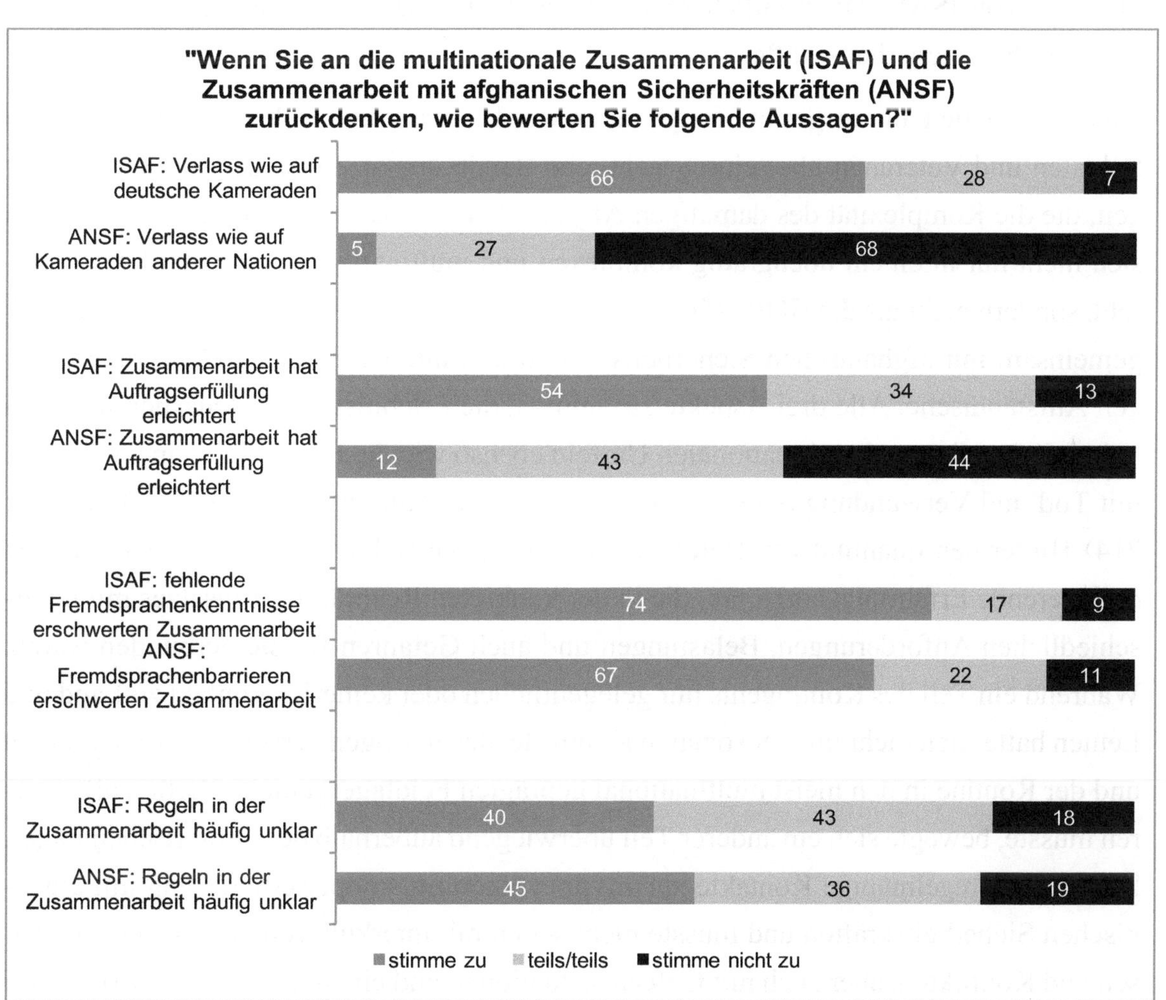

Anmerkungen: Befragungszeitpunkt für Item „Bewertung multinationale Zusammenarbeit" sechs Wochen nach dem Einsatz und für Item „Bewertung Partnering" etwa drei Jahre nach der Rückkehr. Datenbasis: Befragung des 22. Kontingents ISAF durch das ZMSBw, Juli bis Dezember 2010, Dezember 2012 bis März 2013 und Mai bis Oktober 2013. Angaben in Prozent.

Dennoch lässt sich auf der Basis der vorliegenden Daten kein pauschal negatives Urteil über die erlebte Kooperation mit afghanischen Partnern ableiten. So stimmt auch noch drei Jahre später eine Mehrheit (55 %) der Soldaten und Veteranen der Aussage, die Zusammenarbeit mit afghanischen Sicherheitskräften habe die Auftragserfüllung im Einsatz erleichtert, zumindest teilweise zu. Auch werden die Hindernisse für die Kooperation mit afghanischer Armee oder Polizei von den Befragten kaum höher eingeschätzt als für die Zusammenarbeit mit anderen ISAF-Nationen. Während drei Jahre nach dem Einsatz 45 Prozent der Befragten davon überzeugt sind, dass unklare Regeln die Zusammenarbeit mit afghanischen Sicherheitskräften erschwert hätten, sind es kaum weniger (40 %), die darüber in Bezug auf die Zusammenarbeit mit anderen ISAF-Nationen klagen. (Abbildung 19; vgl. Seiffert et al. 2011a) Insgesamt sprechen diese Daten für eine differenzierte Perspektive der Soldaten und Veteranen auf ihre Erfahrungen im Rahmen der Partnering-Strategie von ISAF. Mehrheitlich sehen sie aber offenbar noch Nachholbedarf für die afghanischen Sicherheitskräfte.

An dieser Stelle kann insgesamt festgehalten werden, dass die für diese Studie befragten Soldaten und Veteranen über eine beachtliche Bandbreite an Einsatzerfahrungen verfügen, die die Komplexität des damaligen Afghanistaneinsatzes reflektieren. Sie bewegten sich nicht nur in einem hochgradig komplexen und multinational geprägten Einsatzumfeld, sondern mehr als die Hälfte (56 %) der Ausbildungs- und Schutzkräfte kämpfte auch gemeinsam mit afghanischen Sicherheitskräften und internationalen ISAF-Truppen gegen Aufständische. Alle drei Aspekte zusammen, die Erlebnisse mit Menschen in einem kulturell fremden und multinationalen Umfeld ebenso wie die Erfahrungen in Gefechten, mit Tod und Verwundung prägen den Horizont dieses Kontingents. (vgl. Seiffert 2015: 214) Hinter den quantitativen Befunden stehen für die Soldaten und Veteranen jedoch differierende Erfahrungshorizonte, die in der konkreten Realität des Einsatzes mit unterschiedlichen Anforderungen, Belastungen und auch Gefahren für sie verbunden waren. Während ein Teil des Kontingents nur gelegentlichen oder keinerlei Kontakt zu Land und Leuten hatte, sich mehr mit der sozialen Kontrolle, den geringen persönlichen Freiräumen und der Routine in den meist multinational geprägten Feldlagergemeinschaften arrangieren musste, bewegte sich ein anderer Teil überwiegend außerhalb der militärischen Lager, hatte häufig regelmäßige Kontakte zur Zivilbevölkerung, kooperierte oft eng mit afghanischen Sicherheitskräften und musste nicht selten mit interkulturellen Missverständnissen und Konflikten, aber auch mit Gefechtssituationen und einem hohen Lebensrisiko für sich und andere im Einsatz zurechtkommen. Im Besonderen galt dies für Ausbildungs- und Schutzkräfte des Kontingents, zu denen wesentlich mehr Jüngere und niedrigere Dienstgrade bis zur Ebene Kompaniechef zählten. Höhere Dienstgrade des Kontingents bewegten sich hingegen häufiger in multinationalen Einsatzkontexten. Beide Erfahrungswelten des Einsatzes aber – das Leben überwiegend innerhalb der militärischen Feldlager ebenso wie die Erfahrungswelt überwiegend außerhalb von Einsatzliegenschaften – waren für die Befragten anspruchsvoll und herausfordernd. Die jeweiligen Erlebnisse setzen jedoch unterschiedliche Bewältigungsstrategien nach der Rückkehr aus dem Einsatz voraus. Wie die Soldaten und Veteranen mit diesen Erfahrungen drei Jahre später umgehen und welche Folgewirkungen diese für ihr Leben gezeitigt haben, soll im nächsten Kapitel untersucht werden.

6 Leben nach Afghanistan

Die Angehörigen des 22. Kontingents ISAF sind im Einsatz in Afghanistan mit einer Vielzahl an belastenden Ereignissen konfrontiert worden.[73] (vgl. Seiffert 2014; Heß/Seiffert/Zimmermann 2013; Wittchen et al. 2012; Seiffert et al. 2010b; 2011a) Am Ende des Einsatzes blicken sie, wie die zuvor ausgeführten Befunde deutlich machen, auf schwerwiegende Erlebnisse mit direkter und indirekter Gewalt zurück. (Abschnitte 5.2 und 5.3) Mehr als die Hälfte des Kontingents hat feindlichen Beschuss erlebt, fast ebenso viele waren mit dem Tod von Kameraden konfrontiert und etwa ein Viertel des Kontingents hat in Gefechten gegen Aufständische gekämpft.

Hinweise darauf, wie diese Gewalterlebnisse nach der Rückkehr aus dem Einsatz verarbeitet worden sind, haben wir auf Grundlage der Befragungsergebnisse ausschließlich für den Anteil der noch aktiven Soldatinnen und Soldaten des Kontingents vorgelegt. (Seiffert/Heß 2014) Sie kamen in der Selbsteinschätzung drei Jahre später mit den Belastungen des Einsatzes überwiegend gut zurecht. Nur wenige berichteten noch von andauernden psychischen oder physischen Beanspruchungen des Einsatzes. (Seiffert/ Heß 2014) Für (Einsatz-)Veteranen[74], hier verstanden als einsatzerfahrene Gruppe ehemaliger Soldatinnen und Soldaten der Bundeswehr, liegen dagegen noch keine Daten zu den Spätfolgen von Auslandseinsätzen vor. Der vorliegende Bericht liefert hierzu auf Basis der zusammengeführten Befragungsdaten für die Soldaten und Veteranen des 22. Kontingents ISAF erste Befunde. (vgl. Kapitel 1 und 4)

Im Folgenden werden die längerfristigen Auswirkungen von Einsatzerfahrungen auf verschiedene Lebensbereiche von (Einsatz-)Soldaten und Veteranen der Bundeswehr untersucht. Dies schließt Implikationen von einsatzbedingten ebenso wie von allgemein dienst- bzw. berufsbezogenen Belastungsfaktoren für Familie und Partnerschaft mit ein. Dabei ist es wichtig, darauf hinzuweisen, dass sich in diesen Ergebnissen die Sicht der (Einsatz-)Soldaten und Veteranen fast drei Jahre nach ihrer Rückkehr aus dem Einsatz widerspiegeln. Die Perspektiven ihrer Familienangehörigen sind nicht erfasst worden. (vgl. Tomforde 2006)

---

73 Die Belastungswahrnehmung des Kontingents *im* Einsatz ist ausführlich im zweiten Forschungsbericht der Studie *ISAF 2010* auf Basis der Befunde der Einsatzbefragung des Kontingents analysiert worden. Dieser liegt dem BMVg vor. (Seiffert et al. 2010b)

74 Siehe zum Veteranenbegriff dieser Studie die Hinweise im Kapitel 1 der vorliegenden Studie.

Deutsche Soldaten verlassen mit einem Transporthubschrauber vom Typ CH-47 Chinook der Amerikaner den OP North. Gerade die Zeit unmittelbar nach der Rückkehr aus Afghanistan war für viele Soldaten des Kontingents und ihre Familien extrem herausfordernd. *Bundeswehr/Michael Schreiner*

Das Themenspektrum der Analysen reicht von persönlichen Veränderungen nach der Rückkehr und wahrgenommenen Auswirkungen des Einsatzes auf Familie und Partnerschaft über die Ermittlung von Trennungs- und Bindungsquoten bis hin zum langfristigen Umgang mit Gewalterfahrungen sowie der Unterstützung, die sich (Einsatz-)Soldaten und Veteranen für sich und ihre Familien nach Rückkehr aus dem Einsatz von der Bundeswehr wünschen. Es werden Einschätzungen zur Gesundheit, zum Wohlbefinden und zur Lebenszufriedenheit untersucht sowie Aspekte der Auswirkungen des Einsatzes auf das Selbstbild und die soldatische Motivation, aber auch die Integration von Einsatzerfahrungen in den Dienst- bzw. Berufsalltag behandelt. In einem abschließenden Themenkomplex geht es um die Frage, wie die Befragten den ISAF-Einsatz der Bundeswehr drei Jahre nach ihrer Rückkehr bewerten und welche Anerkennung und Unterstützung sie sich persönlich von der deutschen Politik und Bevölkerung wünschen. (vgl. Kapitel 1)

Im Folgenden werden zunächst die Befunde zu den Belastungen und Beanspruchungen, mit denen die Soldaten und Veteranen des Kontingents direkt nach der Rückkehr aus dem Einsatz sowie fast drei Jahre später umgehen mussten, auf Basis der zusammengeführten Daten der Wiederholungsbefragung fortgeführt. (vgl. Seiffert/Heß 2014) Dadurch sind repräsentative Aussagen für das Gesamtkontingent möglich.[75] Im Anschluss wird das Belastungsempfinden von (Einsatz-)Soldaten und Veteranen für die Zeit unmittelbar nach der Rückkehr aus dem Einsatz und drei Jahre später miteinander verglichen. Dadurch können unterschiedliche Belastungsfolgen des Einsatzes für (Einsatz-)Soldaten und Veteranen sichtbar werden.

6.1 „Die Rückkehr war das Schwierigste." – Belastungen direkt nach dem Einsatz und drei Jahre später

Die Zeit unmittelbar nach dem Einsatz kann sowohl für die Rückkehrenden persönlich als auch für ihr privates und berufliches Umfeld eine große Belastungsprobe darstellen. (Kapitel 2) Dies ließ sich bereits in den Befunden der Studie ausschließlich für den Anteil der noch aktiven Soldatinnen und Soldaten des Kontingents beobachten. (Seiffert/Heß 2014) Im Einsatz sind sie über mehrere Monate in die Einsatzroutinen sowie in den Kreis ihrer Kameradinnen und Kameraden eingebunden gewesen. Wieder zu Hause sehen sie

---

[75] Der Vergleich ist auch aus inhaltlichen Gründen notwendig. Die beiden Gruppen sind soziostrukturell verschieden zusammengesetzt. (vgl. Abschnitt 5.1) Auch unterschiedliche Erfahrungskontexte sind zu berücksichtigen. (vgl. Abschnitt 5.3 und 5.4) Daher war davon auszugehen, dass Veteranen und Soldaten mit Einsatzerlebnissen nach der Rückkehr nicht nur anders umgehen, sondern sich auch Folgen des Einsatzes unterscheiden können.

Soldaten bei der Patrouille westlich von Kunduz. Aufständische sollten keine Möglichkeit mehr haben, sich zurückzuziehen, 22. Oktober 2011. Nach Rückkehr an den Heimatstandort ereilte viele (Einsatz-)Soldaten ein Bürokratieschock: „Auf einmal ging es wieder um die Parkplatzordnung", so ein Soldat im Interview für diese Studie.

Picture alliance/Joker Timo Vog

sich mit einer Vielzahl ganz unterschiedlicher familiärer und beruflicher Anforderungen konfrontiert. Auch die Rollen- und Verhaltensmuster in den Familien und im beruflichen Umfeld können sich verändert haben. (vgl. Seiffert/Heß 2014; Knobloch/Theiss 2014; Tomforde 2006; Wendl 2005)

„Mein Leben kam mir nach dem Einsatz irgendwie anders vor. Ich hätte nicht gedacht, dass es so schwer sein würde, wieder hier in den Alltag rein zu kommen. Das ist einfach 'ne andere Welt." So bringt ein Hauptmann im Interview wenige Wochen nach der Rückkehr aus dem Einsatz die Erfahrung vieler Einsatzrückkehrer auf den Punkt. Wie sich mit den Erfahrungen des Einsatzes wieder in das alltägliche Leben zu Hause in Deutschland einfinden?

Für Soldatinnen und Soldaten, die die Bundeswehr bald nach dem Einsatz verlassen, kann die Zeit nach der Rückkehr noch eine größere Herausforderung darstellen. Sie kehren dann nur kurz in das ihnen vertraute dienstliche Umfeld zurück und sind nun vor die Aufgabe gestellt, sich in völlig neue professionelle Kontexte einzufügen. (vgl. Abschnitt 5.1)

In der Zeit nach der Rückkehr müssen die Erlebnisse mit direkter und indirekter Gewalt[76] zudem oft erst verarbeitet und in das Leben zu Hause integriert werden. (vgl. Seiffert 2014; Seiffert/Heß 2014) Es kann zu Eingewöhnungsschwierigkeiten und Fremdheitsgefühlen, aber auch noch Monate oder sogar Jahre nach dem Einsatz zu psychischen Folgestörungen kommen, die nicht nur die Betroffenen persönlich, sondern auch deren familiäres Umfeld schwer belasten können. (vgl. Seiffert/Heß 2014; Gormann et al. 2014; Knobloch/Theiss 2012; Tegtmeier/Tegtmeier 2011)

Unter Belastung wird in der vorliegenden Studie „die Gesamtheit aller erfassbaren Einflüsse, die von außen auf den Menschen zukommen und psychisch auf ihn einwirken" (Hansen 2001: 58) verstanden. Im Unterschied dazu meint der Begriff der Beanspruchung die unmittelbare Auswirkung einer Belastung auf den Einzelnen. Eine Belastung muss nicht automatisch zu einer psychischen oder physischen Beanspruchung werden. Dies ist abhängig sowohl von den kontextuellen und situativen Rahmenbedingungen als auch von den individuellen Voraussetzungen, vor allem den zur Verfügung stehenden persönlichen und sozialen Ressourcen. (vgl. Franciskovic et al. 2014: 282) Einsatzbedingte Belastungen können unterschiedliche Auswirkungen haben. (vgl. Seng/Seiffert 2016; Gewirtz/Davis 2014; Gorman et al. 2014; Knobloch/Theiss 2014; Seiffert/Heß 2014; Heß/Seiffert/Zimmermann 2013; Herzog/Everson/Whitworth 2011; Gewirtz et al. 2010; Seiffert et al. 2010b; 2011a)

---

[76] Siehe zum Ausmaß der Gewalterfahrungen im Einsatz mit dem 22. Kontingent ISAF Abschnitt 5.3.

Mit welchen Belastungen und Beanspruchungen waren die Soldaten und Veteranen des 22. Kontingents ISAF direkt nach dem Einsatz in Afghanistan konfrontiert und was empfinden sie fast drei Jahre später noch immer als belastend? Die subjektive Belastungswahrnehmung wurde durch folgende Frage abgebildet: „Inwiefern waren folgende Faktoren für Sie nach der Rückkehr aus dem Einsatz belastend und was empfinden Sie derzeit als Belastung?“ Als Antwortmöglichkeiten wurden unterschiedliche Belastungsfaktoren angeführt, die von der alltäglichen Bürokratie des Dienstes bzw. Berufes am Heimatstandort und hohem Arbeitsaufkommen über Konflikte und Spannungen mit der Partnerin bzw. dem Partner bis hin zu schwerwiegenden Einsatzerlebnissen sowie psychischen oder physischen Beeinträchtigungen nach der Rückkehr aus dem Einsatz reichen. (Abbildung 20)

Im Ergebnis bestätigt sich auch in den zusammengeführten Daten der bereits für den Anteil der noch aktiven Soldatinnen und Soldaten des Kontingents zu beobachtende Befund, wonach sich die Befragten sowohl direkt nach dem Einsatz als auch drei Jahre später besonders durch solche Faktoren belastet fühlen, die den allgemeinen Anforderungen und Rahmenbedingungen des Dienst- bzw. Berufsalltags am Heimatstandort geschuldet sind. (vgl. Seiffert/Heß 2014: 29) Zu den wesentlichsten Belastungen gehören mit Abstand die alltägliche Bürokratie im Dienst- bzw. Berufsalltag sowie die häufigen einsatz- oder berufsbedingten Abwesenheiten von der Familie und damit verbunden die wenige Zeit, die für Familie und Freunde bleibt. (Abbildung 20) Bemerkenswert ist, dass die alltägliche Bürokratie im Dienst- bzw. Berufsalltag sowohl direkt nach der Rückkehr aus dem Einsatz als auch drei Jahre später (48 % nach der Rückkehr und 39 % drei Jahre später) bei den Belastungsfaktoren eine Spitzenstellung einnimmt. Im Vergleich dazu werden familiäre Belastungen wie Konflikte mit der Partnerin/dem Partner (22 % nach dem Einsatz und 16 % drei Jahre später) oder Schwierigkeiten mit den Kindern (13 % nach der Rückkehr und 10 % drei Jahre später) ebenso wie psychische (15 % nach der Rückkehr bzw. 8 % drei Jahre später) oder physische Beeinträchtigungen (8 % nach der Rückkehr bzw. 7 % drei Jahre später) des Einsatzes als wesentlich geringere, aber angesichts des Stellenwertes, die diese für das eigene Wohlbefinden und die Gesundheit[77] haben, nicht zu unterschätzende Belastungen wahrgenommen. (vgl. Abschnitt 6.4, 6.5 und 6.6)

Insgesamt ist das subjektive Belastungsempfinden im Vergleich mit der Zeit unmittelbar nach der Rückkehr aus dem Einsatz jedoch auf einem deutlich niedrigeren Niveau. (Abbildung 20) Die meisten Befragten und ihre Familien haben die Belastungen und Beanspruchungen des Einsatzes drei Jahre später offenbar überwiegend gut bewältigt. Für eine

---

[77] Siehe zu den Verletzungsfolgen des Einsatzes Abschnitt 6.3.

kleinere Teilgruppe gilt dies jedoch nicht. Etwa jeder zehnte Angehörige des Kontingents berichtet auch noch drei Jahre nach der Rückkehr von bleibenden psychischen (8 %) oder physischen (7 %) Beeinträchtigungen sowie von andauernden Fremdheitsgefühlen (9 %) im Alltag. (Abbildung 20)

Abbildung 20: Belastungsempfinden im Vergleich nach der Rückkehr aus dem Einsatz und fast drei Jahre später

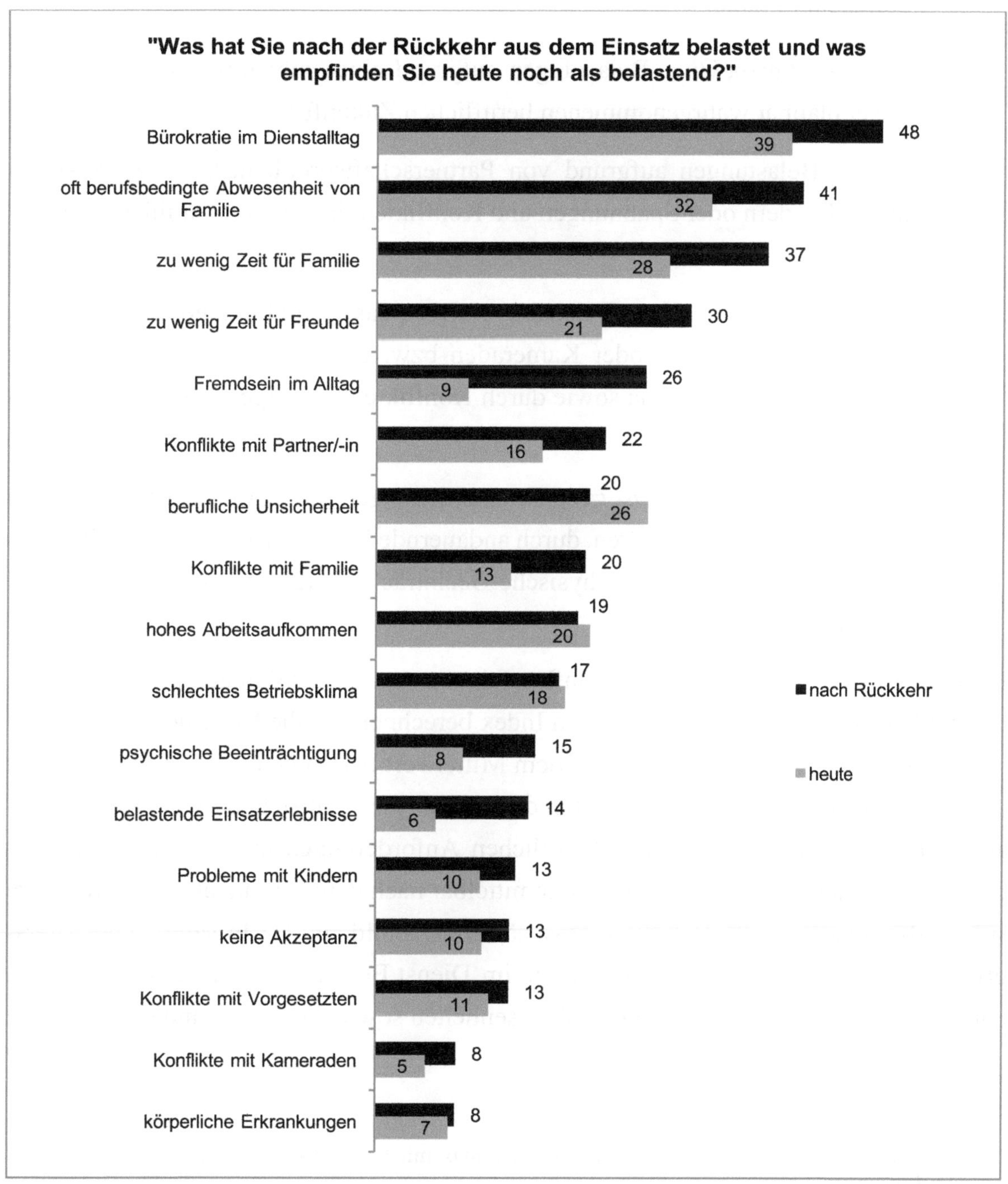

Datenbasis: Befragung des 22. Kontingents ISAF durch das ZMSBw, Dezember 2012 bis März 2013 und Mai bis Oktober 2013. Angaben in Prozent.

Diese sich in der Häufigkeitsanalyse bereits andeutenden Zusammenhänge können mit Hilfe einer rotierten Faktorenanalyse statistisch begründet werden.[78] Dadurch wird es möglich, die 17 Items zu fünf Belastungsdimensionen zusammenzufassen[79]:

- *Bürokratie, Arbeit, Abwesenheiten*: Belastungen durch die alltägliche Bürokratie im Dienst- bzw. Berufsalltag, durch hohes Arbeitsaufkommen und häufige einsatz- oder berufsbedingte Abwesenheiten sowie damit verbunden wenig Zeit für Familie und Freunde.
- *Berufliche Perspektive*: Belastungen aufgrund einer subjektiv als unsicher und schwer planbar wahrgenommenen beruflichen Zukunft.
- *Familie*: Belastungen aufgrund von Partnerschaftsproblemen, Schwierigkeiten mit den Kindern oder Spannungen und Konflikte mit weiteren Familienangehörigen.
- *Dienst- bzw. Arbeitsklima*: Belastungen durch das Gefühl mangelnder Anerkennung von Vorgesetzten oder Kameraden bzw. Kollegen, durch ein schlechtes Dienst- bzw. Arbeitsklima sowie durch Konflikte mit Vorgesetzten oder mit Kameraden bzw. Kollegen.
- *Belastungsfolgen des Einsatzes*: Beanspruchungen durch Einsatzerlebnisse wie Tod, Verwundung oder Töten, durch andauernde Fremdheitsgefühle im Alltag sowie durch psychische oder physische Beeinträchtigungen seit der Rückkehr aus dem Einsatz.

Für eine differenzierte Analyse von Einflussfaktoren und Auswirkungen des Belastungsempfindens wird für jede Dimension ein Index berechnet, der die Höhe der wahrgenommenen Belastung quantifiziert und auf dem Mittelwert derjenigen Items basiert, die zur jeweiligen Dimension gehören. Auch bei dieser Analyse zeigt sich, dass die Kontingentangehörigen die dienstlichen bzw. beruflichen Anforderungen in der Heimat im Vergleich zu den übrigen Faktoren sowohl unmittelbar nach dem Einsatz als auch drei Jahre später als weitaus größte Belastung einschätzen. (Abbildung 21) In sämtlichen Altersgruppen werden die alltägliche Bürokratie im Dienst/Beruf, hohes Arbeitsaufkommen, häufige einsatz- bzw. berufsbedingte Abwesenheiten sowie damit verbunden die wenige

---

[78] Hauptkomponentenanalyse. Rotationsmethode Varimax mit Kaiser-Normalisierung. Einschlusskriterium Eigenwert >1 (n=963).

[79] Der Index zu ‚Beruflicher Perspektive' ist identisch mit der Variable zu beruflicher Unsicherheit. Diese Variable lädt auf keinen der weiteren vier Faktoren. Die entsprechenden Indizes zu den vier weiteren Faktoren weisen Cronbach's Alpha-Werte zwischen 0,79 und 0,84 auf. Die Anzahl an Variablen, die zu den vier Indizes zusammengefasst werden, schwankt zwischen drei und fünf.

Zeit, die für Familie und Freunde bleibt, deutlich als Belastung empfunden. Bereits danach folgen weitere berufsbezogene Belastungen aufgrund einer subjektiv als unsicher und nur schwer planbar wahrgenommenen beruflichen Zukunft. Familiäre Belastungen aufgrund von Partnerschaftsproblemen, Schwierigkeiten mit den Kindern oder Spannungen und Konflikte mit weiteren Familienmitgliedern haben dagegen ebenso wie physische oder psychische Belastungsfolgen des Einsatzes eine weitaus geringere Bedeutung für das Belastungsempfinden der Befragten. Dieser Befund muss jedoch, wie oben schon erwähnt, differenziert bewertet werden, da ein andauerndes psychisches oder physisches Leiden für das Leben der davon Betroffenen und deren Angehörige im konkreten Einzelfall weitaus einschneidender sein dürfte.[80] Insgesamt jedoch bestätigt sich auch in dieser Analyse der Befund, wonach die allgemein berufsbezogenen Anforderungen und Rahmenbedingungen am Heimatstandort bzw. am gegenwärtigen Arbeitsplatz in Deutschland sowohl unmittelbar nach der Rückkehr aus dem Einsatz als auch beinahe drei Jahre später ein wesentlich höheres Belastungspotenzial für die Soldaten und Veteranen haben als einsatzbedingte Belastungen und Beanspruchungen. (Abbildung 21)

Abbildung 21: Indizes der Belastungsdimensionen für das 22. Kontingent im Vergleich nach der Rückkehr und fast drei Jahre später

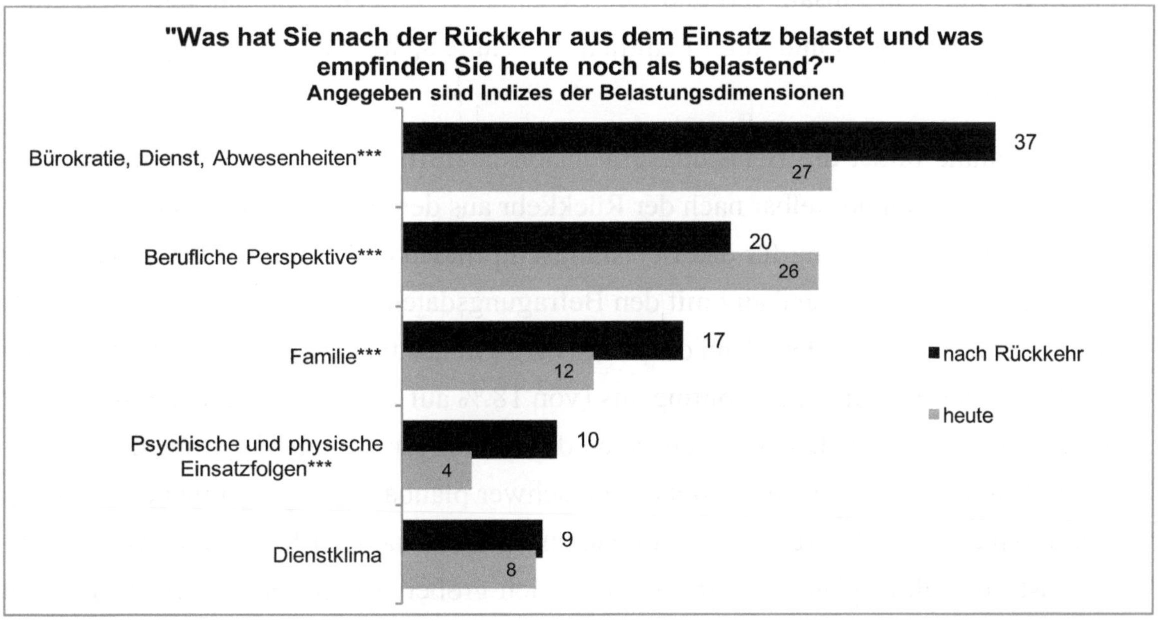

Anmerkungen: Indexwerte basieren auf Mittelwerten der 5er-Skalen der einzelnen Items. Der Wertbereich wurde anschließend in 5 Kategorien unterteilt, die inhaltlich den ursprünglichen Kategorien „sehr hohe Belastung", „hohe Belastung", „teils/teils", „geringe Belastung" und „gar keine Belastung" entsprechen. Dargestellt sind Prozentwerte der zusammengefassten Kategorie „sehr hohe und hohe Belastung". ***=höchst signifikant auf 0,1 %-Niveau. Signifikanz nach Chi-Quadrat. Datenbasis: Befragung des 22. Kontingents ISAF durch das ZMSBw, Dezember 2012 bis März 2013 und Mai bis Oktober 2013. Angaben in Prozent.

[80] Siehe zu den psychosozialen Folgen des Einsatzes Abschnitt 6.4, 6.5, 6.6, 6.7, 6.8 und 6.11.

Im Vergleich zur Höhe der wahrgenommenen Belastungen direkt nach Rückkehr aus dem Einsatz und dem Belastungsempfinden drei Jahre später bestätigen sich für das Kontingent (d.h. Soldaten und Veteranen zusammengenommen) ebenfalls noch die Befunde aus der Befragung ausschließlich für den Anteil der noch aktiven Soldatinnen und Soldaten des Kontingents. (vgl. Seiffert/Heß: 2014) So werden fast alle angefragten Belastungsfaktoren drei Jahre nach dem Einsatz von einer Mehrzahl der Befragten als deutlich weniger oder zumindest gleich belastend wahrgenommen. (Abbildung 21) Dieser Befund verweist auf ein hohes Belastungspotenzial für Einsatzrückkehrer und deren Familien besonders in der Zeit unmittelbar nach der Rückkehr aus dem Einsatz. Das familiäre Zusammenleben muss nach der langen Abwesenheit offenbar erst wieder neu organisiert und strukturiert werden.

Fast drei Jahre später scheinen die meisten Befragten und ihre Familien die schwierige Heimkehr aber überwiegend gut gemeistert zu haben. Denn ein wesentlich geringeres Belastungspotenzial wird drei Jahre später vor allem jenen Faktoren zugewiesen, die mit körperlichen oder seelischen Beeinträchtigungen sowie mit Partnerschaftsproblemen und familiären Konflikten in Zusammenhang stehen. (Abbildung 21) Dieser Befund kann als Effekt eines gelingenden Anpassungs- und Verarbeitungsprozesses verstanden werden, wonach die mit dem Einsatz verbundenen Belastungen und Beanspruchungen von einer Mehrzahl der Befragten und ihren Familien drei Jahre später überwiegend gut bewältigt worden sind.

Eine Ausnahme bildet die Belastungsdimension „berufliche Perspektive“, die im Vergleich mit der Zeit unmittelbar nach der Rückkehr aus dem Einsatz drei Jahre später eine weitaus größere Bedeutung für das Belastungsempfinden der Befragten gewinnt. Dieser Befund muss im Zusammenhang mit den Befragungsdaten für die Veteranen zudem differenzierter bewertet werden, denn dieser Anstieg gilt nur für den Anteil der noch aktiven Soldatinnen und Soldaten des Kontingents (von 18 % auf 26 %).[81] Für die bereits aus der Bundeswehr ausgeschiedenen Angehörigen des Kontingents bleibt die Höhe der subjektiven Belastung durch eine als unsicher und schwer planbar wahrgenommene berufliche Zukunft dagegen auf demselben Niveau wie unmittelbar nach der Rückkehr aus dem Einsatz. Fast drei Jahre später schätzt nun ein gleich großer Anteil von jeweils 26 Prozent der Befragten sowohl unter Soldaten als auch unter Veteranen die Aussicht auf die weitere berufliche Entwicklung für sich persönlich als belastend ein. (Abbildung 23) In diese

[81] Unterschied zwischen Zeit- und Berufssoldaten nach Chi-Quadrat-Test höchst signifikant auf 0,1 Prozent-Niveau.

Antworten dürften sich daher weniger, wie anfänglich von uns vermutet, die zum Zeitpunkt der Wiederholungsbefragung gerade eingeleiteten Reformmaßnahmen zur Neuausrichtung der Bundeswehr niedergeschlagen haben, als vielmehr ein bevorstehendes bzw. absehbares Dienstzeitende für einen weiteren Teil der Zeitsoldaten (d.h. der späteren Veteranen) des Kontingents, die sich zum Zeitpunkt der Befragung drei Jahre später zwar noch im aktiven Dienst bei der Bundeswehr befanden, die die Zeit nach der Bundeswehr aber offenbar bereits antizipierten und diese für sich persönlich mit einer größeren beruflichen Unsicherheit verbanden.[82]

Bereits dieser Befund deutet auf Unterschiede in der Belastungswahrnehmung zwischen (Einsatz-)Soldaten und Veteranen. Im Vergleich der Ergebnisse zwischen diesen beiden Gruppen zeigen sich statistisch relevante Unterschiede im Belastungsempfinden jedoch nicht für die Zeit unmittelbar nach Rückkehr aus dem Einsatz, in der viele Veteranen die Bundeswehr noch nicht verlassen hatten,[83] sondern vielmehr drei Jahre später. Noch in der Zeit direkt nach dem Einsatz fühlten sich beide Gruppen in fast gleichem Ausmaß am meisten durch solche Faktoren belastet, die den allgemeinen Rahmenbedingungen und Anforderungen des Dienstalltags am Heimatstandort zuzurechnen sind. (Abbildung 22)

Auch das Ausmaß der wahrgenommenen psychosozialen Belastungsfolgen des Einsatzes unterscheidet sich in der Zeit direkt nach der Rückkehr aus dem Einsatz nicht wesentlich zwischen Soldaten und Veteranen. (Abbildung 22) So werden familiäre Konflikte (18 % für Soldaten gegenüber 15 % für Veteranen) ebenso wie psychische oder physische Beeinträchtigungen des Einsatzes (10 % der Soldaten gegenüber 9 % der Veteranen) von beiden Gruppen als etwa gleichbelastend und im Vergleich zu den allgemein berufsbezogenen Belastungsfaktoren zudem als wesentlich geringere Beanspruchung wahrgenommen. (Abbildung 22)

Lediglich in Bezug auf die Belastungsdimension „berufliche Perspektive“ lassen sich, wie weiter oben schon beschrieben, für die Zeit unmittelbar nach der Rückkehr aus dem Einsatz relevante Unterschiede im Belastungsempfinden zwischen (Einsatz-)Soldaten und Veteranen beobachten. Für Veteranen hatten Belastungen aufgrund einer als unsicher wahrgenommenen beruflichen Perspektive schon direkt nach der Rückkehr aus dem Einsatz eine wesentlich größere Bedeutung. (Abbildung 22)

In der Zeit direkt nach dem Einsatz weichen folglich weder die wahrgenommenen Belastungsfaktoren noch die Höhe des Belastungsempfindens zwischen (Einsatz-)Soldaten und

---

[82] Nach Chi-Quadrat-Test höchst signifikant auf 0,1 Prozent-Niveau.

[83] Siehe zum Zeitpunkt des Verlassens der Bundeswehr die Befunde in Abschnitt 5.1.

Veteranen wesentlich voneinander ab. Angesichts der Tatsache, dass zu diesem Zeitpunkt die meisten der späteren Veteranen die Bundeswehr auch noch nicht verlassen hatten, erscheint dieser Befund auch nachvollziehbar. (vgl. Abschnitt 5.1)

Abbildung 22: Belastungsindizes direkt nach der Rückkehr im Vergleich zwischen (Einsatz)Soldaten und Veteranen

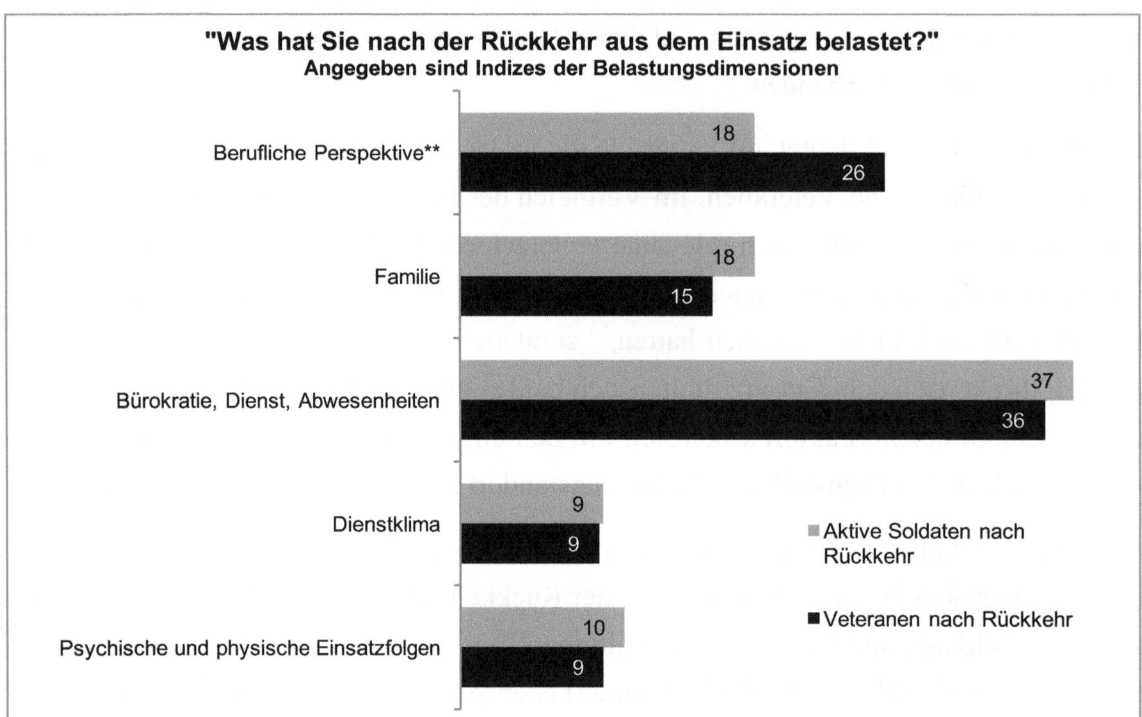

Anmerkungen: Indexwerte basieren auf Mittelwerten der 5er-Skalen der einzelnen Items. Der Wertbereich wurde anschließend in 5 Kategorien unterteilt, die inhaltlich den ursprünglichen Kategorien „sehr hohe Belastung“, „hohe Belastung“, „teils/teils“, „geringe Belastung“ und „gar keine Belastung“ entsprechen. Dargestellt sind Prozentwerte der zusammengefassten Kategorie „sehr hohe und hohe Belastung“; **=hoch signifikant auf dem 1 %-Niveau. Signifikanz nach Chi-Quadrat. Datenbasis: Befragung des 22. Kontingents ISAF durch das ZMSBw, Dezember 2012 bis März 2013 und Mai bis Oktober 2013. Angaben in Prozent.

Im Vergleich mit der Zeit direkt nach der Rückkehr aus dem Einsatz geht das Ausmaß der empfundenen Belastungen drei Jahre später dann für beide Gruppen deutlich zurück. (Abbildung 23) Mit Ausnahme der Dimension „berufliche Perspektive“ werden sämtliche der angefragten Belastungsfaktoren sowohl von (Einsatz-)Soldaten als auch von Veteranen als deutlich weniger belastend wahrgenommen. Allerdings ist dieser Trend in der Selbsteinschätzung für Veteranen stärker ausgeprägt als für Soldaten. (Abbildung 23)

Die Veteranen fühlen sich nach dem Ausscheiden aus der Bundeswehr im Vergleich zu den Soldaten wesentlich weniger belastet. Besonders Faktoren, die in Zusammenhang mit der Dimension „Bürokratie, Arbeit, Abwesenheiten“ stehen, verlieren für ihr Belastungsempfinden erheblich an Relevanz: Das Ausmaß der wahrgenommenen berufsbezogenen Belastungen geht für Veteranen im Vergleich zu der Zeit unmittelbar nach der Rückkehr deutlich und im Vergleich zu Soldaten sogar drastisch zurück. Während der Anteil an Soldaten, der drei Jahre später noch von hohen berufsbezogenen Belastungen berichtet, von 37 Prozent auf 31 Prozent sinkt, reduziert sich dieser Anteil für Veteranen von 36 Prozent auf 16 Prozent. Auch die wahrgenommene Belastung durch die Dimension „Dienst- bzw. Arbeitsklima“ ist für Veteranen drei Jahre nach dem Einsatz auf einem signifikant geringeren Niveau als für Soldaten. Allerdings sehen sich in beiden Gruppen (5 % Veteranen im Vergleich zu 9 % Soldaten) auch nur verhältnismäßig wenige Befragte davon belastet. Stattdessen fühlen sich die Veteranen nun am meisten durch eine unsichere Berufsperspektive belastetet, aber auch dies nicht in stärkerem Maße als bei Soldaten (jeweils 26 %). (Abbildung 23)

Abbildung 23: Belastungsindizes fast drei Jahre nach dem Einsatz im Vergleich zwischen (Einsatz-)Soldaten und Veteranen

"Was empfinden Sie heute noch als belastend?"
Angegeben sind Indizes der Belastungsdimensionen

	Aktive Soldaten heute	Veteranen heute
Berufliche Perspektive	26	26
Familie	13	10
Bürokratie, Dienst, Abwesenheiten***	31	16
Dienstklima*	9	5
Psychische und physische Einsatzfolgen*	5	2

Anmerkungen: Indexwerte basieren auf Mittelwerten der 5er-Skalen der einzelnen Items. Der Wertbereich wurde anschließend in 5 Kategorien unterteilt, die inhaltlich den ursprünglichen Kategorien „sehr hohe Belastung“, „hohe Belastung“, „teils/teils“, „geringe Belastung“ und „gar keine Belastung“ entsprechen. Dargestellt sind Prozentwerte der zusammengefassten Kategorie „sehr hohe und hohe Belastung“. ***=höchst signifikant auf 0,1 %-Niveau; *= signifikant auf dem 5 %-Niveau. Signifikanz nach Chi-Quadrat. Datenbasis: Befragung des 22. Kontingents ISAF des ZMSBw, Dezember 2012 bis März 2013 und Mai bis Oktober 2013. Angaben in Prozent.

Bemerkenswerterweise haben drei Jahre nach dem Einsatz aber nicht nur allgemein berufsbezogene Belastungen eine geringere Bedeutung für das Belastungsempfinden der Veteranen, sondern auch das Ausmaß der wahrgenommenen psychischen und physischen Belastungsfolgen des Einsatzes geht für sie in der Selbsteinschätzung stärker zurück als für Soldaten (von 9 % auf 2 % für Veteranen und von 10 % auf 5 % für Soldaten). Dieser Befund deutet darauf hin, dass noch bleibende psychische oder physische Belastungsfolgen des Einsatzes und hohe Belastungen im Dienstalltag am Heimatstandort sich addieren und wechselseitig verstärken können. Insgesamt ist diese Differenz im Antwortverhalten aber statistisch nur relativ schwach ausgeprägt. (Abbildung 23)

Auch familiäre Schwierigkeiten spielen für das Belastungsempfinden beider Gruppen drei Jahre später eine weniger starke Rolle (13 % für Soldaten bzw. 10 % für Veteranen). Vertiefende Datenanalysen zeigen jedoch, dass Partnerschaftsprobleme für Veteranen ein größeres Belastungspotenzial haben als für (Einsatz-)Soldaten.[84] Hierfür dürften jedoch stärker alterstypische und weniger einsatzbezogene Effekte verantwortlich sein, denn unter den Veteranen befinden sich überproportional viele Jüngere des Kontingents.[85] (vgl. Abschnitte 6.7 und 6.8)

Die Befunde der vergleichenden Analyse weisen folglich nicht nur auf hohe einsatzbedingte Belastungen und Beanspruchungen, mit denen die meisten Befragten drei Jahre später aber offenbar überwiegend gut zurechtkommen, sondern ebenso auf allgemein hohe berufsbezogene Belastungen besonders für (Einsatz-)Soldaten.

Daneben müssen aber auch die Gewalterfahrungen des Einsatzes als mögliche Faktoren für das Belastungsempfinden der Befragten mit in Rechnung gestellt werden.[86] Eine genauere Analyse der Belastungsdimensionen bestätigt diese Annahme. Die Erfahrungskontexte des Einsatzes haben auch noch drei Jahre später wesentlichen Einfluss auf ihr Belastungsempfinden. In Abbildung 24 sind die Befunde zur subjektiven Belastungswahrnehmung drei Jahre nach dem Einsatz differenziert nach vorhandener Gefechtserfahrung für die Soldaten und Veteranen des 22. Kontingents ISAF exemplarisch dargestellt.

Im Ergebnis wird deutlich, dass Gefechtserfahrene auch noch drei Jahre nach der Rückkehr im Vergleich zur Gruppe ohne diese Erfahrung wesentlich häufiger von psychosozialen Belastungsfolgen des Einsatzes betroffen sind. Es besteht sowohl zwischen den berichteten psychischen bzw. physischen Beeinträchtigungen des Einsatzes und den vorhandenen Gewalterfahrungen im Einsatz[87] ein statistisch signifikanter Zusammenhang als auch zwischen der wahrgenommenen Belastung durch familiäre Konflikte und der Gewaltexposition im Einsatz. (Abbildung 24) So fühlen sich Gefechtserfahrene auch noch drei Jahre

---

84 Partnerschaftsprobleme werden drei Jahre später wesentlich häufiger von Veteranen (23 % nach dem Einsatz und 16 % fast drei Jahre später) als von Soldaten (21 % nach dem Einsatz und 6 % fast drei Jahre später) als Belastung genannt.

85 Vgl. hierzu Abschnitt 5.2 der Studie.

86 Vgl. zum Ausmaß der Gewalterfahrungen Abschnitt 5.3 sowie Seiffert (2012; 2013).

87 Vgl. Abschnitt 5.3 der vorliegenden Studie.

später signifikant häufiger nicht nur von bleibenden psychischen oder physischen Beeinträchtigungen (8 % im Vergleich zu 3 % der gefechtsunerfahrenen Befragten), sondern auch stärker als die Vergleichsgruppe durch familiäre Probleme (16 % im Vergleich zu 10 %) belastet. (Abschnitt 6.7) Der Zusammenhang zwischen vorhandener Gefechtserfahrung und aufgetretenen familiären Schwierigkeiten ist statistisch zwar geringer ausgeprägt; diese Differenz ist jedoch signifikant. (Abbildung 24)

Abbildung 24: Belastungsindizes fast drei Jahre nach dem Einsatz differenziert nach Gefechtserfahrung im Einsatz mit dem 22. Kontingent ISAF

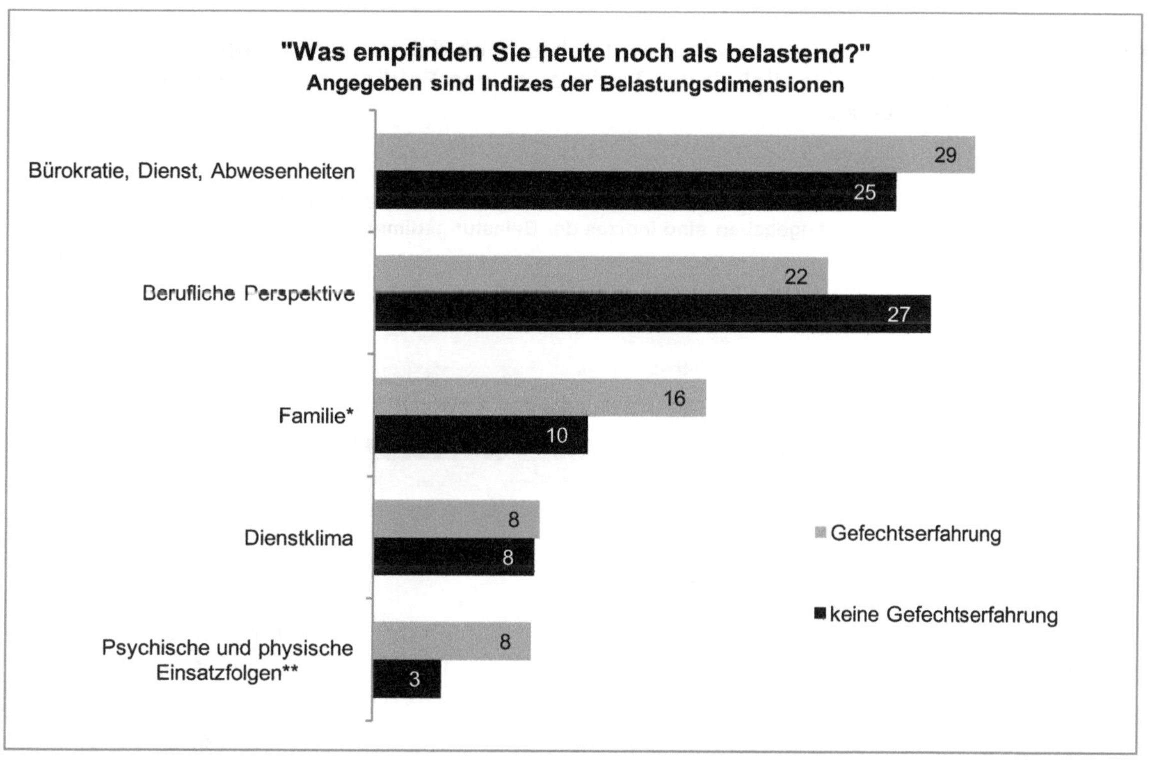

Anmerkungen: Indexwerte basieren auf Mittelwerten der 5er-Skalen der einzelnen Items. Der Wertbereich wurde anschließend in 5 Kategorien unterteilt, die inhaltlich den ursprünglichen Kategorien „sehr hohe Belastung", „hohe Belastung", „teils/teils", „geringe Belastung" und „gar keine Belastung" entsprechen. Dargestellt sind Prozentwerte der zusammengefassten Kategorie „sehr hohe und hohe Belastung". **=hoch signifikant auf dem 1 %-Niveau; *=signifikant auf 5 %-Niveau. Signifikanz nach Chi-Quadrat. Datenbasis: Befragung des 22. Kontingents ISAF durch das ZMSBw, Dezember 2012 bis März 2013 und Mai bis Oktober 2013. Angaben in Prozent.

Ähnliche Tendenzen im Antwortverhalten können auch für diejenigen Befragten beobachtet werden, die sich im Einsatz überwiegend außerhalb der militärischen Feldlager aufgehalten haben.[88] In Abbildung 25 sind die Befunde zum Belastungsempfinden der

[88] Vgl. Abschnitt 5.3 und 5.4 der vorliegenden Studie.

Befragten drei Jahre nach dem Einsatz differenziert nach der Häufigkeit der Einsatzaufgaben innerhalb oder außerhalb der militärischen Feldlager im Einsatz mit dem 22. Kontingent ISAF dargestellt.

Befragte, die sich im Einsatz überwiegend außerhalb der militärischen Feldlager bewegten, berichten demzufolge auch noch drei Jahre später häufiger von bleibenden psychischen oder physischen Belastungsfolgen des Einsatzes (6 %) als jene Befragte, die das Lager während des Einsatzes nie (1 %) oder nur manchmal (3 %) verlassen haben.[89] (Abbildung 25)

Abbildung 25: Belastungsindizes fast drei Jahre nach der Rückkehr differenziert nach der Häufigkeit des Verlassens des Feldlagers während des Einsatzes

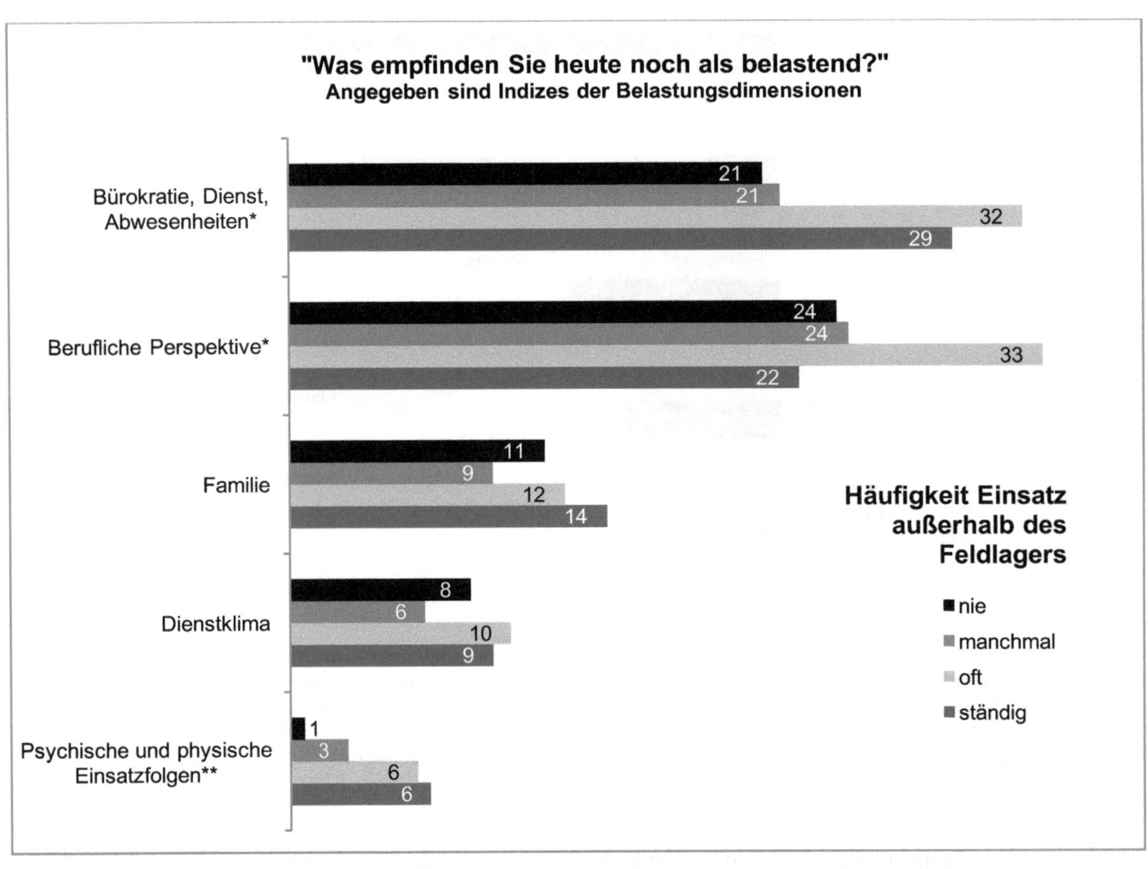

Anmerkungen: Indexwerte basieren auf Mittelwerten der 5er-Skalen der einzelnen Items. Der Wertbereich wurde anschließend in 5 Kategorien unterteilt, die inhaltlich den ursprünglichen Kategorien „sehr hohe Belastung“, „hohe Belastung“, „teils/teils“, „geringe Belastung“ und „gar keine Belastung“ entsprechen. Dargestellt sind Prozentwerte der zusammengefassten Kategorie „sehr hohe und hohe Belastung“. **=hoch signifikant auf dem 1 %-Niveau; *=signifikant auf 5 %-Niveau. Signifikanz nach Chi-Quadrat. Datenbasis: Befragung des 22. Kontingents ISAF durch das ZMSBw, Dezember 2012 bis März 2013 und Mai bis Oktober 2013. Angaben in Prozent.

---

89 Siehe zur inhaltlichen Fundierung der unterschiedlichen Einsatzwelten, in denen sich Soldatinnen und Soldaten im Einsatz bewegen, Abschnitt 5.3 und 5.4 sowie die Beiträge von Seiffert (2012; 2013; 2015).

Wesentliche Unterschiede im Belastungsempfinden bestehen zudem zwischen partnerschaftlich gebundenen (verheiratet/in fester Partnerschaft lebend) und ledigen Befragten.[90] Partnerschaftlich Gebundene berichten drei Jahre nach dem Einsatz signifikant seltener (7 % im Vergleich zu 3 %) als die Gruppe der Alleinstehenden von bleibenden seelischen oder körperlichen Beeinträchtigungen des Einsatzes. (Abbildung 26) Dieser Befund kann in zweifacher Hinsicht interpretiert werden: Er kann zum einen als Indiz für die herausgehobene Bedeutung gesehen werden, die die soziale Unterstützung für die Bewältigung von schwerwiegenden Einsatzerlebnissen hat, (vgl. Seiffert/Heß 2014; Gorman et al. 2014; Franciskovic et al. 2014; Heß/Seiffert/Zimmermann 2013) und zum anderen als erster Hinweis darauf verstanden werden, dass der Einsatz für eine Teilgruppe psychisch oder physisch hoch Belasteter längerfristige negative Folgen für Familie und Partnerschaft gezeitigt hat. (Abschnitt 6.7 und 6.8)

Abbildung 26: Belastungsindizes drei Jahre nach dem Einsatz differenziert nach Familienstand

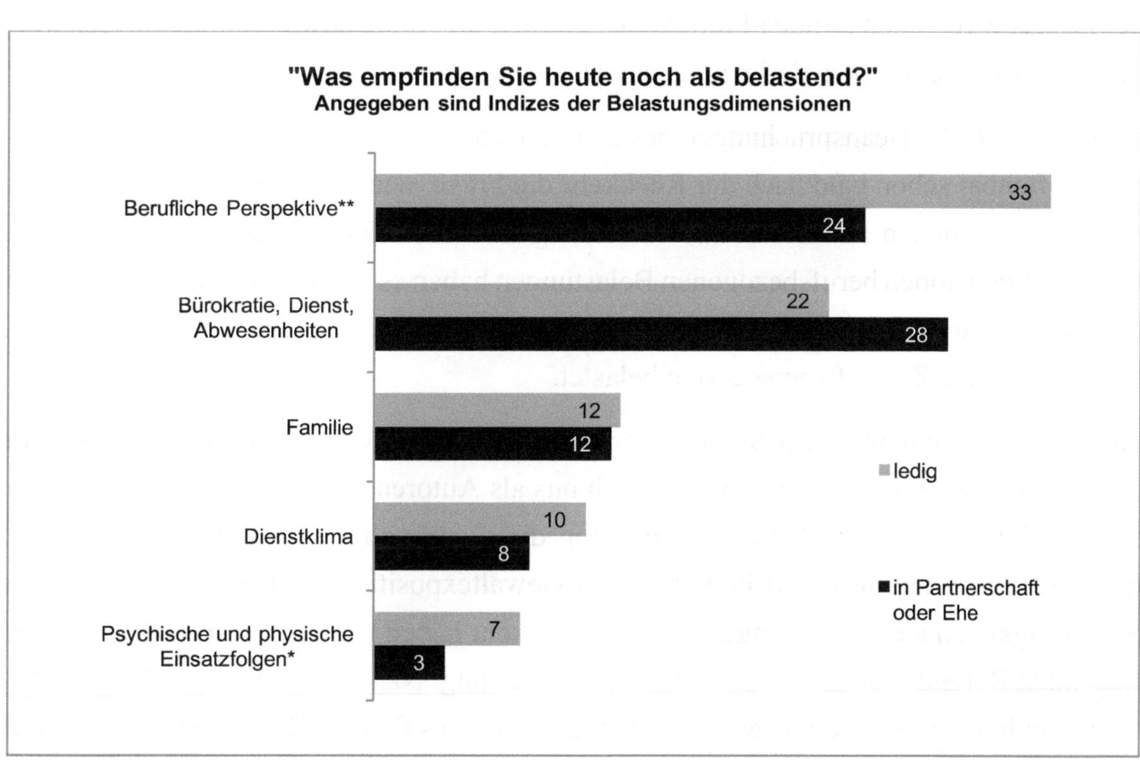

Anmerkungen: Indexwerte basieren auf Mittelwerten der 5er-Skalen der einzelnen Items. Der Wertbereich wurde anschließend in 5 Kategorien unterteilt, die inhaltlich den ursprünglichen Kategorien „sehr hohe Belastung", „hohe Belastung", „teils/teils", „geringe Belastung" und „gar keine Belastung" entsprechen. Dargestellt sind Prozentwerte der zusammengefassten Kategorie „sehr hohe und hohe Belastung". **=hoch signifikant auf dem 1 %-Niveau; *=signifikant auf 5 %-Niveau. Signifikanz nach Chi-Quadrat. Datenbasis: Befragung des 22. Kontingents ISAF durch das ZMSBw, Dezember 2012 bis März 2013 und Mai bis Oktober 2013. Angaben in Prozent.

---

[90] Ausführlicher in Abschnitt 6.7.

Auffallend ist zudem, dass ungebundene Befragte (33 % im Vergleich zu 24 %) bezogen auf ihre weitere berufliche Entwicklung deutlich unsicherer sind als partnerschaftlich Gebundene. (Abbildung 26) Auch hierfür dürften wesentlich altersbezogene Effekte ausschlaggebend sein, denn besonders ledige und jüngere Befragte, die zudem überproportional in der Gruppe der Veteranen vertreten sind, fühlen sich häufiger als partnerschaftlich gebundene Befragte durch eine unsichere berufliche Zukunftsperspektive belastet.

Für die Zeit drei Jahre nach dem Einsatz lassen sich demnach die Belastungen, mit denen die Soldaten und Veteranen in ihrem Alltag umgehen müssen, nicht mehr ganz so leicht wie noch direkt nach der Rückkehr aus dem Einsatz auf einen gemeinsamen Nenner bringen. Das Belastungsempfinden differiert vielmehr abhängig von der beruflichen und privaten Lebenssituation der Befragten sowie den wahrgenommenen Belastungsfolgen des Einsatzes. Die Gewalterfahrungen des Einsatzes haben aber auch noch drei Jahre später einen wesentlichen Einfluss auf das Belastungsempfinden der Befragten. Dies gilt jedoch nur für eine Teilgruppe von 7 Prozent des Kontingents, die auch noch drei Jahre nach dem Einsatz von andauernden Fremdheitsgefühlen im Alltag sowie von bleibenden körperlichen oder seelischen Verletzungen berichtet.

Weit mehr als die Beanspruchungen des Einsatzes beschäftigte viele Soldaten und Veteranen offenbar schon bald nach der Rückkehr die Frage, wie sie mit den hohen Anforderungen im täglichen Dienst- bzw. Berufsalltag in Deutschland zurechtkommen sollen. Mit anhaltend hohen berufsbezogenen Belastungen haben es vor allem (Einsatz-)Soldaten zu tun. Veteranen fühlen sich dagegen am meisten durch eine als unsicher wahrgenommene berufliche Zukunftsperspektive belastet.

Als Resümee kann an dieser Stelle daher festgehalten werden: Die in diesem Abschnitt dargestellten Befunde haben teilweise auch uns als Autoren der Studie überrascht. Denn sie sprechen gegen viele Erwartungen. Ging die ursprüngliche Vermutung davon aus, dass die Veteranen aufgrund ihrer höheren Gewaltexposition im Einsatz die größeren Schwierigkeiten auch noch lange nach der Rückkehr haben würden, so sprechen die vorliegenden Befunde für eine differenziertere Bewertung. Natürlich weisen auch diese Daten auf individuell schwerwiegende Folgen des Einsatzes für eine Reihe von Soldaten und Veteranen bis hin zu bleibenden psychischen oder physischen Verwundungen. Doch der Gesamtbefund ist insgesamt ein deutlich anderer. Eine Mehrzahl sowohl der Soldaten als auch der Veteranen des Kontingents kommt mit den Belastungen des Einsatzes drei Jahre später überwiegend gut zurecht. Die dienstlichen bzw. beruflichen Anforderungen und allgemeinen Rahmenbedingungen am Standort bzw. Arbeitsplatz in Deutschland haben für beide Gruppen sowohl direkt nach der Rückkehr als auch drei Jahre später ein wesentlich höheres Belastungspotenzial als mit dem Einsatz verbundene Beanspruchungen.

Die Erfahrungen in Afghanistan lassen sich für viele Soldaten nach der Rückkehr nicht einfach abhaken; sie prägen und verändern das Leben.

Bundeswehr/Walter Wayman

Die alltägliche Bürokratie im Dienst bzw. Beruf nimmt dabei bei den Belastungsfaktoren zu beiden Zeitpunkten eine Spitzenstellung ein. Das Belastungsempfinden ist zudem drei Jahre nach dem Einsatz auf einem wesentlich niedrigeren Niveau als noch direkt nach der Rückkehr. Dies gilt insbesondere für die wahrgenommene Beanspruchung durch psychische und physische Beeinträchtigungen des Einsatzes sowie durch familiäre und partnerschaftliche Probleme. Für Veteranen ist dieser Trend in der Selbsteinschätzung sogar stärker ausgeprägt als für Soldaten. Für eine Teilgruppe der Befragten (5 % Soldaten und 2 % Veteranen) gelten diese Befunde allerdings nicht. Sie berichten auch noch drei Jahre nach dem Einsatz von Fremdheitsgefühlen im Alltag sowie von bleibenden psychischen oder physischen Verletzungen.

6.2 „So ein Einsatz prägt und verändert." – Persönliche Veränderungen nach dem Einsatz

Die im vorhergehenden Abschnitt dargestellten Ergebnisse weisen darauf hin, dass eine Mehrzahl der Soldaten und Veteranen die mit dem Einsatz verbundenen Beanspruchungen drei Jahre später überwiegend gut bewältigt hat. (Abschnitt 6.1 und 6.11) Das bedeutet jedoch nicht zwangsläufig, dass der Einsatz ohne persönliche Folgen für sie geblieben ist. Die Einsatzerlebnisse „machen" etwas mit ihnen, das sie mehr oder weniger gut kontrollieren können, auf das sie reagieren müssen. (Seiffert/Heß 2014)

Bereits in der Einsatzbefragung ließ sich etwa zeigen, dass aus Sicht der Befragten dem Einsatz meist eine positive Wirkung auf die eigene Person zugeschrieben wurde. (Seiffert et al. 2010b: 75) Dieser Befund war jedoch auf den Befragungszeitpunkt im Einsatz begrenzt und stellte insofern eine Momentaufnahme dar. Auf dieser Datenbasis war jedoch nicht zu entscheiden, ob die wahrgenommenen personenbezogenen Veränderungen nur kurzfristige Reaktionen auf einschneidende Erlebnisse waren, die für die Befragten aber bald nach der Rückkehr aus dem Einsatz wieder an Relevanz verlieren sollten, oder ob es sich um andauernde Veränderungen handelte.

In den Ergebnissen der Wiederholungsbefragung ausschließlich für den Anteil der noch aktiven Soldatinnen und Soldaten des Kontingents setzte sich dieser Trend jedoch fort. (Seiffert/Heß 2014: 40f.) Sie nahmen auch noch in der langfristigen Perspektive wesentlich mehr positive als negative Auswirkungen des Einsatzes auf die eigene Person wahr. Dieser Befund konnte allerdings nicht einfach auf den Anteil der aus der Bundeswehr bereits ausgeschiedenen Soldatinnen und Soldaten des Kontingents übertragen werden. Er musste erst noch durch die Befragungsergebnisse für die Veteranen fundiert werden.

Im Folgenden wird auf Basis der zusammengeführten Datensätze für das Kontingent untersucht, wie sich die Erfahrungen des Einsatzes aus Sicht der Soldaten und Veteranen langfristig auf die eigene Person und das weitere Leben ausgewirkt haben.

Dabei zeigt sich wenig überraschend, dass der Einsatz von den meisten Befragten als prägendes Lebensereignis wahrgenommen wird. Fragt man die Soldaten und Veteranen fast drei Jahre nach der Rückkehr aus dem Einsatz zunächst ganz allgemein, in welchem Ausmaß sich ihr Leben durch den Einsatz verändert hat, so berichtet eine Mehrzahl (57 %), dass sich zumindest einige Dinge in ihrem Leben geändert haben. Für eine Minderheit von 4 Prozent haben die Einsatzerfahrungen so tiefe Spuren hinterlassen, dass sie ihr Leben nach dem Einsatz ganz neu ordnen mussten. Hingegen hat der Einsatz für 39 Prozent der Kontingentangehörigen nach eigenen Angaben eher keine Folgen gezeitigt.

Abbildung 27: Auswirkungen des Einsatzes auf das weitere Leben im Vergleich zwischen Veteranen und Soldaten des 22. Kontingents ISAF

"In welchem Umfang hat sich Ihr Leben durch den Einsatz verändert?"**

	Veteranen	Aktive Soldaten
In meinem Leben hat sich durch den Einsatz eher nichts verändert.	32	42
Einige Dinge haben sich in meinem Leben geändert.	64	54
Ich musste mein Leben ganz neu ordnen.	4	4

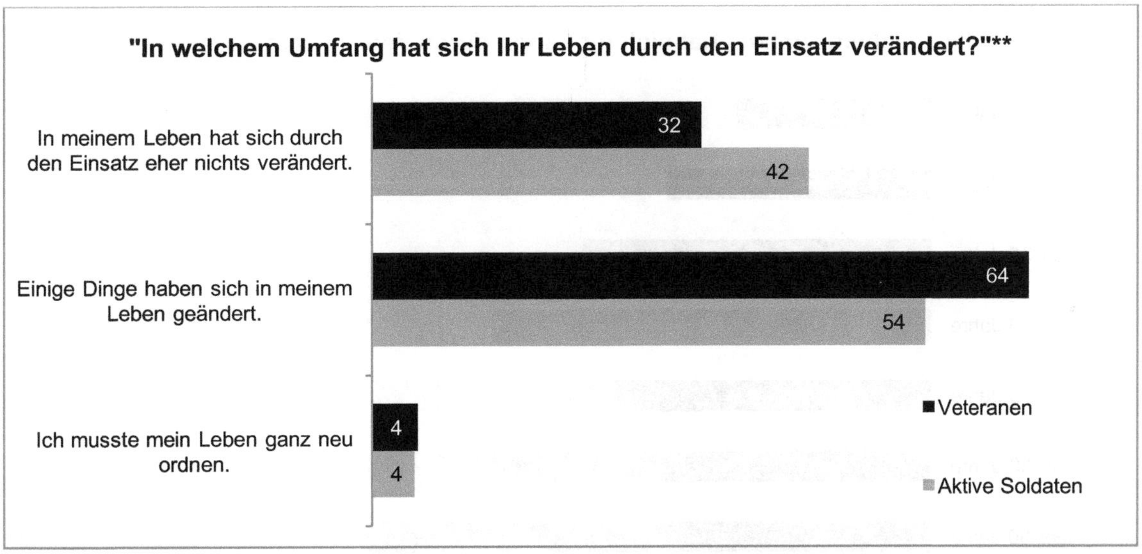

Anmerkungen: **=hoch signifikant auf dem 1 %-Niveau. Signifikanz nach Chi-Quadrat. Datenbasis: Befragung des 22. Kontingents ISAF durch das ZMSBw, Dezember 2012 bis März 2013 und Mai bis Oktober 2013. Angaben in Prozent.

Das Ausmaß der wahrgenommenen Veränderungen nach dem Einsatz unterscheidet sich dabei signifikant zwischen Soldaten und Veteranen. (Abbildung 27) Veteranen schätzen den Einsatz häufiger noch als Soldaten als prägend für ihr weiteres Leben ein. Etwa zwei Drittel (64 %) der Veteranen sagen, dass sich zumindest einige Dinge in ihrem Leben nach dem Einsatz geändert haben. Demgegenüber nehmen Soldaten etwas weniger Veränderungen in ihrem Leben wahr, obwohl auch mehr als die Hälfte (54 %) von ihnen davon berichtet, dass sich für sie persönlich einiges nach dem Einsatz geändert hat. Das

Ausmaß der als gravierend empfundenen Folgen weicht dagegen für beide Gruppen nicht voneinander ab (jeweils 4 %). (Abbildung 27)

Für diese Befunde dürften Alterseffekte eine wesentliche Rolle gespielt haben, denn unter den Veteranen befinden sich überdurchschnittlich viele Jüngere, unter 30-Jährige des Kontingents (Abschnitt 5.2). Gerade für jüngere Befrage können erfahrungsbezogene Veränderungen über die Zeit hin im Sinne alterstypischer Entwicklungen als weithin ‚normal' angenommen werden. (vgl. Tedeschi/Calhoun 1996: 467) Diese Annahme bestätigt sich in der weiteren Datenanalyse, in der sich zeigt, dass das Ausmaß der einsatzbedingten Veränderungen im Wesentlichen alters- und erfahrungsspezifisch motiviert ist. Je jünger die Befragten sind, desto häufiger berichten sie von persönlichen Veränderungen. Mit zunehmendem Alter nehmen die wahrgenommenen Auswirkungen des Einsatzes auf das eigene Leben tendenziell ab. (Abbildung 28)

Abbildung 28: Auswirkungen des Einsatzes auf das weitere Leben differenziert nach Lebensalter

"In welchem Umfang hat sich Ihr Leben durch den Einsatz verändert?"***

	In meinem Leben hat sich durch den Einsatz eher nichts verändert.	Einige Dinge haben sich in meinem Leben geändert.	Ich musste mein Leben ganz neu ordnen.
bis 25 Jahre	22	77	1
26-30 Jahre	30	64	6
31-35 Jahre	39	55	5
36-40 Jahre	50	48	2
41-45 Jahre	42	52	6
46-50 Jahre	56	43	1
über 50 Jahre	64	36	0

■ In meinem Leben hat sich durch den Einsatz eher nichts verändert.
■ Einige Dinge haben sich in meinem Leben geändert.
■ Ich musste mein Leben ganz neu ordnen.

Anmerkungen: ***=höchst signifikant auf 0,1 %-Niveau. Signifikanz nach Chi-Quadrat. Datenbasis: Befragung des 22. Kontingents ISAF durch das ZMSBw, Dezember 2012 bis März 2013 und Mai bis Oktober 2013. Angaben in Prozent.

Gleichzeitig bestehen statistisch signifikante Zusammenhänge zwischen den Erfahrungen mit direkter und indirekter Gewalt im Einsatz und dem Ausmaß der wahrgenommenen

Veränderungen drei Jahre später.[91] Insgesamt dürfen die zuvor beschriebenen Befunde daher nicht vorschnell kausal als unmittelbare Folge des Alters interpretiert werden. Anzunehmen ist vielmehr ein Mix verschiedener Faktoren, der dazu beiträgt, dass der Einsatz häufiger von jüngeren Befragten, folglich von mehr Veteranen, als prägend für das eigene Leben empfunden wird.

Bereits in den Befunden zum Ausmaß der Gewalterfahrungen im Einsatz des 22. Kontingents ISAF konnte etwa beobachtet werden, dass die Gewaltexposition im Einsatz wesentlich vom Alter beeinflusst wird. (vgl. Abschnitt 5.3 und 5.4) Die Erfahrungen in Gefechten, mit Beschuss oder mit Tod und Verwundung nehmen mit zunehmendem Alter signifikant ab. Angesichts ihrer häufigeren Gewaltexposition im Einsatz, sind demnach auch bei jüngeren Befragten bei der Frage nach den möglichen Ursachen wahrgenommener Veränderungen die konkreten Erfahrungskontexte des Einsatzes mit zu berücksichtigen.[92]

Hinweise darauf, dass neben Alterseffekten ebenso die im Einsatz gemachten Gewalterfahrungen eine wichtige Rolle für wahrgenommene Veränderungen nach dem Einsatz spielen, ließen sich sowohl in den Focus-Back-Talk-Gesprächen (Interviews), die das Projektteam mit Angehörigen des Kontingents nach der Rückkehr aus dem Einsatz geführt hat, als auch in weiteren Befunden, etwa in der qualitativen Studie von Seng/Seiffert zum persönlichen Wachstum von Bundeswehrsoldaten nach Auslandseinsätzen, beobachten.[93] In den quantitativen Befragungsdaten lassen sich dafür ebenfalls Anhaltspunkte finden. Gefechtserfahrene empfinden den Einsatz auch noch drei Jahre später wesentlich häufiger als Befragte ohne diese Erfahrung als prägend (71 % im Vergleich zu 57 %) für das eigene Leben. (Abbildung 29) Sie berichten zudem seltener, dass der Einsatz für ihr Leben folgenlos (29 % im Vergleich zu 43 %) geblieben ist. Gleichzeitig geben sie mehr als doppelt so oft an, dass sie ihr Leben nach dem Einsatz neu ordnen mussten (7 % im Vergleich zu 3 %). (Abbildung 29)

---

[91] Chi-Quadrat-Tests für verschiedene Items zu Erfahrungen direkter und indirekter Gewalt erzielen Signifikanzniveaus von 0,1 bis 1 Prozent.

[92] In einer multivariaten Analyse erweisen sich Alterseffekte zwar als statistisch einflussreicher. Jedoch zeigen sich auch unter Kontrolle des Alters statistische Effekte von Gewalterfahrungen auf das wahrgenommene Ausmaß von einsatzbedingten Veränderungen.

[93] Siehe hierzu sowie zum Begriff des persönlichen Wachstums nach Auslandseinsätzen Seng/Seiffert (2016).

Abbildung 29: Auswirkungen des Einsatzes auf das eigene Leben differenziert nach Gefechtserfahrung

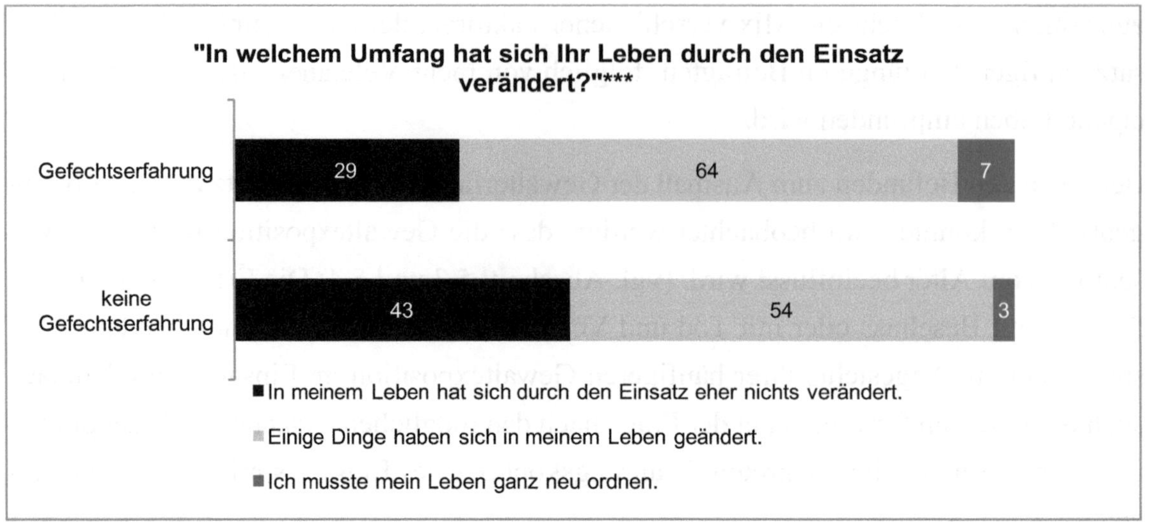

Anmerkungen: ***=höchst signifikant auf 0,1 %-Niveau. Signifikanz nach Chi-Quadrat. Datenbasis: Befragung des 22. Kontingents ISAF durch das ZMSBw, Dezember 2012 bis März 2013 und Mai bis Oktober 2013. Angaben in Prozent.

Dennoch können weder die Alterseffekte noch die Gewalterfahrungen des Einsatzes das Ausmaß der empfundenen Veränderungen vollständig erklären. Immerhin hat sich in der Selbsteinschätzung auch für eine große Anzahl der Älteren einiges in ihrem Leben nach der Rückkehr aus dem Einsatz geändert. (Abbildung 28) Dies gilt ebenso für viele Befragte, die im Einsatz keine Erfahrungen mit direkter Gewalt in Gefechten gemacht haben. (Abbildung 29) Es müssen demnach weitere Faktoren einbezogen werden, die in Zusammenhang mit den wahrgenommenen Auswirkungen des Einsatzes auf das eigene Leben stehen.

In den weiteren Datenanalysen zeigt sich, dass ein hohes Maß an interkulturellen Einsatzerfahrungen im Umgang mit der afghanischen Zivilbevölkerung und afghanischen Sicherheitskräften ebenfalls ein wesentlicher Faktor ist, der dazu beiträgt, dass eine Mehrzahl der Soldaten und Veteranen auch noch in der langfristigen Perspektive den Einsatz als prägend für ihr weiteres Leben empfindet.[94] In der folgenden Abbildung 30 ist das Ausmaß an genannten Auswirkungen des Einsatzes auf das eigene Leben differenziert nach der Häufigkeit der Kontakte zur afghanischen Zivilbevölkerung[95] exemplarisch für die Soldaten und Veteranen des 22. Kontingents ISAF dargestellt.

---

94 Nach Chi-Quadrat-Test höchst signifikant auf 0,1 Prozent-Niveau.

95 Ähnliche Tendenzen im Antwortverhalten zeigen sich auch im Zusammenhang mit Erfahrungen im Umgang mit der afghanischen Armee oder der Polizei. Je häufiger die Befragten von Kontakten zu afghanischen Sicherheitskräften im Einsatz berichten, desto häufiger werden drei Jahre später auch Auswirkungen des Einsatzes auf das eigene Leben wahrgenommen. 68 Prozent jener Befragten, die im Einsatz täglich oder mehrmals wöchentlich mit afghanischen Sicherheitskräften zu tun hatten, berichten

Abbildung 30: Auswirkungen des Einsatzes auf das weitere Leben differenziert nach der Häufigkeit der Kontakte zur Bevölkerung im Einsatz

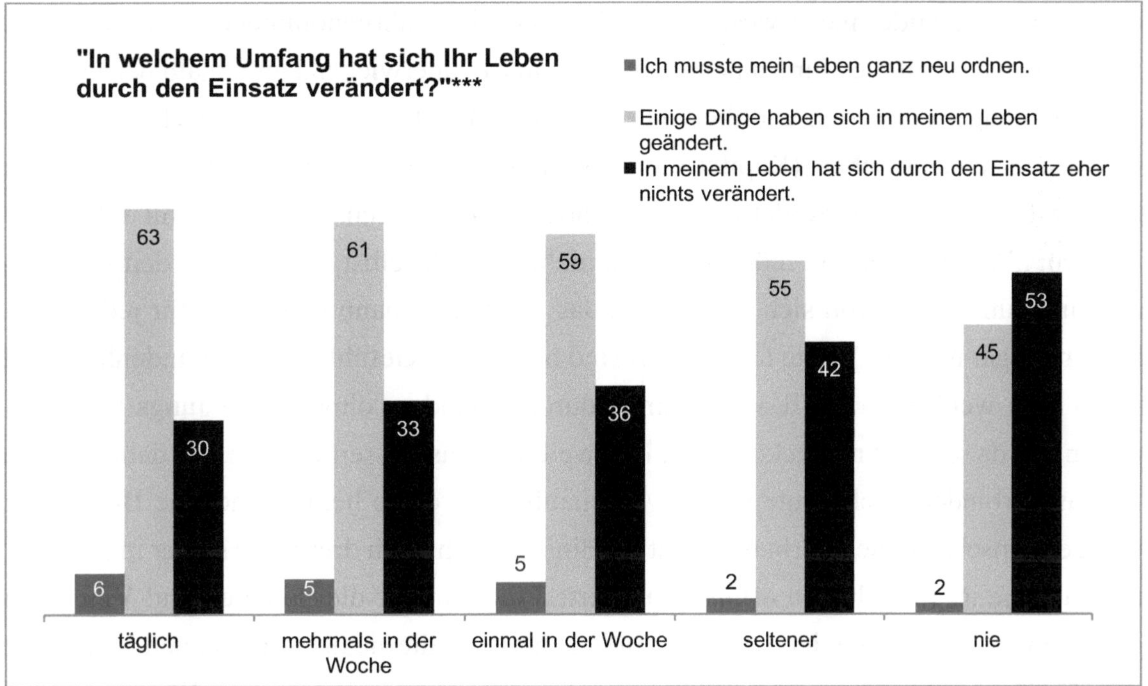

Anmerkungen: ***=höchst signifikant auf 0,1 %-Niveau. Signifikanz nach Chi-Quadrat. Datenbasis: Befragung des 22. Kontingents ISAF durch das ZMSBw, Dezember 2012 bis März 2013 und Mai bis Oktober 2013. Angaben in Prozent.

Demzufolge berichten Befragte, die täglich mit der afghanischen Bevölkerung im Einsatz zu tun hatten, wesentlich häufiger, dass sich ihr Leben durch den Einsatz teilweise (63 %) oder auch gravierend (6 %) geändert hat. Dagegen sehen Befragte, die im Laufe ihres mehrmonatigen Einsatzes keinen Kontakt zur Bevölkerung im Einsatz hatten, signifikant weniger Auswirkungen für sich persönlich. Die Mehrzahl (53 %) von ihnen schätzt den Einsatz vielmehr im Großen und Ganzen als folgenlos für ihr weiteres Leben ein. (Abbildung 30)

Bei der Frage nach den möglichen Ursachen empfundener Veränderungen müssen aber noch andere erfahrungsbezogene Aspekte des Einsatzes berücksichtigt werden, die sich in den quantitativen Daten nicht so leicht erschließen lassen. Hinweise darauf, dass etwa die erlebte Kameradschaft und der besondere Zusammenhalt im Einsatz als weitere Ursache für wahrgenommene Auswirkungen des Einsatzes auf das Leben von Soldaten und Veteranen berücksichtigt werden müssen, finden sich vor allem in den qualitativen Interviews,

drei Jahre später von einsatzbedingten Veränderungen im eigenen Leben. Bei denjenigen, die im Einsatz keinerlei Kontakt zur afghanischen Armee oder Polizei hatten, sind es hingegen nur 47 Prozent der Befragten, die sagen, dass sich der Einsatz auf ihr weiteres Leben ausgewirkt habe. Nach Chi-Quadrat-Test höchst signifikant auf 0,1 Prozent-Niveau.

die wir mit Angehörigen des Kontingents sowohl im Einsatz in Afghanistan als auch in den Jahren danach geführt haben. Dort sind die erlebte Kameradschaft und die enge Verbundenheit untereinander meist wesentliches Moment der wahrgenommenen Einsatzrealität. Im Besonderen galt dies für Einheiten, die im Einsatz überwiegend außerhalb der militärischen Feldlager operierten und die von daher ein hohes Lebensrisiko für sich und andere im Einsatz getragen haben. (Kapitel 3 und Abschnitt 5.3 sowie 5.4) Im Interview nach dem Einsatz formulierte ein Soldat dieses besondere Kameradschaftserlebnis mit folgenden Worten: „Wie heißt es so schön, man geht nicht für sich selbst, sondern für den Kameraden links und rechts von sich. Und wenn das jeder sagt, dann geht jeder für jeden. Das kann man gar nicht in Worte fassen. Das sind bestimmte Gefühle der Verbundenheit, und wenn man weiß, man hat das zusammen durchgestanden, ohne meine Jungs wäre ich, wären wir da so nicht rausgekommen. Das weiß ich, das wissen wir alle, die dabei waren. Ja, das verbindet, auch heute noch.“ Anschaulich wird die herausgehobene Bedeutung von gemeinschaftlicher Verbundenheit im Einsatz auch noch drei Jahre später in Antworten auf eine im Fragebogen offen formulierte Frage, in der die Soldaten und Veteranen gebeten wurden, spontan jene Aspekte aufzuschreiben, die sie persönlich noch immer mit dem Einsatz im 22. Kontingent ISAF verbinden. „Kameradschaft“ ist bei Weitem der am häufigsten genannte Begriff. In der folgenden Abbildung 31 sind die von den Soldaten und Veteranen angeführten Begriffe entsprechend ihrer Häufigkeit entweder größer oder kleiner dargestellt.

Abbildung 31: Freie Antworten auf die Frage: „Was verbinden Sie spontan mit dem Einsatz im 22. Kontingent ISAF?“

Anmerkungen: Dargestellt sind die am häufigsten genannten Nomen sowie einige Adjektive. Die Schriftgröße ist relativ zur Häufigkeit. Schriftgröße für das häufigste Wort „Kameradschaft“ verringert. Datenbasis: Befragung des 22. Kontingents ISAF Dezember durch das ZMSBw, 2012 bis März 2013 und Mai bis Oktober 2013. Grafik erstellt mit http://www.wordle.net/.

Aus unseren Feldforschungen in Afghanistan wissen wir zudem, dass in Kampfeinsätzen die eigene Einheit nicht nur zur „bloßen Handlungsgemeinschaft im üblichen Sinne, sondern zu einer zeitlich befristeten Überlebensgemeinschaft wird, die dabei hilft, die besonderen Gefahren, Risiken und Belastungen des Einsatzes gemeinsam zu überstehen" (Seiffert 2015: 239). Diese enge Verbundenheit und Solidarität aufgrund gemeinschaftlich geteilter (existenzieller) Erfahrungen bildete in den Interviewnarrationen meist einen zentralen Bezugspunkt. Dies galt nicht nur für die wahrgenommene Einsatzrealität, sondern auch für das Selbstbild. (vgl. Seiffert 2012: 88; 2013: 14; 2015: 239)

Hinweise darauf lassen sich auch noch drei Jahre nach dem Einsatz in den Daten der Wiederholungsbefragung finden. So sagen acht von zehn Befragten (86 % der Veteranen bzw. 78 % der Soldaten), stolz darauf zu sein, Soldat bzw. Soldatin des 22. Kontingents ISAF gewesen zu sein. Gefühle des Stolzes signalisieren eine enge Bindung an die soziale Gruppe im Einsatz. Diese enge Verbundenheit wiederum kann sich positiv sowohl auf das Selbstverständnis als auch auf die soldatische Motivation auswirken. (Abschnitt 5.12) Das spiegelt sich drei Jahre später auch in einer insgesamt hohen Einsatzbereitschaft für den Anteil der noch aktiven Soldatinnen und Soldaten des Kontingents wider.[96] Mehr als zwei Drittel (68 %) von ihnen sind nach eigenen Angaben bereit, erneut freiwillig an einem Auslandseinsatz wie in Afghanistan teilzunehmen – trotz teilweise schwerwiegender Gewalterfahrungen im Einsatz mit dem 22. Kontingent ISAF.

In diesen Befunden deutet sich schon an, dass mit dem Einsatz nicht nur negative, sondern auch positive Erfahrungen verbunden werden. In einem Gespräch lange nach dem Einsatz resümierte ein Soldat des Kontingents seine Erfahrung schlicht mit den Worten: „Es war meine beschissenste und gleichzeitig meine beste Zeit." Und auf die Frage, wie die Erfahrungen sich auf ihn persönlich ausgewirkt haben, antwortete er pointiert: „Alles, was ich heute bin." So ungewöhnlich, wie oft vermutet, sind die Befunde zudem nicht. Zu ähnlichen Ergebnissen kommen, wie an anderer Stelle dieser Studie schon ausgeführt, vergleichbare internationale Studien. (vgl. Kapitel 2) Im Besonderen gilt dies ganz offensichtlich für wahrgenommene Veränderungen der eigenen Person. (Abbildung 32) Bemerkenswert ist zunächst, dass auch noch drei Jahre nach der Rückkehr aus dem Einsatz lediglich 38 Prozent der Soldaten und sogar nur 28 Prozent der Veteranen angeben, dass der Einsatz für die eigene Person folgenlos geblieben ist. Mehr als ein Drittel (38 %) der Soldaten und sogar die Hälfte (50 %) der Veteranen berichten demgegenüber, dass sie sich auch persönlich durch den Einsatz verändert haben. Für immerhin jeweils noch

---

96 Diese Daten beziehen sich ausschließlich auf die Gruppe der noch aktiven Soldatinnen und Soldaten des Kontingents. Die bereits aus der Bundeswehr ausgeschiedenen Angehörigen des Kontingents wurden nachvollziehbar nicht nach ihrer Bereitschaft für eine künftige Einsatzteilnahme gefragt.

24 Prozent in beiden Gruppen gilt dies zumindest teilweise. (nicht in der Abbildung ausgewiesen)

Das Ausmaß der personenbezogenen Veränderungen ist dabei, wie bereits bei den oben dargestellten Befunden, wesentlich vom Lebensalter sowie von den Erfahrungskontexten des Einsatzes abhängig. Gefechtserfahrene und jene Befragte, die von häufigen Kontakten mit der afghanischen Bevölkerung oder den afghanischen Sicherheitskräften berichten, sowie jüngere Befragte bis 30 Jahre, folglich mehr Veteranen, geben überproportional oft an, dass sie sich auch persönlich durch den Einsatz verändert haben.[97] Der bereits oben beschriebene Befund, wonach Einsatzerfahrungen besonders das Selbstbild der Jüngeren und Gefechtserfahrenen prägen, erhält somit weitere empirische Fundierung.

Dabei bestätigt sich in den Befragungsdaten auch für die Veteranen der bereits für den Anteil der aktiven Soldaten des Kontingents zu beobachtende Trend, wonach die wahrgenommenen Veränderungen der eigenen Person überwiegend als positiv erlebt werden. (vgl. Seiffert/Heß 2014) Am häufigsten berichten beide Gruppen von einem gewachsenen Selbstbewusstsein nach der Rückkehr aus dem Einsatz. (Abbildung 32) Diese Tendenz ist für Veteranen allerdings noch stärker ausgeprägt als für Soldaten. So teilen drei Jahre nach dem Einsatz 78 Prozent der Veteranen die Einschätzung, dass sich der Einsatz positiv auf ihr Selbstbewusstsein ausgewirkt hat. Auch eine Mehrzahl (67 %) der Soldaten berichtet von einem gewachsenen Selbstbewusstsein nach dem Einsatz. Im Vergleich nehmen sie jedoch weniger Veränderungen der eigenen Person wahr als Veteranen. (Abbildung 32)

Insgesamt ist die Stärkung des Selbstbewusstseins durch den Einsatz jedoch in sämtlichen Altersgruppen die mit Abstand am häufigsten genannte Veränderung der eigenen Person. Diese Einschätzung ist mit steigendem Lebensalter lediglich geringer ausgeprägt.[98] Auffallend ist zudem, dass Gefechtserfahrene der Aussage, durch den Einsatz selbstbewusster geworden zu sein, signifikant häufiger zustimmen als Befragte ohne diese Erfahrung (80 % der Gefechtserfahrenen im Vergleich zu 66 % der Gefechtsunerfahrenen).[99] Auch dieser Befund deutet ebenso wie die bereits oben beschriebenen Befunde darauf hin, dass Gefechtserlebnisse über die Zeit hin überwiegend positiv in das Selbstbild integriert worden sind. (siehe Abschnitt 6.13)

---

97 Nach Chi-Quadrat-Test höchst signifikant auf 0,1 Prozent-Niveau.

98 Es berichten 94 Prozent der unter 25-Jährigen, 80 Prozent der 26- bis 30-Jährigen, 71 Prozent der 31- bis 35-Jährigen, 54 Prozent der 36- bis 45-Jährigen sowie 51 Prozent der Altersgruppen der über 46-Jährigen davon, dass sie nach dem Einsatz selbstbewusster geworden sind. Nach Chi-Quadrat-Test höchst signifikant auf 0,1 Prozent-Niveau.

99 Der Unterschied ist nach Chi-Quadrat-Test höchst signifikant auf 0,1 Prozent-Niveau.

Abbildung 32: Auswirkungen des Einsatzes auf die eigene Person im Vergleich zwischen (Einsatz-)Soldaten und Veteranen

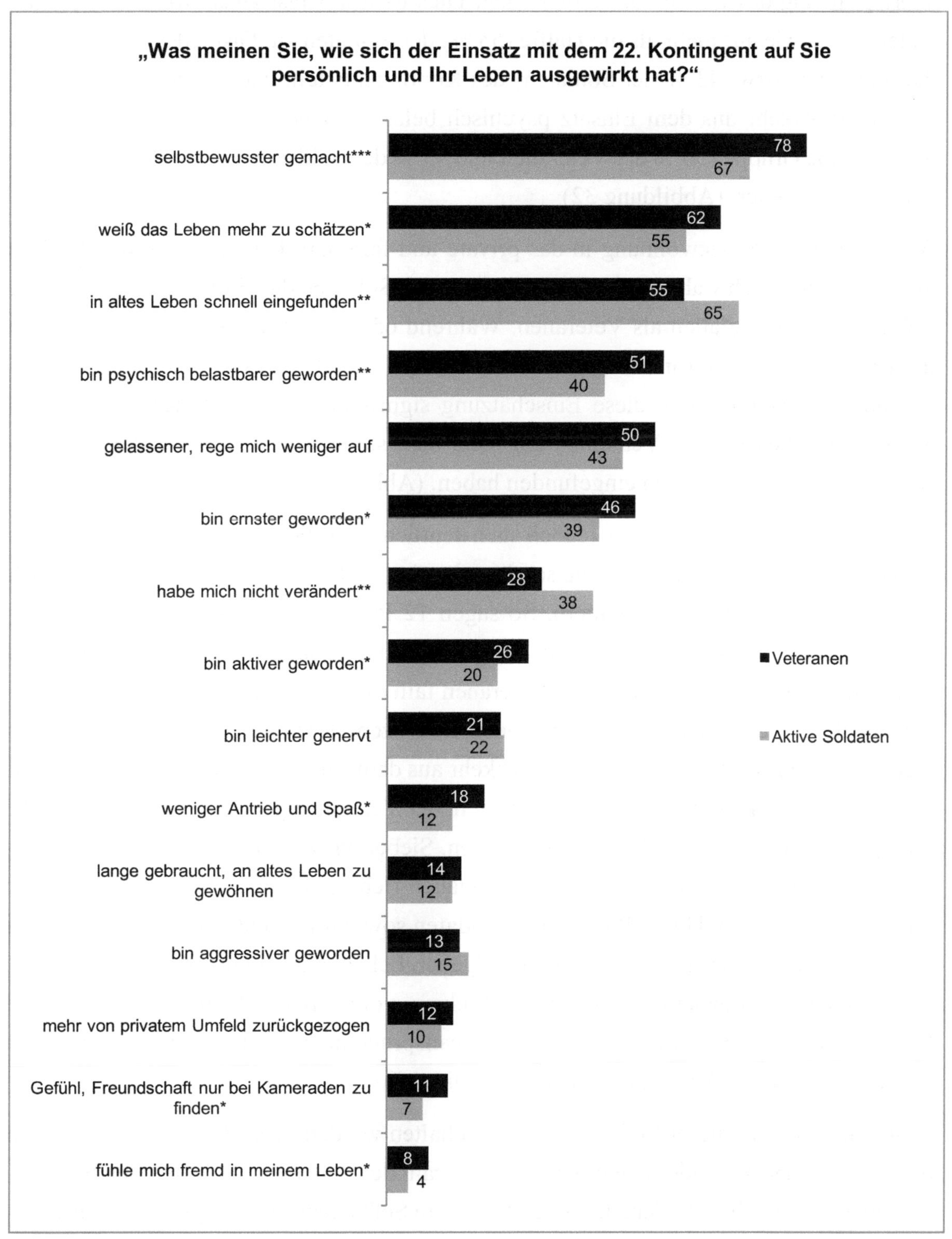

Anmerkungen: ***=höchst signifikant auf 0,1 %-Niveau; **=hoch signifikant auf dem 1 %-Niveau; *=signifikant auf dem 5 %-Niveau. Signifikanz nach Chi-Quadrat. Datenbasis: Befragung des 22. Kontingents ISAF durch das ZMSBw, Dezember 2012 bis März 2013 und Mai bis Oktober 2013. Angaben in Prozent.

Darüber hinaus berichtet eine Mehrzahl der Befragten, dass der Einsatz zu einer höheren Wertschätzung des Lebens beigetragen hat. Dies trifft auf fast zwei Drittel (62 %) der Veteranen sowie auf mehr als die Hälfte (55 %) der Soldaten zu. Fast jeder Zweite (51 % der Veteranen bzw. 43 % der Soldaten) des Kontingents teilt zudem die Einschätzung, seit der Rückkehr aus dem Einsatz psychisch belastbarer geworden zu sein. Eine fast gleich große Gruppe (50 % der Veteranen und 43 % der Soldaten) empfindet sich seither auch als gelassener. (Abbildung 32)

Auch die Wiedereingewöhnung in das private und familiäre Umfeld wird mehrheitlich als unproblematisch wahrgenommen. Allerdings ist Soldaten das Einfinden in den Alltag offenbar leichter gefallen als Veteranen. Während 65 Prozent der Soldaten sagen, nach der Rückkehr aus dem Einsatz schnell wieder in das alltägliche Leben zu Hause zurückgefunden zu haben, teilen diese Einschätzung signifikant weniger Veteranen, obwohl auch die meisten (55 %) Veteranen angeben, dass sie sich nach der Rückkehr schnell wieder in ihr privates Leben eingefunden haben. (Abbildung 32)

Daneben machen die Ergebnisse jedoch auch deutlich, dass die Erfahrungen des Einsatzes sich nicht einfach „abhaken“ lassen, sondern für eine Teilgruppe als Belastung auch noch länger nach dem Einsatz fortdauern. So sagen 12 Prozent der Soldaten und 14 % der Veteranen, lange gebraucht zu haben, um sich im alten Leben wieder zurechtzufinden. Und fast ebenso vielen Soldaten und Veteranen fällt die Rückkehr in den Alltag offenbar auch noch drei Jahre später schwer. So teilen 15 Prozent der Soldaten und 13 Prozent der Veteranen die Einschätzung, seit der Rückkehr aus dem Einsatz aggressiver geworden zu sein. Zehn Prozent der Soldaten und 12 Prozent der Veteranen geben an, sich immer mehr vom privaten Umfeld zurückgezogen zu haben. Sieben Prozent der Soldaten und 11 Prozent der Veteranen finden nach eigenen Angaben richtige Freundschaft heute auch nur noch bei Kameraden. Und 4 Prozent der Soldaten sowie 8 Prozent der Veteranen fühlen sich auch noch drei Jahre später fremd im eigenen Leben. (Abbildung 32) Fremdheitsgefühle signalisieren dabei ebenso wie der Rückzug vom privaten Umfeld eine mögliche Spätfolge der erfahrenen Belastungen und Beanspruchungen und verweisen zudem auf Tendenzen sozialer Deprivation. (vgl. Abschnitt 6.7)

Insgesamt kann an dieser Stelle jedoch festgehalten werden, dass die positiven Aspekte der persönlichen Veränderungen für eine Mehrzahl der Soldaten und Veteranen bei Weitem überwiegen. Viele berichten von gesteigertem Selbstbewusstsein, größerer Gelassenheit und höherer Wertschätzung des Lebens. Für Veteranen ist dieser Trend insgesamt sogar stärker ausgeprägt als für Soldaten. Daneben bestehen jedoch für eine kleinere Teilgruppe, deren Anteile, wie die zuvor beschriebenen Befunde deutlich machen, zwischen Soldaten und Veteranen nicht wesentlich abweichen, auch negative psychische Folgen, die im konkreten Einzelfall auch, so ist anzunehmen, deutlich einschneidender für das weitere Leben der Betroffenen und ihre Angehörigen sein dürften. (Abschnitt 6.1, 6.6 und 6.7)

Unabhängig davon sind die bisher diskutierten Aspekte wahrgenommener persönlicher Veränderungen in vielen Fällen inhaltlich miteinander verknüpft. So berichten viele Befragte etwa gleichzeitig von einem gewachsenen Selbstbewusstsein und einer größeren psychischen Belastbarkeit nach der Rückkehr aus dem Einsatz. Um diese tieferliegende Struktur in den verschiedenen Aspekten aufzudecken, wurden zusätzlich mittels Faktorenanalyse zwei grundlegende Dimensionen identifiziert, die unterschiedliche Auswirkungen des Einsatzes auf das Leben der Befragten zusammenfassen. Während der eine Faktor wahrgenommene Veränderungen der eigenen Person im Sinne von persönlichen Wachstums- und Reifungsprozessen[100] nach dem Einsatz abbildet, stellt der andere Faktor die gelungene bzw. nicht gelungene Integration in das private Leben nach der Rückkehr aus dem Einsatz dar.[101]

- *Einsatzbedingte Entwicklung der Persönlichkeit*: Diese Dimension beschreibt, ob und inwiefern von den Befragten eine dem Einsatz zugeschriebene positive Veränderung der eigenen Person in Form eines gewachsenen Selbstbewusstseins, größerer psychischer Belastbarkeit, gesteigerter Aktivität, mehr Gelassenheit oder erhöhter Wertschätzung des Lebens empfunden wird. Positive Faktorwerte verweisen dabei auf das Erleben einer Stärkung der eigenen Person durch den Einsatz, negative Faktorwerte deuten dagegen auf das Ausbleiben dieser Erfahrung hin.[102]

---

100 Diese Begrifflichkeit lehnt sich am posttraumatischen Wachstum nach schwerwiegenden Erlebnissen an, ist hier aber weiter gefasst. Allgemeinhin wird als Voraussetzung für persönliches Wachstum die Bewältigung einer schweren Krise oder Traumatisierung definiert. (Maercker/ Langner 2001; Tedeschi/Calhoun 1996) Bei Gefechtserfahrenen kann das Erleben eines traumatischen Ereignisses entsprechend des gültigen DSM-5 grundsätzlich vorausgesetzt werden. Allerdings berichtet selbst unter Gefechtserfahrenen nur eine Teilgruppe von einer erlittenen Traumatisierung oder schweren persönlichen Krise nach dem Einsatz. (vgl. Seiffert et al. 2011b) Dennoch nehmen nicht nur eine Mehrzahl der Befragten unter Gefechtserfahrenen, sondern auch viele in der Vergleichsgruppe der Befragten ohne einschneidende Gewalterlebnisse die positiven Veränderungen für die eigene Person wahr. Diese Veränderungen ähneln dem persönlichen Wachstum nach einer Traumatisierung oder deren Bewältigung, unterscheiden sich jedoch sowohl in ihrer Entstehung als auch in ihrer Intensität. Sie können nicht nur aus einer merklichen Beanspruchung des Einsatzes, sondern ebenso aus positiven Erlebnissen, etwa durch das Erleben gemeinschaftlicher Verbundenheit oder das Kennenlernen einer fremden Kultur, resultieren. In der Studie von Seng/Seiffert wurde hierfür der Begriff „Einsatzbedingter Benefit“ in die wissenschaftliche Diskussion eingeführt (vgl. Seng/Seiffert 2016: 338).

101 Hauptkomponentenanalyse. Rotationsmethode Varimax mit Kaiser-Normalisierung. Einschlusskriterium Eigenwert >1 (n=1 058).

102 Angemerkt werden muss, dass mit diesen Faktoren weder tatsächliches persönliches Wachstum noch tatsächliche soziale Integration gemessen wird. Es wird lediglich ermittelt, welche Gruppen des Kontingents mehr oder weniger positive Wirkungen des Einsatzes auf die eigene Person wahrnehmen bzw. von welchen Gruppen häufiger oder seltener eine besser oder auch schlechter gelingende Integration in

- *Integration in das private Umfeld*: Diese Dimension beschreibt, ob und inwiefern die Wiedereingliederung in das private Leben von den Befragten als gelungen eingeschätzt wird. Auf diesen Faktor laden statistisch Aussagen, die das Einfinden und Eingewöhnen in das private Lebensumfeld betreffen ebenso wie Variablen, die gesteigerte Aggressivität und vermehrte Antriebslosigkeit thematisieren. Positive Faktorwerte verweisen dabei auf eine gelingende soziale Integration und ein Ausbleiben negativer psychischer Folgen wie Aggressivität oder Antriebslosigkeit. Negative Skalenwerte beschreiben hingegen desintegrative Tendenzen und eine nicht gelingende Bewältigung, wie sie sich etwa in einem Rückzug vom privaten Umfeld, dem Gefühl der Fremdheit im eigenen Leben sowie in gestiegener Antriebslosigkeit, Gereiztheit oder Aggressivität äußern.[103]

In einem weiteren Analyseschritt kann nun bestimmt werden, von welchen Gruppen des Kontingents entweder häufiger oder auch seltener die Erfahrung geteilt wird, sich persönlich nach dem Einsatz etwa in Form eines gewachsenen Selbstbewusstseins, größer psychischer Belastbarkeit oder mehr innerer Gelassenheit zum Positiven verändert zu haben, bzw. von welchen Gruppen häufiger eine besser oder auch schlechter gelingende soziale Integration in das private Lebensumfeld empfunden werden.

In dieser Analyse bestätigen sich die bereits in der Häufigkeitsanalyse zu beobachtenden Zusammenhänge, wonach das Ausmaß der wahrgenommenen positiven Veränderungen der eigenen Person sowohl vom Lebensalter als auch von den Erfahrungskontexten des Einsatzes beeinflusst wird.[104] So erzielen Befragte, die sich im Einsatz überwiegend

das private Umfeld empfunden werden. Auch negative Werte auf der Entwicklungs-/Wachstumsskala können folglich mit persönlicher Entwicklung bzw. persönlichem Wachstum zusammengehen, das von den Befragten dann jedoch nicht mit den Erfahrungen des Einsatzes verbunden wird, sondern andere Ursachen haben kann. Insgesamt können die vorliegenden Befunde gleichwohl als starke Hinweise auf erlebte Reifungs- und Wachstumsprozesse von (Einsatz-)Soldaten und Veteranen nach Auslandseinsätzen verstanden werden. Der Faktor weist mit einem Cronbach's Alpha-Wert von 0,74 eine akzeptable Reliabilität auf.

103 Um gegenüber dem Faktor ‚Entwicklung/Wachstum' kongruente Ergebnisse auch für den Faktor ‚Integration' sicherzustellen, wurden mehrere der Variablen invertiert. Folgende Variablen laden dabei auf den Faktor ‚Integration': „Ich habe lange gebraucht, mich an mein altes Leben zu gewöhnen." (invertiert), „Ich bin aggressiver geworden." (invertiert), „Ich bin leichter genervt." (invertiert), „Ich habe mich mehr von meinem privaten Umfeld zurückgezogen." (invertiert), „Ich habe weniger Antrieb und Spaß an den Dingen." (invertiert), „Ich fühle mich immer noch fremd in meinem Leben hier." (invertiert), „Ich habe mich schnell in mein altes Leben wieder eingefunden.", „Ich bin ernster geworden." (invertiert), „Ich habe mich alles in allem nicht verändert.", „Ich habe das Gefühl, richtige Freundschaft nur noch bei meinen Kameraden zu finden." (invertiert). Die Variablen, die den Faktor ‚Entwicklung' bilden, sind im Fließtext dargestellt. Siehe auch den Fragebogen im Anhang. Der Faktor weist mit einem Cronbach's Alpha-Wert von 0,79 eine akzeptable Reliabilität auf.

104 Nach Chi-Quadrat-Test höchst signifikant auf 0,1 Prozent-Niveau.

außerhalb der militärischen Feldlager inmitten der Bevölkerung oder gemeinsam mit afghanischen Sicherheitskräften in der Fläche aufhielten, ebenso wie Gefechtserfahrene und jüngere Befragte bis zu 30 Jahren, folglich auch mehr Veteranen, überdurchschnittlich hohe Werte auf der persönlichen Entwicklungsskala. (Abbildung 33) Es sind also häufiger Befragte, von denen angenommen werden kann, dass sie mit einschneidenden Erlebnissen im Einsatz konfrontiert waren, die auch noch drei Jahre später signifikant häufiger als Befragte ohne diese Erfahrungen die Einschätzung teilen, an den Einsatzerfahrungen persönlich gewachsen zu sein.

Hingegen weichen die Werte im Hinblick auf den Faktor Entwicklung weder zwischen Frauen und Männern noch zwischen ledigen und partnerschaftlich gebundenen Befragten voneinander ab. Auch der Einsatzort, an dem die Befragten in Afghanistan eingesetzt waren, spielt für das Ausmaß an positiv empfundenen Veränderungen der eigenen Person nur eine untergeordnete Rolle. (Abbildung 33)

Diese Analyse fundiert demzufolge die weiter oben beschriebenen Befunde, wonach die von den Soldaten und Veteranen wahrgenommenen positiven Veränderungen der eigenen Person sowohl als Ergebnis von alterstypischen als auch von erfahrungsbezogenen Entwicklungen gesehen werden müssen. Die Erfahrungskontexte des Einsatzes stehen dabei auch noch drei Jahre nach der Rückkehr aus dem Einsatz in einem signifikanten Zusammenhang mit den wahrgenommenen Veränderungen der eigenen Person, wobei die Befunde insgesamt darauf hindeuten, dass sowohl die im Einsatz mit dem Kontingent überstandenen Gefechtssituationen als auch die Erfahrungen mit Menschen in einer fremden Kultur eng mit der drei Jahre später empfundenen Stärkung der eigenen Person verknüpft sind. (Abbildung 33) Diese Befunde korrespondieren insgesamt mit qualitativen Ergebnissen der bereits erwähnten Studie von Seng/Seiffert, in denen ebenfalls deutlich wird, dass (Einsatz-)Soldaten und Veteranen sowohl nach positiv wahrgenommenen Erlebnissen des Einsatzes, etwa durch das Kennenlernen einer fremden Kultur oder das Erleben von besonderer Kameradschaft im Einsatz, als auch nach negativ empfundenen Ereignissen, Krisen oder Beanspruchungen, wie sie Gefechtserlebnisse sein können, persönlich wachsen können. (Seng/Seiffert 2016: 329)

Abbildung 33: Mittelwertindex für persönliches Wachstum nach dem Einsatz

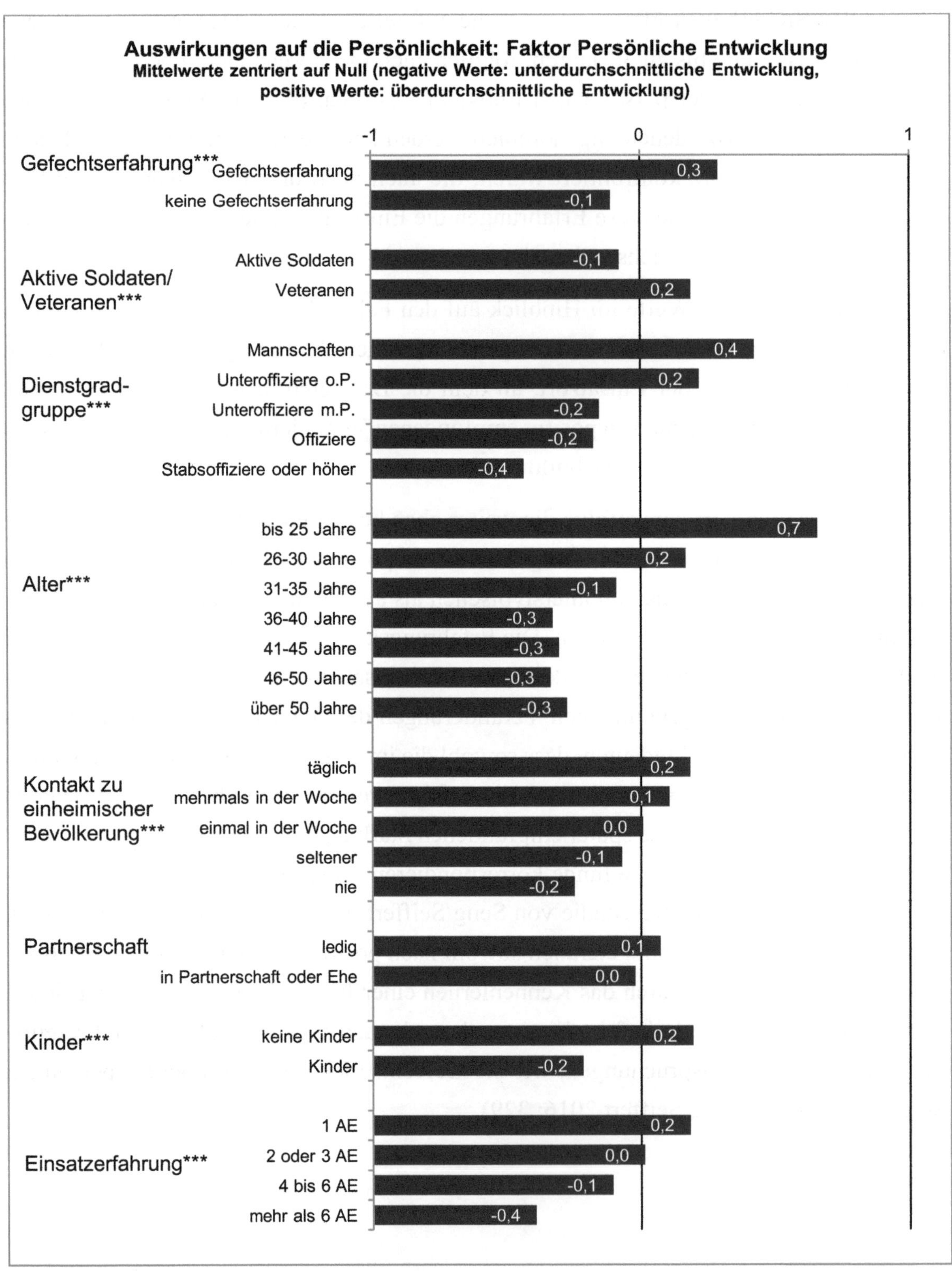

Anmerkungen: ***=höchst signifikant auf 0,1 %-Niveau. Signifikanz nach Chi-Quadrat. Datenbasis: Befragung des 22. Kontingents ISAF durch das ZMSBw, Dezember 2012 bis März 2013 und Mai bis Oktober 2013. Faktoren auf Mittelwerte justiert. Wenn demnach für eine Gruppe negative Werte angezeigt werden, heißt das nicht automatisch, dass keine persönliche Entwicklung bzw. kein Wachstum für diese existiert, sondern im Vergleich zum Mittelwert über das gesamte Kontingent geringere Werte vorliegen. Die Befunde messen demnach nicht die absolute persönliche Entwicklung bzw. das Wachstum, sondern geben an, von welchen Befragten beinahe drei Jahre nach dem Einsatz mehr und von welchen weniger persönliche Entwicklung bzw. persönliches Wachstum nach dem Einsatz erlebt wird.

Abbildung 34: Mittelwertindex für Integration in das private Leben

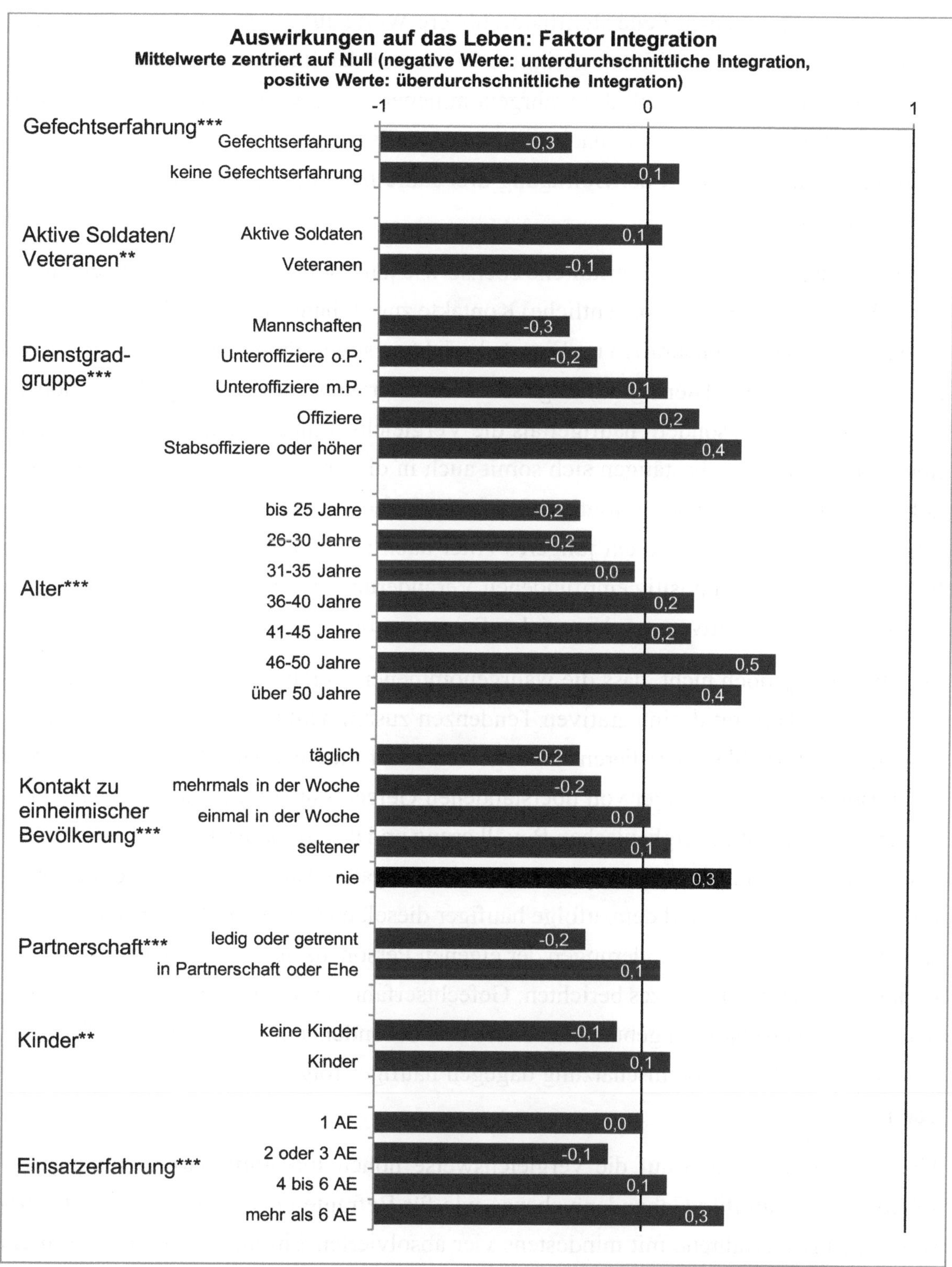

Anmerkungen: ***=höchst signifikant auf 0,1 %-Niveau; **=hoch signifikant auf dem 1 %-Niveau. Signifikanz nach Chi-Quadrat. Datenbasis: Befragung des 22. Kontingents ISAF durch das ZMSBw, Dezember 2012 bis März 2013 und Mai bis Oktober 2013. Faktoren auf Mittelwerte justiert. Wenn demnach für eine Gruppe negative Integrationswerte angezeigt werden, heißt das nicht automatisch, dass diese Gruppe die Einsatzerfahrungen schlecht in das eigene Leben integriert hat, sondern im Vergleich zum Mittelwert über das gesamte Kontingent schlechtere Integrationswerte vorliegen. Die Befunde messen demnach nicht die absolute Integration, sondern geben an, welche Befragte sich besser und welche sich weniger gut in das private Leben integriert haben.

Bemerkenswerterweise sind es häufig dieselben Gruppen unter den Befragten, die drei Jahre später auf der einen Seite signifikant höhere Werte auf der Entwicklungsskala und auf der anderen Seite signifikant geringere Werte auf der Integrationsskala erzielen. In Abbildung 34 ist das Ausmaß der wahrgenommenen Integration in das private Umfeld für die Befragten differenziert nach soziodemografischen sowie erfahrungsbezogenen Merkmalen zum Zeitpunkt der Befragung drei Jahre nach der Rückkehr im Mittelwertvergleich dargestellt.

Demzufolge erzielen Gefechtserfahrene ebenso wie jene Befragten, die über regelmäßige (tägliche oder mindestens wöchentliche) Kontakte zur afghanischen Bevölkerung oder zu afghanischen Sicherheitskräften im Einsatz berichten, sowie Jüngere bis zu 30 Jahren mit einem eher niedrigen Dienstgrad, folglich mehr Veteranen, nicht nur signifikant höhere Entwicklungswerte, sondern häufiger als die Vergleichsgruppen auch geringere Integrationswerte. Insgesamt bestätigen sich somit auch in dieser Analyse die weiter oben ausgeführten Befunde, wonach Einsatzerlebnisse in Gefechten oder im Umgang mit einheimischer Bevölkerung sowie ein jüngeres Alter auch noch drei Jahre nach dem Einsatz häufiger nicht nur mit positiv empfundenen Veränderungen der eigenen Person, sondern stärker auch mit negativen psychosozialen Folgen verbunden sind.

Dies bedeutet jedoch nicht, dass die wahrgenommenen Veränderungen der eigenen Person in jedem Fall mit desintegrativen Tendenzen zusammenfallen müssen. Die zugrundeliegenden Variablen korrelieren im Gegenteil nicht miteinander. Vielmehr sind unter jenen Befragten, die häufiger von überstandenen Gefechtssituationen oder von regelmäßigem Umgang mit der afghanischen Bevölkerung und den afghanischen Sicherheitskräften im Einsatz berichten, sowohl positive als auch negative Einsatzfolgen besonders häufig zu beobachten. Es sind demzufolge häufiger dieselben Gruppen, die drei Jahre später sowohl von positiven Veränderungen der eigenen Person als auch von negativen psychosozialen Folgen des Einsatzes berichten: Gefechtserfahrene, Jüngere, Ledige und Veteranen. Für partnerschaftlich gebundene, ältere und besonders einsatzerfahrene Befragte ist der Einsatz in der Selbsteinschätzung dagegen häufiger folgenlos für das weitere Leben geblieben.

Hinzuweisen ist zudem auf die vergleichsweise hohen Integrationswerte für partnerschaftlich und familiär Gebundene ebenso wie für Befragte über 36 Jahre sowie für besonders Einsatzerfahrene mit mindestens vier absolvierten Einsätzen. Es sind vor allem diese Gruppen, die drei Jahre später signifikant höhere Werte auf der Integrationsskala als die Vergleichsgruppen erzielen. (Abbildung 34) Dieser Befund muss insgesamt jedoch zurückhaltend interpretiert werden. Zum einen zeigt sich in anderen Ergebnissen dieser Studie, dass mit steigendem Lebensalter auch das Bindungsverhalten der Befragten stärker ausgeprägt ist. (vgl. Abschnitt 5.1 und 6.7) Zum anderen kann nicht ausgeschlossen werden, dass gerade bei sehr einsatzerfahrenen Befragten und deren Familien gewissermaßen ein Gewöhnungseffekt im Umgang mit einsatzbedingten Belastungen eingetreten ist, der ihnen und ihren Angehörigen dabei hilft, die Rückkehr in den Alltag zu Hause besser zu bewältigen. Im Vergleich zu jüngeren und ledigen Befragten dürften lebenserfahrenen und familiär gebundenen Befragten zudem mehr individuelle und soziale Ressourcen zur Bewältigung von einsatzbedingten Belastungen zur Verfügung stehen. (vgl. Abschnitt 6.1 und 6.10)

Insgesamt weisen die Befunde dieses Abschnitts darauf hin, dass die Erfahrungen des Einsatzes prägen und verändern. Diese Veränderungen auf negative psychische Folgen begrenzen zu wollen, trifft aber nicht die Lebensrealität der meisten (Einsatz-)Soldaten und Veteranen. Positive Veränderungen der eigenen Person sind in der Selbsteinschätzung der Befragten drei Jahre nach dem Einsatz nicht eine Ausnahme, sondern stellen die Regel dar.[105] Eine Mehrzahl berichtet von einem gewachsenen Selbstbewusstsein und einer höheren Wertschätzung des Lebens. Viele glauben, an den Erfahrungen persönlich gewachsen zu sein. Für eine Teilgruppe, die von gestiegener Aggressivität und andauernden Fremdheitsgefühlen im eigenen Leben sowie von einem Rückzug vom privaten Umfeld berichtet, bestehen dagegen auch noch drei Jahre nach dem Einsatz negative psychosoziale Folgen.

6.3 „Ich habe einen hohen Preis für den Einsatz gezahlt." – Verletzungsfolgen des Einsatzes[106]

In den vorherigen Befunden zeigte sich, dass die Soldaten und Veteranen mit dem Einsatz im 22. Kontingent ISAF mehr Positives als Negatives verbinden. Jedoch leidet etwa einer von zehn Befragten noch immer an körperlichen oder seelischen Folgen des Einsatzes. (Abschnitt 6.1 und 6.2) Davon zeugt auch die über die Jahre gestiegene Zahl an Bundeswehrsoldaten, die sich aufgrund psychischer Erkrankung in Behandlung befinden. (Ungerer/Zimmermann 2010: 111; Bundeswehr 2016) Zu den psychischen Belastungsfolgen von Auslandseinsätzen liegen mittlerweile fundierte empirische Erkenntnisse vor, die ein

---

[105] Siehe hierzu die Ergebnisse der bereits erwähnten qualitativen Studie von Seng/Seiffert (2016).

[106] In der Bundeswehr wird im offiziellen Sprachgebrauch zwischen Verwundeten und Verletzten unterschieden. Demnach gilt als „verwundet", wer seine Verletzung durch gegnerische Fremdeinwirkung erleidet. Als „verletzt" wird hingegen derjenige bezeichnet, der sich seine Verletzung anderweitig zugezogen hat, zum Beispiel durch einen Einsatzunfall. In der vorliegenden Studie werden beide Begriffe synonym verwendet. Sie werden genannt, wenn eine im Einsatz erlittene bzw. seit dem Einsatz andauernde gesundheitliche Schädigung von den Befragten berichtet wurde, die auf eine durch den Einsatz erlittene Verletzung bzw. Verwundung verweist.

Im Einsatz verwundet. Etwa jeder Zehnte des Kontingents leidet noch lange nach dem Einsatz an körperlichen oder seelischen Folgen. *Bundeswehr/Michael Benndorf*

komplexes Bild der psychischen Erkrankungen von Bundeswehrsoldaten zeichnen.[107] (Zimmermann et al. 2015; Heß/Seiffert/ Zimmermann 2013; Ungerer et al. 2013; Wittchen et al. 2012; Kowalski et al. 2012; Zimmermann/Jacobs/Kowalski 2012; Wittchen/ Schönfeld 2011; Zimmermann 2011; Dunker 2009; Zimmermann/Hahne/Ströhle 2009; Wothe/Siepmann 2003; Saß et al. 2003; Barre/Biesold 2002) Für (Einsatz-)Veteranen der Bundeswehr existieren dagegen noch keine Daten zu den psychischen Spätfolgen.

In den folgenden Abschnitten werden die längerfristigen Folgen des Einsatzes für die subjektiv wahrgenommene Gesundheit und das persönliche Wohlbefinden von Soldaten und Veteranen exemplarisch für das 22. Kontingents ISAF untersucht. Dabei geht es jedoch nicht um die medial so präsente Posttraumatische Belastungsstörung (PTBS). Hierfür sei auf unsere Studie *Einsatz und Trauma* verwiesen. (Heß/Seiffert/Steinbrecher i. E.; vgl. Seiffert et al. 2011b; Heß/Seiffert/Zimmermann 2013) Im Fokus der folgenden Analysen steht vielmehr die Frage, wie Soldaten und Veteranen die eigene Gesundheit drei Jahre nach der Rückkehr aus dem Einsatz selber wahrnehmen und wie sich die Erfahrungen des Einsatzes langfristig auf ihr persönliches Wohlbefinden und ihre subjektive Lebenszufriedenheit ausgewirkt haben.

Wir orientieren uns hierbei an Ansätzen zum persönlichen Wohlbefinden in der Definition von Diener et al. (2009), in der der Begriff als analytische Dimension eines globalen, zweiteiligen Wohlbefindens einer Person gefasst wird. (vgl. Diener et al. 2009: 9) Wohlbefinden differenziert sich demzufolge in eine eher affektive Komponente, die durch die Bilanz von Emotionen und Gefühlen charakterisiert ist, und in eine eher kognitiv-bewertende Dimension, die als subjektive Lebenszufriedenheit bezeichnet wird. In der empirischen Zufriedenheitsforschung wird meist nur mit einer, vor allem der kognitiven Komponente gearbeitet. (vgl. Richter 2014: 21) Die vorliegende Studie berücksichtigt beide Dimensionen. (Abschnitt 6.6 und 6.7)

---

[107] Besonders hervorzuheben ist die von Hans-Ulrich Wittchen vom Institut für Klinische Psychologie und Psychotherapie an der TU Dresden geleitete sogenannte Dunkelzifferstudie, in der die Autoren zu dem Schluss kommen, dass von 10 000 Bundeswehrsoldaten rund 300 pro Jahr mit einer Posttraumatischen Belastungsstörung (PTBS) aus den Einsätzen zurückkehren. Ähnliche Befunde lassen sich auch für die für diese Studie befragten Einsatzrückkehrer beobachten. In der Befragung etwa sechs Wochen nach der Rückkehr konnten für 4 Prozent der Befragten erhöhte Werte auf der PTSS-10-Skala festgestellt werden, die als Hinweis auf das Vorliegen einer PTBS verstanden werden können. (vgl. Seiffert et al. 2011b) Im Vergleich zu den PTBS-Raten US-amerikanischer Soldatinnen und Soldaten, die im Irak oder in Afghanistan eingesetzt waren, sind diese Zahlen vergleichsweise gering. Allerdings bleibt der Studie von Wittchen et al. zufolge nahezu jeder zweite (45 %) PTBS-Fall in der Bundeswehr unerkannt und dementsprechend unbehandelt. Wesentlich unterschätzt werden zudem, so die Forscher um Wittchen, andere einsatzbedingte psychische Störungen, beispielsweise Angststörungen und beginnende Alkoholabhängigkeit. Den Grund, warum sich die betroffenen Soldatinnen und Soldaten mit ihrem Leiden in der Bundeswehr nur selten offenbaren, sehen die Autoren der Studie vor allem in „massiven Barrieren“, die die Betroffenen wahrnehmen (Wittchen et al. 2012: 559; Wittchen/Trautmann 2013: 1–7).

Gesundheit ist ein wichtiger Aspekt des Wohlbefindens einer Person. Für (Einsatz-)Soldaten und Veteranen kann dies aufgrund der hohen Anforderungen an körperlicher und seelischer Leistungsfähigkeit in besonderer Weise angenommen werden. Ob eine Person sich selber als gesund empfindet, hängt aber nicht allein von den objektiven Bedingungen, sondern auch von der subjektiven Bewertung ab. (vgl. Hurrelmann 2010) Das persönliche Urteil über die eigene Gesundheit gilt in der Literatur zudem als zuverlässiges Maß für die tatsächliche Situation, wobei angemerkt werden muss, dass die Frage nach der allgemeinen Gesundheit stärker das körperliche Wohlergehen abbildet. (vgl. Gößwald et al. 2012)

Auslandseinsätze können sich unterschiedlich auf die Gesundheit von Soldaten und Veteranen auswirken. Die Forschung fokussiert meist auf negative Folgen. Positive Veränderungen geraten seltener in den Blick. (vgl. hierzu Abschnitt 6.2) In der nationalen wie internationalen Literatur ist etwa eine Vielzahl an gesundheitlichen Schädigungen in Folge von Auslandseinsätzen beschrieben, die sich zudem nicht auf bestimmte Erkrankungsbilder reduzieren lassen. (vgl. Kline et al. 2010; Vanderploeg et al. 2012) Seelische und körperliche Leiden nach einem Einsatz, soziale Probleme und Risikogesundheitsverhalten können sich zudem wechselseitig verstärken. (vgl. Schnurr/Spiro 1999; Eisen et al. 2012; Toblin et al. 2012) Dennoch ist die Erkrankung nach Auslandseinsätzen nicht die Regel: „Obwohl die positive Belastungsreaktion das am häufigsten gezeigte Reaktionsmuster in militärischen Belastungssituationen darstellt, ist sie in der wissenschaftlichen Literatur eher unterrepräsentiert beschrieben.“ (Wothe/Siepmann 2003: 252)

Diese Überlegungen werden für die Analysen der folgenden Abschnitte aufgegriffen:[108] In welchem Ausmaß sehen sich die Soldaten und Veteranen des 22. Kontingents ISAF auch noch drei Jahre nach der Rückkehr durch bleibende Verwundungen in ihrem Alltagsleben eingeschränkt? Wie nehmen sie ihre Gesundheit und ihr persönliches Wohlbefinden drei Jahre später selber wahr und wie zufrieden sind sie aus ihrer gegenwärtigen Perspektive insgesamt mit ihrem Leben? Lassen sich aber auch Unterschiede im Gesundheitsempfinden, im persönlichen Wohlbefinden und in der wahrgenommenen Lebenszufriedenheit zwischen (Einsatz-)Soldaten und Veteranen beobachten?

[108] Das Vorgehen sieht wie folgt aus: In diesem und dem folgenden Abschnitt werden zunächst noch mögliche Spätfolgen des Einsatzes für die Gesundheit untersucht. In den Abschnitten 6.4 und 6.5 geht es dann um die Frage, wie die Einsatzrückkehrer ihre Gesundheit und ihr Wohlbefinden heute selber wahrnehmen und wie sich Einsatzerfahrungen langfristig auf das Wohlbefinden und die subjektive Gesundheit ausgewirkt haben. Die Frage nach der allgemeinen Lebenszufriedenheit der Befragten wird im anschließenden Abschnitt 6.7 behandelt.

Um zunächst das Ausmaß an Verletzungsfolgen für die Angehörigen des Kontingents besser abschätzen zu können,[109] wurden sie drei Jahre nach der Rückkehr aus dem Einsatz zusätzlich gefragt, ob sie den Einsatz vorzeitig aufgrund einer seelischen oder körperlichen Verwundung abbrechen mussten oder sich unmittelbar nach der Rückkehr aus Afghanistan in ärztliche bzw. psychologische Behandlung begeben haben, inwiefern sie sich noch immer durch eine im Einsatz erlittene Verwundung bzw. durch ein seit dem Einsatz noch andauerndes gesundheitliches Problem bei normalen Tätigkeiten des Alltagslebens eingeschränkt fühlen und ob sie sich derzeit noch in ärztlicher oder psychologischer Behandlung befinden. (Abbildung 35)

Im Überblick wird deutlich, dass nur wenige Befragte (4 %) den Einsatz mit dem 22. Kontingent ISAF vorzeitig beenden mussten.[110] Dabei gibt etwa 1 Prozent psychische Probleme als Ursache für den vorzeitigen Einsatzabbruch an und weniger als ein weiteres Prozent der Befragten nennt eine körperliche Verwundung als Grund für die Repatriierung. Die übrigen 2 Prozent geben sonstige nicht näher bestimmte Gründe für ihr vorzeitiges Einsatzende an. Dass der Einsatz dennoch mit erheblichen Belastungen für die Gesundheit der Soldaten und Veteranen verbunden war, wird gleichwohl darin deutlich, dass jeder Fünfte (20 % der Soldaten bzw. 19 % der Veteranen) des Kontingents sich unmittelbar nach der Rückkehr aus Afghanistan in ärztliche oder psychologische Behandlung begeben hat. Drei Jahre später gehen die berichteten Behandlungskontakte deutlich (auf 13 % für Soldaten und 10 % für Veteranen) zurück. Dabei zeigt sich in den weiteren Analysen, dass die nach dem Einsatz erhaltene medizinische und psychologische Unterstützung durchaus als wirksam interpretiert werden kann. (Seiffert/Heß 2014: 71) So ist das Belastungspotenzial für Befragte, die nach der Rückkehr Unterstützung durch den Sanitätsdienst oder durch den Psychologischen Dienst der Bundeswehr erhalten haben, drei Jahre später signifikant geringer ausgeprägt als bei Befragten, die diese Hilfe nicht in Anspruch genommen haben. (vgl. Abschnitt 6.9)

Neben der Inanspruchnahme ärztlicher oder psychologischer Hilfen haben zudem 38 Prozent der Befragten an einer Präventivkur nach dem Einsatz teilgenommen.[111] Die Wirkung der Präventivkur wird von den Befragten ebenfalls überwiegend positiv beurteilt.

---

109 Bereits in den vorhergehenden Befunden zeigte sich, dass eine Teilgruppe von 7 Prozent der Einsatzrückkehrer (5 % Soldaten und 2 % Veteranen) auch noch drei Jahre nach dem Einsatz von Fremdheitsgefühlen im Alltag und bleibenden psychischen oder seelischen Beeinträchtigungen des Einsatzes berichtet (vgl. Abschnitt 6.1).

110 Siehe zur Anzahl der Verwundeten im 22. Kontingent ISAF auch Kapitel 3 der vorliegenden Studie.

111 Im Rahmen der vorbeugenden Gesundheitsvorsorge bietet die Bundeswehr besonders belasteten Soldatinnen und Soldaten nach der Rückkehr aus dem Einsatz die freiwillige Teilnahme an einer Präventivkur

So geben 70 Prozent derjenigen an, die an einer Kur nach der Rückkehr teilgenommen haben, dass diese sehr stark oder stark zu ihrem körperlichen oder seelischen Wohlbefinden beigetragen hat.[112]

Abbildung 35: Verwundung, Erkrankung, Behandlung und Einschränkung seit der Rückkehr aus dem Einsatz bis drei Jahre nach dem Einsatz

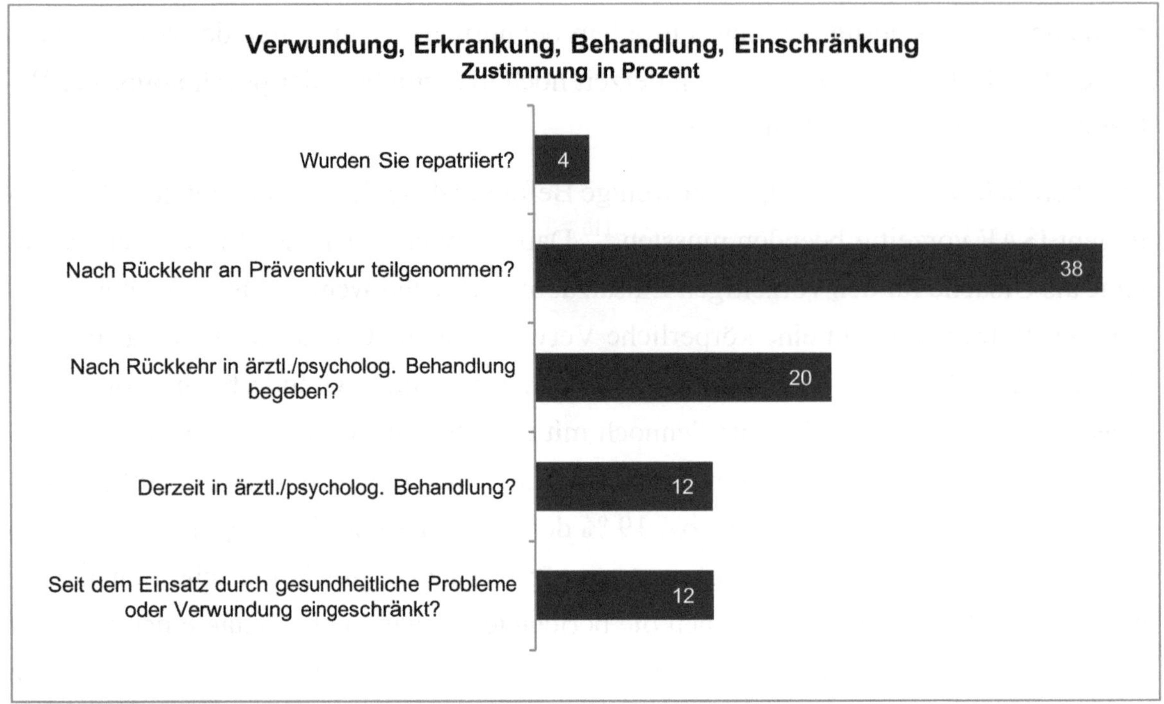

Datenbasis: Befragung des 22. Kontingents ISAF durch das ZMSBw, Dezember 2012 bis März 2013 und Mai bis Oktober 2013.

Dennoch hat der Einsatz für einen Teil des Kontingents auch noch langfristig negative Folgen für die Gesundheit gezeitigt. So fühlt sich etwa jeder Zehnte (13 % der Soldaten bzw. 10 % der Veteranen) des Kontingents auch noch drei Jahre nach der Rückkehr durch die Folgen einer im Einsatz erlittenen Verwundung bzw. durch ein seit dem Einsatz andauerndes gesundheitliches Problem bei normalen Tätigkeiten seines Alltagslebens eingeschränkt. Ebenso viele (12 %) Befragte befinden sich nach eigenen Angaben in ärztlicher oder psychologischer Behandlung. (Abbildung 35)

---

an. Für die Teilnahme werden die Soldatinnen und Soldaten von den Disziplinarvorgesetzten in Zusammenarbeit mit dem Truppenarzt vorgeschlagen. Familienangehörige können an der Kur teilnehmen, wobei für diese allerdings die Kosten selber getragen werden müssen.

[112] 17 Prozent der Befragten sind geteilter Meinung. Für weitere 13 Prozent hat die Kur nur in einem geringen oder sehr geringen Maße zur Verbesserung des persönlichen Wohlergehens beigetragen. Abweichungen in den Einschätzungen zur Wirksamkeit der Präventivkur zwischen (Einsatz-)Soldaten und Veteranen lassen sich in den Daten nicht beobachten. Für weitere Befunde hierzu wird daher auf den Zwischenbericht dieser Studie verwiesen. (Seiffert/Heß 2014: 73f.)

Signifikante Unterschiede im Hinblick auf das Ausmaß an bleibenden Verwundungen lassen sich dabei weder zwischen Soldaten und Veteranen, noch zwischen ledigen und partnerschaftlich gebundenen oder zwischen jüngeren und älteren Befragten beobachten. Auch das Geschlecht steht in keinem statistisch bedeutsamen Zusammenhang mit den bleibenden Verwundungen. Dies deutet darauf hin, dass die Verletzungsfolgen des Einsatzes relativ gleichmäßig über die genannten Gruppen verteilt sind.

Abbildung 36: Verwundung, Erkrankung, Behandlung und Einschränkung seit der Rückkehr bis drei Jahre nach dem Einsatz differenziert nach Gefechtserfahrung

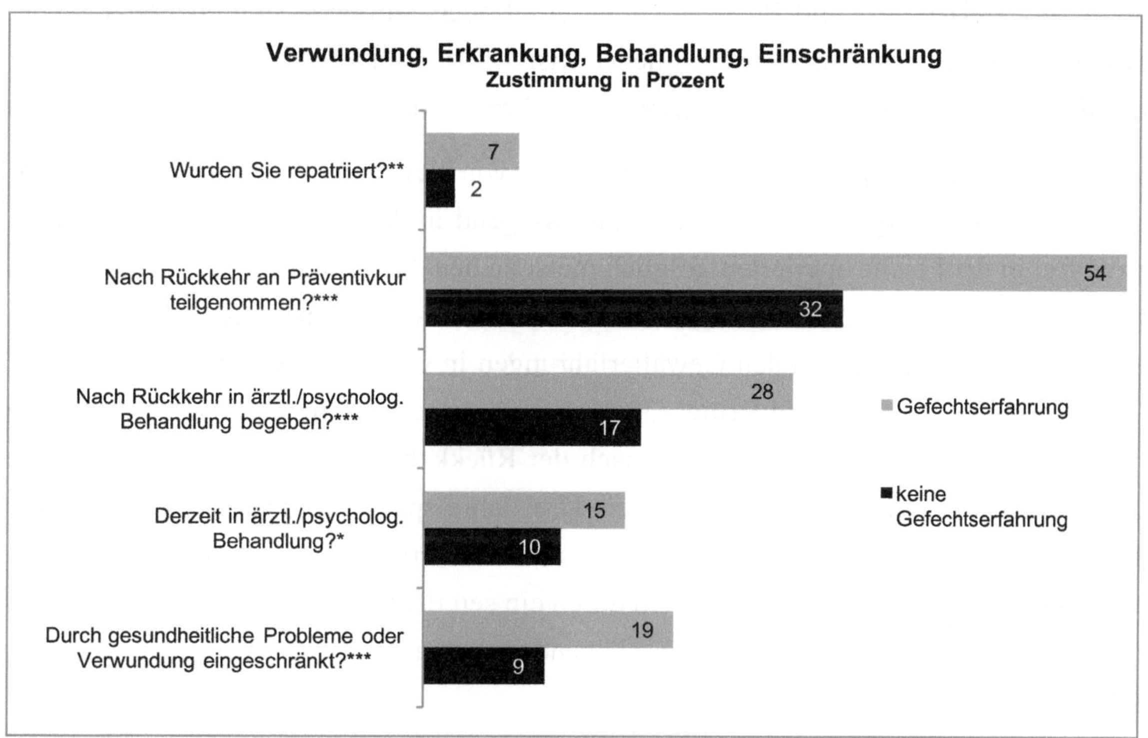

Anmerkungen: ***=höchst signifikant auf 0,1 %-Niveau; **=hoch signifikant auf dem 1 %-Niveau; *=signifikant auf dem 5 %-Niveau. Signifikanz nach Chi-Quadrat. Datenbasis: Befragung des 22. Kontingents ISAF durch das ZMSBw, Dezember 2012 bis März 2013 und Mai bis Oktober 2013.

Wesentlicher Faktor sowohl für direkt nach der Rückkehr aufgetretene als auch drei Jahre später andauernde gesundheitliche Probleme ist vielmehr die im Einsatz tatsächlich erlebte Gewalt.[113] So berichten Gefechtserfahrene im Vergleich zu Befragten ohne diese Erfahrung nicht nur überdurchschnittlich oft davon, dass sie den Einsatz vorzeitig abbrechen mussten (7 % im Vergleich zu 2 %), sondern sie haben häufiger als die Vergleichs-

[113] Der Chi-Quadrat-Test ergibt beispielsweise ein Signifikanzniveau von 0,1 Prozent für Gefechtserfahrungen.

gruppe auch an einer Präventivkur nach dem Einsatz (54 % im Vergleich zu 34 %) teilgenommen, begaben sich signifikant häufiger direkt nach der Rückkehr aus Afghanistan in ärztliche oder psychologische Behandlung (28 % im Vergleich zu 17 %) und sind überdurchschnittlich oft auch noch drei Jahre später von bleibenden Verletzungen betroffen. Fast ein Fünftel (19 %) der Gefechtserfahrenen fühlt sich noch immer durch eine im Einsatz erlittene Verwundung bzw. durch ein seit dem Einsatz andauerndes gesundheitliches Problem bei normalen Tätigkeiten des Alltagslebens eingeschränkt. Dies trifft hingegen auf signifikant weniger (9 %) der gefechtsunerfahrenen Befragten zu. (Abbildung 36) Diese Befunde fundieren somit die an anderer Stelle dieses Berichts ausgeführten Ergebnisse zum Belastungs- und Beanspruchungsempfinden, in denen sich ebenfalls zeigte, dass Gefechtserfahrungen als wesentlicher Risikofaktor für bleibende psychische oder physische Verletzungsfolgen des Einsatzes gesehen werden müssen. (vgl. Abschnitt 6.1)

In keiner anderen Gruppe wird zudem zahlreicher von bleibenden Verwundungen berichtet als unter denjenigen, die im Einsatz überwiegend in Außenposten eingesetzt waren bzw. frei in der Fläche operierten, folglich meist zu den Ausbildungs- und Schutzkräften (bzw. „Task Forces“) des Kontingents zählten und wesentlich häufiger als andere des Kontingents mit kumulierenden Gewalterfahrungen in Gefechten konfrontiert waren.[114] (vgl. Abschnitt 5.3) Etwa ein Drittel (32 %) der in Außenposten eingesetzten Befragten hat sich nach eigenen Angaben direkt nach der Rückkehr aus dem Einsatz in ärztliche oder psychologische Behandlung begeben. Drei Jahre später befinden sich noch immer 16 Prozent von ihnen in Behandlung. Mehr als ein Viertel (27 %) der in Außenposten eingesetzten Befragten fühlt sich zudem durch ein seit dem Einsatz andauerndes gesundheitliches Problem bzw. durch eine bleibende Verwundung im Alltagsleben eingeschränkt. (Abbildung 37)

---

[114] In den vorangegangenen Befunden zeigte sich bereits, dass Befragte, die überwiegend in Außenposten eingesetzt waren, wesentlich häufiger mit direkter und indirekter Gewalt im Einsatz konfrontiert waren und häufiger auch noch drei Jahre später an bleibenden psychischen oder physischen Belastungsfolgen des Einsatzes leiden (siehe Abschnitt 5.3 und 6.1).

Abbildung 37: Verwundung, Erkrankung, Behandlung und Einschränkung seit der Rückkehr bis drei Jahre nach dem Einsatz differenziert nach Einsatzort in Afghanistan

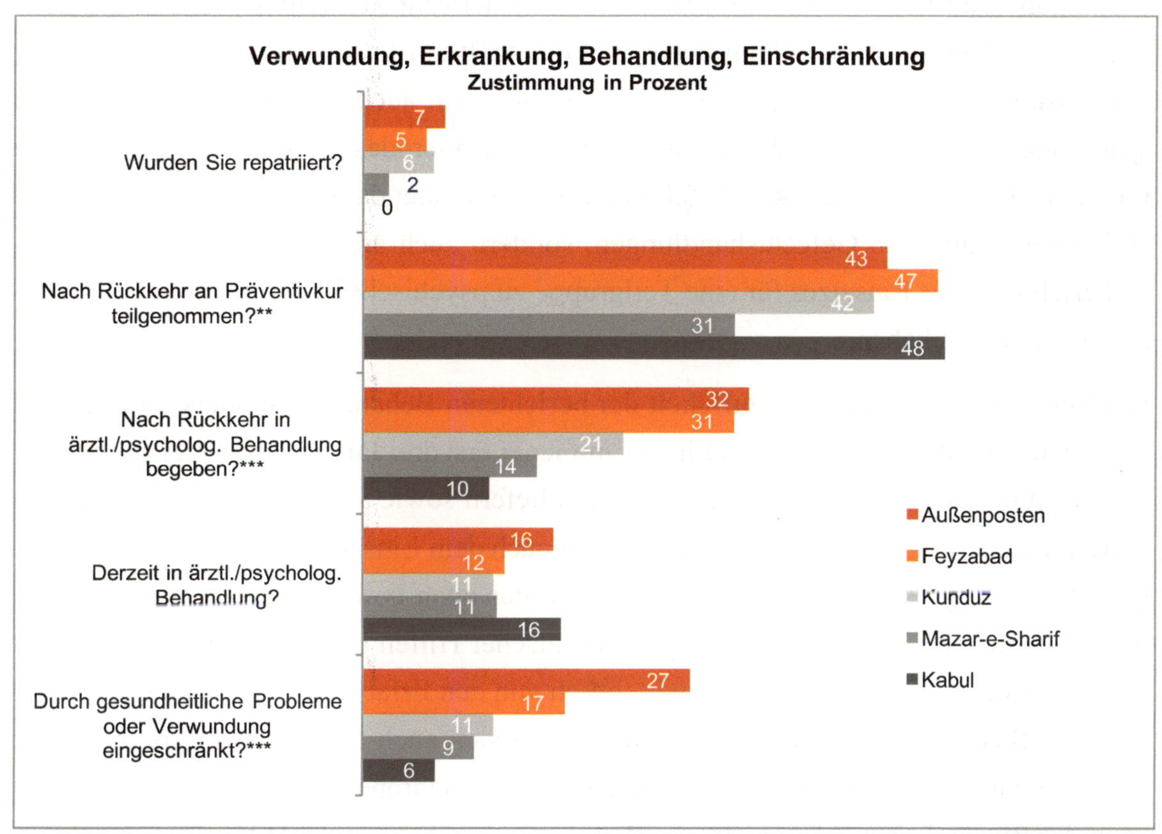

Anmerkungen: ***=höchst signifikant auf 0,1 %-Niveau; **=hoch signifikant auf dem 1 %-Niveau. Signifikanz nach Chi-Quadrat. Datenbasis: Befragung des 22. Kontingents ISAF durch das ZMSBw, Dezember 2012 bis März 2013 und Mai bis Oktober 2013.

Diese Diskrepanz zwischen dem Anteil an Befragten in ärztlicher Behandlung und dem Anteil an Befragten, der sich gesundheitlich im Alltag beeinträchtigt fühlt, muss aber nicht zwangsläufig auf ein unbehandeltes Leiden des Einsatzes verweisen, sondern kann ebenso darauf hindeuten, dass von einem Teil der Betroffenen die erlittenen Verwundungen beinahe drei Jahre später als nicht mehr in so gravierendem Maße einschränkend für das eigene Leben empfunden werden wie noch direkt nach der Rückkehr. Darauf deuten nicht nur die Befunde zum Belastungsempfinden der Befragten hin, sondern auch die weiter unten ausgeführten Ergebnisse zur subjektiv wahrgenommenen Gesundheit, in denen sich zeigt, dass nicht jede bleibende Verwundung auch noch drei Jahre nach der Rückkehr aus dem Einsatz zu einer negativen Selbstwahrnehmung der eigenen Gesundheit beitragen muss. (vgl. Abschnitt 6.1 und 6.5)

Dennoch sind dies drastische Zahlen, die deutlich machen, dass sich Kampfeinsätze auch noch lange nach dem Einsatz tief in das Leben von Soldaten und Veteranen eingraben können. Allerdings sind Gefechtserlebnisse offenbar nicht der einzige Anlass für eine spätere Inanspruchnahme ärztlicher oder psychologischer Hilfen. So haben sich nach eigenen Angaben auch beachtlich viele jener Befragten, die im Einsatz geringerer Gewaltexposition[115] ausgesetzt waren, direkt nach der Rückkehr aus Afghanistan in ärztliche oder psychologische Behandlung begeben. Dies trifft auf knapp ein Fünftel (17 %) der gefechtsunerfahrenen Befragten zu. Zudem fühlen sich auch von ihnen fast drei Jahre später noch 9 Prozent durch ein seit dem Einsatz andauerndes gesundheitliches Problem im Alltagsleben eingeschränkt. (Abbildung 36) Dies deutet darauf hin, dass nicht nur die aktive Beteiligung an Gefechtshandlungen, sondern auch andere schwerwiegende Gewalterlebnisse des Einsatzes für eine Teilgruppe zu psychischen oder physischen Problemen beigetragen haben.

Ein Vergleich zwischen der Häufigkeit der berichteten Behandlungskontakte in der Zeit direkt nach der Rückkehr aus dem Einsatz mit jener fast drei Jahre später kann zusätzliche Anhaltspunkte für dahinter liegende Ursachen liefern sowie auf erhaltene Unterstützung bzw. auf Genesung in den vergangenen Jahren nach dem Einsatz verweisen.[116] Im Ergebnis dieser Analyse bestätigt sich der bereits weiter oben beschriebene Befund, wonach die Inanspruchnahme ärztlicher und psychologischer Hilfen besonders in der Zeit direkt nach der Rückkehr aus dem Einsatz wesentlich von den Erfahrungskontexten des Einsatzes beeinflusst wird. (Abbildung 38) Dabei zeigt sich auch für diesen Zusammenhang, dass es nicht nur überdurchschnittlich viele Gefechtserfahrene (28 % von ihnen) sind, die nach der Rückkehr aus Afghanistan ärztliche oder psychologische Hilfe für sich persönlich gesucht haben, sondern in ähnlich hohem Maße auch Befragte, die von regelmäßigen Kontakten zu afghanischen Sicherheitskräften (30 %) oder zur afghanischen Bevölkerung berichten (31 %). (Abbildung 38) Allerdings sei hier nochmals darauf hingewiesen, dass im Einsatz erlebte Gefechtssituationen und regelmäßige Kontakte zur Bevölkerung sowie zu afghanischen Sicherheitskräften häufiger dieselben Gruppen unter den Befragten betreffen, es also erhebliche erfahrungsbezogene Überschneidungen zwischen diesen Gruppen gibt. (vgl. Abschnitt 5.3, 5.4 und 6.2)

---

115 Das Ausmaß der Gewaltexposition für verschiedene Gruppen im Kontingent ist in Abschnitt 5.3 beschrieben.

116 Siehe zum Hilfesuchverhalten von Einsatzrückkehrern und ihren Familien sowie zur Inanspruchnahme von Unterstützungsangeboten nach der Rückkehr aus dem Einsatz ausführlich Abschnitt 6.9.

Abbildung 38: Behandlungskontakte differenziert nach soziodemografischen Merkmalen und Einsatzerfahrungen im Vergleich direkt nach der Rückkehr aus dem Einsatz und drei Jahre später

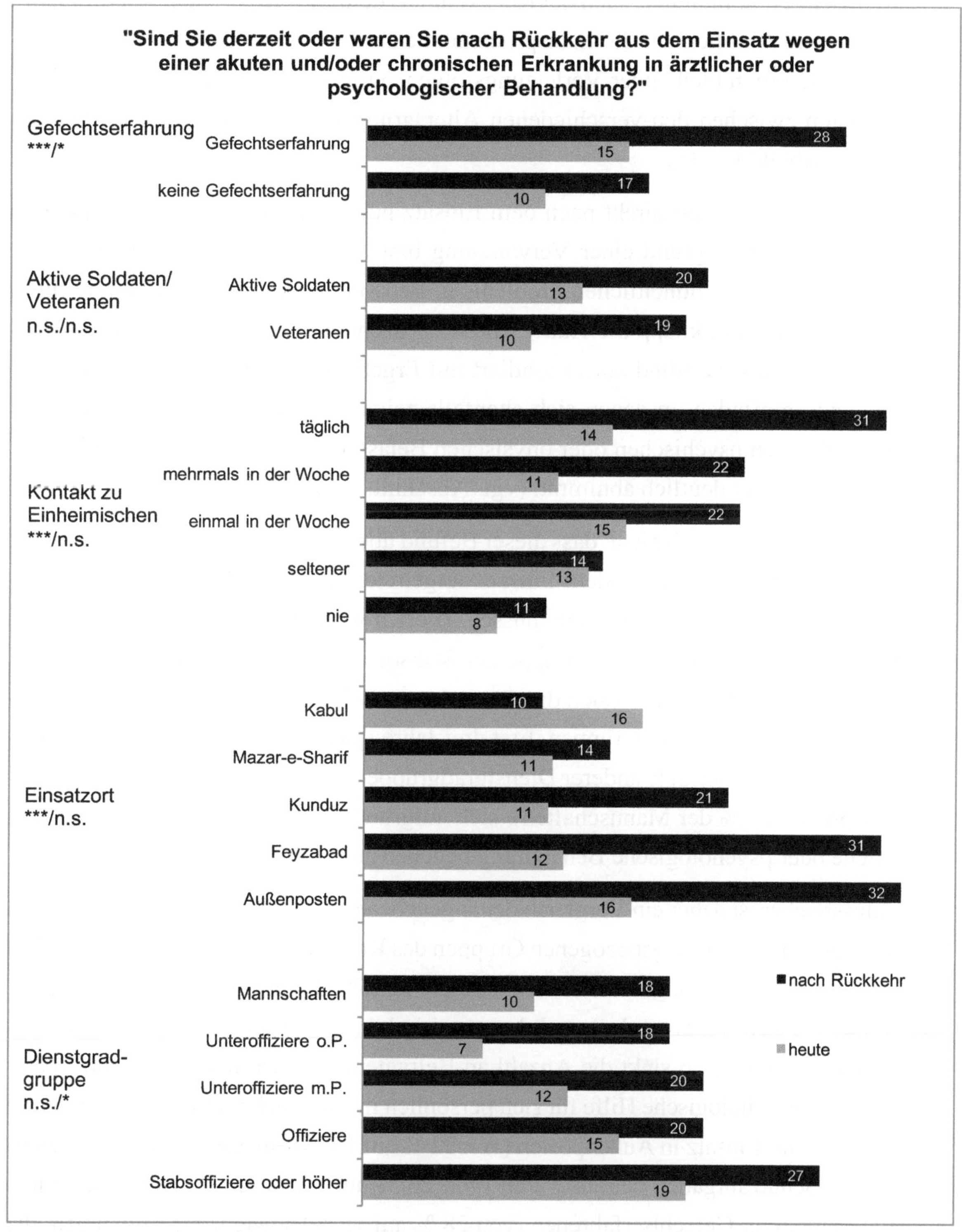

Anmerkungen: ***=höchst signifikant auf 0,1 %-Niveau; *=signifikant auf dem 5 %-Niveau; n.s.=nicht signifikant. Signifikanz nach Chi-Quadrat. Alle Angaben beziehen sich auf Vergleiche zwischen den Gruppen, nicht auf Vergleiche zwischen den Zeitpunkten nach Rückkehr und drei Jahre später. Datenbasis: Befragung des 22. Kontingents ISAF durch das ZMSBw, Dezember 2012 bis März 2013 und Mai bis Oktober 2013. Angaben in Prozent.

Entgegen der ursprünglichen Annahme hat das Lebensalter keinen statistisch relevanten Einfluss auf das von den Befragten berichtete Ausmaß an Verletzungsfolgen. So bestehen sowohl in der Zeit unmittelbar nach der Rückkehr aus dem Einsatz als auch fast drei Jahre später weder im Hinblick auf die Inanspruchnahme ärztlicher oder psychologischer Hilfen noch hinsichtlich bleibender Verletzungsfolgen signifikante Abweichungen im Antwortverhalten zwischen den verschiedenen Altersgruppen oder zwischen Soldaten und Veteranen. (Abbildung 38)

Im Vergleich mit der Zeit direkt nach dem Einsatz geht drei Jahre später der Anteil an Befragten, die sich aufgrund einer Verwundung bzw. aufgrund eines seit dem Einsatz noch andauernden gesundheitlichen Problems in Behandlung befinden, im Durchschnitt für das Kontingent um knapp die Hälfte von 20 Prozent auf 12 Prozent zurück. (Abbildung 38) Auch dieser Befund korrespondiert mit Ergebnissen zum Belastungs- und Beanspruchungsempfinden, in denen sich ebenfalls zeigte, dass die Anzahl an Befragten, die von bleibenden psychischen oder physischen Belastungsfolgen des Einsatzes berichten, drei Jahre später deutlich abnimmt. (vgl. Abschnitt 6.1)

Auszuschließen war jedoch nicht, dass dieser Befund überlagert wird durch Erkrankungen, die in den fast drei Jahren nach dem Einsatz aufgetreten sind, die aber nicht mehr unbedingt mit dem Einsatz verbunden sein müssen. Hierauf weist etwa die Anzahl an genannten Behandlungskontakten für die Gruppe der Stabsoffiziere hin. Noch in der Zeit direkt nach dem Einsatz unterschieden sich die angegebenen Behandlungskontakte nicht signifikant zwischen den Dienstgradgruppen. Erst drei Jahre später berichten Stabsoffiziere signifikant häufiger als Befragte anderer Dienstgradgruppen (19 % der Stabsoffiziere im Vergleich bspw. zu 10 % der Mannschaften), sich aufgrund einer aufgetretenen Erkrankung in ärztliche oder psychologische Behandlung begeben zu haben. (Abbildung 38)

Aufschlussreicher ist daher ein Vergleich der angegebenen Behandlungskontakte zwischen den verschiedenen erfahrungsbezogenen Gruppen des Kontingents. (Abschnitt 5.3 und 5.4) Auch in dieser Analyse zeigt sich jedoch, dass der Anteil an genannten Behandlungskontakten über die Zeit hin besonders stark bei psychisch bzw. physisch hoch Belasteten des Kontingents abnimmt. So sinkt die Anzahl an Befragten, die auch noch drei Jahre später ärztliche oder psychologische Hilfe für sich persönlich in Anspruch nimmt, vor allem unter Befragten, die im Einsatz in Außenposten (von 32 % auf 16 %) eingesetzt oder mit Ausbildungs- und Schutzaufgaben betraut waren (von 26 % auf 12 %; in der Abbildung nicht ausgewiesen), unter Gefechtserfahrenen (von 28 % auf 15 %) sowie unter denjenigen, die von regelmäßigen Kontakten zur afghanischen Bevölkerung (von 31 % auf 14 %) oder von einer engen Kooperation mit afghanischen Sicherheitskräften (von 33 % auf 14 %; in der Abbildung nicht ausgewiesen) berichten. (Abbildung 38)

Drei Jahre nach dem Einsatz bestehen zwischen den verschiedenen erfahrungsbezogenen Gruppen keine statistisch bedeutsamen Abweichungen mehr im Hinblick auf die Anzahl sich noch in ärztlicher oder psychologischer Behandlung befindlichen Befragten. Dies kann als Hinweis auf einen Genesungs- bzw. Bewältigungsprozess von erlittenen Verwundungen in den vergangenen drei Jahren nach der Rückkehr aus dem Einsatz verstanden werden. Eine Ausnahme stellen lediglich Gefechtserfahrene dar. Sie berichten nicht nur wesentlich häufiger (19 % im Vergleich zu 9 % unter Gefechtsunerfahrenen; Abbildung 36) von bleibenden Verwundungen, sondern sie befinden sich häufiger als die Vergleichsgruppe (15 % im Vergleich zu 10 %) auch noch drei Jahre nach dem Einsatz in ärztlicher oder psychologischer Behandlung. (Abbildung 38)

Mit Blick auf das Ausmaß an bleibenden Verletzungsfolgen des Einsatzes kann Folgendes festgehalten werden: Nur eine Minderheit (2 %) der Befragten musste den Einsatz mit dem 22. Kontingent ISAF aufgrund einer im Einsatz erlittenen körperlichen oder seelischen Verwundung vorzeitig abbrechen. Der Einsatz war dennoch mit erheblichen Belastungen für die Gesundheit der Soldaten und Veteranen verbunden. So hat sich jeder Fünfte (20 % der Soldaten und 19 % der Veteranen) unmittelbar nach der Rückkehr aus Afghanistan in ärztliche oder psychologische Behandlung begeben. Drei Jahre später gehen die Behandlungskontakte deutlich zurück. Dies gilt besonders stark für psychisch und physisch hoch Belastete. Für etwa jeden Zehnten (13 % der Soldaten bzw. 10 % der Veteranen) des Kontingents, der sich auch noch drei Jahre nach der Rückkehr durch die Folgen einer erlittenen Verwundung bzw. durch ein seit dem Einsatz noch andauerndes gesundheitliches Problem bei normalen Tätigkeiten seines Alltagslebens eingeschränkt fühlt, hat der Einsatz aber auch langfristig negative Folgen für die Gesundheit gezeitigt. Dies trifft besonders häufig auf Gefechtserfahrene zu (19 % im Vergleich zu 9 % für Befragte ohne diese Erfahrung).

6.4 „Das will ja keiner zugeben ...“ – Gesundheitsrisikoverhalten nach dem Einsatz

Hinweise darauf, wie Betroffene mit bleibenden Verwundungen im Alltag zurechtkommen, (vgl. hierzu auch Abschnitt 6.11) können indirekt in Antworten zum Gesundheitsrisikoverhalten nach dem Einsatz gewonnen werden, wobei Aussagen zum Vorkommen von gesundheitsrelevanten Indikatoren wie Übergewicht, Rauchen, Alkoholkonsum oder sportlicher Aktivität zunächst Auskunft über die Verbreitung von Gesundheitsrisiken geben. Gleichzeitig verweisen sie auf die Lebensführung. (vgl. Hurrelmann 1988: 17 ff.)

Mit kurzfristigen Maßnahmen ist es nicht getan. Einsatzverwundete brauchen langfristige Unterstützung, um neue Lebensperspektiven für sich und ihre Familie entwickeln zu können. *Bundeswehr/OTL Houben*

Die (Einsatz-)Soldaten und Veteranen wurden daher drei Jahre nach der Rückkehr aus dem Einsatz zusätzlich um eine Einschätzung gebeten, welche Gesundheitsrisiken in ihrem Leben derzeit vorliegen und wie sich diese seit der Rückkehr aus dem Einsatz für sie persönlich verändert haben. (Abbildung 39)

Der mit Abstand am häufigsten von ihnen genannte Risikofaktor für eine gesunde Lebensführung ist alltäglicher Stress und Hektik. Drei Viertel (74 %) der Befragten sagen, dass in ihrem gegenwärtigen Alltag allgemeiner Stress und Hektik mehr oder weniger stark vorliegen.[117] Dagegen werden die im engeren Sinne durch das eigene Verhalten beeinflussbaren Gesundheitsrisiken (Rauchen, Alkoholkonsum, Ernährung, Übergewicht, Bewegungsmangel) deutlich seltener von den Befragten genannt. (Abbildung 39)

Erstaunlicherweise hat in der Selbsteinschätzung bei einem Viertel (25 %) der Befragten die Stressbelastung nach der Rückkehr im Vergleich mit der Zeit vor dem Einsatz sogar zugenommen. Für ein weiteres Drittel der Befragten (34 %) sind der empfundene Stress und die Hektik im Alltag unverändert auf demselben Niveau geblieben wie in der Zeit vor dem Einsatz. Dagegen ist das Stressempfinden nur für 15 Prozent der Befragten nach dem Einsatz geringer geworden. (Abbildung 39)

Diese Befunde stehen in einem engen Zusammenhang mit hohen dienst- bzw. berufsbezogenen Belastungen in der Zeit nach dem Einsatz. So korreliert der berichtete Anstieg an Stressbelastung höchst signifikant mit der dienst- bzw. berufsbezogenen Belastungsdimension, die alltägliche Bürokratie, hohes Arbeitsaufkommen sowie häufige Abwesenheiten von zu Hause und die wenige Zeit für Familie und Freunde umfasst.[118] Mit der familiären Lebenssituation ist der Anstieg an Stress und Hektik nach der Rückkehr aus dem Einsatz statistisch dagegen nicht verbunden. Allgemein hohe dienstliche Anforderungen am Heimatstandort dürften im Wesentlichen auch dafür verantwortlich sein, warum signifikant mehr Soldaten und weniger Veteranen (28 % im Vergleich zu 19 %) von einer im Vergleich mit der Zeit vor dem Einsatz gestiegenen Stressbelastung nach dem Einsatz berichten.[119] (vgl. Abschnitt 6.1 und 6.7) Es sind dabei tendenziell eher höhere Dienstgrade der Altersgruppen zwischen 30 und 40 Jahren (33 % der Offiziere und 30 %

---

[117] Hiermit sind die Summen der Befragten gemeint, die prinzipiell bejahen, dass schlechte Ernährung oder Bewegungsmangel vorliegen, auch wenn der Risikofaktor schwächer ausgeprägt ist.

[118] Der berichtete Anstieg von Stress und Hektik nach dem Einsatz korreliert höchst signifikant auf 0,1 Prozent-Niveau mit der dienst- bzw. berufsbezogenen Belastungsdimension (vgl. hierzu Abschnitt 6.1).

[119] Nach Chi-Quadrat-Test hoch signifikant auf 1 Prozent-Niveau.

der Stabsoffiziere beispielsweise im Vergleich zu 21 % der Mannschaften; in der Abbildung nicht ausgewiesen), die eine größere Stressbelastung nach der Rückkehr aus dem Einsatz wahrnehmen.[120]

Abbildung 39: Veränderungen gesundheitlicher Risikofaktoren seit Einsatzende

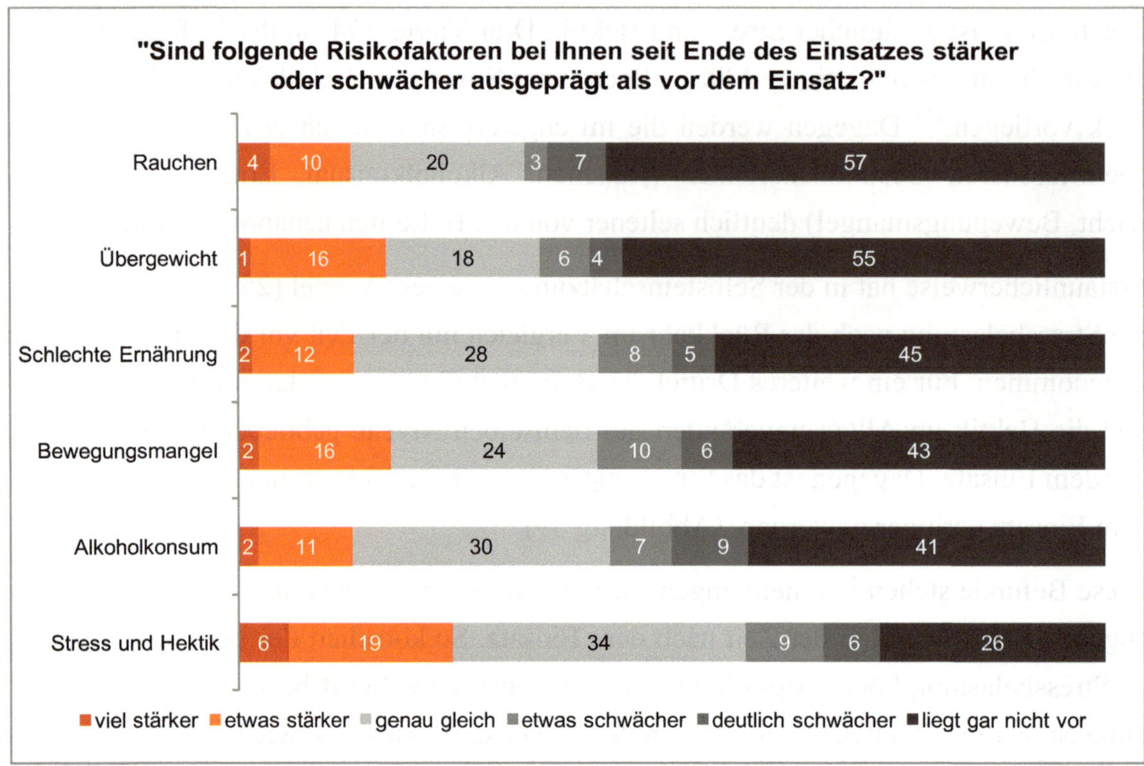

Datenbasis: Befragung des 22. Kontingents ISAF durch das ZMSBw, Dezember 2012 bis März 2013 und Mai bis Oktober 2013. Angaben in Prozent.

Während sich demzufolge das Ausmaß der empfundenen Stressbelastung zwischen Soldaten und Veteranen signifikant unterscheidet, fällt die Höhe der wahrgenommenen Veränderungen für die im engeren Sinne verhaltensbezogenen Gesundheitsrisiken im Vergleich zwischen den beiden Gruppen ähnlich und mit Blick auf die empfundene Stressbelastung zudem deutlich geringer aus. (Abbildung 39)

Teilweise dürften aber auch diese Veränderungen auf hohe dienstliche bzw. berufliche Belastungen in der Zeit nach dem Einsatz zurückzuführen sein. So bestehen zwischen dem berichteten Anstieg von Stress und Hektik nach der Rückkehr aus dem Einsatz und

---

120 So berichten 33 Prozent der befragten Offiziere und 30 Prozent der befragten Stabsoffiziere, dass seit der Rückkehr aus dem Einsatz Stress und Hektik in ihrem Leben zugenommen haben. Hingegen gilt dies für 25 Prozent der befragten Feldwebel sowie für 20 Prozent der Unteroffiziere ohne Portepee und für 21 Prozent der befragten Mannschaften. Die Unterschiede sind nach Chi-Quadrat-Test auf 5 Prozent-Niveau schwach signifikant.

einer schlechten Ernährung ebenso wie zwischen einer nach dem Einsatz gestiegenen Stressbelastung und Bewegungsmangel statistisch signifikante Zusammenhänge.[121]

Daneben müssen jedoch psychische oder physische Belastungsfolgen des Einsatzes als weitere mögliche Ursache für risikobezogene Verhaltensänderungen nach der Rückkehr berücksichtigt werden. Diese Annahme bestätigt sich in der Datenanalyse. So sind gesundheitsbezogene Verhaltensänderungen und bleibende Verletzungsfolgen des Einsatzes höchst signifikant miteinander verbunden.[122] In Abbildung 40 sind die wahrgenommenen Veränderungen gesundheitlicher Risikofaktoren im Vergleich zwischen jener Teilgruppe (12 % sämtlicher Befragten), die sich auch noch drei Jahre nach dem Einsatz aufgrund einer bleibenden Verwundung bzw. eines seit dem Einsatz andauernden gesundheitlichen Problems im Alltagsleben eingeschränkt fühlt, und jener größeren Gruppe, die nach eigenen Angaben durch den Einsatz gesundheitlich nicht belastet ist, beispielhaft dargestellt.[123] (Abbildung 40)

Erwartungsgemäß berichten Befragte, die sich durch eine bleibende Verwundung bzw. durch ein seit dem Einsatz noch andauerndes gesundheitliches Problem im Alltag eingeschränkt fühlen, wesentlich häufiger als die Vergleichsgruppe von einer gestiegenen Stressbelastung seit der Rückkehr aus dem Einsatz. Während 21 Prozent der nach eigenen Angaben gesundheitlich durch den Einsatz nicht Belasteten sagen, dass Stress und Hektik für sie persönlich zugenommen haben, sind es 54 Prozent derjenigen, die drei Jahre später von bleibenden gesundheitlichen Problemen in Folge des Einsatzes berichten. Der wahrgenommene Anstieg der Stressbelastung ist demnach nicht nur von allgemein hohen berufsbezogenen Anforderungen in der Zeit nach dem Einsatz, sondern ebenso von Verletzungsfolgen des Einsatzes beeinflusst.

---

[121] Nach Chi-Quadrat-Test höchst signifikant auf 0,1 Prozent-Niveau.

[122] Chi-Quadrat-Tests ergeben Signifikanzniveaus von 0,1 Prozent für die Risikofaktoren Stress, Bewegungsmangel, schlechte Ernährung und Alkoholkonsum.

[123] Siehe zum Ausmaß noch bleibender psychischer und physischer Belastungsfolgen die Befunde der vorhergehenden Abschnitte 6.1 und 6.3.

Abbildung 40: Veränderungen gesundheitlicher Risikofaktoren seit Einsatzende im Vergleich zwischen Einsatzverwundeten und gesundheitlich nicht Beeinträchtigten

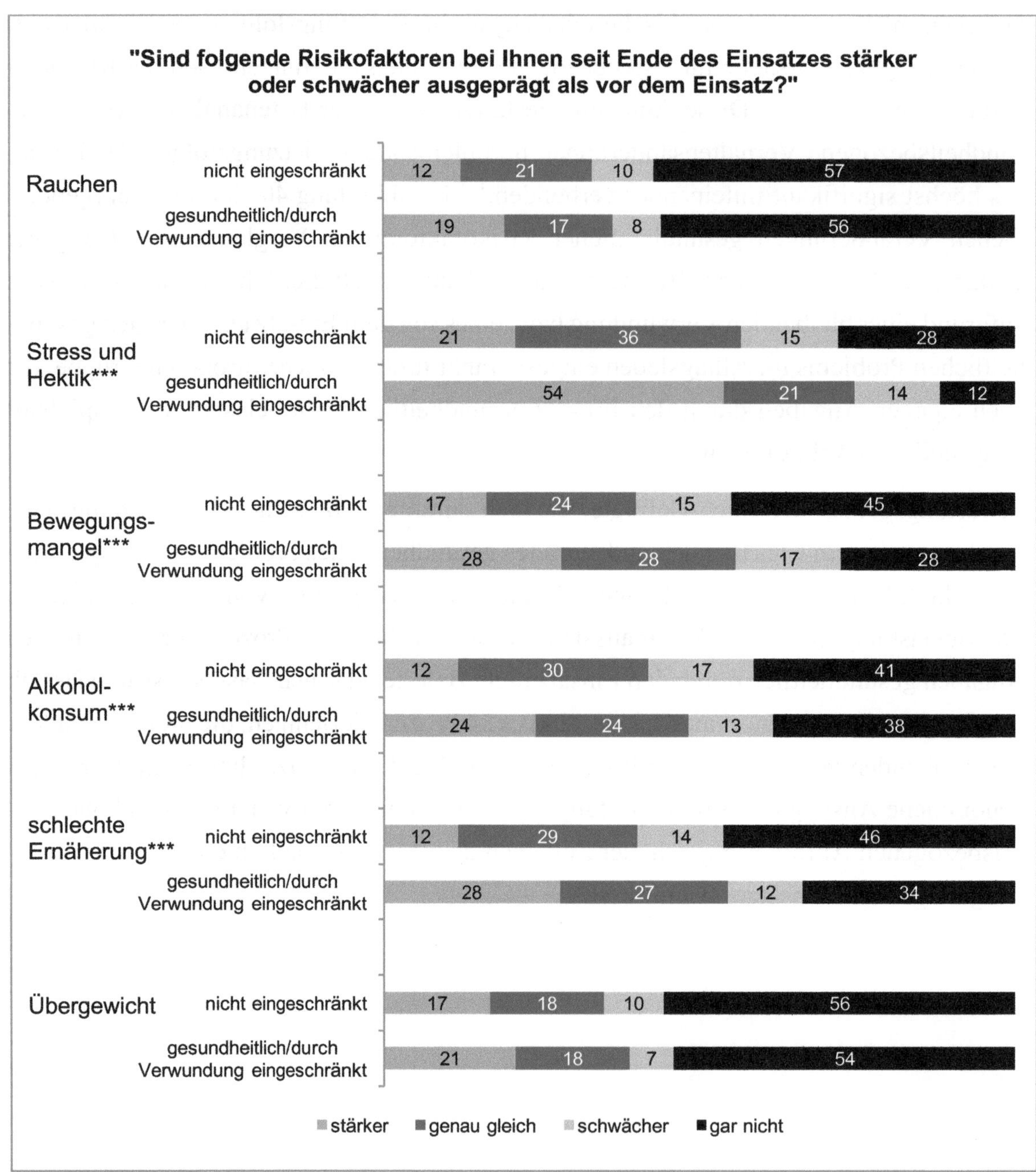

Anmerkungen: ***=höchst signifikant auf 0,1 %-Niveau. Signifikanz nach Chi-Quadrat. Antwortanteile „viel stärker" und „etwas stärker" zusammengefasst in „stärker"; Antwortanteile „etwas schwächer" und „deutlich schwächer" zusammengefasst in „schwächer". Datenbasis: Befragung des 22. Kontingents ISAF durch das ZMSBw, Dezember 2012 bis März 2013 und Mai bis Oktober 2013. Angaben in Prozent.

Gleichzeitig machen die Daten auf mögliche Indikatoren für eine hohe Stressbelastung nach der Rückkehr aus dem Einsatz aufmerksam, die von Außenstehenden beobachtet werden können. Dies ist wichtig, da etwa Symptome einer psychischen Erkrankung von den Betroffenen oft selber gar nicht wahrgenommen werden. Zum einen betrifft dies seit dem Einsatz angegebene Veränderungen im Ernährungsverhalten. So berichten Befragte, die sich noch immer durch eine Verwundung bzw. ein seit dem Einsatz andauerndes gesundheitliches Problem im Alltag eingeschränkt fühlen, signifikant häufiger nicht nur von Bewegungsmangel (28 % im Vergleich zu 17 %), sondern häufiger auch von einer schlechteren Ernährung (28 % im Vergleich zu 12 %). Zum anderen lassen sich auch in Bezug auf den Alkoholkonsum höchst signifikante Abweichungen im Antwortverhalten feststellen. Etwa ein Viertel (24 %) jener Befragten, die drei Jahre später von einer bleibenden Verwundung bzw. einem andauernden gesundheitlichen Problem berichten, konsumiert nach eigenen Angaben seit der Rückkehr aus dem Einsatz mehr (Kategorien sehr viel stärker und etwas stärker zusammengefasst) Alkohol. Für die Vergleichsgruppe trifft dies hingegen im Durchschnitt nur auf etwa einen von zehn Befragten (13 %) zu. Alarmierend ist hierbei weniger die Häufigkeit der genannten negativen Veränderungen im Alkoholkonsum; so gibt selbst unter jenen Befragten, die noch von bleibenden Verletzungen betroffen sind, nur eine Teilgruppe von 24 Prozent eine entsprechend negative Entwicklung im Alkoholkonsum an. (Abbildung 40) Schwerwiegender ist vielmehr, dass Wechselwirkungen zwischen einem bleibenden körperlichen oder seelischen Leiden des Einsatzes und gesundheitsgefährdenden Verhaltensweisen nach der Rückkehr bestehen können, die die Lebensqualität der Betroffenen und ihrer Angehörigen zusätzlich mindern können.[124] Dieser Befund deutet wie schon andere dieser Studie auf einen größeren psychosozialen Unterstützungsbedarf speziell für Einsatzverwundete und deren Angehörige auch noch lange nach dem Einsatz. (Abschnitt 6.1, 6.5, 6.6, 6.7 und 6.11)

Insgesamt jedoch hat sich in der Selbsteinschätzung der Befragten das eigene Gesundheitsrisikoverhalten nach dem Einsatz überwiegend nicht verändert. (Abbildung 39) Auffallend ist zudem, dass nicht nur negative, sondern ebenso positive Veränderungen im Gesundheitsrisikoverhalten genannt werden. Im Durchschnitt für das Gesamtkontingent berichtet so eine Gruppe (je nach verhaltensbezogenen Risikofaktor zwischen 13 und 18 Prozent) über negative und eine andere fast gleich große Gruppe (je nach Risikofaktor zwischen 10 % und 16 %) über positive Veränderungen im Gesundheitsrisikoverhalten nach dem Einsatz. (Abbildung 39) Während 13 Prozent der Befragten ihre Ernährung drei Jahre später besser einschätzen als noch vor dem Einsatz, sagen fast ebenso viele (14 %),

[124] Eine differenziertere Aufschlüsselung zeigt, dass „viel stärker" ausgeprägte Risikofaktoren im Vergleich zwischen psychisch oder physisch Verwundeten und gesundheitlich nicht Belasteten besonders stark divergieren. Dies gilt insbesondere für die Risikofaktoren schlechte Ernährung (7 % unter Einsatzverwundeten gegenüber 1 % der Vergleichsgruppe) und Alkoholkonsum (9 % gegenüber 1 %), aber auch für die weiteren Risikofaktoren (9 % gegenüber 3 % für Rauchen, 14 % gegenüber 5 % für Hektik und Stress, 6 % gegenüber 2 % für Bewegungsmangel und 3 % gegenüber 1 % für Übergewicht).

dass diese seither schlechter geworden ist. Ein ganz ähnlicher Befund zeigt sich für wahrgenommene Veränderungen der eigenen sportlichen Aktivität. Während 18 Prozent der Befragten über Bewegungsmangel klagen, teilen 16 Prozent die Einschätzung, dass sich ihre sportliche Aktivität seit der Rückkehr aus dem Einsatz verbessert hat. Gewichtsprobleme sind in den vergangenen drei Jahren für die Soldaten und Veteranen aber offenbar etwas größer geworden. Während 17 Prozent angeben, dass sie seit der Rückkehr aus dem Einsatz mehr mit Übergewicht zu kämpfen haben, berichten nur 10 Prozent von einer Entwicklung zum Positiven. (Abbildung 39) Insgesamt jedoch sind positiv und negativ wahrgenommene Veränderungen im Gesundheitsrisikoverhalten für die Befragten in etwa ausgeglichen.

Auffallend ist zudem, dass sich im Durchschnitt für das Kontingent auch für den Tabak- und Alkoholkonsum positiv und negativ wahrgenommene Veränderungen in etwa die Waage halten.[125] Die meisten Befragten (57 %) geben an, Nichtraucher zu sein. Im Schnitt sagen somit etwa vier von zehn (43 %) Befragten, derzeit zu rauchen. Für 20 Prozent der Befragten hat sich in der Selbsteinschätzung das Rauchverhalten nach dem Einsatz nicht verändert. Demgegenüber sagen 14 Prozent, dass sie seit der Rückkehr aus dem Einsatz mehr rauchen. Gleichzeitig gibt jeder Zehnte (10 %) an, heute weniger Zigaretten zu konsumieren als noch vor dem Einsatz. Es sind dabei vor allem Ledige sowie unter 30-Jährige, die häufiger sagen, seit Ende des Einsatzes stärker zu rauchen. Demgegenüber berichten ältere Befragte und partnerschaftlich Gebundene öfter, seither weniger zu rauchen.[126]

Ganz ähnliche Tendenzen im Antwortverhalten können auch im Zusammenhang mit den wahrgenommenen Veränderungen im Alkoholkonsum beobachtet werden. Etwa vier von zehn (41 %) Befragten trinken nach eigenen Angaben keinen Alkohol. Für etwa ein Drittel (30 %) hat sich der Alkoholkonsum in der Selbsteinschätzung seit dem Einsatz nicht verändert. Weitere 16 Prozent berichten von einer Reduktion des Alkoholkonsums in den vergangenen Jahren nach dem Einsatz. Gleichzeitig sagen 13 Prozent, seither mehr (Kategorien viel stärker und etwas stärker zusammengefasst) Alkohol zu trinken. In der folgenden Abbildung sind die von den Befragten genannten Häufigkeiten eines seit dem Einsatz gestiegenen Alkoholkonsums differenziert nach verschiedenen soziodemografischen und erfahrungsbezogenen Merkmalen dargestellt. (Abbildung 41)

---

[125] Aussagen zum Konsum von Tabak und Alkohol können zu einem gewissen Maß von sozialer Erwünschtheit beeinflusst sein. Dies verringert aber nicht die Aussagekraft von Vergleichen zwischen verschiedenen Gruppen unter den Befragten.

[126] Nach Chi-Quadrat-Test hoch signifikant auf 1 Prozent-Niveau.

Abbildung 41: Zunahme von Alkoholkonsum seit Einsatzende differenziert nach soziodemografischen und erfahrungsbezogenen Merkmalen

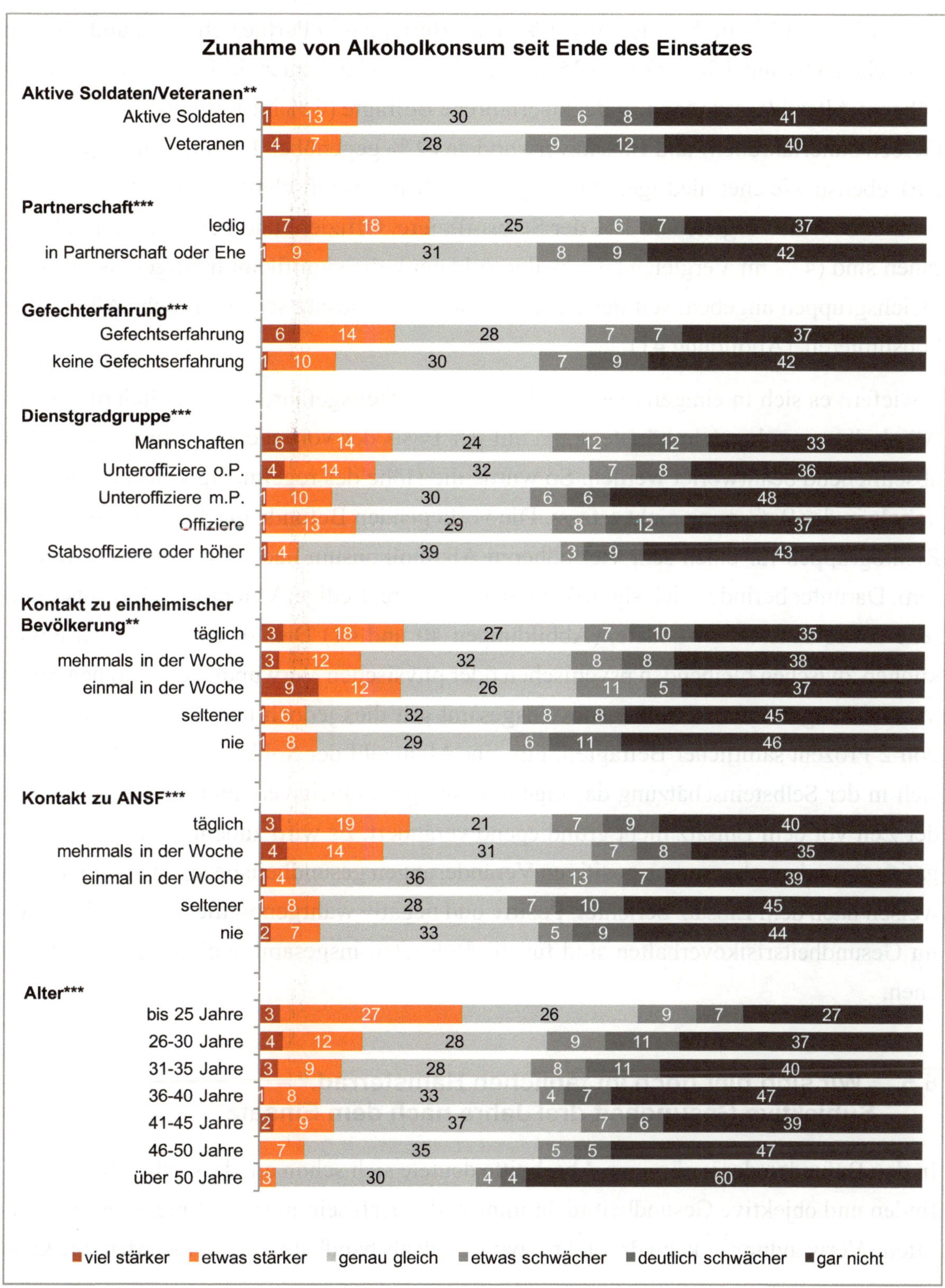

	viel stärker	etwas stärker	genau gleich	etwas schwächer	deutlich schwächer	gar nicht
Aktive Soldaten/Veteranen**						
Aktive Soldaten	1	13	30	6	8	41
Veteranen	4	7	28	9	12	40
Partnerschaft***						
ledig	7	18	25	6	7	37
in Partnerschaft oder Ehe	1	9	31	8	9	42
Gefechterfahrung***						
Gefechtserfahrung	6	14	28	7	7	37
keine Gefechtserfahrung	1	10	30	7	9	42
Dienstgradgruppe***						
Mannschaften	6	14	24	12	12	33
Unteroffiziere o.P.	4	14	32	7	8	36
Unteroffiziere m.P.	1	10	30	6	6	48
Offiziere	1	13	29	8	12	37
Stabsoffiziere oder höher	1	4	39	3	9	43
Kontakt zu einheimischer Bevölkerung**						
täglich	3	18	27	7	10	35
mehrmals in der Woche	3	12	32	8	8	38
einmal in der Woche	9	12	26	11	5	37
seltener	1	6	32	8	8	45
nie	1	8	29	6	11	46
Kontakt zu ANSF***						
täglich	3	19	21	7	9	40
mehrmals in der Woche	4	14	31	7	8	35
einmal in der Woche	1	4	36	13	7	39
seltener	1	8	28	7	10	45
nie	2	7	33	5	9	44
Alter***						
bis 25 Jahre	3	27	26	9	7	27
26-30 Jahre	4	12	28	9	11	37
31-35 Jahre	3	9	28	8	11	40
36-40 Jahre	1	8	33	4	7	47
41-45 Jahre	2	9	37	7	6	39
46-50 Jahre		7	35	5	5	47
über 50 Jahre		3	30	4	4	60

Anmerkungen: ***=höchst signifikant auf 0,1 %-Niveau; **=hoch signifikant auf dem 1 %-Niveau. Signifikanz nach Chi-Quadrat. Antworten von stark angestiegenem und etwas angestiegenem Alkoholkonsum nach der Rückkehr aus dem Einsatz zusammengefasst zu stärkerem Alkoholkonsum. Datenbasis: Befragung des 22. Kontingents ISAF durch das ZMSBw, Dezember 2012 bis März 2013 und Mai bis Oktober 2013. Angaben in Prozent.

Demzufolge ist es rein zahlenmäßig nur eine geringe Anzahl an Befragten, die drei Jahre später von einem deutlich gestiegenen Alkoholkonsum seit Einsatzende berichtet, wobei es eher ledige (7 % im Vergleich zu 1 % unter Befragten in Partnerschaften) und jüngere (zwischen 3 % und 4 % der bis zu 35-Jährigen im Vergleich zu zwischen 0 bis 2 % in den höheren Altersklassen) sowie gefechtserfahrene Befragte (6 % im Vergleich zu 1 % unter Gefechtsunerfahrenen) und Einsatzverwundete (9 % gegenüber 1 % unter nicht Belasteten), ebenso wie eher niedrigere Dienstgrade (6 % der Mannschaften und 4 % der Unteroffizier o. P im Vergleich zu 1 % der Stabsoffiziere, Offiziere und Feldwebel) und Veteranen sind (4 % im Vergleich zu 1 % der Soldaten), die signifikant häufiger als die Vergleichsgruppen angeben, seit der Rückkehr aus dem Einsatz sehr viel mehr Alkohol zu konsumieren. (Abbildung 41)

Inwiefern es sich in einigen dieser Fälle um gesundheitsgefährdende Veränderungen im Alkoholkonsum handeln könnte, kann auf der Basis der vorliegenden Daten zwar nicht abschließend beantwortet werden. So wurde die Höhe des regelmäßig konsumierten Alkohols in der Befragung nicht erfasst. Die vorliegenden Befunde machen gleichwohl auf Risikogruppen für einen sehr viel höheren Alkoholkonsum nach dem Einsatz aufmerksam. Darunter befinden sich signifikant mehr Jüngere, Ledige, Veteranen, Gefechtserfahrene sowie Einsatzverwundete. (Abbildungen 40 und 41) Dies deutet auf Wechselwirkungen zwischen bleibenden psychischen oder physischen Verwundungen und negativen Veränderungen im Alkoholkonsum. Insgesamt gilt dies jedoch nur für eine Teilgruppe von 2 Prozent sämtlicher Befragten. Für eine Mehrzahl der Soldaten und Veteranen hat sich in der Selbsteinschätzung das eigene Risikogesundheitsverhalten im Vergleich mit der Zeit vor dem Einsatz nicht grundlegend verändert. Es wird zudem nicht nur von negativen, sondern ebenso von positiven Veränderungen gesundheitsbezogener Verhaltensweisen nach dem Einsatz berichtet. Positiv und negativ wahrgenommene Veränderungen im Gesundheitsrisikoverhalten sind für die Befragten insgesamt auch in etwa ausgeglichen.

6.5 „Wir sind hier doch im täglichen Hamsterrad." – Subjektive Gesundheit drei Jahre nach dem Einsatz

In den Befunden der vorherigen Abschnitte deutete sich schon an, dass subjektives Empfinden und objektive Gesundheit nicht immer identisch sein müssen. Eine im Einsatz erlittene Verwundung[127] kann drei Jahre später auch als handhabbar erlebt werden. Sie kann

[127] Siehe zur Definition die Ausführungen in Abschnitt 6.3 der vorliegenden Studie.

Ein selbstgebasteltes „Soldat-Ärger-Dich-Nicht-Spiel“ aus Afghanistan, 28. September 2010. Nicht nur der Einsatz, auch die Bürokratie und der Dienstalltag am Heimatstandort kann für (Einsatz-)Soldaten eine große Belastung sein. *Bundeswehr/Söhnen*

aber auch als Überforderung empfunden werden und sich so langfristig negativ auf die Lebensqualität der Betroffenen und ihrer Angehörigen auswirken. (vgl. Abschnitt 6.4) In diesem und dem folgenden Abschnitt soll es daher stärker um die Frage gehen, wie die Befragten ihre eigene Gesundheit und ihr persönliches Wohlbefinden drei Jahre nach der Rückkehr aus dem Einsatz selber wahrnehmen.

Zur Erfassung der subjektiven Gesundheit wurde den (Einsatz-)Soldaten und Veteranen in der Befragung fast drei Jahre später die Frage gestellt, wie sie alles in allem ihren gegenwärtigen Gesundheitszustand beschreiben würden. Auf einer Skala, die von sehr gut bis sehr schlecht reichte, wurden sie gebeten, ihre derzeitige Gesundheit persönlich einzuschätzen. Hierbei ist darauf hinzuweisen, dass diese Frage stärker das körperliche Wohlergehen abbildet. (vgl. Abschnitt 6.3) In verschiedenen Untersuchungen hat sich jedoch gezeigt, dass Antworten auf diese Frage den objektiv messbaren Gesundheitszustand recht gut widerspiegeln. (vgl. Hoffmeister/Bellach 1995: 198–208) In der folgenden Abbildung 42 ist die subjektiv wahrgenommene Gesundheit der Befragten (d.h. für Soldaten und Veteranen zusammengenommen) dargestellt.

Abbildung 42: Selbsteinschätzung der Gesundheit fast drei Jahre nach dem Einsatz

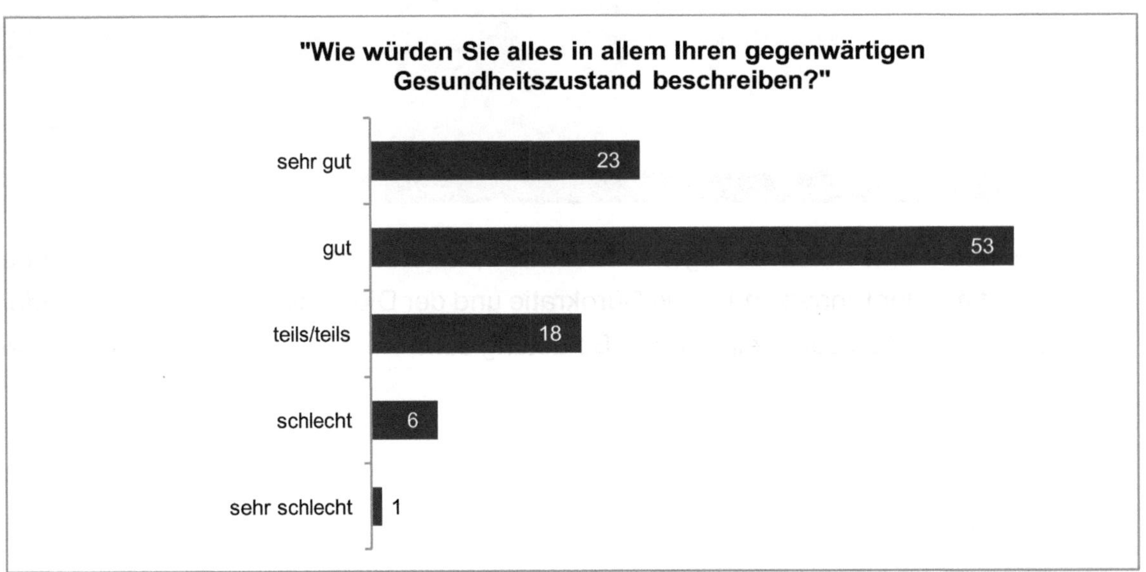

Datenbasis: Befragung des 22. Kontingents ISAF durch das ZMSBw, Dezember 2012 bis März 2013 und Mai bis Oktober 2013. Angaben in Prozent.

Im Ergebnis zeigt sich, dass eine Mehrzahl des Kontingents die eigene Gesundheit als gut (53 %) oder sehr gut (23 %) bewertet. Demgegenüber schätzen nur 6 Prozent der Befragten die eigene Gesundheit als schlecht und 1 Prozent als sehr schlecht ein. Das übrige Fünftel (18 %) gibt ein eher gemischtes Urteil an. (Abbildungen 42) Für die weiteren Datenanalysen wurden die Kategorien einer selbst als „sehr gut“ und „gut“ eingeschätzten

Gesundheit zu „guter Gesundheit“ und die Kategorien einer selbst eingeschätzten „sehr schlechten“ und „schlechten“ Gesundheit zu „schlechter Gesundheit“ zusammengefasst. Demzufolge verfügen drei Jahre nach dem Einsatz mehr als drei Viertel (76 %) des Kontingents über eine gute subjektive Gesundheit. Weitere 18 Prozent weisen eine durchschnittliche Gesundheit auf. Der Anteil an Befragten mit einer schlechten subjektiven Gesundheit liegt bei 7 Prozent. (Abbildung 42)

Gute Gesundheit kann in unserer Gesellschaft nicht als Ausnahme angesehen werden, sondern muss als Normalfall gelten. Aufschlussreicher ist daher ein Vergleich mit einer Stichprobe der deutschen Bevölkerung, deren Verteilung nach Alter und Geschlecht entsprechend der Zusammensetzung des Kontingents gewichtet wurde. In dieser Analyse zeigt sich ein differenzierter Befund. (vgl. Abbildung 43) Während 78 Prozent der Einsatzrückkehrer in der Altersgruppe der über 45-Jährigen sich eine gute Gesundheit bescheinigen, sind es nur 67 Prozent dieser Altersgruppe in der deutschen Bevölkerung. Im Vergleich für die jüngeren und mittleren Altersgruppen fällt dieses Ergebnis genau umgekehrt aus. Besonders die bis zu 30-Jährigen in der Bevölkerung schätzen die eigene Gesundheit deutlich besser ein als die Vergleichsgruppe unter den Einsatzrückkehrern (91 % gute Gesundheit in der Bevölkerung im Vergleich zu 77 % für das Kontingent).

Dies gilt gleichermaßen, wenn auch auf einem niedrigeren Niveau, für die 31- bis 45-Jährigen in der Bevölkerung, die die eigene Gesundheit ebenfalls besser (83 % gute Gesundheit im Vergleich zu 75 % für das Kontingent) wahrnehmen als die vergleichbare Altersgruppe des Kontingents. (Abbildung 43) Fast drei Jahre nach dem Einsatz verfügen dementsprechend Einsatzrückkehrer der Altersgruppe bis 45 über eine – im Vergleich zur deutschen Bevölkerung – tendenziell schlechtere subjektive Gesundheit, während Einsatzrückkehrer der Altersgruppe über 45 eine im Vergleich zur deutschen Bevölkerung eher bessere subjektive Gesundheit besitzen.

Abbildung 43: Selbsteinschätzung der Gesundheit im Vergleich zwischen Einsatzrückkehrern und deutscher Bevölkerung

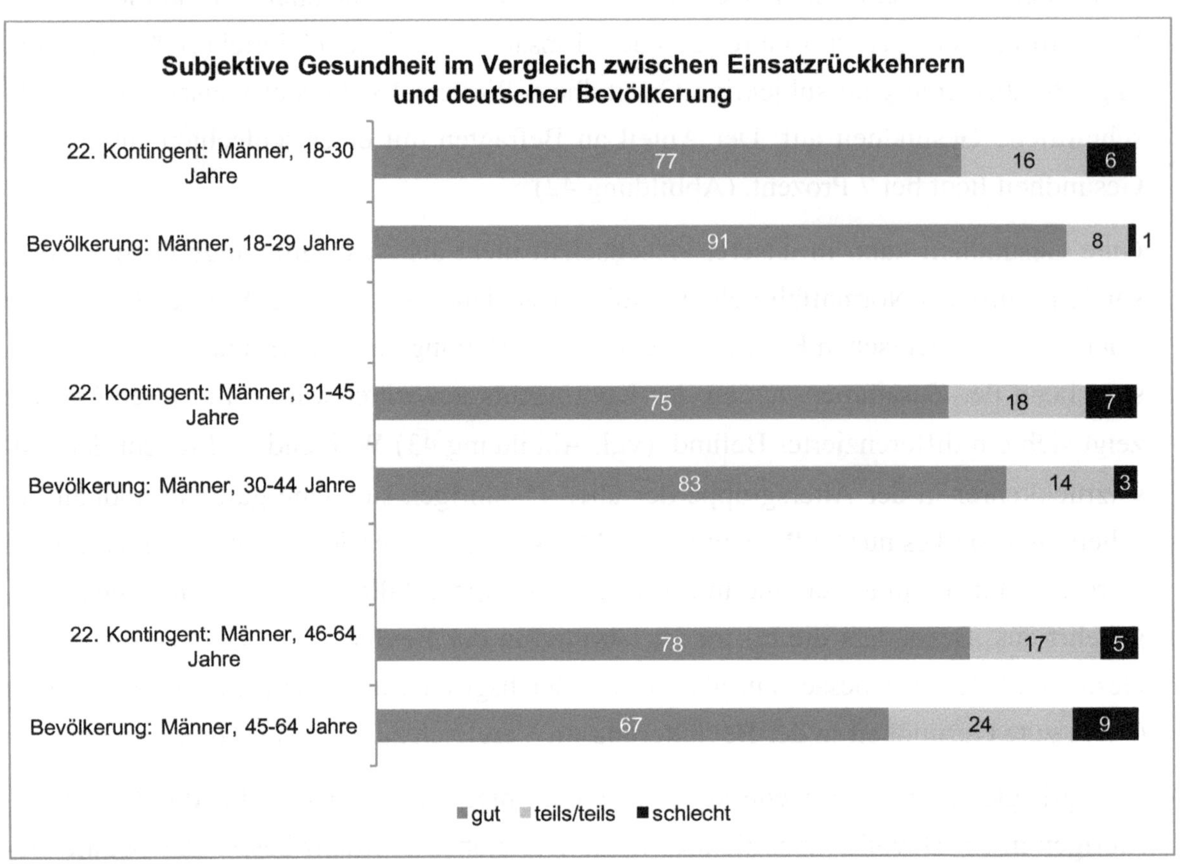

Datenbasis: Befragung des 22. Kontingents ISAF durch das ZMSBw, Dezember 2012 bis März 2013 und Mai bis Oktober 2013. Bevölkerungsdaten beruhen auf ALLBUS 2010 (GESIS – Leibniz-Institut für Sozialwissenschaften 2010). Erhebungszeitraum Mai bis November 2010. ALLBUS-Stichprobe wurde eingeschränkt auf deutsche Staatsbürger (inkl. doppelte Staatsbürgerschaft) und auf 19- bis 64-Jährige. Eine soziodemografische Vergleichbarkeit von deutscher Bevölkerung und 22. Kontingent ISAF wurde über den Ausschluss weiblicher Befragter und der Analyse nach unterschiedlichen Altersklassen erreicht. Angaben in Prozent.

Das Gesundheitsempfinden von (Einsatz-)Soldaten und Veteranen kann drei Jahre nach dem Einsatz durch eine Vielzahl an Faktoren beeinflusst sein, die zudem nicht mehr zwangsläufig mit dem Einsatz verbunden sein müssen. Als wichtigste Determinante von Gesundheit gilt in der Gesundheitsforschung allgemeinhin das Alter. So nehmen im höheren Alter Beschwerden meist zu. Auffallend ist daher, dass zwischen den verschiedenen Altersgruppen unter den Einsatzrückkehrern selbst keine bedeutsamen Abweichungen in ihren Gesundheitsbewertungen bestehen. (Abbildung 43) Signifikante Unterschiede im Gesundheitsempfinden zeigen sich auch nicht zwischen Frauen und Männern des Kontingents, ebenso wenig wie zwischen verschiedenen Dienstgradgruppen. Auch der Familienstand hat keinen relevanten Einfluss auf die subjektiv wahrgenommene Gesundheit der Befragten. Partnerschaftlich Gebundene berichten zwar häufiger als Ledige über eine gute Gesundheit (78 % im Vergleich zu 70 %), allerdings ist diese Abweichung statistisch nicht signifikant. Das Gesundheitsempfinden von Einsatzrückkehrern differenziert sich drei Jahre nach dem Einsatz offenbar nicht einfach entlang sozio- und militärdemografischer Gruppen. Es müssen demnach andere Faktoren einbezogen werden, die dazu beigetragen haben können, dass die Befragten die eigene Gesundheit im Vergleich zur Bevölkerung auch noch drei Jahre nach dem Einsatz tendenziell schlechter bewerten. (Abbildung 43)

In der weiteren Datenanalyse zeigen sich jedoch deutliche Unterschiede in den Gesundheitsbewertungen zwischen (Einsatz-)Soldaten und Veteranen. So schätzen Veteranen ihre Gesundheit signifikant besser ein als Soldaten. Während 84 Prozent der Veteranen die eigene Gesundheit als gut empfinden, trifft dies auf wesentlich weniger Soldaten zu. Hier sind es 73 Prozent, die sich selbst eine gute Gesundheit attestieren. (Abbildung 44) Soldaten berichten zudem häufiger als Veteranen nicht nur von einer durchschnittlichen Gesundheit (20 % im Vergleich zu 13 % für Veteranen), sondern öfter (8 % im Vergleich zu 4 %) auch von einer schlechten subjektiven Gesundheit, wobei nochmals erwähnt sei, dass diese Befunde stärker das körperliche Wohlergehen abbilden. (Abbildung 44)

Abbildung 44: Subjektive Gesundheit fast drei Jahre nach dem Einsatz im Vergleich zwischen (Einsatz-)Soldaten und Veteranen des Kontingents

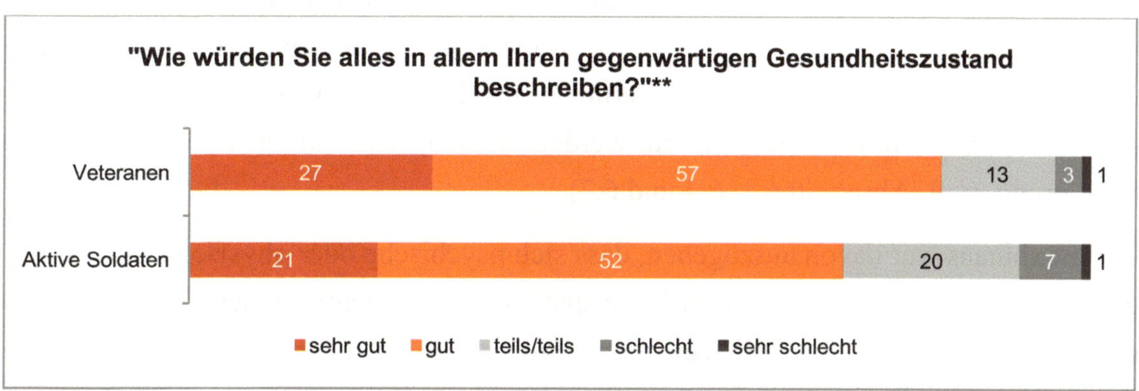

Anmerkungen: **=hoch signifikant auf dem 1 %-Niveau. Signifikanz nach Chi-Quadrat. Datenbasis: Befragung des 22. Kontingents ISAF durch das ZMSBw, Dezember 2012 bis März 2013 und Mai bis Oktober 2013. Angaben in Prozent.

Mit Alterseffekten sind die Abweichungen in den Gesundheitsbewertungen von Veteranen und Soldaten statistisch aber ebenso wenig verbunden wie mit psychischen oder physischen Belastungsfolgen des Einsatzes. (vgl. Abschnitt 6.1) Es müssen demnach andere Ursachen dafür verantwortlich sein, dass Veteranen sich drei Jahre nach der Rückkehr aus dem Einsatz selber als gesünder empfinden als Soldaten.

Die weiteren Analysen weisen auf verschiedene Faktoren, die sich einschränkend auf die subjektiv wahrgenommene Gesundheit der Befragten auswirken.[128] Besonders akut aufgetretene oder seit dem Einsatz noch andauernde Erkrankungen zeitigen stark negative Effekte für das Gesundheitsempfinden der Befragten. Familiäre Schwierigkeiten sowie allgemein hohe dienst- bzw. berufsbezogene Belastungen wirken sich ebenfalls deutlich mindernd auf die subjektiv wahrgenommene Gesundheit aus. (Abbildung 45) Deutliche Unterschiede im Gesundheitsempfinden bestehen dementsprechend zwischen Befragten, die von hohen dienstlichen/beruflichen oder familiären Belastungen berichten und denjenigen, die sich wesentlich weniger dienstlich/beruflich oder familiär belastet fühlen. (Abbildung 45) Während im Durchschnitt acht von zehn Befragten, die in der Selbsteinschätzung mit den Anforderungen von Familie bzw. Dienst/Beruf gegenwärtig überwiegend gut zurechtkommen, auch die eigene Gesundheit als gut empfinden (80 % bzw. 79 %), sind es signifikant weniger derjenigen, die sich familiär bzw. dienstlich/beruflich hoch belastet fühlen (48 % gute Gesundheit für familiär bzw. 61 % für dienstlich/beruflich hoch Belastete). Insofern erscheint es plausibel, dass das nach dem Ausscheiden aus der Bundeswehr von den Veteranen häufig als geringer wahrgenommene berufliche Belastungspotenzial sich positiv auf ihre Gesundheitsbewertung ausgewirkt hat. Umgekehrt dürften die von Soldaten häufig als höher empfundenen allgemein dienstbezogenen Belastungen sich stärker einschränkend auf ihr Gesundheitsempfinden niedergeschlagen haben.[129] (vgl. Abschnitt 6.1) Die Annahme, dass nicht nur einsatzbedingte, sondern ebenso allgemein hohe dienstbezogene Anforderungen für die subjektive Gesundheit von (Einsatz-)Soldaten mit in Rechnung gestellt werden müssen, erhält somit weitere empirische Fundierung. (vgl. Abschnitt 6.1, 6.4 und 6.7)

Darüber hinaus war davon auszugehen, dass sich psychische oder physische Belastungsfolgen des Einsatzes auch noch drei Jahre später deutlich negativ in den Gesundheitsbewertungen der Betroffenen niederschlagen würden. Diese Annahme bestätigt sich in den Daten aber nur teilweise. Auf der einen Seite besteht zwischen einer negativen Gesundheitsbewertung und Indikatoren für hohe psychische oder physische Beanspruchungen ein höchst signifikanter Zusammenhang. (Abbildung 45) Auf der anderen Seite führt

---

[128] In Korrelationsanalysen zeigen sich ein recht starker Zusammenhang zwischen dem wahrgenommenen Gesundheitszustand und dem subjektiven Wohlbefinden (Pearson's r=0,53) sowie etwas schwächere höchst signifikante Zusammenhänge zwischen verschiedenen Belastungsdimensionen und der Gesundheitsbewertung: r=0,46 für Belastungen aufgrund psychischer oder physischer Beeinträchtigungen; r=0,31 für familiäre Belastungen; r=0,30 für Belastungen durch schlechtes Dienstklima, mangelnde Anerkennung sowie Konflikte am Arbeitsplatz; r=0,22 für Belastungen aufgrund der Bürokratie des Dienstalltags, hohem Arbeitsaufkommen und häufigen Abwesenheiten sowie r=0,21 für Belastungen aufgrund von beruflichen Unsicherheiten (n=1 056). Siehe zum Wohlbefinden Abschnitt 6.6 der vorliegenden Studie.

[129] Siehe zu den Ergebnissen der Korrelationsanalysen Fußnote 128.

nicht jede bleibende körperliche oder seelische Verwundung auch noch drei Jahre nach dem Einsatz zu einer negativen Gesundheitsbewertung. So kommen jene Befragte, die sich noch immer psychisch oder physisch durch den Einsatz beeinträchtigt fühlen, zu einer insgesamt eher gemischten Gesundheitsbewertung. Etwa ein Drittel der Einsatzverwundeten (32 % von den psychisch bzw. 36 % von den körperlich Beeinträchtigten) empfindet die eigene Gesundheit auch noch drei Jahre später als schlecht. Ein weiteres Drittel (37 % der physisch bzw. 29 % der psychisch Beeinträchtigten) schätzt die eigene Gesundheit als durchschnittlich ein. Ein anderes Drittel (34 % der physisch bzw. 30 % der psychisch Beeinträchtigten) attestiert sich trotz bleibender psychischer oder physischer Beeinträchtigungen eine gute Gesundheit. Die Gesundheitsbewertung für gesundheitlich durch den Einsatz nicht Belastete fällt erwartungsgemäß besser aus. Hier sind es 82 Prozent, die die eigene Gesundheit als gut empfinden. Lediglich eine Minderheit von 4 Prozent von ihnen empfindet die eigene Gesundheit als schlecht. Die übrigen 17 Prozent geben eine durchschnittliche subjektive Gesundheit an. (Abbildung 45)

Abbildung 45: Subjektive Gesundheit drei Jahre nach dem Einsatz differenziert nach verschieden belasteten und nicht belasteten Gruppen

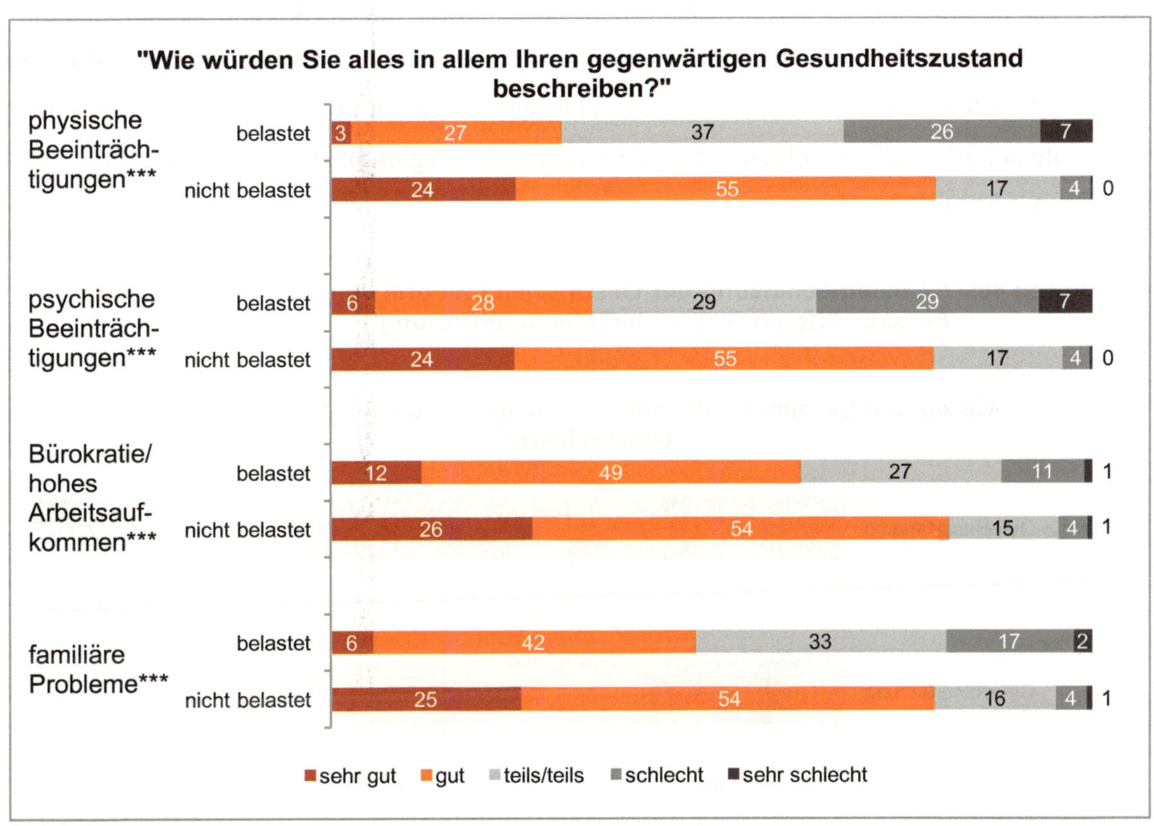

Anmerkungen: ***=höchst signifikant auf 0,1 %-Niveau. Signifikanz nach Chi-Quadrat. Datenbasis: Befragung des 22. Kontingents ISAF durch das ZMSBw, Dezember 2012 bis März 2013 und Mai bis Oktober 2013. Angaben in Prozent.

Diese Differenz lässt sich gleichermaßen für das Gesamtkontingent beobachten. Während sich 12 Prozent sämtlicher Befragten auch noch drei Jahre nach dem Einsatz durch die Folgen einer Verwundung bzw. durch ein seit dem Einsatz andauerndes gesundheitliches Problem im Alltag eingeschränkt fühlen, (Abbildung 35) schätzen nur 7 Prozent der Befragten die eigene Gesundheit noch als schlecht ein. (Abbildung 42) Allerdings ist zu berücksichtigen, dass die Antworten, wie oben erwähnt, stärker das körperliche Wohlergehen abbilden. Auch dürfte für diesen Befund der Schweregrad der bleibenden Verwundung eine wichtige Rolle gespielt haben. Insgesamt jedoch deuten die Daten darauf hin, dass etwa ein Drittel der Einsatzverwundeten (30 % der physisch und 34 % der psychisch Beeinträchtigten) mit den noch bleibenden Beeinträchtigungen im Alltag mittlerweile einigermaßen gut zurechtkommt, während ein anderes Drittel von ihnen (33 % der physisch und 36 % der psychisch Beeinträchtigten) noch immer erheblich darunter leidet. (Abbildung 45)

Als weiterer Faktor für das Gesundheitsempfinden der Befragten müssen die Gewalterfahrungen des Einsatzes berücksichtigt werden. In den vorherigen Analysen haben sich Gefechtserlebnisse als wesentlicher Risikofaktor für bleibende seelische oder körperliche Verwundungen herausgestellt. (Abschnitt 6.1, 6.3 und 6.4) Insofern war davon auszugehen, dass sich diese häufigeren Belastungsfolgen stärker einschränkend in den Gesundheitsbewertungen von Gefechtserfahrenen bemerkbar machen würden. In den Befunden zeigt sich jedoch, dass von den Gefechtserfahrenen in etwa ebenso viele Befragte über eine gute subjektive Gesundheit verfügen wie in der Vergleichsgruppe der Gefechtsunerfahrenen. (Abbildung 46)

Abbildung 46: Selbsteinschätzung der Gesundheit fast drei Jahre nach dem Einsatz differenziert nach Gefechtserfahrung

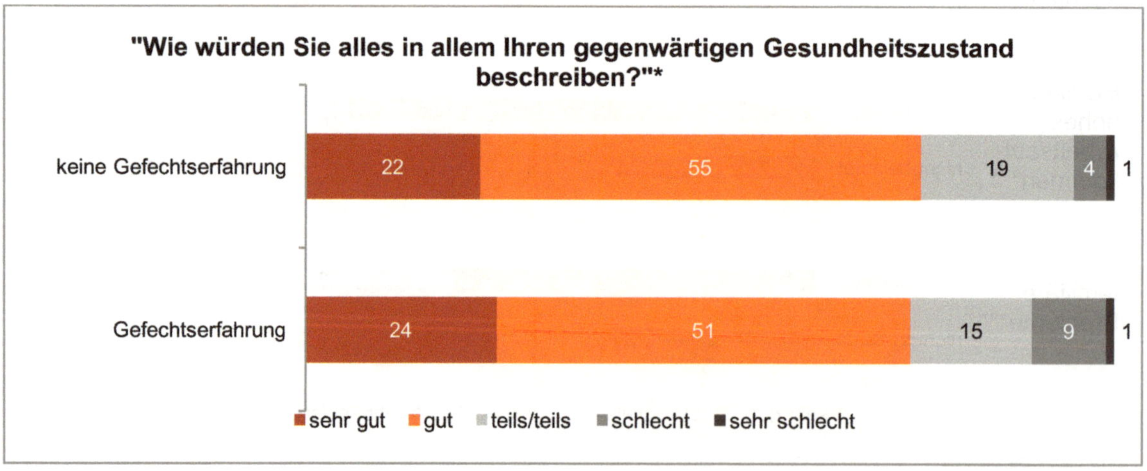

"Wie würden Sie alles in allem Ihren gegenwärtigen Gesundheitszustand beschreiben?"*

	sehr gut	gut	teils/teils	schlecht	sehr schlecht
keine Gefechtserfahrung	22	55	19	4	1
Gefechtserfahrung	24	51	15	9	1

Anmerkungen: ***=höchst signifikant auf 0,1 %-Niveau; **=hoch signifikant auf dem 1 %-Niveau; *=signifikant auf dem 5 %-Niveau. Signifikanz nach Chi-Quadrat. Datenbasis: Befragung des 22. Kontingents ISAF durch das ZMSBw, Dezember 2012 bis März 2013 und Mai bis Oktober 2013. Angaben in Prozent.

In beiden Gruppen weisen rund drei Viertel (77 % bzw. 75 %) der Befragten eine gute subjektive Gesundheit auf. Gleichzeitig fällt für Gefechtserfahrene der Anteil an Befragten, der die eigene Gesundheit auch noch drei Jahre nach dem Einsatz als schlecht empfindet, doppelt so hoch (10 % im Vergleich zu 5 %) aus wie für die Gruppe der gefechtsunerfahrenen Befragten, wobei diese Unterschiede statistisch nur gering ausgeprägt sind. Angesichts der Belastungen und Beanspruchungen, mit denen gerade kämpfende Einheiten des Kontingents im Einsatz konfrontiert waren (vgl. Kapitel 3 und 5.3), ist dies ein auffälliger Befund. Hierfür dürften jedoch mehrere Hintergrundfaktoren eine Rolle gespielt haben. Zum einen ist davon auszugehen, dass Befragte aus Kampfeinheiten der Bundeswehr aufgrund ihres Anforderungsprofils und ihrer Ausbildung generell über eine hohe Fitness und körperliche Leistungsfähigkeit verfügen. Da die hier genutzte Gesundheitsskala zudem stärker körperliches Wohlergehen abbildet, ist auch von vergleichsweise hohen Gesundheitswerten bei Befragten auszugehen, die im Einsatz in Gefechten gestanden haben. Zum anderen dürfen die insgesamt gesehen nur geringen statistischen Unterschiede in den Gesundheitsbewertungen zwischen den beiden Gruppen nicht darüber hinwegtäuschen, dass unter Gefechtserfahrenen gleichzeitig doppelt so viele wie in der Vergleichsgruppe die eigene Gesundheit auch noch drei Jahre später als schlecht empfinden (10 % gegenüber 5 % unter Gefechtsunerfahrenen). Die allermeisten Soldaten und Veteranen, die im Afghanistaneinsatz in Gefechten standen, haben somit zwar keine bleibenden psychischen oder physischen Verletzungen davongetragen, unter Gefechtserfahrenen ist aber gleichzeitig der Anteil an Befragten, der schwere gesundheitliche Beeinträchtigungen durch den Einsatz erlitten hat, wesentlich größer als für Befragte ohne diese Erfahrung. Nicht die Gefechtserfahrungen an sich, sondern die häufiger mit diesen verbundenen gesundheitlichen Folgeschäden sind somit ursächlich dafür, dass eine höhere Anzahl an Gefechtserfahrenen auch noch drei Jahre nach dem Einsatz von einer schlechten subjektiven Gesundheit berichtet. Diese Annahme bestätigt sich in der weiteren Datenanalyse, in der deutlich wird, dass kumulierende Gewalterfahrungen in Gefechten nicht nur stark mit andauernden psychischen oder physischen Beanspruchungen des Einsatzes, sondern ebenso mit einem schlechteren Gesundheitsempfinden verbunden sind.[130] So bewerten Befragte, die angeben, mehr als 20-mal in Gefechtssituationen im Einsatz gestanden zu haben, die eigene Gesundheit nur zu 57 Prozent als gut, gegenüber 75 Prozent jener Befragten, die nach eigenen Angaben seltener oder nie im Einsatz kämpfen mussten.

[130] Nach Chi-Quadrat-Test höchst signifikant auf 0,1 Prozent-Niveau.

Eine ganz ähnliche Tendenz im Antwortverhalten lässt sich auch für Befragte beobachten, die im Einsatz mit dem 22. Kontingent ISAF in der Fläche in Außenposten eingesetzt und dort in erheblichem Umfang mit Gefechtssituationen konfrontiert waren. (Abschnitt 5.3) Drei Jahre nach der Rückkehr aus dem Einsatz verfügt auch eine Mehrzahl von ihnen (71 %) über eine gute subjektive Gesundheit. (Abbildung 47) Dieser Wert liegt zudem nicht wesentlich unter den Vergleichswerten für andere Einsatzorte wie Feyzabad (73 %) oder Mazar-e-Sharif (75 %). Gleichzeitig ist der Anteil an Befragten aus den Außenposten, der auch noch drei Jahre später von einer schlechten Gesundheit berichtet, um ein Vielfaches höher als bei Befragten, die an anderen Einsatzstandorten in Afghanistan eingesetzt waren (15 % gegenüber 3 % in Feyzabad, 4 % in Kabul und jeweils 6 % in Mazar-e-Sharif und Kunduz).

Abbildung 47: Selbsteinschätzung der Gesundheit fast drei Jahre nach dem Einsatz differenziert nach Einsatzort in Afghanistan

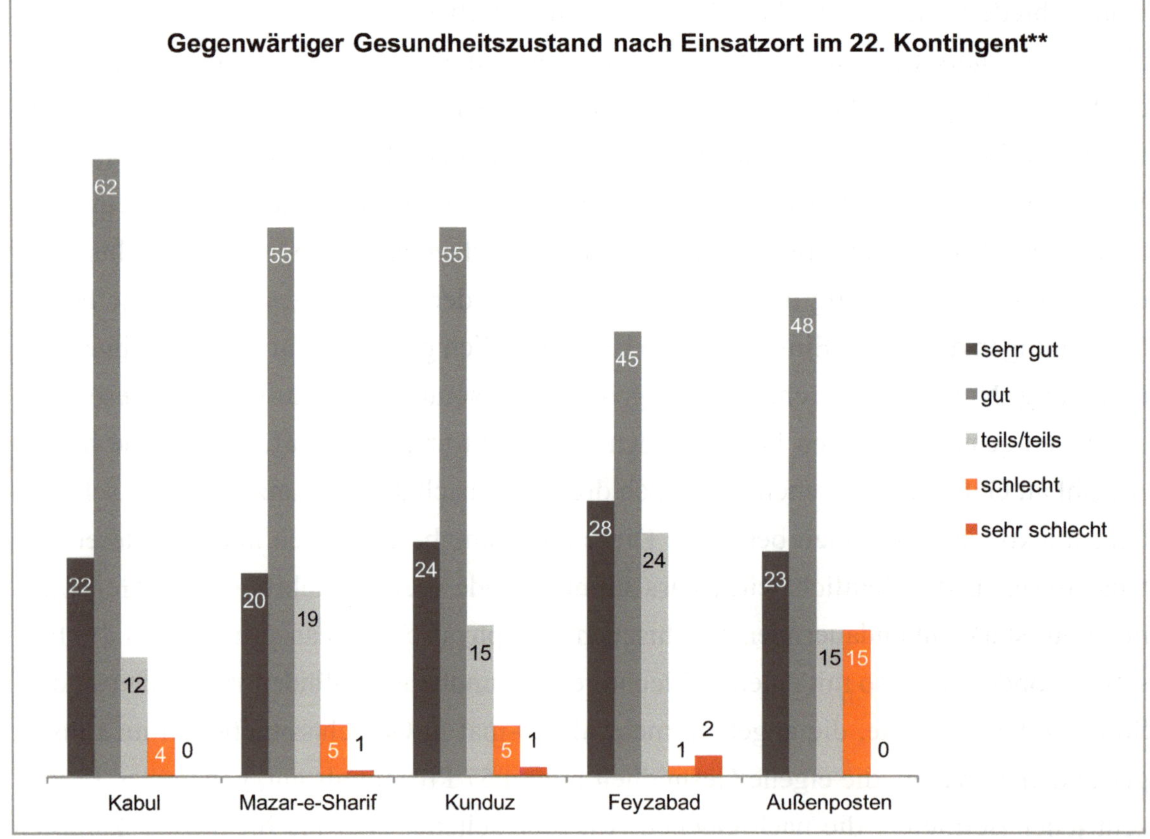

Anmerkungen: **=hoch signifikant auf dem 1 %-Niveau. Signifikanz nach Chi-Quadrat. Datenbasis: Befragung des 22. Kontingents ISAF durch das ZMSBw, Dezember 2012 bis März 2013 und Mai bis Oktober 2013. Angaben in Prozent.

Insgesamt kann festgehalten werden, dass drei Jahre nach dem Einsatz ein Großteil der Soldaten (73 %) und Veteranen (84 %) über eine überwiegend gute subjektive Gesundheit verfügt. Nur ein kleinerer Teil (8 % der Soldaten und 4 % der Veteranen) bescheinigt sich

Hauptfeldwebel Naef Adebahr, der beim Karfreitagsgefecht am 2. April 2010 verwundet wurde, gewinnt die Bronzemedaille im 200-Meter-Lauf bei den Invictus Games 2016 in Orlando, Florida. *Bundeswehr/Sebastian Wilke*

selbst noch eine schlechte Gesundheit. Im Vergleich mit der Bevölkerung fällt die Gesundheitsbewertung jedoch tendenziell schlechter aus. Die Daten weisen auf zwei wesentliche Ursachen: Zum einen machen sich psychische oder physische Verletzungsfolgen des Einsatzes für eine Teilgruppe noch negativ im Gesundheitsempfinden bemerkbar. Zum anderen wirken sich aufgetretene familiäre bzw. partnerschaftliche Schwierigkeiten sowie allgemein hohe dienst- bzw. berufsbezogene Belastungen negativ auf das Gesundheitsempfinden der Befragten aus. Dies erklärt teilweise auch, warum Veteranen sich selber drei Jahre später gesünder fühlen als Soldaten. Sie berichten nach dem Ausscheiden aus der Bundeswehr deutlich seltener von beruflicher Überlastung.

6.6 „Das holt mich heute nur noch selten ein ...“ – Persönliches Wohlbefinden im Alltag drei Jahre nach dem Einsatz

Im Alltagserleben der meisten Menschen sind neben dem körperlichen Wohlergehen emotionale und soziale Aspekte gleichermaßen wichtig für das Wohlbefinden sowie Voraussetzung für eine hohe Lebensqualität und Leistungsfähigkeit. Dementsprechend definiert die Weltgesundheitsorganisation (WHO) Gesundheit als „Zustand vollständigen physischen, geistigen und sozialen Wohlbefindens, in dem der Einzelne seine Fähigkeiten ausschöpfen, die normalen Lebensbelastungen bewältigen, produktiv und fruchtbar arbeiten kann und imstande ist, etwas zu seiner Gemeinschaft beizutragen“. (WHO 2017) Die Soldaten und Veteranen wurden in der Befragung drei Jahre nach der Rückkehr daher zusätzlich um eine Einschätzung dazu gebeten, wie sie sich emotional und mental im Alltag erleben.[131]

Zur Erfassung des Wohlbefindens von (Einsatz-)Soldaten und Veteranen wurde in der Wiederholungsbefragung ein international bewährtes generisches Instrument, der von der WHO entwickelte Kurzfragebogen zum persönlichen Wohlbefinden (WHO-5-Index) eingesetzt. (vgl. Naci/Ioannidis 2015: 121f.) Dabei handelt es sich um ein Selbsteinschätzungsverfahren, das auf den drei Dimensionen Stimmung, Interessen und Energie basiert. Es ermöglicht ein Abschätzen des persönlichen Wohlbefindens und dient als Screening-Instrument der Identifizierung eines potenziell herabgesetzten Wohlbefindens.[132] Konkret wurden die Befragten gebeten, zu bewerten, ob sie sich in den letzten Wochen „ruhig und gelassen“, „voller Energie“, „froh und guter Laune“, „beim Aufwachen frisch und

---

131 Subjektive Gesundheit, Wohlbefinden und Lebenszufriedenheit sind eng miteinander verbundene Konzepte.

132 Siehe zu den Limitationen von Screening-Instrumenten Fußnote 134.

ausgeruht" gefühlt haben und inwiefern ihr Alltag „voller Dinge war", die sie interessierten. In den folgenden Analysen geht es demnach um die positiven bzw. negativen Stimmungen und Gefühle, die die Soldaten und Veteranen in den vergangenen Wochen in ihrem Alltag empfunden haben.[133] Die Antwortmöglichkeiten auf der 6-stufigen Likert-Skala reichen von „die ganze Zeit" (5 Punkte), „meistens" (4 Punkte), „etwas mehr als die Hälfte der Zeit" (3 Punkte), „etwas weniger als die Hälfte der Zeit" (2 Punkte), „ab und zu" (1 Punkt) bis „nie" (0 Punkte). Der Indexwert berechnet sich aus der Summe der jeweiligen Scores, wobei höhere Werte ein höheres Wohlbefinden anzeigen. Allgemein wird ein Grenzwert unter 13 Punkte als Hinweis auf ein schlechtes bzw. geringes Wohlbefinden angenommen, das auf psychische Belastungen bis hin zu psychischen Störungen hinweisen kann.[134] (vgl. Bech 2004) Aus Gründen der Vergleichbarkeit wurde der Rohwert anschließend in eine Prozentwert-Skala von 0 bis 100 transferiert, wobei 0 für das schlechteste denkbare Wohlbefinden und 100 für das bestmögliche Wohlbefinden steht. Für die folgende Auswertung wurden drei Wertebereiche unterteilt: 0 bis 28 (0–7 Punkte) = sehr niedriges/sehr schlechtes Wohlbefinden; 29 bis 50 (8–12 Punkte) = niedriges/ schlechtes Wohlbefinden; und 51 bis 100 (13–25 Punkte) = mindestens durchschnittliches bis überdurchschnittliches Wohlbefinden. Dabei verweisen Werte von 0 bis 50 auf Beeinträchtigungen des persönlichen Wohlbefindens und eine deutlich geminderte Lebensqualität, die mit einer höheren Wahrscheinlichkeit verbunden ist, dass psychische Belastungen bis hin zu psychischen Störungen vorliegen.[135] Aus Gründen der Anschaulichkeit wird im Folgenden ein mindestens durchschnittliches bis überdurchschnittliches Wohlbefinden verkürzt zu einem guten Wohlbefinden zusammengefasst.[136] In Abbildung 48 ist das subjektiv wahrgenommene Wohlbefinden für das Kontingent (d.h. für Soldaten und Veteranen zusammengenommen) zum Zeitpunkt der Wiederholungsbefragung drei Jahre nach der Rückkehr aus dem Einsatz dargestellt.

---

[133] Der hier leicht modifiziert verwendete Fragebogen fragt nach dem Wohlbefinden in den letzten vier Wochen im Gegensatz zur üblicherweise verwendeten Dauer von zwei Wochen. Diese Änderung wurde vorgenommen, um Befunde der PTSS-10-Skala mit jenen der Skala zum Wohlbefinden vergleichen zu können.

[134] Hier sei darauf hingewiesen, dass die auf der Basis der WHO-5 erhobenen Ergebnisse lediglich als mehr oder weniger starke Hinweise auf eine herabgesetzte Lebensqualität bzw. auf psychische Belastungen bzw. Störungen zu verstehen sind. Screening-Verfahren beruhen auf Selbsteinschätzungen. Sie ersetzen keine klinischen Diagnosen. (vgl. Hoyer et al. 2003) In den folgenden Analysen geht es aber auch nicht um Krankheitsdiagnosen, sondern um Hinweise auf langfristige Auswirkungen des Einsatzes auf die Lebensqualität von (Einsatz-)Soldaten und Veteranen.

[135] Der Prozentwert-Score wird auch eingesetzt, um mögliche Veränderungen des Wohlbefindens zu diagnostizieren. Eine Veränderung von 10 Prozent zeigt dabei eine deutliche Veränderung des Wohlbefindens an.

[136] Dies scheint gerechtfertigt, da sich in den Daten zeigt, dass die Befragten überwiegend positive Stimmungen und Gefühle für die angefragten Dimensionen berichten.

Abbildung 48: Persönliches Wohlbefinden fast drei Jahre nach dem Einsatz für die Einsatzrückkehrer des 22. Kontingents ISAF

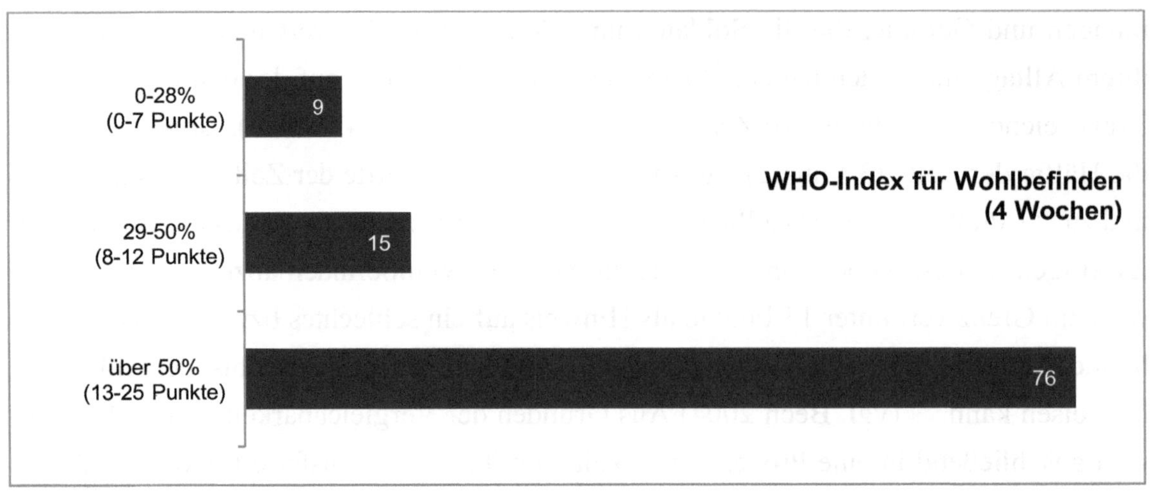

Datenbasis: Befragung des 22. Kontingents ISAF durch das ZMSBw, Dezember 2012 bis März 2013 und Mai bis Oktober 2013. Angaben in Prozent.

Im Ergebnis wird deutlich, dass etwa drei Viertel (76 %) der Einsatzrückkehrer zum Befragungszeitpunkt drei Jahre nach dem Einsatz über ein gutes persönliches Wohlbefinden verfügt. Hingegen berichten 15 Prozent der Befragten von einem schlechten und 9 Prozent von einem sehr schlechten eigenen Wohlbefinden, das als Hinweis auf eine herabgesetzte Lebensqualität und auf das Vorliegen psychischer Belastungen bis hin zu psychischen Störungen interpretiert werden kann. (Abbildung 48) Insgesamt erleben sich die meisten Befragten im gegenwärtigen Alltag jedoch als emotional überwiegend ausgeglichen. So halten sich in der Selbsteinschätzung für 76 Prozent der Befragten positive und negative Gefühle im Alltagserleben in etwa die Waage. Dies gilt jedoch nicht für alle Soldaten und Veteranen gleichermaßen. Fast ein Viertel (24 %) des Kontingents, für die in den vergangenen Wochen negative Empfindungen deutlich überwogen, schätzt sich persönlich derzeit als psychisch angeschlagen ein. (Abbildung 48)

In den weiteren Datenanalysen lassen sich hierfür unterschiedliche Einflussfaktoren identifizieren. Das empfundene Wohlbefinden der Befragten ist höchst signifikant nicht nur mit ihrer subjektiven Gesundheit verbunden, sondern korreliert auch mit familiären sowie verschiedenen dienstlichen bzw. beruflichen Belastungsdimensionen.[137] Dies war auch

[137] In Korrelationsanalysen lässt sich ein statistisch mittelstarker Zusammenhang zwischen dem aktuellen Wohlbefinden und der wahrgenommenen Belastung durch familiäre Problem (Pearson's r=0,34; n=1 050) sowie durch verschiedene berufsbezogene Anforderungen und Rahmenbedingungen (je nach Dimension Pearson's r=0,36 bis 0,24; n=1 050 bis 1038) beobachten. Siehe zu den Belastungsdimensionen Abschnitt 6.1 der vorliegenden Studie.

zu erwarten, denn berufsbezogene Rahmenbedingungen gelten in der Literatur als prädisponierender Faktor für das subjektive Wohlbefinden. (vgl. Kuhn 2010) Die Bedeutung von Partnerschaft und Familienleben für das Alltagserleben von Personen ist ebenfalls empirisch gut belegt. (vgl. Berndt 2016)

Den mit Abstand stärksten Einfluss auf das Wohlbefinden der Befragten hat dabei das Gesundheitsempfinden.[138] Je besser die eigene Gesundheit von den Soldaten und Veteranen drei Jahre später eingeschätzt wird, desto positiver wird auch das eigene Wohlbefinden wahrgenommen. Angesichts dieser Befunde war davon auszugehen, dass ähnliche Faktoren, die das Gesundheitsempfinden der Befragten beeinflussen auch auf ihr Wohlbefinden rückwirken. (Abschnitt 6.5) Diese Annahme bestätigt sich in den weiteren Analysen. So machen sich andauernde psychische oder physische Belastungsfolgen nicht nur negativ im Gesundheitsempfinden bemerkbar. Sie wirken sich auch einschränkend auf das persönliche Wohlbefinden der Befragten aus. (Abbildung 49) Eine Mehrzahl in jener Teilgruppe[139], die sich auch noch drei Jahre später seelisch oder körperlich durch den Einsatz beeinträchtigt fühlt (64 % der psychisch bzw. 59 % der physisch Bceinträchtigten), schätzt das eigene Wohlbefinden als gering oder sehr gering ein. Lediglich 36 Prozent der psychisch und 42 Prozent der physisch Verwundeten erleben sich in ihrem gegenwärtigen Alltag als emotional überwiegend ausgeglichen. (Abbildung 49)

Es bestätigt sich somit in den Daten für das subjektive Wohlbefinden der für das Gesundheitsempfinden der Befragten zu beobachtende Befund, wonach nicht jede bleibende Verwundung von den Betroffenen auch noch drei Jahre nach dem Einsatz als Überforderung empfunden wird. (vgl. Abschnitt 6.5) Gleichzeitig fällt jedoch der Anteil mit einem sehr geringen persönlichen Wohlbefinden in keiner anderen Gruppe höher aus als in jener, die auch noch drei Jahre später von bleibenden Verletzungen des Einsatzes berichtet. Dies trifft auf 40 Prozent der psychisch und auf 31 Prozent der körperlich Verwundeten zu. (Abbildung 49 und 50) Demgegenüber schneidet das persönliche Wohlbefinden für gesundheitlich durch den Einsatz nicht Belastete erwartungsgemäß besser ab. Hier sind es 78 Prozent der Befragten (im Vergleich zu 42 % bzw. 36 % der körperlich bzw. seelisch Beeinträchtigten), die drei Jahre nach der Rückkehr von einem guten eigenen Wohlbefinden berichten. Weitere 15 Prozent geben ein geringes (im Vergleich zu 28 % für psy-

[138] In Korrelationsanalysen zeigt sich ein statistisch starker Zusammenhang zwischen dem aktuellen Wohlbefinden und der Einschätzung des Gesundheitszustandes (Pearson's r=0,53; n=1 084).

[139] Sieben Prozent des Kontingents berichten von physischen sowie 8 Prozent von bleibenden psychischen Beeinträchtigungen des Einsatzes. (vgl. Abschnitt 6.1)

chisch bzw. 24 % für physisch Beeinträchtigte) und nur 7 Prozent von ihnen ein sehr geringes persönliches Wohlbefinden an (im Vergleich zu 40 % für psychisch bzw. 31 % für physisch Beeinträchtigte). (Abbildung 49)

Abbildung 49: Persönliches Wohlbefinden differenziert für psychisch bzw. physisch durch den Einsatz belastete und nicht belastete Gruppen des Kontingents

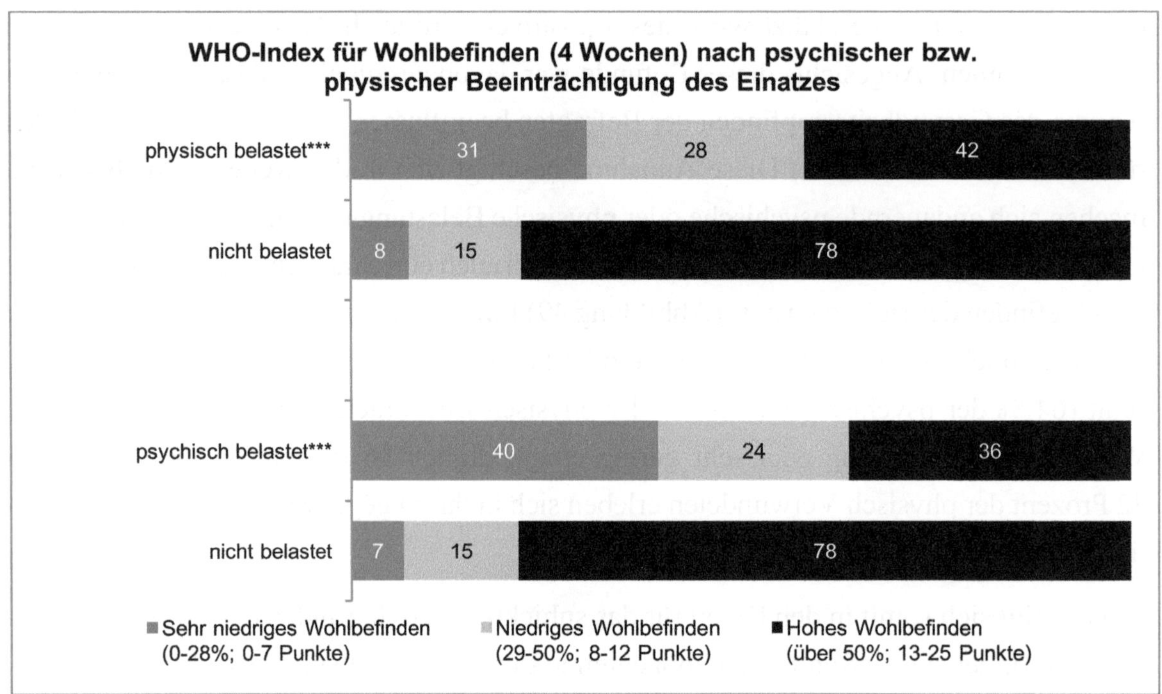

Anmerkungen: ***=höchst signifikant auf 0,1 %-Niveau. Signifikanz nach Chi-Quadrat. Datenbasis: Befragung des 22. Kontingents ISAF durch das ZMSBw, Dezember 2012 bis März 2013 und Mai bis Oktober 2013. Angaben in Prozent.

Angesichts dieser Befunde war davon auszugehen, dass Gewalterfahrungen des Einsatzes sich auch noch drei Jahre später stärker im Wohlbefinden der Befragten niederschlagen würden. (Abbildung 50) In dieser Analyse zeigt sich jedoch kein eindeutiger Befund. Gefechtserfahrene berichten auf einem ähnlichen Niveau wie gefechtsunerfahrene Befragte über ein gutes persönliches Wohlbefinden (74 % im Vergleich zu 76 %). Auch der Anteil an Befragten, der drei Jahre später ein niedriges oder sehr niedriges Wohlbefinden angibt, fällt für Gefechtserfahrene nicht wesentlich höher aus als für Befragte ohne diese Erfahrung (11 % Gefechtserfahrene mit einem sehr geringen Wohlbefinden gegenüber 8 % unter Gefechtsunerfahrenen). Dieser Befund dürfte den bereits diskutierten Zusammenhang zwischen Gefechtserfahrung und subjektiver Gesundheitseinschätzung widerspiegeln. (vgl. Abschnitt 6.5) Im Mittelwert sind die Unterschiede zwischen den beiden Gruppen nicht auffällig; die statistischen Signifikanzen sind gering ausgeprägt. Gleichzeitig fällt die Anzahl an besonders häufig von bleibenden psychischen oder physischen Verwundungen betroffenen Befragten unter Gefechtserfahrenen größer aus als für Befragte ohne diese Erfahrung. (Abschnitt 6.1 und 6.3) Ausschlaggebend sowohl für eine schlechte Gesundheitsbewertung als auch für ein geringes persönliches Wohlbefinden ist drei Jahre später folglich nicht die erlebte Gefechtssituation an sich, sondern sind vielmehr die bleibenden Verletzungen des Einsatzes, die unter Gefechtserfahrenen gleichwohl höher ausgeprägt sind als in anderen Gruppen des Kontingents.[140] Für den Zusammenhang zwischen Gefechtserfahrung und empfundenen Wohlbefinden ergibt sich somit ein differenzierter Befund. Insgesamt jedoch deuten die Ergebnisse darauf hin, dass eine bleibende Verwundung als Risikofaktor nicht nur für ein schlechtes Gesundheitsempfinden, sondern auch für geringes Wohlbefinden begriffen werden muss. Rein zahlenmäßig trifft dies für das 22. Kontingent ISAF zwar nur auf eine geringe Anzahl an Soldaten und Veteranen zu, im konkreten Einzelfall aber sind, wie die oben ausgeführten Befunde deutlich machen, bleibende Verwundungen für die Betroffenen häufig auch noch langfristig mit erheblichen Einschränkungen im persönlichen Wohlbefinden verbunden.

Daneben zeitigt eine Reihe von allgemein berufsbezogenen und familiären Belastungsfaktoren einen statistisch bedeutsamen Einfluss auf das wahrgenommene Wohlbefinden der Befragten. In Abbildung 50 sind die genannten Häufigkeiten des persönlichen Wohlbefindens differenziert nach verschiedenen soziodemografischen und erfahrungsbezogenen Gruppen für das Kontingent ausgeführt. (Abbildung 50) Partnerschaftlich gebundene Befragte weisen demzufolge ein wesentlich höheres persönliches Wohlbefinden auf als Ledige. Während 78 Prozent von ihnen von einem guten Wohlbefinden berichten, gilt dies nur für 68 Prozent der Ledigen. (Abbildung 50) Das Vorhandensein von Kindern hat dagegen keinen relevanten Einfluss auf das empfundene Wohlbefinden der Befragten. Für diesen Befund dürften tatsächliche Einschränkungen eine wichtige Rolle gespielt haben, die mit einer Elternschaft im persönlichen, materiellen und beruflichen Bereich verbunden sein können.[141]

Bedeutsame Unterschiede im wahrgenommenen Wohlbefinden zeigen sich zudem zwischen Frauen und Männern des Kontingents.[142] Männer schätzen das eigene Wohlbefinden signifikant besser ein als Frauen. Während sich 77 Prozent der Männer unter den Einsatzrückkehrern ein gutes eigenes Wohlbefinden bescheinigen, trifft dies nur auf 55 Prozent der Frauen zu. Entsprechend geringer fällt der Anteil an Männern aus, der das

---

[140] Zwischen weiteren Arten von Gewaltergebnissen im Einsatz und dem persönlichen Wohlbefinden bestehen nach Chi-Quadrat-Test auf dem 1 Prozent-Niveau hoch signifikante Zusammenhänge.

[141] Der Zusammenhang zwischen Alter und Wohlbefinden ist dagegen weniger stark ausgeprägt. Dies dürfte ursächlich auf den beobachteten Zusammenhang zwischen Partnerschaften und Wohlbefinden zurückzuführen sein, denn der von den Befragten berichtete Beziehungsstatus ist stark altersabhängig; der Anteil an partnerschaftlich gebundenen Befragten steigt signifikant mit dem Alter an.

[142] Nach Chi-Quadrat-Test höchst signifikant auf 0,1 Prozent-Niveau.

eigene Wohlbefinden als schlecht oder sehr schlecht einschätzt. Während sich fast jede zweite Frau (46 %) in den vergangenen Wochen im Alltag psychisch stark oder sehr stark belastet fühlte, gilt dies durchschnittlich nur für zwei von zehn Männern (23 %). (Abbildung 50)

Abbildung 50: Persönliches Wohlbefinden differenziert nach soziodemografischen und erfahrungsbezogenen Merkmalen des Einsatzes

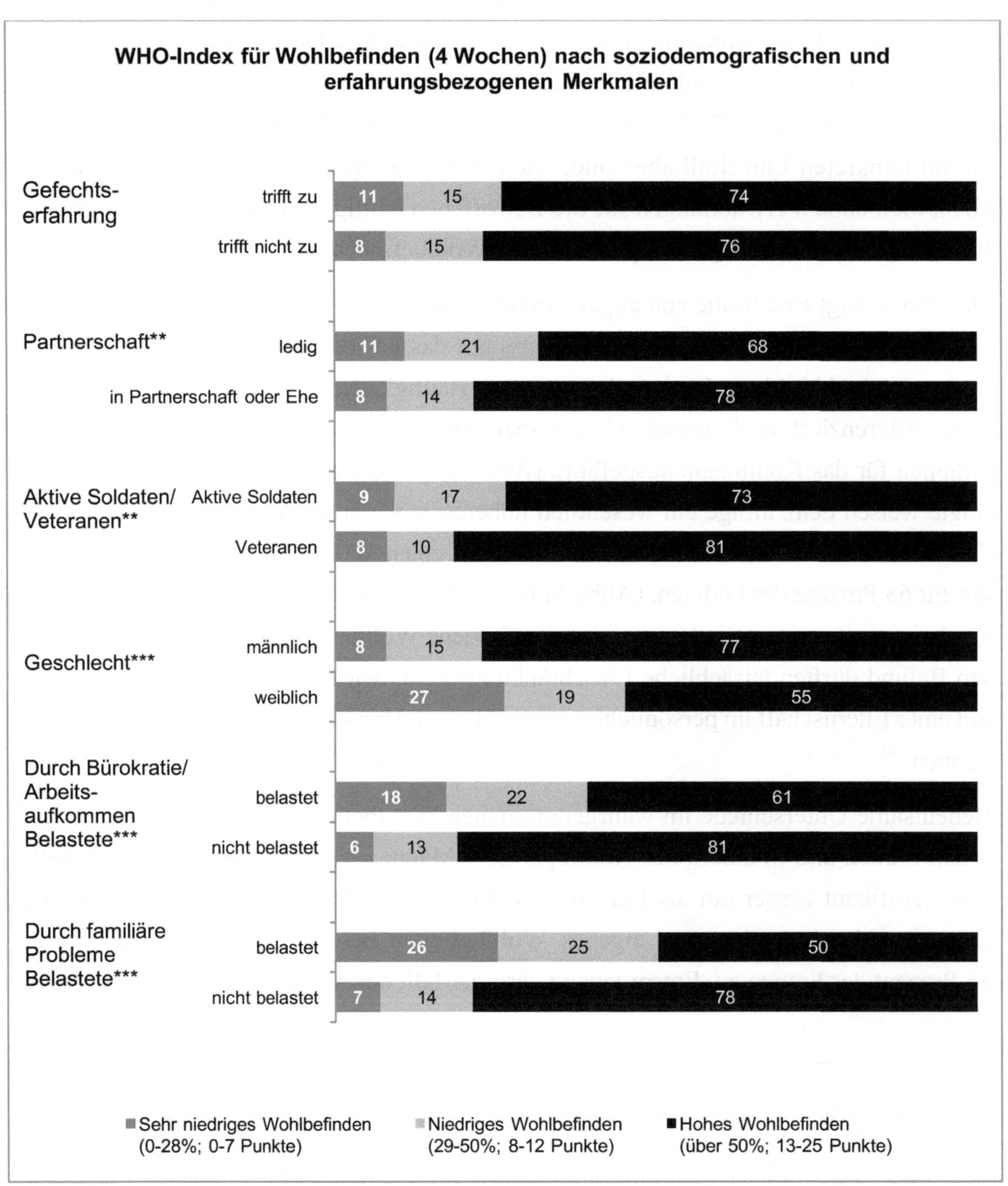

Anmerkungen: ***=höchst signifikant auf 0,1 %-Niveau; **=hoch signifikant auf dem 1 %-Niveau. Signifikanz nach Chi-Quadrat. Datenbasis: Befragung des 22. Kontingents ISAF durch das ZMSBw, Dezember 2012 bis März 2013 und Mai bis Oktober 2013. Angaben in Prozent.

Diese deutlichen geschlechtsspezifischen Unterschiede im Alltagsempfinden der Befragten lassen sich insgesamt nur schwer einordnen. Mit der subjektiven Gesundheit ist dieser Befund ebenso wenig verbunden wie mit noch bleibenden physischen oder psychischen Belastungsfolgen des Einsatzes. (Abschnitt 6.1, 6.3 und 6.5) Es müssen demnach andere Faktoren dafür verantwortlich sein, dass Frauen des Kontingents in der langfristigen Perspektive über ein deutlich geringeres persönliches Wohlbefinden im Alltag verfügen als Männer.

In anderen Studien zur deutschen Bevölkerung zeigen sich sowohl Befunde, die ein höheres Wohlbefinden bei Frauen dokumentieren, als auch gegenläufige Ergebnisse, in denen ein höheres Wohlbefinden bei Männern nachgewiesen werden konnte. (vgl. Böhnke/Kohler 2010; Diener 2009; Inglehart 1990) Die Wirkung der Variable Geschlecht auf das persönliche Wohlbefinden ist demnach empirisch nicht eindeutig. Die Ursachen dafür können vielfältig sein. Im Gender Datenreport der Bundesregierung (Cornelißen 2005) werden eine Reihe von möglichen Begründungen genannt, die von biologischen Risikofaktoren, unterschiedlicher Beanspruchung durch Familienaufgaben oder verschiedenen Lebensstilen und Gewohnheiten bis hin zu einem anderen Umgang mit Belastungen und Erkrankungen reichen. Auch gesellschaftliche Vorstellungen von Männlichkeit und Weiblichkeit können sich auf die Ergebnisse ausgewirkt haben: „Zum verbreiteten Männlichkeitsbild passt es nicht, krank zu sein. So halten sich Männer häufiger auch dann für gesund, wenn sie es aus medizinischer Perspektive nicht sind." (Cornelißen 2005: 442) Auszuschließen ist nicht, dass ähnliche Faktoren sich auch auf das wahrgenommene Wohlbefinden der befragten Frauen ausgewirkt haben. Es können sich aber auch bundesswehrspezifische Ursachen hinter diesen Befunden verbergen. In den weiteren Analysen zum Belastungs- und Beanspruchungsempfinden ließ sich etwa beobachten, dass sich Frauen des Kontingents, wenn auch auf niedrigem Niveau, häufiger als Männer durch Konflikte mit Vorgesetzten bzw. Kameraden am Heimatstandort belastet fühlen.[143] Im Rahmen dieser Studie lassen sich die beobachteten geschlechtsspezifischen Differenzen im Alltagsempfinden der Befragten nicht vollständig aufklären. Auszugehen ist von weiteren Faktoren, die dazu beigetragen haben, dass Frauen drei Jahre nach dem Einsatz ein deutlich geringeres Wohlbefinden aufweisen als Männer. Dieser Befund sollte vertiefend in eigenständigen Studien untersucht werden.

Gleichwohl wirken sich aufgetretene partnerschaftliche oder familiäre Probleme ebenso wie wahrgenommene dienstliche bzw. berufliche Überlastung negativ auf das persönliche

---

[143] Nach Chi-Quadrat-Test hoch signifikant auf 1 Prozent-Niveau.

Wohlbefinden der Befragten aus. So berichten jene Soldaten und Veteranen, die sich gegenwärtig dienstlich/beruflich oder familiär hoch belastet fühlen, wesentlich häufiger als die Vergleichsgruppen (40 % bzw. 50 % im Vergleich zu 21 % bzw. 19 %) über ein schlechtes persönliches Wohlbefinden, wobei familiäre oder partnerschaftliche Schwierigkeiten sich stärker im subjektiven Wohlbefinden niederschlagen als dienstliche bzw. berufliche Belastungen. 61 Prozent der Befragten geben drei Jahre später an, dienstlich bzw. beruflich hoch belastet zu sein. Ihren Alltag empfinden sie dennoch als überwiegend ausgeglichen. Dies gilt hingegen nur für jeden Zweiten (50 %) in der Teilgruppe der familiär hoch Belasteten. (Abbildung 50)

Bedeutsame Unterschiede im subjektiv wahrgenommenen Wohlbefinden bestehen auch zwischen (Einsatz-)Soldaten und Veteranen. (Abschnitt 6.1 und 6.5) Veteranen fühlen sich drei Jahre nach dem Einsatz wesentlich wohler im Alltag als ihre noch in der Bundeswehr aktiven Kameradinnen und Kameraden. (Abbildung 50) Während sich für 81 Prozent der Veteranen im Alltagserleben der vergangenen Wochen positive und negative Empfindungen in etwa die Waage halten, gilt dies für signifikant weniger (73 %) der Soldaten. Dementsprechend geringer fällt auch der Anteil an Veteranen aus (18 % gegenüber 26 % für Soldaten), der für sich persönlich ein schlechtes oder sehr schlechtes persönliches Wohlbefinden angibt. Auch dieser Befund korrespondiert mit Ergebnissen zum Gesundheitsempfinden, in denen sich ebenfalls zeigte, dass sich (Einsatz-)Veteranen wesentlich gesünder fühlen als (Einsatz-)Soldaten. (Abschnitt 6.1, 6.5 und 6.12)

Insgesamt fundieren demnach die Befunde zum persönlichen Wohlbefinden die bereits für das Gesundheitsempfinden der Befragten beobachteten Tendenzen: Für die allermeisten Soldaten und Veteranen haben die Einsatzerfahrungen in der Selbsteinschätzung keine langfristig negativen Spuren im Alltagserleben hinterlassen. Die Mehrzahl von ihnen verfügt in der eigenen Wahrnehmung drei Jahre nach dem Einsatz nicht nur über eine gute subjektive Gesundheit, sondern empfindet sich selbst im Alltag als emotional überwiegend ausgeglichen. Das gilt aber nicht für alle Befragten. Daneben zeigen die Befunde, dass besonders viele Einsatzverwundete auch noch lange nach dem Einsatz mit den Spätfolgen kämpfen, um im Alltag einigermaßen gut zurechtzukommen. Differenzen sowohl im Gesundheitsempfinden als auch im Alltagserleben zeigen sich drei Jahre später zudem für verschiedene Gruppen unter den Befragten. Unterschiedliche Lebenslagen und damit verbundene Belastungen machen sich drei Jahre später im Wohlbefinden der Soldaten und Veteranen stärker bemerkbar. Veteranen schätzen sich nach dem Ausscheiden aus der Bundeswehr nicht nur gesünder ein als Soldaten, sondern sie fühlen sich im Alltag häufig auch wohler als diese. Männer schätzen zwar nicht die eigene Gesundheit, wohl aber ihr Wohlbefinden deutlich besser ein als Frauen. Auch Ältere fühlen sich ebenso wie

Trauerspalier für einen gefallenen Soldaten im Feldlager Kunduz, 9. Oktober 2010. Extremerfahrungen im Einsatz können die Prioritäten im Leben von Soldaten verändern: „Ich weiß, was für mich heute wirklich wichtig ist", lautete oft die Antwort von Soldaten auf die Frage, wie sich die Zeit in Afghanistan auf ihr Leben ausgewirkt habe.

Bundeswehr/Söhnen

partnerschaftlich Gebundene im Alltag emotional ausgeglichener als Jüngere und Ledige. Älteren und partnerschaftlich gebundenen Befragten dürften aber auch mehr individuelle und soziale Ressourcen zur Bewältigung des Alltaglebens zur Verfügung stehen. (Seifert/Heß 2014)

6.7 „Der Einsatz wird immer Teil meines Lebens bleiben." – Auswirkungen des Einsatzes auf die Lebenszufriedenheit

Aktuelle Probleme und Stimmungen, die nicht zwangsläufig mehr mit dem Einsatz in Verbindung stehen müssen, können sich drei Jahre nach der Rückkehr stärker im Alltagserleben der Befragten niedergeschlagen haben.[144] (Abschnitt 6.6) Die Soldaten und Veteranen wurden in der Wiederholungsbefragung daher auch danach gefragt, wie zufrieden sie zum gegenwärtigen Zeitpunkt mit dem eigenen Leben sind. Im Gegensatz zum subjektiven Wohlbefinden sind Antworten auf diese Frage eher als das Ergebnis eines bewussten Nachdenkens über das eigene Leben, die persönlichen Ansprüche und Erwartungen zu verstehen. Die persönliche Lebenszufriedenheit wird in der Literatur deswegen auch als habituelles Wohlbefinden bezeichnet. (vgl. Gerlach/Stephan 2001: 55) Es gilt als Bilanzmaß des subjektiven Wohlbefindens. Diese Befunde dürften somit weniger anfällig sein für affektive Einflüsse wie Freude, gute Laune oder positive Stimmungen.

In der empirischen Zufriedenheitsforschung wird die persönliche Lebenszufriedenheit meist nur mit einem einzelnen Item durch folgende Frage abgebildet: „Wie zufrieden sind Sie heute alles in allem mit Ihrem gegenwärtigen Leben?" Für eine differenzierte Analyse wurden für die vorliegende Studie auch andere Lebensbereiche angefragt. In der folgenden Abbildung sind die genannten Häufigkeiten zur Lebenszufriedenheit sowie zur Zufriedenheit mit verschiedenen Aspekten des Lebens für die Angehörigen des 22. Kontingents ISAF zum Befragungszeitpunkt drei Jahre nach der Rückkehr dargestellt. (Abbildung 51)

[144] Es sei nochmals darauf hingewiesen, dass in dieser Studie zwischen aus der Bundeswehr ausgeschiedenen und noch im aktiven Dienst befindlichen Angehörigen des 22. Kontingents ISAF unterschieden wird. Von (Einsatz-)Soldaten wird immer dann gesprochen, wenn Angehörige des Kontingents gemeint sind, die sich drei Jahre später noch im aktiven Dienst bei der Bundeswehr befanden. Die zu diesem Zeitpunkt bereits aus dem Dienst geschiedenen Angehörigen des Kontingents werden in dieser Studie als (Einsatz-)Veteranen bezeichnet. Mit Einsatzrückkehrern ist die Gruppe der (Einsatz-)Soldaten und Veteranen zusammen gemeint. (vgl. Kapitel 1).

Abbildung 51: Zufriedenheit mit dem Leben sowie mit verschiedenen Lebensbereichen für Einsatzrückkehrer drei Jahre nach dem Einsatz

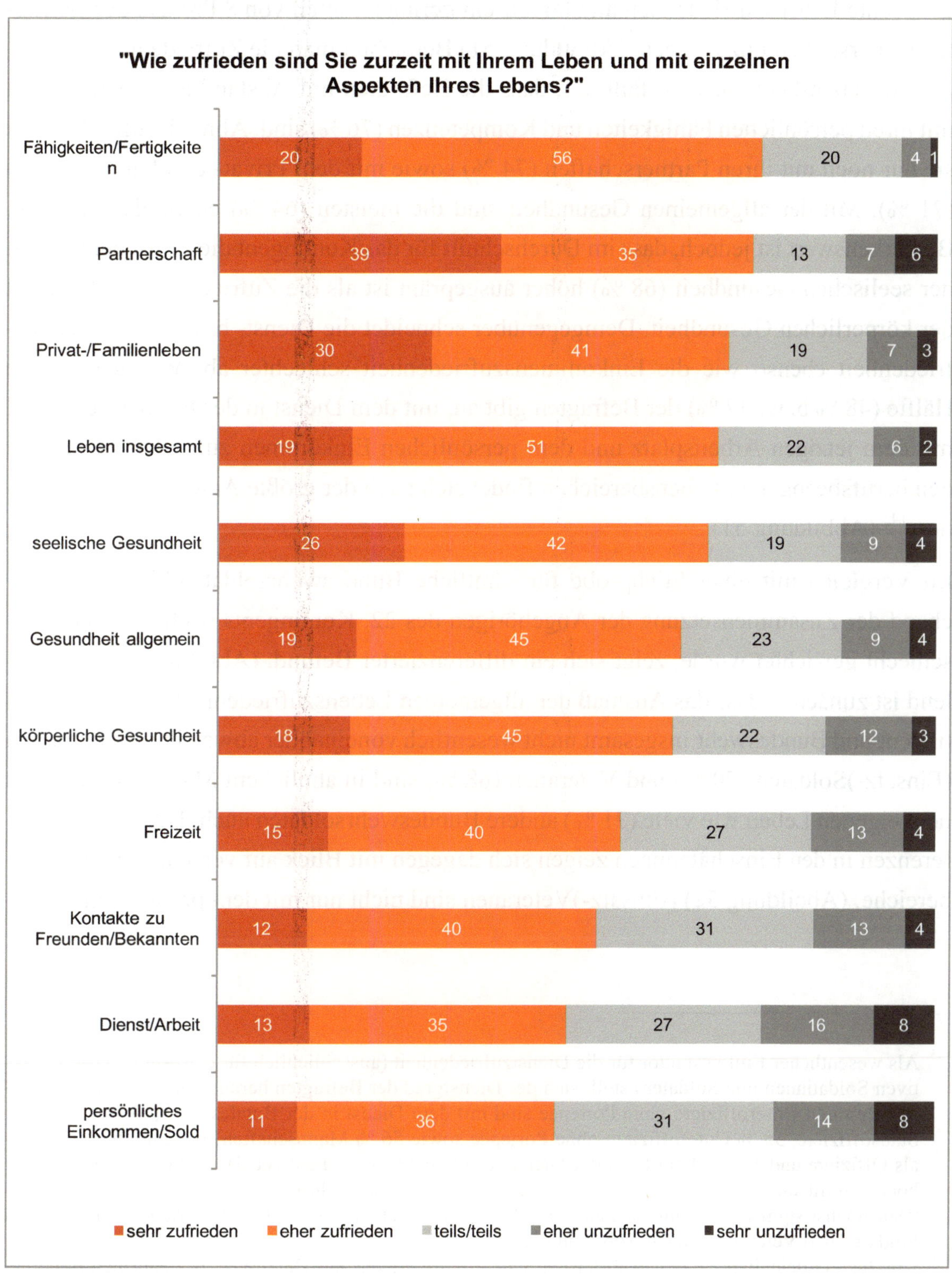

Datenbasis: Befragung des 22. Kontingents ISAF durch das ZMSBw, Dezember 2012 bis März 2013 und Mai bis Oktober 2013. Angaben in Prozent. Nur gültige Antworten.

Demzufolge ist eine große Mehrzahl (70 %) der Befragten mit dem eigenen Leben im Großen und Ganzen zufrieden. Etwa ein Fünftel (22 %) gibt für sich persönlich eine eher gemischte Lebenszufriedenheit an und nur ein geringer Anteil von 8 Prozent der Befragten ist persönlich unzufrieden. (Abbildung 51) Betrachtet man die Zufriedenheit mit einzelnen Lebensbereichen, so fällt auf, dass die Befragten mit Abstand am zufriedensten mit ihren persönlichen Fähigkeiten und Kompetenzen (76 %) sind. Ähnlich zufrieden sind sie nur noch mit ihren Partnerschaften (74 %) sowie mit dem Privat- und Familienleben (71 %). Mit der allgemeinen Gesundheit sind die meisten (64 %) ebenfalls zufrieden. Bemerkenswert ist jedoch, dass im Durchschnitt für das Kontingent die Zufriedenheit mit der seelischen Gesundheit (68 %) höher ausgeprägt ist als die Zufriedenheit (63 %) mit der körperlichen Gesundheit. Demgegenüber schneidet die Dienst- bzw. Arbeitsplatzzufriedenheit ebenso wie die Einkommenszufriedenheit schlechter ab. Weniger als die Hälfte (48 % bzw. 47 %) der Befragten gibt an, mit dem Dienst in der Bundeswehr bzw. mit dem jetzigen Arbeitsplatz und dem persönlichen Einkommen zufrieden zu sein. In den berufsbezogenen Lebensbereichen findet sich auch der größte Anteil an Unzufriedenen.[145] (Abbildung 51)

Im Vergleich mit einer Stichprobe für sämtliche Bundeswehrsoldaten,[146] die entsprechend der Zusammensetzung der Angehörigen des 22. Kontingents nach Alter und Geschlecht gewichtet wurde, zeigt sich ein differenzierter Befund. (Abbildung 52) Auffallend ist zunächst, dass das Ausmaß der allgemeinen Lebenszufriedenheit zwischen Kontingent und Bundeswehr insgesamt nicht wesentlich voneinander abweicht. Die befragten (Einsatz-)Soldaten (70 %) und Veteranen (68 %) sind in ähnlichem Maße zufrieden mit dem eigenen Leben wie viele (71 %) andere Bundeswehrsoldaten auch. Bedeutsame Differenzen in den Einschätzungen zeigen sich dagegen mit Blick auf verschiedene Lebensbereiche. (Abbildung 52) (Einsatz-)Veteranen sind nicht nur mit dem privaten und fami-

---

145 Als wesentlicher Einflussfaktor für die Dienstzufriedenheit (ausschließlich für den Anteil der noch aktiven Soldatinnen und Soldaten) stellt sich der Dienstgrad der Befragten heraus. Stabsoffiziere, Mannschaften und Unteroffiziere ohne Portepee sind mit dem Dienst in der Bundeswehr (53 % zufriedene Stabsoffiziere, 55 % Unteroffiziere ohne Portepee sowie 56 % Mannschaften) wesentlich zufriedener als Offiziere und Feldwebel (41 % der Offiziere sowie 43 % der Feldwebel). Nach Chi-Quadrat-Test hoch signifikant auf 1 Prozent-Niveau. Es bestehen zudem nach Chi-Quadrat-Test auf 0,1 Prozent-Niveau höchst signifikante Unterschiede mit Blick auf die Dienst- bzw. Berufszufriedenheit zwischen Soldaten und Veteranen. Siehe Abbildung 52.

146 Um die Vergleichbarkeit zu gewährleisten, wurde dafür erstens der Datensatz zur deutschen Bevölkerung auf die Altersgruppe der zwischen 19- und 64-Jährigen eingegrenzt. Zweitens wurden die Datensätze „Bundeswehr insgesamt“ und „deutsche Bevölkerung“ so gewichtet, dass die Verteilung von Altersklassen und Geschlecht mit der entsprechenden Verteilung des Kontingents übereinstimmt. Dass in der Bundeswehr im Vergleich zur Bevölkerung jüngere Menschen und Männer überproportional vertreten sind, beeinflusst somit die folgenden Ergebnisse nicht.

liären Lebensbereich, sondern auch mit den berufsbezogenen Aspekten ihres Lebens zufriedener als Soldaten (62 % im Vergleich zu jeweils 43 % für (Einsatz-)Soldaten und Bundeswehr insgesamt). Eine Ausnahme stellt lediglich die Einkommenszufriedenheit dar, die für Veteranen (42 %) signifikant geringer ausgeprägt ist als für Soldaten (48 % Zufriedenheit für (Einsatz-)Soldaten bzw. 55 % für Bundeswehr insgesamt). (Abbildung 52)

Abbildung 52: Zufriedenheit mit dem Leben sowie mit verschiedenen Lebensbereichen im Vergleich zwischen (Einsatz-)Soldaten, Veteranen und Bundeswehr insgesamt

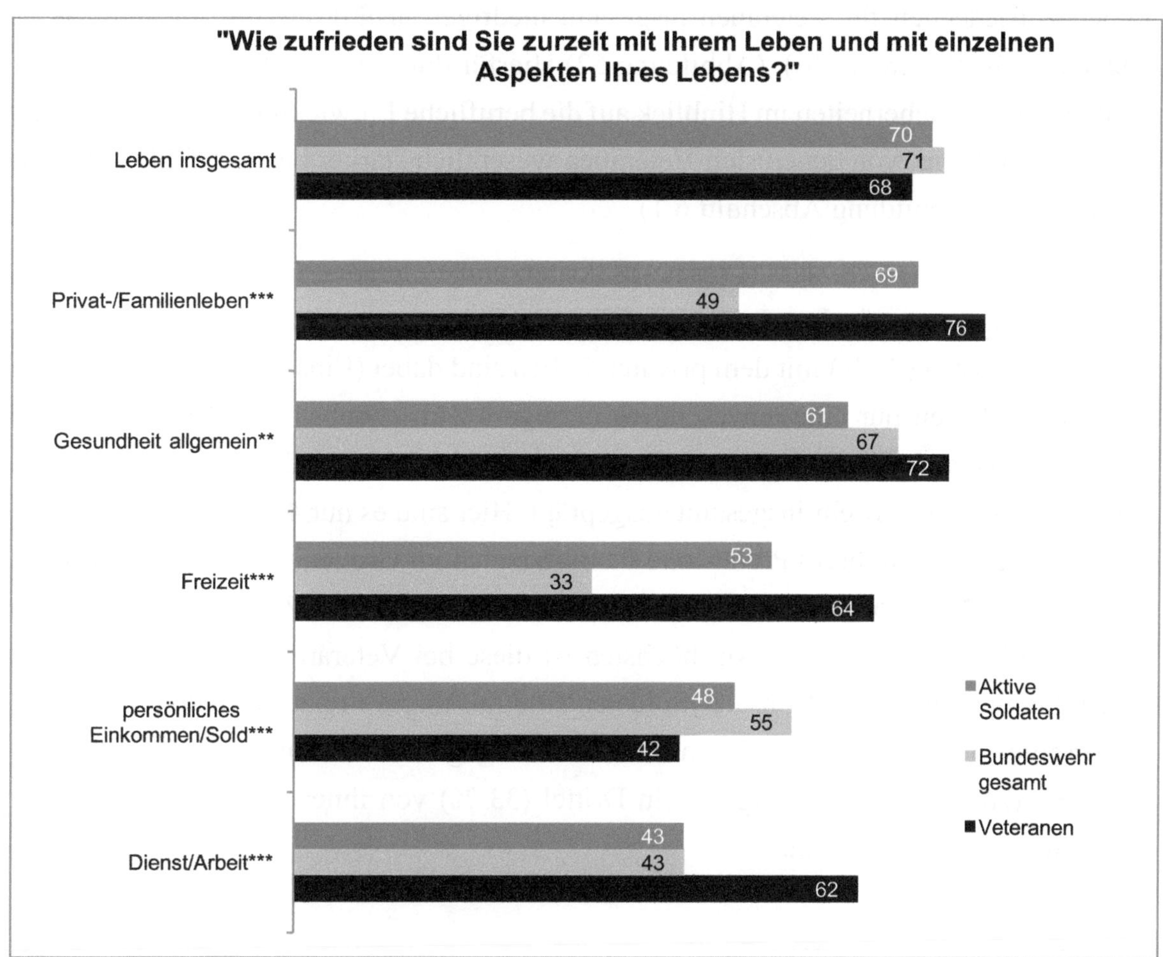

Anmerkungen: ***=höchst signifikant auf 0,1 %-Niveau; **=hoch signifikant auf dem 1 %-Niveau. Signifikanz nach Chi-Quadrat. Datenbasis: Befragung des 22. Kontingents ISAF durch das ZMSBw, Dezember 2012 bis März 2013 und Mai bis Oktober 2013. Befragung der Streitkräfte durch das ZMSBw, Oktober bis November 2012. Angaben in Prozent.

Auch für diese Unterschiede dürften die an anderer Stelle dieser Studie bereits diskutieren Befunde zum Ausmaß der wahrgenommenen Dienst- bzw. Berufsbelastungen eine wichtige Rolle spielen.[147] (Abschnitt 6.1, 6.5 und 6.6) So bestehen zwischen hohen berufsbezogenen Anforderungen und der Zufriedenheit mit dem Privat- und Familienleben sowie zwischen hohen beruflichen bzw. dienstlichen Belastungen und der Zufriedenheit mit der Gesundheit statistisch relevante Zusammenhänge.[148] Das vergleichsweise als geringer empfundene berufsbezogene Belastungspotenzial nach dem Ausscheiden aus der Bundeswehr zeitigt in der langfristigen Perspektive offenbar positive Effekte auch für andere Lebensbereiche der Veteranen. Angesichts dieser Befunde erstaunt, dass die allgemeine Lebenszufriedenheit für Veteranen insgesamt niedriger ausfällt als für Soldaten (68 % gegenüber 70 % bzw. 71 %). (Abbildung 52) Hierfür dürften vor allem subjektiv wahrgenommene Unsicherheiten im Hinblick auf die berufliche Entwicklungsperspektive ausschlaggebend sein, von denen sich Veteranen wesentlich stärker belastet fühlen als Soldaten.[149] (vgl. Abbildung Abschnitt 6.1)

Bemerkenswert ist auch, dass (Einsatz-)Soldaten und Veteranen im Vergleich zur Bundeswehr insgesamt mit dem Privat- und Familienleben wesentlich zufriedener sind.[150] Am zufriedensten (75 %) mit dem privaten Leben sind dabei (Einsatz-)Veteranen, wobei (Einsatz-)Soldaten nur eine unwesentlich geringere Zufriedenheit mit dem Privat- und Familienleben aufweisen (69 %). Am geringsten ist die Zufriedenheit mit dem privaten Leben für die Bundeswehr insgesamt ausgeprägt. Hier sind es nur 49 Prozent der Befragten, die angeben, mit ihrem Privat- und Familienleben im Großen und Ganzen zufrieden zu sein. (Abbildung 52) Eine ähnliche Differenz lässt sich für die Zufriedenheit mit dem Freizeitverhalten beobachten. Am höchsten ist diese bei Veteranen (64 %) ausgeprägt. Auch die meisten (53 %) (Einsatz-)Soldaten sind mit ihrem Freizeitverhalten zufrieden. Der größte Anteil an Unzufriedenen findet sich dagegen unter sämtlichen Bundeswehrsoldaten. (Abbildung 52) Lediglich ein Drittel (33 %) von ihnen sagt, mit der Freizeit persönlich zufrieden zu sein.

---

[147] Dies korrespondiert mit Befunden zur subjektiven Gesundheit sowie zum Wohlbefinden der Befragten, in denen sich zeigte, dass drei Jahre später nicht mehr nur einsatzbedingte, sondern ebenso allgemein hohe dienstliche/berufliche Belastungen auf die wahrgenommene Gesundheit und das Wohlbefinden der Befragten negativ rückwirken. Siehe hierzu ausführlicher Abschnitt 6.5 und 6.6.

[148] Nach Chi-Quadrat-Test auf 1 Prozent-Niveau hoch signifikante Zusammenhänge zwischen der Zufriedenheit mit dem Privat- und Familienleben sowie der allgemeinen Gesundheit und verschiedenen berufsbezogenen Belastungsfaktoren. Siehe zu den Belastungsfaktoren Abschnitt 6.1.

[149] Nach Chi-Quadrat-Test auf 0,1 Prozent-Niveau höchst signifikante Zusammenhänge zwischen der persönlichen Lebenszufriedenheit und Belastungen aufgrund von wahrgenommenen Unsicherheiten in Bezug auf die weitere berufliche Entwicklung.

[150] Hier und im Folgenden ist, wenn von Bundeswehr insgesamt gesprochen wird, immer nur der militärische Anteil gemeint. Siehe hierzu Abschnitt 4.2.

Angesichts der Belastungen, mit denen speziell (Einsatz-)Soldaten und deren Familien umgehen müssen, ist dies ein hochgradig überraschender Befund, der in zweifacher Hinsicht interpretiert werden kann:[151] (vgl. Seiffert/Heß 2014: 75) Er kann zum einen als Hinweis darauf verstanden werden, dass für eine Mehrzahl der Befragten weniger einsatzspezifische, sondern stärker noch allgemein dienstbedingte Implikationen für die subjektive Zufriedenheit mit dem Privat- und Familienleben berücksichtigt werden müssen. Er kann zum anderen als Indiz dafür gesehen werden, dass wiederkehrende Einsatzteilnahmen für viele (Einsatz-)Soldaten und deren Familien längst ein bedeutender Faktor der Lebenswirklichkeit geworden sind, die zudem, wie die Ergebnisse dieser Studie zeigen, für viele Befragte nicht automatisch negativ konnotiert sind. (Abschnitt 5.4, 6.1, 6.2, 6.12, 6.13)

Angesichts dieser Befunde erscheint eine genauere Analyse von Auswirkungen des Dienstes auf das Privat- und Familienleben für verschiedene Soldatengruppen aufschlussreich. Anzunehmen ist etwa, dass nur ein Teil der Bundeswehrangehörigen mit Wochenendpendeln, häufigen Einsatzverwendungen, Standortwechseln oder Umzügen konfrontiert ist, während andere über Jahre am selben Standort verbleiben. Es erscheint von daher plausibel, dass Bundeswehrsoldaten nicht nur die Anforderungen des Dienstalltags ganz unterschiedlich wahrnehmen und bewerten, sondern Belastungen auch völlig verschieden auf die Zufriedenheit von Bundeswehrsoldaten mit dem Privat- und Familienleben rückwirken.[152]

Die Frage nach den Auswirkungen des Dienstes bzw. Berufes auf das private Leben von (Einsatz-)Soldaten und Veteranen wurde in der Befragung drei Jahre nach der Rückkehr aus dem Einsatz durch folgende Frage abgebildet: „Wie belastend wirken sich folgende Punkte auf Ihr Privat- und Familienleben aus?“ Als Antwortmöglichkeiten wurden unterschiedliche Belastungsfaktoren angeführt, die von Wochenendpendeln, häufigen Einsätzen bis hin zum Arbeiten unter Zeit- und Leistungsdruck reichen. Diese Frage war inhaltlich zudem mit der repräsentativen Streitkräftebefragung des ZMSBw abgestimmt. (vgl. Abschnitt 4.2) In Abbildung 53 sind die wahrgenommenen dienstlichen bzw. beruflichen

---

[151] Siehe hierzu die Befunde zur Häufigkeit von Einsatzverwendungen im Vergleich zwischen (Einsatz-) Soldaten und Bundesswehr insgesamt in Abschnitt 5.2 sowie zum Belastungs- und Beanspruchungsempfinden der Befragten im Vergleich direkt nach der Rückkehr und drei Jahre später Abschnitt 6.1.

[152] Die Vereinbarkeit von Familie und Dienst ist ausführlich im Zwischenbericht *Der Einsatz, die Liebe, der Dienst und die Familie* untersucht worden. Diese Befunde werden hier nicht weiter aufgegriffen. Hier geht es vielmehr um die Frage, wie die Zufriedenheit mit dem Privat- und Familienleben die Lebenszufriedenheit der Befragten beeinflusst. Hingewiesen sei lediglich darauf, dass sich für (Einsatz-) Soldaten insgesamt ein eher gemischtes Bild zur Vereinbarkeit von Familie und Dienst beobachten ließ. Siehe ausführlicher Seiffert/Heß (2014).

Belastungen für das Privat- und Familienleben von (Einsatz-)Soldaten und Veteranen im Vergleich zur Bundeswehr insgesamt dargestellt.

Abbildung 53: Wahrgenommene Belastungen des Dienstes/Berufes für Privat- und Familienleben im Vergleich zwischen (Einsatz-)Soldaten, Veteranen und Bundeswehrsoldaten insgesamt

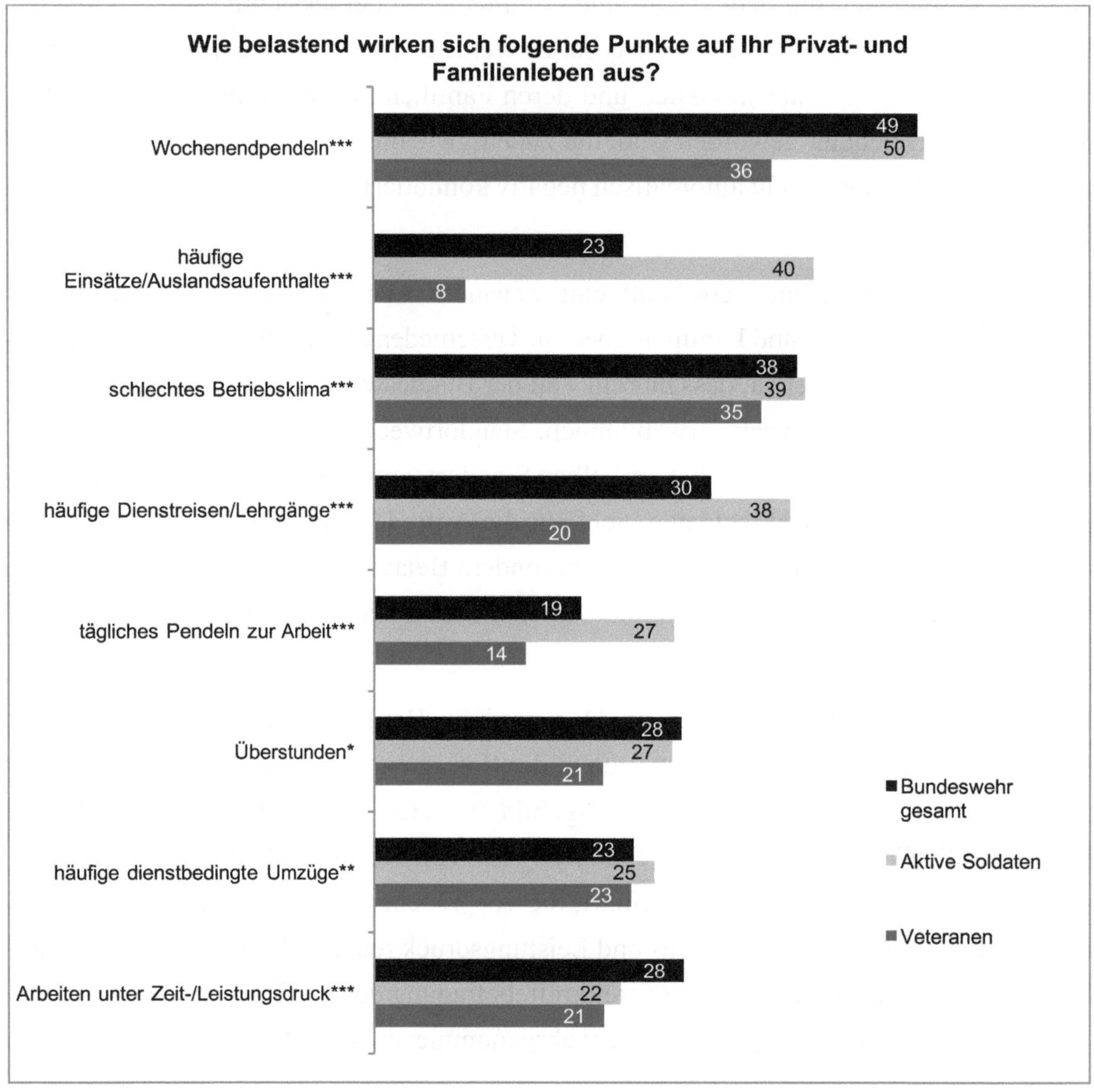

Anmerkungen: ***=höchst signifikant auf 0,1 %-Niveau; **=hoch signifikant auf dem 1 %-Niveau. Signifikanz nach Chi-Quadrat. Datenbasis: Befragung des 22. Kontingents ISAF durch das ZMSBw, Dezember 2012 bis März 2013 und Mai bis Oktober 2013. Befragung der Streitkräfte durch das ZMSBw, Oktober bis November 2012. Angaben in Prozent.

Hohe Mobilität und räumliche Distanz zum sozialen Umfeld stellen demnach den mit Abstand größten Belastungsfaktor für das Privat- und Familienleben von Soldaten und Veteranen dar. (Abbildung 53) Besonders die häufigen Abwesenheiten von zu Hause aufgrund von wöchentlichem Pendeln zwischen Wohn- und Dienstort empfinden viele Befragte als große Belastung. Bei dieser Dimension unterscheidet sich das wahrgenommene

Belastungspotenzial zwischen (Einsatz-)Soldaten und Bundeswehr insgesamt auch nur wenig. Die Befragten in beiden Gruppen empfinden ihr Privat- und Familienleben auf etwa gleich hohem Niveau (50 % versus 49 %) durch das Wochenendpendeln beeinträchtigt. Hinzu kommen für (Einsatz-)Soldaten jedoch häufiger als für andere Soldatengruppen noch weitere Mobilitätsanforderungen. So sehen sie ihr Privat- und Familienleben nicht nur stärker als der Bundeswehrdurchschnitt durch häufige einsatzbedingte Abwesenheiten (40 % gegenüber 23 % für die Bundeswehr insgesamt), sondern stärker auch durch weitere Abwesenheiten von zu Hause aufgrund von häufigen Lehrgängen/Dienstreisen (38 % gegenüber 30 %) sowie durch tägliches Pendeln vom Wohn- zum Dienstort (27 % gegenüber 19 %) belastet. Bei einer Reihe anderer Faktoren weicht die Höhe der wahrgenommenen Belastung des Privatlebens durch den Dienst zwischen (Einsatz-)Soldaten und Bundeswehr hingegen nur geringfügig ab. Hierzu zählen ein schlechtes Dienstklima (39 % versus 38 %), häufige Überstunden (27 % gegenüber 28 %) sowie dienstbedingte Umzüge (25 % versus 23 %). Eine Ausnahme stellt das Arbeiten unter Zeit- und Leistungsdruck dar, welches von (Einsatz-)Soldaten im Vergleich zur Bundeswehr insgesamt als einziger der angefragten Faktoren als weniger belastend (22 % gegenüber 28 %) für das private Leben empfunden wird. (Abbildung 53) (Einsatz-)Veteranen sehen ihr Privat- und Familienleben im Vergleich dazu in weitaus geringerem Maße durch den Beruf beeinträchtigt. Neben wöchentlichem Pendeln zwischen Wohn- und Arbeitsort (36 %) empfinden sie häufiger ein schlechtes Betriebsklima als große Belastung (35 %) für ihr Privatleben; dies allerdings auch nicht in höherem Maße als die Soldatengruppen (38 % für Bundeswehrsoldaten insgesamt und 39 % für (Einsatz-)Soldaten). (Abbildung 52)

Das insgesamt hohe Belastungspotenzial des Privat- und Familienlebens von (Einsatz-) Soldaten durch den Dienst kann durch weitere Daten untermauert werden. So weist die Dienstbelastung gemessen in Arbeitsstunden pro Woche darauf hin, dass (Einsatz-)Soldaten auch noch drei Jahre nach der Rückkehr im Schnitt mehr Zeit im Dienst verbringen als die Vergleichsgruppe für die Bundeswehr insgesamt. Während (Einsatz-)Soldaten nach eigenen Angaben typischerweise 46 Stunden pro Woche arbeiten (Medianwert; Mittelwert: 47,5; Standardabweichung: 9,1), verbringen sämtliche Bundeswehrsoldaten durchschnittlich 45 Stunden pro Woche im Dienst (Medianwert; Mittelwert: 45,2; Standardabweichung: 8,3). (Einsatz-)Veteranen berichten von 44 Arbeitsstunden pro Woche (Medianwert; Mittelwert: 45,3; bei einer sehr hohen Standardabweichung von 15,5 Stunden). Ein genauer Blick auf die Verteilung zeigt, dass unter den befragten (Einsatz-)Soldaten extrem hohe Arbeitsbelastungen häufiger zu beobachten sind als in jeder anderen Gruppe. So geben 20 Prozent der (Einsatz-)Soldaten drei Jahre nach der Rückkehr an, gegenwärtig 51 bis 60 Stunden pro Woche zu arbeiten, und weitere 4 Prozent von ihnen sagen, dass sie sogar über 60 Stunden pro Woche im Dienst verbringen. Etwa ein Viertel (24 %) der (Einsatz-)Soldaten weist demnach auch noch knapp drei Jahre nach dem Einsatz mehr als 50 Arbeitsstunden pro Woche auf. In der gesamten Bundeswehr ist dieser Anteil (12 %) mit jedem achten Soldaten bzw. jeder achten Soldatin dagegen nur halb so groß.

In den Datenanalysen zeigt sich somit eine beachtliche Tendenz: (Einsatz-)Soldaten nehmen im Vergleich zum Bundeswehrdurchschnitt zwar höhere Belastungen für ihr Privat- und Familienleben durch Dienst bzw. Einsatz wahr. Dieses höhere berufsbezogene Belastungspotenzial überträgt sich aber nicht gleichermaßen negativ, wie weiter oben ausgeführt, auf ihre Einschätzungen zur Zufriedenheit mit dem Privat- und Familienleben. Sie sind mit dem Privat- und Familienleben vielmehr wesentlich zufriedener (69 % Zufriedene gegenüber 49 %) als der Bundeswehrdurchschnitt. Die als höher wahrgenommenen Belastungen durch den Dienst/Einsatz können demnach in der subjektiven Perspektive der (Einsatz-)Soldaten durchaus mit einer als geringer empfundenen Beanspruchung des Privat- und Familienlebens zusammenfallen.

Die weiteren Analysen weisen dabei auf grundlegende soldatische Einstellungen, in denen die Erfahrungen des Einsatzes mit dem 22. Kontingent ISAF eine wichtige Rolle spielen, als ein Faktor dafür, dass (Einsatz-)Soldaten trotz hoher empfundener dienstlicher Belastungen dennoch mit dem Privatleben wesentlich zufriedener sind als der Durchschnitt in der Bundeswehr.[153] So sind (Einsatz-)Soldaten und Veteranen, die sich mit der Bundeswehr eng verbunden fühlen, ebenso wie jene, die eine hohe Identifikation mit dem Soldatenberuf berichten, insgesamt mit dem Leben wesentlich zufriedener (74 % bzw. 76 % Zufriedenheit unter Befragten mit hohem Commitment bzw. hoher soldatischer Motivation) als diejenigen, die sich weniger stark mit der Bundeswehr verbunden fühlen bzw. eine geringere Identifikation mit dem Soldatenberuf aufweisen (58 % bzw. 55 % Zufriedenheit unter Befragten mit geringerem Commitment bzw. weniger Identifikation mit dem Soldatenberuf). Der Zusammenhang zwischen persönlicher Lebenszufriedenheit und Identifikation mit dem Soldatenberuf sowie Bindung an die Bundeswehr ist statistisch höchst signifikant ausgeprägt,[154] (vgl. Abschnitt 6.13) wobei von Wechselwirkungen zwischen persönlicher Lebenszufriedenheit, Zufriedenheit mit dem Privat- und

---

[153] Neben unterschiedlichen persönlichen Präferenzen, sind noch weitere Faktoren anzunehmen, etwa getroffene Arbeits- und Rollenteilungen in den Familien, andere Familienpflichten oder das Ausmaß an erhaltener Unterstützung von Verwandten und Freunden für die Familie. (Seiffert/Heß: 2014)

[154] Nach Chi-Quadrat-Test höchst signifikante Zusammenhänge auf 0,1 Prozent-Niveau sowohl zwischen dem wahrgenommenen Commitment gegenüber der Bundeswehr und der persönlichen Lebenszufriedenheit als auch zwischen der persönlichen Lebenszufriedenheit und der soldatischen Motivation.

Familienleben sowie Identifikation mit dem Soldatenberuf und Bindung an die Bundeswehr auszugehen ist.

Entgegen der Vermutung spiegelt sich die vergleichsweise hohe Zufriedenheit mit dem privaten Leben für (Einsatz-)Soldaten jedoch nicht in einer entsprechend höheren Zufriedenheit mit dem Leben insgesamt wider. Das Ausmaß der persönlichen Lebenszufriedenheit unterscheidet sich nicht wesentlich zwischen den verschiedenen Gruppen. (Abbildung 52) Teilweise dürften hierfür gesundheitsbezogene Aspekte verantwortlich sein. So ist die Zufriedenheit mit der allgemeinen Gesundheit für (Einsatz-)Soldaten (61 % gegenüber 67 % Zufriedenheit für Bundeswehr insgesamt) am geringsten ausgeprägt. Am zufriedensten (72 %) mit der allgemeinen Gesundheit sind allerdings (Einsatz-)Veteranen.

In einer weitergehenden Datenanalyse wurden daher die inhaltlichen Zusammenhänge zwischen der allgemeinen Lebenszufriedenheit und der Zufriedenheit mit einzelnen Lebensbereichen für die (Einsatz-)Soldaten und Veteranen genauer untersucht. In diesen Analysen zeigt sich, dass mit Ausnahme des Freizeitverhaltens sämtliche der angefragten Lebensbereiche signifikanten Einfluss auf die Lebenszufriedenheit der Befragten erzielen. Dieser Einfluss ist jedoch je nach Aspekt unterschiedlich stark ausgeprägt.[155] Als wichtigster Einflussfaktor dafür, wie zufrieden die Soldaten und Veteranen drei Jahre später mit dem Leben insgesamt sind, stellt sich die Zufriedenheit mit der seelischen Gesundheit heraus. Wer folglich unter den Befragten mit der seelischen Gesundheit drei Jahre nach dem Einsatz zufrieden ist, der erfährt dadurch auch eine deutlich höhere Lebenszufriedenheit verglichen mit denjenigen Befragten, die mit ihrer psychischen Gesundheit unzufrieden sind. Bereits danach folgt, wenn auch mit weniger Einfluss, die Zufriedenheit mit den eigenen Fähigkeiten und Kompetenzen. Dies deutet darauf hin, dass es vor allem emotionale und persönliche Aspekte sind, die drei Jahre nach der Rückkehr die Zufriedenheit der Befragten mit dem Leben stark beeinflussen. Der Zusammenhang zwischen Lebenszufriedenheit und Zufriedenheit mit dem Privat- und Familienleben ist hingegen ebenso wie zwischen Lebenszufriedenheit und Dienst- bzw. Berufszufrieden-

---

[155] Mit Hilfe einer Regressionsanalyse wurden die inhaltlichen Zusammenhänge geprüft. Das Modell zeigt eine hohe Varianzaufklärung von 64 Prozent. Es ergeben sich höchst signifikante Zusammenhänge zwischen der Lebenszufriedenheit und der Zufriedenheit mit der seelischen Gesundheit (ß=0,29) sowie in der Reihenfolge abnehmender Bedeutung höchst signifikante Zusammenhänge zwischen der Lebenszufriedenheit und der Zufriedenheit mit den persönlichen Fähigkeiten (ß=0,17), den Kontakten zu Freunden/Bekannten (ß=0,14), dem Einkommen (ß=0,13), dem Privat- und Familienleben (ß=0,13), der Partnerschaft (ß=0,11), dem Dienst/Arbeit (ß=0,10) sowie mit der körperlichen Gesundheit (ß=0,08), wobei der Zusammenhang mit der körperlichen Gesundheit nur noch schwach signifikant ausgeprägt ist. Die Zufriedenheit mit der Freizeit hat keinen signifikanten Einfluss auf die Lebenszufriedenheit der befragten Einsatzrückkehrer (n=899).

heit oder zwischen Lebenszufriedenheit und körperlicher Gesundheit geringer ausgeprägt. Das Freizeitverhalten hat hingegen keinen statistisch relevanten Einfluss auf die allgemeine Lebenszufriedenheit der Befragten.[156]

Auch die Erfahrungen des Einsatzes wirken sich drei Jahre später noch auf die subjektiv wahrgenommene Lebenszufriedenheit der Befragten aus. Sie stellen sich in den Analysen neben der psychischen Gesundheit, der Altersgruppenzugehörigkeit, dem Partnerschaftsstatus sowie der soldatischen Motivation als wesentliche Faktoren für die Höhe der empfundenen Lebenszufriedenheit der Befragten heraus.[157] Entscheidend ist jedoch, wie die Erfahrungen des Einsatzes von den Soldaten und Veteranen drei Jahre später wahrgenommen und bewertet werden. Je positiver diese für die eigene Person und das weitere Leben eingeschätzt werden, desto höher fällt tendenziell auch die Lebenszufriedenheit der Befragten aus bzw. umgekehrt je negativer die Folgen des Einsatzes für die eigene Person und das weitere Leben empfunden werden, desto geringer ist die persönliche Lebenszufriedenheit für die Soldaten und Veteranen ausgeprägt.[158] (vgl. Abschnitt 6.2) Während beispielsweise 72 Prozent jener Befragten, die die Auffassung teilen, durch die Erfahrungen des Einsatzes selbstbewusster geworden zu sein, von einer hohen Lebenszufriedenheit berichten, gilt dies für signifikant weniger derjenigen (64 %), für die der Einsatz in der eigenen Wahrnehmung persönlich folgenlos geblieben ist.[159]

Hinweise darauf, dass schwerwiegende Einsatzerlebnisse die eigene Wertewelt berühren und langfristig Prioritäten im Leben verschieben können, indem sie etwa Maßstäbe zur Beurteilung dessen verändern, was einem selber im Leben wichtig ist, lassen sich nicht nur in den an anderer Stelle dieser Studie ausgeführten Ergebnissen zu den Auswirkungen des Einsatzes auf die eigene Person finden, sondern zahlreich auch in den Interviews, die wir mit Angehörigen des Kontingents im Einsatz in Afghanistan und in den Jahren danach geführt haben: „Ich weiß heute, was für mich wirklich wichtig ist im Leben“, hieß es vielfach in den Gesprächen. In dieser Interpretation ist die hohe Bedeutung, die psychische und persönliche Aspekte für die allgemeine Lebenszufriedenheit der Soldaten und Veteranen drei Jahre nach dem Einsatz besitzen, folglich als Resultat von veränderten Wertorientierungen nach dem Einsatz zu verstehen. (Abschnitt 6.2)

---

[156] Vergleichsdaten hierzu liegen für die Bundeswehr nicht vor. In der repräsentativen Streitkräftebefragung von 2012 des ZMSBw wurde die Zufriedenheit mit der psychischen Gesundheit nicht erfragt.

[157] Nach Chi-Quadrat-Test bestehen auf 0,1 Prozent-Niveau höchst signifikante Zusammenhänge zwischen der Lebenszufriedenheit und der subjektiven Gesundheit sowie dem Alter und dem Partnerschaftsstatus.

[158] So bestehen nach Chi-Quadrat-Test auf 1 Prozent-Niveau hoch signifikante Zusammenhänge zwischen der persönlichen Lebenszufriedenheit und verschiedenen Aspekten von positiv (gewachsenes Selbstbewusstsein, psychisch stabiler geworden) sowie negativ wahrgenommener persönlicher Veränderung (aggressiver geworden, fühle mich fremd im Leben) durch den Einsatz. (vgl. Abschnitt 6.2)

[159] Nach Chi-Quadrat-Test auf 1 Prozent-Niveau hoch signifikant.

Gleichzeitig lassen sich in den Befunden negative Auswirkungen des Einsatzes auf die persönliche Lebenszufriedenheit der Befragten beobachten. So besteht nicht nur zwischen positiv empfundenen persönlichen Veränderungen nach dem Einsatz und subjektiver Lebenszufriedenheit ein statistisch bedeutsamer Zusammenhang, sondern noch stärker zwischen bleibenden Verwundungen und persönlicher Lebenszufriedenheit.[160] Psychische oder physische Verwundungen des Einsatzes wirken sich stark negativ auf die Lebenszufriedenheit der Befragten aus.[161] (Abbildung 54) So fällt die persönliche Lebenszufriedenheit für jene Teilgruppe[162], die auch noch drei Jahre nach der Rückkehr von bleibenden Verletzungsfolgen des Einsatzes berichtet, so gering aus wie für keine andere Gruppe (37 % Lebenszufriedenheit für körperlich bzw. 25 % für psychisch Beeinträchtigte gegenüber 72 % für nicht Belastete). Auch der Anteil an Unzufriedenen ist in der Teilgruppe der Einsatzverwundeten wesentlich höher ausgeprägt als in jeder anderen Gruppe: Etwa ein Drittel (31 % unter körperlich Beeinträchtigten bzw. 36 % unter seelisch Beeinträchtigten) gibt auch noch knapp drei Jahre nach dem Einsatz explizit an, mit dem eigenen Leben unzufrieden zu sein. Für gesundheitlich durch den Einsatz nicht Belastete trifft dies nur auf 7 Prozent zu. (Abbildung 54)

---

[160] Nach Chi-Quadrat-Test auf 0,1 Prozent-Niveau höchst signifikant.

[161] Psychische oder physische Beanspruchungen bilden den wichtigsten gesundheitsbezogenen Einflussfaktor auf die Lebenszufriedenheit der Befragten. Mit Hilfe einer Regressionsanalyse wurden verschiedene Zusammenhänge geprüft. Das Modell zeigt eine Varianzaufklärung von 39 Prozent. Es ergeben sich höchst signifikante Zusammenhänge zwischen der Lebenszufriedenheit und der subjektiven Gesundheit (ß=0,31) sowie in der Reihenfolge abnehmender Bedeutung höchst signifikante (negative) Zusammenhänge zwischen der Lebenszufriedenheit und noch bleibenden psychischen oder physischen Beeinträchtigungen des Einsatzes (ß=0,20), familiären Belastungen (ß=0,17), Problemen in der Partnerschaft (ß=0,12) sowie für Belastungen aufgrund von wahrgenommenen Unsicherheiten in Bezug auf die weitere berufliche Entwicklung (ß=0,11; n=987).

[162] Hierbei sei nochmals darauf hingewiesen, dass 7 Prozent der Angehörigen des Kontingents auch noch drei Jahre nach der Rückkehr von physischen sowie 8 Prozent von psychischen Beeinträchtigungen des Einsatzes berichten. (vgl. Abschnitt 6.1)

Abbildung 54: Zufriedenheit mit dem Leben insgesamt differenziert nach physisch und psychisch Belasteten und nicht Belasteten des Kontingents drei Jahre später

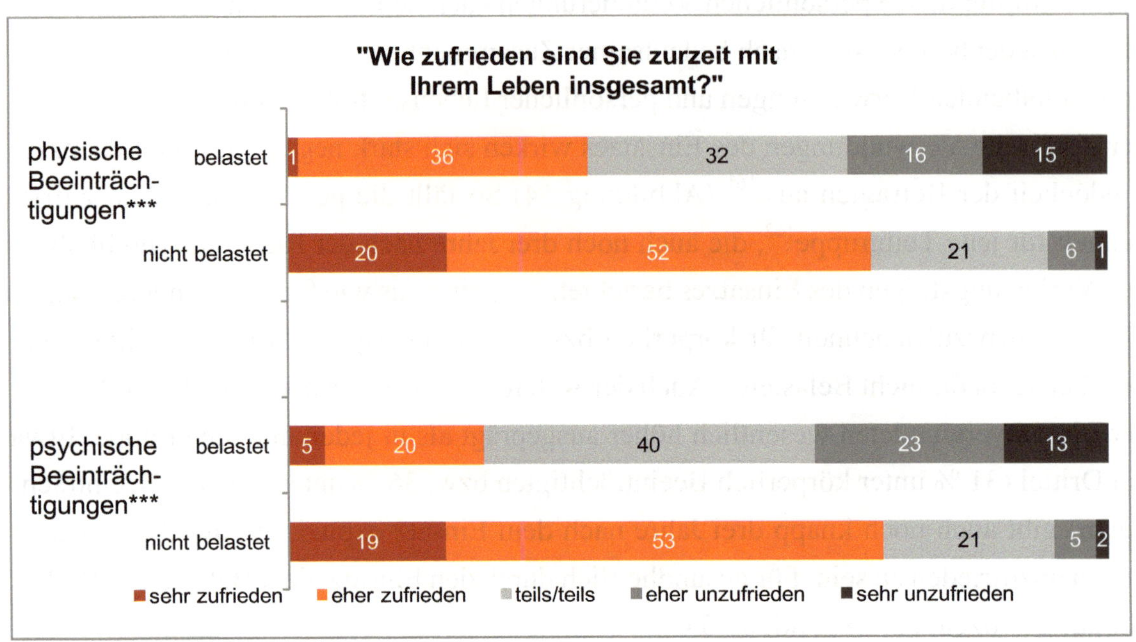

Anmerkungen: ***=höchst signifikant auf dem 0,1 %-Niveau. Signifikanz nach Chi-Quadrat. Datenbasis: Befragung des 22. Kontingents ISAF durch das ZMSBw, Dezember 2012 bis März 2013 und Mai bis Oktober 2013. Angaben in Prozent. Nur gültige Antworten.

Ein genauerer Blick auf die Lebensbereichszufriedenheiten macht deutlich, dass Einsatzverwundete für sämtliche der angefragten Bereiche, ausgenommen für den dienst- bzw. berufsbezogenen Lebensbereich, signifikant geringere Zufriedenheitswerte als die Vergleichsgruppe aufweisen.[163] (Abbildung 56) Wie zu erwarten, gilt dies besonders stark für die Zufriedenheit mit der körperlichen (24 % Zufriedene im Vergleich zu 69 %) und seelischen Gesundheit (33 % Zufriedene im Vergleich zu 73 %), aber auch die Zufriedenheit mit den sozialen Kontakten zu Freunden und Bekannten ist für Verwundete geringer als für die Vergleichsgruppe (31 % Zufriedene im Vergleich zu 55 %) ausgeprägt.

Mit den persönlichen Fähigkeiten und Kompetenzen (57 %), der Partnerschaft (57 %) sowie mit dem Privat- und Familienleben (50 %) sind Einsatzverwundete dagegen mehrheitlich zufrieden. Im Vergleich mit gesundheitlich nicht Belasteten fällt jedoch für Einsatzverwundete auch die Zufriedenheit mit den partnerschaftlichen (57 % Zufriedene unter Verwundeten gegenüber 76 % in der Vergleichsgruppe), familiären (50 % gegenüber

[163] Aus Gründen der Übersichtlichkeit sind für die Befunde zu den Bereichszufriedenheiten Befragte, die angeben, entweder körperlich oder psychisch durch den Einsatz beeinträchtigt zu sein, zusammengefasst.

74 %) und sozialen (31 % gegenüber 55 %) Lebensbereichen signifikant geringer aus. (Abbildung 55)

Abbildung 55: Zufriedenheit mit dem Leben sowie mit verschiedenen Lebensbereichen im Vergleich zwischen psychisch oder physisch Verwundeten und nicht Eingeschränkten

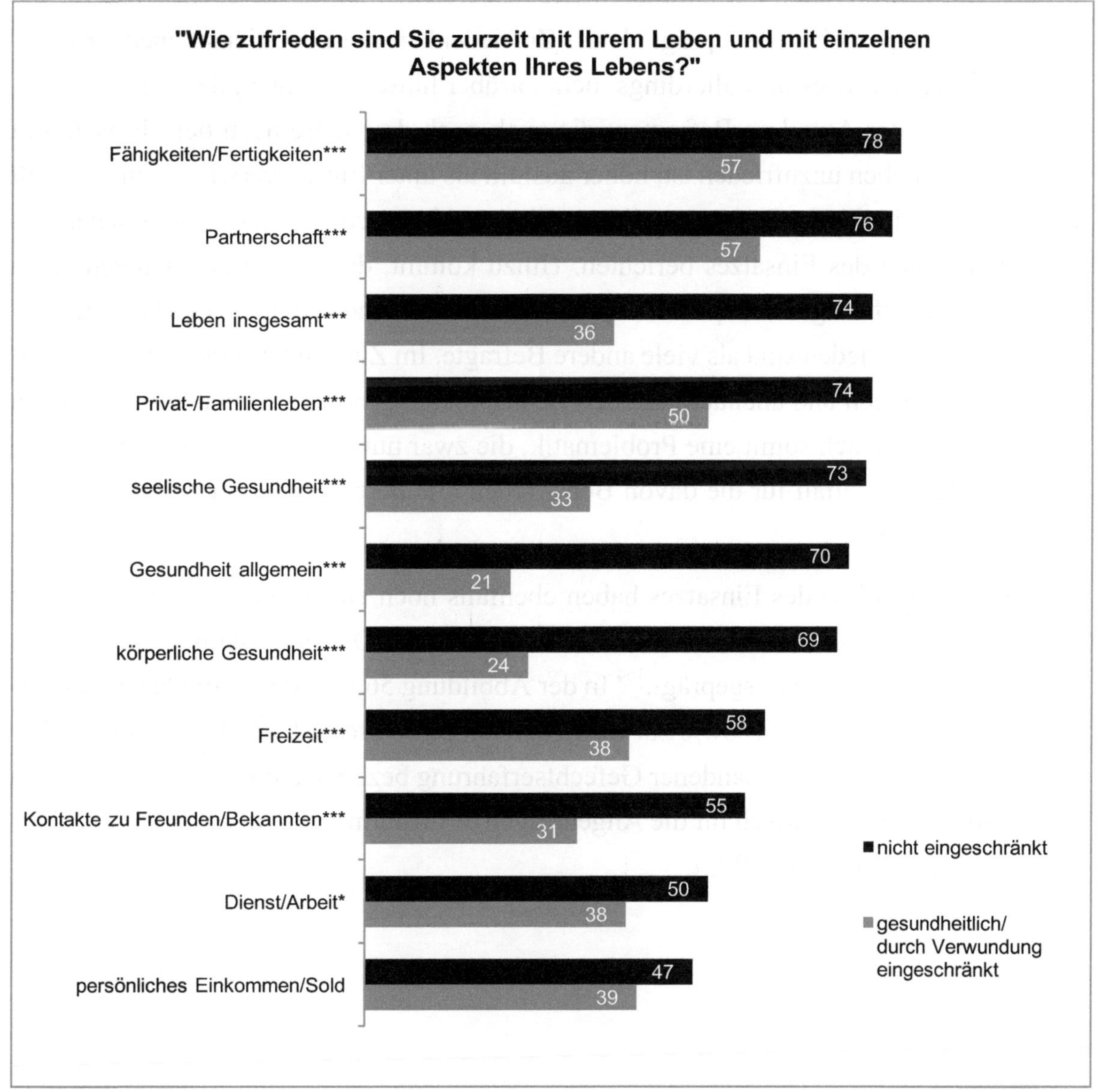

Anmerkungen: ***=höchst signifikant auf 0,1 %-Niveau; *=signifikant auf dem 5 %-Niveau. Signifikanz nach Chi-Quadrat. Datenbasis: Befragung des 22. Kontingents ISAF durch das ZMSBw, Dezember 2012 bis März 2013 und Mai bis Oktober 2013. Angaben in Prozent. Nur gültige Antworten.

Bezogen auf die Zufriedenheit mit dem dienst- bzw. berufsbezogenen Bereich bestehen nur geringere Unterschiede in den Einschätzungen zwischen den beiden Gruppen. (Abbildung 55) Tendenziell sind Einsatzverwundete zwar auch mit dem dienst- bzw. berufsbezogenen Bereich weniger zufrieden als die Vergleichsgruppe (38 % gegenüber 50 %

unter nicht Belasteten). Diese Abweichungen sind statistisch aber nur gering ausgeprägt. Bleibende Verwundungen des Einsatzes haben in der langfristigen Perspektive offenbar häufiger private als berufliche Folgen für einen Teil der Betroffenen gezeitigt. Insgesamt lässt sich für Einsatzverwundete jedoch eine ähnliche Tendenz im Antwortverhalten beobachten wie für gesundheitlich durch den Einsatz nicht belastete Befragte. Die Zufriedenheit mit den privaten und familiären Lebensbereichen ist für sie ebenso wie für die Vergleichsgruppe höher ausgeprägt als die Zufriedenheit mit dem dienstlichen bzw. beruflichen Bereich. Dies darf allerdings nicht darüber hinwegtäuschen, dass in keiner anderen Gruppe der Anteil an Befragten, die auch noch drei Jahre nach dem Einsatz mit dem eigenen Leben unzufrieden ist, höher ausfällt als unter Einsatzverwundeten; dies gilt für etwa ein Drittel jener Befragten, die von bleibenden psychischen oder physischen Beeinträchtigungen des Einsatzes berichten. Hinzu kommt, dass Einsatzverwundete auch noch in der langfristigen Perspektive mit den familiären und sozialen Aspekten des Lebens weniger zufrieden sind als viele andere Befragte. Im Zusammenwirken von bleibenden Verwundungen und andauernd hohen Beanspruchungen des sozialen und familiären Umfelds eröffnet sich somit eine Problematik, die zwar nur einen kleineren Teil betrifft, im konkreten Einzelfall für die davon Betroffenen und deren Partner und Familien aber drastisch ausfällt.

Die Gewalterlebnisse des Einsatzes haben ebenfalls noch einen relevanten Einfluss auf die wahrgenommene Lebenszufriedenheit der Befragten. Dieser Zusammenhang ist jedoch statistisch geringer ausgeprägt.[164] In der Abbildung 56 sind die Befunde zur persönlichen Lebenszufriedenheit sowie zur Zufriedenheit mit verschiedenen Bereichen des Lebens differenziert nach vorhandener Gefechtserfahrung bezogen auf den Einsatz mit dem 22. Kontingent exemplarisch für die Angehörigen des Kontingents auf der Basis der Wiederholungsbefragung aufgeführt.

---

164 Nach Chi-Quadrat-Test schwach signifikant auf 5 Prozent-Niveau.

Abbildung 56: Zufriedenheit mit dem Leben sowie mit verschiedenen Lebensbereichen drei Jahre nach dem Einsatz differenziert nach Gefechtserfahrung

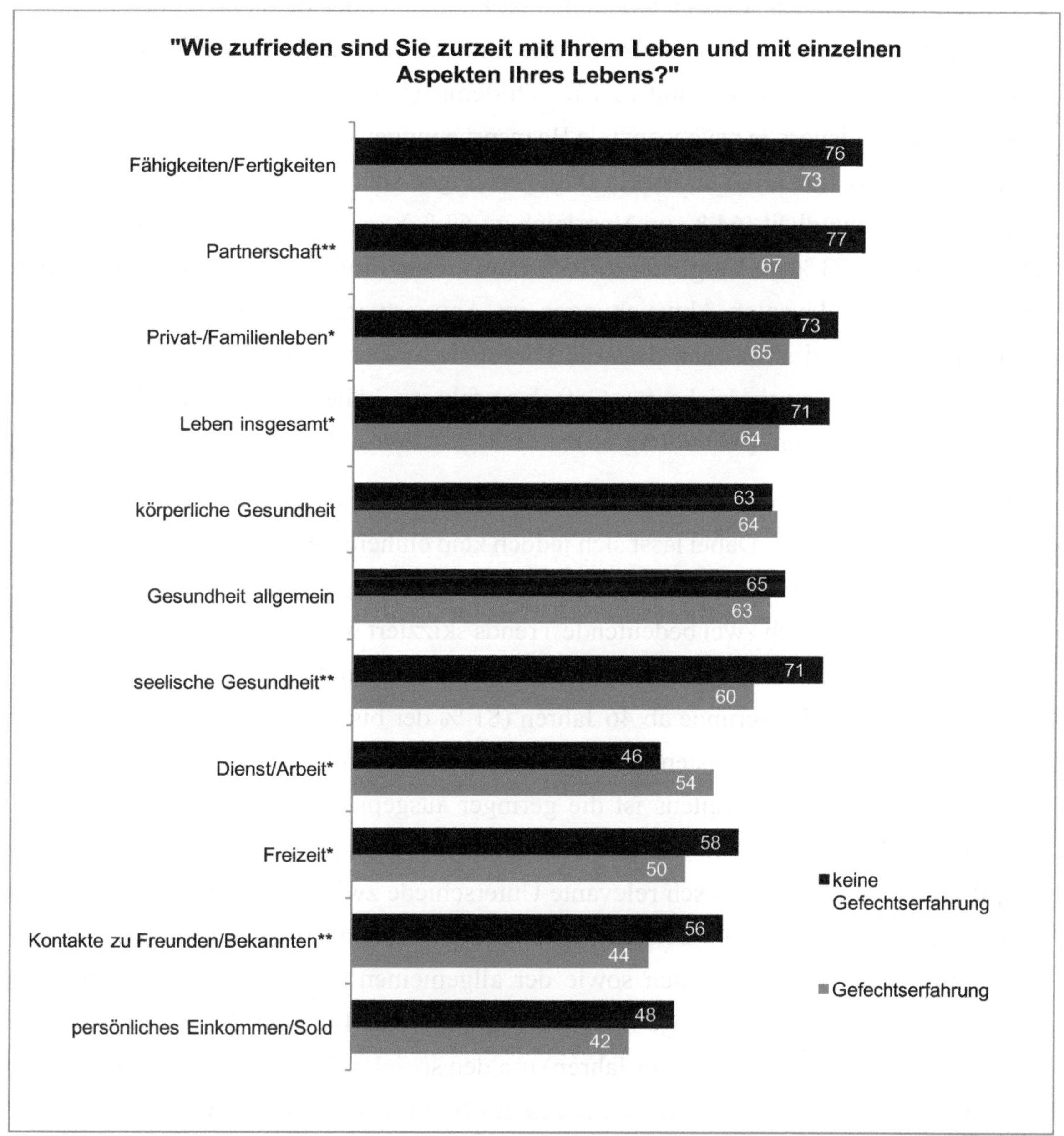

Anmerkungen: **=hoch signifikant auf dem 1 %-Niveau; *=signifikant auf dem 5 %-Niveau. Signifikanz nach Chi-Quadrat. Datenbasis: Befragung des 22. Kontingents ISAF durch das ZMSBw, Dezember 2012 bis März 2013 und Mai bis Oktober 2013. Angaben in Prozent. Nur gültige Antworten.

Demzufolge sind Gefechtserfahrene (64 %) tendenziell weniger zufrieden mit dem eigenen Leben als Gefechtsunerfahrene (71 %). Bedeutsame Differenzen zwischen den beiden Gruppen zeigen sich aber nicht für sämtliche der angefragten Lebensbereiche, sondern vor allem für die psychosozialen Aspekte des Lebens. Es sind vor allem diese Bereiche, mit denen die Gefechtserfahrenen auch noch drei Jahre nach der Rückkehr signifikant weniger zufrieden sind als die Vergleichsgruppe der Befragten ohne Gefechtserfahrung. Im Besonderen trifft dies auf die Zufriedenheit mit der Partnerschaft (67 % im Vergleich zu 77 %), den sozialen Kontakten zu Freunden oder Bekannten (44 % im Vergleich zu 56 %) sowie auf die Zufriedenheit mit der seelischen Gesundheit (60 % im Vergleich zu 71 %) zu. Insgesamt lassen sich demnach Auswirkungen von Gefechtserfahrungen auf andauernde psychosoziale Beanspruchungen des Einsatzes erkennen. (Abschnitt 6.1, 6.2, 6.4, 6.5, 6.6 und 6.11) Dagegen zeigen sich für die Zufriedenheit mit der körperlichen Gesundheit (64 % im Vergleich zu 63 %), den persönlichen Kompetenzen und Fähigkeiten (73 % im Vergleich zu 76 %) sowie dem Einkommen (42 % im Vergleich zu 48 %) keine relevanten Abweichungen im Antwortverhalten zwischen den beiden Gruppen. Auffallend ist zudem, dass die Dienst- bzw. Berufszufriedenheit als einziger der angefragten Lebensbereiche für Gefechtserfahrene höher ausfällt als für Befragte ohne diese Erfahrungen. (Abbildung 56)

Das Lebensalter ist ein weiterer wichtiger Einflussfaktor für die subjektive Lebenszufriedenheit der Befragten.[165] Dabei lässt sich jedoch kein einheitliches Muster erkennen. (Abbildung 57) Die Werte sind vielmehr relativ ungleichmäßig über die Altersgruppen verteilt. Es können dennoch zwei bedeutende Trends skizziert werden. Erstens wirkt sich ein höheres Alter tendenziell positiv auf die Lebenszufriedenheit der Befragten aus: Am zufriedensten ist die Altersgruppe ab 46 Jahren (81 % der bis 50-Jährigen sowie 84 % der über 50-Jährigen). Am wenigsten zufrieden ist die Altersgruppe zwischen 31 und 35 Jahren (62 % Zufriedene). Zweitens ist die geringer ausgeprägte Lebenszufriedenheit der mittleren Altersgruppen vor allem mit Einschränkungen im privaten Lebensbereich verknüpft. So zeigen sich statistisch relevante Unterschiede zwischen der mittleren und den übrigen Altersgruppen für die Zufriedenheit mit den sozialen Kontakten zu Freunden und Bekannten, dem Freizeitverhalten sowie der allgemeinen Gesundheit. (Abbildung 57) Während nur knapp die Hälfte (je nach Altersgruppe von 44 % bis 52 %) der mittleren Altersgruppen (zwischen 26 und 45 Jahren) mit den sozialen Kontakten zu Freunden oder Bekannten zufrieden ist, trifft dies hingegen auf 68 Prozent bzw. 70 Prozent der beiden älteren Altersgruppen ab 46 sowie auf 64 Prozent der Jüngeren unter 25 zu.

Alterseffekte lassen sich ebenso für die Zufriedenheit der Befragten mit dem Freizeitverhalten beobachten. Hier sind es vor allem Befragte zwischen 26 und 40 Jahren (46 % bis 53 %), die eine geringere Zufriedenheit als Ältere ab 45 (je nach Altersgruppe unter den Älteren zwischen 66 % und 68 % Zufriedenheit) sowie Jüngere unter 25 Jahren (64 %) aufweisen. (Abbildung 57)

---

[165] Nach Chi-Quadrat-Test auf 0,1 Prozent-Niveau höchst signifikant.

Abbildung 57: Zufriedenheit mit dem Leben sowie mit verschiedenen Lebensbereichen drei Jahre später differenziert nach Alter

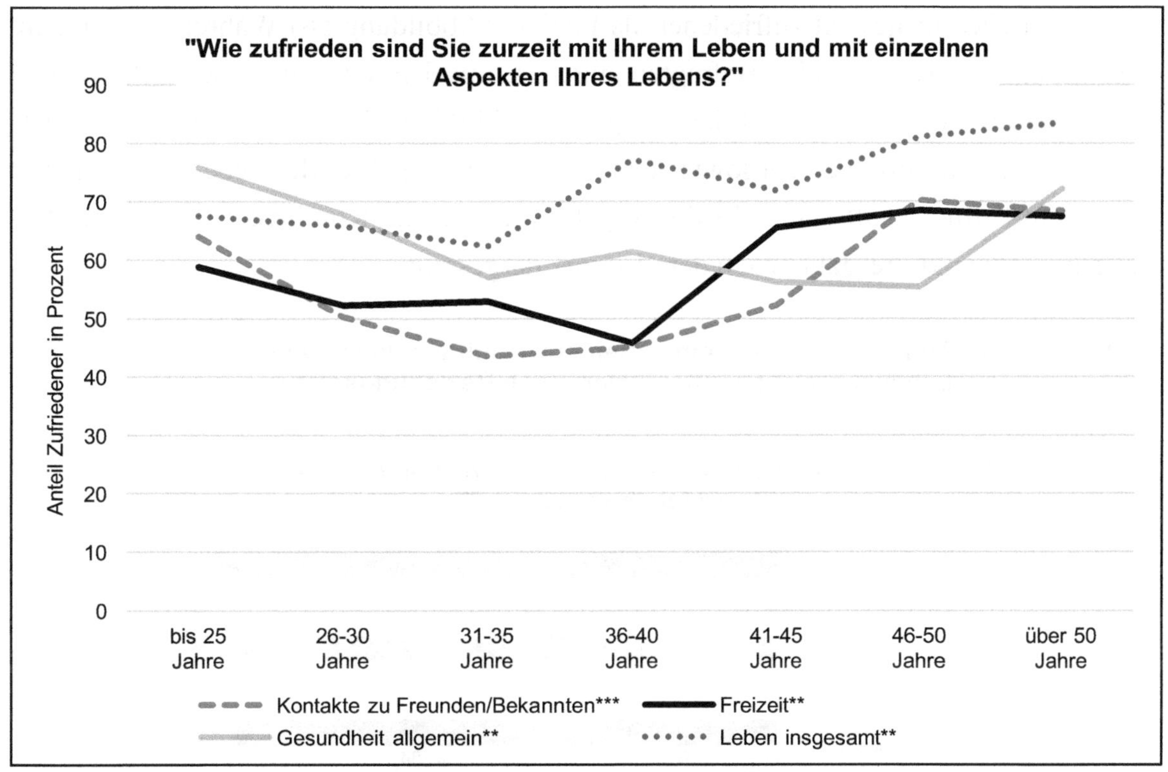

Anmerkungen: Nur signifikante Befunde dargestellt. ***=höchst signifikant auf 0,1 %-Niveau; **=hoch signifikant auf dem 1 %-Niveau; *=signifikant auf dem 5 %-Niveau. Signifikanz nach Chi-Quadrat. Datenbasis: Befragung des 22. Kontingents ISAF durch das ZMSBw, Dezember 2012 bis März 2013 und Mai bis Oktober 2013. Angaben in Prozent. Nur gültige Antworten.

Bemerkenswert ist zudem, dass sich altersabhängige Effekte auch für Einschätzungen zur allgemeinen Gesundheit beobachten lassen. (vgl. Abschnitt 6.5) Die Zufriedenheitswerte sind u-förmig über die Altersgruppen verteilt. Während etwas mehr als die Hälfte der Befragten (zwischen 55 % bis 61 %) in den Altersgruppen der 31- bis 50-Jährigen mit der allgemeinen Gesundheit zufrieden ist, sagen dies weit mehr (72 %) der über 50-Jährigen sowie der Jüngeren (76 %) bis 25 Jahren. Tendenziell fällt zwar auch die Zufriedenheit mit der psychischen Gesundheit für mittlere Altersgruppen geringer aus als für ältere Befragte, allerdings ist dieser Unterschied statistisch nicht signifikant. Diese Befunde korrespondieren mit bereits vorliegenden Befunden, in denen ebenfalls deutlich wurde, dass sich vor allem die mittlere Altersgruppe häufiger gleichzeitig sowohl durch hohe familiäre als auch dienstliche bzw. berufliche Anforderungen belastet sieht. (Seiffert/Heß 2014: 79) Sie können demnach als weiterer empirischer Beleg für größere Schwierigkeiten besonders der mittleren Altersgruppe mit der Vereinbarkeit von Privat- und Familienleben mit dem Dienst interpretiert werden.

Einen wesentlichen Einfluss auf die Höhe der persönlichen Lebenszufriedenheit zeitigt darüber hinaus der Partnerschaftsstatus der Befragten. Partnerschaftlich Gebundene sind mit dem Leben insgesamt zufriedener als Ledige. (Abbildung 58) Während 74 Prozent der in Partnerschaft lebenden Befragten angeben, mit dem eigenen Leben zufrieden zu sein, gilt dies nur für 54 Prozent der Ledigen. In Abbildung 58 sind die Befunde zur persönlichen Lebenszufriedenheit sowie zu verschiedenen Aspekten des Lebens differenziert nach dem Partnerschaftsstatus für die Angehörigen des 22. Kontingents ISAF zum Befragungszeitpunkt drei Jahre nach dem Einsatz dargestellt.

Abbildung 58: Zufriedenheit mit dem Leben sowie mit verschiedenen Lebensbereichen differenziert nach Beziehungsstatus

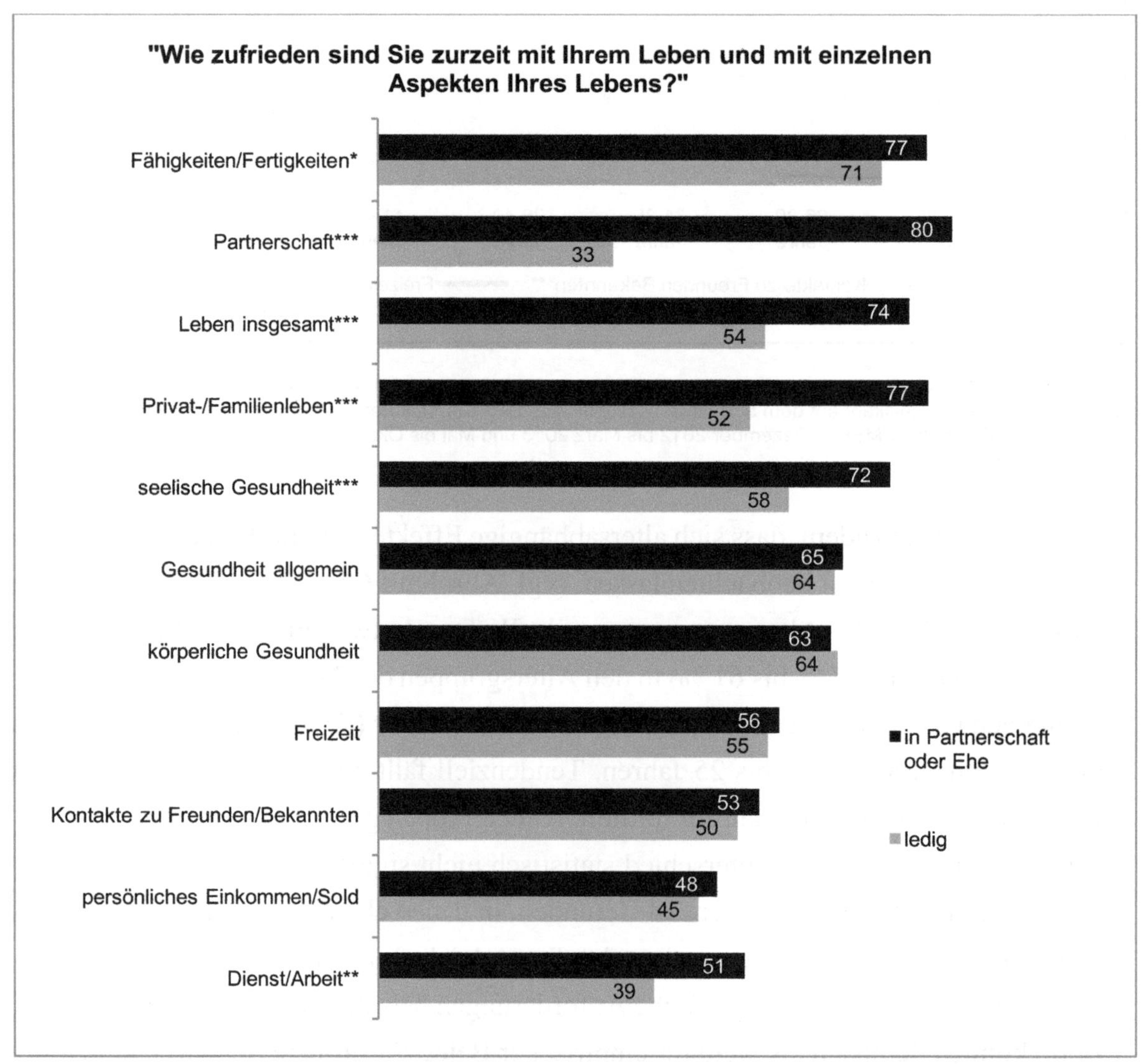

Anmerkungen: ***=höchst signifikant auf 0,1 %-Niveau; **=hoch signifikant auf dem 1 %-Niveau; *=signifikant auf dem 5 %-Niveau. Signifikanz nach Chi-Quadrat. Datenbasis: Befragung des 22. Kontingents ISAF durch das ZMSBw, Dezember 2012 bis März 2013 und Mai bis Oktober 2013. Angaben in Prozent. Nur gültige Antworten.

Bedeutsame Unterschiede zwischen partnerschaftlich Gebundenen und Ledigen lassen sich vor allem mit Blick auf den psychosozialen Lebensbereich beobachten. (Abbildung 56) So weisen Befragte, die angeben, in einer festen Paarbeziehung zu leben, nicht nur eine höhere Zufriedenheit mit dem Privat- und Familienleben (77 % im Vergleich zu 52 %) auf, was angesichts der objektiven Ungleichheiten in den Lebensumständen auch naheliegend ist, sondern sie sind im Vergleich zu ledigen Befragten auch signifikant zufriedener mit der seelischen Gesundheit (72 % im Vergleich zu 58 %). Bemerkenswerterweise ist bei ihnen jedoch nicht nur die Zufriedenheit mit der seelischen Gesundheit, sondern auch die Dienst- bzw. Berufszufriedenheit wesentlich höher ausgeprägt (51 % im Vergleich zu 39 %). Diese Unterschiede dürften wesentlich dazu beigetragen haben, dass partnerschaftlich Gebundene mit dem Leben insgesamt zufriedener sind als Ledige (74 % gegenüber 54 %). Kausale Begründungen hierfür sind jedoch zu vermeiden. Anzunehmen sind Wechselwirkungen zwischen der subjektiv wahrgenommenen Zufriedenheit mit der psychischen Gesundheit und der Zufriedenheit mit den familiären und beruflichen Lebensbereichen. Dagegen bestehen weder für die Einkommenszufriedenheit (48 % im Vergleich 45 %) noch für die Zufriedenheit mit dem Freizeitverhalten (56 % im Vergleich zu 55 %) oder den Kontakten zu Freunden und Bekannten (53 % im Vergleich zu 50 %) statistisch relevante Unterschiede zwischen den beiden Gruppen. (Abbildung 56) Diese Befunde können ebenso wie andere Ergebnisse dieser Studie als Hinweis auf den hohen Stellenwert verstanden werden, den eine intakte Partnerschaft sowie die soziale Unterstützung durch die Familie für das Wohlbefinden und die Zufriedenheit von (Einsatz-)Soldaten und Veteranen haben. (vgl. Abschnitt 6.1, 6.5, 6.6 und 6.8 sowie Seiffert/Heß 2014: 61)

Zusammenfassend machen die Befunde dieses Abschnitts Folgendes deutlich: Einschneidende Erlebnisse im Einsatz können sowohl positive als auch negative Wirkungen auf die Lebenszufriedenheit von (Einsatz-)Soldaten und Veteranen zeitigen – je nachdem wie die Erfahrungen verarbeitet und in das eigene Selbstbild integriert worden sind. Die Soldaten und Veteranen des 22. Kontingents ISAF sind drei Jahre nach der Rückkehr mit dem eigenen Leben überwiegend zufrieden. Nur ein kleinerer Teil (7 % der Soldaten bzw. 8 % der Veteranen) ist unzufrieden. Dies gilt häufiger für Einsatzverwundete. Die Erfahrungen des Einsatzes bleiben aber auch für viele andere nicht einfach äußerlich; sie berühren die eigene Person und können Prioritäten im Leben verschieben. Das zeigt sich drei Jahre später darin, was den Soldaten und Veteranen im Leben wichtig ist. Am bedeutendsten für die Zufriedenheit mit dem eigenen Leben sind vielen neben den familiären Bindungen psychische und persönliche Aspekte des Lebens.

Werte verändern sich. Viele Soldaten des Kontingents gaben an, dass ihnen die Zeit mit der Familie nach dem Einsatz noch wichtiger geworden ist.

Bundeswehr/Sandra Elbern

6.8 „Was macht so ein Einsatz mit meiner Familie?“ – Einsatzbedingte Veränderungen für Familie und Partnerschaft

Der Fokus lag in den vorhergehenden Abschnitten auf den persönlichen Veränderungen nach dem Einsatz. Nach der Rückkehr können sich aber nicht nur bei den Soldaten und Veteranen selber, sondern auch in deren Familien zu Hause veränderte Konstellationen herausgebildet haben. (Tomforde 2006; Wendl 2005) Das stellt beide Seiten vor große Herausforderungen. Die unterschiedlichen Erfahrungen müssen ebenso wie die mehrmonatige Abwesenheit von zu Hause aufgearbeitet werden. Die Frage, welche Folgen eine einsatzbedingte Trennung für Familie und Partnerschaft hat, stellt schon seit Längerem ein wichtiges Thema der internationalen militärsoziologischen Forschung dar, zu der auch das ZMSBw in Studien zum KFOR- und ISAF-Einsatz Erkenntnisse beigetragen hat.[166]

In der Befragung des Kontingents wenige Wochen nach der Rückkehr aus dem Einsatz ließ sich etwa beobachten, dass die Trennung von der Partnerin/dem Partner und der Familie für einen Großteil der Soldatinnen und Soldaten eine zentrale Rolle spielte. Auch wenn eine Mehrzahl der zurückgebliebenen Partner und Familien nach Aussage der Befragten die Trennung überwiegend gut bewältigt hatte, so stellte die monatelange Abwesenheit doch einen wichtigen Grund dar, nicht wieder in einen Einsatz gehen zu wollen. (vgl. Seiffert et al. 2010b: 66–72; 2011a: 84–95; Pietsch 2012) Diese Befunde bezogen sich jedoch auf den Befragungszeitpunkt wenige Wochen nach der Rückkehr aus dem Einsatz. Folgen eines Einsatzes für Familie und Partnerschaft können sich aber weit später bemerkbar machen. Der positive Trend setzte sich jedoch in der Befragung drei Jahre später ausschließlich für den Anteil der noch aktiven Soldatinnen und Soldaten des Kontingents fort. Die meisten Partnerschaften und Familien hatten den Einsatz aus ihrer Sicht auch in der langfristigen Perspektive überwiegend gut überstanden. (vgl. Seiffert/Heß 2014: 47) Für (Einsatz-)Veteranen der Bundeswehr werden hierzu im Folgenden erste empirische Erkenntnisse vorgelegt.

In den nächsten beiden Abschnitten wird untersucht, wie sich aus Sicht der Soldaten und Veteranen des 22. Kontingents ISAF die Teilnahme an einem riskanten Einsatz langfristig auf die Paarbeziehung und das Familienleben ausgewirkt hat. (vgl. Seiffert/Heß 2014) Dabei ist es wichtig, darauf hinzuweisen, dass sich in den dargestellten Befunden die Perspektiven der Soldaten und Veteranen widerspiegeln, jedoch nicht die ihrer Partner

---

[166] Siehe etwa Segal/Segal (1993); Reinkober et al. (2003); Biehl/Keller/Tomforde (2005); Seiffert (2005); Tomforde (2006); McFarlane (2009); Seiffert et al. (2011a); Gewirtz et al. (2011); Seiffert/Heß (2014); Knobloch/Theiss (2014).

und Familien. Angemerkt werden muss zudem, dass Familie und Partnerschaft für die Lebenswirklichkeit von (Einsatz-)Soldaten und Veteranen einen herausgehobenen Stellenwert haben. Die Mehrzahl der Befragten (76 % Veteranen und 77 % Soldaten) ist in der einen oder anderen Art und Weise partnerschaftlich gebunden. Viele haben eigene Kinder (52 % der Soldaten bzw. 42 % Veteranen).[167] Angesichts des jüngeren Alters[168] und damit einhergehend einer möglichen geringeren Festigung der Paarbeziehungen sind wir dabei von der Annahme ausgegangen, dass der Einsatz für Veteranen vergleichsweise höhere Folgen für Familie und Partnerschaft zeitigen würde.

Welche langfristigen Folgewirkungen zeitigt nun der Einsatz für die Qualität und das gemeinschaftliche Erleben von Familie und Partnerschaft aus Sicht von (Einsatz-)Soldaten und Veteranen? Um das Ausmaß möglicher einsatzbedingter Folgen für Partnerschaft und Familienleben der Befragten abschätzen zu können, wurden die Soldaten und Veteranen in der Wiederholungsbefragung zunächst um eine allgemeine Einschätzung gebeten, wie sich aus ihrer heutigen Perspektive die Teilnahme am Einsatz mit dem 22. Kontingent ISAF auf verschiedene Lebensbereiche niedergeschlagen hat.[169] (Abbildung 59)

Entgegen der ursprünglichen Annahme zeigen sich in diesen Befunden für nahezu sämtliche der angefragten Lebensbereiche keine bedeutsamen Unterschiede im Hinblick auf die wahrgenommenen Folgen des Einsatzes zwischen Soldaten und Veteranen. (Abbildung 59) So berichtet eine Mehrzahl der Befragten in beiden Gruppen, dass sich der Einsatz langfristig weder auf den Dienst- bzw. Berufsalltag (54 % Soldaten im Vergleich zu 66 % der Veteranen) noch auf die eigene Partnerschaft (53 % Soldaten im Vergleich zu 52 % Veteranen), die Beziehung zu den Kindern (69 % Soldaten im Vergleich zu 70 % Veteranen), weiteren Familienangehörigen (66 % Soldaten im Vergleich zu 63 % Veteranen) oder Freunden und Bekannten (61 % Soldaten im Vergleich zu 67 % Veteranen) sowie auf das eigene Freizeitverhalten (64 % Soldaten im Vergleich zu 59 % Veteranen) ausgewirkt hat. Die übrigen Befragten in beiden Gruppen geben ebenso positive wie negative Folgen an, die jedoch abhängig vom angefragten Lebensbereich von Soldaten und Veteranen gleichermaßen sowohl hinsichtlich ihrer Bewertung als auch im Hinblick auf das Ausmaß sehr unterschiedlich wahrgenommen und beurteilt werden. (Abbildung 59)

---

[167] Die Veränderungen der Bindungsverhältnisse im Zeitraum von 2010 bis 2013 werden im Abschnitt 6.9 untersucht.

[168] Siehe zu den soziostrukturellen Unterschieden zwischen (Einsatz-)Soldaten und Veteranen des Kontingents Abschnitt 5.2 der vorliegenden Studie.

[169] Die Folgewirkungen des Einsatzes auf verschiedene Lebensbereiche der Befragten wurden im Abschnitt 6.7 analysiert. Hier liegt der Fokus auf Familie und Partnerschaft.

Am häufigsten berichten die Befragten in beiden Gruppen davon, dass sich der Einsatz auf ihre Partnerschaft sowie auf den Dienst- bzw. Berufsalltag ausgewirkt hat. Im Vergleich nehmen Veteranen zwar signifikant weniger Auswirkungen auf den beruflichen Bereich wahr als Soldaten, angesichts einer Erweiterung speziell militärischer Fähigkeiten und Kompetenzen durch den Einsatz, die in zivilen Berufsfeldern eine geringere Rolle spielen dürften, erscheint dieser Befund nachvollziehbar.

Abbildung 59: Auswirkungen des Einsatzes auf verschiedene Lebensbereiche im Vergleich zwischen (Einsatz-)Soldaten und Veteranen

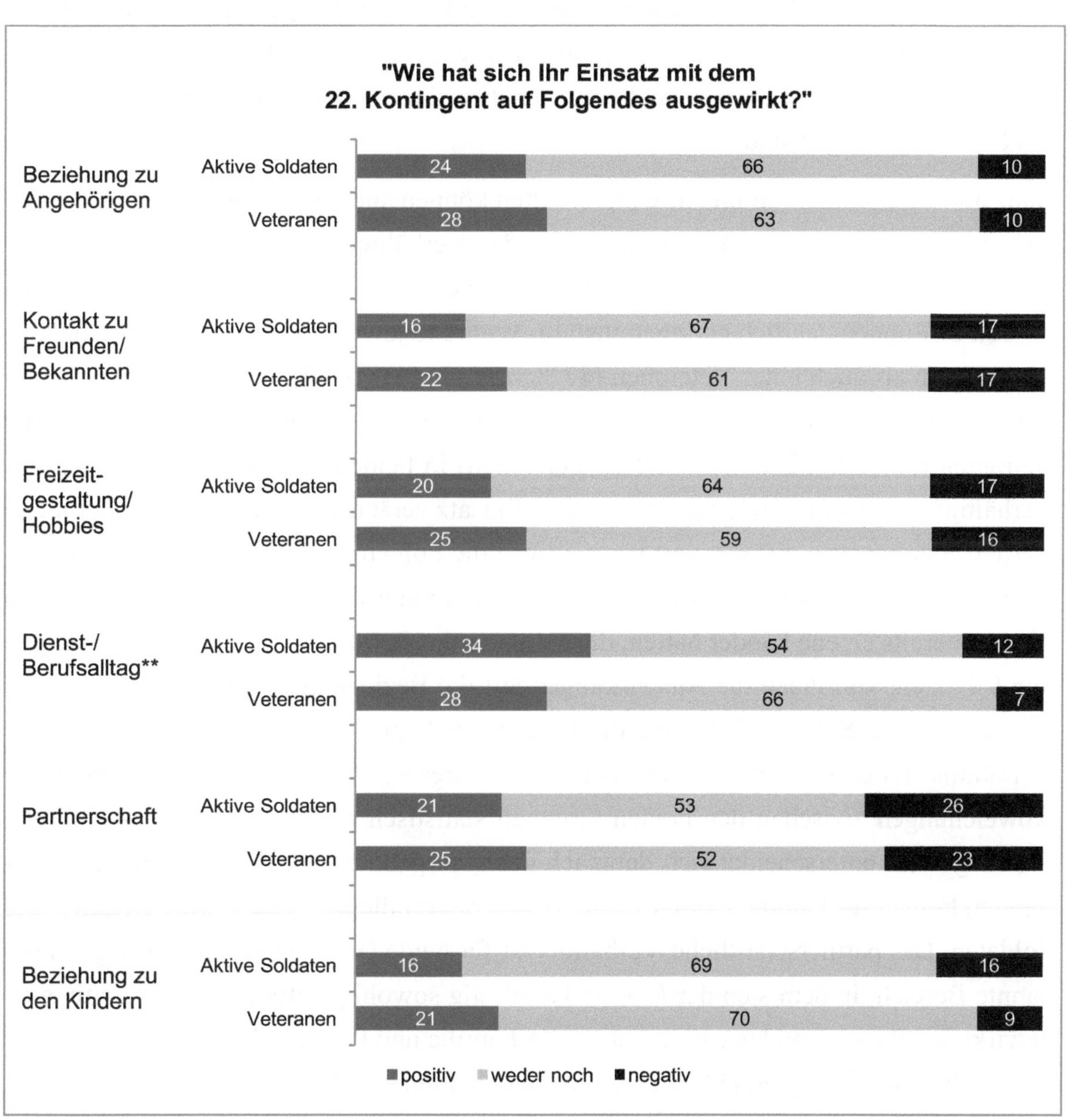

Anmerkungen: **=hoch signifikant auf dem 1 %-Niveau. Signifikanz nach Chi-Quadrat. Datenbasis: Befragung des 22. Kontingents ISAF durch das ZMSBw, Dezember 2012 bis März 2013 und Mai bis Oktober 2013. Angaben in Prozent.

Während die Auswirkungen auf den Dienst bzw. Beruf von beiden Gruppen überwiegend positiv empfunden werden (34 % Soldaten bzw. 28 % Veteranen positiv im Vergleich zu 12 % bzw. 7 % negativ), werden diese für die Partnerschaft differenzierter beurteilt. Signifikante Abweichungen im Antwortverhalten zwischen Soldaten und Veteranen bestehen nicht. (Abbildung 59) So berichten sowohl unter Veteranen als auch unter Soldaten jeweils etwas mehr als zwei von zehn (21 % Soldaten gegenüber 25 % Veteranen), die während des Einsatzes partnerschaftlich gebunden waren[170], von positiven und fast ebenso viele (26 % Soldaten gegenüber 23 % Veteranen) von negativen Veränderungen ihrer Beziehung. (Abbildung 59) Einer recht hohen Anzahl an Paarbeziehungen, die sich nach Angaben der Befragten nach dem Einsatz negativ entwickelt haben, steht demnach eine überraschend hohe Anzahl an Partnerschaften gegenüber, die aus der Einsatzzeit insgesamt gestärkt hervorgegangen sind.

Ganz ähnliche Tendenzen im Antwortverhalten können auch im Zusammenhang mit den wahrgenommenen Folgen des Einsatzes für das Verhältnis zu den Kindern beobachtet werden. Auffallend ist zunächst, dass das Ausmaß der wahrgenommenen Veränderungen für beide Gruppen deutlich geringer ausfällt. Während jeweils fast die Hälfte sowohl unter Soldaten als auch unter Veteranen (47 % bzw. 48 %) von einsatzbedingten Veränderungen der eigenen Partnerschaft berichten, gibt aber nur jeweils knapp ein Drittel der Befragten (32 % Soldaten bzw. 30 % Veteranen) in beiden Gruppen an, dass sich das Verhältnis zu den eigenen Kindern nach dem Einsatz verändert hat. Diese Veränderungen werden aber genauso differenziert beurteilt wie die Folgen des Einsatzes für die Partnerschaft. So schätzt etwa ein Fünftel jener Befragten unter den Veteranen (21 %), die im Einsatz bereits eigene Kinder hatten, die Veränderungen positiv und eine andere Gruppe von 9 Prozent von ihnen die Auswirkungen auf die Beziehung zu den eigenen Kindern negativ ein. Die Soldaten bewerten die Folgen (16 % positiv und 16 % negativ) für ihr Verhältnis zu den Kindern zwar etwas differenzierter als die Veteranen, doch sind diese Abweichungen zwischen den beiden Gruppen statistisch nicht signifikant. (Abbildung 59) Insgesamt unterscheidet sich demnach das wahrgenommene Ausmaß an einsatzbedingten Folgen für Familie und Partnerschaft nicht grundlegend zwischen Veteranen und Soldaten. Das partnerschaftliche Verhältnis ist für beide Gruppen der am häufigsten genannte Bereich, in dem sich der Einsatz langfristig sowohl positiv als auch negativ ausgewirkt hat. Positive und negative Folgen für Familie und Partnerschaft halten sich in der Perspektive der Befragten in beiden Gruppen dabei in etwa die Waage.

---

[170] Siehe zu den Veränderungen der Bindungsverhältnisse im Verlauf der vergangenen drei Jahre vom Einsatz bis zum Befragungszeitpunkt den folgenden Abschnitt 6.9.

Auffallend ist zudem, dass sich auch zwischen verschiedenen Alters- und Dienstgradgruppen oder Aufgaben- und Tätigkeitsbereichen keine statistisch relevanten Abweichungen beobachten lassen. Die Werte zu den wahrgenommenen Folgen des Einsatzes für Partnerschaft und Familie sind vielmehr relativ gleichmäßig über die Gruppe der Befragten verteilt. Eine Ausnahme stellen lediglich Befragte dar, die von noch bleibenden psychischen bzw. physischen Beeinträchtigungen berichten. (Abschnitt 6.1, 6.3, 6.4, 6.6, 6.9 und 6.11) Sie nehmen nicht nur wesentlich mehr Auswirkungen auf die Beziehung zur Partnerin bzw. zum Partner (58 % der psychisch und 63 % der körperlich Verwundeten im Vergleich zu 47 % der nicht Belasteten) oder zu den Kindern (44 % der psychisch und 50 % der körperlich Verwundeten im Vergleich zu 30 % nicht Belasteten) wahr, sondern die Folgen des Einsatzes für Partnerschaft und Familie werden von ihnen auch skeptischer beurteilt. Während 49 Prozent der psychisch und 43 Prozent der körperlich Verwundeten (im Vergleich zu 24 % der nicht Belasteten) berichten, dass sich ihr partnerschaftliches Verhältnis nach dem Einsatz zum Schlechteren entwickelt hat, beurteilen wesentlich weniger von ihnen (9 % der psychisch und 20 % der körperlich Verwundeten im Vergleich zu 24 % der nicht Belasteten) die Veränderungen ihrer Beziehung nach dem Einsatz positiv. Im Vergleich zu den Folgen für die Paarbeziehung fallen die Auswirkungen auf das Verhältnis zu den Kindern dagegen auch für die Einsatzverwundeten geringer aus. Im Gegensatz zur Vergleichsgruppe werden diese von ihnen jedoch wie die Folgen für die Partnerschaft ebenfalls stärker negativ als positiv beurteilt. So berichten mehr als jeweils ein Drittel der Verwundeten (37 % der psychisch und 43 % der körperlich Beeinträchtigten im Vergleich zu 13 % der nicht Belasteten), dass sich die Beziehung zu den Kindern nach dem Einsatz negativ entwickelt hat. Hingegen nehmen nur jeweils 7 Prozent (im Vergleich zu 18 % der nicht durch den Einsatz Belasteten) positive Veränderungen im Verhältnis zu den Kindern wahr. Trotz der größeren Schwierigkeiten sind aber auch ihre Partnerschaften und Familien überwiegend stabil geblieben. (Abschnitt 5.9)

In einer Kontrollfrage wurde zusätzlich nach konkreten Auswirkungen des Einsatzes auf die Qualität der Partnerschaft gefragt. Auch in dieser Analyse zeigen sich zwischen (Einsatz-)Soldaten und Veteranen keine bedeutsamen Unterschiede: Etwa vier von zehn Befragten sowohl unter Soldaten als auch unter Veteranen (39 % bzw. 43 %) sagen, dass ihre partnerschaftliche Beziehung durch den Einsatz gefestigt worden ist. Eine jeweils fast gleich große Gruppe (37 % Soldaten bzw. 43 % Veteranen) gibt Gegenteiliges an. Für etwa zwei von zehn Befragten in beiden Gruppen (24 % der Soldaten gegenüber 17 % der Veteranen) halten sich dagegen positive und negative Auswirkungen in etwa die Waage. (Abbildung 60)

Abbildung 60: Partnerschaftliche Qualität und Familienorientierung differenziert nach belasteten und nicht belasteten Gruppen des Kontingents, (Einsatz-)Soldaten und Veteranen sowie Gefechtserfahrungen

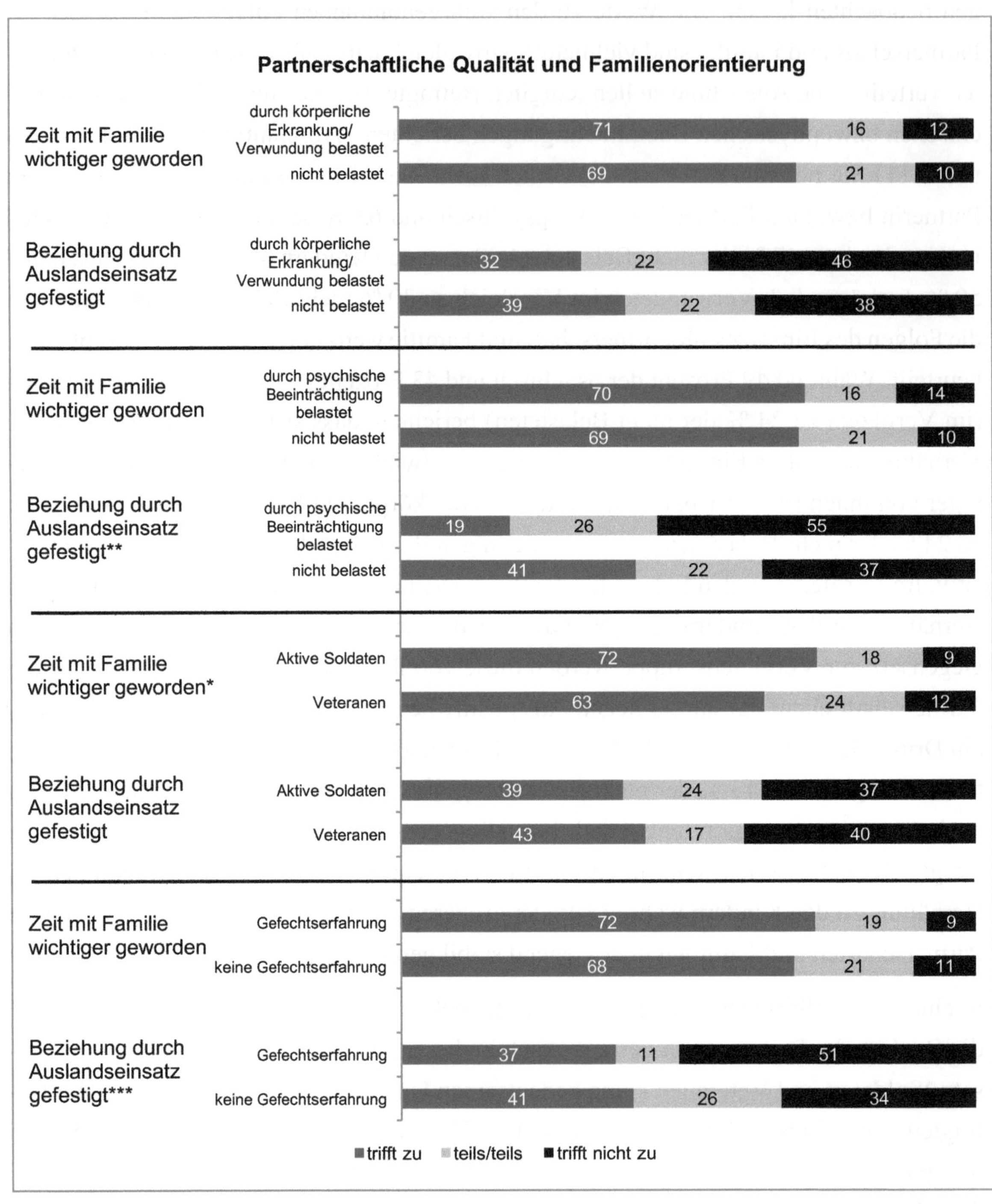

Anmerkungen: ***=höchst signifikant auf 0,1 %-Niveau; **=hoch signifikant auf 1 %-Niveau; *=signifikant auf dem 5 %-Niveau. Signifikanz nach Chi-Quadrat. Datenbasis: Befragung des 22. Kontingents ISAF durch das ZMSBw, Dezember 2012 bis März 2013 und Mai bis Oktober 2013. Angaben in Prozent.

Auch diese Befunde sind, wie bereits weiter oben beschrieben, relativ gleichmäßig über die Gruppe der Befragten verteilt. Das Antwortverhalten unterscheidet sich maßgeblich weder nach Geschlecht noch zwischen Soldaten und Veteranen oder verschiedenen Alters- oder Dienstgradgruppen. Bedeutsame Unterschiede zeigen sich lediglich für Einsatzverwundete. (Abbildung 60) Sie nehmen nicht nur höhere Folgen für ihre Partnerschaft wahr, sondern bewerten auch die Auswirkungen des Einsatzes auf die Qualität ihrer Beziehung differenzierter.[171] Gleichzeitig teilt jedoch etwa jeder Dritte (32 %) in der Teilgruppe der körperlich Verwundeten sowie jeder Fünfte (19 %) in der Gruppe der psychisch Verwundeten die Einschätzung, dass die eigene Partnerschaft durch den Einsatz gefestigt worden ist. (Abbildung 60) Eine ganz ähnliche Tendenz im Antwortverhalten lässt sich auch für Gefechtserfahrene beobachten. Sie bewerten die Veränderungen ihrer Partnerschaften ebenfalls differenzierter.[172] (Abbildung 60) Unter Gefechtserfahrenen sagen jedoch fast ebenso viele Befragte wie von der Vergleichsgruppe (37 % im Vergleich zu 41 %), dass ihre Beziehung durch den Einsatz gefestigt worden ist. (Abbildung 60) Es sind also selbst unter den hoch Belasteten des Kontingents noch erstaunlich viele Partnerschaften, die aus Sicht der Befragten insgesamt gestärkt aus der Einsatzzeit hervorgegangen sind. Hinter diesen Befunden steht offenbar auch, dass die Entbehrungen der Einsatzzeit bei einer großen Mehrheit der Befragten zu einer höheren Wertschätzung des Familienlebens (Seiffert/Heß 2014: 49) beigetragen haben: So berichten 72 Prozent der Soldaten und 63 Prozent der Veteranen, dass ihnen die Zeit mit der Familie seit der Rückkehr aus dem Einsatz wichtiger geworden ist. Auch die hoch belasteten Gruppen unterscheiden sich in dieser ausgeprägten Familienorientierung[173] nicht von den Vergleichsgruppen. Sie berichten (72 % Gefechtserfahrenen im Vergleich zu 68 % Gefechtsunerfahrenen; 71 % der körperlich und 70 % der seelisch Beeinträchtigten im Vergleich zu jeweils 69 % der nicht Belasteten) auf etwa gleich hohem Niveau von einer höheren Wertschätzung des Familienlebens nach dem Einsatz. (Abbildung 60) Der Zusammenhang zwischen einer gewachsenen Wertschätzung des Familienlebens und einer Festigung der Partnerschaft nach der Rückkehr aus dem Einsatz ist statistisch höchst signifikant.[174]

Die deutlich differierenden Erfahrungen mit den Auswirkungen des Einsatzes auf Partnerschaft und Familienleben spiegeln sich jedoch nicht in gleicher Weise in der Bereitschaft wider, erneut an einem Auslandseinsatz teilzunehmen.[175] Für einen weiteren Aus-

---

[171] Nach Chi-Quadrat-Test höchst signifikant auf 0,1 Prozent-Niveau.

[172] Nach Chi-Quadrat-Test höchst signifikant auf 0,1 Prozent-Niveau.

[173] Siehe zum Begriff der Familienorientierung Grossarth-Maticek (2003: 247).

[174] Spearman's Rho von 0,245 auf dem Signifikanzniveau von 0,1 Prozent, gefiltert nach Befragten die im Einsatz mit dem 22. Kontingent in einer Partnerschaft waren.

[175] Diese Befunde beziehen sich ausschließlich auf den Anteil der zum Befragungszeitpunkt noch aktiven Soldatinnen und Soldaten des Kontingents. (Seiffert/Heß 2014) Die bereits ausgeschiedenen Kontingentangehörigen wurden nachvollziehbarer Weise nicht nach ihrer Einsatzbereitschaft gefragt.

landseinsatz würden sich 68 Prozent der noch aktiven Soldatinnen und Soldaten des Kontingents nach eigenen Angaben erneut freiwillig melden, 38 Prozent von ihnen würden auch gegen den Willen der Familie nochmals in einen Einsatz gehen. Dagegen stehen 42 Prozent, die nicht gegen den Willen der Familie an einem Auslandseinsatz teilnehmen würden. Nur ein Fünftel (21 %) ist in dieser Frage unentschlossen.

Bemerkenswert ist, dass sich die insgesamt hohe Einsatzbereitschaft weder signifikant zwischen alleinstehenden und partnerschaftlich gebundenen Befragten (66 % im Vergleich zu 71 %), noch zwischen denjenigen mit Kindern und jenen, die keine Kinder haben, unterscheidet. (Abbildung 61) Partnerschaftlich Gebundene (35 % im Vergleich zu 47 %) sind zwar seltener als Ledige bereit, gegen den Willen der Familie erneut in einen Einsatz zu gehen, aber auch von ihnen ist es mehr als die Hälfte, die der Aussage „Ich würde auch gegen den Willen meiner Familie freiwillig erneut an einem Auslandseinsatz teilnehmen“ entweder ganz oder zumindest teilweise zustimmt. (Abbildung 61) Die statistische Analyse weist jedoch auf die Einstellung der Partnerin/des Partners und der Familie zum Einsatz als wichtigen Faktor für die Einsatzbereitschaft hin. Während 84 Prozent der Soldaten, die angeben, dass ihre Partner und Familien dem Einsatz positiv gegenüberstehen, eine hohe Einsatzbereitschaft signalisieren, sind es wesentlich weniger (54 %) Befragte, deren Partner und Familien eine kritische Haltung zum Einsatz haben.[176] Auffallend unterscheidet sich die Bereitschaft, erneut an einem Einsatz teilzunehmen, auch zwischen Soldaten verschiedener Dienstgradgruppen. Während diese bei Mannschaften und Feldwebeln besonders hoch ausgeprägt ist (80 % bzw. 72 %), fällt die Einsatzbereitschaft bei anderen Dienstgradgruppen geringer aus (63 % bei Unteroffizieren ohne Portepee, 59 % bei Offizieren und 56 % bei Stabsoffizieren).[177] Der am häufigsten genannte Grund, nicht wieder in einen Einsatz gehen zu wollen, ist dabei die lange Abwesenheit von Partner und Familie. Dahingehend äußern sich 59 Prozent der Soldaten. (Abschnitt 5.13) Dieser Befund korrespondiert mit Befragungsergebnissen aus Vorgängerstudien, in denen empirisch ebenfalls gut belegt ist, dass die Trennung von der Familie wesentlich für die Einsatzmotivation ist.[178] (Pietsch 2012; Seiffert et al. 2010b; 2011a; Biehl/Keller 2009; Seiffert 2005)

---

176 Nach Chi-Quadrat-Test höchst signifikant auf 0,1 Prozent-Niveau.

177 Diese Befunde beziehen sich ausschließlich auf den Anteil der zum Befragungszeitpunkt noch aktiven Soldatinnen und Soldaten des Kontingents. (Seiffert/Heß 2014) Die bereits ausgeschiedenen Kontingentangehörigen wurden nach ihrer Einsatzbereitschaft nicht gefragt.

178 Die Auswirkungen des Einsatzes auf die Motivation und das soldatische Selbstverständnis werden noch an späterer Stelle dieser Studie untersucht. Hier geht es zunächst nur um den Zusammenhang zwischen Einsatzbereitschaft und Familienorientierung. Siehe zu den langfristigen Wirkungen des Einsatzes auf die Einsatzmotivation sowie auf das Selbstverständnis die Abschnitte 6.13 und 6.14 der vorliegenden Studie.

Abbildung 61: Partnerschaftliche Qualität und Einsatzbereitschaft differenziert nach Familienstand (nur (Einsatz-)Soldaten des 22. Kontingents ISAF)

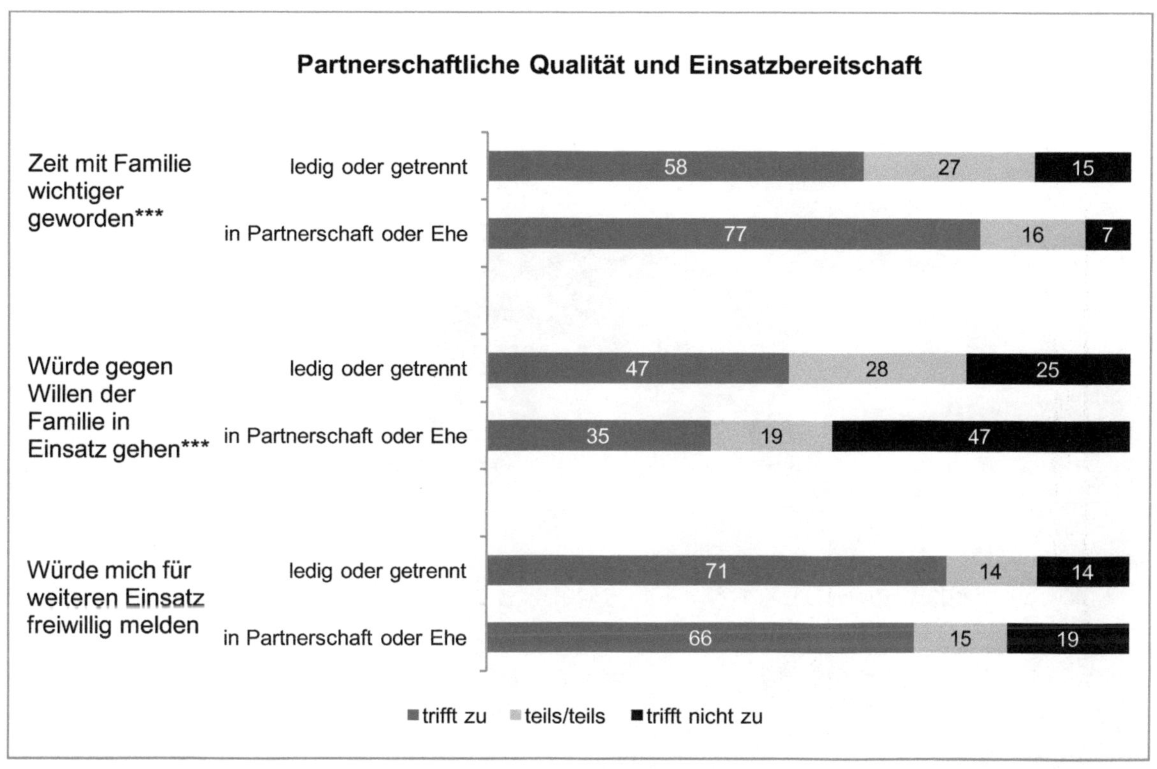

Anmerkungen: ***=höchst signifikant auf 0,1 %-Niveau. Signifikanz nach Chi-Quadrat. Datenbasis: Befragung des 22. Kontingents ISAF durch das ZMSBw, Dezember 2012 bis März 2013 und Mai bis Oktober 2013. Angaben in Prozent.

Als vorläufiges Ergebnis kann zunächst festgehalten werden, dass die befragten (Einsatz-)Soldaten und Veteranen drei Jahre nach der Rückkehr aus dem Einsatz von einer Vielzahl einsatzbedingter Veränderungen für verschiedene Bereiche ihres Lebens berichten, die jedoch hinsichtlich ihres Ausmaßes und ihrer Bewertung höchst unterschiedlich wahrgenommen und beurteilt werden. Relevante Unterschiede in den Einschätzungen zwischen Soldaten und Veteranen lassen sich in diesen Daten nicht beobachten. Neben einer Erweiterung berufsbezogener Kompetenzen, die zudem von den Befragten in beiden Gruppen mehrheitlich positiv eingeschätzt werden, berichten Veteranen ebenso wie Soldaten am häufigsten von einsatzbedingten Veränderungen ihrer Partnerschaften. Die Auswirkungen des Einsatzes auf das Verhältnis zu den Kindern fallen vergleichsweise gering aus. Dabei wird von beiden Gruppen genauso von positiven wie von negativen Folgen für Familie und Partnerschaft berichtet. Ein einseitig negatives Urteil über die Folgen und Wirkungen des Einsatzes auf Familie und Partnerschaft lässt sich auf Basis dieser Daten aber weder für (Einsatz-)Soldaten noch für Veteranen ableiten. Denn eine Mehrzahl der Familien und Partnerschaften hat nach Angaben der Befragten in beiden Gruppen die Einsatzzeit nicht nur erstaunlich gut überstanden, sondern eine beachtliche

Trotz extrem hoher Belastungen haben die meisten Soldatenfamilien und Partnerschaften die Einsatzzeit erstaunlich gut überstanden. *Bundeswehr/Eva Eisner*

Anzahl geht nach Einschätzung der Befragten auch gestärkt aus dieser Zeit hervor. Dies trifft jeweils auf mehr als ein Drittel der Paarbeziehungen (39 % Soldaten und 43 % Veteranen) zu. Dahinter steht oft eine gewachsene Wertschätzung des Familienlebens. Vielen ist die Zeit mit der Familie nach der Rückkehr aus dem Einsatz wichtiger geworden. Daneben zeitigt der Einsatz jedoch für eine ähnlich große Anzahl an Befragten sowohl unter Soldaten als auch unter Veteranen negative Folgen für die Paarbeziehung (für 26 % der Soldaten bzw. 23 % der Veteranen) und das Verhältnis zu den Kindern (16 % Soldaten bzw. 9 % Veteranen). Insgesamt ist dies ein einerseits überraschend positives, aber andererseits für einen Teil der Soldatenfamilien und Partnerschaften auch ein deutlich davon abweichendes Ergebnis.

6.9 „Sie sagte, ich sei anders geworden." – Liebesbeziehungen und Trennungen nach dem Einsatz

Die zuvor dargestellten Ergebnisse verdeutlichen bereits, dass der Einsatz nicht spurlos an den Soldatenfamilien vorbeigegangen ist. Dies gilt vor allem für das partnerschaftliche Verhältnis. Auch wenn sich positive und negative Folgen des Einsatzes aus Sicht der Soldaten und Veteranen in etwa die Waage halten, so ist der Anteil von jenen, die sagen, in ihrer Partnerschaft hätte sich nach der Rückkehr aus dem Einsatz nichts verändert, geringer als für andere der im vorherigen Abschnitt angefragten Lebensbereiche. (Abschnitt 6.8) Im Folgenden soll daher die Frage nach den langfristigen Folgen des Einsatzes für die Paarbeziehungen eingehender untersucht werden. Kam es in den knapp drei Jahren nach dem Einsatz vermehrt zu Trennungen oder Scheidungen? Eine Analyse der erfolgten partnerschaftlichen Trennungen kann gewissermaßen als „Realitätscheck" die zuvor untersuchten Einschätzungen der Soldaten und Veteranen zu den Auswirkungen des Einsatzes auf das Erleben von Partnerschaft und Familienleben ergänzen. Hierfür werden Vergleichsdaten der Streitkräfte- und Bevölkerungsumfragen des ZMSBw herangezogen, die entsprechend der Zusammensetzung der Angehörigen des 22. Kontingents ISAF nach Alter und Geschlecht gewichtet wurden.[179] (Abschnitt 5.2)

Festzuhalten ist zunächst, dass der seit Längerem in unserer Gesellschaft zu beobachtende Trend einer Pluralisierung und Individualisierung von Lebensformen und Bindungsverhältnissen sich in abgeschwächter Form auch für Bundeswehrsoldaten nachweisen

[179] Um die Vergleichbarkeit zu gewährleisten, wurde dafür der Datensatz zur deutschen Bevölkerung auf die Altersgruppe der zwischen 19- und 64-Jährigen eingegrenzt. Zweitens wurden die Datensätze zu Bundeswehr insgesamt und deutscher Bevölkerung so gewichtet, dass die Verteilung von Altersklassen und Geschlecht mit der entsprechenden Verteilung des Kontingents übereinstimmt. Dass in der Bundeswehr im Vergleich zur Bevölkerung jüngere Menschen und Männer überproportional vertreten sind, beeinflusst somit die folgenden Ergebnisse nicht.

lässt.[180] (Abbildung 62) So sind Soldaten und Veteranen häufiger als vergleichbare Bevölkerungsgruppen partnerschaftlich gebunden (verheiratet/in fester Partnerschaft lebend) und seltener alleinstehend. Während unter den Gruppen aktiver und ehemaliger Soldatinnen und Soldaten der Bundeswehr nur etwa ein Fünftel (18 % (Einsatz-)Soldaten, 22 % Bundeswehr, 22 % Veteranen) ledig ist, sind es mehr als doppelt so viele (50 %) in der Bevölkerung. Dementsprechend leben jeweils über drei Viertel der Veteranen (45 % feste Partnerschaft bzw. 31 % verheiratet) und Soldaten (32 % feste Partnerschaft bzw. 45 % verheiratet) ebenso wie die meisten Bundeswehrsoldaten (44 % feste Partnerschaft bzw. 31 % verheiratet) entweder in festen Partnerschaften oder in Ehen. In der deutschen Bevölkerung sagen nur 43 Prozent partnerschaftlich gebunden oder verheiratet zu sein (16 % in festen Partnerschaften und 27 % in Ehen). Auch die Scheidungsraten fallen für Soldaten und Veteranen im Vergleich zur Bevölkerung geringer aus. So ist der Anteil an Geschiedenen in der deutschen Bevölkerung etwa doppelt so hoch wie unter (Einsatz-) Soldaten, Veteranen und sämtlichen Bundeswehrsoldaten (6 % in der Bevölkerung im Vergleich zu 3 % in der Bundeswehr insgesamt sowie 3 % unter (Einsatz-)Soldaten und 2 % unter Veteranen). (Abbildung 62)

Im Vergleich zwischen den verschiedenen Soldatengruppen lassen sich dagegen keine bedeutsamen Abweichungen mit Blick auf die Bindungsverhältnisse beobachten. (Abbildung 62) Während von den Soldatengruppen ((Einsatz-)Soldaten und Bundeswehrsoldaten zusammengenommen) fast die Hälfte (45 % (Einsatz-)Soldaten bzw. 44 % Bundeswehrsoldaten insgesamt) verheiratet ist und knapp ein weiteres Drittel von ihnen (32 % bzw. 31 %) in festen Partnerschaften lebt, sind diese Zahlen bei Veteranen beinahe genau gespiegelt: Hier sind es 41 Prozent, die sagen, dass sie in festen Partnerschaften leben; 35 Prozent von ihnen geben an, verheiratet zu sein. Dieses Muster entspricht der jüngeren Altersstruktur der Veteranen. (Abschnitt 5.1) Nimmt man den Anteil von Verheirateten und partnerschaftlich Gebundenen des Kontingents und der Bundeswehr zusammen, bestehen zwischen den drei Gruppen keine größeren Unterschiede im Hinblick auf die Bindungsverhältnisse. Auch die Scheidungsraten zwischen Kontingent und Bundeswehr insgesamt weichen nur geringfügig voneinander ab (3 % in der Bundeswehr insgesamt sowie 3 % unter (Einsatz-)Soldaten und 2 % unter Veteranen). (Abbildung 62)

[180] Für eine detaillierte Darstellung des Wandels von familialen Lebensformen siehe vor allem den Achten Familienbericht der Bundesregierung. Bundesamt für Familie, Senioren, Frauen und Kinder (2012) sowie Statistisches Bundesamt (2011).

Abbildung 62: Familienstand im Vergleich zwischen (Einsatz-)Soldaten und Veteranen des 22. Kontingents ISAF, Bundeswehr insgesamt und deutscher Bevölkerung

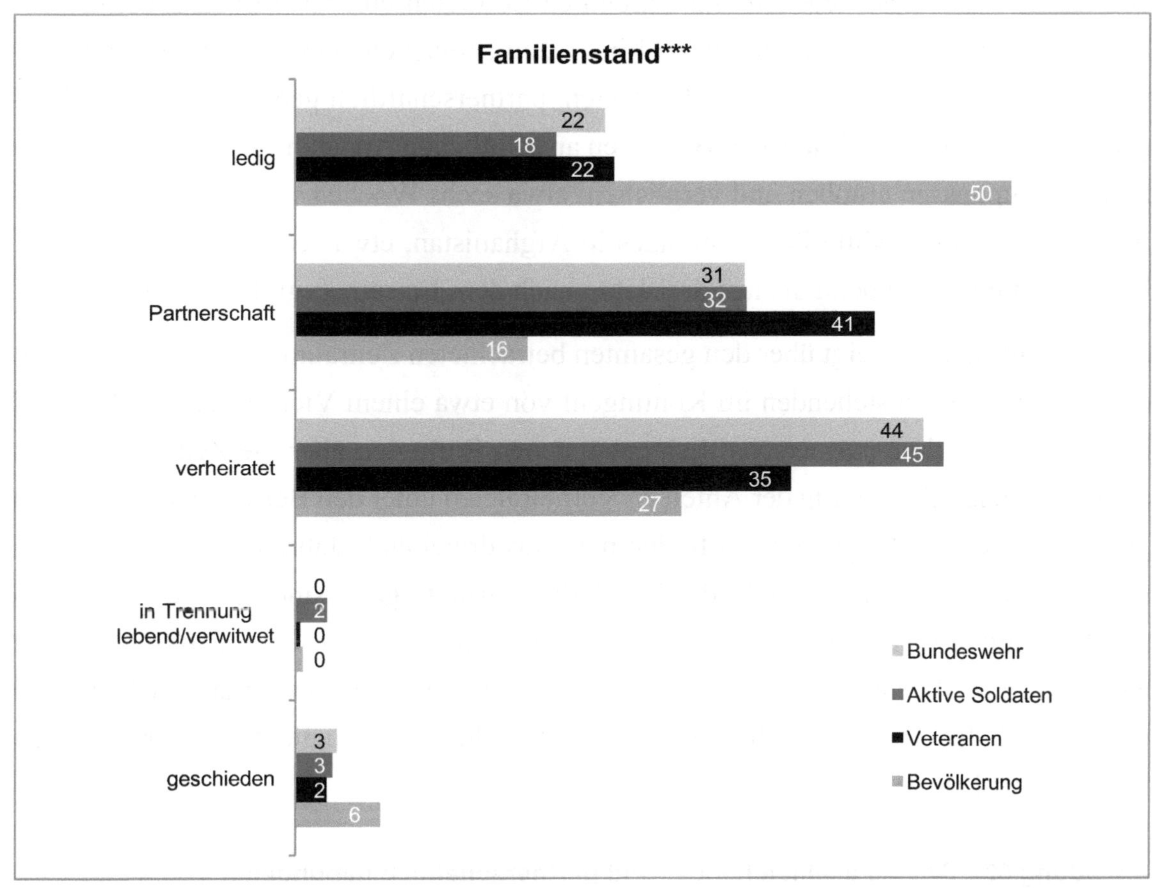

Anmerkungen: ***=höchst signifikant auf 0,1 %-Niveau. Signifikanz nach Chi-Quadrat. Datenbasis: Befragung des 22. Kontingents ISAF durch das ZMSBw, Dezember 2012 bis März 2013 und Mai bis Oktober 2013. Befragung der Streitkräfte durch das ZMSBw, Oktober bis November 2012. Befragung der deutschen Bevölkerung durch das ZMSBw, Juli bis September 2012. Angaben in Prozent.

Inwiefern bei diesen doch überraschenden Abweichungen im Bindungsverhalten zwischen Bundeswehr und deutscher Bevölkerung streitkräftespezifische Besonderheiten eine Rolle spielen, kann auf Grundlage der vorliegenden Daten nicht beantwortet werden. Auszuschließen ist aber nicht, dass sich Bundeswehrsoldaten aufgrund einer sicheren Berufsperspektive bereits früher als vergleichbare Bevölkerungsgruppen in festen Partnerschaften binden. Auch höhere Mobilitätsanforderungen können ebenso wie schwerwiegende Einsatzerlebnisse zu dem Wunsch nach einem stabilen Familienleben sowie nach partnerschaftlicher Sicherheit und Geborgenheit beitragen. (Abschnitt 6.7) Sozialisationsbedingte und milieuspezifische Aspekte können also in diese Ergebnisse hineinspielen. Insgesamt verweisen die Befunde dieser Studie jedoch auf ein im Vergleich zur deutschen Bevölkerung ausgeprägtes Bindungsverhalten unter Bundeswehrsoldaten allgemein sowie auf eine auffallende Familien- und Bindungsorientierung unter (Einsatz-)Soldaten und Veteranen der Bundeswehr im Speziellen. (Abschnitt 6.7, 6.8 und 6.13)

Dieses erstaunlich positive Bild zu den Paarbeziehungen von Soldaten und Veteranen muss allerdings noch ergänzt werden um eine Verlaufsanalyse: Wie hat sich der Anteil von ledigen bzw. geschiedenen und getrennten Befragten unter den Einsatzrückkehrern in den vergangenen drei Jahren seit der Einsatzzeit entwickelt? Um diese Frage zu beantworten, wurden die Anteile von verheirateten, partnerschaftlich gebundenen sowie ledigen, getrennten und geschiedenen Befragten an sämtlichen Angehörigen des Kontingents zu vier Zeitpunkten erhoben und verglichen: etwa sechs Wochen vor ihrer Abreise nach Afghanistan, in der Mitte ihres Einsatzes in Afghanistan, etwa sechs Wochen nach der Rückkehr und dann nochmals fast drei Jahre nach dem Einsatz. (vgl. Kapitel 4)

Die Verlaufsanalyse zeigt über den gesamten betrachteten Zeitraum einen gleichbleibenden Anteil an Alleinstehenden im Kontingent von etwa einem Viertel (24 %). Während jedoch der Anteil an partnerschaftlich gebundenen Befragten über die Zeit hin deutlich abnimmt, steigt gleichzeitig der Anteil an Verheirateten unter den Befragten in exakt dem gleichen Maß an. (Abbildung 63) In den mehr als dreieinhalb Jahren zwischen Einsatzvorbereitung und dem Zeitpunkt der Wiederholungsbefragung sind aus vielen Partnerschaften mittlerweile offenbar Ehen hervorgegangen. Hinweise darauf, dass die Teilnahme am Einsatz mit dem 22. Kontingent ISAF zu vermehrten partnerschaftlichen Trennungen nach dem Einsatz geführt hat, lassen sich in diesen Daten nicht beobachten. (Seiffert/Heß 2014: 51 ff.)

Abbildung 63: Anteile alleinstehender und partnerschaftlich gebundener Angehöriger des 22. Kontingents ISAF im Zeitverlauf 2010 bis 2013

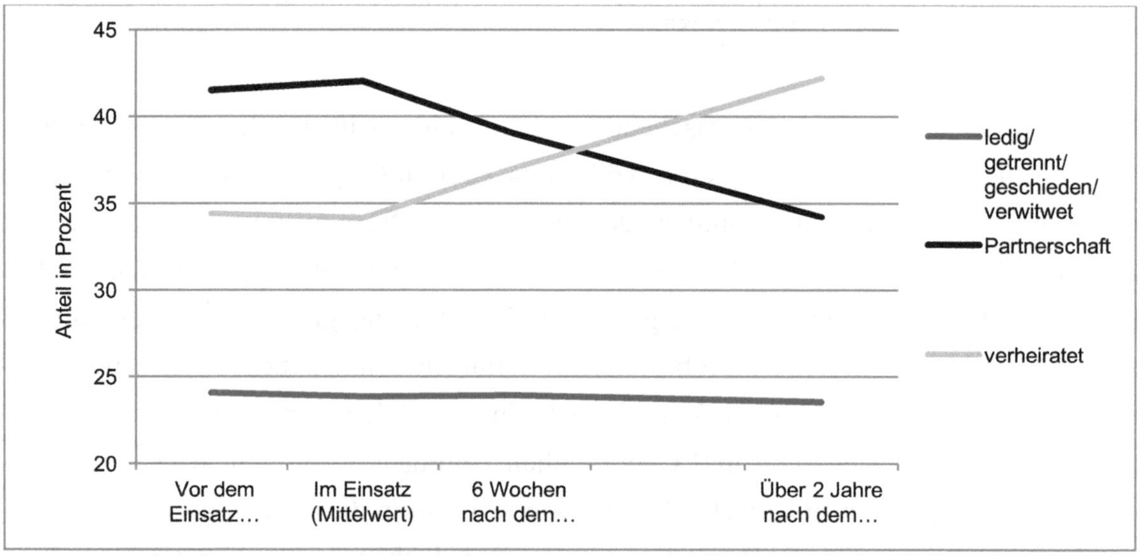

Anmerkungen: Datenbasis: Befragung des 22. Kontingents ISAF durch das ZMSBw, Januar bis März 2010, April bis Mai 2010, Juli bis Dezember 2010, Dezember 2012 bis März 2013 und Mai bis Oktober 2013. Werte für ‚Vor dem Einsatz' und ‚Im Einsatz' wurden jeweils aus den Angaben aus zwei Fragebögen als Mittelwerte berechnet. Angaben in Prozent.

Diese Befunde beziehen sich jedoch ausschließlich auf die Entwicklung der Paarbeziehungen für die Angehörigen des 22. Kontingents. Sie können noch um Angaben für die Bundeswehr insgesamt ergänzt werden. Die Analysen auf Basis der repräsentativen Streitkräfteumfrage zeigen ebenfalls keinen statistisch relevanten Zusammenhang zwischen vorhandener Einsatzerfahrung und partnerschaftlichen Trennungen. So nimmt der Anteil an Ledigen mit steigender Einsatzerfahrung auch für die Bundeswehr insgesamt ab. Während etwa ein Drittel (35 %) sämtlicher Bundeswehrsoldaten ohne Einsatzerfahrung ledig ist, sinkt dieser Anteil für Befragte, die bereits in mindestens einem Auslandseinsatz eingesetzt waren, auf ein Fünftel (20 %) und für Bundeswehrsoldaten, die an über drei Auslandseinsätzen teilgenommen haben, auf etwa ein Siebtel (15 %). Hierbei sind zwar Alterseffekte zu berücksichtigen, so steigt die vorhandene Einsatzerfahrung mit zunehmendem Alter an (Abschnitt 5.2), insgesamt liegen dennoch ausreichend Hinweise darauf vor, dass auf Grundlage der vorliegenden Daten nicht von einem allgemeinen Zusammenhang zwischen der Teilnahme an Auslandseinsätzen und vermehrten partnerschaftlichen Trennungen gesprochen werden kann. (vgl. Seiffert/Heß 2014)

Angesichts der Belastungen und Beanspruchungen, mit denen die Partner speziell von (Einsatz-)Soldaten umgehen müssen, ist dies ein bemerkenswerter Befund. Soldatinnen und Soldaten, die an Auslandseinsätzen teilnehmen, stellen ihre Partnerschaften in vielen Fällen auf eine harte Belastungsprobe. Sie sind monatelang abwesend und vergleichsweise schlecht erreichbar, setzen ihre Angehörigen großer Sorge aus und kommen – das zeigen die Befunde dieser Studie – oft verändert aus dem Einsatz zurück, manche von ihnen mit bleibenden psychischen oder physischen Verletzungen. (Abschnitt 6.1, 6.3 und 6.6) Dass der Anteil an Alleinstehenden unter den Angehörigen des 22. Kontingents ISAF über den gesamten untersuchten Zeitraum von knapp vier Jahren dennoch konstant bleibt und im Vergleich zur Bevölkerung sogar deutlich geringer ausfällt, ist daher ein höchst überraschender Befund. Die berichteten negativen Auswirkungen des Einsatzes auf die Paarbeziehungen (Abschnitt 6.8) übersetzen sich offenbar nicht gleichermaßen in langfristig andauernde Partnerschaftskrisen, die zu vermehrten Trennungen/Scheidungen in den beinahe drei Jahren nach der Rückkehr aus dem Einsatz führen.

Allerdings bedeutet dies nicht, dass es nach dem Einsatz unter den Befragten zu keinen partnerschaftlichen Trennungen gekommen ist. Lässt sich nun genauer bestimmen, wie viele Partnerschaften tatsächlich seit dem Einsatz gescheitert sind und somit eine Trennungsquote für (Einsatz-)Soldaten und Veteranen berechnen? Zur Beantwortung dieser Frage wurden Trennungsquoten für die Paarbeziehungen der Befragten berechnet. (Abbildung 64) Diese gehen zunächst von sämtlichen Partnerschaften und Ehen aus, die während der Einsatzzeit bestanden haben, und geben darauf aufbauend den Anteil an jenen

Partnerschaften und Ehen wieder, die etwa drei Jahre später gescheitert sind. Die Trennungsquote für das Kontingent liegt bei 23 Prozent. Für Veteranen fällt die Trennungsquote höher aus als für Soldaten. Sie liegt für Soldaten bei 21 Prozent und für Veteranen bei 28 Prozent. (Abbildung 64) Insgesamt ist demnach ein knappes Viertel jener Paarbeziehungen, die noch im Einsatz bestanden, drei Jahre später gescheitert.

Die Trennungen, von denen die Befragten nach der Rückkehr aus dem Einsatz berichten, dürfen aber nicht einfach kausal als alleinige Folge des Einsatzes interpretiert werden. Partnerschaftliche Trennungen im Verlauf eines Zeitraumes von fast vier Jahren können auch andere als einsatzbedingte Hintergründe haben. Dies ließ sich bereits in den Daten der Wiederholungsbefragung für den Anteil ausschließlich der aktiven Soldatinnen und Soldaten des Kontingents beobachten. (Seiffert/Heß 2014) Als Gründe für partnerschaftliche Trennungen führten die Befragten neben allgemein privaten Ursachen (39 %) vor allem häufige einsatz- sowie berufsbedingte Abwesenheiten (62 %) an. Ein kleinerer Teil (22 %) der getrennten Befragten nannte zudem eigene psychische Probleme oder psychische Probleme der Partnerin/des Partners in Folge des Einsatzes als Trennungsgrund. (Seiffert/Heß 2014: 60)

Die berichteten partnerschaftlichen Trennungen müssen also, selbst wenn diese in die Einsatzzeit oder kurz danach fallen, nicht ursächlich mit dem Einsatz zusammenhängen. Darauf weist etwa die Zusammensetzung der Teilgruppe von Soldaten und Veteranen hin, die drei Jahre nach dem Einsatz von partnerschaftlichen Trennungen berichtet. Diese ist im Vergleich zur Gesamtgruppe aller partnerschaftlich Gebundenen wesentlich jünger. Während die Trennungsquote für bis zu 25-Jährige bei 42 Prozent liegt, fällt diese kontinuierlich mit steigendem Alter ab. In der Gruppe der über 50-Jährigen beträgt die Trennungsquote nur noch 1 Prozent. Auch die Trennungsquote zwischen Befragten mit Kindern im eigenen Haushalt und kinderlosen Befragten variiert erheblich (10 % gegenüber 39 %), ebenso wie zwischen Befragten, die bereits im Einsatz verheiratet waren, und jenen, die in festen Partnerschaften lebten (9 % gegenüber 37 %). (Abbildung 64) Unverheiratete, kinderlose Paare (37 % bzw. 39 %) trennen sich ganz offensichtlich wesentlich häufiger als Verheiratete mit Kindern im eigenen Haushalt (9 % bzw. 10 %). Hierfür sind zwei unterschiedliche Interpretationen denkbar: Einerseits können sowohl der Ehestatus als auch eine gemeinsame Verantwortung für Kinder die Bereitschaft mindern, eine Beziehung zu beenden, die man unter anderen Umständen möglicherweise bereits aufgegeben hätte. Andererseits kann die Entscheidung für Ehe und Kinder auch verstanden werden als Hinweis auf die berechtigte Zuversicht in die Stabilität der Beziehung. Dies kann auch ein Indikator dafür sein, dass zwei Menschen sich entschieden haben, gemeinsam durch das Leben gehen zu wollen und dabei auch Krisen, wie sie sich etwa durch die

Teilnahme an einem herausfordernden Einsatz ergeben können, gemeinsam durchzustehen.[181] Allerdings muss dieser Befund im Zusammenhang mit dem Alter gesehen werden, zumal das Vorhandensein von Kindern stark altersabhängig ist. (Abschnitt 5.1)

Die Trennungsquote für das Kontingent wird demnach wesentlich vom Alter sowie von den Bindungsverhältnissen beeinflusst: Jüngere, unverheiratete und kinderlose Paare trennen sich weitaus häufiger als ältere, verheiratete Paare mit Kindern im eigenen Haushalt. (Seiffert/Heß 2014: 55) Dies erklärt wesentlich auch die höhere Trennungsquote bei Veteranen. Unter Veteranen befinden sich mehr jüngere, unverheiratete und kinderlose Paare als unter Soldaten. (Abschnitt 5.1) Ganz so überraschend sind diese Befunde allerdings nicht; sie korrespondieren weitgehend mit Erkenntnissen der familiensoziologischen Forschung, in denen ebenfalls gut belegt ist, dass „bei unter 30-Jährigen so genannte Ketten- und Streubiografien mit seriellen Beziehungsmustern und mehr oder weniger langen Singleperioden mittlerweile am häufigsten vertreten sind, mithin normal sind“ (Peukert 2008: 93).

Den Trennungen gegenüber steht eine Vielzahl von neu eingegangenen Partnerschaften und Ehen: Von den 350 Befragten, die während des Einsatzes ledig, getrennt oder geschieden waren, geben zum Befragungszeitpunkt etwa drei Jahre nach dem Einsatz 197 Befragte an, mittlerweile in neuen Partnerschaften oder Ehen zu leben. Viele der Alleinstehenden sind offensichtlich eine neue Partnerschaft eingegangen. Die parallel zur Trennungsquote berechnete Bindungsquote der Befragten ist mehr als doppelt so hoch und liegt bei 56 Prozent. Für Veteranen liegt die Bindungsquote sogar höher als für Soldaten (62 % gegenüber 53 %). Von 129 Veteranen, die im Einsatz alleinstehend waren, sind zum Befragungszeitpunkt 80 in Partnerschaften. Hingegen sind 117 von 221 Soldaten nach dem Einsatz neue Partnerschaften eingegangen. Diese Unterschiede sind jedoch nicht signifikant. Insgesamt gesehen, gleicht sich die Anzahl der Trennungen und neu eingegangenen Partnerschaften somit aus. Im Gesamtergebnis lässt sich festhalten, dass der Anteil an Alleinstehenden für das Kontingent über den gesamten Befragungszeitraum von fast vier Jahren hinweg stabil bleibt. (Abbildung 63)

[181] Hierbei sei nochmals darauf hingewiesen, dass neben dem Alter und den Lebensformen auch dienst- sowie einsatzbedingte Belastungsfolgen als Trennungsursachen mit einbezogen werden müssen. Dies gilt insbesondere für das Zusammenwirken von psychischen Leiden nach dem Einsatz, persönlichen Veränderungen nach der Rückkehr und partnerschaftlichen Trennungen. (vgl. Seiffert/ Heß 2014: 57 ff. sowie die vorangegangenen Abschnitte)

Abbildung 64: Trennungsquoten für das Kontingent differenziert nach verschiedenen Gruppen über einen Zeitraum von etwa drei Jahren

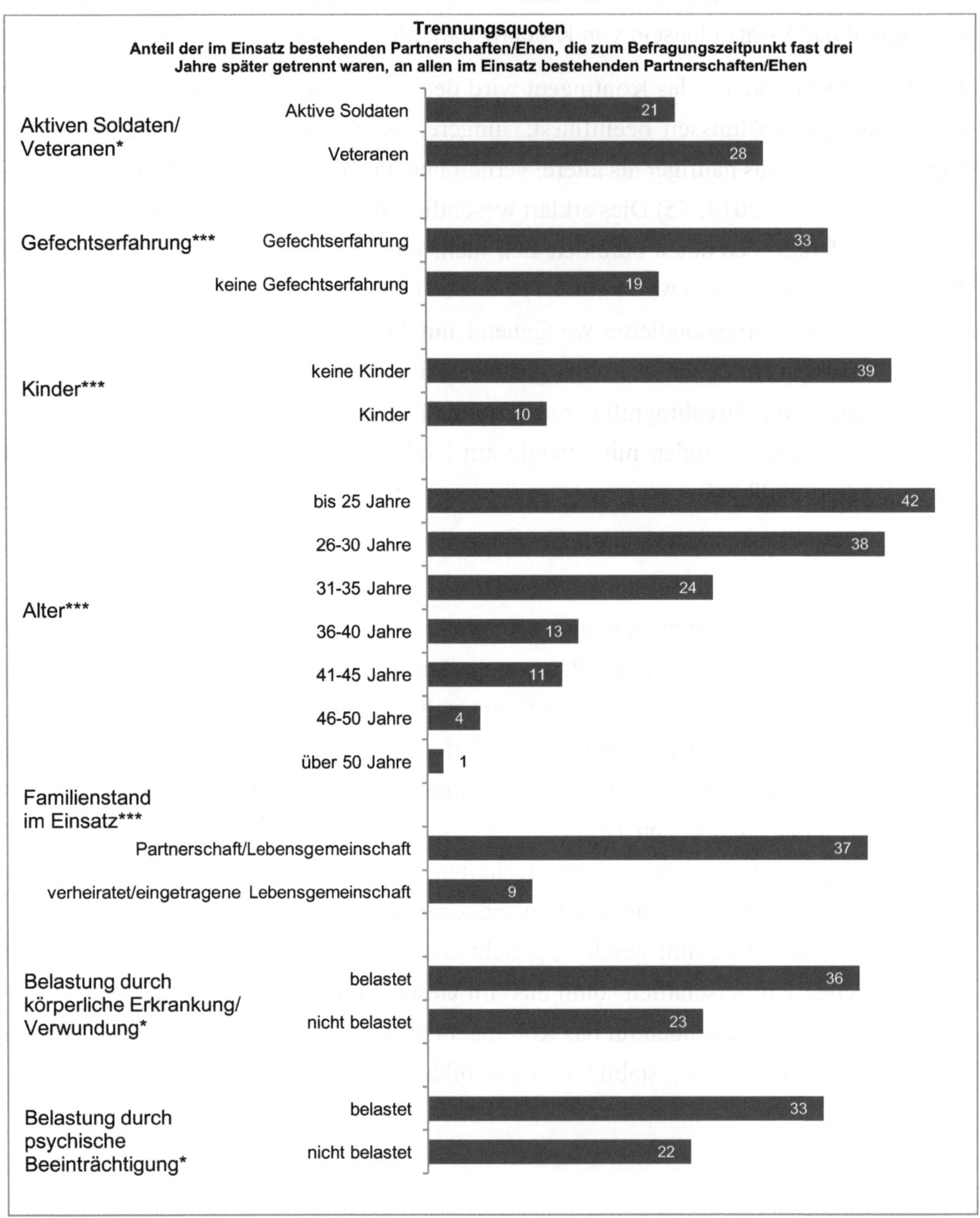

Anmerkungen: ***=höchst signifikant auf 0,1 %-Niveau; *=signifikant auf dem 5 %-Niveau. Signifikanz nach Chi-Quadrat. Datenbasis: Befragung des 22. Kontingents ISAF durch das ZMSBw, Dezember 2012 bis März 2013 und Mai bis Oktober 2013. Angaben in Prozent.

Trotz dieser doch überraschend positiven Befunde zu partnerschaftlichen Trennungen nach dem Einsatz ist an dieser Stelle darauf hinzuweisen, dass selbst stabile, vertrauensvolle Partnerschaften an den zum Teil erheblichen Beanspruchungen des Einsatzes zerbrechen können. Bereits in den Analysen der Befragungsdaten ausschließlich für den Anteil der aktiven Soldatinnen und Soldaten des Kontingents ließ sich ein höchst signifikanter Zusammenhang zwischen Indikatoren für hohe psychische oder physische Beanspruchung und einer erhöhten Wahrscheinlichkeit des Scheiterns von Beziehungen in den fast drei Jahren nach dem Einsatz nachweisen. (Seiffert/Heß 2014: 58) Dieser Zusammenhang zeigt sich auch in den vorliegenden Daten.[182] Dementsprechend höher fällt die Trennungsquote für verwundete Befragte (36 % für körperlich und 33 % für psychisch Beeinträchtigte im Vergleich zu 23 % bzw. 22 % der jeweils nicht Belasteten) aus. Dies gilt gleichermaßen auch für gefechtserfahrene Befragte (33 % im Vergleich zu 19 %), wobei hier teilweise die oben beschriebenen Alterseffekten hineinspielen dürften. (Abbildung 64) Denn in der Gruppe der Gefechtserfahrenen befinden sich wesentlich mehr jüngere und unverheiratete Befragte des Kontingents. (Abschnitt 5.3)

Zugleich scheint es in hohem Maße auch um den Umgang mit Einsatzerlebnissen im partnerschaftlichen und familiären Kontext zu gehen. Denn die häufigeren Gefechtserfahrungen gehen ebenso wie noch bleibende psychische oder physische Verwundungen mit gleichzeitig öfter berichteten Problemen einher, über das im Einsatz Erlebte zu sprechen. (vgl. Abschnitt 6.11) Etwas weniger als die Hälfte (44 %) der Befragten in der Gruppe der physisch und mehr als die Hälfte (53 %) der psychisch Verwundeten findet es nach eigenen Angaben schwer, überhaupt mit jemandem über die Erlebnisse des Einsatzes zu sprechen. Nur etwa jeder Vierte (26 %) der körperlich und etwa jeder Sechste (13 %) der psychisch Verwundeten gibt hingegen an, mit der Partnerin/dem Partner oder der Familie über das im Einsatz Erlebte gesprochen zu haben. (Abbildung 65) Demgegenüber ist es in der Gruppe der nach eigenen Angaben nicht durch den Einsatz gesundheitlich belasteten Befragten nur etwa jeder Sechste (ca. 15 %), dem es schwerfällt, über seine Einsatzerlebnisse zu sprechen. Die Kommunikation über die Erfahrungen des Einsatzes findet bei ihnen auch seltener nur im Kameradenkreis (ca. 31 %) statt. Sie reden stattdessen häufiger als die Vergleichsgruppen mit der Partnerin/dem Partner oder der Familie über das Erlebte (ca. 27 %). Gefechtserfahrenen und Einsatzverwundeten fällt es demnach auch noch drei Jahre später schwer, mit der Partnerin/dem Partner oder Familie über die Erlebnisse des Einsatzes zu sprechen.

---

[182] Nach Chi-Quadrat-Test höchst signifikant auf 0,1 Prozent-Niveau. Dieser Effekt ist unabhängig vom Alter der Befragten.

Abbildung 65: Kommunikation über Einsatzerlebnisse differenziert nach belasteten und nicht belasteten Gruppen des Kontingents

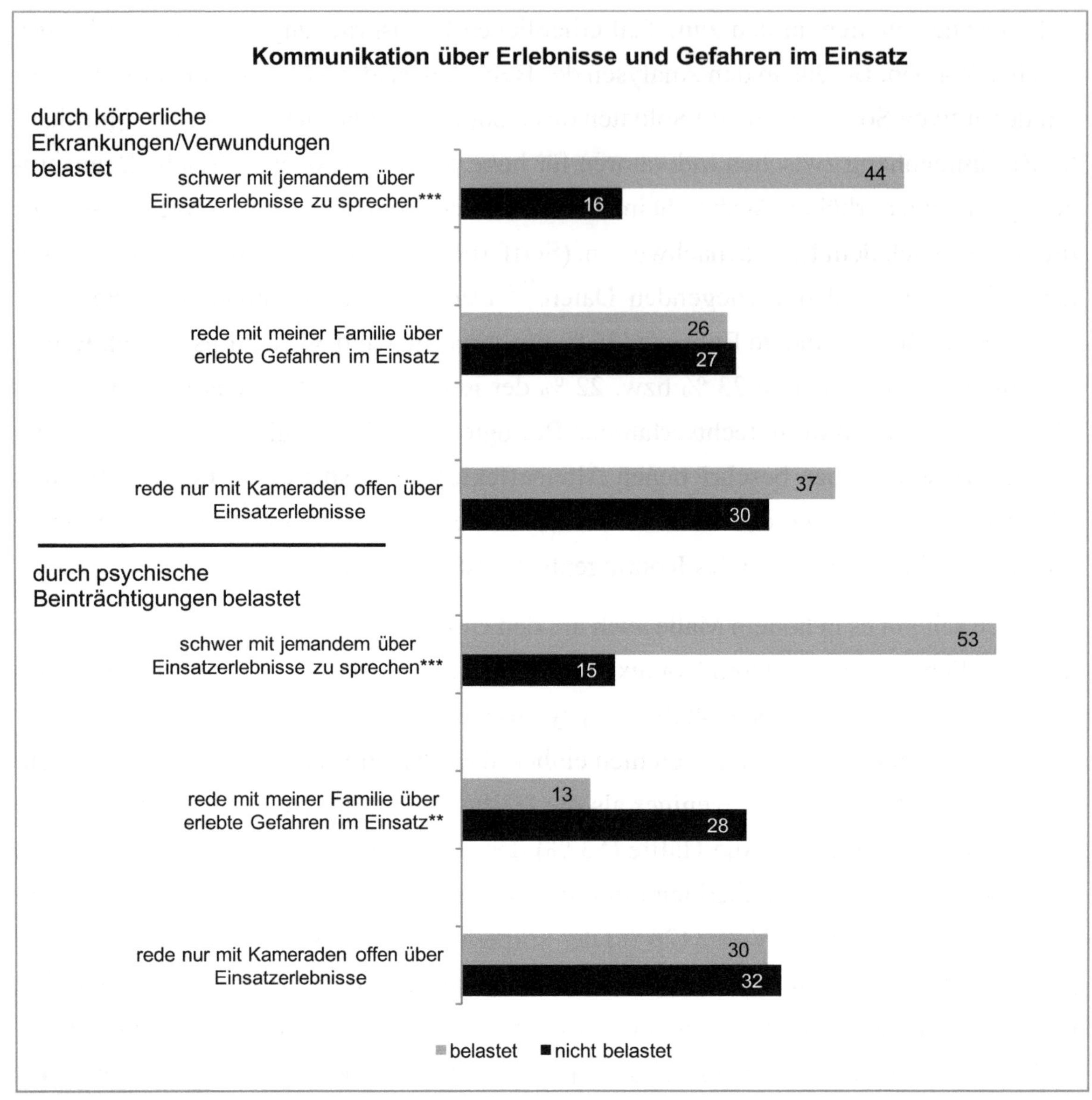

Anmerkungen: ***=höchst signifikant auf 0,1 %-Niveau; **=signifikant auf dem 1 %-Niveau. Signifikanz nach Chi-Quadrat. Datenbasis: Befragung des 22. Kontingents ISAF durch das ZMSBw, Dezember 2012 bis März 2013 und Mai bis Oktober 2013. Angaben in Prozent.

Insgesamt legen diese Befunde eine partnerschaftliche Krisendynamik nahe, die sich aus den psychischen oder physischen Folgen spezifischer Gewalterlebnisse, die nicht thematisiert oder als nicht thematisierbar wahrgenommen werden, und damit verbundenen einsatzbedingten Verhaltensänderungen, die für die Partnerin/den Partner unverständlich bleiben, entwickeln und zu partnerschaftlichen Trennungen führen können. Damit dürfte bei der Frage nach den Ursachen partnerschaftlicher Trennungen nicht nur an alters- oder generationenspezifischen Trennungsursachen zu denken sein, sondern es sind neben den gemachten, aber als schwer kommunizier- und vermittelbar wahrgenommenen Gewalterfahrungen ebenso die Möglichkeiten der Verarbeitung dieser Erfahrungen und deren Folgen mit zu berücksichtigen. (Seiffert et al. 2010b; Seiffert/Heß 2014: 59)

Beunruhigend ist hierbei weniger die Häufigkeit des Scheiterns von Partnerschaften aufgrund psychischer oder physischer Beeinträchtigungen des Einsatzes; nur vergleichsweise wenige Befragte (22 % der getrennten Befragten) geben entsprechende Trennungsgründe an. Schwerwiegender ist vielmehr, dass die von psychischen oder physischen Verwundungen Betroffenen zusätzliche Einschränkungen ihrer Lebensqualität – wie den Verlust eines Liebespartners und partnerschaftlicher Geborgenheit – hinnehmen müssen. Dies wiegt umso schwerer, da soziale Ressourcen für eine gelingende Bewältigung der im Einsatz erfahrenen, teilweise erheblichen Beanspruchungen eine zentrale Rolle spielen. (vgl. Seiffert/Heß 2014)

Im Zusammenhang von psychischen bzw. physischen Leiden und dem Scheitern von Partnerschaften zeigt sich somit eine Krisendynamik, die zwar für die Angehörigen des Kontingents anteilsmäßig nicht häufig vorkommt, für den betroffenen Einzelnen und deren Partnerin bzw. Partner aber schwerwiegend ist. Angesichts dieser Befunde scheint es sinnvoll und auch notwendig, langfristig unterstützende und flankierende Maßnahmen für die Paarbeziehungen und Familien besonders von psychisch und physisch Verwundeten zu implementieren, die die Probleme abmildern und den betroffenen Paaren und Familien dabei helfen, positive Perspektiven zu entwickeln. (Seiffert/Heß 2014)

Zusammenfassend machen die Befunde deutlich, dass sowohl die einsatzbedingte Trennung als auch die Zeit nach der Rückkehr aus dem Einsatz für Familie und Partnerschaft mit großen Herausforderungen verbunden sind. Die Teilnahme am Einsatz ausschließlich auf negative Folgen perspektivisch verengen zu wollen, geht aber an der Lebensrealität vieler (Einsatz-)Soldaten und Veteranen vorbei. Die Mehrzahl der Befragten und deren Familien haben die Schwierigkeiten fast drei Jahre später überwiegend gut bewältigt. Weder aus den statistischen Analysen der Zahlen zu Partnerschaften und Trennungen, noch aus den Bewertungen der Befragten zur Wirkung „des Einsatzes“ auf ihr Familien- und Liebesleben lässt noch ein weitverbreitetes Leiden unter den Soldaten und Veteranen ableiten. Wie andere einschneidende Lebensereignisse offenbar auch werden die Erfahrungen des Einsatzes individuell sehr unterschiedlich wahrgenommen und bewertet. Dies gilt gleichermaßen für die Einschätzung möglicher Auswirkungen des Einsatzes auf Familie und Partnerschaft. Fast ebenso viele Soldaten wie Veteranen berichten von positiven wie von negativen Folgen des Einsatzes für ihre Partnerschaften und Familien. Die Mehrzahl der Partnerschaften aber bleibt stabil. In den drei Jahren nach dem Einsatz kommt es nicht

Gelbe Schleife als Symbol für Solidarität und Unterstützung, die häufig Familienangehörige von Soldaten im Einsatz nutzen. Die Bundeswehr bietet zahlreiche Hilfsangebote für Einsatzrückkehrer und ihre Familien an.

Bundeswehr/Andrea Bienert

Viele Soldaten mussten mit Tod und Verwundung, Töten und Versehrtheit im Einsatz zurechtkommen. *picture alliance/Fabrizio Bensch*

zu vermehrten Trennungen und Scheidungen. Der Anteil an Alleinstehenden im Kontingent bleibt über einen Zeitraum von fast vier Jahren konstant und fällt im Vergleich zur Bevölkerung für die Befragten sogar geringer aus. Die Trennungsquote liegt für das Kontingent bei 23 Prozent. Bei Jüngeren liegt die Quote höher. Das erklärt auch, warum die Trennungsquote bei Veteranen höher ausfällt; unter ihnen befinden sich mehr Jüngere des Kontingents. Einerseits ist dies ein überraschend positives, andererseits für eine Teilgruppe an Befragten auch ein stark davon abweichendes Ergebnis. Auf der einen Seite stehen die aus der Einsatzzeit insgesamt gestärkt hervorgehenden Partnerschaften und Familien und auf der anderen Seite die zum Teil extrem hohe Beanspruchung der vor allem durch die Folgen einer bleibenden psychischen oder physischen Verwundung betroffenen Paare und Familien.[183]

6.10 „Taten statt Worte!" – Unterstützung für Einsatzrückkehrer und ihre Familien

Die Bundeswehr bietet mit dem Psychosozialen Netzwerk verschiedene Maßnahmen und Gesprächsangebote für Einsatzrückkehrer und ihre Familien an, die dabei helfen sollen, mit möglichen Belastungsfolgen des Einsatzes besser umgehen zu können.[184] In den vergangenen Jahren sind zudem private Initiativen, Netzwerke und Organisationen entstanden, die ebenfalls Hilfen für Einsatzrückkehrer und ihre Familien bereithalten. Erste Erkenntnisse über das Hilfesuchverhalten von (Einsatz-)Soldaten und ihren Familien in der Zeit nach der Rückkehr liegen vor. (vgl. Seiffert/Heß 2014: 63 ff.) In diesen Befunden zeigte sich bereits ein ausgeprägtes Hilfesuchverhalten für Einsatzrückkehrer und ihre Familien. Zur Inanspruchnahme und Unterstützung von Veteranen und deren Angehörigen sind noch keine empirischen Erkenntnisse vorhanden. In diesem Abschnitt wird anhand der Daten der Wiederholungsbefragung untersucht, ob sich das Hilfesuchverhalten

---

[183] Wie zuvor im Fall von Trennungsquoten besteht ein höchst signifikanter Zusammenhang zwischen einer negativen Einschätzung der Auswirkungen des Einsatzes auf die Partnerschaft und Indikatoren für hohe psychische Beanspruchung. Siehe auch Abschnitt 6.1.

[184] Siehe ausführlicher zum Psychosozialen Netzwerk der Bundeswehr und dessen Aufgaben Zimmermann/Eisenlohr (2011). Die Inanspruchnahme und Bewertungen der Befragten zur Wirksamkeit der Präventivkur wurden bereits an anderer Stelle dieser Studie untersucht. Die Befunde werden hier nicht nochmals aufgegriffen. (siehe hierzu Abschnitt 6.3 der vorliegenden Untersuchung) Hier sei nur ergänzend darauf hingewiesen, dass die Teilnahme an einer Präventivkur besonders belasteten Soldatinnen und Soldaten im Rahmen der vorbeugenden Gesundheitsvorsorge nach dem Einsatz angeboten wird. Die Teilnahme ist freiwillig. Für die Teilnahme werden die Soldatinnen und Soldaten von den Disziplinarvorgesetzten in Zusammenarbeit mit dem Truppenarzt vorgeschlagen. Die Kur (23 Tage inklusive An- und Abreise) muss innerhalb von sechs Monaten nach Beendigung des Einsatzes abgeschlossen sein. Es besteht die Möglichkeit, dass Familienangehörige an der Kur teilnehmen können.

zwischen (Einsatz-) Soldaten und Veteranen in der Zeit nach der Rückkehr aus dem Einsatz unterscheidet und wie zufrieden sie aus ihrer heutigen Sicht mit der erhaltenen Unterstützung sind. In der folgenden Abbildung 66 ist die Nutzung verschiedener Angebote im Vergleich zwischen (Einsatz-)Soldaten und Veteranen des 22. Kontingents ISAF dargestellt.

Abbildung 66: Nutzung von Angeboten zur Unterstützung für Einsatzrückkehrer und ihre Familien im Vergleich zwischen (Einsatz-)Soldaten und Veteranen des Kontingents

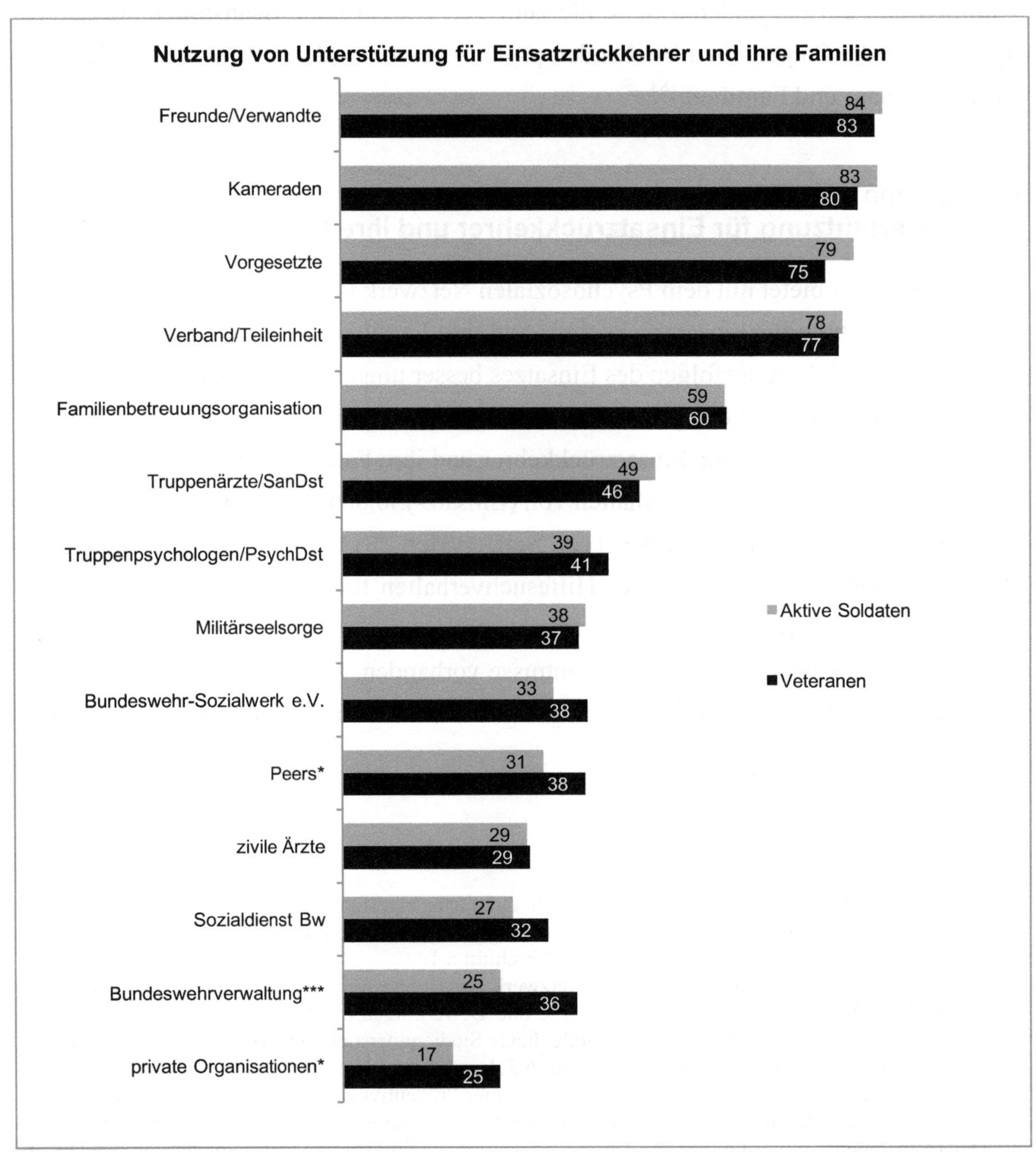

Anmerkungen: ***=höchst signifikant auf 0,1 %-Niveau; *=signifikant auf dem 5 %-Niveau. Signifikanz nach Chi-Quadrat. Datenbasis: Befragung des 22. Kontingents ISAF durch das ZMSBw, Dezember 2012 bis März 2013 und Mai bis Oktober 2013. Angaben in Prozent.

Auffallend ist zunächst, dass weder die Anteile an Soldaten und Veteranen, die verschiedene Hilfsangebote für sich und die Familie nach der Rückkehr aus dem Einsatz in Anspruch genommen haben, noch das konkrete Nutzungsverhalten wesentlich voneinander abweichen. (Abbildung 66) Für beide Gruppen zeigt sich eine bemerkenswert hohe Inanspruchnahme von Hilfen in der Zeit nach dem Einsatz. Nahezu jeder Befragte (93 % Veteranen bzw. 91 % Soldaten) gibt an, nach der Rückkehr aus dem Einsatz in der ein oder anderen Art und Weise Hilfe für sich und die Familie in Anspruch genommen zu haben. Der mit Abstand wichtigster Ansprechpartner für Soldaten und Veteranen und deren Familien ist das unmittelbare soziale und dienstliche Nahumfeld. (Seiffert/Heß 2014: 63) Etwa vier Fünftel sowohl der Soldaten als auch der Veteranen berichten davon, dass sie und ihre Familien Unterstützung von Verwandten oder Freunden (84 % im Vergleich zu 83 %), von Kameraden (83 % im Vergleich zu 80 %), Vorgesetzten (79 % im Vergleich zu 75 %) oder von der eigenen Teileinheit bzw. dem Verband (78 % im Vergleich zu 77 %) erhalten haben. (Abbildung 66)

Im Vergleich zur Inanspruchnahme des sozialen Nahumfeldes werden spezialisierte Hilfsangebote von Soldaten und Veteranen und deren Angehörigen in gleichermaßen geringerem Umfang wahrgenommen, obwohl etwa sieben von zehn Befragten (72 % Soldaten im Vergleich zu 75 % Veteranen) mindestens ein institutionalisiertes („offizielles“ oder auch ziviles) Angebot nach dem Einsatz für sich und die Familie genutzt haben. Neben den Familienbetreuungsstellen (60 % Nutzung von Soldaten im Vergleich zu 59 % Veteranen) wird medizinische oder psychologische Unterstützung für die Familien am häufigsten nachgefragt (49 % bzw. 46 % Nutzung Sanitätsdienst, 39 % bzw. 41 % Truppenpsychologen, 31 % bzw. 38 % Peers, jeweils 29 % zivile Ärzte), gefolgt von Angeboten der Militärseelsorge (38 % bzw. 37 %), des Bundeswehr-Sozialwerks (33 % bzw. 38 %) und dem Sozialdienst der Bundeswehr (27 % bzw. 32 %). Am seltensten werden von den Befragten und ihren Familien (17 % Soldaten bzw. 25 % Veteranen) Angebote von privaten Organisationen, Verbänden oder Initiativen in Anspruch genommen. (Abbildung 66)

Vergleichsweise deutliche Unterschiede im Hilfesuchverhalten zwischen Soldaten und Veteranen zeigen sich lediglich für die Nachfrage nach Leistungen der Bundeswehrverwaltung und privater Organisationen sowie für die Unterstützung durch Peers. (Abbildung 66) Veteranen haben nach dem Einsatz signifikant häufiger als Soldaten (36 % im Vergleich zu 25 %) Hilfen der Bundeswehrverwaltung für sich und die Familie in Anspruch genommen. Angesichts eines bevorstehenden Dienstzeitendes scheint dies auch plausibel. Tendenziell haben Veteranen häufiger auch als Soldaten Angebote von privaten Organisationen, Initiativen oder Verbänden (25 % im Vergleich zu 17 %) nachgefragt. Diese Unterschiede im Nutzungsverhalten sind jedoch nur schwach signifikant ausgeprägt. Im Vergleich werden „offizielle" Angebote des Psychosozialen Netzwerks der Bundeswehr (41 % Nutzung des Psychologischen Dienstes etwa im Vergleich zu 25 % Inanspruchnahme privater Anbieter) von Veteranen zudem häufiger nachgefragt als zivile. Bemerkenswert ist die vergleichsweise hohe Bedeutung, die den Peers (38 % Nutzung Veteranen im Vergleich zu 31 % Soldaten) für die eigene Unterstützung und die der Familie nach der Rückkehr aus dem Einsatz zugeschrieben wird. (Abbildung 66) Anzunehmen ist, dass die lebensweltliche Verankerung der Peers in der militärischen Bezugsgruppe mit dazu beigetragen hat, dass diese besonders häufig von Veteranen, unter denen sich überproportional viele Jüngere des Kontingents befinden, als Ansprechpartner auch für familiäre Probleme wahrgenommen werden.

Insgesamt jedoch unterscheidet sich das Hilfesuchverhalten nach der Rückkehr aus dem Einsatz nicht wesentlich zwischen Soldaten und Veteranen. Bemerkenswert ist zudem, dass das Hilfesuchverhalten von Veteranen nicht mit dem Zeitpunkt des Ausscheidens aus der Bundeswehr verbunden ist. Veteranen, die bereits im Jahr 2010 aus dem Dienst bei der Bundeswehr ausgeschieden sind, haben nicht viel mehr oder andere Angebote nach dem Einsatz für sich und die Familie zur Unterstützung genutzt, als Veteranen, die 2011 oder später aus der Bundeswehr ausgeschieden sind.[185]

In der weitergehenden Datenanalyse zeigt sich dabei, dass vor allem psychische oder physische Belastungsfolgen des Einsatzes mit einem aktiven Hilfesuchverhalten zusammengehen. Dieser Befund war erwartet worden und ließ sich bereits in der Befragung des Kontingents wenige Wochen nach dem Einsatz beobachten. (Seiffert et al. 2011a) In den Daten der Wiederholungsbefragung ist dieser jedoch wesentlich stärker ausgeprägt. Es besteht ein statistisch höchst signifikanter Zusammenhang zwischen den berichteten körperlichen oder seelischen Beeinträchtigungen und den Angaben zur Nutzung sämtlicher der angefragten Unterstützungsmöglichkeiten nach der Rückkehr aus dem Einsatz. (Abbildung 67)

Es ist wenig überraschend, dass psychosoziale Angebote vor allem von der Gruppe der psychisch und physisch hoch belasteten Befragten und deren Familien in Anspruch genommen werden. Vielfach scheinen es dabei dieselben Befragten zu sein, die die jeweiligen Gesprächsangebote nutzen: Wer etwa angibt bei persönlichen oder familiären Prob-

---

[185] Während 21 Prozent der Veteranen bereits kurz nach Einsatzende im Jahr 2010 und weitere 31 Prozent von ihnen im Jahr 2011 ihren Dienst bei der Bundeswehr beendeten, sind andere (41 %) erst 2012 und die übrigen 7 Prozent erst im Jahr 2013 aus dem Dienst bei der Bundeswehr ausgeschieden. Vgl. Abschnitt 5.1 der vorliegenden Studie.

lemen mit dem Truppenpsychologen oder den Fachärzten des Sanitätsdienstes zu sprechen, gibt mit recht hoher Wahrscheinlichkeit ebenfalls an, mit dem Militärseelsorger oder seinem Peer und mit etwas geringerer, aber noch immer ausreichend hoher Wahrscheinlichkeit, auch mit zivilen Ärzten oder Therapeuten zu sprechen. (Abbildung 67)

Abbildung 67: Unterstützung für Einsatzrückkehrer und ihre Familien: Nutzung der Angebote im Vergleich zwischen psychisch/physisch Belasteten und nicht Belasteten

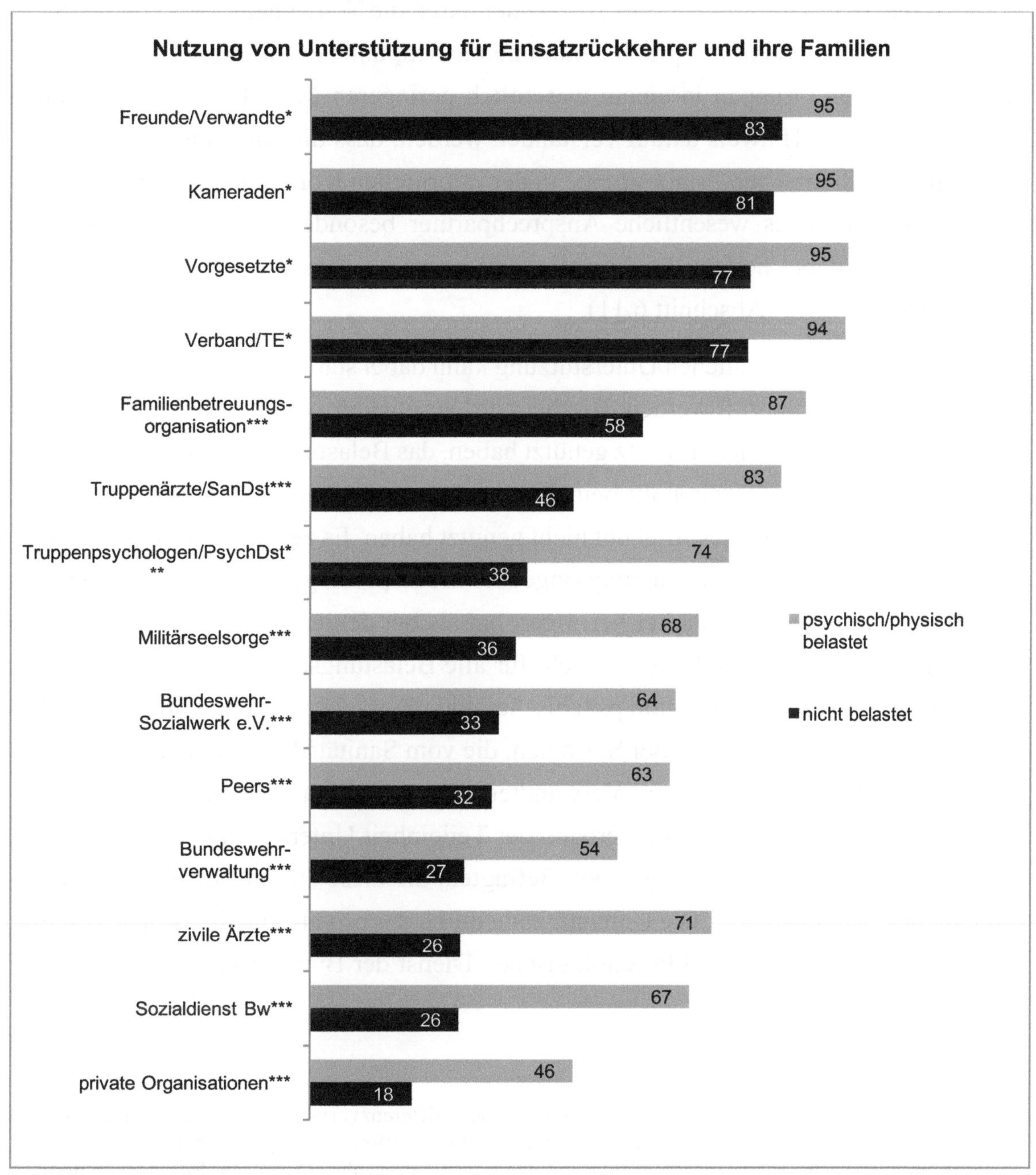

Anmerkungen: **=hoch signifikant auf dem 1 %-Niveau; *=signifikant auf dem 5 %-Niveau. Signifikanz nach Chi-Quadrat. Datenbasis: Befragung des 22. Kontingents ISAF durch das ZMSBw, Dezember 2012 bis März 2013 und Mai bis Oktober 2013. Angaben in Prozent.

Diese Tendenz im Hilfesuchverhalten zeigt sich ebenso für die Gruppe der Gefechtserfahrenen und ihre Familien. Der Anteil an Befragten, die nach der Rückkehr aus dem Einsatz Gesprächsangebote des Psychologischen Dienstes der Bundeswehr in Anspruch genommen haben, ist unter Gefechtserfahrenen fast doppelt so hoch wie für die Vergleichsgruppe der Befragten ohne diese Erfahrung (61 % im Vergleich zu 31 %). Gleichzeitig haben Gefechtserfahrene höchst signifikant häufiger (90 % im Vergleich zu 79 %) Hilfe im Kameradenkreis nachgefragt. Die Anteile an Befragten, die Unterstützung von Vorgesetzten (83 % im Vergleich zu 76 %) oder durch die Teileinheit/den Verband (83 % im Vergleich zu 75 %) in Anspruch genommen haben, unterscheiden sich dagegen zwischen den beiden Gruppen in einem wesentlich geringeren Maß. Diese Daten können dabei als ein erster Hinweis darauf verstanden werden, dass die Kameradinnen und Kameraden der militärischen Primärgruppe in der informellen Kommunikation über die Erlebnisse des Einsatzes wesentliche Ansprechpartner besonders für Gefechtserfahrene sind, die ihnen dabei helfen, die Gewalterfahrungen des Einsatzes nach der Rückkehr besser zu bewältigen. (Abschnitt 6.11)

Die Wirksamkeit der erhaltenen Unterstützung kann dabei statistisch mit Hilfe eines Mittelwertvergleichs überprüft werden. Hierbei wird verglichen, ob für Befragte, die ein bestimmtes Angebot nach dem Einsatz genutzt haben, das Belastungsniveau (zwischen Einsatzende und Befragungszeitpunkt beinahe drei Jahre später) stärker abgenommen hat, als bei denjenigen, die dieses Angebot nicht genutzt haben. Es zeigt sich, dass bei Befragten, die ganz bestimmte Unterstützungsangebote in Anspruch genommen haben, sich das Belastungsempfinden weit stärker verringert hat als bei denjenigen, die diese Angebote nicht genutzt haben. Dies gilt jedoch nicht für alle Belastungsdimensionen, sondern vor allem für die Belastungsdimension psychischer und physischer Beeinträchtigungen. Dieses Belastungspotenzial nimmt bei Befragten, die vom Sanitätsdienst und vom Psychologischen Dienst, von Freunden und Verwandten, von der Militärseelsorge sowie von Kameraden, Vorgesetzten oder dem Verband/der Teileinheit Unterstützung erhalten haben, signifikant stärker ab als bei denjenigen Befragten, die diese Hilfen für sich und die Familie nicht genutzt haben.[186] Die Unterstützung durch das private und dienstliche Nahumfeld, durch Sanitätsdienst und Psychologischen Dienst der Bundeswehr sowie durch die

[186] Für den Test sind für sämtliche Belastungsdimensionen Differenzvariablen des Belastungsempfindens zwischen den beiden Zeitpunkten berechnet worden. Diese Differenzvariablen geben Aufschluss über die Veränderung des Belastungsempfindens in den beinahe drei Jahren zwischen Einsatzende und Befragung. Anschließend ist berechnet worden, ob diese Veränderungen des Belastungsempfindens zwischen Nutzern und Nicht-Nutzern der einzelnen Unterstützungsangebote unterschiedlich ausfallen. Der Mann-Whitney-U-Test ergab entsprechende signifikante Unterschiede (im Mittelwert der Differenzvariablen) vor allem für die zusammengefasste Belastungsdimension psychischer oder physischer Ein-

Militärseelsorge kann demnach für psychisch bzw. physisch hoch Belastete als wirksam gelten. Umgekehrt bedeutet dies aber auch, dass davon Betroffene, denen diese Ressourcen nicht zur Verfügung stehen bzw. die diese Hilfen nicht in Anspruch genommen haben, wesentlich häufiger auch noch drei Jahre später an den Belastungsfolgen des Einsatzes leiden.

Insgesamt scheint die Unterstützung durch das soziale Umfeld dabei vor allem für die Bewältigung von Alltagsproblemen wichtig zu sein, während institutionalisierte Angebote – sowohl des Psychosozialen Netzwerks der Bundeswehr als auch zivile – eher anlassbezogen nachgefragt werden, etwa bei konkreten persönlichen oder familiären Problemen. Den Familienbetreuungsstellen der Bundeswehr kommt dafür eine wichtige Rolle zu. Sie sind unmittelbar nach dem privaten (Verwandte und Freunde) und dienstlichen (Kameraden, Vorgesetzte und Teileinheit) Nahumfeld der drittwichtigste Ansprechpartner für Einsatzrückkehrer und ihre Familien. Auch dieser Befund ist für Veteranen und Soldaten nicht unterschiedlich ausgeprägt. (Abbildung 66)

Bemerkenswert ist in diesem Zusammenhang aber ein anderer Befund: Die Frage nach der Inanspruchnahme der Familienbetreuungsstellen ist weitgehend unabhängig davon, ob die Befragten in einer Partnerschaft leben oder alleinstehend sind. Beide Gruppen fragen die Angebote der Familienbetreuungsstellen gleich häufig nach. Psychosoziale Unterstützung ist folglich nicht nur für unmittelbare Familienmitglieder, sondern weiter gefasst auch für nahestehende Personen aus dem weiteren Verwandten- oder Freundeskreis wichtig. (vgl. Seiffert/Heß 2014) Die von den Familienbetreuungsstellen der Bundeswehr erhaltene Unterstützung wird jedoch insgesamt recht skeptisch beurteilt. Auch dieser Befund ist unabhängig davon, ob die Befragten noch aktiv in der Bundeswehr dienen oder ob sie bereits aus dem Dienst ausgeschieden sind. (Abbildung 68) Obwohl vergleichsweise viele Befragte und ihre Familien (59 % Nutzung durch Veteranen bzw. 60 % durch Soldaten) Hilfe der Familienbetreuungsstellen nach der Rückkehr aus dem Einsatz in Anspruch genommen haben, ist aber weniger als die Hälfte (43 % Soldaten bzw. 49 % Veteranen) der Befragten mit der Arbeit zufrieden. In Abbildung 68 ist die Zufriedenheit mit verschiedenen Unterstützungsleistungen im Vergleich zwischen Soldaten und Veteranen

---

satzfolgen. Diese signifikanten Unterschiede bestehen zwischen Nutzern und Nicht-Nutzern der Unterstützung durch Teileinheit/Verband, Sanitätsdienst, Freunde und Verwandte, Kameraden sowie Vorgesetzte. Zudem bestehen zwischen Veränderungen der Belastung durch psychische Beeinträchtigungen und der Nutzung des Psychologischen Dienstes sowie der Militärseelsorge weitere statistisch signifikante Zusammenhänge. Signifikanzwerte für die genannten Unterstützungsangebote auf 0,1 bis 1 Prozent-Niveau. Die erhaltene Unterstützung durch Verwandte/Freunde kann zudem für familiär Belastete als wirksam gelten. Das Belastungspotenzial durch familiäre Probleme nimmt bei Befragten, die von Freunden und Verwandten Unterstützung erhalten haben, signifikant stärker ab als bei denjenigen Befragten, die diese Hilfe nicht erhalten haben.

ausgeführt. Dabei ist zu beachten, dass sich die Prozentzahlen für die Zufriedenheit jeweils nur auf diejenigen Befragten beziehen, die angeben, dass sie und ihre Familien das jeweilige Angebot nach der Rückkehr aus dem Einsatz auch genutzt haben.

Abbildung 68: Zufriedenheit mit Angeboten zur Unterstützung für Einsatzrückkehrer und ihre Familien im Vergleich zwischen (Einsatz-)Soldaten und Veteranen des Kontingents

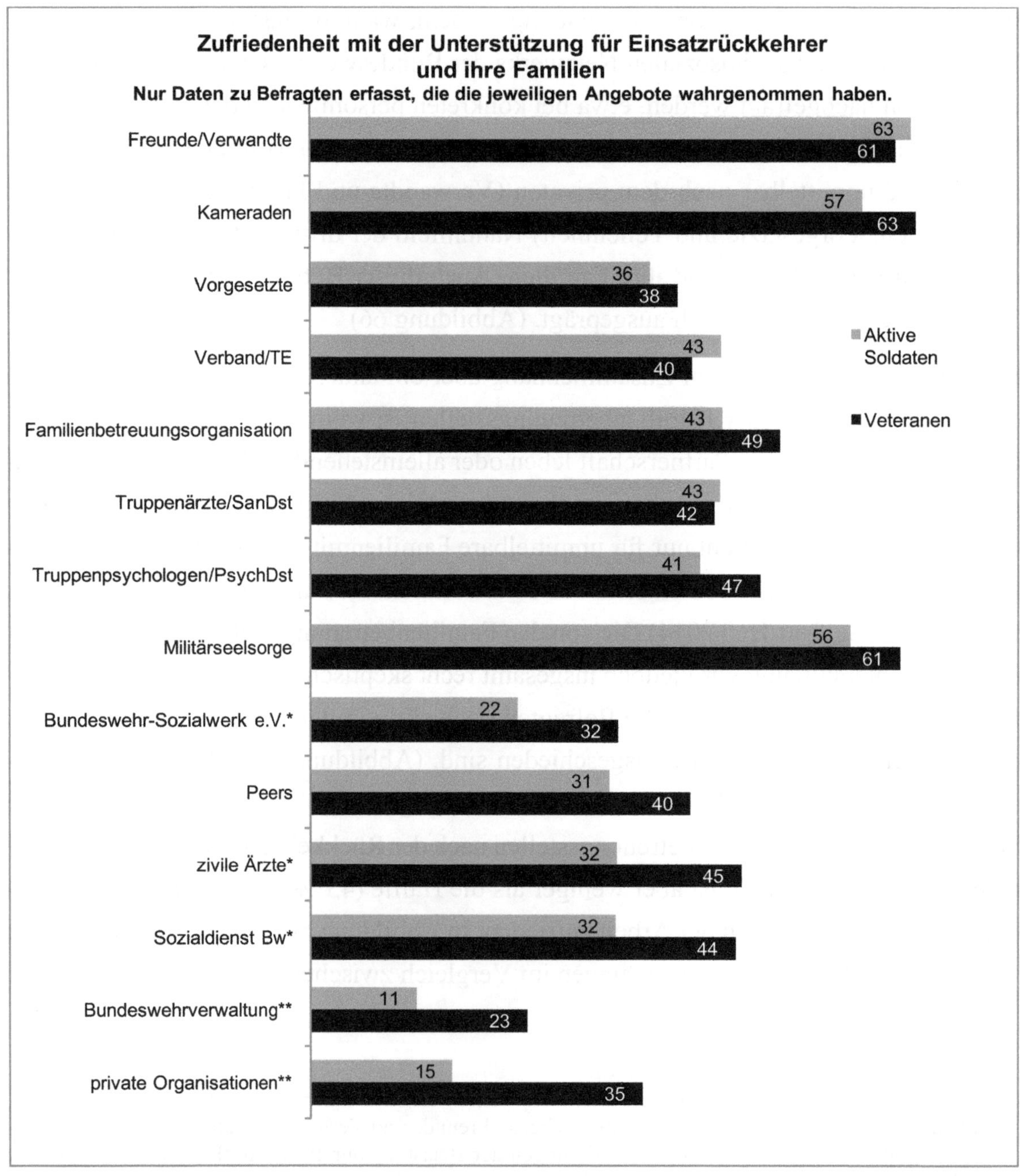

Anmerkungen: **=hoch signifikant auf dem 1 %-Niveau; *=signifikant auf dem 5 %-Niveau. Signifikanz nach Chi-Quadrat. Datenbasis: Befragung des 22. Kontingents ISAF durch das ZMSBw, Dezember 2012 bis März 2013 und Mai bis Oktober 2013. Angaben in Prozent.

Auffällig sind die hohen Zufriedenheitswerte für die Unterstützung durch Freunde und Verwandte sowie durch Kameraden. Etwa sechs von zehn Befragten sind mit der Hilfe, die sie und ihre Familien nach dem Einsatz durch Verwandte/Freunde (63 % Soldaten bzw. 61 % Veteranen) oder durch die eigenen Kameraden (57 % bzw. 63 %) erhalten haben, zufrieden. Im Vergleich dazu wird die Unterstützung durch Vorgesetzte (36 % zufriedene Soldaten bzw. 38 % zufriedene Veteranen) oder durch die Teileinheit/den Verband (43 % bzw. 40 % Zufriedene) wesentlich skeptischer beurteilt. (Abbildung 68) Dies wiegt umso schwerer, da Vorgesetzte in der Bundeswehr nicht nur zahlreiche Möglichkeiten und Spielräume zur Gestaltung familienförderlicher Maßnahmen[187] haben, sondern diese, wie die weiter oben bereits ausgeführten Befunde deutlich machen, eine herausgehobene Bedeutung für eine gelingende Bewältigung der mit dem Einsatz verbundenen, teilweise erheblichen Beanspruchungen haben. (vgl. Abschnitte 6.1 und 6.3)

Bemerkenswert ist zudem die hohe Zufriedenheit mit der geleisteten Unterstützung durch die Militärseelsorge. Während vergleichsweise wenige Befragte und ihre Familien Hilfe bei der Militärseelsorge gesucht haben (38 % Nutzung durch Soldaten bzw. 37 % durch Veteranen), sind diese mit der erhaltenen Unterstützung (56 % zufriedene Soldaten bzw. 61 % zufriedene Veteranen) aber so zufrieden, wie sonst nur mit der Unterstützung von Verwandten, Freunden oder Kameraden. (Abbildung 68)

Die erhaltene Hilfe durch das Psychosoziale Netzwerk der Bundeswehr wird insgesamt jedoch eher gemischt bewertet. Dieser Befund ist ebenfalls unabhängig davon, ob die Befragten sich noch im aktiven Dienst in der Bundeswehr befinden oder ob sie bereits aus der Bundeswehr ausgeschieden sind. Viele befragte Soldaten und Veteranen haben Unterstützung von Truppenärzten (49 % Nutzung durch Soldaten bzw. 46 % Veteranen), Truppenpsychologen (39 % Soldaten bzw. 41 % Veteranen) oder dem Sozialdienst (27 % Soldaten bzw. 32 % Veteranen) genutzt. Allerdings sind weniger als jeweils die Hälfte mit der erhaltenen medizinischen (43 % zufriedene Soldaten bzw. 42 % Veteranen), psychologischen (41 % zufriedene Soldaten bzw. 47 % Veteranen) oder sozialen (22 % zufriedene Soldaten bzw. 32 % Veteranen) Hilfe zufrieden. (Abbildung 68)

Am unzufriedensten sind die Befragten mit den Leistungen der Bundeswehrverwaltung. Diese Tendenz ist in den Befunden für die Veteranen sogar stärker ausgeprägt. Während

---

[187] Siehe hierzu das Gesetz zur Gleichstellung von Soldatinnen und Soldaten (SGleiG; Deutscher Bundestag 2004), welches den Vorgesetzten im Hinblick auf die Schaffung flexibler Arbeitszeiten und familienförderlicher Rahmenbedingungen eine zentrale Rolle zuweist. Auch in der Zentralen Dienstvorschrift Innere Führung A-2600/1 heißt es: „Die Verbesserung der Vereinbarkeit von Familie und Dienst ist eine wesentliche Führungsaufgabe. Angemessene Rücksichtnahme auf familiäre und partnerschaftliche Belange der Soldatinnen und Soldaten bei der Umsetzung dienstlicher Erfordernisse ist eine Pflicht aller Vorgesetzten und der Personalführung." (Bundesministerium der Verteidigung 2008: Ziffer 665)

gut jeder dritte Soldat angibt, mit der erhaltenen Unterstützung durch die Bundeswehrverwaltung (38 % Unzufriedene im Vergleich zu 21 % Zufriedene) unzufrieden zu sein, ist es fast jeder Zweite unter den Veteranen, der mit dieser (44 % Unzufriedene im Vergleich zu 23 % Zufriedene) Hilfe unzufrieden ist. Auch im Vergleich der verschiedenen Angebote schneiden die Leistungen der Bundeswehrverwaltung wesentlich schlechter ab. So sind Veteranen mit der von der Bundeswehrverwaltung erhaltenen Unterstützung deutlich (44 % Unzufriedene im Vergleich zu 26 % für Hilfe von privaten Organisationen) unzufriedener als mit den wahrgenommenen Hilfen von privaten Anbietern. Besonders mit Blick auf die Unterstützungsangebote für (Einsatz-)Veteranen und ihre Familien verweist dies auf Verbesserungsbedarf – zumal Veteranen und ihre Familien signifikant häufiger als Soldaten und deren Angehörigen Unterstützung von der Bundeswehrverwaltung (36 % im Vergleich zu 25 %) nachfragen.

In den oben beschriebenen Befunden deutet sich bereits an, in welchen Bereichen der Einsatznachbereitung und -betreuung die (Einsatz-)Soldaten und Veteranen Verbesserungsbedarf sehen. Sie wünschen sich vor allem mehr Verständnis und Unterstützung von Vorgesetzten sowie von der Teileinheit/dem Verband und mehr Hilfen für ihre Partner und Familien. In Abbildung 69 sind die geäußerten Wünsche nach mehr Unterstützung für verschiedene Angebote im Vergleich zwischen Soldaten und Veteranen des Kontingents dargestellt.

Bemerkenswert ist, dass sich nur etwa vier von zehn Befragten (40 % der Veteranen bzw. 38 % der Soldaten) überhaupt mehr Unterstützung für sich und die Familie nach der Rückkehr aus dem Einsatz wünschen. Im Zusammenhang mit den oben beschriebenen Befunden zur Zufriedenheit der erhaltenen Unterstützung deuten diese Ergebnisse darauf hin, dass es vielen Befragten offensichtlich weniger um eine quantitative Ausweitung der Betreuungsangebote als vielmehr um qualitativ bessere Hilfestellungen geht. Besonders gilt dies offenbar für die Unterstützung durch Vorgesetzte sowie durch die Teileinheit bzw. den Verband. Obwohl viele Soldaten und Veteranen Hilfen von Vorgesetzten (75 % Veteranen bzw. 79 % Soldaten) oder vom Verband/der Teileinheit (77 % bzw. 78 %) nach der Rückkehr aus dem Einsatz in Anspruch genommen haben, wünschen sich aber so viele wie sonst in keinem anderen Bereich mehr Unterstützung von diesen (19 % bzw. 21 % von Vorgesetzten sowie jeweils 22 % von Verband/Teileinheit). (Abbildung 69) Dies trifft ähnlich auf die Hilfestellung durch die Familienbetreuungsstellen der Bundeswehr zu. Eine Mehrzahl der Befragten und deren Familien (59 % Veteranen bzw. 60 % Soldaten) haben nach der Rückkehr aus dem Einsatz Leistungen von den Familienbetreuungsstellen nachgefragt, dennoch wünschen sich Soldaten und Veteranen vergleichsweise häufig (jeweils 14 %) eine Ausweitung dieser Angebote. Dagegen ist das Interesse an zusätzlichen Angeboten von privaten Organisationen, Initiativen und Verbänden (7 % für Soldaten bzw. 8 % für Veteranen) wesentlich geringer ausgeprägt. (Abbildung 69)

Abbildung 69: Wunsch nach mehr Hilfen zur Unterstützung für Einsatzrückkehrer und ihre Familien im Vergleich zwischen (Einsatz-)Soldaten und Veteranen des Kontingents

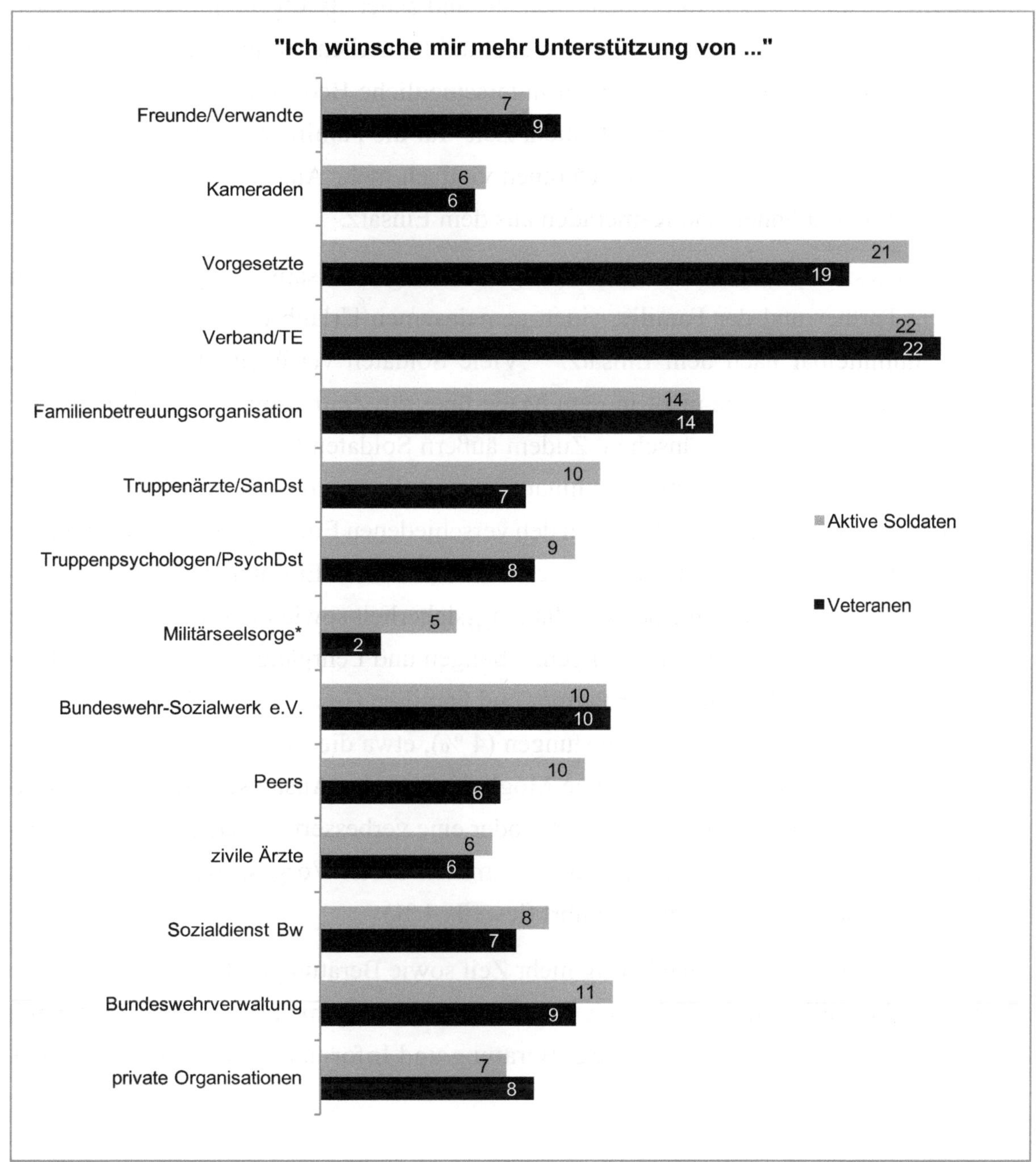

Anmerkungen: *=signifikant auf dem 5 %-Niveau. Signifikanz nach Chi-Quadrat. Datenbasis: Befragung des 22. Kontingents ISAF durch das ZMSBw, Dezember 2012 bis März 2013 und Mai bis Oktober 2013. Angaben in Prozent.

Welche konkreten Angebote aber erwarten die Befragten von der Bundeswehr für sich und ihre Familien? Hierzu wurden die Soldaten und Veteranen in einer offenen Frage gebeten anzugeben, welche Unterstützungsmöglichkeiten sie sich von der Bundeswehr für sich persönlich und ihre Familien wünschen. Die freien Antworten wurden nachträglich zu Themenbereichen zusammengefasst, die ein Meinungsbild über die von den Befragten gewünschte Unterstützung ermöglicht. Aufgrund der Vielzahl an unterschiedlichen Antworten für die Gruppe der Veteranen lässt sich für diese nur ein grobes Meinungsbild gewinnen.[188] Die folgenden Angaben sind daher als allgemeine Trendaussagen zu verstehen. Insgesamt weisen die Daten aber auf bemerkenswerte Tendenzen im Antwortverhalten der Befragten hin, die auf unterschiedliche Bedürfnisse schließen lassen: Während viele Soldaten sich schlicht „mehr Zeit“ für die Familie nach der Rückkehr aus dem Einsatz wünschen, vermissen Veteranen vielfach mehr Austausch und Zusammenkünfte mit Kameradinnen und Kameraden aus dem Einsatz.

So wünschen sich Soldaten (41 %) am häufigsten eine gemeinsame Kur mit der Partnerin bzw. dem Partner und der Familie, einen gemeinsamen Urlaub oder eine gemeinsame Auszeit unmittelbar nach dem Einsatz.[189] Viele Soldaten verfügen offenbar nach der Rückkehr aus dem Einsatz nicht in dem Maße über die Zeitressourcen, die sie sich für Familie und Partnerschaft wünschen. Zudem äußern Soldaten (17 %) den Wunsch nach mehr Partnerschafts- oder Familienseminaren sowie allgemein nach mehr Beratung und Information von Familienangehörigen in den verschiedenen Einsatzphasen (sowohl in der Vorbereitungszeit, während der Einsatzzeit als auch in der Einsatznachbereitung). Zusätzlich wünschen sie sich eine bessere Planungssicherheit sowie mehr Rücksicht auf die Situation ihrer Familien bei Versetzungen, Übungen und Lehrgängen sowie eine verbesserte psychologische Betreuung für Partner und Familien (jeweils 4 %). In manchen Fällen werden auch mehr finanzielle Leistungen (4 %), etwa die Finanzierung von Partnerschafts- und Familienkuren, ebenso wie Möglichkeiten des Austauschs mit Kameradinnen und Kameraden aus dem Einsatz (7 %) oder eine verbesserte Anerkennung der Leistungen von Einsatzrückkehrern und ihren Familien durch Vorgesetzte oder allgemein durch die deutsche Gesellschaft angeführt (jeweils 4 %).

Auch Veteranen wünschen sich häufig mehr Zeit sowie Beratung und Betreuung für ihre Partner und Familien in der Zeit nach dem Einsatz (17 % gemeinsame Kur oder Urlaub mit der Familie, 17 % mehr Seminare, Beratung und Information der Familien sowie

---

188 Für dieses Meinungsbild wurden nur die eindeutigen und regelmäßig von einer größeren Anzahl der Befragten geäußerten Antworten zusammengefasst.

189 Da offene Fragen wesentlich seltener beantwortet werden als vorgegebene Antwortkategorien, beziehen sich die Prozentzahlen dieses Abschnitts lediglich auf die Gesamtheit der Befragten, die auf die Frage überhaupt geantwortet haben (für (Einsatz-)Soldaten 296 Befragte von 843 und für Veteranengruppe 92 Befragte von 260). Die Prozentwerte addieren sich zudem nicht auf 100, da Mehrfachnennungen möglich waren.

10 % mehr psychologische Betreuung der Familien). Am meisten (29 %) fehlt ihnen jedoch der Austausch mit den Kameradinnen und Kameraden aus dem Einsatz. Sie wünschen sich zudem mehr (10 %) Unterstützung von der Bundeswehr für den Übergang in das zivile Leben sowie mehr Anerkennung (9 %) sowohl durch ehemalige Vorgesetzte als auch allgemein durch die Bundeswehr, etwa in Form konkreter Maßnahmen wie regelmäßiger Veteranentreffen.

Hinter den weiter oben beschriebenen Befunden zu den Wünschen der Befragten nach mehr Verständnis und Unterstützung von Vorgesetzen bzw. der Teileinheit/dem Verband für die Belange von Einsatzrückkehrern und ihren Familien stehen demnach ganz unterschiedliche Erwartungen: Während sich (Einsatz-)Soldaten vor allem mehr Hilfestellung von Vorgesetzten erwarten, um die Kollision verschiedener dienstlicher und privater Ansprüche an die knappe Ressource „Zeit" (Juncke 2005) besonders in der Phase nach der Rückkehr aus dem Einsatz besser in Einklang bringen zu können, wünschen sich (Einsatz-)Veteranen mehr Interesse und Beachtung ihres einstigen militärischen Umfelds. Mit einsatznachbereitenden Angeboten allein ist es daher nicht getan. Was viele offensichtlich vermissen, ist nicht nur mehr Zeit für Familie und Freunde nach der Rückkehr, um in Ruhe ankommen und die herausfordernde Zeit des Einsatzes gemeinsam mit der Familie bewältigen zu können, sondern auch mehr Anerkennung als (Einsatz-)Soldaten und Veteranen durch die Bundeswehr selbst. Private Organisationen können daher wohl Hilfsangebote für Einsatzrückkehrer und ihre Familien ergänzen, die primären Ansprechpartner bleiben aber offenbar auch noch nach dem Ausscheiden aus der Bundeswehr für viele Veteranen des Kontingents die (einstige) militärische Bezugsgruppe sowie die offiziellen Stellen der Bundeswehr.

6.11 „Das versteht ja sowieso keiner." – Kommunikativer und persönlicher Umgang mit Einsatzerfahrungen

In diesem Abschnitt soll es um die Frage gehen, wie die Befragten das Erlebte nach der Rückkehr im sozialen Umfeld kommunizieren und wem sie ihre Erfahrungen überhaupt vermitteln. Dass dies für manche Befragte keine leichte Angelegenheit ist, ließ sich bereits in anderen Befunden dieser Studie beobachten. (Abschnitt 6.8 und 6.9) Die Soldaten und Veteranen des 22. Kontingents ISAF haben im Einsatz in Afghanistan in einem Ausmaß und einer Intensität Erfahrungen in Gefechten, mit Tod und Verwundung gemacht, die nicht nur den meisten Menschen in Deutschland, sondern auch vielen Bundeswehr-

Kameradschaft zählt. In lebensbedrohlichen Einsätzen wie in Afghanistan werden die Einheiten zu zeitlich befristeten Überlebensgemeinschaften, die oft auch noch nach dem Einsatz dabei helfen, die Erlebnisse besser zu verarbeiten.

picture alliance/AP Images Anja Niedringhaus

soldaten fremd sind. (Kapitel 3 sowie Abschnitt 5.2 und 5.3) Dies kann durchaus die Verarbeitung der Erfahrungen erschweren. (Seiffert 2013: 14) Zahlreich sind etwa die Erzählungen in den Interviews, die wir mit Angehörigen des Kontingents im Einsatz und in den Jahren danach geführt haben, in denen sie davon berichteten, dass sie ihre Gewalterfahrungen zu Hause oder am Standort lieber verschweigen. (Seiffert 2012:87) „Meine Familie denkt, ich sitze hier im Feldlager und mache Schreibtischarbeit. Die wissen nicht, was ich hier wirklich mache. Das kann ich gar nicht erzählen, was ich hier wirklich erlebe“, hieß es etwa. Zu fremd schienen vielen die Erfahrungswelten des Einsatzes und die Lebenswirklichkeiten hier in Deutschland. (Seiffert 2012: 88; 2013: 95)

Wie aber gehen die Soldaten und Veteranen drei Jahre nach der Rückkehr aus dem Einsatz mit den Erlebnissen um? Inwiefern beschäftigen sie diese noch immer? Mit wem sprechen sie über ihre im Einsatz gemachten Gewalterfahrungen? Kommunizieren sie diese überhaupt? Beziehen sie ihre Familien, Partner und Freunde in diese ein und welchen Stellenwert hat der Kameradenkreis hierbei?

Im Folgenden wird sich dabei erstens zeigen, dass für eine Mehrzahl der Befragten weniger die Kommunikation über ihre Erlebnisse an sich ein Problem darstellt, als vielmehr das Sprechen über die Bedrohungs- und Gewalterlebnisse des Einsatzes mit Personen, die nicht selbst am Einsatz beteiligt waren. Wie auch in vorangegangenen Abschnitten zeigt sich zweitens, dass ein kleinerer Teil der Befragten auch drei Jahre nach der Rückkehr noch von negativen Folgen des Einsatzes betroffen ist. Drittens ergibt eine Analyse der Häufigkeiten, mit der die Angehörigen des Kontingents auch noch fast drei Jahre später in Kontakt miteinander stehen, dass Gefechtserfahrene deutlich engere soziale Beziehungen zu ihren Kameradinnen und Kameraden aus dem Einsatz aufrechterhalten als Befragte ohne diese Erfahrung. (Abschnitt 6.2)

In den Daten lassen sich dabei vier unterschiedliche Strategien des Umgangs mit den Erlebnissen des Einsatzes (Abbildung 70) identifizieren:

Entlastung: Fast die Hälfte (43 %) der Befragten denkt nach eigener Aussage drei Jahre später nicht mehr viel über die Gefahren und Bedrohungen des Einsatzes nach und etwa ein Drittel (34 %) lässt diese Erlebnisse nicht an sich herankommen. Dieser Mechanismus der Entlastung muss aber nicht automatisch auf einen nicht gelingenden Umgang mit Einsatzerlebnissen verweisen, sondern kann auch bedeuten, dass das Erlebte in den vergangenen fast drei Jahren bereits gut bewältigt wurde.

Reflexion: In der persönlichen Kommunikation über die Gewalterlebnisse fungieren die Kameradinnen und Kameraden als primäre Gesprächspartner. 30 Prozent der Befragten reden nach eigenen Angaben ausschließlich im Kameradenkreis über die Risiken und Gefahren, die sie im Einsatz erlebt haben. Die Familie spielt mit 27 Prozent eine weitaus geringere Rolle als noch in der Zeit vor dem Einsatz, in der fast die Hälfte (46 %) der Kontingentangehörigen angab, mit dem Partner oder der Familie über die möglichen Gefahren des Einsatzes zu sprechen. (Seiffert et al. 2010b: 72)

Vermeidung: Mehr als ein Fünftel (22 %) der Befragten hat nach eigenen Angaben auch noch fast drei Jahre später niemandem von den Einsatzerlebnissen erzählt.[190] Mit dieser Vermeidungsstrategie verbunden ist wesentlich die Einschätzung, die Erfahrungen des Einsatzes mit sich selbst ausmachen zu müssen.

Überwältigungsgefühl: Etwa jeder Zehnte (9 %) des Kontingents fühlt sich noch immer von den Erlebnissen des Einsatzes belastet, muss häufig an die Gefahren des Einsatzes denken (10 %) oder macht sich Vorwürfe (8 %), nicht immer alles richtig im Einsatz gemacht zu haben. Es lässt sich zugleich eine Tendenz erkennen, dass dieses Überwältigungsgefühl mit einem aktiven Hilfesuchverhalten zusammenfällt. So bestehen signifikante Zusammenhänge zwischen der Selbsteinschätzung einer Überwältigung und den Angaben zur Nutzung psychosozialer Unterstützung.[191] (Abschnitt 6.10)

In der Abbildung 70 sind die Befunde zu den Strategien, die die Befragten im Umgang mit den Gewalterlebnissen des Einsatzes entwickelt haben, zum Zeitpunkt der Wiederholungsbefragung drei Jahre nach der Rückkehr für das Kontingent (d.h. für Soldaten und Veteranen zusammengenommen) ausgeführt. Insgesamt lassen sich demnach ebenso viele Befragte finden, für die die Erlebnisse des Einsatzes mittlerweile keine große Rolle mehr zu spielen scheinen, wie Befragte, die sich noch häufig mit diesen Erfahrungen beschäftigen: 43 Prozent der Befragten geben an, heute nicht mehr viel über die im Einsatz erlebten Gefahren und Risiken nachzudenken. 34 Prozent sagen, das alles gar nicht an sich rankommen zu lassen. Ebenso viele lehnen diese Aussagen jedoch explizit ab (33 % bzw. 43 %). Für einen erheblichen Teil der Befragten spielen die Erlebnisse folglich auch noch drei Jahre nach dem Einsatz eine mehr oder weniger große Rolle in ihrem Leben.

---

[190] Der Fragetext zu diesem Item bezieht sich nicht explizit auf Gefahren und Risiken im Einsatz, sondern verwendet eine offene Formulierung zu Einsatzerlebnissen allgemein („was ich alles genau im Einsatz erlebt habe“).

[191] Die entsprechenden Zusammenhänge sind höchst signifikant (auf dem 0,1 Prozent-Niveau) für Unterstützungsleistungen durch Truppen- und Fachärzte des Sanitätsdienstes, Truppenpsychologen, zivile Ärzte und den Sozialdienst der Bundeswehr und hoch signifikant (auf dem 1 Prozent-Niveau) für Unterstützung durch das Bundeswehr Sozialwerk, Peers und die Militärseelsorge.

Abbildung 70: Umgang mit Einsatzerlebnissen fast drei Jahre nach dem Einsatz

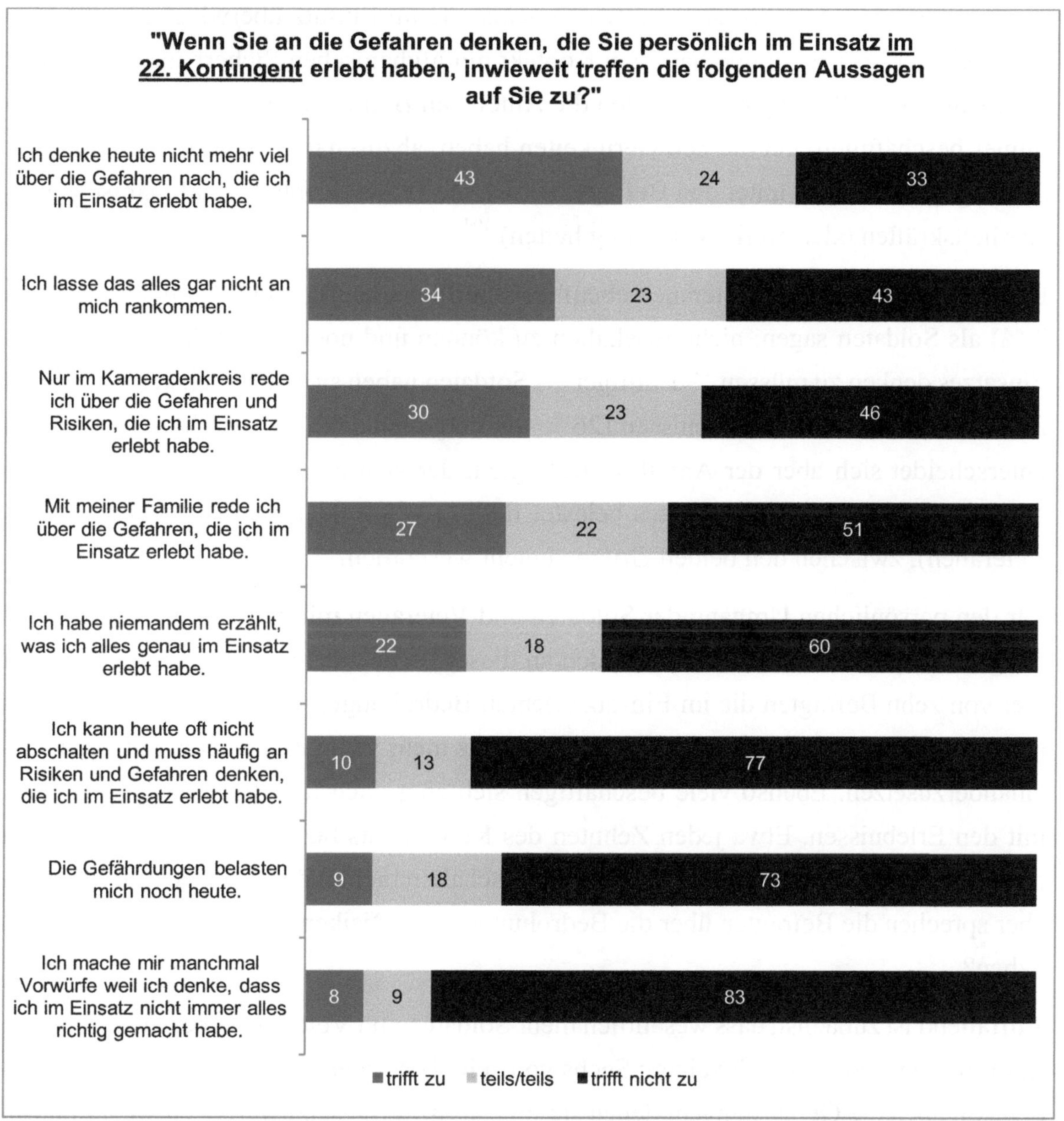

Datenbasis: Befragung des 22. Kontingents ISAF durch das ZMSBw, Dezember 2012 bis März 2013 und Mai bis Oktober 2013. Angaben in Prozent.

Dies gilt wenig überraschend stärker für Befragte, die im Einsatz mit Gefechtshandlungen konfrontiert waren. (Abschnitt 5.3) So geben Befragte, die im Einsatz mit dem Kontingent aktiv an Gefechten beteiligt gewesen waren, auch noch drei Jahre später häufiger als Befragte ohne diese Erfahrung an, nicht abschalten zu können und noch oft an die Erlebnisse des Einsatzes denken zu müssen (16 % im Vergleich zu 7 %).[192] Signifikant seltener

[192] Nach Chi-Quadrat-Test höchst signifikant auf 0,1 Prozent-Niveau.

sagen sie, nicht mehr viel über das Erlebte nachzudenken (35 % im Vergleich zu 45 %).[193] Auch unter jenen Angehörigen des Kontingents, die im Einsatz überwiegend außerhalb der Feldlager operierten und häufigen Kontakt mit afghanischen Sicherheitskräften oder der lokalen Bevölkerung hatten, fallen die Anteile an Befragten, die die Erlebnisse noch immer beschäftigen und die Schwierigkeiten haben, abzuschalten, signifikant höher aus (13 % gegenüber 3 % unter den Befragten etwa, die keinen Kontakt zu afghanischen Sicherheitskräften oder Zivilbevölkerung hatten).[194]

Bemerkenswert ist, dass Veteranen ebenfalls signifikant häufiger (13 % im Vergleich zu 8 %) als Soldaten sagen, nicht abschalten zu können und noch oft an die Gefahren des Einsatzes denken zu müssen.[195] Häufiger als Soldaten haben sie auch noch keiner anderen Person von ihren Einsatzerlebnissen (26 % im Vergleich zu 20 %) erzählt.[196] Insgesamt unterscheidet sich aber der Anteil an Befragten, der sich nach eigenen Angaben noch durch die Erlebnisse des Einsatzes belastet fühlt (10 % Soldaten im Vergleich zu 7 % Veteranen), zwischen den beiden Gruppen nicht wesentlich.

Für den persönlichen Umgang der Soldaten und Veteranen mit den Gewalt- und Bedrohungserlebnissen des Einsatzes lässt sich an dieser Stelle zunächst festhalten, dass etwa vier von zehn Befragten die im Einsatz erlebten Bedrohungen und Risiken nicht an sich herankommen lassen oder schlicht kein Bedürfnis mehr verspüren, sich damit noch auseinanderzusetzen. Ebenso viele beschäftigen sich aber auch fast drei Jahre später noch mit den Erlebnissen. Etwa jeden Zehnten des Kontingents bedrängt das Erlebte zudem noch immer in einem Maße, dass ihnen ein Abschalten nicht möglich erscheint. Mit wem aber sprechen die Befragten über die Bedrohungen und Risiken, die sie im Einsatz erlebt haben?

Auffallend ist zunächst, dass wesentlich mehr Soldaten und Veteranen über die Erlebnisse des Einsatzes reden als schweigen: Sechs von zehn Befragten kommunizieren nach eigenen Angaben die Gefährdungen, denen sie im Einsatz ausgesetzt waren; entweder nur im Kameradenkreis (30 %) oder aber auch mit ihren Partnern, Familien oder Freunden (27 %). Nur etwa zwei von zehn (22 %) Befragten haben noch niemandem erzählt, was sie alles genau im Einsatz erlebt haben. Weitere zwei von zehn (18 %) Befragten geben an, bislang nur über einiges des Einsatzes in ihrem sozialen Umfeld gesprochen zu haben. (Abbildung 70)

---

193 Nach Chi-Quadrat-Test hoch signifikant auf 1 Prozent-Niveau.
194 Nach Chi-Quadrat-Test hoch bis höchst signifikant auf einem Niveau von 1 bis 0,1 Prozent.
195 Nach Chi-Quadrat-Test hoch signifikant auf 1 Prozent-Niveau.
196 Nach Chi-Quadrat-Test hoch signifikant auf 1 Prozent-Niveau.

Weitaus häufiger als in den Familien werden die Bedrohungs- und Gewalterlebnisse in der militärischen Bezugsgruppe besprochen.[197] (Abschnitt 6.2) Dies gilt, wie oben ausgeführt, für etwa ein Drittel der Befragten, die der Aussage „Nur im Kameradenkreis rede ich über die Gefahren und Risiken, die ich im Einsatz erlebt habe“ zustimmt. Ein weiteres Viertel (23 %) teilt diese Aussage zumindest teilweise. Hingegen kommuniziert deutlich weniger als ein Drittel (27 %) offen mit Partner oder Familie über die Erlebnisse des Einsatzes. (Abbildung 70) Das Antwortverhalten unterscheidet sich auch nur schwach signifikant zwischen partnerschaftlich gebundenen und alleinstehenden Befragten. Beide Gruppen berichten auf etwa gleich niedrigem Niveau (29 % im Vergleich zu 22 %), über die im Einsatz erlebten Gefährdungen im privaten Umfeld gesprochen zu haben.[198] Insgesamt kommt dem Kameradenkreis demnach eine wesentlich größere Bedeutung bei der kommunikativen Verarbeitung von Einsatzerfahrungen zu als den Partnern oder der Familie.

In den weitergehenden Analysen zeigt sich dabei, dass es vor allem gefechtserfahrene Befragte sind, die auch noch drei Jahre später größere Probleme haben, über das im Einsatz Erlebte zu sprechen. Etwa ein Viertel (27 %) der Gefechtserfahrenen findet es nach eigenen Angaben schwer, überhaupt mit jemandem über ihre Erfahrungen zu sprechen. Etwa jeder zweite Gefechtserfahrene (45 %) gibt zudem an, mit dem Partner oder der Familie noch nicht über die erlebten Gefahren und Risiken gesprochen zu haben. Offen erzählen viele von ihnen über ihre Erfahrungen nur im Kameradenkreis (44 %). Demgegenüber ist es in der Gruppe der Befragten ohne Gefechtserfahrung nur etwa jeder Zehnte (14 %), dem es schwerfällt, über das Erlebte zu sprechen. Die Kommunikation über die Gefahren und Bedrohungen des Einsatzes findet bei ihnen auch seltener nur im Kameradenkreis statt (26 %). (Abbildung 71) Sie reden stattdessen häufiger als die Vergleichsgruppe mit dem Partner oder der Familie über ihre Einsatzerlebnisse (66 % gegenüber 55 %).[199] Gefechtserfahrene sehen sich demnach nicht nur wesentlich häufiger noch von den Einsatzerlebnissen belastet, sondern es fällt ihnen auch wesentlich schwerer, ihre Erfahrungen zu kommunizieren. Im Besonderen gilt dies für die Kommunikation mit Partnerin/Partner oder Familie. Der informelle Austausch über das Erlebte mit den Kameradinnen und Kameraden der eigenen Bezugsgruppe fällt ihnen dagegen wesentlich leichter.

---

197 Da davon auszugehen ist, dass sehr viele Befragte, die mit ihren Familien über Gefahren und Risiken im Einsatz reden, auch mit Kameraden hierüber reden, ist der Anteil an Befragten, die überhaupt mit Kameraden über Einsatzerlebnisse reden, wesentlich höher als der Anteil an Befragten, die mit ihrer Familie darüber reden.

198 Nach Chi-Quadrat-Test schwach signifikant auf 5 Prozent-Niveau.

199 Nach Chi-Quadrat-Test höchst signifikant auf 0,1 Prozent-Niveau.

Abbildung 71: Kommunikation von Einsatzerlebnissen differenziert nach Gefechtserfahrung

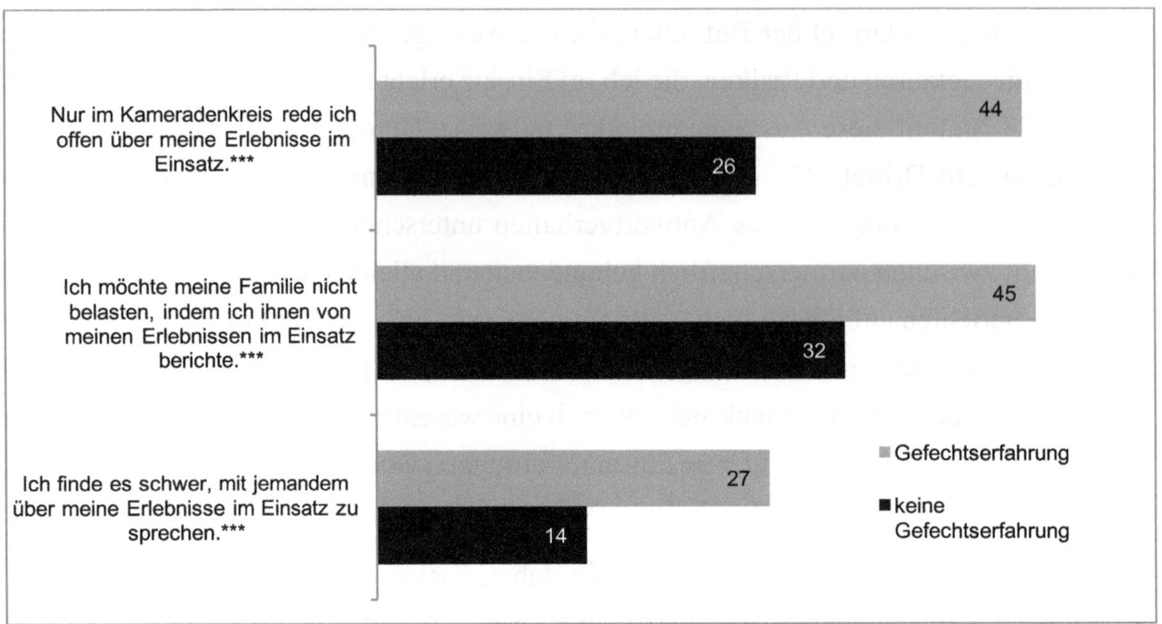

Anmerkungen: ***=höchst signifikant auf 0,1 %-Niveau. Signifikanz nach Chi-Quadrat. Datenbasis: Befragung des 22. Kontingents ISAF durch das ZMSBw, Dezember 2012 bis März 2013 und Mai bis Oktober 2013. Angaben in Prozent.

Ein ähnliches Antwortmuster zeigt sich auch für Befragte, die von regelmäßigen Kontakten mit afghanischen Sicherheitskräften oder lokaler Bevölkerung im Einsatz berichten. So sprechen etwa 37 Prozent der Befragten, die im Einsatz täglich Kontakt zur Zivilbevölkerung hatten, nach der Rückkehr ausschließlich mit Kameraden über das Erlebte im Vergleich zu 22 Prozent unter Befragten, die keine Erfahrungen im Kontakt mit der afghanischen Bevölkerung gemacht haben.[200] Auch Befragte, die im Einsatz täglich mit afghanischen Sicherheitskräften kooperierten, sprechen häufiger (35 % gegenüber 23 %) nur im Kameradenkreis über die Einsatzerlebnisse als Befragte in der Vergleichsgruppe ohne diese Erfahrung.[201]

Welche Gründe führen die Soldaten und Veteranen aber für ihr Kommunikationsverhalten drei Jahre später an? Am häufigsten (36 %) sagen sie, Partner und Familie mit ihren Einsatzerlebnissen nicht belasten zu wollen. Ein Fünftel (insgesamt 18 %) findet es schwer, überhaupt mit jemandem über die Erlebnisse zu sprechen. (Abbildung 72) Etwa ein Viertel (27 %) teilt schlicht die Einschätzung, dass das Gespräch über das Erlebte ihnen nicht hilft. Weitere 24 Prozent sind der Auffassung, die Einsatzerlebnisse mit sich selbst ausmachen zu müssen.

---

[200] Nach Chi-Quadrat-Test höchst signifikant auf 0,1 Prozent-Niveau.
[201] Nach Chi-Quadrat-Test höchst signifikant auf 0,1 Prozent-Niveau.

Abbildung 72: Beweggründe für den persönlichen Umgang mit Einsatzerlebnissen

	trifft zu	teils/teils	trifft nicht zu
Ich möchte meine Partnerin/meinen Partner, meine Familie und Freunde nicht belasten, indem ich ihnen von meinen Erlebnissen im Einsatz berichte.	36	22	42
Es hilft mir nicht, wenn ich über meine Erlebnisse im Einsatz erzähle.	27	31	42
Die Erlebnisse im Einsatz muss ich mit mir selbst ausmachen.	24	21	56
Ich finde es schwer, mit jemandem über meine Erlebnisse im Einsatz zu sprechen.	18	20	62

Datenbasis: Befragung des 22. Kontingents ISAF durch das ZMSBw, Dezember 2012 bis März 2013 und Mai bis Oktober 2013. Angaben in Prozent.

Hinter den zuvor beschriebenen Kommunikationsstrategien stehen demnach ganz konkrete Erwägungen:

Kommunikation nur mit Kameraden: Befragte, die nach eigenen Angaben ausschließlich im Kameradenkreis, nicht aber mit ihren Partnern oder Familien über die Einsatzerlebnisse sprechen, geben besonders häufig an, ihre Angehörigen und Freunde mit dem Erlebten nicht zusätzlich belasten zu wollen (59 % gegenüber 26 %; nicht in der Abbildung ausgewiesen).[202] Dies ist umso häufiger der Fall, je eher Gewalterfahrungen im Einsatz gemacht wurden, und je eher die Befragten selbst noch an den Erlebnissen leiden. So berichten beinahe zwei Drittel jener Befragten, die sich noch immer durch bleibende physische oder psychische Verletzungsfolgen beansprucht sehen, dass sie ihren Familien nicht von ihren Erfahrungen erzählen, um sie nicht weiter zu belasten (73 %), gegenüber einem Drittel der Befragten, die sich nicht belastet fühlen (34 %).[203] Ähnliches gilt, wie bereits ausgeführt, für Gefechtserfahrene, wenn auch in geringerem Maße (45 % gegenüber 32 %; nicht in der Abbildung ausgewiesen).[204]

---

[202] Nach Chi-Quadrat-Test höchst signifikant auf 0,1 Prozent-Niveau.
[203] Nach Chi-Quadrat-Test höchst signifikant auf 0,1 Prozent-Niveau.
[204] Nach Chi-Quadrat-Test höchst signifikant auf 0,1 Prozent-Niveau.

Kommunikation mit Partner/Familie: Befragte, die über die im Einsatz erlebten Gefahren auch mit dem Partner oder der Familie kommunizieren, geben signifikant häufiger an, dass ihnen persönlich der Austausch über die Erlebnisse des Einsatzes hilft. So haben 44 Prozent jener Befragten, die von einer positiven Wirkung der Kommunikation ihrer Erfahrungen berichten, mit ihren Familien über das Erlebte gesprochen, gegenüber 15 Prozent unter Befragten, die davon ausgehen, dass ihnen der Austausch persönlich nicht weiterhilft.[205]

Vermeidende Kommunikation: Für Befragte, die nach eigenen Angaben bislang noch keiner anderen Person über die Einsatzerlebnisse erzählt haben, gelten mehrere der bisher diskutierten Beweggründe. Sie berichten signifikant häufiger, dass es ihnen schwerfällt, über ihre Erfahrungen zu sprechen (57 % gegenüber 14 % unter Befragten, die über Einsatzerlebnisse sprechen), wollen häufiger Partner oder Familie mit dem Erlebten nicht belasten (47 % gegenüber 8 %), teilen zudem häufiger die Einschätzung, die Erlebnisse mit sich selbst ausmachen zu müssen (56 % gegenüber 11 %), und gehen wesentlich seltener davon aus, dass die Kommunikation über das Erlebte mit positiven Wirkungen für die eigene Person verbunden ist (13 % gegenüber 29 %). Sämtliche Beweggründe für eine vermeidende Kommunikation sind dabei unter jenen Befragten, die die Erlebnisse noch immer als belastend empfinden oder die im Einsatz in Gefechten gestanden haben, stärker ausgeprägt.[206] So findet es mehr als die Hälfte (59 %) der psychisch oder physisch hoch belasteten Befragten (Abschnitt 6.1) schwer, überhaupt mit jemandem über die Einsatzerlebnisse zu sprechen. In der Gruppe der nicht Belasteten ist es hingegen nur jeder Zehnte (16 %), dem die Kommunikation über das Erlebte schwerfällt. (Abschnitt 6.9) Etwa die Hälfte (47 %) der Befragten, die sich noch durch körperliche oder psychische Verletzungen beansprucht fühlen, teilt zudem die Auffassung, die Erlebnisse mit sich selbst ausmachen zu müssen. Hingegen sind es nur 23 Prozent, der nicht Belasteten, die diese Einschätzung teilen. Wie bereits weiter oben ausgeführt, finden sich unter jenen Befragten, die meinen, die Erfahrungen mit sich selbst ausmachen zu müssen, häufiger auch Gefechtserfahrene (31 % gegenüber 21 % unter nicht Gefechtserfahrenen).[207]

Insgesamt weisen die Befunde zu den Kommunikationsstrategien der Befragten auf zwei wesentliche Aspekte: *Erstens* ist die Frage entscheidend, *ob* die Befragten überhaupt mit

---

205 Nach Chi-Quadrat-Test höchst signifikant auf 0,1 Prozent-Niveau.

206 Eine Ausnahme ist die Einschätzung, dass die Kommunikation über Einsatzerlebnisse persönlich hilft. Hier weichen Gefechtserfahrene und nicht Gefechtserfahrene, Belastete und nicht Belastete nicht signifikant voneinander ab.

207 Sämtliche berichteten Zusammenhänge nach Chi-Quadrat-Test höchst signifikant auf 0,1 Prozent-Niveau.

jemandem über ihre Erlebnisse reden. Hierfür haben anscheinend verschiedene Hintergrundfaktoren eine Bedeutung, die in den Daten auch sichtbar werden. Insbesondere Gewalterlebnisse werden von einem Teil des Kontingents als nicht oder allenfalls schwer gegenüber Familie und Partner zu kommunizieren wahrgenommen. Dies kann auch dazu beitragen, dass die Erfahrungswelt des Einsatzes und die Lebenswelt zu Hause gewissermaßen getrennt voneinander gehalten werden bzw. die Überlegung befördert wird, dass man die Erlebnisse am ehesten mit sich selbst ausmachen müsse. Diese Strategie ist häufiger bei Befragten zu beobachten, die die Einsatzerlebnisse noch immer als belastend wahrnehmen.

Zweitens scheint jedoch die Frage, *mit wem* über die Erlebnisse geredet wird, mehr oder weniger rationalen Überlegungen geschuldet zu sein. Hinter dem Motiv, das private Umfeld nicht mit den Erlebnissen des Einsatzes belasten zu wollen, kann ebenfalls die Einschätzung stehen, dass die Erfahrungen des Einsatzes für Außenstehende nur schwer vermittelbar sind. Zwischen Einsatzrückkehrern und Daheimgebliebenen scheint es offensichtlich etwas zu geben, das man ihnen lieber nicht zumutet: die Lebensgefahr, die Angst oder auch das Töten. (Seiffert 2012: 89) Im Interview formulierte ein Soldat des Kontingents dies mit folgenden Worten: „Das versteht hier in Deutschland doch sowieso keiner, was wir da erlebt haben. Mit wem soll ich also darüber reden? Ich glaub, das kann man nur verstehen, wenn man auch dabei gewesen ist."

So wichtig die Kommunikation über das Erlebte im Hinblick auf eine gelingende Integration der Erfahrungen in das Alltagsleben zu Hause auch sein mag, für viele Befragte scheint der Kameradenkreis gegenüber der Familie auch noch drei Jahre später die wichtigere Instanz für den Austausch über die Zeit in Afghanistan zu sein. (Abschnitt 6.2)

Hinweise darauf lassen sich auch in einer Analyse der Häufigkeiten finden, in der die Soldaten und Veteranen drei Jahre später noch in Kontakt zueinanderstehen. Auffallend ist zunächst, dass über das gesamte Kontingent hinweg die Hälfte der Befragten auch noch immer zumindest in gelegentlichem Kontakt mit ehemaligen Kameradinnen und Kameraden sowie damaligen Vorgesetzten aus dem Einsatz steht (51 %). (Abbildung 73) Nur 7 Prozent der Befragten haben nach eigenen Angaben keinen Kontakt mehr zu Kameradinnen und Kameraden aus dem Einsatz. Etwa ein Viertel der Befragten steht hingegen wöchentlich oder alle 2 Wochen (26 %) und weitere 16 Prozent sogar in täglichem Kontakt mit Kameradinnen und Kameraden aus dem Einsatz. (Abbildung 73)

Abbildung 73: Häufigkeit des Kontakts unter Einsatzrückkehrern des Kontingents

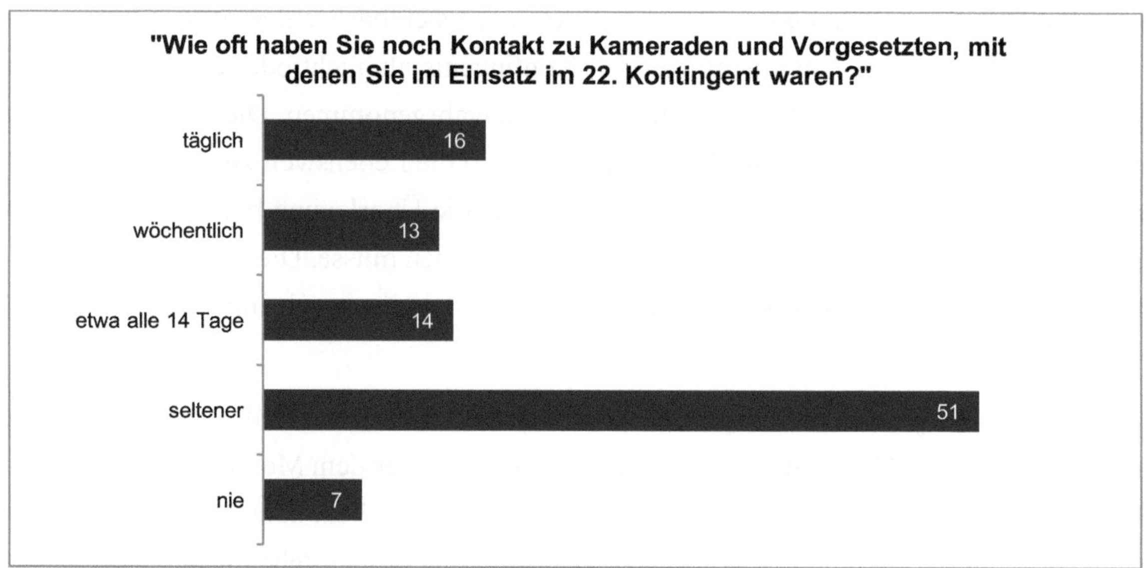

Datenbasis: Befragung des 22. Kontingents ISAF durch das ZMSBw, Dezember 2012 bis März 2013 und Mai bis Oktober 2013. Angaben in Prozent.

Da hier auch die Daten zu den Veteranen berücksichtigt sind, die zumindest nicht mehr dienstlich mit den ehemaligen Kameradinnen und Kameraden des Kontingents zusammentreffen, lohnt eine Differenzierung zwischen (Einsatz-)Soldaten und Veteranen sowie zwischen Gefechtserfahrenen und jenen Befragten ohne diese Erfahrung. Zudem wurde für die folgende Darstellung eine Trennlinie gezogen, die aussagt, ob Befragte ihre ehemaligen Kameradinnen und Kameraden des Kontingents sowie ihre damaligen Vorgesetzten häufiger oder seltener als alle zwei Wochen sehen oder sprechen.

Im Ergebnis ist Zweierlei zu beobachten (Abbildung 74): Erstens haben Veteranen erwartungsgemäß wesentlich seltener Kontakt zu ehemaligen Kameraden des Kontingents als (Einsatz-)Soldaten (im Durchschnitt stehen 48 % der Soldaten, aber nur 27 % der Veteranen alle zwei Wochen oder häufiger in Kontakt mit ihren ehemaligen Kameraden aus dem Einsatz). Zweitens wird jedoch deutlich, dass in *beiden* Gruppen gefechtserfahrene Befragte wesentlich häufiger mit ihren Kameradinnen und Kameraden aus dem Einsatz noch in Kontakt stehen als Befragte ohne diese Erfahrung. Unter Soldaten haben nach eigenen Angaben 68 Prozent der Gefechtserfahrenen mindestens alle zwei Wochen Kontakt mit ehemaligen Kameraden des Kontingents im Vergleich zu 43 Prozent unter jenen ohne Gefechtserfahrung. Unter gefechtserfahrenen Veteranen belaufen sich die entsprechenden Anteile auf 40 Prozent, die noch regelmäßige Kontakte zu Kameraden aus dem Einsatz haben gegenüber 19 Prozent unter Veteranen ohne Gefechtserfahrung.

Abbildung 74: Häufigkeit des Kontakts unter Einsatzrückkehrern im Vergleich zwischen (Einsatz-)Soldaten und Veteranen sowie Gefechtserfahrenen und nicht Gefechtserfahrenen

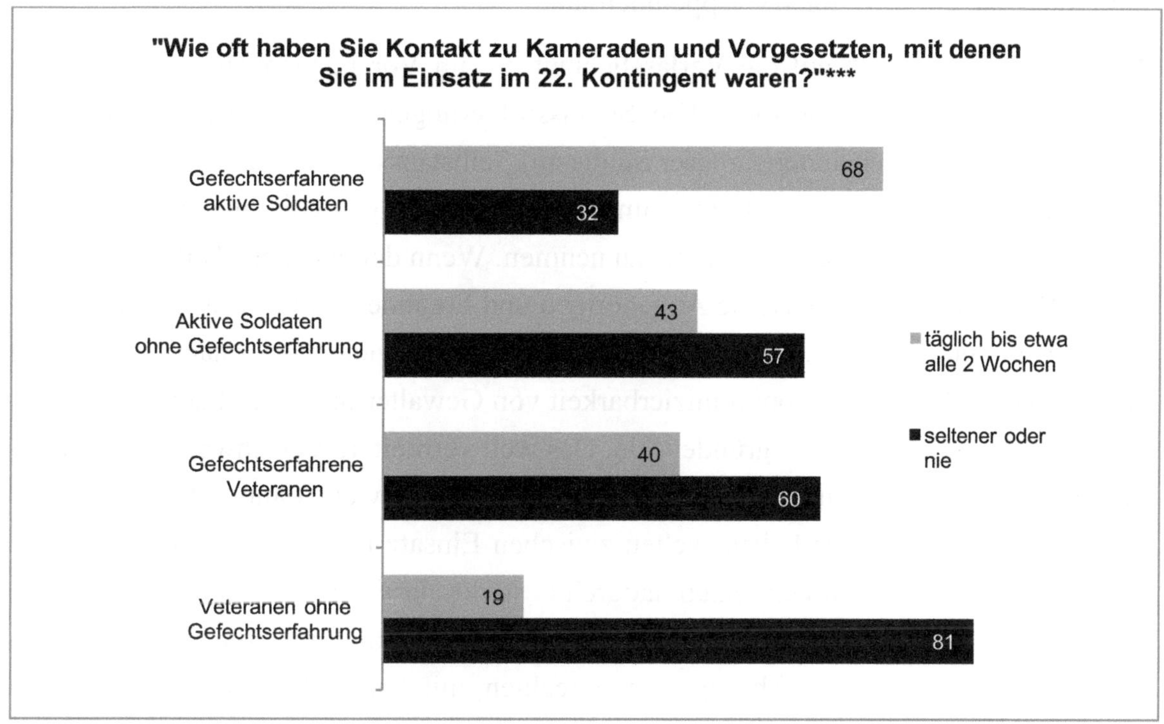

Anmerkungen: ***=höchst signifikant auf 0,1 %-Niveau. Signifikanz nach Chi-Quadrat. Datenbasis: Befragung des 22. Kontingents ISAF durch das ZMSBw, Dezember 2012 bis März 2013 und Mai bis Oktober 2013. Angaben in Prozent.

Demnach stehen gefechtserfahrene Befragte auch noch drei Jahre nach der Rückkehr wesentlich häufiger untereinander in Kontakt als Befragte ohne diese Erfahrung. Dieser Befund ist unabhängig davon, ob die Befragten noch aktiv in der Bundeswehr dienen oder ob sie bereits aus dem Dienst ausgeschieden sind. Weitergehende Analysen zeigen zudem, dass dieser Effekt ebenfalls unabhängig ist vom Alter, der Dienstgradgruppezugehörigkeit, dem Beziehungsstatus und weiteren möglichen Einflussfaktoren.

Hierbei muss allerdings berücksichtigt werden, dass Gefechtserfahrungen nur ein Indikator für bestimmte Erfahrungswelten im Einsatz sind. (Seiffert 2013; Abschnitt 5.3) Anzunehmen ist, dass nicht nur die Gefechtserfahrung an sich einen besonderen Zusammenhalt innerhalb des Kameradenkreises begründet, sondern die Zugehörigkeit zu bestimmten Teileinheiten des Kontingents, die besonders häufig an Gefechtshandlungen im Einsatz beteiligt waren, mit einzubeziehen sind. Häufiger von Gefechtssituationen betroffen waren vor allem jene Einheiten, die im Einsatz mit dem 22. Kontingent frei in der Fläche in Außenposten oder im Raum Kunduz eingesetzt waren. (Abschnitt 5.3) Darunter befanden sich überwiegend Angehörige aus Kampfeinheiten der Bundeswehr, etwa Fallschirmjäger, Gebirgsjäger oder Panzergrenadiere, in denen ein enger Zusammenhalt in den militärischen Einheiten von vornherein eine wesentliche Bedeutung für die Gruppenidentität hat. Anzunehmen sind daher Wechselwirkungen zwischen Faktoren, die in Zusammenhang stehen mit der engen Verbundenheit untereinander, den im Einsatz gemachten Erfahrungen und der jeweiligen Gruppenidentität.

Abschließend soll noch auf die Verlässlichkeit der im Vorangegangenen dargestellten Ergebnisse hingewiesen werden: Die Schlussfolgerungen dieses Abschnitts beruhen ebenso wie die meisten anderen dieser Studie auf Selbstaussagen der Soldaten und Veteranen des 22. Kontingents ISAF. Dies impliziert, die Aussagen von ihnen auch als Ausdruck ihrer Lebenswirklichkeiten ernst zu nehmen. Wenn demnach ein Teil der in dieser Studie Befragten aussagt, dass sie Angehörigen und Freunden ihre Einsatzerlebnisse lieber nicht zumuten wollen, dann ist davon auszugehen, dass viele hierfür nachvollziehbare Gründe haben. Die Nicht-Kommunizierbarkeit von Gewalterfahrungen kann im Charakter dieser Erlebnisse selbst begründet sein. Das weit verbreitete Verschweigen dieser Erfahrungen gegenüber Familien, Partnern und Freunden verweist dann auf eine wahrgenommene Diskrepanz der Lebenswelten zwischen Einsatz und Heimat. (Seiffert 2012: 89) Diese Annahme wird zum einen dadurch bestärkt, dass die Befragten untereinander viel häufiger über das im Einsatz Erlebte kommunizieren als mit ihren Familien. Zum anderen sind es häufiger Erfahrungen in Gefechten, mit Tod und Verwundung, die Angehörigen vorenthalten werden. Das bedeutet jedoch nicht, dass die Betroffenen ihre Erlebnisse überwiegend nicht kommunizieren. Die Kommunikation findet jedoch häufiger ausschließlich im Kameradenkreis statt. Der Kontakt mit den Kameradinnen und Kameraden aus dem Einsatz hat folglich für die Aufarbeitung von Gewalterfahrungen des Einsatzes wesentliche Bedeutung. Dies zeigt sich auch in einer engen Verbundenheit und Solidarität unter den Einheiten, die auch noch lange nach dem Einsatz Bestand haben können. (Seiffert 2015: 323; Abschnitt 6.2) Im Besonderen gilt dies für Gefechtserfahrene, die häufiger auch noch fast drei Jahre nach der Rückkehr enge soziale Kontakte zu ihren Kameradinnen und Kameraden aus dem Einsatz aufrechterhalten. Daneben aber gibt es noch immer eine Teilgruppe, der es auch noch fast drei Jahre später schwerfällt, überhaupt mit jemandem über das im Einsatz Erlebte zu sprechen und die noch immer erheblich unter dem Erlebten leidet.

6.12 „Das ist eine ganz andere Welt." – Integration von Einsatzerfahrungen in den Dienst und Auswirkungen des Einsatzes auf die berufliche Entwicklung

Die unterschiedliche „Welten-Wahrnehmung" (Seiffert 2012: 96) zwischen Einsatz und Heimat, die in den vorherigen Befunden deutlich wurde, bleibt nicht nur auf das private Alltagsleben zu Hause in Deutschland begrenzt, sondern setzt sich im Eindruck vieler (Einsatz-)Soldaten und Veteranen fort, dass sich auch der Dienst am Standort von den

Aus der Einsatzrealität zurück in den Alltag. Vielen kommt dies wie ein Leben zwischen den Welten vor. *Bundeswehr/Martin Stollberg*

Erfahrungswelten des Einsatzes deutlich unterscheidet. (Seiffert 2012: 88 und 2013: 17) In der Militärsoziologie wird diese Erfahrungsdifferenz mit „kalten“ und „heißen“ Organisationsphasen von Streitkräften umschrieben. (Soeters 2006: 246) Im Kern dreht es sich um unterschiedliche Lebenswelten, in denen sich Soldatinnen und Soldaten zwischen Einsatz und Dienst am Standort bewegen und in denen sie mit ganz unterschiedlichen Anforderungen an Handlungs- und Verhaltensweisen konfrontiert werden können. (Abschnitt 5.3 und 5.4)

In sogenannten „heißen“ Phasen im Auslandseinsatz sind sie über Monate in den Kreis ihrer Kameradinnen und Kameraden eingebunden; müssen mit einer Vielzahl unterschiedlicher Akteure sowie unübersichtlichen Konfliktsituationen zurechtkommen, die im Extremfall mit existenziellen Gefahren für das eigene wie das Leben anderer verbunden sind. (Abschnitt 5.3 und 5.4) „Das fordert zumal von Vorgesetzten Flexibilität, Selbständigkeit, Risikobereitschaft und Verantwortlichkeit sowie die Fähigkeit, die Folgen des eigenen Handelns auch in ethisch schwierigen Entscheidungssituationen angemessen beurteilen zu können.“[208] (Seiffert 2012: 81) Wieder zu Hause ändern sich die Konstellationen.

In sogenannten „kalten“ Phasen der Organisation werden in der Regel ganz andere Fähigkeiten der Anpassungs- und Unterordnungsbereitschaft erwartet. Im Dienstalltag am Heimatstandort dominieren meist Routinen, die von Berechenbarkeit und Beständigkeit geprägt sind und die sich in ihrer Regelungsdichte wenig vom Arbeitsalltag in anderen öffentlichen Verwaltungen unterscheiden dürften. Im Interview nach dem Einsatz formulierte ein Soldat des Kontingents dies pointiert mit den Worten: „Und dann geht es auf einmal wieder um die Parkplatzordnung“.

Das kann für alle Seiten herausfordernd sein. In den Befunden zum Belastungsempfinden der Befragten wurde das deutlich: Die allgemeinen Rahmenbedingungen und die Bürokratie im Dienstalltag am Heimatstandort stellten für die Befragten sowohl unmittelbar nach der Rückkehr aus dem Einsatz als auch drei Jahre später den mit Abstand größten Belastungsfaktor dar. (Abschnitt 6.1) Besonders in der Zeit direkt nach dem Einsatz kann der Dienstbetrieb am Heimatstandort für Einsatzrückkehrer so zur Herausforderung werden. Sie müssen sich erst wieder in die alltäglichen Routinen des Grundbetriebs einfinden. Auch die neu erworbenen Wertvorstellungen und Verhaltensweisen, die sie im Einsatz kennen und schätzen gelernt haben, müssen in den Dienstalltag integriert werden, wenn

---

[208] Siehe ausführlicher zum Anforderungsprofil an Soldatinnen und Soldaten in komplexen Einsatzszenarien, in denen das Aufgabenspektrum von Kampfaufgaben bis hin zu Stabilisierungs- und Ausbildungsaufgaben reichen kann, Seiffert (2012) sowie Abschnitt 5.3 und 5.4 der vorliegenden Studie.

es nicht zu Frustration oder Enttäuschung kommen soll und die neu gewonnenen Kenntnisse und Fähigkeiten zudem nachhaltig für die Organisation genutzt werden sollen. Für Einsatzrückkehrer, die die Bundeswehr bereits kurz nach dem Einsatz verlassen, kann das Einfinden in das neue berufliche Umfeld noch herausfordernder sein, wie die Befunde des vorherigen Abschnitts zur Bedeutung der militärischen Bezugsgruppe für die Aufarbeitung von Gewalterfahrungen des Einsatzes deutlich machen. (Abschnitt 6.11)

Während wir mit der Studie *ISAF 2010* Erkenntnisse zur Herausbildung spezifischer Erfahrungswelten und kultureller Praktiken im ISAF-Einsatz vorgelegt haben (Abschnitt 5.3 und 5.4 sowie Seiffert 2016a; 2016b; 2015; 2014; 2013; Seiffert/Langer/Pietsch 2012, Seiffert et al. 2010b), ist bislang wenig darüber bekannt, wie Einsatzrückkehrern die Wiedereingliederung in das dienstliche Umfeld nach der Rückkehr gelingt bzw. wie Einsatzerfahrungen in die Bundeswehr als Organisation integriert werden. Aspekte von Organisationskultur umfassen Führungskultur, Umgang mit Kritik und Fehlern, Dienstklima, Regelungsdichte, Kameradschaft und Teamwork. (Schreyögg 2008: 365)

Im Folgenden soll erstens untersucht werden, wie die noch im Dienst befindlichen ebenso wie die aus der Bundeswehr mittlerweile ausgeschiedenen Soldatinnen und Soldaten des 22. Kontingents ISAF aus ihrer Sicht drei Jahre später die Wiedereingliederung in das dienstliche Umfeld nach dem Einsatz gelungen ist, wie sie die Möglichkeiten einschätzen, ihre im Einsatz erworbenen Kompetenzen und Fähigkeiten in den Dienstalltag am Heimatstandort einbringen zu können, und wie sie die Kameradschaft und Zusammenarbeit in ihrer gegenwärtigen bzw. für Veteranen ihrer letzten Teileinheit, der sie in ihrer aktiven Bundeswehrzeit angehörten, wahrnehmen. Zweitens soll untersucht werden, wie sich die Einsatzteilnahme aus Sicht der Soldaten und Veteranen auf das weitere berufliche Fortkommen ausgewirkt hat.

In der Befragung drei Jahre nach der Rückkehr aus dem Einsatz wurden die Soldaten und Veteranen zunächst gebeten, allgemein zu bewerten, wie sich im Rückblick auf die vergangenen drei Jahre die Einsatzteilnahme aus ihrer Sicht auf ihre weitere berufliche Entwicklung ausgewirkt hat. (Abbildung 75) Insgesamt zeigt sich ein differenzierter Befund: Fast die Hälfte (48 %) der Befragten teilt die Einschätzung, dass die Teilnahme am Einsatz sie beruflich nicht weitergebracht habe. Lediglich ein Viertel (25 %) der Befragten gibt an, dass die Einsatzteilnahme zu einer Verbesserung der Karriereaussichten beigetragen hat. Die Mehrzahl (55 %) lehnt diese Aussage explizit ab. Es zeigt sich somit ein beachtlicher Befund: Der Einsatz hat aus Sicht vieler Soldaten und Veteranen zwar zu einer Erweiterung persönlicher, interkultureller und militärischer Fähigkeiten und Kenntnisse beigetragen (Abschnitt 6.2 und 6.8), die zudem meist positiv eingeschätzt werden, für das berufliche Fortkommen in der Bundeswehr ist die Einsatzteilnahme aber offenbar eher folgenlos geblieben.

Abbildung 75: Auswirkungen des Einsatzes auf die berufliche Entwicklung und Integration von Einsatzerfahrungen in den Dienstalltag für Einsatzrückkehrer des Kontingents

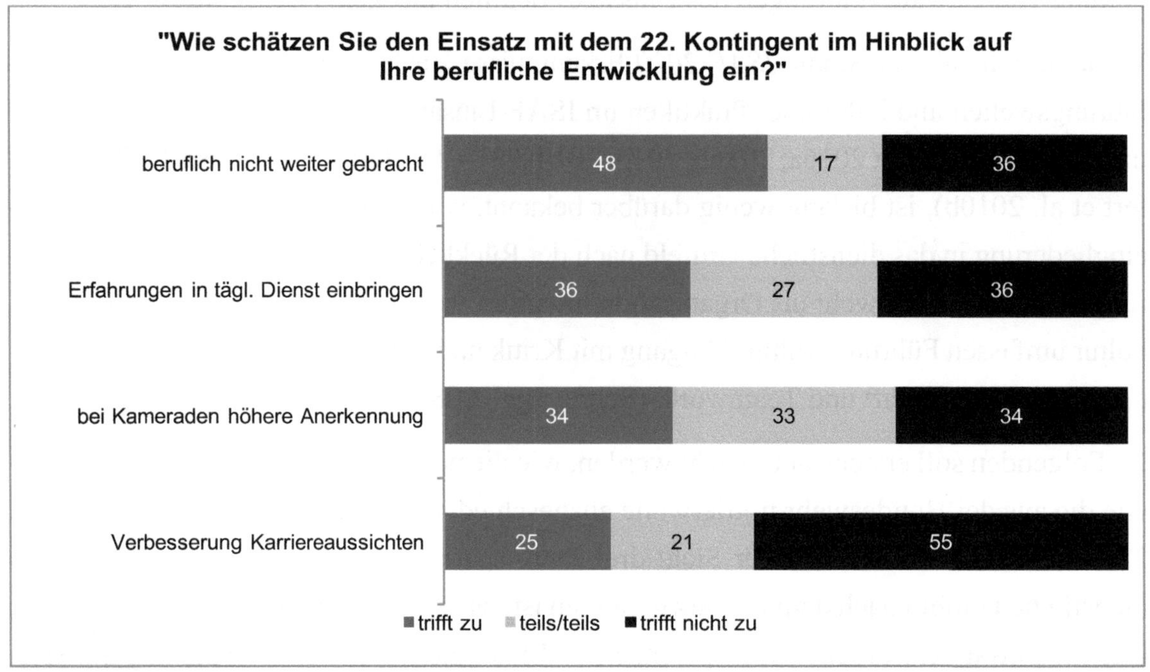

Datenbasis: Befragung des 22. Kontingents ISAF durch das ZMSBw, Dezember 2012 bis März 2013 und Mai bis Oktober 2013. Angaben in Prozent.

Auch mit Blick auf die Integration ihrer Erfahrungen in den täglichen Dienst am Standort kommen die Angehörigen des Kontingents zu einem eher gemischten Urteil. (Abbildung 75) Etwa ein Drittel (36 %) der Befragten meint, die im Einsatz gemachten Erfahrungen gut in den Dienstalltag einbringen zu können. Weitere 27 Prozent sind in dieser Frage unentschieden. Dagegen lehnt ein anderes Drittel (36 %) diese Aussage ab. Ein ganz ähnliches Antwortmuster zeigt sich im Hinblick auf die empfundene Anerkennung im Kameradenkreis für das im Einsatz Geleistete. Etwa ein Drittel (34 %) der Befragten meint, die Erfahrungen des Einsatzes hätten zu einer höheren persönlichen Wertschätzung bei Kameradinnen und Kameraden beigetragen. Ein weiteres Drittel (33 %) ist geteilter Meinung. Ein anderes Drittel (34 %) glaubt hingegen nicht, durch die im Einsatz mit dem 22. Kontingent ISAF gemachten Erfahrungen höhere Anerkennung bei Kameradinnen und Kameraden zu finden. (Abbildung 75)

Diese Befunde sind erstaunlich stabil. Relevante statistische Abweichungen in diesen Einschätzungen lassen sich weder zwischen verschiedenen Alters- und Dienstgradgruppen noch zwischen unterschiedlichen Tätigkeits- und Organisationsbereichen, denen die

Befragten im Einsatz angehörten, beobachten. Signifikante Unterschiede zeigen sich nur zwischen Soldaten und Veteranen[209] des Kontingents. Veteranen teilen signifikant häufiger als Soldaten die Einschätzung, dass die Einsatzteilnahme sie beruflich nicht weitergebracht hat (56 % gegenüber 44 % Soldaten).[210] Wesentlich seltener haben sie auch den Eindruck, ihre Einsatzerfahrungen in den zivilen Berufsalltag gut einbringen zu können (18 % gegenüber 44 % Soldaten).[211] Diese Differenz dürfte vor allem mit einer durch den Einsatz real verbundenen Erweiterung militärischer Kenntnisse und Fähigkeiten in Zusammenhang stehen, die im zivilen Berufsleben indes eine geringere Rolle spielen dürften.

Es lohnt daher ein genauerer Blick auf die Befragungsergebnisse ausschließlich für den Anteil der noch aktiven Soldatinnen und Soldaten des Kontingents. Bemerkenswerterweise lassen sich auch in dieser Analyse keine statistisch bedeutsamen Differenzen zwischen verschiedenen Gruppen beobachten. Eine Ausnahme stellen lediglich gefechtserfahrene Soldaten dar. Sie beurteilen die Integration ihrer im Einsatz gemachten Erfahrungen in den täglichen Dienst am Standort positiver als gefechtsunerfahrene Soldaten. (Abbildung 76) Während eine Mehrzahl (57 %) der gefechtserfahrenen Soldaten die Einschätzung teilt, die Erfahrungen des Einsatzes gut in den Dienstalltag einbringen zu können, ist diese Einschätzung in der Vergleichsgruppe der Soldaten ohne diese Erfahrung deutlich seltener (40 %) vertreten. (Abbildung 76) Auch die Anerkennung ihrer Erfahrungen im Kameradenkreis nehmen gefechtserfahrene Soldaten positiver wahr als Gefechtsunerfahrene. Fast jeder zweite (46 %) gefechtserfahrene Soldat hat den Eindruck, aufgrund seiner im Einsatz gemachten Erfahrungen höhere persönliche Anerkennung im Kameradenkreis zu finden. Dies trifft hingegen nur auf ein Drittel (34 %) der Soldaten ohne diese Erfahrung zu. Die Auswirkungen der Einsatzteilnahme auf die weitere berufliche Entwicklung werden dagegen von gefechtserfahrenen Soldaten ähnlich gering eingeschätzt wie von gefechtsunerfahrenen Soldaten. In beiden Gruppen (46 % bzw. 43 %) teilt fast die Hälfte die Bewertung, dass die Teilnahme am Einsatz nicht zum beruflichen Fortkommen in der Bundeswehr beigetragen habe. Auch sind weniger als jeweils ein Drittel (29 % bzw. 27 %) in beiden Gruppen der Auffassung, dass die Teilnahme am Einsatz zu einer Verbesserung der Karriereaussichten in der Bundeswehr geführt hat.

---

209 An dieser Stelle sei nochmals darauf hingewiesen, dass in der gewichteten Stichprobe 70 Prozent des Kontingents zum Zeitpunkt der Wiederholungsbefragung noch im aktiven Dienst bei der Bundeswehr waren, während 30 Prozent der Kontingentangehörigen mittlerweile aus der Bundeswehr ausgeschieden waren (Abschnitt 5.1). Sie werden in dieser Studie als Veteranen verstanden (Abschnitt 1).

210 Nach Chi-Quadrat-Test hoch signifikant auf 1 Prozent-Niveau.

211 Nach Chi-Quadrat-Test höchst signifikant auf 0,1 Prozent-Niveau.

Abbildung 76: Auswirkungen des Einsatzes auf die berufliche Entwicklung und Integration von Einsatzerfahrungen in den Dienstalltag differenziert nach Gefechtserfahrung (Nur (Einsatz-)Soldaten)

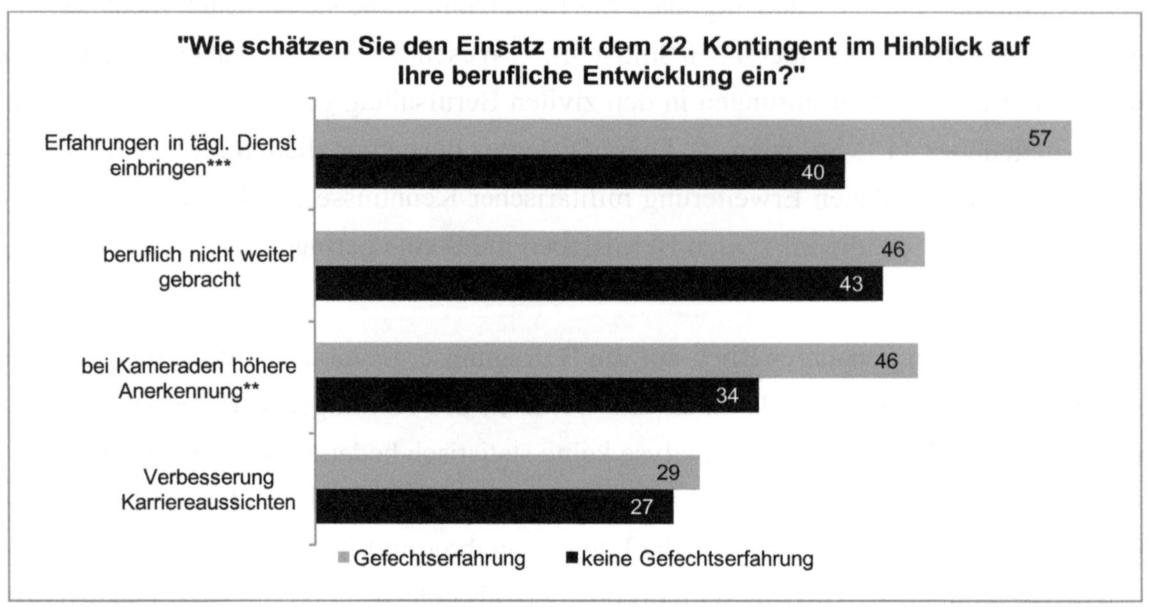

Anmerkungen: ***=höchst signifikant auf 0,1 %-Niveau; **=hoch signifikant auf 1 %-Niveau. Signifikanz nach Chi-Quadrat. Datenbasis: Befragung des 22. Kontingents ISAF durch das ZMSBw, Dezember 2012 bis März 2013 und Mai bis Oktober 2013. Angaben in Prozent.

Insgesamt kann an dieser Stelle zunächst festgehalten werden, dass die Angehörigen des Kontingents die Möglichkeiten, ihre im Einsatz erworbenen Fähigkeiten und Kenntnisse in den täglichen Dienst am Standort einbringen zu können, eher gemischt bewerten. Eine Ausnahme stellen gefechtserfahrene Soldaten dar. Sie beurteilen die Integration ihrer Erfahrungen in den täglichen Dienst am Standort mehrheitlich positiv. Wesentlich häufiger haben sie auch den Eindruck, aufgrund ihrer im Einsatz gemachten Erfahrungen höhere Anerkennung bei Kameradinnen und Kameraden zu finden. Die Auswirkungen des Einsatzes auf das berufliche Fortkommen in der Bundeswehr werden dagegen von ihnen ähnlich skeptisch eingeschätzt wie von gefechtsunerfahrenen Soldaten. Aus Sicht vieler Befragten ist die Teilnahme am Einsatz im 22. Kontingent ISAF folgenlos für die weitere Karriere in der Bundeswehr geblieben.

Wie aber ist den Angehörigen des Kontingents die Wiedereingliederung in das dienstliche Umfeld nach der Rückkehr aus dem Einsatz gelungen? Für eine Antwort auf diese Frage, wurden die (Einsatz-)Soldaten und Veteranen in der Wiederholungsbefragung gebeten, jeweils zu beurteilen, inwieweit verschiedene Aussagen zur Führungs- und Organisationskultur[212] auf die eigene Teileinheit, der sie zum Zeitpunkt der Befragung drei Jahre nach dem Einsatz angehören bzw. für Veteranen der letzten Teileinheit, der sie vor ihrem Ausscheiden aus der Bundeswehr angehörten, zutreffen.

Abbildung 77: Wahrgenommene Führung, Zusammenarbeit und Anerkennung in der Teileinheit am Standort

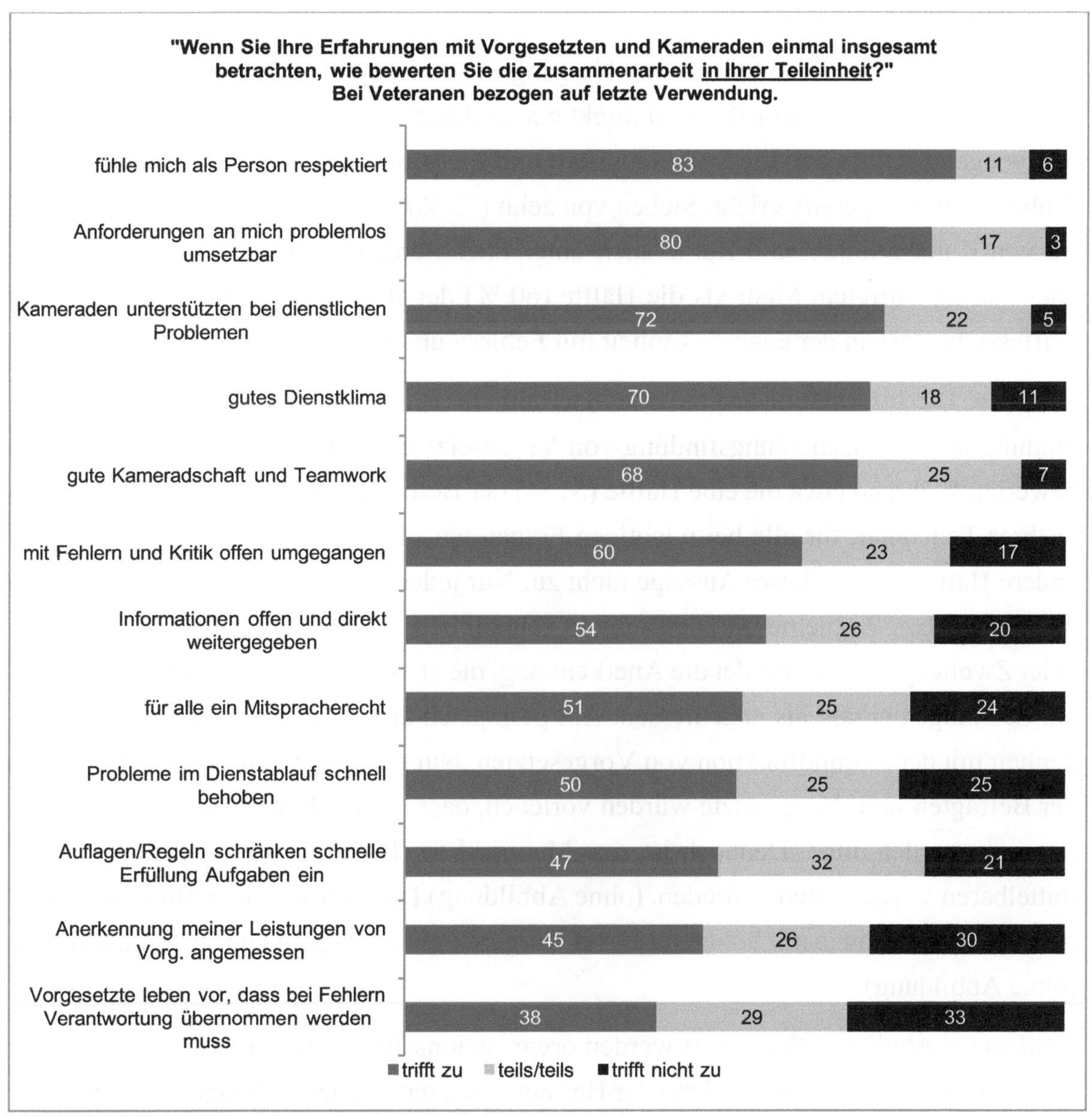

Datenbasis: Befragung des 22. Kontingents ISAF durch das ZMSBw, Dezember 2012 bis März 2013 und Mai bis Oktober 2013. Angaben in Prozent.

[212] In Anlehnung an die Kurzskala zur Erfassung der Unternehmenskultur (KuK) von Jöns/Hödapp/Weiss (2005) wurde die Organisationskultur in dieser Studie mit verschiedenen Items, die die vier Dimensionen Anerkennung, Zusammenarbeit, Führung und Struktur abbilden, erfasst.

Der Befund ist auf den ersten Blick bemerkenswert positiv; dies gilt jedoch stärker für die horizontale und weniger für die vertikale Interaktion in den Einheiten: (Abbildung 77)

Anerkennung/Leistung: Die große Mehrzahl der Befragten fühlt sich in der eigenen Teileinheit am Standort als Person anerkannt (83 %) und kommt mit den an sie gestellten dienstlichen Anforderungen überwiegend gut zurecht (80 %). Nur ein Teil sieht sich persönlich in seiner Einheit nicht voll respektiert (17 %) oder fühlt sich (20 %) durch dienstliche Anforderungen überlastet.

Zusammenarbeit/Kameradschaft: Der Umgang in den Einheiten untereinander wird von den Befragten zumeist als offen und direkt eingeschätzt. So wird das Dienstklima (70 %) überwiegend positiv und die Kameradschaft und Zusammenarbeit (68 %) in den meisten Einheiten als kooperativ erlebt. Sieben von zehn (72 %) Befragten geben zudem an, dass sie von Kameradinnen und Kameraden unterstützt werden, wenn einmal Probleme im Dienstalltag auftreten. Mehr als die Hälfte (60 %) der Befragten ist darüber hinaus der Auffassung, dass in der eigenen Einheit mit Fehlern und Kritik offen umgegangen wird.

Führung: Die Informationsweitergabe innerhalb der Einheiten am Standort und die Einbindung in die Entscheidungsfindung von Vorgesetzten werden dagegen eher gemischt bewertet. Während etwa die eine Hälfte (51 %) der Befragten die Ansicht vertritt, dass es in ihrer Teileinheit für alle bei wichtigen Fragen ein Mitspracherecht gibt, stimmt eine andere Hälfte (49 %) dieser Aussage nicht zu. Nur jeder Zweite (50 %) ist zudem davon überzeugt, dass Probleme im Dienstablauf schnell behoben werden. Ebenfalls nur etwa jeder Zweite (45 %) empfindet die Anerkennung, die er von Vorgesetzten für die erbrachten Leistungen erhält, als angemessen. Am geringsten ausgeprägt, ist jedoch die Zufriedenheit mit der Vorbildfunktion von Vorgesetzten. Nur etwas mehr als ein Drittel (38 %) der Befragten sagt, Vorgesetzte würden vorleben, dass bei Fehlern Verantwortung übernommen werden muss. Dennoch ist eine Mehrzahl der Befragten (57 %) mit ihrem unmittelbaren Vorgesetzten zufrieden. (ohne Abbildung) Die Zufriedenheit mit dem nächsthöheren (50 %) sowie mit höheren (38 %) Vorgesetzten ist dagegen geringer ausgeprägt. (ohne Abbildung)

Strukturen: Ähnlich differenziert werden organisationsstrukturelle Aspekte wahrgenommen. So gibt fast die Hälfte (47 %) der Befragten an, dass viele Auflagen und Regeln die schnelle Erfüllung der Aufgaben oft einschränken würden. Ein weiteres Drittel (31 %) teilt diese Einschätzung teilweise. Dagegen lehnt ein Fünftel (21 %) diese Aussage explizit ab. (Abbildung 77)

Bemerkenswert ist, dass auch diese Werte relativ gleichmäßig über die Gruppe der Befragten verteilt sind. Das Antwortverhalten unterscheidet sich maßgeblich weder nach

Alter und Dienstgrad, noch nach Tätigkeits- und Organisationsbereichen, denen die Befragten im Einsatz angehörten. Auch lassen sich zwischen unterschiedlichen Aufgabenbereichen keine Abweichungen in den Einschätzungen beobachten. Vorhandene Gefechtserfahrungen haben ebenfalls keinen relevanten Einfluss darauf, wie die Befragten die Führungs- und Organisationskultur in ihrer Einheit am Standort einschätzen.

Auffallend ist jedoch, dass die Identifikation mit dem Einsatz im 22. Kontingent ISAF das Urteil der Befragten über die Zusammenarbeit mit Vorgesetzten und Kameraden in den Einheiten am Standort entscheidend beeinflusst. Dies trifft jedoch nicht auf sämtliche organisationskulturelle Aspekte zu, sondern vor allem auf die empfundene Anerkennung von Vorgesetzten sowie den Umgang mit dienstlichen Problemen. Befragte, die sich auch noch drei Jahre später mit dem Einsatz im 22. Kontingent ISAF stark identifizieren, sind nicht nur zufriedener mit der erfahrenen Anerkennung durch Vorgesetzte (48 % gegenüber 34 % in der Vergleichsgruppe, die sich weniger mit dem Einsatz identifizieren), sondern auch mit dem Respekt, der ihnen als Person in ihrer Einheit am Standort entgegengebracht wird (85 % gegenüber 74 %), der Unterstützung durch Kameraden (75 % gegenüber 60 %) sowie im Allgemeinen mit der Art und Weise wie Probleme im Dienstablauf behoben werden (53 % gegenüber 39 %).

Es bestehen darüber hinaus bedeutsame Zusammenhänge zwischen der wahrgenommenen Führungs- und Organisationskultur am Standort und der soldatischen Motivation. Die erlebte Zusammenarbeit mit Vorgesetzten und Kameraden in der eigenen Teileinheit stellt sich in den weiteren Analysen neben der empfundenen Identifikation mit dem Einsatz im 22. Kontingent ISAF als wesentlicher Einflussfaktor dafür heraus, wie motiviert die Befragten im Dienst sind. So weisen Befragte, die die Einschätzung teilen, dass Probleme im Dienstablauf schnell behoben werden (58 % hohe Motivation gegenüber 38 % für Befragte, die dies seltener sagen), die gute Kameradschaft und gutes Teamwork (75 % hohe Motivation gegenüber 54 % für die Vergleichsgruppe) sowie ein gutes Dienstklima (76 % hohe Motivation gegenüber 58 %) am Standort erleben und die sich in ihren Einheiten als Person respektiert fühlen (89 % hohe Dienstmotivation gegenüber 72 %, die sich weniger respektiert fühlen), eine wesentlich höhere soldatische Motivation auf als Befragte, die die Führungs- und Organisationskultur am Standort weniger reibungslos und kooperativ wahrnehmen. Organisationsstrukturelle Aspekte haben dagegen keinen relevanten Einfluss auf die soldatische Motivation der Befragten. (Abschnitt 6.13)

Die wahrgenommene Führungs- und Organisationskultur ist zudem eng mit der Identifikation mit dem Soldatenberuf sowie der Bindung an die Bundeswehr verbunden.[213] In

[213] Nach Chi-Quadrat-Test höchst signifikant auf 0,1 Prozent-Niveau.

einem Überblick über das Commitment[214] gegenüber der Bundeswehr zeigt sich ein insgesamt positiver Befund für die Soldaten und Veteranen des Kontingents. (Abbildung 78)

Abbildung 78: Bindung an die Bundeswehr und Identifikation mit dem Soldatenberuf im Vergleich zwischen (Einsatz-)Soldaten und Veteranen des Kontingents

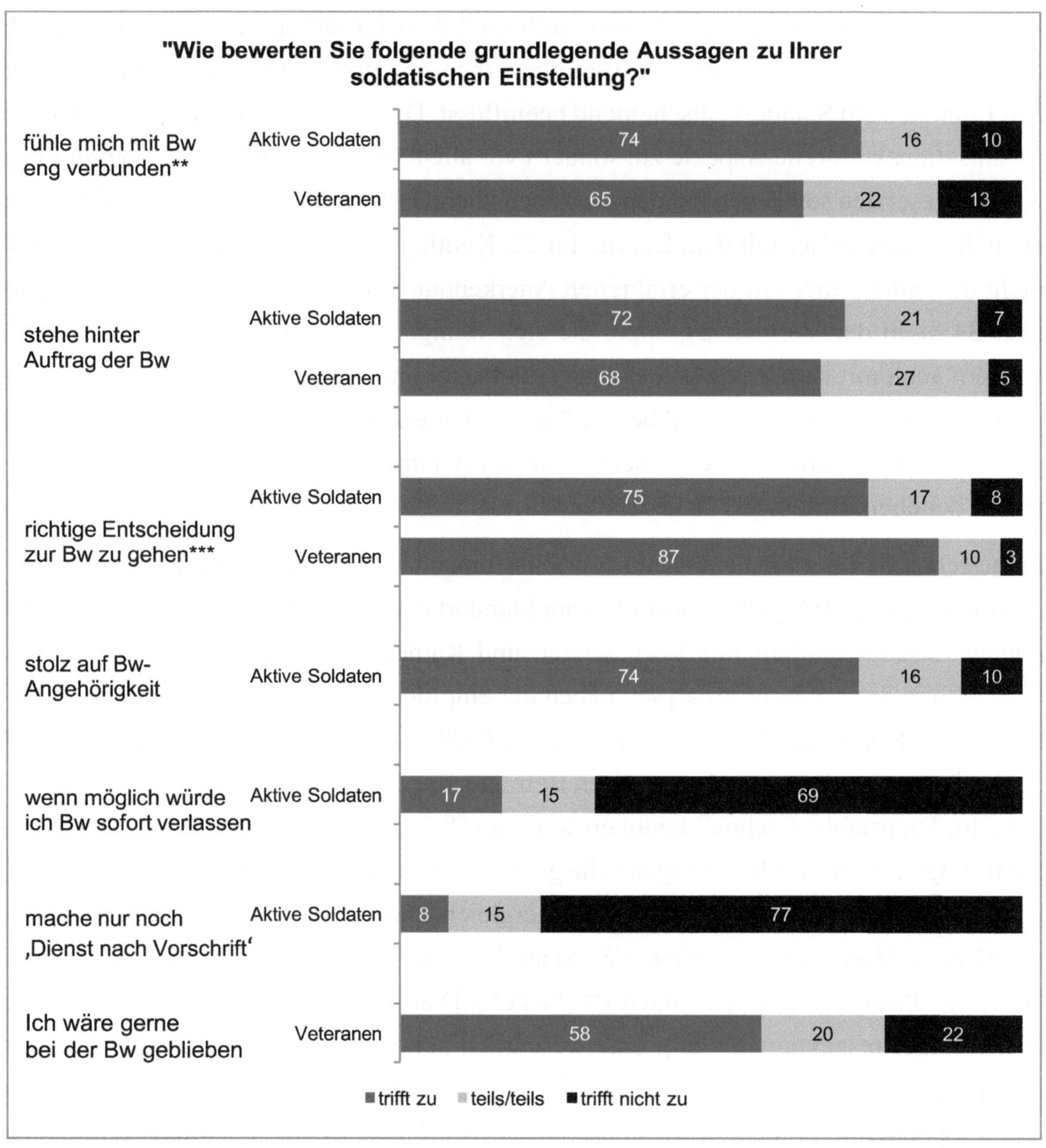

Anmerkungen: ***=höchst signifikant auf 0,1 %-Niveau; **=hoch signifikant auf 1 %-Niveau. Signifikanz nach Chi-Quadrat. Datenbasis: Befragung des 22. Kontingents ISAF durch das ZMSBw, Dezember 2012 bis März 2013 und Mai bis Oktober 2013. Angaben in Prozent.

---

[214] Unter Commitment wird im engeren Sinne die Verbundenheit, Zugehörigkeit und Identifikation verstanden, die Angehörige zu ihrer Organisation empfinden (Neurohr/Jöns 2004).

Eine Mehrzahl der Befragten steht der Bundeswehr loyal gegenüber: So fühlen sich 74 Prozent der Soldaten bzw. 65 Prozent der Veteranen eng mit der Bundeswehr verbunden. Ähnlich viele Befragte (72 % Soldaten bzw. 68 % Veteranen) identifizieren sich mit dem Auftrag der Bundeswehr. Ein Viertel (21 % Soldaten bzw. 27 % Veteranen) ist geteilter Meinung und nur eine Minderheit von 7 Prozent der Soldaten bzw. 5 Prozent der Veteranen identifiziert sich nicht mit dem Auftrag. Drei Viertel (74 %) der (Einsatz-)Soldaten sind zudem stolz darauf, Soldat der Bundeswehr zu sein. Ein Großteil steht auch noch immer hinter der Entscheidung, die Soldatenlaufbahn eingeschlagen zu haben. Das sagen 75 Prozent der Soldaten und sogar 87 Prozent der Veteranen. Mehrheitlich wären die Veteranen (58 %) auch gerne bei der Bundeswehr geblieben. Lediglich 22 Prozent der Veteranen lehnen diese Aussage ab. Die im Schnitt hohe Identifikation mit dem Soldatenberuf, die sich in diesen Daten ausdrückt, spiegelt sich in einem geringen Anteil von 8 Prozent der Soldaten wider, die angeben, nur noch ‚Dienst nach Vorschrift' zu machen. Dennoch würden 17 Prozent der (Einsatz-)Soldaten, wenn möglich, die Bundeswehr am liebsten sofort verlassen. Die meisten (69 %) schließen dies für sich persönlich aber aus. (Abbildung 78)

Anzunehmen sind weitere Faktoren, die das Commitment der Befragten gegenüber der Bundeswehr beeinflussen. Bemerkenswert ist jedoch, dass die Identifikation mit dem Einsatz im 22. Kontingent ISAF neben der soldatischen Motivation und dem täglichen Miteinander in den Einheiten auch noch drei Jahre später ein wesentlicher Faktor dafür ist, wie stark sich die Angehörigen des Kontingents mit dem Soldatenberuf identifizieren und wie eng sie sich mit der Bundeswehr verbunden fühlen. Auszugehen ist dabei von Wechselwirkungen zwischen diesen Faktoren. In der Abbildung 79 ist für die (Einsatz-)Soldaten und Veteranen exemplarisch dargestellt, wie die wahrgenommene Führungs- und Organisationskultur in den Einheiten am Standort mit dem Commitment gegenüber der Bundeswehr zusammenhängen.

Demzufolge fühlen sich diejenigen Befragten, die die Kameradschaft und das Teamwork ihrer Einheit positiv (78 % gegenüber 60 %) erleben, die sich in ihrer Teileinheit als Person respektiert fühlen (76 % gegenüber 50 %) und die die Einschätzung teilen, Vorgesetzte würden vorleben, dass bei Fehlern Verantwortung übernommen werden muss (82 % gegenüber 66 %),[215] wesentlich stärker mit der Bundeswehr verbunden als jene, die diese Aspekte negativ bewerten. Auch die empfundene Anerkennung der eigenen Leistungen durch Vorgesetzten wirkt sich ebenso wie ein gutes Dienstklima positiv auf

[215] Nach Chi-Quadrat-Test höchst signifikant auf 0,1 Prozent-Niveau.

die Bindung der Befragten an die Bundeswehr aus.[216] Im Hinblick auf die organisationsstrukturellen Aspekte bestehen dagegen keine wesentlichen Unterschiede im Antwortverhalten zwischen den beiden Gruppen. (Abbildung 79)

Abbildung 79: Bindung an die Bundeswehr differenziert nach Aussagen zu Führung, Zusammenarbeit und Anerkennung in der eigenen Teileinheit

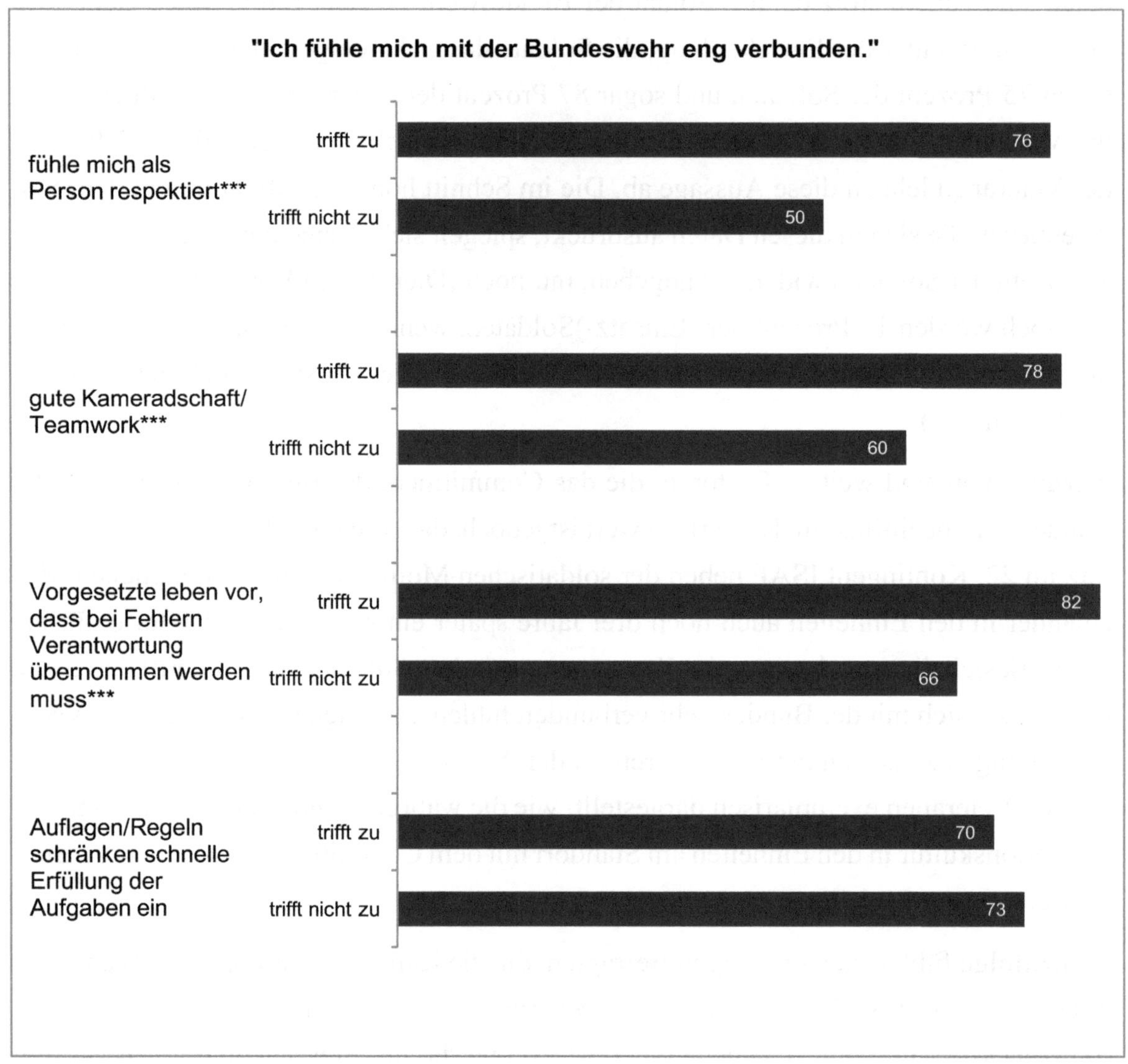

Anmerkungen: ***=höchst signifikant auf 0,1 %-Niveau. Signifikanz nach Chi-Quadrat. Datenbasis: Befragung des 22. Kontingents ISAF durch das ZMSBw, Dezember 2012 bis März 2013 und Mai bis Oktober 2013. Angaben in Prozent.

---

216 Zudem hängt die Beurteilung der Organisationskultur in den Teileinheiten nicht nur mit der Verbundenheit zur Bundeswehr zusammen, sondern steht in einem ebenso starken Zusammenhang mit der Identifikation mit den Zielen der Bundeswehr.

Analog hierzu zeigen sich bei Veteranen – wenn auch schwächere – Zusammenhänge zwischen der wahrgenommenen Führungs- und Organisationskultur in der letzten Einheit, der sie während ihrer Bundeswehrzeit angehörten, und dem Wunsch, in der Bundeswehr verblieben zu sein. Besonders die wahrgenommene Partizipation an Entscheidungen wirkt sich auf die Verbundenheit der Veteranen mit der Bundeswehr aus. So wären zwei Drittel (67 %) der Veteranen, die mit dem Mitspracherecht in ihrer Teileinheit zufrieden waren, gerne in der Bundeswehr geblieben. Unter Veteranen, die ein mangelndes Mitspracherecht beklagen, ist es hingegen nur die Hälfte (51 %).[217] Vorgesetzte in den Einheiten haben demnach durch ihr Führungsverhalten einen erheblichen Einfluss auf das Commitment von (Einsatz-)Soldaten und Veteranen. Eine offene Kommunikation und wechselseitige Unterstützung, die Beteiligung von Untergebenen sowie eine positive Fehlerkultur von Vorgesetzten tragen den vorliegenden Befunden zufolge zu einer höheren Bindung von (Einsatz-)Soldaten und Veteranen an die Bundeswehr bei. Auch das Gefühl, von Vorgesetzten und Kameraden in der eigenen Einheit als Person anerkannt und wertgeschätzt zu werden, wirkt sich positiv auf die Verbundenheit der Befragten mit der Bundeswehr aus. Daneben machen die Befunde jedoch auch deutlich, dass das Commitment umso geringer ausfällt, je belastender das Verhalten von Vorgesetzten und Kameraden der eigenen Einheit empfunden wird. Dies gilt jedoch nur für eine Teilgruppe, die drei Jahre nach dem Einsatz davon berichtet, nur noch „Dienst nach Vorschrift“ (8 %) zu machen oder sich wünscht, die Bundeswehr so schnell wie möglich (17 %) verlassen zu können.

Insgesamt jedoch weisen die Befunde darauf hin, dass die Einsatzrückkehrer überwiegend gut in ihr dienstliches Umfeld am Standort integriert sind. Ein Großteil der Befragten fühlt sich von Kameraden und Vorgesetzten in den Teileinheiten, denen sie drei Jahre nach dem Einsatz angehören bzw. für Veteranen der letzten Einheit, der sie vor dem Ausscheiden aus der Bundeswehr angehörten, als Person respektiert und wertgeschätzt. Nur ein kleiner Teil berichtet von mangelnder Anerkennung durch Kameraden und Vorgesetzten. Besonders positiv wird die erfahrene Wertschätzung von gefechtserfahrenen Soldaten empfunden. Sie haben häufiger auch den Eindruck, ihre im Einsatz erworbenen Kenntnisse und Fähigkeiten gut in den täglichen Dienstbetrieb einbringen zu können. Insgesamt wird die Integration der im Einsatz gemachten Erfahrungen in den Dienst jedoch skeptisch bewertet. Der gegenseitige Umgang in den Einheiten wird von den Befragten überwiegend als offen und direkt empfunden. Auch die wechselseitige Unterstützung und Kameradschaft in den Teileinheiten werden ebenso wie das Dienstklima meist positiv

[217] Sämtliche Zusammenhänge nach Chi-Quadrat-Test höchst signifikant auf einem Niveau von 0,1 Prozent.

gesehen. Die Befragten nehmen die Bundeswehr jedoch meist als überbestimmtes System wahr und kritisieren, dass viele Auflagen und Regeln eine schnelle Aufgabenerfüllung oft einschränken würden. Sie wünschen sich von Vorgesetzten mehr Anerkennung ihrer Leistungen und vor allem eine positive Vorbildfunktion, indem diese vorleben, dass für Fehler auch Verantwortung übernommen werden muss. Diese Kritik am Führungsverhalten überträgt sich aber ebenso wenig wie die als gering eingeschätzten Auswirkungen der Einsatzteilnahme auf das berufliche Fortkommen negativ auf das Commitment gegenüber der Bundeswehr. Die meisten (Einsatz-)Soldaten fühlen sich eng mit der Bundeswehr verbunden und identifizieren sich mit dem Soldatenberuf. Viele sind stolz darauf, Soldat der Bundeswehr zu sein. Die Veteranen wären mehrheitlich auch gerne als Soldat bei der Bundeswehr geblieben.

6.13 „Ich bin Soldat, da gehört der Einsatz dazu." – Motivation und Identifikation mit dem Einsatz

In den vorherigen Befunden ließen sich für eine Mehrzahl der (Einsatz-)Soldaten und Veteranen eine enge Verbundenheit mit der Bundeswehr sowie eine hohe Identifikation mit dem Soldatenberuf beobachten. Was aber motiviert Soldatinnen und Soldaten für einen herausfordernden Einsatz und würden sie erneut freiwillig an einem Auslandseinsatz wie in Afghanistan teilnehmen? Antworten auf diese Fragen sind für die militärsoziologische Forschung auch deshalb so relevant, weil sie über die Beweggründe hinaus auf die professionelle Identität von (Einsatz-)Soldaten verweisen. Warum sie in einen Einsatz gehen und wofür sie im Extremfall bereit sind, ihr eigenes und das Leben anderer zu riskieren, sagt viel darüber aus, wie es um das soldatische Selbstverständnis im gegenwärtigen politischen und gesellschaftlichen Bezugsrahmen bestellt ist. (Seiffert 2005: 9 ff.; 2013: 17; 2015: 245; 2016b: 218)

In der nationalen und internationalen militärsoziologischen Forschung stellt die Motivation von Soldatinnen und Soldaten für Auslandseinsätze bereits seit Längerem ein wichtiges Thema dar, zu dem auch das ZMSBw mit Studien zu Einsätzen in Bosnien, Kosovo und jetzt in Afghanistan beigetragen hat.[218] In der Befragung des Kontingents wenige Wochen vor dem Einsatz ließ sich bereits beobachten, dass die meisten Angehörigen des Kontingents hochmotiviert waren, als sie ihren Einsatz Anfang März 2010 in Afghanistan

[218] Siehe etwa Seiffert/Heß (2014); Seiffert/Langer/Pietsch (2012); Pietsch (2012); Keller et al. (2008); Keller (2007); Hennig et al. (2008); Bock et al. (2000); Seiffert (2005); Biehl et al. (2004); Biehl/Mackewitsch (2002). Für einen allgemeinen Überblick über die militärsoziologische Forschung zur soldatischen Motivation siehe Biehl (2011).

begannen. Etwa acht von zehn Befragten schätzten ihre persönliche Motivation (82 %) und die eigene Einsatzbereitschaft (87 %) als hoch ein. (Seiffert et al. 2010a) Ähnlich wie in Vorgängerstudien spricht dabei vieles auch in den Befunden der Studie *ISAF 2010* dafür, dass es für eine Mehrzahl des Kontingents nicht primär Abenteuerlust war, die sie im Einsatz in Afghanistan antrieb. Besonders die für wichtig befundene gute Kameradschaft („social cohesion") und der ebenso als wichtig eingeschätzte sinnvolle Auftrag („task cohesion") hatten für die Einsatzmotivation der meisten Befragten gleichermaßen große Bedeutung.[219] (Seiffert 2016a; 2016b; Seiffert/Heß 2012; Pietsch 2012; Seiffert et al. 2010a; 2010b; 2011a)

Dabei werden in dieser Studie unter soldatischer Motivation handlungsrelevante Einstellungen verstanden, nach denen der einzelne Soldat sich mit seiner Rolle und dem ihm übertragenen Aufgaben identifiziert sowie bereit ist, seine Fähigkeiten in den Dienst dieser Aufgaben zu stellen und im Sinne der Organisation zu handeln. (Pietsch 2012: 103) Diese Definition umfasst sowohl die Einstellungsebene als auch die Handlungsdimension. Die Einsatzmotivation von Soldatinnen und Soldaten kann zudem unterteilt werden in eine Motivation für einen Einsatz und in eine Motivation im Einsatz. (Pietsch 2012: 104)

Im Folgenden liegt der Fokus auf der ersten Dimension, also auf der Frage nach der Bereitschaft der Befragten drei Jahre nach der Rückkehr aus Afghanistan, nochmals in einen Auslandseinsatz zu gehen. Zur Operationalisierung wurden die zum Zeitpunkt der Befragung drei Jahre später noch im aktiven Dienst bei der Bundeswehr befindlichen Angehörigen des Kontingents um eine Antwort auf die Frage gebeten, ob sie freiwillig erneut an einem Auslandseinsatz teilnehmen würden. Zudem wurde die persönliche Motivation sowie die Einsatzbereitschaft[220] erhoben. Die in diesem Abschnitt dargestellten Befunde zur Einsatzmotivation beziehen sich folglich ausschließlich auf die Antworten der noch aktiven Soldatinnen und Soldaten des 22. Kontingents ISAF. Die aus der Bundeswehr bereits ausgeschiedenen Angehörigen dieses Kontingents wurden drei Jahre nach dem Einsatz nicht nochmals nach ihrer Bereitschaft gefragt, erneut an einem Auslandseinsatz teilnehmen zu wollen.

---

[219] Die von den Kontingentangehörigen genannten Beweggründe für einen Einsatz unterscheiden sich in den Häufigkeitsanalysen zu den verschiedenen Zeitpunkten nicht wesentlich. Sie werden daher in dieser Untersuchung nicht nochmals reproduziert. Für die Befunde wird auf die bereits vorliegenden Forschungsberichte der Studie *ISAF 2010* von Seiffert et al. (2010a; 2010b; 2011a) sowie auf Pietsch (2012) und Seiffert/Heß 2012 verwiesen.

[220] Unter Einsatzbereitschaft sind die persönlichen, mentalen oder körperlichen Voraussetzungen und der Ausbildungsstand zu verstehen, die es einem Soldaten/einer Soldatin ermöglichen, für die sofortige Erfüllung militärischer Aufgaben bereitstehen zu können.

Die Erfahrungen in Afghanistan prägen die Motivation und das Selbstverständnis der Soldaten. *picture alliance/AP Images Anja Niedringhaus*

Wie in den Abbildungen 80 und 81 deutlich wird, weisen die aktiven Soldatinnen und Soldaten des Kontingents eine im Durchschnitt hohe soldatische Motivation und Einsatzbereitschaft auf. Fragt man die (Einsatz-)Soldaten drei Jahre später direkt, wie sie ihre persönliche Motivation im gegenwärtigen dienstlichen Umfeld einschätzen, so fällt diese im Vergleich mit der Zeit unmittelbar vor dem Einsatz zwar geringer, aber noch immer hoch aus. So geben sieben von zehn (Einsatz-)Soldaten (69 %) eine hohe persönliche Motivation im Dienst an, etwa ein Fünftel (18 %) von ihnen verfügt über eine mittlere und einer von zehn (12 %) Befragten über eine geringe persönliche Motivation. Auch die persönliche Einsatzbereitschaft ist für die (Einsatz-)Soldaten im Schnitt hoch ausgeprägt. So berichten acht von zehn (81 %) Befragten von einer hohen persönlichen Einsatzbereitschaft, wohingegen jeweils einer von zehn Befragten eine mittlere (12 %) bzw. geringe (7 %) Einsatzbereitschaft angibt. (Abbildung 80)

Abbildung 80: Dienstmotivation und Einsatzbereitschaft

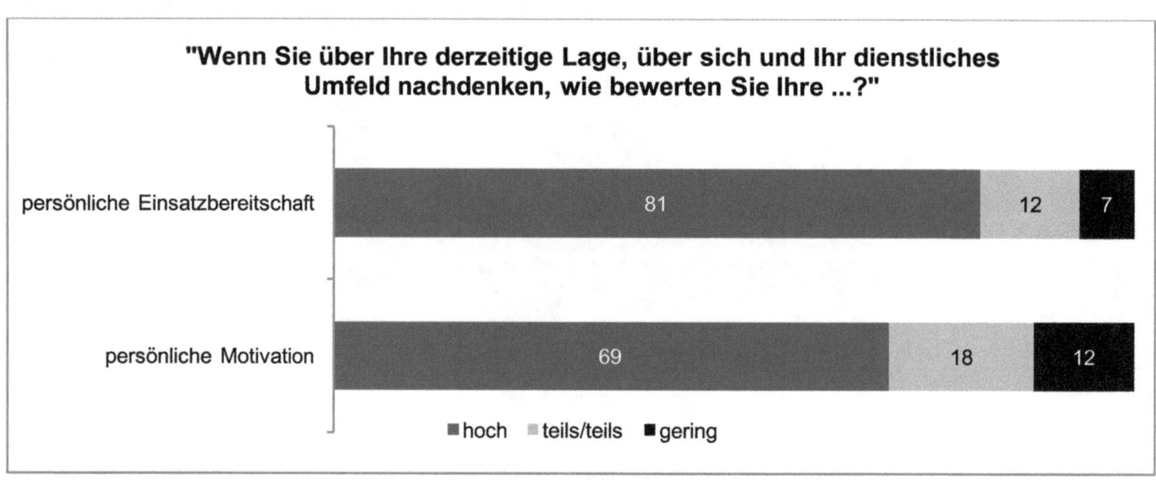

Datenbasis: Befragung des 22. Kontingents ISAF durch das ZMSBw, Dezember 2012 bis März 2013 und Mai bis Oktober 2013. Angaben in Prozent.

Die Einsatzmotivation fällt im Schnitt für den Anteil der noch aktiven Soldatinnen und Soldaten des Kontingents ebenfalls hoch aus. Eine überwiegende Mehrzahl (68 %) von ihnen würde sich nach eigenen Angaben freiwillig erneut für einen Einsatz melden. Für etwa ein Drittel (32 %) der Befragten kommt dies eher bzw. nicht in Frage. Zudem sind vier von zehn (37 %) (Einsatz-)Soldaten bereit, auch gegen den Willen der Familie oder des Partners erneut in einen Einsatz zu gehen. 21 Prozent sind in dieser Frage unentschieden. Demgegenüber stehen 42 Prozent, die nicht ohne Zustimmung von Familie oder Partner an einem Einsatz teilnehmen würden.[221] (Abbildung 81)

Während demzufolge zwei Drittel (68 %) der Befragten bereit sind, nochmals freiwillig an einem Auslandseinsatz teilzunehmen, kann gleichzeitig nur etwa ein Drittel (35 %) die Einsatzteilnahme im Kameradenkreis empfehlen, ein größerer Anteil (42 %) ist in dieser Frage unentschieden und etwa ein Viertel (23 %) kann die Teilnahme an Auslandseinsätzen nicht empfehlen. (Abbildung 81) Dies dürfte wesentlich mit Belastungen, die konkret mit einem Einsatz sowohl für Soldatinnen und Soldaten persönlich als auch für ihre Familien verbunden sind, in Zusammenhang stehen. (Abschnitt 6.1) Für die Mehrzahl der (Einsatz-)Soldaten weisen die Befunde jedoch insgesamt sowohl auf eine hohe soldatische Motivation als auch auf eine hohe Bereitschaft, erneut freiwillig an einem Einsatz teilnehmen zu wollen.

Abbildung 81: Einsatzmotivation

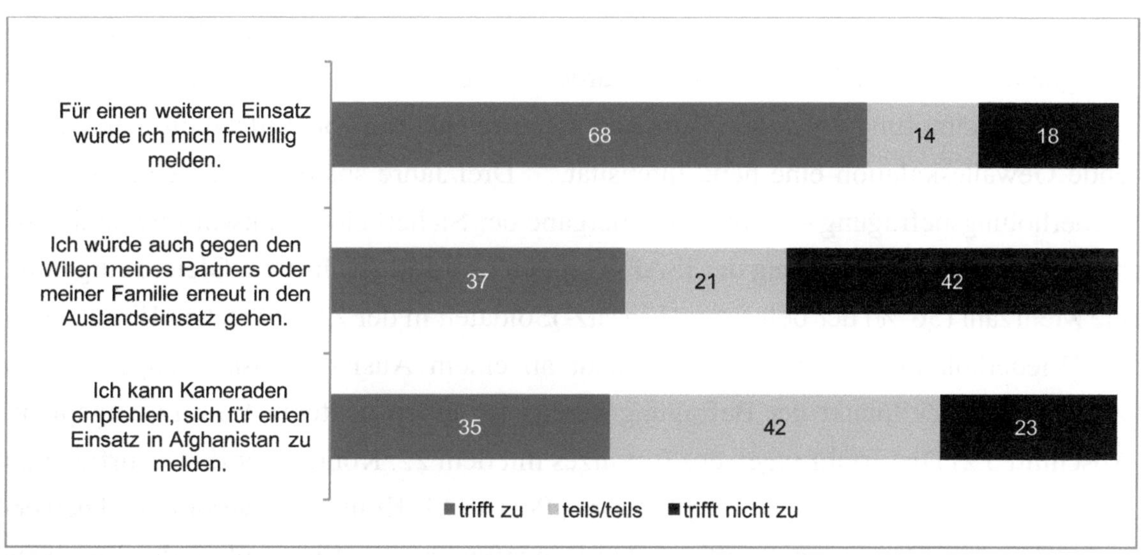

Datenbasis: Befragung des 22. Kontingents ISAF durch das ZMSBw, Dezember 2012 bis März 2013 und Mai bis Oktober 2013. Angaben in Prozent.

Diese Befunde sind zudem relativ gleichmäßig über die Gruppe der (Einsatz-)Soldaten verteilt. Auffallend ist auch, dass sich in den Daten keine Auswirkungen von vorhandenen Gefechtserfahrungen auf die persönliche Motivation zeigen. So sehen sich gefechtserfahrene (Einsatz-)Soldaten im gegenwärtigen Dienst nicht wesentlich mehr oder weniger

221 Der Zusammenhang von Familie und Einsatzmotivation wurde bereits im Abschnitt 6.8 der vorliegenden Studie untersucht. Für weitere Befunde hierzu wird auf diesen Abschnitt verwiesen.

motiviert als Gefechtsunerfahrene (73 % im Vergleich zu 69 %). Signifikante Unterschiede in der soldatischen Motivation lassen sich ebenso wenig zwischen verschiedenen Dienstgrad-, Alters- oder Statusgruppen beobachten. Auch die unterschiedlichen Aufgaben- und Tätigkeitsbereiche, mit denen die Befragten im Einsatz betraut waren, sowie das Ausmaß der vorhandenen Einsatzerfahrung stehen in keinem statistisch relevanten Zusammenhang mit der soldatischen Motivation der Befragten. Die Motivation im Dienst darf jedoch nicht verwechselt werden mit der Motivation für einen Einsatz; Dienstmotivation und Einsatzmotivation sind für die (Einsatz-)Soldaten den Analysen zufolge (Tabelle 3) zwar eng miteinander verbunden, sie müssen jedoch nicht zwangsläufig identisch sein, sondern können auch auseinanderfallen.[222]

Was aber sind wesentliche Faktoren, die eine Mehrzahl der (Einsatz-)Soldaten dazu anhalten, drei Jahre nach der Rückkehr aus Afghanistan, freiwillig erneut in einen Auslandseinsatz gehen zu wollen? Zur Beantwortung dieser Frage müssen sowohl der Kontext des damaligen ISAF-Einsatzes als auch die weitere Entwicklung des Afghanistaneinsatzes berücksichtigt werden: Die Angehörigen des 22. Kontingents ISAF befanden sich, wie an anderer Stelle dieser Untersuchung beschrieben, in einer hochriskanten Phase von ISAF in Afghanistan. (Kapitel 3) Zum einen wurde die Neuausrichtung des Einsatzes hin zur Aufstandsbekämpfung vollzogen, zum anderen erreichte die von Aufständischen ausgehende Gewalteskalation eine neue Intensität.[223] Drei Jahre später – zum Zeitpunkt der Wiederholungsbefragung – waren die Übergabe der Sicherheitsverantwortung an die afghanische Seite und der Abzug der ISAF-Truppen weit fortgeschritten. Gleichzeitig hatte eine Mehrzahl (56 %) der befragten (Einsatz-)Soldaten in der Zeit zwischen Einsatzende und Wiederholungsbefragung schon erneut an einem Auslandseinsatz teilgenommen bzw. war zum Zeitpunkt der Befragung bereits für einen weiteren Einsatz eingeplant. (Abschnitt 5.2) Die Erfahrungen des Einsatzes mit dem 22. Kontingent ISAF dürften von den Soldaten und Veteranen innerhalb dieses „Post-ISAF-Kontextes“ verortet und bewertet worden sein. Die daraus resultierenden Bewertungen zur Wirksamkeit des Einsatzes sind aber ebenso wie die empfundene Identifikation mit dem Einsatz im 22. Kontingent ISAF keine Nebensache, sondern haben, wie die Analysen zeigen, auch noch drei Jahre nach der Rückkehr aus dem Einsatz eine wesentliche Bedeutung für die Einsatzmotivation der Befragten: Wer etwa unter den (Einsatz-)Soldaten auch noch drei Jahre später der Auffassung ist, dass der Einsatz mit dem 22. Kontingents ISAF alles in allem erfolg-

---

222 Dienstmotivation meint das Engagement bei der Erfüllung der Aufgaben im Dienstbetrieb am Heimatstandort.

223 Siehe zum Kontext des Einsatzes sowie zu den konkreten Gewalterfahrungen des Kontingents Kapitel 3 sowie Abschnitt 5.3. und 5.4 der vorliegenden Studie.

reich gewesen war, der steht auch einer erneuten Einsatzteilnahme deutlich positiver gegenüber (75 % im Vergleich zu 60 %) als jene Befragte, die dieser Aussage nicht zustimmen. In ganz ähnlicher Weise gilt dies ebenso für Befragte, die angeben, sich mit dem Einsatz im 22. Kontingent ISAF stark zu identifizieren. Sie weisen ebenfalls eine wesentlich höhere Bereitschaft auf (75 % im Vergleich zu 42 %) als die Vergleichsgruppe, erneut freiwillig an einem Auslandseinsatz teilzunehmen.[224] Diese und weitere Zusammenhänge wurden mittels einer Regressionsanalyse überprüft. In der folgenden Tabelle sind relevante Erklärungsgrößen für die Einsatzmotivation der Befragten mit der abhängigen Variablen „Für einen weiteren Einsatz würde ich mich freiwillig melden“ zum Zeitpunkt der Wiederholungsbefragung drei Jahre nach der Rückkehr dargestellt. (Tabelle 3)

Als zentrale Einflussfaktoren für die Bereitschaft, nochmals freiwillig an einem Einsatz teilnehmen zu wollen, stellen sich demzufolge die Identifikation mit dem Einsatz im 22. Kontingent ISAF, die Bindung an die Bundeswehr sowie die allgemeine soldatische Motivation heraus: (Einsatz-)Soldaten, die drei Jahre nach der Rückkehr mit Stolz auf die Zugehörigkeit zum 22. Kontingent ISAF oder auf die Zugehörigkeit zur Bundeswehr blicken, verfügen ebenso wie Befragte, die eine hohe persönliche Motivation im gegenwärtigen dienstlichen Umfeld aufweisen, über eine wesentlich höhere Bereitschaft, erneut freiwillig an einem Auslandseinsatz teilzunehmen als die entsprechenden Vergleichsgruppen. (Tabelle 3) Daneben zeigen sich eigenständige Effekte entlang der Dienstgradgruppenzugehörigkeit. Niedrigere Dienstgrade weisen auch unter Kontrolle der übrigen Merkmale eine signifikant höhere Bereitschaft für eine weitere Einsatzteilnahme auf als höhere Dienstgrade. Bei Mannschaften (80 %) und Feldwebeln (71 %) ist die Einsatzmotivation besonders hoch ausgeprägt, während diese bei den übrigen Dienstgradgruppen geringer ausgeprägt ist (64 % bei Unteroffizieren ohne Portepee, 59 % bei Offizieren und 54 % bei Stabsoffizieren).[225] Etwas schwächere signifikante Effekte zeigen sich für häufige Einsatzverwendungen und für die wahrgenommene Wirksamkeit des zurückliegenden ISAF-Einsatzes.

---

224 Beide Zusammenhänge nach Chi-Quadrat-Test höchst signifikant auf 0,1 Prozent-Niveau.

225 Nach Chi-Quadrat-Test hoch signifikant auf 1 Prozent-Niveau.

Tabelle 3: Einflussfaktoren auf Einsatzmotivation: Multivariate Regressionsanalyse ((Einsatz-)Soldaten)

	Modell 1: sämtliche Variablen	Modell 2: schrittweiser Variablenausschluss
	Standardisierte Koeffizienten Beta	Standardisierte Koeffizienten Beta
„Ich bin stolz im 22. Ktgt. gewesen zu sein."	0,238***	0,236***
Bewertung: persönliche Motivation	0,178***	0,205***
Dienstgradgruppe	-0,123**	-0,152***
„Ich bin stolz der Bw anzugehören."	0,134*	0,151***
Wie viele Auslandseinsätze?	0,120**	0,095**
Einsatz des 22. Ktgt. war alles in allem erfolgreich	0,071	0,095**
Task Cohesion (sinnvoller Auftrag im Einsatz)	-0,099**	-0,088**
Partner	-0,059	-0,075*
Belastung durch Dienstklima	0,071	
Belastung durch Bürokratie/Arbeitsaufkommen	-0,056	
Belastung durch psych./physische Einsatzfolgen	-0,047	
Belastung durch berufliche Unsicherheit	-0,031	
Belastung durch familiäre Probleme	-0,021	
„Ich fühle mich Bw eng verbunden."	0,058	
„Leistung meiner Teileinheit im 22. Ktgt. war gut."	0,037	
Kinder	-0,036	
Alter	-0,032	
Social Cohesion (gute Kameradschaft)	0,015	
Gefechtserfahrung	0,013	
Geschlecht (weiblich)	-0,006	
R-Quadrat	,295	,276
N	648	679

Anmerkungen: ***=höchst signifikant auf 0,1 %-Niveau; **=hoch signifikant auf dem 1 %-Niveau; *=signifikant auf dem 5 %-Niveau. Datenbasis: Befragung des 22. Kontingents ISAF durch das ZMSBw, Dezember 2012 bis März 2013 und Mai bis Oktober 2013.

In dieser Analyse bestätigt sich demnach der bereits in der Häufigkeitsanalyse erkennbare Befund, wonach (Einsatz-)Soldaten, die sich auch noch drei Jahre später stark mit dem zurückliegenden Einsatz im 22. Kontingent ISAF identifizieren oder die auf einen erfolgreichen Einsatz zurückblicken, ebenso wie besonders einsatzerfahrene Befragte auch noch drei Jahre später eine deutlich höhere Motivation für weitere Einsätze zeigen als die Vergleichsgruppen. Vorhandene Gefechtserfahrungen haben dagegen genauso wie noch bleibende Verwundungen keinen statistisch relevanten Einfluss auf die Einsatzmotivation der Befragten. Eine gewisse, wenn auch nur mäßige Relevanz erzielt der Beziehungsstatus. Partnerschaftlich gebundene Befragte sind tendenziell weniger bereit, nochmals an einem Auslandseinsatz teilnehmen zu wollen. Allerdings ist der Koeffizient vergleichsweise gering ausgeprägt.

Auffallend ist zudem, dass auch die Einsatzziele keine positiven Effekte auf die Einsatzmotivation der Befragten erzielen. (Tabelle 3) Statistisch zeigt „task cohesion" einen negativen Koeffizienten. Dies bedeutet jedoch nicht, dass die inhaltlichen Zielstellungen eines *konkreten Einsatzes* keine Relevanz für die Einsatzmotivation der Befragten hätten. Hier wird lediglich die *grundsätzliche Bereitschaft* für eine künftige antizipierte, aber noch unbestimmte Einsatzteilnahme untersucht. Es ist demnach diese generelle Motivation für eine weitere Einsatzteilnahme, die wesentlich von grundlegenden Einstellungen des soldatischen Selbstverständnisses, von der Identifikation mit dem Einsatz im 22. Kontingent ISAF und vom Commitment gegenüber der Bundeswehr geprägt wird.[226] (Tabelle 3) Die persönliche Motivation zur Teilnahme an einem ganz konkreten Einsatz ist hingegen für die befragten (Einsatz-)Soldaten eng mit der Sinnhaftigkeit verknüpft. Dies zeigt sich in weiteren Analysen, in denen deutlich wird, dass für die Frage, wie motiviert die Befragten für ihr je konkretes Tun und Handeln (unabhängig davon, ob im Grundbetrieb oder im Einsatz) sind, ganz wesentlich ist, für wie sinnvoll sie die Aufgaben jeweils halten.[227]

Die Identifikation mit dem zurückliegenden Einsatz im 22. Kontingent ist für die Bereitschaft der (Einsatz-)Soldaten, erneut freiwillig an einem Auslandseinsatz teilzunehmen, den Analysen zufolge von hoher Bedeutung. Es lohnt daher eine genauere Aufschlüsselung der Befunde zur Identifikation der Befragten mit dem Einsatz im 22. Kontingent ISAF. Das im Vorangegangenen verwendete Item „Ich bin stolz, Soldat/Soldatin des 22. Kontingents ISAF gewesen zu sein" bildet die Einstellungsdimension der Identifikation mit dem Einsatz ab. Mit drei weiteren Items wurde die Handlungs- bzw. Wirksam-

---

[226] Grundlegende Einstellungen des Berufsverständnisses sind nicht nur eng mit der Einsatzmotivation der Befragten verbunden, sondern gleichermaßen auch mit ihrer allgemeinen soldatischen Motivation: Wer sich unter den Befragten eng mit der Bundeswehr verbunden fühlt, der ist auch im Dienst am Heimatstandort wesentlich motivierter (78 % im Vergleich zu 49 % unter weniger eng Verbundenen; nach Chi-Quadrat-Test höchst signifikant auf 0,1 Prozent-Niveau). Die Identifikation mit dem zurückliegenden ISAF-Einsatz wirkt sich ebenfalls positiv auf die allgemeine soldatische Motivation aus. So weisen jene, die stolz sind, dem Kontingent angehört zu haben, eine höhere persönliche Motivation im Dienst auf als jene, die keinen Stolz auf die Zugehörigkeit zum 22. Kontingent empfinden (73 % gegenüber 55 %; nach Chi-Quadrat-Test höchst signifikant auf 0,1 Prozent-Niveau).

[227] Nach Chi-Quadrat-Test hoch signifikant auf 1 Prozent-Niveau.

keitsdimension erfasst.[228] In der folgenden Abbildung 82 sind die Einstellungen der Einsatzrückkehrer gegenüber dem Einsatz mit dem 22. Kontingent ISAF für den Zeitpunkt drei Jahre nach der Rückkehr aus dem Einsatz dargestellt.

Abbildung 82: Identifikation mit dem Einsatz im 22. Kontingent ISAF drei Jahre nach dem Einsatz

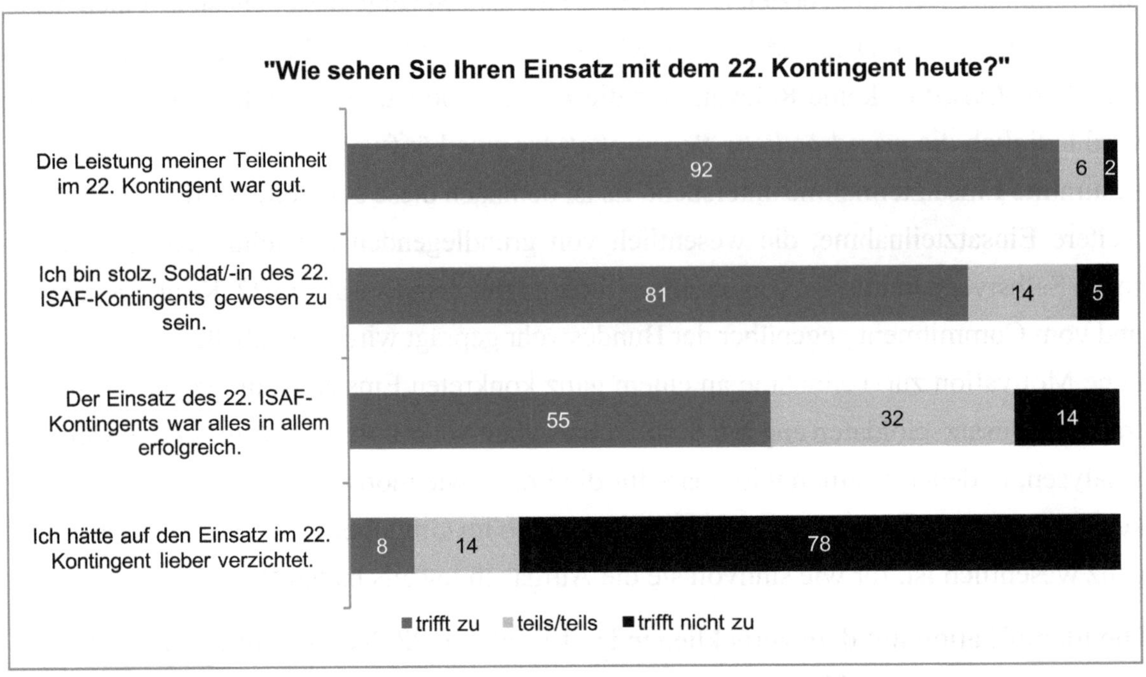

Datenbasis: Befragung des 22. Kontingents ISAF durch das ZMSBw, Dezember 2012 bis März 2013 und Mai bis Oktober 2013. Angaben in Prozent.

Die überwiegende Mehrzahl der Befragten fühlt sich demnach auch noch drei Jahre später mit dem Einsatz im 22. Kontingent ISAF eng verbunden. So sind acht von zehn (81 %) stolz darauf, dem 22. Kontingent ISAF als Soldat bzw. Soldatin angehört zu haben. Lediglich 14 Prozent sind in dieser Frage unentschieden und eine geringe Anzahl von 5 Prozent empfindet keinen Stolz auf die Zugehörigkeit zum 22. Kontingent. Bedeutsame Unterschiede zeigen sich in den Analysen vor allem im Zusammenhang mit dem Alter, dem Dienstgrad, der vorhandenen Einsatzerfahrung sowie mit dem Einsatzort, an dem die Befragten im Einsatz in Afghanistan eingesetzt waren:[229] Jüngere des Kontingents und eher niedrigere Dienstgrade sind häufiger als Ältere sowie höhere Dienstgrade stolz darauf, dem 22. Kontingent als Soldat bzw. Soldatin angehört zu haben (bspw. 91 % der bis zu

228 Die Bedeutung der wahrgenommenen Wirksamkeit des ISAF-Einsatzes für die Akzeptanz von Auslandseinsätzen allgemein wird im Abschnitt 6.14 untersucht.

229 Nach Chi-Quadrat-Test hoch signifikant auf 1 Prozent-Niveau.

25-Jährigen und 92 % der Mannschaften gegenüber 73 % der über 50-Jährigen und 74 % der Stabsoffiziere). Dementsprechend fällt der empfundene Stolz bei Veteranen höher aus (85 % gegenüber 78 %) als bei Soldaten. Auch diejenigen, für die der Einsatz im 22. Kontingent ISAF im Laufe ihrer Dienstzeit bei der Bundeswehr die bislang einzige Einsatzverwendung geblieben ist, sagen häufiger als Befragte mit sehr viel Einsatzerfahrung, Stolz auf die Zugehörigkeit zum 22. Kontingent ISAF zu empfinden (85 % gegenüber 65 % unter Befragten mit mehr als 6 Auslandseinsätzen). Dies korrespondiert mit anderen Befunden dieser Studie, in denen sich ebenfalls zeigte, dass die Erfahrungen im Einsatz mit dem 22. Kontingent ISAF vor allem die Jüngeren des Kontingents prägen. (Abschnitt 6.2)

Gefechtserfahrungen haben drei Jahre nach der Rückkehr keinen relevanten Einfluss mehr auf die Identifikation mit dem Einsatz. Gefechtserfahrene sind nach eigenen Angaben zwar tendenziell häufiger als Befragte ohne diese Erfahrung stolz auf den Einsatz mit dem 22. Kontingent ISAF (84 % im Vergleich zu 79 %). Diese Differenz ist jedoch statistisch nicht signifikant ausgeprägt. Die Höhe der Identifikation mit dem Einsatz unterscheidet sich jedoch deutlich nach Einsatzorten, an denen die Befragten in Afghanistan eingesetzt waren. In Außenposten, Feyzabad und Kunduz Stationierte berichten signifikant häufiger von Stolz auf den Einsatz als jene Befragte, die in Kabul oder Mazar-e-Sharif eingesetzt waren (85 %–89 % gegenüber 72 %–74 %).

Demgegenüber gibt nur eine Minderheit von 8 Prozent der Befragten an, dass sie auf diesen Einsatz lieber verzichtet hätte. 14 Prozent sind geteilter Ansicht. Die weit überwiegende Mehrzahl (78 %) des Kontingents lehnt diese Aussage ab. (Abbildung 82) Es sind erwartungsgemäß vor allem Befragte, die drei Jahre später noch von bleibenden psychischen oder physischen Verletzungen betroffen sind, die häufiger als die Vergleichsgruppe der nicht Belasteten (24 % im Vergleich zu 8 %) angeben, dass sie auf den Einsatz im 22. Kontingent am liebsten verzichtet hätten.[230] Angesichts der weitreichenden Folgen, die der Einsatz für ihr weiteres Leben gezeitigt hat, ist dies nicht überraschend. (Abschnitt 6.1, 6.3, 6.4, 6.8 und 6.9) Bemerkenswert ist schon eher, dass selbst unter den Einsatzverwundeten lediglich ein Viertel (24 %) auf den Einsatz lieber verzichtet hätte. (Abbildung 82)

Insgesamt deuten die Befunde auf ein erhebliches Identifikationspotenzial, das der Einsatz im 22. Kontingent ISAF für viele Soldaten und Veteranen in der langfristigen Perspektive hat. Das zeigt sich auch in anderen Befunden. So bewertet eine Mehrzahl der Befragten das im 22. Kontingent Geleistete auch noch drei Jahre später überwiegend als

---

[230] Nach Chi-Quadrat-Test höchst signifikant auf 0,1 Prozent-Niveau.

wirksam. Mehr als die Hälfte (54 %) der Befragten ist davon überzeugt, dass der Einsatz des 22. Kontingents ISAF alles in allem erfolgreich gewesen ist. Etwa ein Drittel (32 %) ist geteilter Meinung und nur etwa jeder Siebte (14 %) lehnt diese Aussage ab. In den weiteren Analysen zeigt sich dabei, dass diese Einschätzung relativ gleichmäßig über die Gruppe der Befragten verteilt ist. Weder die im Einsatz gemachten Erfahrungen in Gefechten noch der Dienstgrad, das Alter oder der Status der Befragten haben einen statistisch relevanten Einfluss darauf, wie die Leistungen des 22. Kontingents ISAF rückblickend eingeschätzt werden. Das Antwortverhalten unterscheidet sich ebenfalls nicht zwischen Veteranen und Soldaten. Dies gilt gleichermaßen für die Bewertungen der Leistungen der eigenen Teileinheit. Diese werden sogar von 92 Prozent der Befragten positiv wahrgenommen. Eine geringe Anzahl von 6 Prozent ist geteilter Meinung und nur eine Minderheit von 2 Prozent beurteilt diese negativ. Die deutlichen Abweichungen in den Leistungsbewertungen zwischen Kontingent und Teileinheit dürften dabei wesentlich auf die soziale Nähe zur militärischen Bezugsgruppe im Einsatz zurückzuführen sein. (Abschnitt 6.11) Anzunehmen war, dass sich die Bewertungen zur Wirksamkeit des Einsatzes mit dem 22. Kontingent ISAF entsprechend auch auf die Einsatzmotivation der Befragten auswirken.

Die Motivationsentwicklung im Zeitraum von wenigen Wochen vor der Abreise nach Afghanistan bis hin zur Wiederholungsbefragung knapp drei Jahre nach Einsatzende lässt sich für die Angehörigen des 22. Kontingents auf der Zeitachse darstellen. (Abbildung 83) Demzufolge fällt die persönliche Motivation und Einsatzbereitschaft für das Kontingent im Vergleich mit der Zeit im Einsatz deutlich ab, befindet sich drei Jahre später aber noch immer auf einem relativ hohen Niveau (im Einsatz 77 % hohe persönliche Motivation bzw. 89 % hohe Einsatzbereitschaft gegenüber 69 % hohe persönliche Motivation bzw. 81 % hohe Einsatzbereitschaft drei Jahre nach dem Einsatz).[231] Gleichzeitig wächst im Rückblick auf den Einsatz sowohl die Identifikation mit dem Einsatz im 22. Kontingent ISAF als auch die Bereitschaft, erneut freiwillig an einem Auslandseinsatz teilnehmen zu wollen, deutlich an.

Insgesamt ist die Bereitschaft, freiwillig erneut an einem Einsatz teilzunehmen, dabei in der Einsatzbefragung – vor dem Hintergrund der konkreten Erfahrungen in Gefechten, mit Tod und Verwundung – am geringsten ausgeprägt, steigt bereits wenige Wochen nach

[231] Hierbei muss jedoch beachtet werden, dass es sich bei den Befragungsgruppen zu den vier Zeitpunkten (vor, während, kurz nach dem Einsatz und dann nochmals beinahe drei Jahre später) nicht um identische Stichproben handelt (vgl. Kapitel 4); gleichwohl erscheint die Motivationsentwicklung insgesamt plausibel.

der Rückkehr wieder an und ist drei Jahre nach dem Einsatz am stärksten (59 % im Einsatz gegenüber 66 % etwa sechs Wochen nach dem Einsatz und 68 % drei Jahre später) ausgeprägt.

Abbildung 83: Einsatzmotivation, persönliche Motivation und Einstellungen gegenüber dem Einsatz mit dem 22. Kontingent ISAF im Zeitverlauf 2010 bis 2013

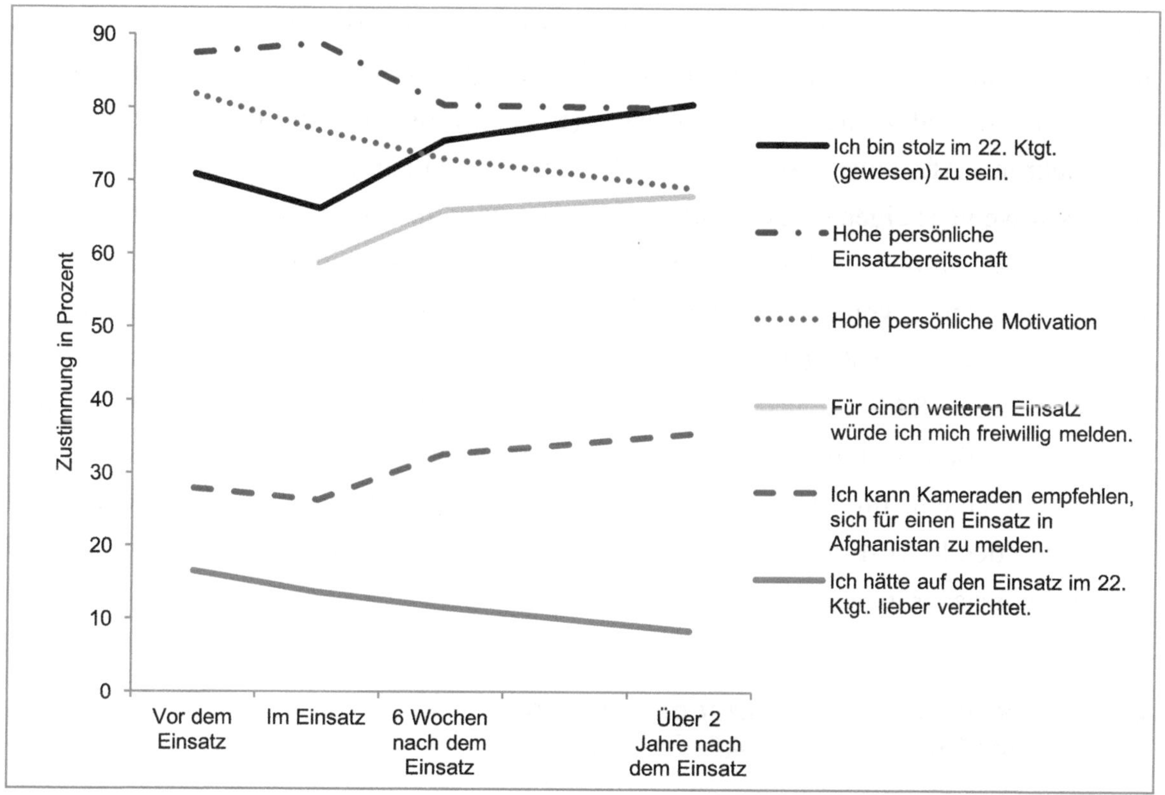

Datenbasis: Befragung des 22. Kontingents ISAF durch das ZMSBw, Januar bis März 2010, April bis Mai 2010, Juli bis Dezember 2010, Dezember 2012 bis März 2013 und Mai bis Oktober 2013.

Ein ähnliches Bild zeigt sich auch für die Identifikation mit dem ISAF-Einsatz: Der empfundene Stolz auf die Zugehörigkeit zum 22. Kontingent ISAF wächst unter den Befragten über die Zeit hin deutlich an und erreicht schließlich in der Befragung drei Jahre nach dem Einsatz den höchsten Wert (71 % vor dem Einsatz, 66 % im Einsatz, 76 % etwa sechs Wochen nach dem Einsatz und 81 % drei Jahre später). Die Zustimmung zu der Aussage „Ich würde bzw. hätte lieber auf den Einsatz im 22. Kontingent ISAF verzichtet“ nimmt dagegen über die Zeit hin kontinuierlich ab: Noch vor dem Einsatz wollten nach eigenen Angaben 17 Prozent des Kontingents am liebsten auf den Einsatz verzichten; diese Anzahl geht auf 14 Prozent im Einsatz zurück und fällt dann drei Jahre später auf den geringsten Wert von 8 Prozent ab. Die Einsatzerfahrungen mit dem 22. Kontingent ISAF werden in der langfristigen Perspektive von den Befragten offensichtlich in einen zunehmend positiven Horizont überführt, von dem aus eine neuerliche Einsatzteilnahme bewertet wird und der wesentlich dazu beiträgt, dass eine überwiegende Mehrzahl der (Einsatz-)Soldaten drei Jahre später bereit ist, erneut freiwillig in einen Einsatz gehen zu wollen.

Insgesamt weisen diese Befunde auf eine ausgeprägte Einsatzorientierung für die Soldaten und Veteranen des 22. Kontingents ISAF hin. Die weit überwiegende Mehrzahl der Befragten empfindet Stolz auf die Zugehörigkeit zum 22. Kontingent ISAF. Eine hohe Identifikation mit dem Einsatz wirkt sich ebenso wie eine hohe soldatische Motivation und eine enge Verbundenheit mit der Bundeswehr positiv auf die Bereitschaft für eine weitere Einsatzteilnahme aus. Die meisten (Einsatz-)Soldaten sind drei Jahre nach der Rückkehr aus Afghanistan bereit, freiwillig erneut an einem Auslandseinsatz teilzunehmen. Nur wenige zeigen sich demotiviert. Ein wesentlicher Grund nicht mehr in den Einsatz gehen zu wollen, ist für viele (59 %) Befragten die mit einem Einsatz verbundene lange Abwesenheit von der Familie. (Abschnitt 6.8) Eine weit verbreitete Ernüchterung unter den (Einsatz-)Soldaten und Veteranen im Hinblick auf das im Einsatz mit dem 22. Kontingent ISAF Geleistete lässt sich aus den Daten nicht ableiten. Mehrheitlich schätzen die Befragten die Leistungen des 22. Kontingents auch noch drei Jahre später als erfolgreich ein. Im folgenden Abschnitt soll daher die Frage, wie die Soldaten und Veteranen den ISAF-Einsatz der Bundeswehr aus ihrer heutigen Perspektive sehen und bewerten, genauer untersucht werden.

6.14 „Das darf nicht umsonst gewesen sein.“ – Einstellungen zum ISAF-Einsatz

Der ISAF-Einsatz ist in vielerlei Hinsicht von besonderer Bedeutung für die Bundeswehr. In keinem anderen Einsatz waren Bundeswehrsoldaten mit so komplexen Aufgaben konfrontiert, hatten mehr kämpfen müssen und waren mehr Gefallene und Verwundete zu beklagen als in Afghanistan.[232] Im Jahr 2013 – zum Zeitpunkt der Wiederholungsbefragung des Kontingents – ging absehbar der für die Bundeswehr schwierigste und verlustreichste Einsatz zu Ende – ohne dass man einen nachhaltigen Erfolg vermelden konnte. Dennoch hat der ISAF-Einsatz die Bundeswehr wie kein anderer Einsatz zuvor geprägt. Das betrifft nicht allein die Strukturen, sondern auch das Selbstverständnis einer Generation von Soldatinnen und Soldaten, die die Bundeswehr nur noch als Einsatzarmee kennt. (Seiffert 2013: 18) Nun stellte man sich in der Öffentlichkeit in Deutschland vermehrt die Frage nach der Bilanz. In der veröffentlichten Meinung schien vielen das Engagement

[232] Siehe zur Entwicklung des ISAF-Einsatzes Kapitel 3 und zu den konkreten Erfahrungen des Kontingents Abschnitt 5.3. und 5.4 der vorliegenden Studie.

Ein Hubschrauber CH 53 überfliegt das Gebiet von Feyzabad. Ein Soldat beobachtet das Gelände, 21. September 2010. Die politische Bilanz des ISAF-Einsatzes fällt aus Sicht der Soldaten gemischt aus. *Bundeswehr/Sebastian Wilke*

aufwendig, aber wenig erfolgreich gewesen zu sein. (Nachtwei 2015: 315) Nur eine Minderheit in der Bevölkerung plädierte zu dieser Zeit noch für ein weiteres Engagement der Bundeswehr in Afghanistan. (Bulmahn/Wanner 2013)

Bereits in den vorangegangenen Befragungen des Kontingents ließ sich beobachten, dass diese Einschätzungen von den Angehörigen des 22. Kontingents ISAF so pauschal nicht geteilt wurden. Sowohl während des Einsatzes in Afghanistan als auch wenige Wochen nach der Rückkehr befürworteten die Befragten mehrheitlich die politische Entscheidung, die Bundeswehr nach Afghanistan zu schicken. Allerdings standen Akzeptanz des Auftrags und Performanz im Einsatz in einem engen Zusammenhang. (Seiffert 2012: 90; 2016b: 219) Die Erfolgsaussichten sowie die strategische Ausrichtung des Einsatzes hatten für viele Angehörige des Kontingents daher zentrale Bedeutung. Die Wirksamkeit des eigenen Handelns im Einsatz berührte den „Motivations- und Identitätskern" (Seiffert 2012: 89). Wer etwa zustimmte, dass den Menschen in Afghanistan mit dem Engagement von ISAF geholfen wird, der war im Einsatz auch signifikant motivierter. (Pietsch 2012: 111)

Wie aber bewerten die Soldaten und Veteranen drei Jahre nach der Rückkehr aus Afghanistan den ISAF-Einsatz der Bundeswehr? Stehen sie persönlich noch immer hinter dem Mandat und dem Auftrag von ISAF und wie sehen sie das in Afghanistan bisher Erreichte im Rückblick? Als die Einsatzrückkehrer 2013 an der Befragung teilnahmen, war der Abzug der ISAF-Truppen weit fortgeschritten, der Übergang zur Nachfolgeoperation RSM aber noch nicht endgültig vollzogen. (Kapitel 3) Die Einschätzungen der Soldaten und Veteranen des Kontingents sind demnach vor dem Hintergrund dieser Übergangsphase zu sehen.

Zunächst wurden die noch aktiven ebenso wie die aus der Bundeswehr mittlerweile ausgeschiedenen Angehörigen des Kontingents gebeten, verschiedene Aussagen zum ISAF-Einsatz der Bundeswehr aus ihrer aktuellen Sicht zu beurteilen. Das resultierende Bild ist differenziert: (Abbildung 84) Mehrheitlich stehen die Befragten noch immer hinter dem Afghanistaneinsatz der Bundeswehr, sie kritisieren jedoch häufiger die militärische Einsatzstrategie und befürchten, dass mit dem Abzug der internationalen Truppen die Gewalt in Afghanistan wieder ausbricht. Bedeutsame Unterschiede in den Einschätzungen zwischen (Einsatz-)Soldaten und Veteranen bestehen dabei nicht. Viele wünschen sich ein längerfristiges Engagement der Bundeswehr in Afghanistan. Sie vermissen jedoch eine politische und gesellschaftliche Unterstützung für den Einsatz.

Abbildung 84: Einstellungen zum ISAF-Einsatz drei Jahre nach dem Einsatz

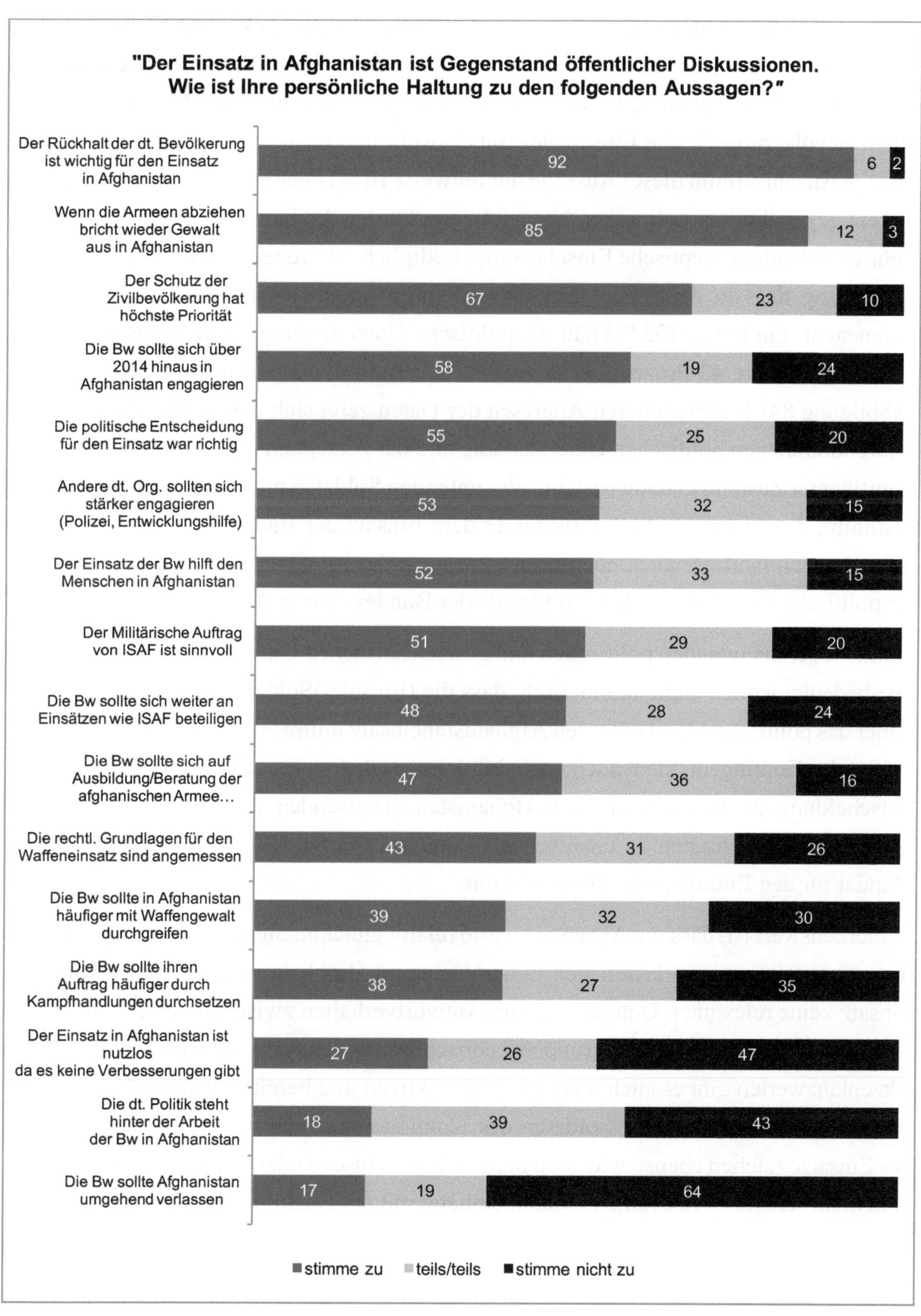

Datenbasis: Befragung des 22. Kontingents ISAF durch das ZMSBw, Dezember 2012 bis März 2013 und Mai bis Oktober 2013. Angaben in Prozent.

Bemerkenswert ist zunächst, dass die überwiegende Mehrzahl des Kontingents erwartet, dass ein Einsatz nicht nur formal an das politische Mandat rückgebunden ist, sondern gleichzeitig an die Gesellschaft, deren Interessen sie in den Einsätzen vertreten sollen. (Abbildung 84) So geben 92 Prozent der Befragten an, dass ihnen der Rückhalt der deutschen Bevölkerung für den Einsatz der Bundeswehr in Afghanistan wichtig ist. Nur eine geringe Anzahl stimmt dieser Aussage nur teilweise (6 %) oder nicht (2 %) zu. Allerdings besteht gegenüber der politischen Unterstützung für den Afghanistaneinsatz der Bundeswehr eine deutlich skeptische Einschätzung. Lediglich 18 Prozent der Befragten sind der Auffassung, dass die deutsche Politik hinter dem Engagement der Bundeswehr in Afghanistan steht. Ein Drittel (33 %) hält die politische Unterstützung für den Einsatz nur teilweise und weitere 43 Prozent der Befragten halten diese explizit nicht für ausreichend. (Abbildung 84) In den weiteren Analysen der Daten zeigt sich dabei, dass zwischen der wahrgenommenen politischen Unterstützung und der Akzeptanz des Einsatzes ein höchst signifikanter Zusammenhang besteht. Wer unter den Soldaten und Veteranen der Aussage zustimmt, dass die deutsche Politik hinter dem Einsatz der Bundeswehr in Afghanistan steht, der hält häufiger auch noch drei Jahre nach der Rückkehr aus dem ISAF-Einsatz die politische Entscheidung für den Einsatz der Bundeswehr in Afghanistan für richtig.[233]

Kritik an der mangelnden politischen und gesellschaftlichen Unterstützung für einen Einsatz bedeutet jedoch nicht automatisch, dass die (Einsatz-)Soldaten und Veteranen nicht selber das politische Mandat für den Afghanistaneinsatz mittragen würden. Eine Mehrheit (55 %) des Kontingents steht auch noch drei Jahre nach dem Einsatz hinter der politischen Entscheidung, die Bundeswehr nach Afghanistan zu entsenden. (Abbildung 84) Ein Viertel (25 %) der Befragten ist unentschieden und ein Fünftel (20 %) trägt das politische Mandat für den Einsatz persönlich nicht mit.

Bemerkenswert ist, dass die Akzeptanzwerte relativ gleichmäßig über die Gruppe der Befragten verteilt sind. So lassen sich in den Daten im Hinblick auf die Zustimmung zum Einsatz keine relevanten Unterschiede im Antwortverhalten zwischen verschiedenen Alters-, Status- oder Dienstgradgruppen beobachten. Bedeutsame Abweichungen in den Akzeptanzwerten gibt es auch nicht zwischen aktiven und bereits aus dem Dienst ausgeschiedenen Soldatinnen und Soldaten des Kontingents. Auch die Gefechtserfahrungen des Einsatzes stehen ebenso wie noch bleibende psychische oder physische Einsatzfolgen in keinem statistisch relevanten Zusammenhang mit der Zustimmung zum Einsatz.

---

[233] Die Variablen „Die politische Entscheidung war richtig, die Bundeswehr nach Afghanistan zu entsenden“ und „Die deutsche Politik steht hinter dem Einsatz der Bundeswehr in Afghanistan“ korrelieren höchst signifikant miteinander. (Pearson's r=0,21 auf einem Signifikanzniveau von 0,1 Prozent)

Auch sind nur zwei von zehn (17 %) Befragten der Ansicht, die Bundeswehr sollte Afghanistan umgehend verlassen. Die Mehrzahl (64 %) lehnt dies ausdrücklich ab. Die meisten (58 %) Befragten vertreten die Auffassung, die Bundeswehr sollte sich längerfristig in Afghanistan engagieren. Nur ein Viertel (24 %) des Kontingents teilt diese Einschätzung nicht. Dennoch ist nur etwas weniger als die Hälfte (48 %) der Befragten der Meinung, die Bundeswehr sollte sich künftig nochmals an Einsätzen wie an ISAF beteiligen. Etwa ein Viertel (28 %) ist in dieser Frage unentschieden und ein weiteres Viertel (24 %) lehnt dies ab. Dieser Befund dürfte wesentlich mit der Einschätzung der Wirksamkeit des bisherigen Engagements der Bundeswehr in Afghanistan verbunden sein.

Die Wirksamkeit von ISAF wird im Rückblick von den Befragten insgesamt gemischt bewertet: Während die eine Hälfte eher positive Effekte für die Entwicklung in Afghanistan sieht, kommt die andere mit Blick auf das bisher Erreichte zu keinem eindeutigen Urteil bzw. ist skeptisch. So teilt etwas mehr als die Hälfte (52 %) der Befragten die Einschätzung, dass ISAF einen sinnvollen Beitrag dazu geleistet hat, den Menschen in Afghanistan zu helfen, ein weiteres Drittel (33 %) der Befragten ist geteilter Meinung und 15 Prozent lehnen diese Aussage ab. Gleichzeitig kommt eine Teilgruppe zu einer negativen Bilanzierung des Einsatzes. Ein Viertel (27 %) der Befragten ist der Auffassung, dass der ISAF-Einsatz letztendlich nutzlos gewesen ist, da er zu keinen grundlegenden Verbesserungen in Afghanistan beigetragen hat. Weitere 26 Prozent der Befragten stimmen dieser Aussage teilweise zu. Eine andere Hälfte (47 %) der Befragten lehnt diese Aussage ausdrücklich ab.

Diese eher gemischte Bilanz zur Wirksamkeit des ISAF-Einsatzes der Bundeswehr spiegelt sich ähnlich in den Einschätzungen zum militärischen Auftrag von ISAF wider. Dieser wird im Rückblick von jedem zweiten Befragten (51 %) noch als sinnvoll eingeschätzt. (Abbildung 84) Mehr als ein Viertel (29 %) hat keine eindeutige Meinung. Ein Fünftel (20 %) hält das militärische Vorgehen von ISAF in der Retrospektive dagegen für nicht zweckmäßig. Dennoch wird der Abzug der internationalen Truppen von einer großen Mehrheit der Befragten kritisch gesehen. (Abbildung 84) Die überwiegende Mehrzahl (85 %) der Befragten ist davon überzeugt, dass die Gewalt in Afghanistan wieder eskaliert, wenn die internationalen Truppen abgezogen sind. Etwa einer von zehn Befragten (12 %) ist unentschieden und nur eine Minderheit von 3 Prozent sagt Gegenteiliges.

Ein weiterhin robustes militärisches Vorgehen der Bundeswehr in Afghanistan wird von den Soldaten und Veteranen ambivalent eingeschätzt. So halten es etwa vier von zehn Befragten (38 % bzw. 39 %) für sinnvoll, dass die Bundeswehr ihren Auftrag in Afghanistan künftig durch aktive Gefechtshandlungen durchsetzt bzw. häufiger mit Waffengewalt durchgreift. Etwa ein Drittel (32 % bzw. 27 %) ist geteilter Meinung und fast ebenso viele (35 % bzw. 30 %) lehnen ein robustes militärisches Vorgehen der Bundeswehr in Afghanistan ab.

Für das weitere Engagement in Afghanistan wünscht sich die Mehrzahl (53 %) der Kontingentangehörigen vor allem mehr Aufbauarbeit von zivilen Organisationen und Unterstützung bei der Ausbildung der afghanischen Polizei und Armee. Ein Drittel (32 %) hat hierzu keine eindeutige Meinung und 15 Prozent der Befragten lehnen diese Aussage ab. Der Schutz der afghanischen Zivilbevölkerung hat in der Perspektive der meisten Befragten (67 %) dabei höchste Priorität für den Einsatz der Bundeswehr in Afghanistan. Nur eine Teilgruppe (23 %) ist in dieser Frage unentschieden und einer von zehn Befragten (10 %) lehnt diese Aussage ab.

Etwa die Hälfte des Kontingents teilt die Post-ISAF-Ausrichtung des Afghanistaneinsatzes und ist davon (47 %) überzeugt, dass sich die Bundeswehr künftig auf Ausbildung und Beratung von afghanischen Sicherheitskräften konzentrieren sollte. Gleichzeitig hält mehr als ein Drittel (37 %) der Befragten diese Ausrichtung nur teilweise für zweckmäßig und 16 Prozent der Befragten lehnen diese ab. Insgesamt unterstützt demnach etwa die eine Hälfte der Befragten ein künftiges deutsches Engagement in Afghanistan, das neben verstärkten Aufbauanstrengungen ziviler Organisationen zusätzlich Ausbildungs- und Beratungsaufgaben für die Bundeswehr beinhaltet. Diese Gruppe folgt in ihren persönlichen Einschätzungen somit weitgehend offiziellen politischen Festlegungen, wonach über den ISAF-Einsatz hinaus Afghanistan sowohl beim zivilen Aufbau als auch bei der Ausbildung und Beratung afghanischer Sicherheitskräfte unterstützt werden soll. Eine andere Gruppe hingegen hält diese Ausrichtung nur teilweise für sinnvoll bzw. lehnt diese ausdrücklich ab. Diese Gruppe teilt häufiger die Einschätzung, dass mit dem Abzug der ISAF-Truppen die Gewalt in Afghanistan wieder eskaliert und ist häufiger zudem der Meinung, die Bundeswehr sollte weiterhin militärisch robust in Afghanistan vorgehen.[234]

[234] Nach Chi-Quadrat-Test höchst signifikant auf 0,1 Prozent-Niveau.

Tabelle 4: Einflussfaktoren auf die Akzeptanz des Einsatzes: Multivariate Regressionsanalyse

	Standardisierte Koeffizienten Beta
„Einsatz in Afghanistan nutzlos, da keine Verbesserungen"	-,418***
„Einsatz der Bw hilft Menschen in Afghanistan"	,227***
„Bw sollte Auftrag häufiger durch aktive Kampfhandlungen durchsetzen"	,149***
Einsatzort: Außenposten	-,054*
Geschlecht: weiblich	-,040
Tätigkeitsbereich: Ausbildung/Schutz	,038
Gefechtserfahrung	,034
Dienstgradgruppe	,012
R-Quadrat	,361
N	1 018

Anmerkungen: ***=höchst signifikant auf 0,1 %-Niveau; *=signifikant auf dem 5 %-Niveau. Datenbasis: Befragung des 22. Kontingents ISAF durch das ZMSBw, Dezember 2012 bis März 2013 und Mai bis Oktober 2013.

Es bestätigt sich in der weiteren Analyse dabei der bereits in den vorhergehenden Befragungen des Kontingents beobachtete Befund, wonach zwischen Performanz im Einsatz und Akzeptanz des Einsatzes ein enger Zusammenhang besteht. (Seiffert 2012: 94) So hängt die Zustimmung der Befragten zum Einsatz der Bundeswehr in Afghanistan auch noch drei Jahre später ganz wesentlich von der Einschätzung ab, ob das bisherige Engagement der Bundeswehr in Afghanistan von ihnen auch als wirksam wahrgenommen wird und dieses einen Beitrag dazu leistet, den Menschen in Afghanistan zu helfen (Beta-Koeffizienten von 0,418 bzw. 0,227 in der Regressionsanalyse; Tabelle 4). Wer unter den (Einsatz-)Soldaten und Veteranen etwa der Aussage zustimmt, dass mit dem Einsatz der Bundeswehr den Menschen in Afghanistan geholfen wird, der steht signifikant häufiger (73 % im Vergleich zu 37 % unter Befragten, die der Aussage nicht zustimmen) auch noch drei Jahre nach der Rückkehr hinter der politischen Entscheidung, die Bundeswehr nach Afghanistan zu entsenden.[235]

Signifikante Zusammenhänge bestehen zudem zwischen der Akzeptanz des Afghanistaneinsatzes und den Haltungen zum militärischen Vorgehen („Bundeswehr sollte militärischen Auftrag in Afghanistan häufiger durch aktive Kampfhandlungen durchsetzen"). Eine gewisse Relevanz für die Akzeptanz des Einsatzes spielt auch das Einsatz- bzw. Operationsgebiet, in welchem die Soldaten und Veteranen im Einsatz mit dem 22. Kontingent ISAF eingesetzt waren. Befragte, die im Einsatz überwiegend in Außenposten eingesetzt waren, folglich meist zu den Task Forces des Kontingents zählten, stehen drei

[235] Nach Chi-Quadrat-Test höchst signifikant auf 0,1 Prozent-Niveau.

Jahre später wesentlich seltener als die Vergleichsgruppe der Befragten, die an anderen Einsatzorten in Afghanistan eingesetzt waren, hinter der politischen Entscheidung, die Bundeswehr nach Afghanistan entsendet zu haben. Die Erfahrungen in Gefechten haben hingegen ebenso wie der Dienstgrad oder das Geschlecht der Befragten keinen relevanten Einfluss auf die Zustimmung zum Einsatz der Bundeswehr in Afghanistan. Insgesamt bestätigt diese Analyse demnach die sich bereits in der Häufigkeitsanalyse andeutenden Zusammenhänge, wonach sowohl die wahrgenommene Wirksamkeit des bisherigen Einsatzes als auch die weitere strategische Ausrichtung maßgeblich dafür sind, ob die Befragten den Einsatz der Bundeswehr in Afghanistan politisch mittragen.

Diese Aspekte werden von den Befragten jedoch sehr unterschiedlich wahrgenommen und bewertet: In der weiteren Datenanalyse zeigt sich, dass die Einschätzungen sowohl zur Wirksamkeit als auch zur künftigen Ausrichtung des Einsatzes unter den Einsatzrückkehrern entlang der Aufgaben, die sie im Einsatz wahrgenommen hatten, sowie entlang der damit verbundenen Erfahrungen deutlich differieren.[236] Die Erfahrungskontexte des Einsatzes haben demnach auch noch drei Jahre später wesentlichen Einfluss darauf, wie die Befragten den Einsatz wahrnehmen und bewerten. So vertreten Befragte, die im Einsatz zu den Ausbildungs- und Schutzkräften zählten und die von daher häufiger als andere des Kontingents frei in der Fläche operierten, regelmäßige Kontakte mit der afghanischen Bevölkerung oder afghanischen Sicherheitskräften hatten und häufiger im Einsatz mit dem 22. Kontingent in Gefechten standen, auch noch drei Jahre später wesentlich stärker die Auffassung, die Bundeswehr sollte in Afghanistan weiterhin militärisch robust vorgehen (49 % im Vergleich zu 34 % bzw. 31 % für Planungs- und Führungskräfte bzw. Unterstützungskräfte).[237] Diese Differenzen in den Einschätzungen zwischen den unterschiedlichen erfahrungsbezogenen Gruppen des Kontingents sollen im Folgenden für die Gruppe der Gefechtserfahrenen vertiefend untersucht werden.

In dieser Analyse zeigt sich, dass Gefechtserfahrene mehrheitlich zwar ebenso wie Befragte ohne diese Erfahrung (56 % im Vergleich zu 55 %) die politische Entscheidung, die Bundeswehr nach Afghanistan zu entsenden, auch noch drei Jahre nach der Rückkehr für richtig halten, sie bewerten jedoch gleichzeitig die Wirksamkeit des ISAF-Einsatzes wesentlich skeptischer als Befragte ohne diese Erfahrung. (Abbildung 85)

---

236 Siehe zu den unterschiedlichen Erfahrungswelten des Einsatzes Abschnitt 5.3 und 5.4 der vorliegenden Studie.

237 Nach Chi-Quadrat-Test höchst signifikant auf 0,1 Prozent-Niveau.

Abbildung 85: Bewertung der Wirksamkeit des ISAF-Einsatzes der Bundeswehr differenziert nach Gefechtserfahrung

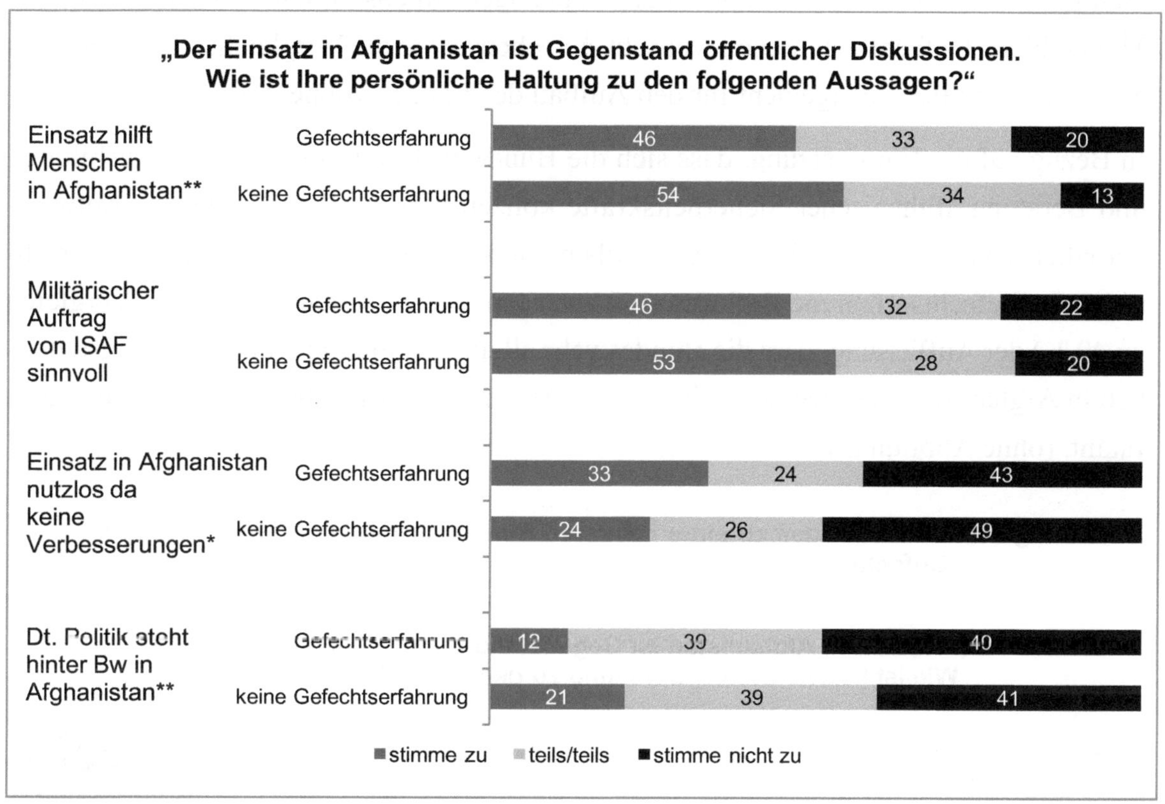

Anmerkungen: **=hoch signifikant auf dem 1 %-Niveau; *=signifikant auf dem 5 %-Niveau. Signifikanz nach Chi-Quadrat. Datenbasis: Befragung des 22. Kontingents ISAF durch das ZMSBw, Dezember 2012 bis März 2013 und Mai bis Oktober 2013. Angaben in Prozent.

Während Befragte, die im Einsatz keine Erfahrungen in Gefechten gemacht haben, häufiger (53 % im Vergleich zu 46 %) hinter dem militärischen Auftrag von ISAF stehen und mehrheitlich (54 % im Vergleich zu 46 %) auch die Einschätzung vertreten, dass durch den Einsatz der Bundeswehr den Menschen in Afghanistan geholfen wird, sind gefechtserfahrene Befragte deutlich skeptischer in Bezug auf das in Afghanistan bisher Erreichte. So teilen sie signifikant häufiger die Einschätzung, dass der ISAF-Einsatz letztendlich nutzlos gewesen ist, da dieser nicht zu grundlegenden Verbesserungen für die Menschen in Afghanistan beigetragen hat. Dies trifft auf immerhin ein Drittel der Gefechtserfahrenen (33 % im Vergleich zu 24 %) zu. Auch der politische Rückhalt für den Einsatz wird von Gefechtserfahrenen kritischer eingeschätzt: Nur etwa jeder Zehnte (12 %) der Gefechtserfahrenen ist davon überzeugt, dass die deutsche Politik hinter dem Engagement der Bundeswehr in Afghanistan steht. Hingegen glauben, wenn auch auf niedrigem Niveau, fast doppelt so viele (21 %) Befragte in der Vergleichsgruppe, dass die deutsche Politik hinter dem Einsatz der Bundeswehr in Afghanistan steht.

Auch in den Einschätzungen zur künftigen Ausrichtung des Einsatzes zeigen sich signifikante Unterschiede zwischen gefechtserfahrenen und gefechtsunerfahrenen Befragten.

Dies trifft jedoch nicht auf die Forderung nach einem stärkeren zivilen Aufbau zu als vielmehr auf unterschiedliche Vorstellungen bezogen auf das militärische Vorgehen. Die Mehrzahl der Gefechtserfahrenen wünscht sich ebenso wie die Vergleichsgruppe (jeweils 53 %) mehr ziviles Engagement für den Aufbau des Landes. (ohne Abbildung)

In Bezug auf die Einschätzung, dass sich die Bundeswehr künftig mehr auf Ausbildung und Beratung afghanischer Sicherheitskräfte konzentrieren sollte, weicht das Antwortverhalten von Gefechtserfahrenen ebenfalls nicht wesentlich von dem Gefechtsunerfahrener ab. Gefechtserfahrene Befragte sind zwar tendenziell seltener (44 % im Vergleich zu 49 %) der Auffassung, dass die Bundeswehr allein Ausbildungs- und Beratungsaufgaben in Afghanistan übernehmen sollte. Diese Abweichung ist statistisch aber nicht signifikant. (ohne Abbildung)

Abbildung 86: Einstellungen zu einer robusten Einsatzstrategie differenziert nach Gefechtserfahrung

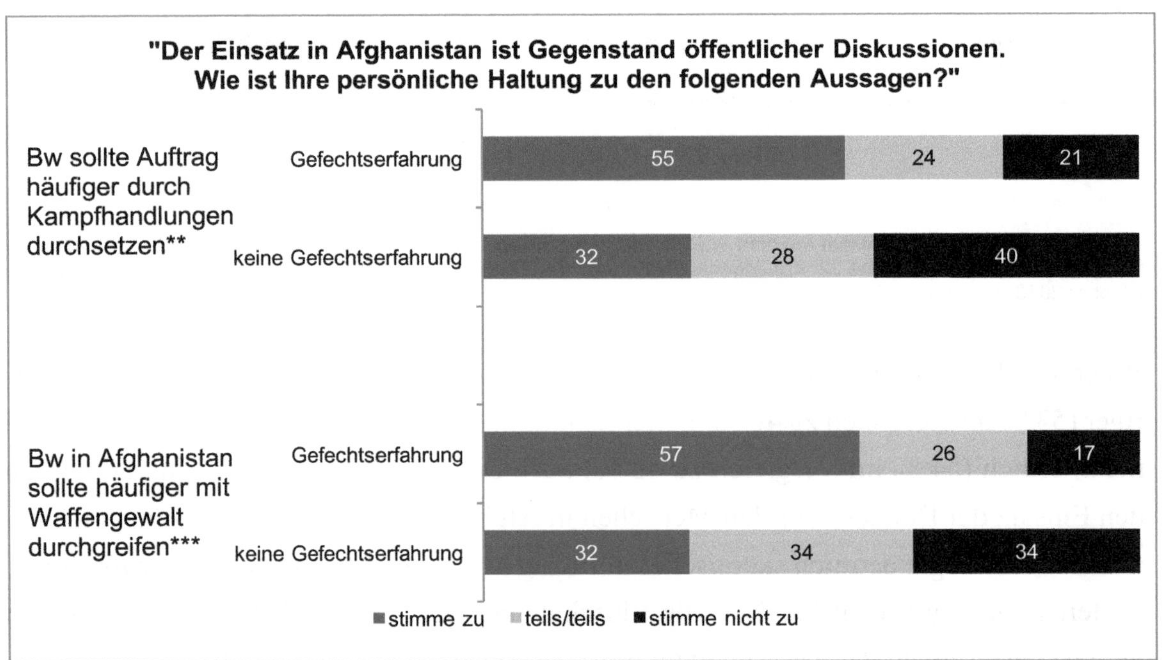

Anmerkungen: ***=höchst signifikant auf dem 0,1 %-Niveau; **=hoch signifikant auf dem 1 %-Niveau. Signifikanz nach Chi-Quadrat. Datenbasis: Befragung des 22. Kontingents ISAF durch das ZMSBw, Dezember 2012 bis März 2013 und Mai bis Oktober 2013. Angaben in Prozent.

Gleichzeitig halten gefechtserfahrene Befragte überdurchschnittlich oft ein weiterhin robustes Vorgehen der Bundeswehr noch für sinnvoll. So sind Befragte, die im Einsatz mit dem 22. Kontingent aktiv an Gefechten beteiligt waren, auch noch drei Jahre nach der Rückkehr signifikant häufiger der Auffassung, die Bundeswehr sollte ihren Auftrag in Afghanistan (57 % im Vergleich zu 32 %) auch weiterhin durch aktive Gefechtshandlungen durchsetzen und öfter auch mit Waffengewalt (55 % im Vergleich zu 32 %) in Afghanistan durchgreifen. Das Antwortverhalten unterscheidet sich jeweils um mehr als 20 Prozentpunkte deutlich. (Abbildung 86)

Diese Befunde müssen vor allem im Zusammenhang mit der weiter oben bereits beschriebenen Skepsis gegenüber dem in Afghanistan bisher Erreichten gesehen werden. Ausbildungs- und Schutzkräfte teilen ebenso wie Gefechtserfahrene nicht nur eine vergleichsweise kritische Einschätzung der Wirksamkeit des ISAF-Einsatzes, sie konnten gewaltsamen Situationen im Einsatz auch nicht einfach ausweichen, sondern haben erhebliche persönliche Risiken im Einsatz getragen. Sie bewegten sich wesentlich häufiger als andere des Kontingents inmitten der afghanischen Bevölkerung und kooperierten oft eng mit afghanischen Sicherheitskräften. Insofern erstaunt es nicht, wenn sie deutlicher auch noch drei Jahre nach dem Einsatz die Auffassung vertreten, die Bundeswehr sollte häufiger mit Waffengewalt in Afghanistan durchgreifen und ihren Auftrag auch weiterhin durch aktive Gefechtshandlungen durchsetzen. (Abbildung 86) Sie formulieren vor dem Hintergrund ihrer in Afghanistan gemachten Erfahrungen Anforderungen an ein wirksames militärisches Vorgehen für den weiteren Einsatz der Bundeswehr in Afghanistan. Dies ließ sich auch in den Interviews, die wir im Einsatz und danach mit Angehörigen des Kontingents geführt haben, beobachten. Viele Interviewpartner, besonders von den Ausbildungs- und Schutzkräften, bewerteten häufig nicht nur die Sicherheitslage in Afghanistan skeptischer, sondern erwarteten auch positive Effekte ihres Engagements etwa in Form von Aufbauerfolgen und einer verbesserten Sicherheit. Sie wollten, dass ihr Einsatz „nicht umsonst gewesen ist", wie es ein Soldat des Kontingents im Interview artikulierte. Sonst, so die Befürchtung, sind die Risiken, die sie im Einsatz getragen haben, nicht zu rechtfertigen.[238] Für Befragte, die im Einsatz Planungs- und Führungsaufgaben oder Unterstützungsaufgaben hatten, überwiegt dagegen eine eher ambivalente Einschätzung bezogen auf ein weiterhin robustes militärisches Vorgehen der Bundeswehr in Afghanistan.

Wie sich die Einstellungen zum ISAF-Einsatz in den vergangenen Jahren unter den Angehörigen des Kontingents verändert haben, lässt sich durch einen Vergleich der Antworten zu den vier Befragungszeitpunkten der Studie darstellen: wenige Wochen vor der Abreise nach Afghanistan, im Einsatz mit dem 22. Kontingent, etwa sechs Wochen nach der Rückkehr aus Afghanistan sowie fast drei Jahre nach Einsatzende.[239] (Abbildung 87)

---

[238] Siehe zu den Einsatzrisiken sowie zu den damit verbundenen Folgen des Einsatzes die Abschnitte 5.3, 6.1 und 6.3 der vorliegenden Studie.

[239] Allerdings muss bei diesen Daten beachtet werden, dass es sich bei den Befragungsgruppen zu den vier Zeitpunkten (vor, während, kurz nach dem Einsatz und dann nochmals beinahe drei Jahre später) nicht

In dieser Verlaufsanalyse zeigt sich, dass die Mehrheit des Kontingents zu allen vier Befragungszeitpunkten hinter der politischen Entscheidung steht, die Bundeswehr nach Afghanistan zu entsenden. (Abbildung 87) Dabei ist die Akzeptanz des politischen Mandats in der Befragung im Einsatz (59 %) am deutlichsten ausgeprägt, fällt unmittelbar nach der Rückkehr aus Afghanistan leicht ab (55 %) und bleibt knapp drei Jahre nach Einsatzende (55 %) auf fast demselben Niveau wie noch wenige Wochen (54 %) vor der Abreise nach Afghanistan. Auch die Überzeugung, dass die Bundeswehr so bald als möglich aus Afghanistan abgezogen werden sollte, bleibt über den gesamten betrachteten Befragungszeitraum von fast vier Jahren auf einem niedrigen Niveau relativ stabil (14 % vor dem Einsatz, jeweils 15 % im und kurz nach dem Einsatz sowie 17 % fast drei Jahre später). Hingegen ist die Einschätzung, dass durch den Einsatz der Bundeswehr den Menschen in Afghanistan geholfen wird, in der Befragung im Einsatz und auch noch wenige Wochen nach der Rückkehr nach Deutschland – unter den Eindrücken des Einsatzes in Gefechten, mit Hinterhalten und Beschuss – am geringsten ausgeprägt, erreicht in der Befragung des Kontingents knapp drei Jahre später aber nahezu wieder den Ausgangswert für die Befragung vor dem Einsatz (55 % vor dem Einsatz, 47 % im Einsatz, 48 % kurz danach sowie 52 % fast drei Jahre später). Die Akzeptanzwerte des Einsatzes bleiben demnach für das Kontingent insgesamt über den gesamten betrachteten Zeitraum relativ stabil.

In die Befunde zur Wirksamkeit des Einsatzes ist dagegen deutlich ein Ernüchterungseffekt eingeschrieben, der sich langfristig vor allem in den Einschätzungen zur Einsatzstrategie niederschlägt: Noch in den Befragungen im Einsatz sowie wenige Wochen nach der Rückkehr hielten es sieben von zehn (72 % bzw. 70 %) Befragte für sinnvoll, dass die Bundeswehr ihren Auftrag in Afghanistan häufiger mit Waffengewalt durchsetzt. Im Vergleich mit der Vorbefragung (d.h. vor dem Einsatz) des Kontingents steigt die Zustimmung zum militärischen Gewalteinsatz im Einsatz mit dem Kontingent – gewissermaßen im Modus des „Battlefield-Mindsets" – somit an (von 62 % vor dem Einsatz auf die erwähnten 72 % im Einsatz). Fast drei Jahre nach dem Einsatz büßt ein robustes militärisches Vorgehen dann um mehr als 30 Prozentpunkte (auf 39 % Zustimmung) für das Gesamtkontingent deutlich an Akzeptanz ein. Die Einschätzung, dass die Bundeswehr ihren Auftrag in Afghanistan häufiger durch Waffengewalt durchsetzen soll, wird von vielen Soldaten und Veteranen in den fast drei Jahren nach dem Einsatz offenbar neu bewertet und in eine nüchternere Perspektive überführt.

---

um identische Stichproben handelt. (vgl. Kapitel 4) Dennoch erscheint die Akzeptanzentwicklung insgesamt plausibel.

Abbildung 87: Einstellungen zum Einsatz im Zeitverlauf 2010 bis 2013

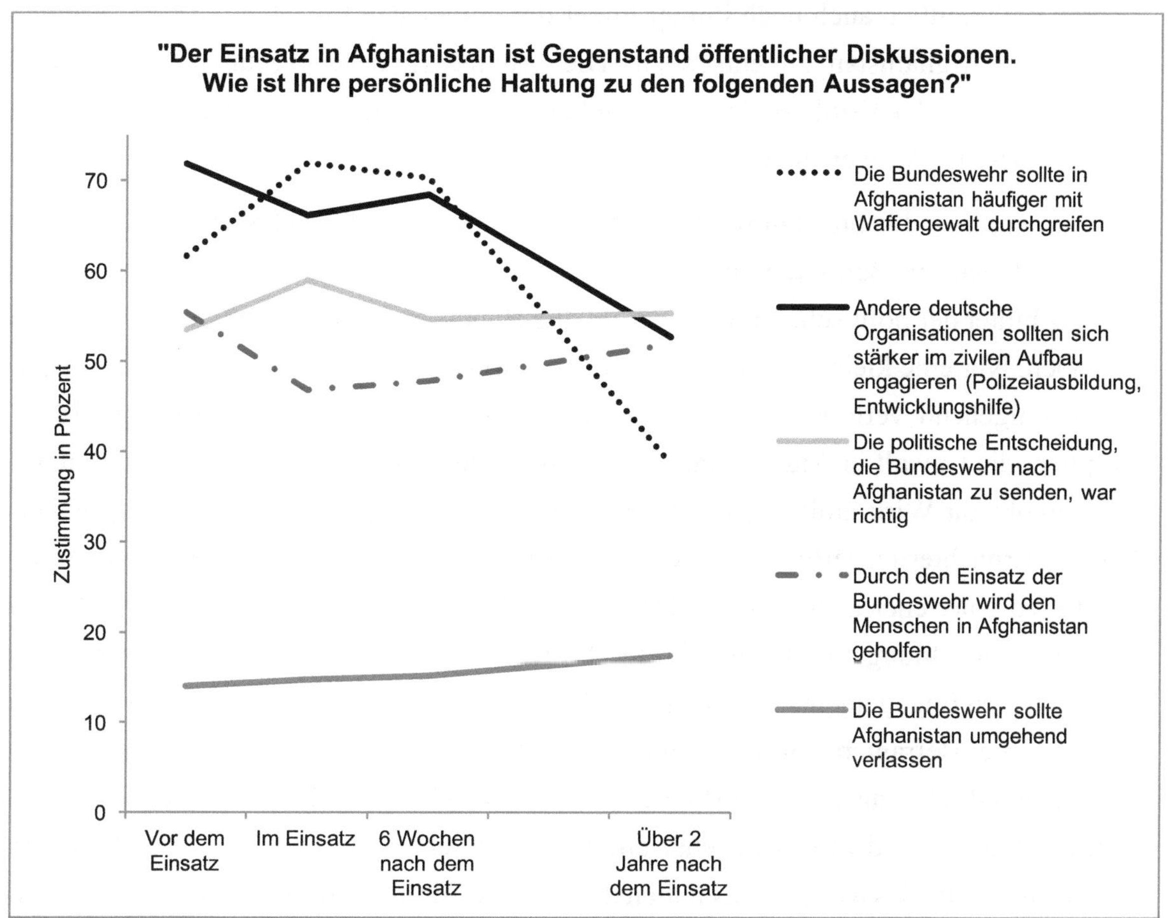

Datenbasis: Befragung des 22. Kontingents ISAF durch das ZMSBw, Januar bis März 2010, April bis Mai 2010, Juli bis Dezember 2010, Dezember 2012 bis März 2013 und Mai bis Oktober 2013.

Bemerkenswert ist jedoch, dass gleichzeitig – wenn auch nicht so deutlich wie für ein robustes militärisches Vorgehen – die Zustimmung zu der Aussage „Andere Organisationen sollten sich stärker im zivilen Aufbau engagieren“ zurückgeht. Mehrheitlich (53 %) wünschen sich die Soldaten und Veteranen zwar auch noch drei Jahre nach dem Einsatz mehr Engagement von zivilen Organisationen beim Aufbau des Landes. Im Vergleich mit den vorangegangenen Befragungen hat die Zustimmung zu einem stärkeren zivilen Engagement aber drei Jahre später ebenfalls deutlich abgenommen (72 % vor dem Einsatz, 66 % im Einsatz und 68 % wenige Wochen nach der Rückkehr, 53 % fast drei Jahre nach Rückkehr). Dies deutet darauf hin, dass der Akzeptanzverlust für ein robusteres militärisches Vorgehen weniger auf eine grundlegende Einstellungsänderung zurückzuführen ist, sondern eher Resultat einer insgesamt skeptischen Bilanzierung des Gesamtengagements in Afghanistan ist. Die Entwicklungen von Einstellungen zum politischen Mandat des Einsatzes sprechen für diese Annahme. Diese bleiben über den gesamten betrachteten

Einsatzzeitraum hinweg nicht nur relativ stabil, sondern drei Jahre später stehen die Befragten mehrheitlich auch noch immer hinter der politischen Entscheidung, die Bundeswehr nach Afghanistan zu entsenden. Die grundsätzliche Akzeptanz des Einsatzes schließt aber weder Kritik an der Wirksamkeit des bisherigen Engagements noch Kritik am militärischen Vorgehen aus.

Zusammenfassend kann an dieser Stelle zunächst Folgendes festgehalten werden: Mehrheitlich stehen die Befragten auch noch drei Jahre nach der Rückkehr aus dem ISAF-Einsatz hinter der politischen Entscheidung, die Bundeswehr nach Afghanistan entsendet zu haben. Nur eine kleinere Teilgruppe ist der Auffassung, die Bundeswehr solle Afghanistan umgehend verlassen. Die meisten befürchten, dass mit dem Abzug der ISAF-Truppen, die Gewalt in Afghanistan wieder ausbricht. Allerdings ist in die Einschätzungen sowohl zur Wirksamkeit als auch zur strategischen Ausrichtung des Einsatzes deutlich ein Ernüchterungseffekt eingeschrieben. Die Soldaten und Veteranen kommen insgesamt zu einer eher gemischten Bilanz des ISAF-Einsatzes. Dies gilt vor allem für die einstigen Ausbildungs- und Schutzkräfte des Kontingents. Die strategische Ausrichtung des künftigen Engagements hat daher gerade für viele von ihnen zentrale Bedeutung. Die Mehrzahl der Befragten wünscht sich einen verstärkten zivilen Aufbau des Landes sowie ein anhaltendes Engagement der Bundeswehr über ISAF hinaus. Eine robuste militärische Einsatzstrategie wird insgesamt eher ambivalent gesehen. Besonders die Ausbildungs- und Schutzkräfte des Kontingents halten dagegen ein robustes militärisches Vorgehen der Bundeswehr in Afghanistan weiterhin für notwendig. Viele von ihnen sehen offenbar noch Nachholbedarf für die afghanischen Sicherheitskräfte. Dafür sehen die meisten aber keine ausreichende gesellschaftliche und politische Unterstützung. Nur jeder Fünfte hält die politische Unterstützung für den Afghanistaneinsatz der Bundeswehr für ausreichend und sogar nur jeder Zehnte des Kontingents fühlt sich von deutscher Politik und Bevölkerung wertgeschätzt und anerkannt. Viele der Rückkehrer fragen sich offenbar, wofür sie die Risiken des Einsatzes tragen sollen, wenn der politische und gesellschaftliche Rückhalt für den Einsatz nicht gegeben ist.

6.15 „Ich kann mich nicht einfach wegducken." – Einstellungen zur Anwendung militärischer Gewalt

Die Auswirkungen von Gefechtserfahrungen auf Einstellungen von Soldatinnen und Soldaten zur militärischen Gewaltanwendung sind bisher für den Bundeswehrkontext noch wenig erforscht. (Seiffert: 2012) Das ist auch nicht verwunderlich. Schließlich musste die

Soldaten im direkten Feuerkampf bei Qala e Zal, 2. September 2010. Der Einsatz muss für die Soldaten Sinn machen, sonst sind die Risiken, die sie für sich und andere tragen, nicht zu rechtfertigen. *Bundeswehr/von Söhnen*

Bundeswehr bisher nur selten kämpfen.[240] Die Angehörigen des 22. Kontingents ISAF sind im Einsatz in Afghanistan mit beträchtlicher Gewalt konfrontiert worden. Etwa ein Viertel des Kontingents berichtet in der Befragung drei Jahre nach dem Einsatz davon, aktiv an Gefechten im Einsatz mit dem Kontingent beteiligt gewesen zu sein. (Abschnitt 5.3) In den Befunden des vorhergehenden Abschnitts ließ sich zudem beobachten, dass die Akzeptanz eines robusten militärischen Vorgehens für die Angehörigen des Kontingents in der Zeit im Einsatz und auch noch wenige Wochen nach der Rückkehr nach Deutschland im Durchschnitt hoch ausgeprägt war. Fast drei Jahre später geht die Zustimmung zu einem militärisch robusten Vorgehen der Bundeswehr in Afghanistan für das Kontingent insgesamt dagegen deutlich zurück. Die Befragten lehnen nun die Auffassung, die Bundeswehr sollte ihren Auftrag in Afghanistan häufiger durch aktive Gefechtshandlungen durchsetzen und öfter auch mit Waffengewalt durchgreifen, mehrheitlich ab. Besonders für die einstigen Schutz- und Ausbildungskräfte des Kontingents gilt dies jedoch nicht in gleicher Weise. Sie befürworten mehrheitlich auch noch drei Jahre nach dem Einsatz ein weiterhin militärisch robustes Vorgehen der Bundeswehr in Afghanistan. Diese höher ausgeprägte Akzeptanz militärischer Gewalt lässt sich jedoch nicht einfach kausal auf die im Einsatz erlebten Gefechtshandlungen als solche zurückführen, sondern resultierte ganz wesentlich aus einer deutlich skeptischeren Einschätzung der Wirksamkeit des Einsatzes, die sowohl in Zusammenhang mit den Erfahrungen im Kontakt mit der afghanischen Bevölkerung und afghanischen Sicherheitskräften als auch mit den erlebten Bedrohungssituationen[241] und Gewalterfahrungen des Einsatzes steht. (Abschnitt 6.14) In dieser Deutung wäre die höhere Akzeptanz militärischer Gewaltanwendung für eine Teilgruppe des Kontingents folglich nicht als Ergebnis einer grundlegenden Einstellungsänderung zu verstehen, sondern als Resultat einer unterschiedlichen Lageeinschätzung des Konfliktgeschehens in Afghanistan, die wiederum den Horizont bildet, von dem aus das weitere militärische Vorgehen wahrgenommen und bewertet wird. (Abschnitt 6.14)

Für eine Fundierung dieser Befunde wurden die Haltungen der Soldaten und Veteranen zum Einsatz militärischer Gewalt zusätzlich in einer Kontrollfrage nach der persönlichen Bereitschaft, Waffengewalt zur Durchsetzung eines militärischen Auftrags anzuwenden,

---

[240] Siehe zum Ausmaß der im Kontingent sowie in der Bundeswehr insgesamt vorhandenen Kampferfahrungen Abschnitt 5.3 der vorliegenden Studie.

[241] Bereits in der Befragung des Kontingents im Einsatz ließ sich etwa zeigen, dass die Bedrohungswahrnehmung in einem engen Zusammenhang mit der real erfolgten Gewaltexposition im Einsatz stand. Das Erfahren von militärischer Gewalt im Einsatz, etwa durch das Erleben von Beschuss oder die eigene Teilnahme an einem Schusswechsel, führte zu einem deutlich höheren Bedrohungsempfinden. (Seiffert et al. 2010b: 43)

operationalisiert: „Wie bewerten Sie folgende Aussagen zur militärischen Gewaltanwendung? Was trifft auf Sie persönlich zu?“ Als Antwortmöglichkeiten wurden verschiedene Eskalationsstufen von militärischer Gewaltanwendung vorgegeben, die vom Warnschuss bis hin zum Einsatz der Waffe unter Inkaufnahme einer Gefährdung der Zivilbevölkerung reichten. (Abbildung 88) Diese Fragen wurden den Angehörigen des Kontingents zu allen vier Befragungszeitpunkten (vor dem Einsatz, etwa in der Mitte ihres Einsatzes in Afghanistan, wenige Wochen nach der Rückkehr nach Deutschland und dann nochmals fast drei Jahre später) gestellt. (Kapitel 4) Dadurch können mögliche Einstellungsänderungen über die Zeit hin erfasst werden. In der folgenden Abbildung 88 sind zunächst die Befunde zur Bereitschaft, Waffengewalt zur Auftragsdurchsetzung einzusetzen, für die Einsatzrückkehrer (Soldaten und Veteranen des Kontingents zusammen) zum Zeitpunkt der Befragung drei Jahre nach dem Einsatz ausgeführt.

Abbildung 88: Bereitschaft zur Anwendung militärischer Gewalt drei Jahre nach dem Einsatz

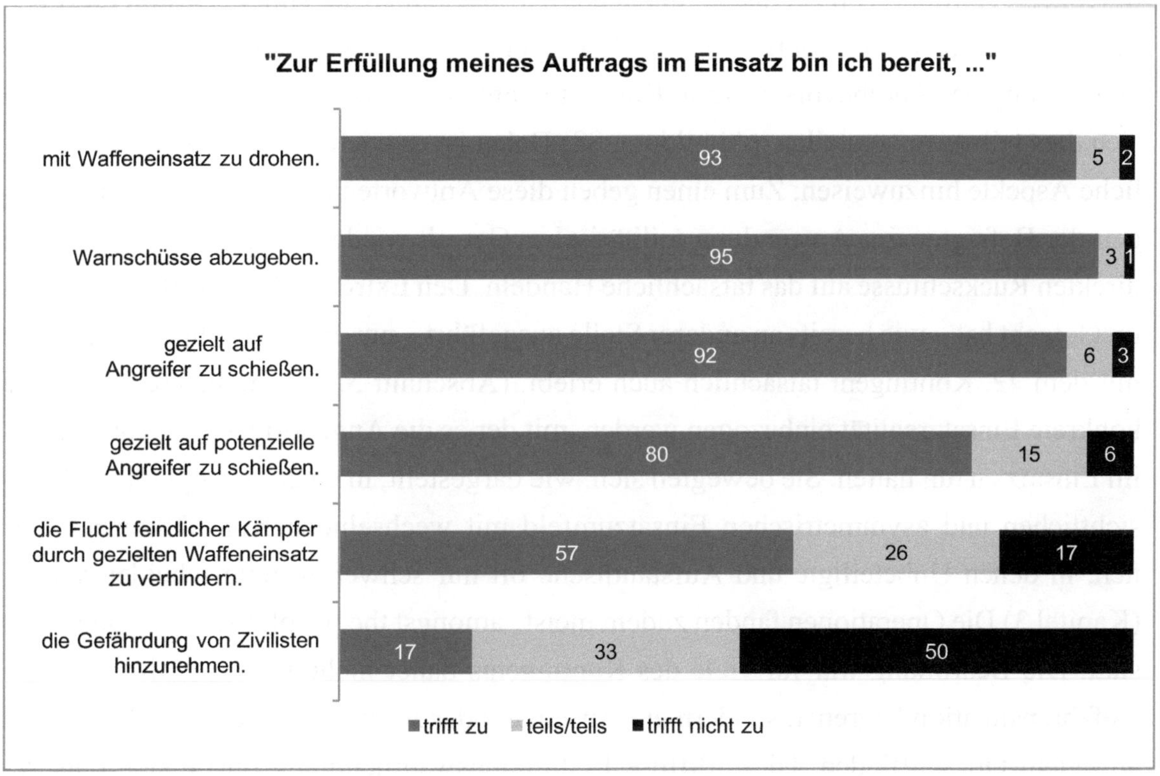

Datenbasis: Befragung des 22. Kontingents ISAF durch das ZMSBw, Dezember 2012 bis März 2013 und Mai bis Oktober 2013. Angaben in Prozent.

Im Ergebnis wird deutlich, dass die Angehörigen des Kontingents auch noch drei Jahre nach dem ISAF-Einsatz eine überwiegend hohe Bereitschaft zeigen, Waffengewalt zur Auftragsdurchsetzung anzudrohen und auch einzusetzen. Die Höhe der Bereitschaft zur

Anwendung militärischer Gewalt ist jedoch wesentlich von den Einsatzszenarien abhängig. Szenarien mit niedriger Eskalationsstufe erhalten prinzipiell höhere Zustimmung, wohingegen Szenarien mit hohem Eskalationsniveau geringere Zustimmung erhalten. (Abbildung 88) So sind mehr als 90 Prozent der Befragten bereit, Warnschüsse zur Durchsetzung des Auftrags abzugeben, mit Waffengewalt zu drohen oder einen Angriff mit Gegengewalt abzuwehren. Zudem können sich mehr als zwei Drittel (80 %) der Befragten vorstellen, gezielt auf potenzielle Angreifer zu schießen. Etwa sechs von zehn Befragten (57 %) sind außerdem bereit, von der Schusswaffe Gebrauch zu machen, um gezielt die Flucht feindlicher Kämpfer zu verhindern.

Für den ISAF-Einsatz war die Anwendung militärischer Gewalt sowohl im Mandat als auch in den „Rules of Engagement“ (ROE) begrenzt durch den Schutz der Bevölkerung. Insofern erstaunt es nicht, dass die Bereitschaft zur Gewaltanwendung deutlich sinkt, wenn mit dem Waffeneinsatz Gefahren für die Zivilbevölkerung verbunden sind. So lehnt die Hälfte (50 %) der Befragten die Aussage „Zur Erfüllung meines Auftrags bin ich bereit, die Gefährdung von Zivilisten hinzunehmen“ persönlich ab. Hingegen sind zwei von zehn Angehörigen des Kontingents (17 %) bereit, zur Durchsetzung des Auftrags eine Gefährdung der Zivilbevölkerung in Kauf zu nehmen. Ein weiteres Drittel (33 %) kann sich dies teilweise vorstellen. (Abbildung 88) Dabei ist es wichtig, auf zwei unterschiedliche Aspekte hinzuweisen: Zum einen geben diese Antworten die generellen Einstellungen der Befragten zur Anwendung militärischer Gewalt wieder, sie erlauben aber keine direkten Rückschlüsse auf das tatsächliche Handeln. Den Extremfall des Waffeneinsatzes im Gefecht hat – wie bereits an anderer Stelle ausgeführt – nur eine Teilgruppe im Einsatz mit dem 22. Kontingent tatsächlich auch erlebt. (Abschnitt 5.3) Zum anderen muss die konkrete Einsatzrealität einbezogen werden, mit der es die Angehörigen des Kontingents im Einsatz zu tun hatten. Sie bewegten sich, wie dargestellt, in einem hochgradig unübersichtlichen und asymmetrischen Einsatzumfeld mit wechselnden Konfliktkonstellationen, in denen Unbeteiligte und Aufständische oft nur schwer zu unterscheiden waren. (Kapitel 3) Die Operationen fanden zudem meist „amongst the people“ (Smith 2006: 335) statt. Die Bedrohung war für viele des Kontingents daher nicht allein auf die konkrete Gefahrensituation begrenzt, sondern ein Anschlag oder Angriff konnte zu jeder Zeit und an jedem Ort stattfinden. Diese diffuse Bedrohungswahrnehmung dürfte sich entsprechend auch in Einstellungen zur militärischen Gewaltanwendung niedergeschlagen haben. (Seiffert 2012: 88)

In den weiteren Analysen zeigt sich dabei, dass die Bereitschaft zur Androhung und Anwendung von Gewalt in Abhängigkeit von den Dienstgrad- und Altersgruppen variiert. Jüngere und niedrigere Dienstgrade unter den Befragten sind tendenziell eher als ältere und höhere Dienstgrade bereit, militärische Gewalt zur Auftragsdurchsetzung einzusetzen. Diese Differenzen sind aber nur schwach signifikant ausgeprägt.[242] Statistisch bedeutsame Unterschiede im Antwortverhalten lassen sich hingegen in Bezug auf das Aufgabenspektrum im Einsatz konstatieren. Befragte, die im 22. Kontingent ISAF Ausbildungs- und Schutzaufgaben wahrgenommen hatten, zeigen eine deutlich höhere Bereitschaft, militärische Gewalt zur Durchsetzung eines Auftrags anzudrohen und auch anzuwenden. (Abbildung 89)

Abbildung 89: Bereitschaft zur militärischen Gewaltanwendung differenziert nach Aufgaben- und Tätigkeitsbereich im Einsatz

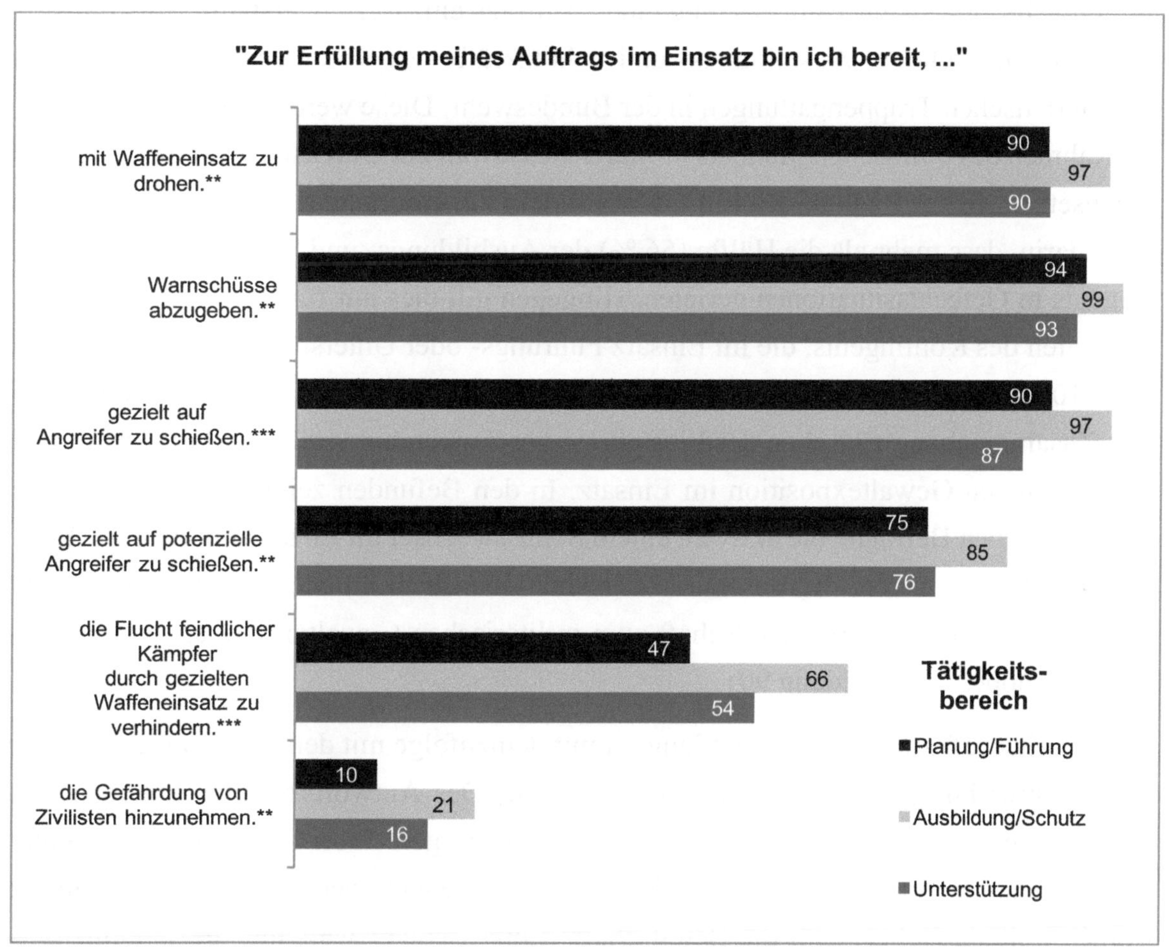

Anmerkungen: ***=höchst signifikant auf dem 0,1 %-Niveau; **=hoch signifikant auf dem 1 %-Niveau. Signifikanz nach Chi-Quadrat. Datenbasis: Befragung des 22. Kontingents ISAF durch das ZMSBw, Dezember 2012 bis März 2013 und Mai bis Oktober 2013. Angaben in Prozent.

---

[242] Zustimmung etwa zum Item „Zur Erfüllung meines Auftrags bin ich bereit, die Flucht feindlicher Kämpfer durch gezielten Waffeneinsatz zu verhindern“: Mannschaften 67 Prozent, Unteroffiziere ohne Portepee 66 Prozent, Unteroffiziere mit Portepee 54 Prozent, Offiziere 56 Prozent und Stabsoffiziere 50 Prozent. Diese Unterschiede sind nach Chi-Quadrat-Test auf einem Niveau von 5 Prozent schwach signifikant.

Zwei Drittel (66 %) der Befragten, die im Einsatz mit Ausbildungs- und Schutzaufgaben betraut waren, sind prinzipiell bereit, auch in künftigen Einsätzen die Flucht feindlicher Kämpfer durch gezielten Waffeneinsatz zu verhindern. Dies trifft dagegen auf signifikant weniger zu, die im Einsatz Unterstützungsaufgaben (54 %) hatten. Am geringsten (47 %) ist dagegen die Bereitschaft, militärische Gewalt zur Auftragsdurchsetzung anzuwenden, bei Befragten ausgeprägt, die im Einsatz Planungs- und Führungsaufgaben wahrgenommen hatten.

Der Befund, dass jene Befragten, die im Einsatz mit Ausbildungs- und Schutzaufgaben betraut waren, auch noch in der langfristigen Perspektive eine höhere Bereitschaft zeigen, militärische Gewalt zur Durchsetzung eines Auftrags einzusetzen, erstaunt jedoch insgesamt wenig. Viele der Ausbildungs- und Schutzkräfte des Kontingents zählten zu den infanteristischen Truppengattungen in der Bundeswehr. Diese werden darauf vorbereitet, im Rahmen des politischen Mandats militärische Gewalt zur Durchsetzung eines Auftrags einzusetzen. In der Realität des Einsatzes mit dem 22. Kontingent ISAF zeigte sich dies auch darin, dass mehr als die Hälfte (56 %) der Ausbildungs- und Schutzkräfte des Kontingents in Gefechtssituationen gerieten. Hingegen gilt dies nur für etwa einen von zehn Befragten des Kontingents, die im Einsatz Führungs- oder Unterstützungsaufgaben (7 % bzw. 10 %) hatten. (Abschnitt 5.3) Insgesamt weisen die Befunde dennoch auf einen engen Zusammenhang zwischen der Einstellung zur Anwendung militärischer Gewalt und der erfahrenen Gewaltexposition im Einsatz. In den Befunden zeigt sich dies teilweise auch: So geben Befragte, die aktiv an einem Schusswechsel im Einsatz mit dem 22. Kontingent beteiligt waren, die Beschuss oder eine lebensbedrohliche Situation im Einsatz erlebt haben, eine höhere Bereitschaft zum militärischen Gewalteinsatz an als die Vergleichsgruppe.[243] (Abbildung 90)

Die Bereitschaft zur Gewaltanwendung nimmt demzufolge mit den Erfahrungen direkter Gewalteinwirkung im Einsatz zu. (Abbildung 90) Das Antwortverhalten unterscheidet sich auch noch drei Jahre nach dem Einsatz zwischen gefechtserfahrenen und gefechtsunerfahrenen Befragten höchst signifikant. Dies gilt jedoch weniger für die Androhung von Gewalt als vielmehr für die Bereitschaft, militärische Gewalt auch gezielt einzusetzen.[244] Zudem sind Gefechtserfahrene häufiger als Befragte ohne diese Erfahrung (70 % im Vergleich zu 53 %) bereit, die Flucht feindlicher Kämpfer durch gezielten Waffenein-

---

[243] Die Mittelwerte der entsprechenden Items unterscheiden sich durchweg höchst signifikant auf 0,1 Prozent-Niveau.

[244] Die Unterschiede in den Verteilungen für die entsprechenden Variablen sind nach Chi-Quadrat-Test hoch signifikant auf 1 Prozent-Niveau bis höchst signifikant auf 0,1 Prozent-Niveau.

satz zu verhindern. Sie weisen zudem eine höhere persönliche Bereitschaft auf, zur Auftragserfüllung die Gefährdung von Zivilisten hinzunehmen. So ist etwa ein Viertel (26 %) der Gefechtserfahrenen bereit, Waffengewalt auch dann zur Auftragsdurchsetzung anzuwenden, wenn damit Gefahren für die Zivilbevölkerung verbunden sind, wohingegen dazu nur etwa einer von zehn (13 %) der Gefechtsunerfahrenen bereit ist. Diese teilweise ambivalente Haltung gegenüber den Einsatzregeln für eine Teilgruppe des Kontingents kann im Zusammenhang mit den Ergebnissen zur Wirksamkeit des Einsatzes sowohl als Kritik am militärischen Vorgehen der Bundeswehr im Afghanistan-Einsatz als auch als Ausdruck einer anderen Wahrnehmung der Konfliktrealität in Afghanistan verstanden werden.

Abbildung 90: Bereitschaft zur militärischen Gewaltanwendung differenziert nach Gefechtserfahrung

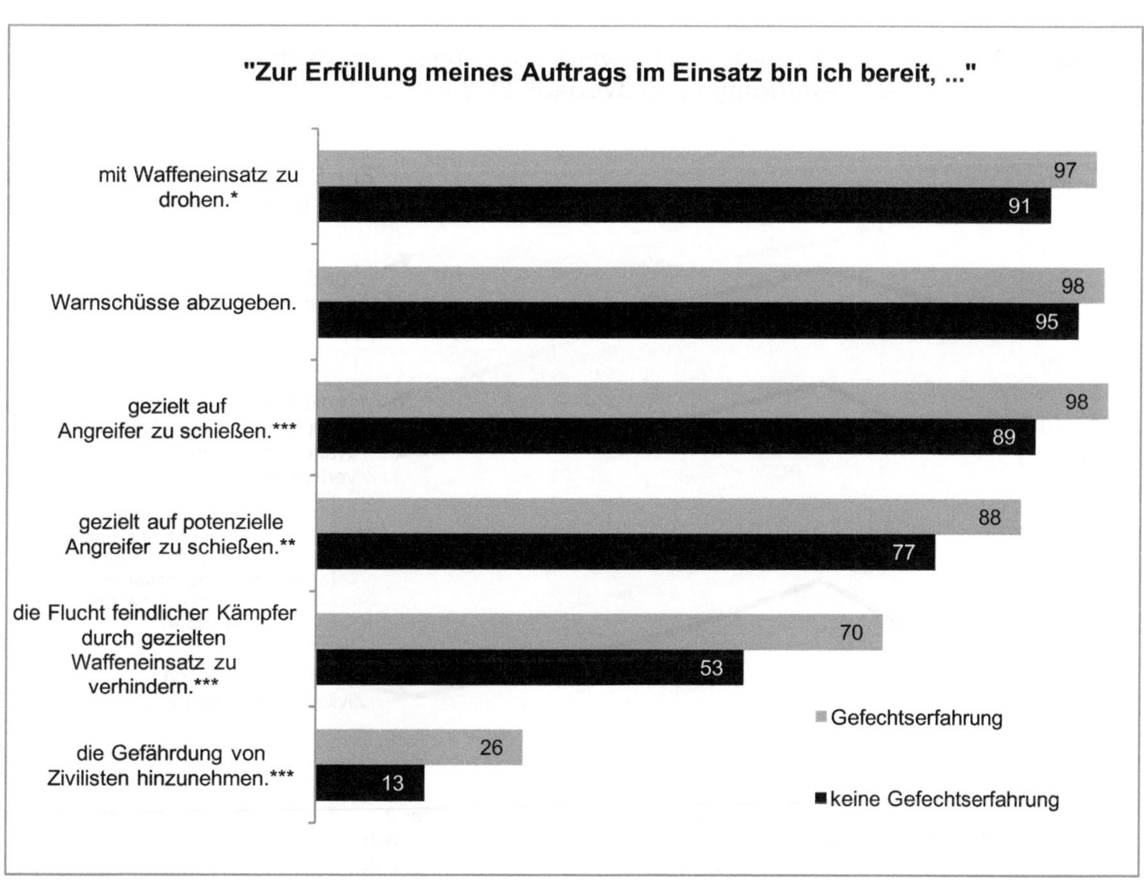

Anmerkungen: ***=höchst signifikant auf dem 0,1 %-Niveau; **=hoch signifikant auf dem 1 %-Niveau; *=signifikant auf dem 5 %-Niveau. Signifikanz nach Chi-Quadrat. Datenbasis: Befragung des 22. Kontingents ISAF durch das ZMSBw, Dezember 2012 bis März 2013 und Mai bis Oktober 2013. Angaben in Prozent.

Darauf weisen etwa die Befragungsergebnisse zum Bedrohungsempfinden im Einsatz hin. So nehmen Gefechtserfahrene auch noch drei Jahre nach der Rückkehr das Konflikt- und Sicherheitsumfeld in Afghanistan als wesentlich instabiler wahr als die Vergleichsgruppe. (Abschnitt 5.3) Hinzu kommt, dass die Bereitschaft zur Anwendung militärischer

Gewalt wesentlich mit der Einschätzung verbunden ist, dass mit dem Einsatz der Bundeswehr, auch den Menschen in Afghanistan geholfen werde.[245] Die Bereitschaft zur Anwendung militärischer Gewalt ist demnach wesentlich an Erfolgs- und Wirksamkeitskriterien rückgebunden. Insofern erstaunt es nicht, wenn speziell Gefechtserfahrene häufiger auch noch in der langfristigen Perspektive sowohl ein robustes militärisches Vorgehen der Bundeswehr befürworten als auch eine höhere Bereitschaft aufweisen, militärische Gewalt zur Auftragsdurchsetzung anzuwenden. Sie haben hohe Einsatzrisiken getragen und erwarten positive Effekte ihres Engagements.

Inwiefern sich Einstellungen zur militärischen Gewaltanwendung durch die im Einsatz gemachten Gefechtserfahrungen langfristig verändert haben, kann aus den oben beschriebenen Befunden daher nicht abgeleitet werden. Hierfür ist eine Verlaufsanalyse zu den Entwicklungen von Einstellungen zur Anwendung militärischer Gewalt notwendig.

Abbildung 91: Bereitschaft zur Gewaltanwendung differenziert nach Gefechtserfahrung im Zeitverlauf 2010 bis 2013

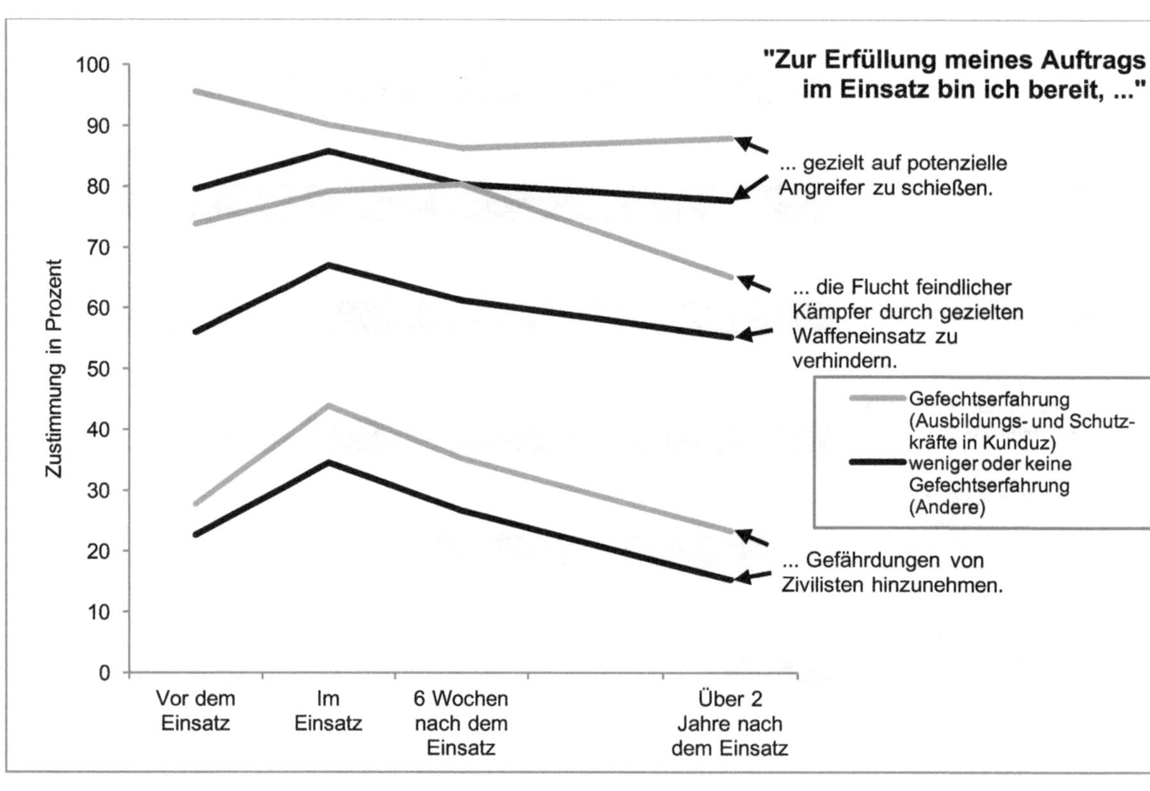

Datenbasis: Befragung des 22. Kontingents ISAF durch das ZMSBw, Januar bis März 2010, April bis Mai 2010, Juli bis Dezember 2010, Dezember 2012 bis März 2013 und Mai bis Oktober 2013.

[245] Nach Chi-Quadrat-Test höchst signifikant auf 0,1 Prozent-Niveau.

In Abbildung 91 ist die Bereitschaft zur Anwendung militärischer Gewalt zu den verschiedenen Befragungszeitpunkten (kurz vor dem Einsatz, etwa in der Mitte des Einsatzes, etwa sechs Wochen nach der Rückkehr nach Deutschland und dann nochmals fast drei Jahre nach dem Einsatz) für die Angehörigen des 22. Kontingents dargestellt.[246] Zudem wird zwischen den Gruppen der Gefechtserfahrenen und nicht Gefechtserfahrenen differenziert.[247] (Abbildung 91)

Die Bereitschaft zur Anwendung militärischer Gewalt ist demnach für das Kontingent im ISAF-Einsatz in Afghanistan im Zusammenhang mit den lebensbedrohlichen Eindrücken in Gefechten, mit Tod und Verwundung am höchsten ausgeprägt.[248] (Abbildung 91) Dies gilt in der Tendenz sowohl für Angehörige des 22. Kontingents, die im Laufe ihres Einsatzes tatsächlich in Gefechtssituationen gerieten, als auch für jene, die diese Erfahrung nicht gemacht haben. In der Einsatzbefragung des Kontingents geben 79 Prozent der gefechtserfahrenen und 67 Prozent der gefechtsunerfahrenen Befragten an, zur Auftragsdurchsetzung bereit zu sein, die Flucht feindlicher Kämpfer durch gezielten Waffeneinsatz zu verhindern. Bereits wenige Wochen nach der Rückkehr aus Afghanistan nimmt die Bereitschaft zur Anwendung militärischer Gewalt für das gesamte Kontingent tendenziell ab. Dies trifft allerdings zunächst nur auf die Gruppe der gefechtsunerfahrenen Befragten zu. So sinkt etwa die Bereitschaft, die Flucht feindlicher Kämpfer durch gezielten Waffeneinsatz zu verhindern, für die Gruppe der Befragten ohne Gefechtserfahrungen von 67 Prozent im Einsatz auf 61 Prozent wenige Wochen nach der Rückkehr aus dem Einsatz. Die Gefechtserfahrenen des Kontingents weisen dagegen unmittelbar nach der Rückkehr nach Deutschland noch eine etwa gleich hohe Bereitschaft zur Anwendung militärischer Gewalt auf wie in der Einsatzbefragung (79 % im Vergleich zu 80 %). Dies dürfte wesentlich mit der real erlebten Gewalt verbunden sein, die in der Zeit unmittelbar nach der Rückkehr aus dem Einsatz für Gefechtserfahrene nicht nur deutlich präsenter gewesen sein dürfte, sondern in dieser Zeit oft auch erst verarbeitet werden musste. (Abschnitt 6.1; 6.2) In der Langzeitperspektive verliert die Akzeptanz militärischer Gewaltanwendung aber auch für die Gefechtserfahrenen erheblich an Relevanz. Fast drei Jahre nach der Rückkehr aus dem Einsatz bewegt sich die

---

[246] An dieser Stelle muss nochmals darauf hingewiesen werden, dass es sich bei den Befragungsgruppen zu den vier Zeitpunkten (vor, während, kurz nach dem Einsatz und dann nochmals beinahe drei Jahre später) nicht um identische Stichproben handelt. (vgl. Kapitel 4) Insgesamt jedoch erscheinen die Ergebnisse robust und die dargestellte Entwicklung plausibel.

[247] Da die im Einsatz mit dem 22. Kontingent erlebte Gefechtserfahrung nicht *vor* dem Einsatz abgefragt werden konnte, wird Gefechtserfahrung in dieser Analyse mit Hilfe eines statistischen Instruments gemessen: Eine Teilgruppe mit außerordentlich hohen Anteilen an Gefechtserfahrenen – die Ausbildungs- und Schutzkräfte in Kunduz – steht stellvertretend für alle Gefechtserfahrenen. Die Vergleichsgruppe sind alle übrigen Kontingentangehörigen, die im Mittelwert sehr viel seltener über Gefechtserfahrung verfügen.

[248] Siehe zur Einsatzrealität des 22. Kontingents ISAF Abschnitt 4.3 und 4.4 der vorliegenden Studie.

Bereitschaft eines gezielten Waffeneinsatzes gegen feindliche Kämpfer sowohl für gefechtserfahrene als auch für gefechtsunerfahrene Befragte (65 % bzw. 55 % fast drei Jahre nach dem Einsatz) auf einem ähnlichen oder sogar wesentlich niedrigeren Niveau als noch wenige Wochen vor der Abreise nach Afghanistan (74 % bzw. 56 % vor dem Einsatz).

Auf der Basis dieser Befunde kann demnach nicht pauschal davon gesprochen werden, dass die Gewalterfahrungen des Einsatzes bei den Befragten langfristig zu einer höheren Bereitschaft beigetragen haben, militärische Gewalt zur Auftragsdurchsetzung anzuwenden. Weder in den Analysen zur zeitlichen Entwicklung des Auftragsverständnisses, noch in den Befunden zur persönlichen Bereitschaft, militärische Gewalt zur Auftragsdurchsetzung anzuwenden, lässt sich für das Kontingent drei Jahre nach der Rückkehr aus Afghanistan eine im Vergleich mit der Zeit vor dem Einsatz höher ausgeprägte Akzeptanz militärischer Gewalt beobachten. Die meisten Angehörigen des Kontingents weisen zwar im Einsatz und teilweise auch bereits vor der Abreise nach Afghanistan eine insgesamt hohe Bereitschaft zur Anwendung militärischer Gewalt auf. Die situativen Einflussfaktoren des Einsatzes verlieren jedoch für die Befragten schon wenige Wochen nach der Rückkehr aus Afghanistan spürbar an Bedeutung. Dies gilt zwar zunächst nur für die Gruppe der nicht gefechtserfahrenen Befragten, in der Langzeitperspektive setzt sich dieser Trend jedoch auch für die Gefechtserfahrenen des Kontingents durch. Im Vergleich mit der Zeit vor dem Einsatz sinkt fast drei Jahre später auch für die Gruppe der Gefechtserfahrenen die Bereitschaft zur Anwendung militärischer Gewalt deutlich unter das Ausgangsniveau. Fast drei Jahre nach dem Einsatz weisen weder die gefechtserfahrenen noch die gefechtsunerfahrenen Befragten eine höhere Akzeptanz militärischer Gewaltanwendung auf als wenige Wochen vor ihrer Abreise in das Einsatzland. Für Gefechtserfahrene sinkt die Bereitschaft, militärische Gewalt zur Auftragsdurchsetzung anzuwenden, sogar um etwa 10 Prozentpunkte deutlich (von 74 % vor dem Einsatz auf 65 % fast drei Jahre später) unter das Ausgangsniveau für die Zeit vor dem Einsatz. Dagegen pendelt sich die Akzeptanz zum militärischen Gewalteinsatz für die Gruppe der gefechtsunerfahrenen Befragten drei Jahre später auf demselben Niveau ein wie vor dem Einsatz (55 % im Vergleich zu 56 %). (Abbildung 91)

Insgesamt sind diese Befunde jedoch nicht so überraschend, wie sie auf den ersten Blick erscheinen: Einstellungen und Orientierungen wandeln sich meist langsam über die Zeit hin. (Einsatz-)Soldaten und Veteranen verhandeln ihre Erfahrungen zudem nicht in einem abgeschlossenen sozialen Raum, sondern die Möglichkeiten der individuellen Bearbeitung werden maßgeblich durch den gesellschaftlichen und politischen Kontext mitbestimmt. Ebenso wird umgekehrt das soziale Umfeld, in das sich (Einsatz-)Soldaten und Veteranen nach der Rückkehr wieder einfinden müssen, von ihren Erfahrungen mit beein-

Bundeskanzlerin Angela Merkel bei einem Rundgang durch das Feldlager in Kunduz am 10. Mai 2013. Die Studie zeigt deutlich, dass sich die Soldaten mehr Rückhalt und Anerkennung für den Einsatz durch die deutsche Politik und Bevölkerung wünschen.

Bundeswehr/PIZ Kunduz

flusst. (Seiffert 2014: 11) Wie sich Kampferfahrungen daher langfristig auf Einstellungen und Orientierungen auswirken, ist nicht nur von situativen Einflussfaktoren eines konkreten Einsatzes abhängig, sondern hängt ebenso von den sozialen und politischen Kontextbedingungen ab, in dem die Erfahrungen nach der Rückkehr individuell verarbeitet und kollektiv verhandelt werden. (Seiffert 2015: 241)

6.16 „Der Rückhalt fehlt einfach." – Soziale Anerkennung von Einsatzrückkehrern

In verschiedenen Befunden dieser Studie wurde bereits deutlich, dass Anerkennung und Wertschätzung für (Einsatz-)Soldaten und Veteranen wichtige soziale Ressourcen sind, um mit den Erlebnissen eines Einsatzes besser umgehen zu können. Dies gilt nicht nur für die erfahrene Wertschätzung im privaten Umfeld, sondern in ähnlicher Weise auch für die Anerkennung durch deutsche Politik und Bevölkerung. So sagen auch noch drei Jahre nach der Rückkehr 92 Prozent der Angehörigen des Kontingents, dass ihnen der Rückhalt durch die deutsche Bevölkerung für den Einsatz der Bundeswehr in Afghanistan wichtig ist. (Abschnitt 6.14) In den Debatten um das Verhältnis von Bundeswehr und Gesellschaft ist vielfach geäußert worden, dass die Bundeswehr von der Bevölkerung nicht ausreichend anerkannt werde. (Exner et al. 2013; Gerster 2014)

Diese Debatte um öffentliche Anerkennung und Wertschätzung von Einsatzrückkehrern (d.h. in dieser Studie einsatzerfahrene Soldaten und Veteranen zusammen) der Bundeswehr soll hier erstmals empirisch aus der Sicht der Betroffenen selbst fundiert werden. Wie schätzen (Einsatz-)Soldaten und Veteranen, die an einem riskanten Einsatz wie mit dem 22. Kontingent ISAF in Afghanistan teilgenommen haben, drei Jahre nach der Rückkehr die Anerkennung ein, die sie in ihrem persönlichen und dienstlichen Umfeld, aber auch von Seiten der deutschen Politik und der Bevölkerung erfahren? Welche Maßnahmen zur öffentlichen Anerkennung wünschen sie sich und wie unterscheidet sich die Sicht der Einsatzrückkehrer von den Einschätzungen in der deutschen Bevölkerung?

Im direkten militärischen und sozialen Umfeld fällt das Urteil zunächst überwiegend positiv aus: Etwa sieben von zehn Befragten sehen sich als (Einsatz-)Soldat bzw. Veteran wertgeschätzt und anerkannt durch unterstellte Soldatinnen und Soldaten (77 %), Kameradinnen und Kameraden (73 %), Familie (69 %) sowie Partnerin bzw. Partner (68 %). (Abbildung 91) Mit steigender sozialer Distanz nimmt die wahrgenommene Anerkennung dagegen sukzessive ab: Von Freunden und Bekannten sehen sich noch 49 Prozent der Befragten anerkannt, von direkten Vorgesetzten 55 Prozent und von höheren militärischen Vorgesetzten nur noch 40 Prozent. Hingegen fühlt sich jeder fünfte Einsatzrückkehrer von seinen direkten Vorgesetzten (20 %) und jeder vierte Befragte von höheren militärischen Vorgesetzten (26 %) als (Einsatz-)Soldat bzw. Veteran nicht anerkannt und wertgeschätzt. (Abschnitt 6.12)

Wesentlich negativer fällt das Urteil im Hinblick auf die erfahrene Anerkennung durch die deutsche Politik und Bevölkerung aus: Durch die deutsche Bevölkerung fühlen sich nur 8 Prozent der Befragten anerkannt und wertgeschätzt, im Falle der Politik, konkret wurde nach der Anerkennung durch Bundesregierung und Deutschen Bundestag gefragt, fühlt sich lediglich einer von zehn (10 %) Befragten als (Einsatz-)Soldat bzw. Veteran wertgeschätzt und anerkannt. Demgegenüber sehen sich 61 Prozent bzw. 65 Prozent des Kontingents von der deutschen Politik bzw. der deutschen Bevölkerung nicht anerkannt.

Abbildung 91: Empfundene Anerkennung und Wertschätzung von (Einsatz-)Soldaten und Veteranen

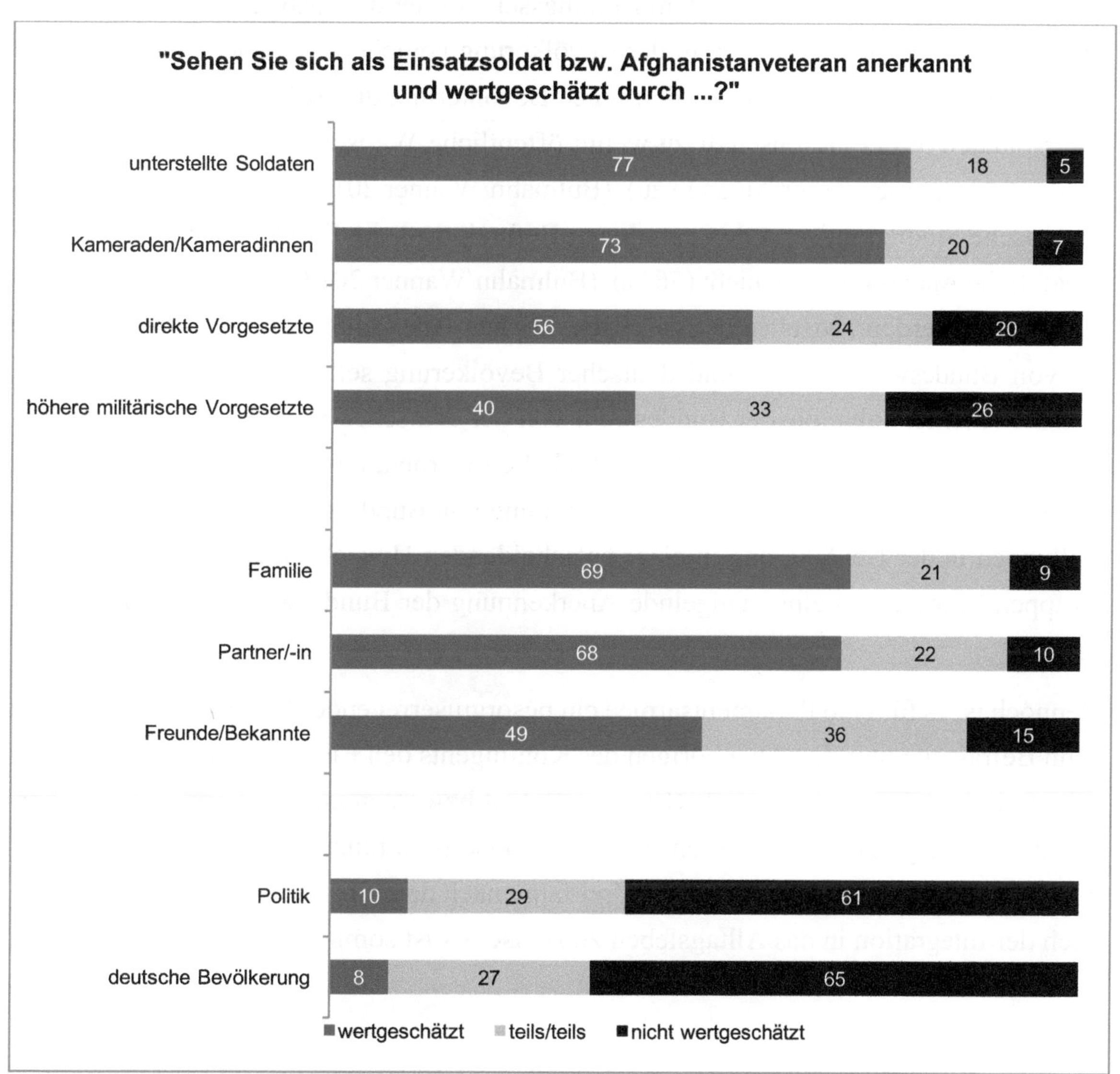

Datenbasis: Befragung des 22. Kontingents ISAF durch das ZMSBw, Dezember 2012 bis März 2013 und Mai bis Oktober 2013. Angaben in Prozent. Für Veteranen beziehen sich die Fragen auf den letzten Dienstposten in der Bundeswehr.

Hierbei fällt auf, dass die größten Unterschiede in der wahrgenommenen Anerkennung nicht zwischen dem privaten und dienstlichen Bereich auftreten: So wird beispielsweise die Anerkennung durch Kameradinnen und Kameraden nur geringfügig höher eingeschätzt als durch Angehörige und Freunde. Entscheidend ist vielmehr die soziale Nähe bzw. Distanz zum jeweils angefragten Personenkreis. Je größer die soziale Distanz zwischen Einsatzrückkehrern und der jeweiligen Gruppe ausfällt, desto weniger Anerkennung und Wertschätzung wird von ihnen wahrgenommen.

Unterscheiden sich die Soldaten und Veteranen des Kontingents in diesen Einschätzungen von jenen der Bevölkerung? Hinweise darauf lassen sich in Bevölkerungsumfragen finden, in denen sich zeigt, dass die deutsche Politik, das heißt Bundesregierung und politische Parteien, im Vergleich zu anderen öffentlichen Einrichtungen und Institutionen in Deutschland etwa der Polizei, dem Bildungssektor oder der Justiz regelmäßig deutlich weniger Ansehen und Vertrauen in der Bevölkerung genießen. (Wanner/Bulmahn 2013: 28) Zudem teilt eine Mehrheit der deutschen Bevölkerung die Auffassung, dass Bundeswehrsoldaten in der Gesellschaft zu wenig öffentliche Wertschätzung entgegengebracht wird (55 % stimmen dieser Aussage zu). (Bulmahn/Wanner 2013: 47) Gleichzeitig zeigen empirische Studien unisono den paradoxen Befund, dass die Bundeswehr in der Gesellschaft hohe Anerkennung genießt (56 %). (Bulmahn/Wanner 2013: 43) Es muss somit unterschieden werden zwischen der gesellschaftlichen Anerkennung der Bundeswehr, wie sie von Bundeswehrsoldaten und deutscher Bevölkerung selber wahrgenommen wird, und der Anerkennung, die der Bundeswehr von der deutschen Bevölkerung entgegengebracht wird.[249] Insgesamt kann dabei festgehalten werden, dass die Einschätzungen der Einsatzrückkehrer zur öffentlichen Wahrnehmung von Bundeswehrsoldaten mit den Einstellungen in der Bevölkerung in einer entscheidenden Hinsicht übereinstimmen: Beide Gruppen beanstanden eine mangelnde Anerkennung der Bundeswehr durch die Gesellschaft.

Dennoch ist es für eine Parlamentsarmee ein besorgniserregender Befund, dass sechs von zehn Befragten unter den Angehörigen des Kontingents den Eindruck haben, durch deutsche Politik und Bevölkerung als (Einsatz-)Soldat bzw. Veteran nicht ausreichend anerkannt und wertgeschätzt zu werden. Verschärfend kommt hinzu, dass dieses Stimmungsbild die Einschätzungen der Befragten drei Jahre nach dem Einsatz wiedergibt, also lange nach der Integration in das Alltagsleben zu Hause. Es ist somit kaum davon auszugehen,

[249] Das Phänomen, dass Menschen ungerechtfertigte Annahmen über die Einstellungen ihrer Mitmenschen treffen, ist in der Forschung auch als Pluralistische Ignoranz bekannt. (Wanner 2016)

dass die von den Befragten geäußerten Meinungen affektiv, unter dem unmittelbaren Eindruck der Einsatzrealität in Afghanistan zustande kamen. Vielmehr sind diese Bewertungen das Resultat eines Verarbeitungsprozesses von Einsatzerfahrungen.

Die erfahrene Anerkennung und Wertschätzung ist dabei eng mit der sozialen Integration von Einsatzrückkehrern verbunden. (Seiffert 2014: 11) In den weiteren Analysen der Daten zeigt sich so, dass die im privaten und dienstlichen Nahumfeld erlebte Anerkennung und Wertschätzung in engem Zusammenhang sowohl mit der soldatischen Motivation und der Identifikation mit der Bundeswehr als auch mit dem persönlichen Wohlbefinden der Befragten steht. Angehörige des Kontingents, die in der Befragung drei Jahre später etwa angeben, sich durch die Familie als (Einsatz-)Soldat bzw. Veteran anerkannt und wertgeschätzt zu fühlen, berichten fast drei Jahre nach dem Einsatz häufiger nicht nur von einer hohen soldatischen Motivation (74 % hohe Motivation für Soldaten, die sich wertgeschätzt fühlen, gegenüber 61 %, die sich nicht wertgeschätzt fühlen) und einer engen Bindung an die Bundeswehr (76 % enge Bindung für Einsatzrückkehrer, die sich wertgeschätzt fühlen, gegenüber 62 %), sondern auch von einem wesentlich besseren persönlichen Wohlbefinden (79 % hohes persönliches Wohlbefinden für Einsatzrückkehrer, die sich wertgeschätzt fühlen, gegenüber 67 %).[250]

Im Gegensatz dazu spielt die Anerkennung durch Politik und Bevölkerung zwar eine geringere Rolle für das persönliche Wohlbefinden der Befragten, wirkt sich jedoch deutlich auf die soldatische Motivation aus. So berichten Befragte, die sich durch die deutsche Bevölkerung und die Politik als (Einsatz-)Soldat bzw. Veteran anerkannt fühlen, auch noch drei Jahre nach dem Einsatz signifikant häufiger von einer hohen soldatischen Motivation (84 % bzw. 80 % gegenüber jeweils 68 % für Befragte, die sich durch deutsche Bevölkerung oder Politik nicht wertgeschätzt fühlen). Die durch die deutsche Politik erfahrene Anerkennung ist zudem eng mit der Identifikation mit der Bundeswehr sowie mit dem Einsatz verbunden (90 % gegenüber 80 %).[251] Soziale Anerkennung und Wertschätzung können demnach als wirkmächtig eingeschätzt werden: Sie können nicht nur als soziale Ressource zur Bewältigung einschneidender Erlebnisse fungieren, sondern haben offenbar auch eine wichtige Funktion für die soziale Integration von Einsatzrückkehrern.

---

[250] Weitgehend identische Zusammenhänge gelten ebenso für die Anerkennung durch Partner, Freunde und Verwandte, direkte Vorgesetzte, Kameraden, unterstellte Soldaten, aber auch höhere militärische Vorgesetzten. Sämtliche Zusammenhänge nach Chi-Quadrat-Test höchst signifikant auf 0,1 Prozent-Niveau.

[251] Sämtliche Zusammenhänge nach Chi-Quadrat-Test höchst signifikant auf 1 Prozent-Niveau.

Insofern erstaunt es nicht, dass die wechselseitige Wertschätzung unter Gefechtserfahrenen wesentlich stärker ausgeprägt ist als für die Vergleichsgruppe. Die in der militärischen Bezugsgruppe erfahrene Anerkennung und Unterstützung ist offenbar ein wesentlicher Faktor für eine gelingende Verarbeitung von einschneidenden Einsatzerlebnissen. (Seiffert 2014: 7)

Abbildung 92: Wahrgenommene Anerkennung und Wertschätzung von Einsatzrückkehrern differenziert nach Gefechtserfahrung

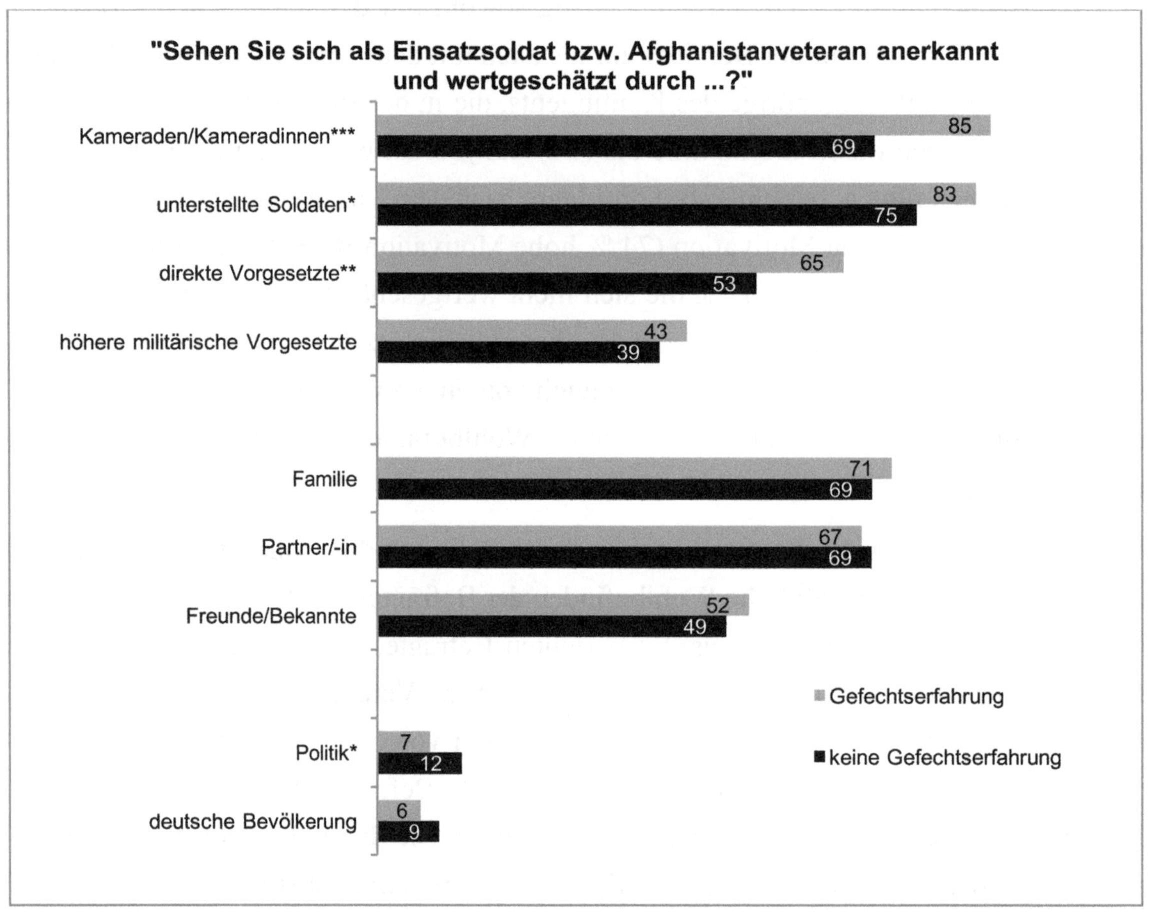

Anmerkungen: ***=höchst signifikant auf 0,1 %-Niveau; **=hoch signifikant auf dem 1 %-Niveau; *=signifikant auf dem 5 %-Niveau. Signifikanz nach Chi-Quadrat. Datenbasis: Befragung des 22. Kontingents ISAF durch das ZMSBw, Dezember 2012 bis März 2013 und Mai bis Oktober 2013. Angaben in Prozent. Für Veteranen beziehen sich die Fragen auf den letzten Dienstposten in der Bundeswehr.

So schätzen gefechtserfahrene Befragte die Wertschätzung durch Kameraden, direkte Vorgesetzte und unterstellte Soldaten wesentlich höher ein als Befragte ohne diese Erfahrung. Während 85 Prozent der Gefechtserfahrenen hohe Wertschätzung durch Kameraden erfahren, liegt dieser Wert für die Vergleichsgruppe bei 69 Prozent.[252] (Abbildung 92) Ähnlich hoch fallen die Unterschiede in der wahrgenommenen Anerkennung durch un-

[252] Nach Chi-Quadrat-Test höchst signifikant auf 0,1 Prozent-Niveau.

mittelbare Vorgesetzte aus (65 % bei Gefechtserfahrenen gegenüber 53 % für die Vergleichsgruppe).[253] (Abschnitt 6.12)

Diese Ergebnisse korrespondieren mit an anderer Stelle der Studie bereits ausgeführten Befunden, in denen sich ebenfalls zeigte, dass gefechtserfahrene Befragte einen wesentlich engeren sozialen Zusammenhalt untereinander aufrechterhalten als Befragte ohne diese Erfahrung. (Abschnitt 6.12) Bemerkenswert ist zudem, dass die wahrgenommene Wertschätzung durch Vorgesetzte auch bei jüngeren Befragten, Mannschaften und unter Männern höher ausgeprägt ist als für die jeweiligen Vergleichsgruppen. Auch dieser Befund dürfte in einem engen Zusammenhang mit den Erfahrungen des Einsatzes stehen. So befinden sich unter Gefechtserfahrenen wesentlich mehr Jüngere, Mannschaften und Männer des Kontingents. Gleichzeitig schätzen Gefechtserfahrene die erfahrene Anerkennung durch die deutsche Politik noch skeptischer ein als gefechtsunerfahrene Befragte: Es sind lediglich 7 Prozent der Gefechtserfahrenen, die die Wertschätzung von (Einsatz-)Soldaten bzw. Veteranen durch die Politik als angemessen empfinden gegenüber 12 Prozent der Vergleichsgruppe. Diese Unterschiede in der Verteilung sind jedoch statistisch nur schwach signifikant ausgeprägt. Dennoch sind dies für die wahrgenommene Anerkennung von (Einsatz-)Soldaten und Veteranen sowohl durch die deutsche Politik als auch durch die deutsche Bevölkerung insgesamt erstaunlich geringe Werte.

Bemerkenswert ist zudem, dass sich die bereits aus der Bundeswehr ausgeschiedenen Angehörigen des Kontingents nicht wesentlich weniger durch ihr soziales Umfeld sowie durch die deutsche Politik und Bevölkerung anerkannt fühlen als die Gruppe der noch aktiven Soldatinnen und Soldaten des Kontingents. Die wahrgenommene Wertschätzung durch direkte Vorgesetzte, durch höhere militärische Vorgesetzte sowie Kameradinnen und Kameraden fällt für Veteranen sogar höher aus als für die Gruppe der noch aktiven Soldatinnen und Soldaten des Kontingents. So fühlen sich etwa zwei Drittel der bereits aus dem Dienst bei der Bundeswehr ausgeschiedenen Kontingentangehörigen durch ihren letzten unmittelbaren Vorgesetzten als Veteran anerkannt und wertgeschätzt (67 %) gegenüber nur etwa der Hälfte in der Gruppe der noch aktiven Soldatinnen und Soldaten (49 %) des Kontingents.[254] Die erfahrene Anerkennung durch die deutsche Bevölkerung wird unter Veteranen ebenfalls, wenn auch auf niedrigem Niveau, etwas positiver bewertet als von Soldaten (10 % gegenüber 7 % bei Soldaten)[255]. Die erfahrene Anerkennung durch die deutsche Politik schätzen Veteranen dagegen mehrheitlich ähnlich pessimistisch ein wie (Einsatz-)Sol-

[253] Nach Chi-Quadrat-Test hoch signifikant auf 1 Prozent-Niveau.
[254] Nach Chi-Quadrat-Test höchst signifikant auf 0,1 Prozent-Niveau.
[255] Nach Chi-Quadrat-Test schwach signifikant auf 5 Prozent-Niveau.

daten. Diese Unterschiede können zum Teil auch auf die jüngere Altersstruktur der Veteranengruppe zurückgeführt werden. Bis auf die im Vorangegangenen dargelegten Differenzen zeigen sich zwischen unterschiedlichen Alters-, Dienstgrad- und Statusgruppen aber keine weiteren grundlegend verschiedenen Einschätzungen der erfahrenen Wertschätzung und Anerkennung. Die Anerkennungswerte sind offenbar relativ gleichmäßig über die Gruppe der Befragten verteilt.

Im Kontext des ISAF-Einsatzes ist in den Jahren danach nicht nur der Diskurs über eine Anerkennungspolitik für (Einsatz-)Soldaten und Veteranen der Bundeswehr breiter und vernehmbarer geworden, es wurden zudem Maßnahmen zur öffentlichen Wertschätzung und Unterstützung für (Einsatz-)Soldaten und Veteranen diskutiert. Der insgesamt skeptische Blick der Befragten auf die empfundene Anerkennung durch deutsche Politik und Bevölkerung führt zu der Frage, welche praktische Unterstützung und öffentliche Wertschätzung sie sich selber von Politik und Gesellschaft wünschen. Zudem lohnt eine vergleichende Analyse, wie entsprechende Maßnahmen von der deutschen Bevölkerung wahrgenommen werden. Zwei wesentliche Erkenntnisse lassen sich aus den empirischen Befunden gewinnen: Erstens unterstützt eine Mehrheit sowohl in der deutschen Bevölkerung als auch unter den Soldaten und Veteranen eine Veteranenpolitik der Bundeswehr für mehr öffentliche Wertschätzung und praktische Unterstützung für Einsatzrückkehrer. Zweitens finden symbolische Maßnahmen, etwa in Form öffentlicher Ehrungen, wesentlich geringere Zustimmung als soziale und medizinische Angebote. In diesen Einschätzungen unterscheiden sich (Einsatz-)Soldaten und Veteranen auch nicht wesentlich von der Bevölkerung; die Zustimmung und Ablehnung zu einzelnen Maßnahmen fällt zwischen Kontingent und deutscher Bevölkerung ähnlich aus, wobei die Zustimmung zu symbolischen Maßnahmen überraschenderweise in der deutschen Bevölkerung höher ausgeprägt ist.

Am häufigsten wird sowohl von den Angehörigen des Kontingents als auch von der deutschen Bevölkerung eine verbesserte medizinische Versorgung von psychisch verletzten oder körperlich versehrten (Einsatz-)Soldaten und Veteranen gefordert (99 % unter Soldaten des Kontingents, 98 % unter Veteranen des Kontingents, 93 % in der Bevölkerung).[256] (Abbildung 93) Eine hohe Zustimmung erhalten auch soziale Maßnahmen zur Betreuung und Versorgung von Familienangehörigen von Einsatzrückkehrern und Hinterbliebenen (82 % Zustimmung Soldaten des Kontingents und 73 % Zustimmung unter Veteranen des Kontingents; 77 % Zustimmung in der Bevölkerung).

---

256 Die hier dargestellten Ergebnisse zur Haltung der deutschen Bevölkerung gegenüber möglichen Maßnahmen zur Unterstützung und Wertschätzung von (Einsatz-)Soldaten und Veteranen wurden an anderer Stelle bereits veröffentlicht. (Bulmahn 2012: 37–39) Durch unterschiedliche Gewichtung weichen die dortigen Ergebnisse von den Angaben in dieser Studie leicht ab.

Abbildung 93: Maßnahmen zur Wertschätzung und Unterstützung von Einsatzrückkehrern

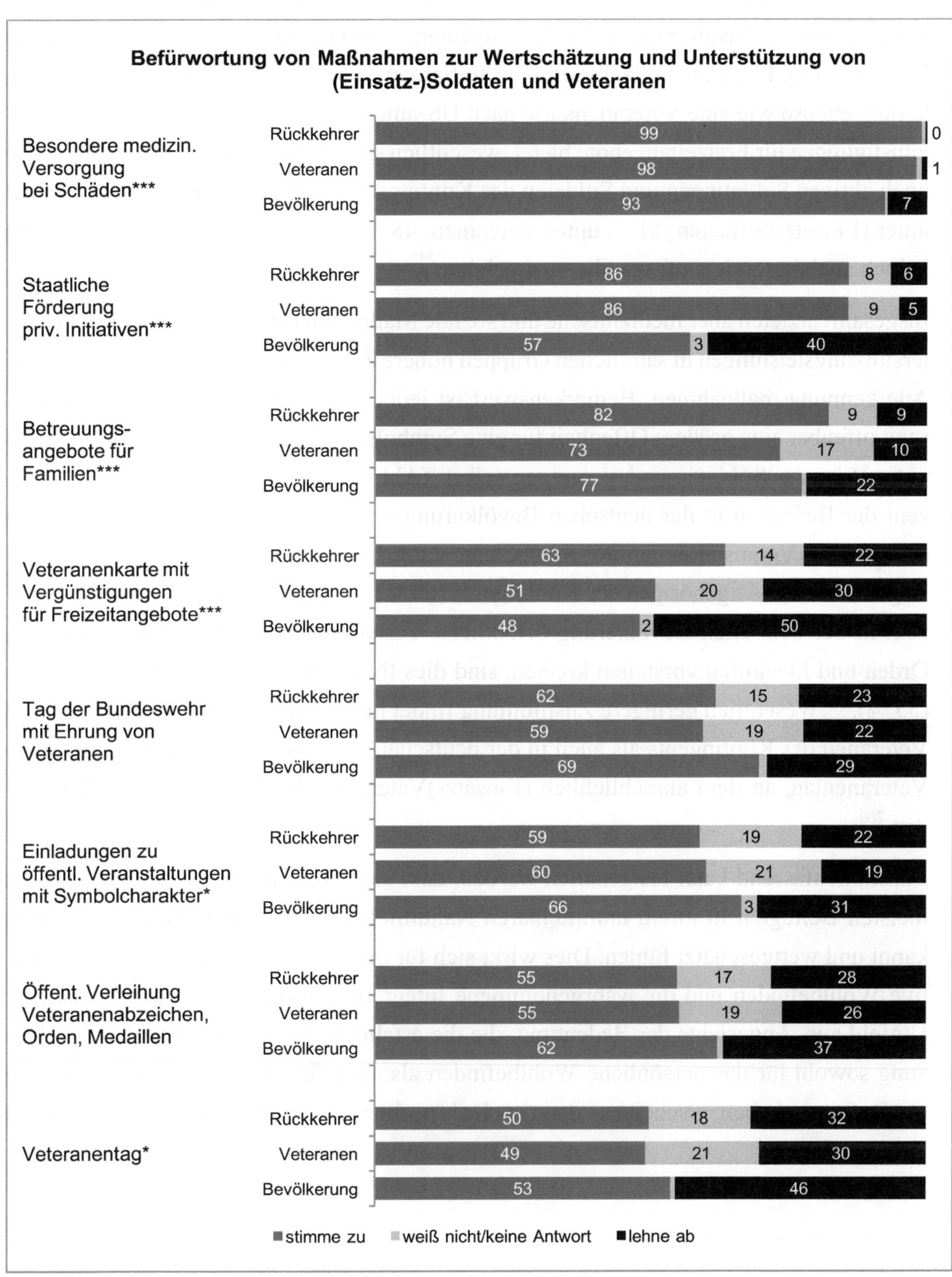

Anmerkungen: ***=höchst signifikant auf 0,1 %-Niveau; *=signifikant auf dem 5 %-Niveau. Signifikanz nach Chi-Quadrat. Signifikanzen berechnet ohne Kategorie „weiß nicht/keine Antwort". Werte der Kategorie teilweise zur besseren Lesbarkeit nicht dargestellt. Datenbasis: Befragung des 22. Kontingents ISAF durch das ZMSBw, Dezember 2012 bis März 2013 und Mai bis Oktober 2013. Befragung der deutschen Bevölkerung durch das ZMSBw, Juli bis September 2012. Angaben in Prozent.

Die Angehörigen des Kontingents wünschen sich zudem häufig eine staatliche Förderung von privaten Initiativen zur Unterstützung von Einsatzrückkehrern wie der „Gelben Schleife" (86 % Zustimmung unter Kontingentangehörigen im Vergleich zu 57 % in der Bevölkerung). Die Unterstützung privater Initiativen sehen hingegen viele in der Bevölkerung ebenso wie eine Veteranenkarte nach US-amerikanischem Vorbild, die etwa Vergünstigungen für Freizeitangebote bietet, wesentlich skeptischer. Häufiger wird diese von noch aktiven Soldatinnen und Soldaten des Kontingents befürwortet (63 % Zustimmung unter (Einsatz-)Soldaten, 51 % unter Veteranen, 48 % in der Bevölkerung), gleichzeitig jedoch auch besonders oft von ihnen abgelehnt.[257]

Insgesamt erzielen aber medizinische und soziale Maßnahmen ebenso wie finanzielle Unterstützungsleistungen in sämtlichen Gruppen höhere Zustimmungswerte als symbolische Anerkennungsmaßnahmen. Bemerkenswert ist jedoch, dass in der deutschen Bevölkerung offenbar eine größere Offenheit für eine Symbolpolitik der Anerkennung besteht als unter (Einsatz-)Soldaten und Veteranen selbst. (Abbildung 93) So befürworten 66 Prozent der Befragten in der deutschen Bevölkerung etwa Einladungen von Veteranen zu öffentlichen Veranstaltungen mit Symbolcharakter, hingegen trifft dies auf weniger Befragte unter den Angehörigen des Kontingents (60 %) zu.[258] Während sich zudem 62 Prozent in der deutschen Bevölkerung öffentliche Verleihungen von Veteranenabzeichen, Orden und Medaillen vorstellen können, sind dies für das Kontingent ebenfalls weniger (55 %).[259] Wesentlich geringere Zustimmung findet hingegen sowohl unter Soldaten und Veteranen des Kontingents als auch in der deutschen Bevölkerung (50 % und 53 %) ein Veteranentag, an dem ausschließlich (Einsatz-)Veteranen der Bundeswehr geehrt werden.[260]

Zusammenfassend kann festgehalten werden, dass sich drei Jahre nach dem Einsatz die meisten Befragten in ihrem unmittelbaren Nahumfeld als Afghanistanrückkehrer anerkannt und wertgeschätzt fühlen. Dies wirkt sich für die Befragten positiv auf das subjektive Wohlbefinden und die wahrgenommene Integration in das private und dienstliche Umfeld aus. Angesichts der Bedeutung, die die erfahrene Anerkennung und Wertschätzung sowohl für das persönliche Wohlbefinden als auch für die soldatische Motivation der Befragten haben, erscheint es dann auch als problematisch, dass sich nur jeder Zehnte

[257] Sämtliche in diesem Absatz erwähnten Unterschiede in den Zustimmungsraten sind nach Chi-Quadrat-Test höchst signifikant auf 0,1 Prozent-Niveau.
[258] Nach Chi-Quadrat-Test schwach signifikant auf 5 Prozent-Niveau.
[259] Nach Chi-Quadrat-Test nicht signifikant.
[260] Nach Chi-Quadrat-Test schwach signifikant auf 5 Prozent-Niveau.

unter den Angehörigen des Kontingents durch die deutsche Politik und Bevölkerung ausreichend anerkannt und wertgeschätzt fühlt. Mehrheitlich unterstützen die Soldaten und Veteranen des Kontingents dabei ebenso wie die meisten der deutschen Bevölkerung eine Anerkennungspolitik für Einsatzrückkehrer der Bundeswehr. Eine primär symbolische Veteranenpolitik, wie wir sie aus anderen Ländern – allen voran den USA – kennen, befürworten jedoch weder die Soldaten und Veteranen des Kontingents noch die deutsche Bevölkerung. Tendenziell stehen die Angehörigen des Kontingents symbolischen Handlungen der öffentlichen Wertschätzung von (Einsatz-)Soldaten und Veteranen sogar skeptischer gegenüber als die deutsche Bevölkerung. Häufiger wünschen sie sich stattdessen verbesserte soziale und medizinische Maßnahmen zur Betreuung und Versorgung von psychisch verletzten oder versehrten Einsatzrückkehrern und deren Familien sowie von Hinterbliebenen. Viele wollen offenbar weder als Opfer noch als Helden stilisiert werden; weitaus wichtiger scheint den meisten neben der öffentlichen Wahrnehmung und Anerkennung des im Einsatz Geleisteten, die Unterstützung ihrer Familien und Angehörigen sowie der politische und gesellschaftliche Rückhalt für die Einsätze zu sein.

7 Zusammenfassende Bemerkungen

Die vorliegende Studie basiert auf Befunden, die im Rahmen der sozialwissenschaftlichen Langzeitbefragung von (Einsatz-)Soldaten und Veteranen des 22. Kontingents ISAF gewonnen wurden. Die Angaben der Befragten spiegeln ihre Erfahrungen überwiegend knapp drei Jahre nach der Rückkehr aus dem ISAF-Einsatz in Afghanistan wider. Sehr deutlich wird dabei: In Deutschland hat sich eine neue Gruppe von Soldaten und Veteranen herausgebildet, deren Selbstbild und Motivation wesentlich durch die Erfahrungen des Afghanistan-Einsatzes geprägt wird. Für viele Soldaten und Veteranen dieser Generation Einsatz der Bundeswehr sind die internationalen Missionen zur Krisenbewältigung längst Normalität geworden. Sie leben mit den Anforderungen, Belastungen und Härten, die damit einhergehen. In der Realität ist Einsatz für sie aber nicht gleich Einsatz. Die Einsatzwirklichkeiten differenzieren sich für sie in Form eines Patchworks unterschiedlicher Erfahrungswelten, die abhängig von der Aufgabe und dem Einsatzort erheblich variieren.

Viele Angehörige des 22. Kontingents ISAF zählten schon vor ihrem Einsatz in Afghanistan zu den Einsatzerfahrenen der Bundeswehr; dennoch verfügten nur die wenigsten von ihnen über Gefechtserfahrungen. Das ist auch nicht verwunderlich, schließlich sind Kampfeinsätze für die Bundeswehr eher die Ausnahme. Die Einsatzrealität für das 22. Kontingent ISAF war geprägt durch Gefechte, Hinterhalte und Anschläge. Am Ende des Einsatzes blickte das Kontingent auf schwerwiegende Erfahrungen mit direkter und indirekter Gewalt zurück. So etwas hatte es in einem solchen Ausmaß und Umfang zuvor für die Bundeswehr noch nicht gegeben. Freilich war nicht jeder Angehörige des Kontingents auch mit den gleichen Belastungen, Anforderungen und Gefahren im Einsatz konfrontiert. Mit ständiger Bedrohung, häufig auch mit Anschlägen und Gefechten, mussten vor allem Ausbildungs- und Schutzkräfte zurechtkommen. Zu dieser Gruppe, die sich überwiegend außerhalb der militärischen Feldlager bewegte und regelmäßigen Kontakt zur Zivilbevölkerung sowie zu afghanischen Sicherheitskräften hatte, zählen wesentlich mehr Jüngere und niedrigere Dienstgrade bis zur Ebene Kompaniechef. Mit eher geringen persönlichen Freiräumen und alltäglichen Routinen der multinationalen Feldlagergemeinschaft waren besonders Planungs-, Führungs- und Unterstützungskräfte konfrontiert. In dieser Gruppe finden sich mehr erfahrene und höhere Dienstgrade. Beide Einsatzwelten sind für Bundeswehrsoldaten extrem herausfordernd, sie verlangen nach der Rückkehr aus dem Einsatz eine ganz andere Art der Bewältigung und Unterstützung.

Bundeswehrsoldaten sind am 3. Oktober 2013 im Feldlager Kunduz zum Tag der Deutschen Einheit angetreten. Nach der offiziellen Übergabe des Feldlagers an die Afghanische Armee und die Afghanische Bereitschaftspolizei sollen die letzten verbliebenen deutschen Soldaten aus dem Camp abziehen. Wie kein anderer Einsatz hat Afghanistan die Bundeswehr verändert. Was von den Erfahrungen im Gedächtnis der Bundeswehr erhalten bleibt, muss die Zeit zeigen. *picture alliance/Michael Kappeler*

Die Verarbeitung der Erlebnisse gelingt vielen (Einsatz-)Soldaten und Veteranen des Kontingents in der Selbsteinschätzung ohne bleibende Schwierigkeiten. Die meisten kommen drei Jahre nach der Rückkehr mit den Belastungen des Einsatzes überwiegend gut zurecht. Für viele lassen sich die Erfahrungen dennoch nicht so einfach abhaken; sie prägen und sie verändern. Persönliche Veränderungen stellen für die Soldaten und Veteranen des Kontingents fast drei Jahre nach dem Einsatz nicht eine Ausnahme, sondern die Regel dar. Die wahrgenommenen Veränderungen fallen jedoch hinsichtlich des Ausmaßes und der Bewertung individuell höchst unterschiedlich aus. Sie betreffen verschiedene Lebensbereiche, die eigene Person, die Paarbeziehung oder das Verhältnis zu den Kindern, berufsbezogene Fähigkeiten und Kompetenzen ebenso wie Wertvorstellungen.

Besonders die erfahrungsbezogenen Entwicklungen der eigenen Person werden von den meisten des Kontingents positiv erlebt. Viele haben den Eindruck an ihren Erfahrungen persönlich gewachsen zu sein. Sie berichten von einem gestärkten Selbstbewusstsein, mehr Gelassenheit und einer höheren Wertschätzung des Lebens. Nicht wenige fühlen sich seit dem Einsatz psychisch belastbarer. Für Jüngere und Gefechtserfahrene ebenso wie für Veteranen ist diese Entwicklung sogar stärker ausgeprägt. Dies gilt jedoch nicht für alle im selben Maße. Ein Teil fühlt sich auch noch drei Jahre später fremd im eigenen Leben und berichtet von anhaltenden seelischen oder körperlichen Verwundungen. Beunruhigend ist hierbei weniger die Häufigkeit psychischer und physischer Spätfolgen – vergleichsweise wenige des Kontingents geben entsprechende Beeinträchtigungen an –, gravierender ist vielmehr, dass die Betroffenen häufiger noch weitere Einschränkungen ihrer Lebensqualität hinnehmen müssen. Kommt es etwa zur Beendigung einer partnerschaftlichen Beziehung, so muss nicht nur die Trennung als solche bewältigt werden. Es fehlt auch das Gegenüber, die „soziale Ressource", der bei der erfolgreichen Bewältigung von Einsatzerlebnissen eine wichtige Rolle zukommt. Auch die Folgen eines stark gestiegenen Alkoholkonsums dürfen nicht unterschätzt werden.

Die Veränderungen auf negative Folgen perspektivisch verengen zu wollen, trifft aber nicht die Lebensrealität vieler (Einsatz-)Soldaten und Veteranen. Mit dem Einsatz im 22. Kontingent ISAF wird im Gegenteil auch viel Positives verbunden. Sich in Erfüllung des Dienstes im Einsatz selbst gefährlichsten Situationen gestellt und diese gut überstanden, gemeinschaftliche Verbundenheit mit Kameraden erlebt und die oft schwierige Heimkehr gemeinsam mit der Familie gemeistert zu haben, das sind Erfahrungen die bei den meisten (Einsatz-)Soldaten und Veteranen haften bleiben. Besonders für das Selbstbild der Jüngeren und Gefechtserfahrenen, aber auch für viele andere des Kontingents, bleiben die Erfahrungen des Einsatzes prägend.

Der Einsatz im 22. Kontingent ISAF hat daher für die meisten Soldaten und Veteranen auch noch drei Jahre später erhebliches Identifikationspotenzial. Ein Großteil der Befragten blickt mit Stolz auf den zurückliegenden Einsatz. Die hohe Identifikation mit dem Einsatz wirkt langfristig positiv auf das Selbst- und Berufsverständnis. Viele Angehörige des Kontingents fühlen sich eng mit der Bundeswehr und dem Soldatenberuf verbunden. Eine Mehrheit der Veteranen wäre zudem gerne als Soldat bei der Bundeswehr geblieben. Eine hohe Identifikation und enge Verbundenheit schließt Kritik an einem konkreten Einsatz oder am militärischen Vorgehen nicht aus. Die Einsätze zur internationalen Krisenbewältigung sind für die meisten längst Kernbestandteil ihres Selbstverständnisses. Das erklärt wesentlich auch die hohe Einsatzbereitschaft. Eine Mehrheit der noch aktiven Soldatinnen und Soldaten des Kontingents ist bereit, sich freiwillig erneut für einen Auslandseinsatz wie in Afghanistan zu melden – trotz der teilweise schwerwiegenden Gewalterfahrungen im Einsatz mit dem 22. Kontingent.

Nicht wenige würden sogar gegen den Willen der Familie nochmals in einen Einsatz gehen. Dies spricht aber nicht gegen eine enge familiäre Bindung; im Gegenteil: Die Familie hat für die Lebenswelt von (Einsatz-)Soldaten und Veteranen eine herausgehobene Bedeutung. Nicht selten sind die familiären Bindungen nach dem Einsatz sogar gewachsen. Das zeigt sich drei Jahre nach dem Einsatz nicht nur in einer ausgeprägten Familienorientierung für die Soldaten und Veteranen des Kontingents, sondern auch darin, dass der mit Abstand am häufigsten genannte Grund, der gegen eine neuerliche Einsatzteilnahme spricht, die lange Abwesenheit von Familie und Partner ist.

Auch wenn die Soldaten und Veteranen nach der Rückkehr aus dem Einsatz mehrheitlich schnell wieder in das private Leben zu Hause zurückgefunden haben, so sind die Belastungen für Einsatzrückkehrer und ihre Familien doch erheblich. Besonders die unmittelbare Zeit nach der Rückkehr aus dem Einsatz stellte für viele (Einsatz-)Soldaten und Veteranen eine große Herausforderung dar. Im Einsatz waren sie über Monate in die täglichen Routinen und in ihre militärische Gruppe eingebunden, wieder zu Hause sehen sie sich nahezu gleichzeitig mit einer Vielzahl ganz unterschiedlicher privater und dienstlicher bzw. beruflicher Anforderungen konfrontiert. Das stellte alle Seiten auf eine große Belastungsprobe. In dieser Zeit traten dann auch vermehrt Partnerschaftsprobleme oder Schwierigkeiten mit den Kindern auf. Um die schwierige Heimkehr gemeinsam mit der Familie besser meistern zu können, wünschen sich daher viele (Einsatz-)Soldaten mehr Zeit mit der Familie nach der Rückkehr sowie mehr Unterstützung durch Vorgesetzte und die Teileinheit bzw. den Verband. Dies betrifft vor allem mehr Hilfen für ihre Familien. Den Veteranen fehlt dagegen häufiger der Austausch mit Kameraden aus dem Einsatz. Sie vermissen zudem Unterstützung von der Bundeswehr für den Übergang in das zivile

Leben sowie mehr Anerkennung sowohl durch ehemalige Vorgesetzte als auch durch die Bundeswehr allgemein, etwa in Form regelmäßiger Veteranentreffen.

Dass die Rückkehr für die Angehörigen des Kontingents keine leichte Angelegenheit war, wird zudem deutlich, wenn man weiß, dass sich jeder Fünfte des Kontingents direkt nach der Rückkehr aus dem Einsatz in ärztliche oder psychologische Behandlung begeben hat. Fast drei Jahre später sind diese Probleme von vielen überwunden. Die meisten Soldaten und Veteranen des Kontingents verfügen drei Jahre nach dem Einsatz über eine gute eigene Gesundheit. Nur ein kleiner Teil sieht für sich persönlich noch negative Folgen des Einsatzes für die Gesundheit. Besonders Gefechtserfahrenen ist die Rückkehr nicht leichtgefallen. Sie und ihre Angehörigen kämpfen häufiger auch noch drei Jahre später mit bleibenden Verwundungen. Auch die Kommunikation ihrer Erlebnisse fällt ihnen ungleich schwerer. Fast jeder Zweite unter ihnen hat noch nicht mit der Partnerin/dem Partner über das Erlebte gesprochen. Dahinter steht oftmals die Befürchtung, die Familie mit den Erlebnissen des Einsatzes zu belasten. Zu fremd scheinen die Erfahrungswelten des Einsatzes und die Lebenswelten in Deutschland. Offen erzählen viele Gefechtserfahrene nur im Kameradenkreis über ihre Erlebnisse. Die (Einsatz-)Soldaten und Veteranen haben daher auch noch drei Jahre später regelmäßig Kontakt zu Kameraden aus dem Einsatz. Der Kameradenkreis ist für viele der primäre Ort, an dem das Erlebte verarbeitet und für das Selbstbild verhandelt wird.

Das Wiedereinfinden in das familiäre Umfeld ist den Soldaten und Veteranen des Kontingents in der Selbsteinschätzung überwiegend gut gelungen. Nur wenige berichten drei Jahre später von andauernden Fremdheitsgefühlen oder von einem Rückzug aus dem privaten Umfeld. Die meisten Partnerschaften und Familien haben die Einsatzzeit aus Sicht der Soldaten und Veteranen erstaunlich gut überstanden. Eine beachtliche Anzahl von Partnerschaften geht gestärkt aus dieser Zeit hervor. Nicht selten geht dies einher mit einer höheren Wertschätzung des Familienlebens. Vielen Soldaten und Veteranen ist die Zeit mit dem Partner und/oder der Familie wichtiger geworden. Neben positiven Folgen kann der Einsatz jedoch auch negative Auswirkungen für die Partnerschaft und/oder das Familienleben haben. Häufiger gilt dies für jüngere Angehörige des Kontingents. Das erklärt teilweise auch, warum unter den Einsatzrückkehren die Veteranen, die meist jünger als die (Einsatz-)Soldaten sind, öfter von partnerschaftlichen Trennungen berichten. Die Anzahl der partnerschaftlich Gebundenen unter den (Einsatz-)Soldaten und Veteranen aber bleibt über den gesamten Zeitraum von mehr als drei Jahren konstant. Weit mehr als die Beanspruchungen des Einsatzes beschäftigte viele bald nach der Rückkehr, wie sie mit den hohen Anforderungen im Dienst- bzw. Berufsalltag zurechtkommen sollen. Die alltägliche Bürokratie, hohes Arbeitsaufkommen, erneute Abwesenheiten von zu

Hause und damit verbunden die wenige Zeit, die für Familie und Freunde bleibt, belasteten die Soldaten und Veteranen sowohl unmittelbar nach der Rückkehr aus dem Einsatz als auch beinahe drei Jahre später wesentlich mehr als die Beanspruchungen des Einsatzes. Viele (Einsatz-)Soldaten vermissten Planungssicherheit für sich und die Familie.

Der größte Risikofaktor im Leben von Soldaten und Veteranen ist fast drei Jahre nach dem Einsatz der alltägliche Stress und die Hektik im Dienst- bzw. Berufsalltag. Für manche ist die Stressbelastung seit der Rückkehr aus dem Einsatz noch gestiegen. Allerdings gilt dies eher für Soldaten. Veteranen sehen sich beruflich wesentlich weniger belastet – mit positiven Folgen übrigens für das körperliche Wohlergehen und das persönliche Wohlbefinden. Veteranen fühlen sich drei Jahre nach der Rückkehr aus dem Einsatz gesünder als Soldaten. Sie erleben sich im Alltag häufiger auch als Soldaten emotional ausgeglichen.

Wenn es nicht zu Frustration oder Enttäuschung nach der Rückkehr kommen soll, ist es wichtig, dass Einsatzerfahrungen auch in den Dienst- bzw. Berufsalltag integriert werden. Aus Sicht der meisten Soldaten und Veteranen des Kontingents ist die Teilnahme am Einsatz für das berufliche Fortkommen jedoch folgenlos geblieben. Auch die Integration ihrer im Einsatz gemachten Erfahrungen in den Dienstalltag am Standort sehen viele eher skeptisch. Eine Ausnahme stellen gefechtserfahrene Soldaten dar. Sie haben wesentlich häufiger den Eindruck, ihre im Einsatz erworbenen Kenntnisse und Fähigkeiten gut in den Dienstalltag einbringen zu können. Die Folgen des Einsatzes für die Karriere in der Bundeswehr sehen sie dagegen ähnlich differenziert wie viele andere des Kontingents auch.

Diese Einschätzungen übertragen sich aber nicht gleichermaßen negativ auf die empfundene Integration in den Dienstalltag am Heimatstandort. Im direkten dienstlichen Nahumfeld fühlen sich die meisten des Kontingents anerkannt und wertgeschätzt. Mehrheitlich schätzen sie auch den Umgang in ihren Teileinheiten untereinander als offen und kameradschaftlich ein. Wesentlich skeptischer sehen viele dagegen das Führungsverhalten von Vorgesetzten sowie organisationsstrukturelle Aspekte der Bundeswehr. Häufig wird die Bundeswehr als überbestimmtes System wahrgenommen, in der viele Auflagen und Regeln eine schnelle Aufgabenerfüllung oft einschränken. Viele Angehörige des Kontingents wünschen sich mehr Anerkennung ihrer Leistungen von Vorgesetzten und vor allem eine Fehlerkultur, in der Vorgesetzte auch vorleben, dass für Fehler Verantwortung übernommen werden muss.

Anerkennung und Wertschätzung sind dabei keine Belanglosigkeit. Sie wirken sich positiv auf die soziale Integration von (Einsatz-)Soldaten und Veteranen aus. Wer sich etwa von den Soldaten und Veteranen des Kontingents in seinem sozialen und dienstlichen/beruflichen Umfeld als (Einsatz-)Soldat bzw. Veteran anerkannt und wertgeschätzt fühlt, der berichtet auch noch drei Jahre nach dem Einsatz nicht nur von einem wesentlich besseren persönlichen Wohlbefinden, sondern auch von einer höheren soldatischen Motivation und Bindung an die Bundeswehr.

Insgesamt waren die Soldaten und Veteranen des Kontingents mit dem eigenen Leben 2013 überwiegend zufrieden. Bei (Einsatz-)Soldaten galt das allerdings nicht für den Dienst in der Bundeswehr, der oft als zu starr und unbeweglich empfunden wird und ihrer Einschätzung nach wenig Raum für eine persönliche Weiterentwicklung bietet. Genau dies kann ein Grund sein, warum viele (Einsatz-)Soldaten erneut in einen Einsatz gehen wollen. Denn anders als die gegenwärtigen Erfahrungen am Heimatstandtort bietet ein Einsatz mehr Möglichkeiten, die eigenen Fähigkeiten eigenverantwortlich einzusetzen.

In ihrer Dienstzufriedenheit unterscheiden sich (Einsatz-)Soldaten jedoch nicht von vielen anderen Bundeswehrsoldaten. Überraschender ist schon eher, dass (Einsatz-)Soldaten und Veteranen mit ihrem Privat- und Familienleben wesentlich zufriedener sind als die Mehrzahl der Soldatinnen und Soldaten in der Bundeswehr. Dafür scheinen aber weniger unterschiedliche Lebensverhältnisse und Belastungen verantwortlich zu sein – im Gegenteil sehen (Einsatz-)Soldaten sich und die Familie wesentlich mehr als die meisten anderen in der Bundeswehr durch den Dienst belastet, sondern andere Prioritäten im Leben. Dahinter können durchaus die Erfahrungen des Einsatzes stehen. Die Verarbeitung von einschneidenden Erlebnissen tangiert immer auch grundlegende Haltungen und Wertorientierungen von Menschen; das kann sich langfristig in veränderten Einstellungen für das, was einem wichtig ist im Leben, manifestieren. Es sind dabei eher psychische sowie persönliche Aspekte – und vor allem starke Bindungen, die vielen Soldaten und Veteranen in ihrem Leben besonders wichtig sind.

Die Akzeptanz des politischen Mandats zum Afghanistaneinsatz bleibt dagegen über den gesamten betrachteten Zeitraum von mehr als vier Jahren für die Angehörigen des Kontingents weitgehend stabil. Mehrheitlich stehen sie noch immer hinter der politischen Entscheidung, die Bundeswehr nach Afghanistan zu entsenden. Allerdings ist in die Einschätzungen sowohl zur Wirksamkeit als auch zur strategischen Ausrichtung des Einsatzes deutlich ein Ernüchterungseffekt eingeschrieben. Insgesamt kommen die Soldaten und Veteranen zu einer eher gemischten Bilanz des ISAF-Einsatzes. Dabei findet eine Polarisierung im Antwortverhalten statt: Während die eine Hälfte des Kontingents durch den Einsatz eher positive Effekte für die Entwicklung in Afghanistan sieht, kommt eine andere Hälfte mit Blick auf das in Afghanistan Erreichte zu keinem eindeutigen Urteil bzw. ist skeptisch. Dennoch sind nur wenige Soldaten und Veteranen des Kontingents davon überzeugt, dass die Bundeswehr aus Afghanistan abgezogen werden sollte. Viele befürchten, dass mit dem Abzug der internationalen Truppen die Gewalt in Afghanistan wieder ausbricht. Allerdings stehen Akzeptanz des Auftrags und Performanz im Einsatz auch noch drei Jahre nach der Rückkehr in einem engen Zusammenhang. Sowohl die Erfolgsaussichten als auch die künftige strategische Ausrichtung des Afghanistanengagements ist für die meisten des Kontingents daher keine Nebensache. Die Wirksamkeit des Einsatzes berührt vielmehr den „Motivations- und Identitätskern" (Seiffert 2012: 94) vieler (Einsatz-)Soldaten und Veteranen. Die Bewertungen zur künftigen strategischen Ausrichtung des Einsatzes fallen jedoch ebenso differenziert aus wie die Einschätzungen zur Wirksamkeit des bisher Erreichten. Etwa eine Hälfte der Befragten unterstützt ein künftiges Engagement, das neben verstärkten Aufbauanstrengungen ziviler Organisationen zusätzlich Ausbildungs- und Beratungsaufgaben für die Bundeswehr beinhaltet. Diese Gruppe folgt in ihren persönlichen Einschätzungen weitgehend offiziellen politischen Festlegungen, wonach über den ISAF-Einsatz hinaus Afghanistan sowohl beim zivilen Aufbau als auch bei der Ausbildung und Beratung afghanischer Sicherheitskräfte unterstützt werden soll. Eine andere Gruppe hingegen hält diese Ausrichtung nur teilweise für sinnvoll bzw. lehnt sie explizit ab. Diese Gruppe teilt häufiger die Einschätzung, dass mit dem Abzug der ISAF-Truppen die Gewalt wieder eskaliert, und ist häufiger der Meinung, dass die Bundeswehr weiterhin militärisch robust in Afghanistan vorgehen sollte. Dies gilt vor allem für die einstigen Ausbildungs- und Schutzkräfte des Kontingents. Mit grundlegenden Einstellungsänderungen hat dies jedoch wenig zu tun. Diese Einschätzung steht vielmehr im engen Zusammenhang sowohl mit einer größeren Skepsis gegenüber dem bisher in Afghanistan Erreichten als auch mit einer anderen Lageeinschätzung des Konfliktgeschehens in Afghanistan. Insofern erstaunt es nicht, wenn besonders die einstigen Ausbildungs- und Schutzkräfte des Kontingents deutlicher auch noch drei Jahre nach dem Einsatz die Auffassung vertreten, die Bundeswehr sollte häufiger mit Waffengewalt durchgreifen und ihren Auftrag auch weiterhin durch aktive Kampfhandlungen durchsetzen. Sie formulieren vor dem Hintergrund ihrer Erfahrungen in Afghanistan Anforderungen an ein wirksames militärisches Vorgehen. Dafür sehen viele allerdings keinen ausreichenden politischen und gesellschaftlichen Rückhalt.

Das kann langfristig durchaus zu Tendenzen der Resignation und des Rückzugs beitragen, zumal die gesellschaftliche Unterstützung der Einsätze für die meisten (Einsatz-)Soldaten und Veteranen einen hohen Stellenwert auch für die eigene Motivation hat. Allerdings sind nur wenige Angehörige des Kontingents der Ansicht, dass die deutsche Politik hinter dem Engagement der Bundeswehr in Afghanistan steht. Nur jeder Zehnte des Kontingents sieht sich durch die deutsche Politik und Bevölkerung ausreichend anerkannt und wertgeschätzt. Anerkennung und Wertschätzung sind keine Bagatelle, wie die Befunde der vorliegenden Studie deutlich machen, sondern für die soziale Integration von (Einsatz-) Soldaten und Veteranen ein entscheidender Faktor. Soldaten und Veteranen brauchen, ebenso wie die Bevölkerung, nicht nur eine verlässliche politische Legitimation der Einsätze, sondern auch eine gesellschaftliche Auseinandersetzung mit den politischen und sozialen Folgen der Einsätze – auch zur Einordnung der Erfahrungen von Rückkehrern. Eine öffentliche Anerkennungspolitik, die gleichermaßen von den Betroffenen wie von der Bevölkerung mitgetragen wird, kann dafür ein wichtiges Instrument sein. Das aber setzt politische Offenheit und Transparenz auch über die je konkreten Einsatzrealitäten voraus. Eine bloß symbolische Veteranenpolitik wünschen sich weder die Einsatzrückkehrer noch die deutsche Bevölkerung. Im Gegenteil stehen die Kontingentangehörigen einer symbolischen Anerkennung von (Einsatz-)Soldaten und Veteranen tendenziell sogar skeptischer gegenüber als viele in der Bevölkerung. Stattdessen wünschen sie sich verbesserte soziale und medizinische Maßnahmen zur Betreuung und Versorgung von verwundeten und versehrten Veteranen und deren Familien. Mit einer verbesserten psychosozialen Unterstützung allein ist es aber nicht getan. Wichtiger als eine bloß symbolische Anerkennung ist vielen Befragten der politische und gesellschaftliche Rückhalt für die Einsätze. Das aber sehen viele (Einsatz-)Soldaten und Veteranen als nicht gegeben an.

8 Anhang: Forschungsskizze und Fragebogen

Forschungsskizze

Sozialwissenschaftliches Institut der Bundeswehr

„Einsatzrückkehrer“
Sozialwissenschaftliche Langzeitbegleitung des 22. Kontingents ISAF

im Rahmen der Studie „Soldatenfamilien“

zu den Themen:
Langfristige Folgen eines Einsatzes für Soldaten, ihr familiäres, soziales und dienstliches Umfeld

Projektskizze und Fragebogen

Dr. Anja Seiffert

Julius Hess, M.A.

Oktober 2012

Inhaltsverzeichnis

1 Hintergrund und Themenspektrum

Am 15. Oktober 2012 wurde das Sozialwissenschaftliche Institut der Bundeswehr (SOWI) vom Bundesministerium der Verteidigung (BMVg) Fü SK II 4 mit der Durchführung einer breit angelegten Untersuchung zum Thema „Soldatenfamilien" beauftragt. Die Studie „Einsatzrückkehrer" ist Teil dieser modular angelegten Untersuchung. Sie basiert auf einer Folgebefragung von Angehörigen des 22. Kontingents ISAF, die bereits 2010 vom SOWI befragt worden sind. Ziel der erneuten Befragung ist es, die langfristigen Folgen eines Einsatzes für Soldatinnen und Soldaten sowie für ihr soziales und dienstliches Umfeld zu ermitteln, um Maßnahmen zur Reduzierung von Belastungsfolgen entwickeln zu können. Die Befragung soll zeitnah bereits Anfang Dezember 2012 durchgeführt werden, da ein Teil der Soldatinnen und Soldaten, die 2010 das 22. Kontingent ISAF stellten, Anfang des Jahres 2013 für einen weiteren Einsatz in Afghanistan eingeplant ist. Im Folgenden werden Hintergrund und Themen der Befragung kurz skizziert.

Die Auslandseinsätze der Bundeswehr gehen mit erheblichen physischen und psychischen Belastungen für die eingesetzten Soldatinnen und Soldaten einher. Dazu zählen nicht nur die monatelange Trennung von der Familie und dem gewohnten sozialen Umfeld, die Lebensverhältnisse vor Ort mit ihren klimatischen, umwelthygienischen, sozialen oder auch dienstlichen Dimensionen, der intensive Kontakt zu fremden Kulturen, das Erleben unterschiedlicher Lebensverhältnisse und Wertesysteme, sondern auch konkrete Bedrohungen und Risiken durch Anschläge oder Kampfhandlungen (Seiffert/Langer/Pietsch/Krause 2010b; Wittchen et al. 2012).

Die umfangreiche einsatzbezogene Vorausbildung in der Bundeswehr, die nicht selten zwölf und mehr Monate in Anspruch nimmt und zunehmend auch verschiedene Formen der Stressprävention beinhaltet, vermittelt Handlungsstrategien, die die Bewältigung von Einsatzerlebnissen erleichtern. Im Einsatz und auch nach der Rückkehr aus dem Einsatz können Einsatzsoldaten und ihre Familien zudem Unterstützung durch das psychosoziale Netzwerk der Bundeswehr erhalten. Das schließt auch die Möglichkeit einer Präventivkur für Rückkehrer mit ein.

Die Frage, wie Soldatinnen und Soldaten in Zeiten besonderer Herausforderungen und oft auch existenzieller Belastungen physisch, psychisch und sozial gesund bleiben können, bleibt nicht auf die Zeit des Einsatzes oder die Wochen danach beschränkt. Besonders Gewalterfahrungen, aber auch ethisch schwierige Entscheidungsanforderungen, können noch lange nach Rückkehr aus dem Einsatz als Belastung fortdauern und tiefe Spuren im Leben der Soldatinnen und Soldaten, in ihren sozialen Beziehungen und in ihren Einstellungen und Orientierungen hinterlassen.

Bisher liegen für die Bundeswehr noch keine empirischen Erkenntnisse darüber vor, welche *langfristigen und andauernden* Folgen Extrembelastungen und Gewalterfahrungen im Einsatz für das Leben von Soldaten und ihren Angehörigen, aber auch für das Selbstbild und für die Bundeswehr als Organisation haben.

Die geplante sozialwissenschaftliche *Langzeitbegleitung* von Auslandseinsätzen durch das SOWI in Form einer Folgebefragung von Angehörigen des 22. Kontingents ISAF greift diese Fragestellungen auf. Sie untersucht die *nachhaltigen* Folgewirkungen von Einsatzerfahrungen, indem sie mehr als zwei Jahre nach Rückkehr aus dem Einsatz die Angehörigen des 22. Kontingents ISAF nach den Strategien fragt, die sie langfristig entwickelt haben, um mit den Einsatzerlebnissen umzugehen und wie sie diese Erfahrungen in ihr Leben integriert haben.

Zielsetzung des Projekts ist es, zu erkennen, welche der in der Studie des SOWI „ISAF 2010" gewonnenen Befunde und Erkenntnisse über die Zeit des Einsatzes hinausweisen und sowohl für die Soldatinnen und Soldaten als auch für ihr familiäres/soziales und dienstliches/berufliches Umfeld langfristig relevant sind. Damit soll es gelingen, Belastungsfolgen für Einsatzsoldaten und ihre Familien zu reduzieren, indem Ressourcen zur Bewältigung (Resilienz) von (psycho-)sozialen Folgen identifiziert und Erkenntnisse über mögliche Verbesserungen von Reintegrations- und Präventionsmaßnahmen gewonnen werden. Im Vordergrund der Studie steht demnach der Präventionsgedanke.

Die geplante Befragung ist die *erste* sozialwissenschaftliche *Langzeitbegleitung* von Einsatzsoldaten der Bundeswehr. Sie ist als Wiederholungsbefragung (Panel) konzipiert, die an Ergebnisse der Studie „ISAF 2010" anknüpft und diese als langfristiges Panel (mit vier Messzeitpunkten) auf der Zeitachse fortführt. Das heißt dieselben Soldatinnen und Soldaten, die vom SOWI bereits 2010 vor, während und nach ihrem ISAF-Einsatz befragt wurden, werden 2012 nochmals befragt. Dadurch wird es möglich, Folgen und Wirkungen von Einsatzerfahrungen über einen längeren Zeitraum auch auf der individuellen Ebene zu bestimmen. Für die Bundeswehr ist dieses Vorgehen bislang einzigartig.

Die Befragung orientiert sich an der Forschungsplanung des Instituts, die in enger Abstimmung mit dem BMVg vorgenommen wurde. Sie ist wie erwähnt in die von BMVg Fü SK II 4 am 15. Oktober 2012 beauftragte modulare Studie zum Thema „Soldatenfamilien" eingebettet. Damit wird nicht nur die langfristig ausgerichtete Arbeit des Instituts im Forschungsbereich „Sozialwissenschaftliche Begleitung der Auslandseinsätze" fortgeführt, es wird auch kurz- und mittelfristiger Erkenntnisbedarf des Auftraggebers abgedeckt.

Die geplante Befragung ist als Mehrthemenbefragung konzipiert. Im Hinblick auf die Themen zur Dienstzufriedenheit/Attraktivität, zur Vereinbarkeit von Einsatz/Dienst mit Privat- und Familienleben sowie zum Veteranenstatus ist sie mit der Streitkräfte- und Bevölkerungsbefragung des SOWI abgestimmt. Es sind identische Fragebatterien sowohl in der Folgebefragung von Angehörigen des 22. Kontingents ISAF als auch in der Streitkräfte- und Bevölkerungsumfrage des SOWI integriert. Dadurch werden Vergleiche etwa hinsichtlich der privaten und beruflichen Belastungen oder zur Unterstützung für Veteranen zwischen verschiedenen Soldatengruppen und der Zivilbevölkerung möglich. Wesentlich sind etwa folgende Fragen: Welche Anerkennung und Wertschätzung wünschen sich einsatzerfahrene Soldaten und Afghanistanveteranen selber? Welche Maßnahmen zur Unterstützung und Anerkennung halten sie persönlich für sinnvoll und unterscheiden sich diese im Vergleich zur Zivilbevölkerung?

Hinsichtlich der Vereinbarkeit von Dienst mit Privat- und Familienleben geht es vor allem um Erkenntnisse über die Folgen von einsatzbedingten Belastungen. Gibt es etwa Unterschiede in der Wahrnehmung von beruflichen und privaten Belastungsfaktoren, die konkret auf die Gewaltexposition im Einsatz zurückzuführen sind? Welche Bewältigungsstrategien nutzen die Befragten persönlich und unterscheiden sich diese zwischen Afghanistanveteranen und aktiven Soldatinnen und Soldaten? Sind Einsatzsoldaten stärker sowohl dienstlich als auch privat belastet als einsatzunerfahrene Soldaten oder auch als Arbeitnehmer in vergleichbaren Unternehmen? Lassen sich Afghanistanveteranen und einsatzerfahrene Soldaten häufiger scheiden oder scheitern sie bereits bei der Anbahnung von Partnerschaften durch den zunehmenden Verlust von privaten Kontakten? Wie schätzen Angehörige des 22. Kontingents im Vergleich sowohl zur Kontrollgruppe innerhalb der Bundeswehr als auch zur Zivilbevölkerung das persönliche Verhältnis von Arbeits- zu Privat- und Familienleben ein (Work-Life-Balance)?

Die Analyse der genannten Themenfelder deckt den spezifischen Erkenntnisbedarf des Aufgabenstellers ab. Dabei handelt es sich vor allem um den die Abteilung Führung Streitkräfte des BMVg.

Im Folgenden werden zunächst die einzelnen Themenkomplexe der Folgebefragung inhaltlich kurz beschrieben. Anschließend wird das methodische Studiendesign (Grundgesamtheit, Erhebungsmethode) erläutert sowie das Erhebungsinstrument (Fragebogen) vorgestellt. Aus dem Zeitplan wird schließlich der inhaltliche und zeitliche Verlauf der Projektdurchführung ersichtlich.

1.1 Gesunderhaltung, Coping und Resilienz

Die Bewältigung von Einsatzbelastungen ist mit hohen psychischen, sozialen und kognitiven Anforderungen verbunden. Intensität und Komplexität der Einsätze haben zudem über die Jahre erheblich zugenommen. Damit ist auch die Wahrscheinlichkeit gestiegen, mit traumatisierenden Erlebnissen konfrontiert zu werden. (vgl. Erster Bericht des Beauftragten des BMVg für PTBS und Einsatzgeschädigte vom 18.10.2011) Dies gilt in besonderer Weise für den Afghanistaneinsatz. Vergleichende Längsschnittanalysen des SOWI und des Psychotraumazentrums der Bundeswehr über die Einsätze im Kosovo und in Afghanistan von 2002 bis 2010 haben ergeben, dass ab Mitte 2008 die psychische Beanspruchung von Soldatinnen und Soldaten der Bundeswehr im Afghanistaneinsatz deutlich angestiegen ist. Für das 22. Kontingent zeigt sich das in einer vergleichsweise hohen Repatriierungsquote aufgrund psychischer Erkrankung durch ‚Battle Stress' (Heß/Seiffert/Zimmermann 2012)

In der Public Health Forschung sind die Folgen von Gewalterfahrungen bereits seit längerem ein relevantes Thema. (vgl. Martinez et al 2007) Auch die Belastungsfolgen von Kampferfahrungen werden im anglosprachigen Raum intensiv diskutiert. (Bale et al. 2002; Sayko et al. 2012) Für die Bundeswehr liegen mittlerweile ebenfalls Prävalenzstudien zu psychischen Belastungen von Soldatinnen und Soldaten vor, die 2009 in Afghanistan eingesetzt waren. (vgl. Wittchen et al. 2012) Auch das SOWI liefert in seinen aktuellen Studien zum Afghanistaneinsatz Erkenntnisse über die psychosozialen Folgen von Gewalterfahrungen im Einsatz. (vgl. Seiffert/Langer/Pietsch/Krause 2011; Heß/Seiffert/Zimmermann 2012)

Nicht jede Gewalterfahrung muss aber automatisch zu einer psychischen Beanspruchung führen. Die Resilienzforschung zeigt, dass Menschen trotz hoher Risikobelastung auch wachsen können. Resilienz (Widerstandsfähigkeit) ist eine Kompetenz, die erarbeitet und gestärkt werden kann. Themen der Gesundheitsentstehung und Widerstandsfähigkeit müssen auch soziologisch begriffen werden. Allgemein ist bekannt, dass Werte wichtige Faktoren für die Lebenszufriedenheit und die Gesundheit sind. Wer beispielsweise den Sinn und die Bedeutung eines Einsatzes erkennen kann, ist in der Lage, einschneidende Erlebnisse und belastende Herausforderungen besser zu bewältigen. (vgl. Hess/Seiffert/Zimmermann 2012) Fragen der Gesundheitsentstehung sind daher nicht allein aus Gründen der Einsatz- und Durchhaltefähigkeit von Belang, sondern ihnen kommt auch im Zusammenhang mit der Berufsmotivation und der Bindung an die Bundeswehr eine wichtige Bedeutung zu.

In die Folgebefragung von Angehörigen des 22. Kontingents ist ein Frageblock zur physischen, psychischen und sozialen Gesundheit integriert, mit dem zum einen die langfristigen Gesundheitsfolgen von schwerwiegenden Einsatzerlebnissen ermittelt und zum anderen protektive Faktoren sowie potenzielle Wachstumsprozesse identifiziert werden können. Dabei handelt es sich besonders um folgende Fragen: Welche Belastungen des Einsatzes dauern fort, wie wirken sich diese auf die Gesundheit aus und mit welchen berufsbedingten, familiären und sozialen Problemen sind Einsatzsoldaten mehr als zwei Jahre nach Rückkehr aus dem Einsatz konfrontiert? Welche Strategien haben sie entwickelt, um mit den Erlebnissen umgehen zu können bzw. über welche Ressourcen und Kompetenzen verfügen sie, um diese erfolgreich zu bewältigen? Nicht zuletzt geht es um die Frage, welche Spuren in der Persönlichkeit die Einsatzbelastungen und Gewalt- und Bedrohungserlebnisse hinterlassen haben.

Fragestellungen im Einzelnen:

- Wahrnehmung von dienstlichen, familiären, sozialen und psychischen Belastungen im Vergleich direkt nach Rückkehr aus dem Einsatz und zwei Jahre nach dem Einsatz
- Zufriedenheit mit dem körperlichen, seelischen und sozialen Wohlbefinden und den gegenwärtigen Lebens- und Arbeitsbedingungen
- Langfristige Folgen von Gewalterfahrungen und Extrembelastungen für die psychische und physische Gesundheit
- Wahrnehmung der Wirkung von Einsatzerfahrungen auf die Persönlichkeit
- Nutzung von Angeboten zur Gesunderhaltung und Gesundheitsentstehung (Präventivkur/medizinisch-therapeutische Maßnahmen; psychosoziales Netzwerk)
- Identifikation von Ressourcen, Fähigkeiten und Kompetenzen zur erfolgreichen Bewältigung von Extrembelastungen und Gewalterfahrungen
- Copingstrategien zur langfristigen Integration von Einsatzerlebnissen in das eigene Leben
- Identifikation von risikomildernden Faktoren zur Regulierung von Belastungsfolgen

1.2 Vereinbarkeit von Einsatz/Dienst mit Privat- und Familienleben

Dem Wehrbeauftragen des Deutschen Bundestages wurden sowohl persönlich im Rahmen von Truppenbesuchen als auch durch Eingaben von Soldatinnen und Soldaten sowie ihren Angehörigen immer häufiger Probleme vorgetragen, die sich auf die Vereinbarkeit von Dienst mit Privat- und Familienleben beziehen. Von den vorliegenden Eingaben des Jahres 2012 beziehen sich 2/3 auf Aspekte familienfreundlicher Verwendungs- und Einsatzplanung. Neben allgemeinen berufsbedingten Schwierigkeiten, etwa durch das Pendeln zwischen Dienst- und Wohnort oder das Aufrechterhalten von Wochenendbeziehungen, beklagen Soldatinnen und Soldaten besonders in Spezialfunktionen extreme Belastungen durch gehäufte Auslandseinsätze.

Während Forschungen zu den einsatzbedingten Implikationen für Partnerschaft und Familie vorliegen (Seiffert/Langer/Pietsch/Krause 2011a, Tomforde 2006; Biehl/Keller/Tomforde 2005; Kümmel 2004), fehlen für die Bundeswehr Erkenntnisse über die langfristigen Folgen von Auslandseinsätzen für das familiäre und soziale Umfeld.

Im Rahmen der Folgebefragung des 22. Kontingents ISAF wird anhand eines Fragenblocks ermittelt, wie die Vereinbarkeit von Dienst mit Privat- und Familienleben speziell von Einsatzsoldaten wahrgenommen und bewertet wird und welche Unterstützung sie sich von der Bundeswehr wünschen. Ziel ist es, die nachhaltigen Folgen eines Einsatzes für Soldaten und ihre Familien aufzuzeigen, positive Ansätze, aber auch Differenzen zwischen Erwartungen und Realität darzulegen und in Handlungsempfehlungen umzusetzen. Der Vergleich sowohl mit einer Kontrollgruppe innerhalb der Bundeswehr als auch mit der Zivilbevölkerung ermöglicht es dabei, Unterschiede und Gemeinsamkeiten hinsichtlich der Vereinbarkeit von Dienst mit Privat- und Familienleben für verschiedene Soldatengruppen zu identifizieren und auf diese Weise Unterstützungsmaßnahmen stärker an die jeweiligen Bedürfnisse zu adressieren.

Fragestellungen:

- Benennung von privaten/familiären Belastungsfaktoren für Einsatzsoldaten und Veteranen
- Identifikation sowohl der allgemein beruflichen als auch einsatzspezifischen Belastungsfaktoren sowie deren jeweilige Auswirkungen auf das Privat- und Familienleben
- Persönliche Bewältigungsstrategien von einsatzerfahrenen Soldaten und Veteranen im Vergleich zu einer Kontrollgruppe innerhalb der Bundeswehr
- Wahrnehmung von dienstlichen, familiären und privaten Belastungen im Vergleich direkt nach Rückkehr aus dem Einsatz und zwei Jahre nach dem Einsatz

- Langfristige Folgewirkungen von Extrembelastungen und Gewalterfahrungen im Einsatz für Partnerschaft, Familie und soziales Umfeld
- Wahrnehmung und Nutzung von Angeboten des psychosozialen Netzwerkes zur Unterstützung von Einsatzsoldaten bzw. Veteranen und ihren Familien, einschließlich der Feststellung möglicher Diskrepanzen zwischen Angeboten und Wünschen/Bedürfnissen
- Einschätzung der persönlichen Work-Life-Balance von Einsatzsoldaten und Veteranen im Vergleich sowohl zur Kontrollgruppe innerhalb der Bundeswehr als auch zur Zivilbevölkerung

1.3 Veteranen und Rückkehrer - Einstellungen und Orientierungen

Die Auslandseinsätze der Bundeswehr sind für die Soldatinnen und Soldaten in den vergangenen Jahren riskanter und gefährlicher geworden. Gefallene, Verwundete und Veteranen – langsam finden diese Begriffe Eingang in den öffentlichen Sprachgebrauch. Im Gegensatz zu verbündeten Nationen, wie Kanada oder den USA, in denen eigene Ministerien für Veteranenangelegenheiten existieren, steht die gesellschaftliche Debatte über eine Veteranenpolitik in Deutschland noch am Anfang.

Im September 2011 hat Bundesverteidigungsminister Thomas de Maiziere in seiner Rede vor dem Deutschen Bundestag eine öffentliche Diskussion über die Veteranen der Bundeswehr angestoßen. Im April 2012 übergab der Minister dem Verteidigungsausschuss des Deutschen Bundestages ein erstes Diskussionspapier zur Veteranenpolitik der Bundeswehr und im Oktober 2012 bekannte er sich öffentlich zu einem Veteranenbegriff, der ehemalige Soldaten mit Einsatzbezug als Veteranen definiert.

Die Folgebefragung des 22. Kontingents ISAF greift dieses Themenspektrum auf und fragt, wie sich einsatzerfahrene Soldaten und Afghanistanveteranen selber sehen und welche Unterstützung sie sich wünschen. Ziel ist es, ihre Vorstellungen und Erwartungen im Vergleich zur Bevölkerung aufzuzeigen, um die Debatte über eine Veteranenpolitik der Bundeswehr für den Auftraggeber mit empirischen Erkenntnissen weiter zu fundieren.

Ein weiterer Fokus der Befragung liegt auf den erfahrungsbezogenen Entwicklungen von Einstellungen und Orientierungen von Einsatzsoldaten und Afghanistanveteranen. Die Angehörigen des 22. Kontingents ISAF haben in ihrem Einsatz beträchtliche Erfahrungen mit direkter und indirekter Gewalt gemacht. (Seiffert 2012 und Seiffert/Langer/Pietsch/Krause 2010b) Wie sich diese Erfahrungen auf Einstellungen und Orientierungen auswirken, kann jedoch mit Befragungen wenige Wochen nach dem Einsatz nicht hinreichend beantwortet werden. Denn Fragen wie die nach der Verarbeitung von einschneidenden Erlebnissen, die immer auch grundlegende Haltungen und Wertorientierungen tangieren, lassen sich nicht kurzfristig beantworten. Für den nötigen Verarbeitungsprozess braucht es Zeit. Einstellungen wandeln sich nur langsam und Folgen können sich weit später als wenige Wochen nach Rückkehr aus dem Einsatz manifestieren – in den Worten des Soziologen Michael Pollack (1994: XIV): „By definition, mentalities change slowly."

Die Folgebefragung knüpft an bisherige Befragungsergebnisse der Studie „ISAF 2010" an und führt diese auf der Zeitachse fort. Mit einem Frageblock wird ermittelt, ob und wie Extrembelastungen und Gewalterfahrungen im Einsatz die Perspektiven, Wahrnehmungen und Haltungen von Angehörigen des 22. Kontingents ISAF sowohl zu ihrem Beruf als auch zur Bundeswehr langfristig prägen und welche Unterstützung sie sich wünschen.

Fragestellungen:

- Bindung und Identifikation mit dem Einsatz, mit der Rolle des Soldaten und der Bundeswehr
- Einstellungen zum Einsatz, zu den Aufgaben sowie zu den Erfolgsaussichten und zur Wirksamkeit des eigenen Handelns im Einsatz
- Wahrnehmung der Anerkennung und Wertschätzung von einsatzerfahrenen Soldaten und Veteranen durch Politik und Bevölkerung sowie durch das soziale und dienstliche/berufliche Umfeld
- Identifikation von Maßnahmen zur Unterstützung von Einsatzsoldaten und Veteranen
- Einflussfaktoren für Einsatzmotivation und Einsatzbereitschaft
- Haltung und Bereitschaft zu militärischer Gewaltanwendung und zum Kampfeinsatz sowie Entwicklung interkultureller Kompetenz

1.4 Dienstzufriedenheit, Commitment und Organisationskultur

Einsatzsoldaten müssen sich in Deutschland nicht nur in ihren familiären und sozialen Alltag wieder einfinden, sondern kehren auch in ein dienstliches Umfeld zurück, das sich von der Erfahrungswelt im Einsatz deutlich unterscheidet (Seiffert 2012). Mit ihren Erfahrungen im Gepäck müssen sie sich wieder an die alltäglichen Routinen des Dienstes am Heimatstandort gewöhnen. Das kann für alle Seiten herausfordernd sein. Neu erworbene Wertvorstellungen und Verhaltensweisen, die Soldaten im Einsatz kennen- und schätzen gelernt haben, müssen in den Dienstbetrieb integriert werden, wenn die gewonnenen Kenntnisse und Fähigkeiten nachhaltig für die Organisation genutzt werden sollen.

Während die Herausbildung spezifischer Erfahrungswelten und kultureller Praktiken im Einsatz gut dokumentiert sind (vgl. Seiffert 2012; Seiffert et al. 2011), ist wenig darüber bekannt, wie Einsatzerfahrungen die Bundeswehr als Organisation *langfristig* prägen. Aspekte der Organisationskultur umfassen Führungskultur, Umgang mit Kritik und Fehlern, Bürokratie und Verregelung, Kameradschaft und Teamwork.

In der Folgebefragung wird anhand eines Frageblocks ermittelt, ob Einsatzsoldaten Wertschätzung und Anerkennung für ihre im Einsatz gemachten Erfahrungen und erlernten Fähigkeiten von Vorgesetzten und Kameraden erfahren. Erhalten sie die Möglichkeit, ihre Erfahrungen in den Dienstalltag einzubringen oder führen Inflexibilitäten in der Organisation zu Frustration und Enttäuschung?

Werden im Einsatz besonders von Vorgesetzten geforderte Fähigkeiten wie Selbstständigkeit, Verantwortlichkeit und interkulturelle Sensibilität in den Dienstalltag integriert? Entfaltet die Einsatzerfahrung gar das Potenzial, die Bundeswehr kulturell langfristig zu verändern?

Fragestellungen

- Auswirkungen des Einsatzes im 22. Kontingent auf die berufliche Entwicklung
- Zufriedenheit mit Dienst, Vorgesetzten, Kameraden, unterstellten Soldaten und Personalführung
- Wahrnehmung berufsbedingter Belastungen und Einstellungen zu Karriere, Bezahlung sowie Verhältnis zwischen Dienst- und Privatleben
- Identifikation mit und Bindung an den Arbeitgeber Bundeswehr
- Einschätzung der Kommunikation und Zusammenarbeit innerhalb der eigenen Teileinheit, Wahrnehmung des Dienstklimas, der Kameradschaft und Teamorientierung sowie der Fehler- und Verantwortungskultur in der eigenen Teileinheit
- Vertrauen in Politik, Vorgesetzte und Kameraden

2 Methodisches Design der Studie

Die Studie ist die erste wissenschaftliche Langzeitbegleitung einsatzerfahrener Bundeswehrsoldatinnen und -soldaten. Sie knüpft an die drei bisherigen Befragungen der Angehörigen des 22. ISAF-Kontingents durch das SOWI vor, während und nach ihrem Afghanistaneinsatz im Jahr 2010 an (Seiffert/Langer/Pietsch/Krause 2010a; 2010b; 2011; Seiffert/Langer/Pietsch 2012). Somit wird es erstmals möglich, die Folgen und Auswirkungen der Teilnahme an einem Auslandseinsatz über einen Zeitraum von beinahe drei Jahren zu beobachten.

Die Befragung ist als Vollerhebung des 22. Kontingents ISAF konzipiert. Die Grundgesamtheit der damaligen wie auch der aktuellen Befragung umfasst alle Angehörigen des 22. Kontingents und somit ca. 4800 Soldatinnen und Soldaten. Die Datenerhebung wird als schriftliche Befragung mit standardisiertem Fragebogen durchgeführt. In den bisherigen Befragungen lag die Rücklaufquote zwischen 33 und etwa 25 Prozent, wodurch sich ein Stichprobenumfang von etwa 1200 ausgefüllten Fragebögen ergab (ebd.). Vom EinsFüKdo bereitgestellte Kontingentlisten bildeten die Grundlage des postalischen Versands der Fragebögen.

Der Versand der Fragebögen der Folgebefragung soll ebenfalls postalisch erfolgen. Er soll erneut auf den vom EinsFüKdoBw zur Verfügung gestellten Kontingentlisten basieren. Für eine aktualisierte Versandliste müssen die Daten jedoch auf der Basis von Datenschutzbestimmungen überprüft und angeglichen werden. Hierzu ist die Unterstützung seitens des BMVg notwendig, voraussichtlich von BMVg P I 3 und möglicherweise auch PSZ 1 4. Die ausgefüllten Fragebögen aktiver Soldatinnen und Soldaten sollen per Dienstpost und die Fragebögen ehemaliger Bundeswehrangehöriger auf dem normalen Postweg zurück an das SOWI gesandt werden. Die anfallenden Portokosten trägt die Bundeswehr.

Der Fragenbogen nimmt einerseits zahlreiche Fragen und Themenkomplexe aus den drei früheren Erhebungen auf. Durch Vergabe eines anonymen, über alle vier Erhebungszeiträume konstanten individuellen Codes können neben Trendanalysen auch die Folgen des Einsatzes für einzelne Soldatinnen und Soldaten nachgezeichnet werden. Mit der Studie liegt somit erstmals eine Panelstudie zu deutschen Einsatzsoldaten vor.

Der Fragebogen ist andererseits inhaltlich abgestimmt mit den Befragungen der Streitkräfte sowie der deutschen Bevölkerung, die das SOWI derzeit durchführt. Somit lassen sich erstmals die Einstellungen, Haltungen und Orientierungen von Einsatzsoldaten mit denen von Soldaten ohne bisherige Auslandsverwendung und mit denen der deutschen Bevölkerung vergleichen. Die Studie erhält hierdurch erhebliche Tiefenschärfe.

6 Literaturverzeichnis

Bale, A. Bolton, J. Gabriel, R. Jackson, M. Lee, H. (October 2002) Health Status and Clinical Diagnosis of 3000 UK Gulf War Veterans. In: Journal of the Royal Society of Medicine Vol. 95.

Heß, Julius; Seiffert; Anja, Zimmermann, Peter (2012): Die Auslandseinsätze der Bundeswehr und psychisch bedingte Repatriierungen – ISAF und KFOR 2002 bis 2010. (unveröffentlichter Forschungsbericht) Strausberg, Berlin.

Kümmel, Gerhard (2005): Diener zweier Herren. Soldaten zwischen Bundeswehr und Familie. Strausberg: Sozialwissenschaftliches Institut der Bundeswehr.

Martinez M, Schröttle M, Condon S et al. (2007) Perspectives and standards for good practice in data collection on interpersonal violence at European Level. CAHRV - Report 2007. Co-ordination Action on Human Rights Violations funded through the European Commission, 6th Framework Programme, Project No. 506,348. Veröffentlicht ab Dezember 2007 www.cahrv.uni-osnabrueck.de/reddot/190.htm.

Michael Pollack (1994): The Second Plaque of Europe: Prevention and Sexual Transmission Among Men in Western Europe. New York, USA.

Sayko Adams R., Corrigan J.D., Larson, Mary Jo. "Alcohol Use after Combat-Acquired Traumatic Brain Injury: What We Know and Don't Know." J of Social Work Practice in the Addictions 12. 1 (2012): 28-51.

Seiffert, Anja (2012): „Generation Einsatz“ Einsatzrealitäten, Selbstverständnis und Organisation. In: Seiffert/Langer/Pietsch (Hrsg.) 2012: 7999.

Seiffert, Anja/Ebeling, Klaus/Pietsch, Carsten/Fehr, Manuela/Krause, Bastian (2011): Sinn und Bedeutung von Ritualen und Bräuchen. Ergebnisse einer qualitativen Erhebung. (unveröffentlichter Bericht) Strausberg: Sozialwissenschaftliches Institut der Bundeswehr.

Seiffert, Anja/Langer, Phil C./Pietsch, Carsten (Hrsg) (2012): Der Einsatz der Bundeswehr in Afghanistan. Sozial- und politikwissenschaftliche Perspektiven. Wiesbaden: VS Verlag der Sozialwissenschaften.

Seiffert, Anja/Langer, Phil C./Pietsch, Carsten/Krause, Bastian (2010a): ISAF 2010. Ausgewählte Ergebnisse der sozialwissenschaftlichen Begleitung des 22. Kontingents ISAF vor dem Einsatz. (unveröffentlichter Bericht) Strausberg: Sozialwissenschaftliches Institut der Bundeswehr.

Seiffert, Anja/Langer, Phil C./Pietsch, Carsten/Krause, Bastian (2010b): ISAF 2010. Ausgewählte Ergebnisse der sozialwissenschaftlichen Begleitung des 22. Kontingents ISAF im Einsatz. (unveröffentlichter Bericht) Strausberg: Sozialwissenschaftliches Institut der Bundeswehr.

Seiffert, Anja/Langer, Phil C./Pietsch, Carsten/Krause, Bastian (2011): ISAF 2010. Ausgewählte Ergebnisse der sozialwissenschaftlichen Begleitung des 22. Kontingents ISAF nach dem Einsatz. (unveröffentlichter Bericht) Strausberg: Sozialwissenschaftliches Institut der Bundeswehr.

Tomforde, Maren (2006): Einsatzbedingte Trennung. Erfahrungen und Bewältigungsstrategien. Forschungsbericht 78. Strausberg: Sozialwissenschaftliches Institut der Bundeswehr.

Wittchen, Hans-Ulrich; Sabine Schönefeld; Clemens Kirschbaum; Christin Thurau; Sebastian Trautmann; Susann Steudte; Jens Klotsche; Michael Höfler; Robin Hauffa; Peter Zimmermann (2012): Traumatische Ereignisse und posttraumatische Belastungsstörungen bei im Ausland eingesetzten Soldaten; In: Deutsches Ärzteblatt, Jg. 109, Heft 35-36, 559-568.

Fragebogen

SOZIALWISSENSCHAFTLICHES INSTITUT DER BUNDESWEHR

Langzeitbegleitung des 22. ISAF-Kontingents

Liebe aktive und ehemalige Soldatinnen und Soldaten,

Bitte nicht ausfüllen

mehr als zwei Jahre nach Rückkehr aus Ihrem Einsatz im 22. Kontingent ISAF erhalten Sie erneut einen Fragebogen des Sozialwissenschaftlichen Instituts der Bundeswehr (SOWI). Einige von Ihnen werden vielleicht bereits wieder an einem Einsatz teilgenommen haben, für andere steht ein weiterer Einsatz kurz bevor und manche von Ihnen werden die Bundeswehr mittlerweile auch verlassen haben. Ihre Erfahrungen sind wichtig. Die Teilnahme am Einsatz in Afghanistan ist keine alltägliche Erfahrung, sondern eine besondere Situation sowohl für Sie als auch für Ihre Angehörigen und Freunde. Das SOWI ist daher durch das Bundesministerium der Verteidigung beauftragt worden, zu untersuchen, welche langfristigen Folgen ein Einsatz im Leben von Soldaten und ihren Angehörigen hinterlässt. Hierzu sind wir auf Ihre Erfahrungen und Ihr Wissen angewiesen. Einige Fragen sind sehr persönlicher Natur. Wir möchten Sie dennoch bitten, den Fragebogen vollständig auszufüllen. Damit wird es möglich, Maßnahmen zur Unterstützung für Einsatzsoldaten und ihre Familien zu entwickeln. Die Teilnahme an der Befragung ist **anonym und freiwillig**. Die Daten werden nicht an Dritte weitergegeben.

Der besondere Wert der Untersuchung liegt in der langfristigen Begleitung des Kontingents. Wir möchten Sie bitten, die Untersuchung zu unterstützen und an der Befragung teilzunehmen. Falls Sie Interesse an den Erkenntnissen unserer Studien haben, können Sie sich gerne mit uns in Verbindung setzen.

Vielen Dank für Ihre Unterstützung!

Ihr

Dr. Ernst-Christoph Meier
Direktor und Professor des
Sozialwissenschaftlichen Instituts

und Ihr SOWI-Team
Dr. Anja Seiffert
Julius Hess, M.A.

Diese Untersuchung wird im Auftrag und mit Genehmigung des BMVg durchgeführt. Reg.-Nr. 1/825/12. Der Inhalt der Befragungen wurde mit dem Datenschutzbeauftragten abgestimmt.

Wichtiger Hinweis!
Bitte füllen Sie diesen Fragebogen mit einem **Kugelschreiber** (schwarz bzw. blau) oder **Bleistift** aus.

Bitte nutzen Sie zum Versand den beiliegenden Rückumschlag. Falls Sie Soldat/in sind, senden Sie bitte den ausgefüllten Fragebogen innerhalb von drei Wochen nach Erhalt **per Dienstpost** zurück.
Falls Sie nicht mehr Soldat/in sind, versenden Sie den ausgefüllten Fragebogen bitte **postalisch**. Das Porto wird vom SOWI bezahlt.
Falls Sie Fragen haben, wenden Sie sich bitte an nebenstehend genannte Ansprechpartner.

Ansprechpartner:
Dr. Anja Seiffert
Julius Hess, M.A.

Sozialwissenschaftliches Institut der Bundeswehr
Prötzeler Chaussee 20, 15344 Strausberg
Tel.: 03341-58-1801
Bw: 90-8221-1801
SWInstBwEingang@Bundeswehr.org

1

T T T

1 **Sind Sie noch Soldat/Soldatin der Bundeswehr?**

☐ ja ☐ nein

Wenn nein: Wann sind Sie aus der Bundeswehr ausgeschieden? (Bitte Monat und Jahr des Ausscheidens nennen.)

Monat Jahr

2 **An wie vielen Auslandseinsätzen haben Sie bisher bzw. in Ihrer Zeit als Soldat/-in teilgenommen?** *(Bitte geben Sie die Anzahl an)*

3 **An welchen Missionen haben Sie neben dem Einsatz im 22. ISAF-Kontingent bisher noch teilgenommen? Bitte die Anzahl der Teilnahmen an der jeweiligen Mission ins Kästchen schreiben.**

EUFOR Althea	Operation Artemis
EUFOR Bosnien-Herzegovina	Operation Concordia
EUFOR/EUSEC RD Congo	Operation Enduring Freedom
EU NAVFOR / Atalanta	SFOR
UNAMA	UNMISS
ISAF	UNAMID
KFOR	UNIFIL
Operation Active Endeavour	Sonstige und zwar:

4 **Haben Sie nach Ihrem Einsatz im 22. Kontingent erneut an einem Auslandseinsatz teilgenommen?**

☐ ja ☐ nein

5 **Sind Sie bereits für einen weiteren Einsatz eingeplant bzw. vorgesehen?**

☐ ja ☐ nein ☐ bin kein/e Soldat/-in mehr

6 **Wie lange waren Sie mit dem 22. Kontingent ISAF im Einsatz?** Tage

7 **Wie lange waren Sie in allen Ihren Einsätzen insgesamt im Auslandseinsatz?** Tage

8 **Wo haben Sie im 22. Kontingent hauptsächlich Ihren Dienst in Afghanistan geleistet?** *(Bitte nur eine Nennung)*

Kabul	Mazar-e-Sharif	Kunduz	Feyzabad	Taloqan	Außenposten	Termes	anderer Ort
☐	☐	☐	☐	☐	☐	☐	☐

9 **Wo waren Sie im Einsatz des 22. Kontingents hauptsächlich eingesetzt?** *(Bitte nur eine Nennung)*

☐ in der Stabskompanie (aber nicht im Stab)	☐ im Nachschub
☐ im nationalen Stab	☐ im Feldlagerbetrieb
☐ im multinationalen Stab	☐ im Sanitätsdienst
☐ in einer Einsatzkompanie	☐ beim CIMIC-Verband
☐ bei den Pionieren	☐ EOD
☐ bei den Fernmeldern	☐ bei den Sicherungskräften
☐ bei den Feldjägern	☐ QRF (später ASB)
☐ in der Instandsetzung	☐ im Patrouillendienst (z. B. MOLT etc.)
☐ OMLT/OCC-R	☐ sonstiges und zwar:

10 **Was verbinden Sie spontan mit dem Einsatz im 22. Kontingent ISAF? Schreiben Sie bitte die Aspekte auf, die Ihnen ganz spontan dazu einfallen.** *(Bitte max. drei Aspekte)*

11 **Wie lange haben Sie sich im Einsatz mit dem 22. Kontingent in Wahrnehmung Ihres dienstlichen Auftrages außerhalb des Feldlagers aufgehalten?**

mehrere Wochen hintereinander	mehrere Tage hintereinander	täglich mehrere Stunden	mehrmals in der Woche	einmal in der Woche	seltener	nie
☐	☐	☐	☐	☐	☐	☐

12 **Wie oft hatten Sie während des Einsatzes im 22. Kontingent außerhalb des Feldlagers Kontakt zur einheimischen Bevölkerung?**

täglich	mehrmals in der Woche	einmal in der Woche	seltener	nie
☐	☐	☐	☐	☐

13 **Vor dem Hintergrund Ihrer Erfahrungen mit der fremden Kultur im Einsatz, wie bewerten Sie folgende Aussagen?**

1 = stimme voll und ganz zu 2 = stimme eher zu 3 = teils/teils 4 = stimme eher nicht zu 5 = stimme überhaupt nicht zu

		1	2	3	4	5
01	Mir gefällt der Umgang mit Menschen aus anderen Kulturen.	☐	☐	☐	☐	☐
02	Ich vermeide Situationen, in denen ich mit Menschen aus anderen Kulturen zu tun habe.	☐	☐	☐	☐	☐
03	Ich respektiere, wie sich Menschen aus anderen Kulturen verhalten.	☐	☐	☐	☐	☐
04	Ich denke, dass Menschen aus anderen Kulturen weniger weltoffen sind.	☐	☐	☐	☐	☐
05	Im Umgang mit Menschen aus anderen Kulturen fühle ich mich sicher.	☐	☐	☐	☐	☐
06	Ich fühle mich unwohl, vor Menschen aus anderen Kulturen zu sprechen.	☐	☐	☐	☐	☐
07	Ich beobachte sehr aufmerksam, wenn ich mit Menschen aus anderen Kulturen zu tun habe.	☐	☐	☐	☐	☐

14 **Wie oft hatten Sie während des Einsatzes im 22. Kontingent dienstlichen Kontakt zu afghanischen Sicherheitskräften (ANA/ANP)?**

täglich	mehrmals in der Woche	einmal in der Woche	seltener	nie
☐	☐	☐	☐	☐

Weiter mit Frage 16

15 **Wenn Sie an die Zusammenarbeit mit afghanischen Sicherheitskräften (ANSF) zurückdenken, wie bewerten Sie folgende Aussagen?**

1 = stimme voll und ganz zu 2 = stimme eher zu 3 = teils/teils 4 = stimme eher nicht zu 5 = stimme überhaupt nicht zu

		1	2	3	4	5
01	Auf ANSF konnte man sich genauso verlassen wie auf Kamerad/-innen anderer Nationen.	☐	☐	☐	☐	☐
02	Die Zusammenarbeit mit ANSF hat die Auftragserfüllung erleichtert.	☐	☐	☐	☐	☐
03	Fehlende Fremdsprachenkenntnisse erschwerten die Zusammenarbeit mit ANSF.	☐	☐	☐	☐	☐
04	Die Regeln in der Zusammenarbeit mit ANSF waren häufig unklar.	☐	☐	☐	☐	☐
05	Ich habe alles in allem positive Erfahrungen in der Zusammenarbeit mit ANSF gemacht	☐	☐	☐	☐	☐
06	In der Zusammenarbeit mit ANSF kam es manchmal zu Missverständnissen.	☐	☐	☐	☐	☐
07	In der Zusammenarbeit mit ANSF kam es manchmal zu verbalen Auseinandersetzungen.	☐	☐	☐	☐	☐
08	In der Zusammenarbeit mit ANSF kam es manchmal zu gewaltsamen Zwischenfällen.	☐	☐	☐	☐	☐

T T T

16 **Der Einsatz in Afghanistan ist Gegenstand öffentlicher Diskussionen. Wie ist Ihre persönliche Haltung zu den folgenden Aussagen?**

1 = stimme voll und ganz zu; 2 = stimme eher zu; 3 = teils/teils; 4 = stimme eher nicht zu; 5 = stimme überhaupt nicht zu

		1	2	3	4	5
01	Die politische Entscheidung, die Bundeswehr nach Afghanistan zu senden, war richtig.	☐	☐	☐	☐	☐
02	Der militärische Auftrag von ISAF ist sinnvoll.	☐	☐	☐	☐	☐
03	Durch den Einsatz der Bundeswehr wird den Menschen in Afghanistan geholfen.	☐	☐	☐	☐	☐
04	Letztendlich ist der Einsatz in Afghanistan nutzlos, da es keine grundlegenden Verbesserungen gibt.	☐	☐	☐	☐	☐
05	Die Bundeswehr sollte ihren Auftrag in Afghanistan häufiger durch aktive Kampfhandlungen durchsetzen.	☐	☐	☐	☐	☐
06	Die Bundeswehr sollte sich wieder an Einsätzen wie in Afghanistan beteiligen.	☐	☐	☐	☐	☐
07	Der Schutz der Zivilbevölkerung hat höchste Priorität für die Bundeswehr in Afghanistan.	☐	☐	☐	☐	☐
08	Die Bundeswehr sollte in Afghanistan häufiger mit Waffengewalt durchgreifen.	☐	☐	☐	☐	☐
09	Die rechtlichen Grundlagen für den Waffeneinsatz bei ISAF sind angemessen.	☐	☐	☐	☐	☐
10	Andere deutsche Organisationen sollten sich stärker im zivilen Aufbau engagieren (Polizeiausbildung, Entwicklungshilfe).	☐	☐	☐	☐	☐
11	Wenn die Armeen abziehen, wird die Gewalt in Afghanistan wieder ausbrechen.	☐	☐	☐	☐	☐
12	Die Bundeswehr sollte Afghanistan umgehend verlassen.	☐	☐	☐	☐	☐
13	Die Bundeswehr sollte sich in Afghanistan auf die Ausbildung und Beratung der afghanischen Armee konzentrieren.	☐	☐	☐	☐	☐
14	Die Bundeswehr sollte sich militärisch über 2014 hinaus in Afghanistan engagieren.	☐	☐	☐	☐	☐
15	Der Rückhalt der deutschen Bevölkerung für den Einsatz der Bundeswehr in Afghanistan ist wichtig.	☐	☐	☐	☐	☐
16	Die deutsche Politik steht hinter der Arbeit der Bundeswehr in Afghanistan.	☐	☐	☐	☐	☐

17 **Wie ist die Haltung ihres persönlichen Umfelds zum Einsatz der Bundeswehr in Afghanistan? Inwieweit treffen die folgenden Aussagen auf Sie zu?**

1 = trifft voll und ganz zu; 2 = trifft eher zu; 3 = teils/teils; 4 = trifft eher nicht zu; 5 = trifft überhaupt nicht zu

		1	2	3	4	5
01	Mein Freundes-/Bekanntenkreis steht dem Engagement der Bundeswehr in Afghanistan positiv gegenüber.	☐	☐	☐	☐	☐
02	Meine Familie steht dem Engagement der Bundeswehr in Afghanistan positiv gegenüber.	☐	☐	☐	☐	☐
03	Falls zutreffend: Meine Partnerin/mein Partner steht dem Einsatz der Bundeswehr in Afghanistan positiv gegenüber.	☐	☐	☐	☐	☐

18 **Wie groß ist Ihr für den militärischen Einsatz notwendiges Vertrauen in ...**

1 = sehr groß; 2 = groß; 3 = teils/teils; 4 = gering; 5 = sehr gering

		1	2	3	4	5
01	den Bundestag	☐	☐	☐	☐	☐
02	die Bundesregierung	☐	☐	☐	☐	☐
03	das BMVg	☐	☐	☐	☐	☐
04	die Politik insgesamt.	☐	☐	☐	☐	☐

18 **Wie groß ist Ihr für den militärischen Einsatz notwendiges Vertrauen in ...**

1 = sehr groß; 2 = groß; 3 = teils/teils; 4 = gering; 5 = sehr gering

		1	2	3	4	5
	Wenn Sie kein/e Soldat/-in mehr sind, beziehen Sie sich bei den folgenden Fragen bitte auf Ihren letzten Dienstposten in der Bundeswehr.					
05	Ihre unmittelbare Vorgesetzte/Ihren unmittelbaren Vorgesetzten.	☐	☐	☐	☐	☐
06	Ihre nächsthöhere Vorgesetzte/Ihren nächsthöheren Vorgesetzten.	☐	☐	☐	☐	☐
07	höhere militärische Vorgesetzte.	☐	☐	☐	☐	☐
08	Ihre Kameradinnen/Kameraden	☐	☐	☐	☐	☐
09	Ihnen unterstellte Soldatinnen/Soldaten (nur falls zutreffend)	☐	☐	☐	☐	☐

19 **Sehen Sie sich als Einsatzsoldat bzw. Afghanistanveteran anerkannt und wertgeschätzt durch ...?**

1 wertgeschätzt; 2 eher wertgeschätzt; 3 = teils/teils; 4 = eher nicht wertgeschätzt; 5 = nicht wertgeschätzt

		1	2	3	4	5
01	die deutsche Bevölkerung	☐	☐	☐	☐	☐
02	die Politik (Bundesregierung und Bundestag)	☐	☐	☐	☐	☐
03	Ihre Freunde und Bekannte	☐	☐	☐	☐	☐
04	Ihre Familie	☐	☐	☐	☐	☐
05	Falls zutreffend: Ihre Partnerin/Ihren Partner	☐	☐	☐	☐	☐
	Wenn Sie kein/e Soldat/-in mehr sind, beziehen Sie sich bei den folgenden Fragen bitte auf Ihren letzten Dienstposten in der Bundeswehr.					
06	Ihren direkten Vorgesetzten	☐	☐	☐	☐	☐
07	höhere militärische Vorgesetzte	☐	☐	☐	☐	☐
08	Ihre Kameraden/Kameradinnen	☐	☐	☐	☐	☐
09	Falls zutreffend: Ihnen unterstellte Soldatinnen/Soldaten	☐	☐	☐	☐	☐

20 **Welchen Maßnahmen, mit denen man Veteranen Wertschätzung und Unterstützung zukommen lassen könnte, stimmen Sie zu und welche lehnen Sie ab?**

1 = Stimme zu; 2 = lehne ab; 3 = weiß nicht/keine Antwort

		1	2	3
01	Öffentliche Verleihung von Veteranenabzeichen, Orden und Medaillen.	☐	☐	☐
02	Ein Veteranentag, an dem ausschließlich Veteranen geehrt werden.	☐	☐	☐
03	Ein Tag der Bundeswehr, an dem auch Veteranen geehrt werden.	☐	☐	☐
04	Einladung von Veteranen zu öffentlichen Veranstaltungen mit Symbolcharakter.	☐	☐	☐
05	Staatliche Förderung von privaten Initiativen zur Unterstützung von Soldaten, wie „Gelbe Schleife".	☐	☐	☐
06	Eine besondere medizinische Versorgung der Veteranen, die im Dienst körperliche oder psychische Schäden erlitten haben.	☐	☐	☐
07	Eine Veteranenkarte, die zum Beispiel Vergünstigungen für Freizeitangebote bietet.	☐	☐	☐
08	Spezielle Betreuungsangebote für Familien von Veteranen.	☐	☐	☐
09	Sonstiges, und zwar:			

21 **Manchmal wird gefordert, dass nicht nur einsatzerfahrene Soldaten den Veteranenstatus erhalten sollen, sondern auch Polizisten, Diplomaten und Entwicklungshelfer, die in einem Auslandseinsatz waren. Sehen Sie das auch so oder sehen Sie das nicht so?** *(Bitte nur eine Nennung)*

ja, sehe ich auch so	nein, sehe das nicht so	weiß nicht/keine Antwort
☐	☐	☐

T 3 T

T T T

22 Wie sehen Sie Ihren Einsatz im 22. Kontingent heute?

1 = trifft voll und ganz zu | 2 = trifft eher zu | 3 = teils/teils | 4 = trifft eher nicht zu | 5 = trifft überhaupt nicht zu

		1	2	3	4	5
01	Ich bin stolz, Soldat/-in des 22. ISAF-Kontingents gewesen zu sein.	☐	☐	☐	☐	☐
02	Ich kann einer Kameradin/einem Kameraden empfehlen, sich für einen Einsatz in Afghanistan zu melden.	☐	☐	☐	☐	☐
03	Ich hätte auf den Einsatz im 22. Kontingent lieber verzichtet.	☐	☐	☐	☐	☐
04	Der Einsatz des 22. ISAF-Kontingents war alles in allem erfolgreich	☐	☐	☐	☐	☐
05	Die Leistung meiner Teileinheit im 22. Kontingent war gut.	☐	☐	☐	☐	☐
	Nur wenn Sie heute noch Soldat/-in sind:					
06	Für einen weiteren ISAF-Einsatz würde ich mich freiwillig melden.	☐	☐	☐	☐	☐
07	Für einen weiteren Einsatz in einem anderen Einsatzland (z. B. Bosnien-Herzegowina, Kosovo) würde ich mich freiwillig melden.	☐	☐	☐	☐	☐

23 Wie bewerten Sie Ihre im Einsatz gemachten Erfahrungen heute? Für mich ist es besonders wichtig, dass ...

1 = trifft voll und ganz zu | 2 = trifft eher zu | 3 = teils/teils | 4 = trifft eher nicht zu | 5 = trifft überhaupt nicht zu

		1	2	3	4	5
01	ich Außergewöhnliches erleben konnte.	☐	☐	☐	☐	☐
02	es sich für mich auch finanziell gelohnt hat	☐	☐	☐	☐	☐
03	ich eine persönlich wichtige Erfahrung machen konnte, die mich bereichert hat.	☐	☐	☐	☐	☐
04	ich mich unter schwierigen Bedingungen bewähren konnte.	☐	☐	☐	☐	☐
05	meine Kameraden/Kameradinnen und ich den Einsatz überstanden haben.	☐	☐	☐	☐	☐
06	ich persönlich gewachsen bin.	☐	☐	☐	☐	☐
07	ich meine Grenzen kennenlernen konnte.	☐	☐	☐	☐	☐
08	ich besonders intensive Kameradschaft erleben konnte.	☐	☐	☐	☐	☐
09	ich etwas Sinnvolles getan habe.	☐	☐	☐	☐	☐

24 Wie schätzen Sie den Einsatz im 22. Kontingent im Hinblick auf Ihre berufliche Entwicklung ein?

1 = trifft voll und ganz zu | 2 = trifft eher zu | 3 = teils/teils | 4 = trifft eher nicht zu | 5 = trifft überhaupt nicht zu

		1	2	3	4	5
01	Meine Einsatzerfahrungen haben zu einer Verbesserung meiner Karriereaussichten beigetragen.	☐	☐	☐	☐	☐
02	Durch meine Erfahrungen im 22. ISAF-Kontingent finde ich bei Kameradinnen/Kameraden höhere Anerkennung.	☐	☐	☐	☐	☐
03	Ich kann meine Einsatzerfahrungen in den täglichen Dienst gut einbringen.	☐	☐	☐	☐	☐
04	Alles in allem hat mich der Einsatz beruflich nicht weitergebracht.	☐	☐	☐	☐	☐

25 Wie oft haben Sie noch Kontakt zu Kameraden und Vorgesetzten, mit denen Sie im Einsatz im 22. Kontingent waren?

täglich	wöchentlich	etwa alle 14 Tage	seltener	nie
☐	☐	☐	☐	☐

26 Wenn Sie über Ihre derzeitige Lage, über sich und Ihr dienstliches/berufliches Umfeld nachdenken, wie bewerten Sie ...

1 = sehr hoch | 2 = eher hoch | 3 = teils/teils | 4 = eher gering | 5 = sehr gering | 6 = kann ich nicht beurteilen

		1	2	3	4	5	6
01	Ihre persönliche Einsatzbereitschaft?	☐	☐	☐	☐	☐	☐
02	Ihre persönliche Motivation?	☐	☐	☐	☐	☐	☐
03	das Ausmaß Ihrer psychischen Erschöpfung?	☐	☐	☐	☐	☐	☐
04	das Ausmaß Ihrer körperlichen Erschöpfung?	☐	☐	☐	☐	☐	☐

27 Wie wichtig sind für Sie die nachfolgenden Gründe für eine Teilnahme an einem weiteren Einsatz? Wenn Sie kein/e Soldat/-in mehr sind, weiter mit Frage 29.

1 = wichtig | 2 = eher wichtig | 3 = teils/teils | 4 = eher unwichtig | 5 = unwichtig

		1	2	3	4	5
01	weniger Bürokratie als im Dienstalltag	☐	☐	☐	☐	☐
02	sinnvoller Auftrag im Einsatz	☐	☐	☐	☐	☐
03	kann den Einsatz mit meiner Familie gut arrangieren	☐	☐	☐	☐	☐
04	Dienst macht im Einsatz mehr Freude	☐	☐	☐	☐	☐
05	Bedrohungslage ist gering	☐	☐	☐	☐	☐
06	gute Lebensbedingungen im Lager	☐	☐	☐	☐	☐
07	Spannung und Abenteuer	☐	☐	☐	☐	☐
08	gute Kameradschaft	☐	☐	☐	☐	☐
09	andere Vorgesetzte	☐	☐	☐	☐	☐
10	erträgliche Einsatzdauer	☐	☐	☐	☐	☐
11	der Einsatz ist die eigentliche Aufgabe für die Soldatin/den Soldaten	☐	☐	☐	☐	☐
12	die bessere Entlohnung (AVZ)	☐	☐	☐	☐	☐
13	der Einsatz ist eine echte Herausforderung	☐	☐	☐	☐	☐
14	Interesse für Land und Leute	☐	☐	☐	☐	☐
15	Aussicht auf Zusammenarbeit mit Soldatinnen/Soldaten anderer Nationen	☐	☐	☐	☐	☐
16	Fühle mich gegenüber Kameraden verpflichtet.	☐	☐	☐	☐	☐

28 Wie wichtig sind für Sie die nachfolgenden Gründe gegen eine Teilnahme an einem weiteren Einsatz?

1 = wichtig | 2 = eher wichtig | 3 = teils/teils | 4 = eher unwichtig | 5 = unwichtig

		1	2	3	4	5
01	hohe Arbeitsbelastung im Einsatz	☐	☐	☐	☐	☐
02	Zweifel am Sinn der Tätigkeit	☐	☐	☐	☐	☐
03	Probleme wegen der Trennung von der Familie/der Partnerin/dem Partner	☐	☐	☐	☐	☐
04	Belastungen durch Aufenthalt im Einsatzland (Konflikte mit der Bevölkerung, Konflikte mit afghanischen Partnern, klimatische Bedingungen usw.)	☐	☐	☐	☐	☐
05	Bedrohungen im Einsatzland (IED- und Minengefahr, Hinterhalte, Gefechte usw.)	☐	☐	☐	☐	☐
06	schlechte Lebensbedingungen (fehlende Privatsphäre usw.)	☐	☐	☐	☐	☐
07	extrem belastende Situationen (Verwundungen, Tod usw.)	☐	☐	☐	☐	☐
08	Konflikte mit gleichgestellten Kameradinnen und Kameraden	☐	☐	☐	☐	☐
09	Konflikte mit Vorgesetzten	☐	☐	☐	☐	☐
10	zu lange Einsatzdauer	☐	☐	☐	☐	☐
11	zu kurzer Abstand zwischen den Einsätzen	☐	☐	☐	☐	☐
12	zu geringe Entlohnung	☐	☐	☐	☐	☐
13	zu viel Bürokratie	☐	☐	☐	☐	☐
14	Rechtsunsicherheit	☐	☐	☐	☐	☐

T T

29 **Wie bewerten Sie folgende grundlegende Aussagen zu Ihrer soldatischen Einstellung?**

1 = trifft voll und ganz zu; 2 = trifft eher zu; 3 = teils/teils; 4 = trifft eher nicht zu; 5 = trifft überhaupt nicht zu

		1	2	3	4	5
01	Ich fühle mich mit der Bundeswehr eng verbunden	☐	☐	☐	☐	☐
02	Ich kann einer/einem Bekannten empfehlen, Soldat/-in der Bundeswehr zu werden	☐	☐	☐	☐	☐
03	Ich stehe hinter dem Auftrag der Bundeswehr	☐	☐	☐	☐	☐
04	Aus heutiger Sicht war meine Entscheidung richtig, Soldat/-in der Bundeswehr zu werden	☐	☐	☐	☐	☐
	Nur wenn Sie heute noch Soldat/-in sind:					
05	Ich bin stolz darauf, der Bundeswehr anzugehören	☐	☐	☐	☐	☐
06	Wenn es möglich wäre, würde ich die Bundeswehr sofort verlassen.	☐	☐	☐	☐	☐
07	Ich mache nur noch ‚Dienst nach Vorschrift'	☐	☐	☐	☐	☐

Wenn Sie nicht mehr Soldat/-in sind, weiter mit Frage 31.

30 **Wie bewerten Sie folgende Aussagen zur militärischen Gewaltanwendung. Was trifft auf Sie persönlich zu? Zur Erfüllung meines Auftrags im Einsatz bin ich bereit ...**

1 = trifft voll und ganz zu; 2 = trifft eher zu; 3 = teils/teils; 4 = trifft eher nicht zu; 5 = trifft überhaupt nicht zu

		1	2	3	4	5
01	mit Waffeneinsatz zu drohen.	☐	☐	☐	☐	☐
02	Warnschüsse abzugeben.	☐	☐	☐	☐	☐
03	gezielt auf Angreifer zu schießen.	☐	☐	☐	☐	☐
04	gezielt auf potenzielle Angreifer zu schießen.	☐	☐	☐	☐	☐
05	die Flucht feindlicher Kämpfer durch gezielten Waffeneinsatz zu verhindern.	☐	☐	☐	☐	☐
06	Gefährdungen von Zivilisten hinzunehmen.	☐	☐	☐	☐	☐

31 **Mit welchen der folgenden Ereignisse waren Sie persönlich in Ihrem Einsatz im 22. Kontingent konfrontiert, und mit welchen in anderen Einsätzen?**

Falls Sie nur am Einsatz des 22. Kontingents teilgenommen haben, lassen Sie bitte die beiden rechten Spalten frei.		Im Einsatz mit dem 22. Kontingent		In einem anderen Einsatz	
		trifft zu	trifft nicht zu	trifft zu	trifft nicht zu
01	Ich habe den Tod einer Kameradin/eines Kameraden miterlebt.	☐	☐	☐	☐
02	Ich habe den Tod einer Zivilistin/eines Zivilisten miterlebt.	☐	☐	☐	☐
03	Ich habe den Tod eines feindlichen Kämpfers miterlebt.	☐	☐	☐	☐
04	Ich habe die Verwundung/schwere Verletzung einer Kameradin/eines Kameraden miterlebt.	☐	☐	☐	☐
05	Ich habe die Verwundung/schwere Verletzung einer Zivilistin/eines Zivilisten miterlebt.	☐	☐	☐	☐
06	Ich habe die Verwundung/schwere Verletzung eines feindlichen Kämpfers miterlebt.	☐	☐	☐	☐
07	Ich habe den nervlichen oder körperlichen Zusammenbruch einer Kameradin/eines Kameraden miterlebt.	☐	☐	☐	☐
08	Ich habe den nervlichen oder körperlichen Zusammenbruch einer Zivilistin/eines Zivilisten miterlebt.	☐	☐	☐	☐
09	Ich habe an einem Schusswechsel aktiv teilgenommen.	☐	☐	☐	☐
10	Ich habe feindlichen Beschuss erlebt.	☐	☐	☐	☐
11	Ich war einer unmittelbaren lebensbedrohlichen Situation ausgesetzt (z. B. IED, Minenfeld)	☐	☐	☐	☐
12	Ich habe im Einsatz getötet.	☐	☐	☐	☐

32 **Wie oft waren Sie alles in allem in Ihren Einsätzen in Situationen, die Sie persönlich als lebensbedrohlich wahrgenommen haben?** *(Bitte nur eine Nennung)*

keinmal	1–5-mal	6–10-mal	11–15-mal	16–20-mal	mehr als 20-mal
☐	☐	☐	☐	☐	☐

33 **Wie oft haben Sie alles in allem in Ihren Einsätzen aktiv an Gefechten/Schusswechseln teilgenommen?** *(Bitte nur eine Nennung)*

keinmal	1–5-mal	6–10-mal	11–15-mal	16–20-mal	mehr als 20-mal
☐	☐	☐	☐	☐	☐

34 **Wenn Sie an die Gefahren denken, die Sie persönlich im Einsatz im 22. Kontingent erlebt haben, inwieweit treffen die folgenden Aussagen auf Sie zu?**

1 = trifft voll und ganz zu; 2 = trifft eher zu; 3 = teils/teils; 4 = trifft eher nicht zu; 5 = trifft überhaupt nicht zu

		1	2	3	4	5
01	Die Gefährdungen belasten mich noch heute.	☐	☐	☐	☐	☐
02	Ich lasse das alles gar nicht an mich rankommen.	☐	☐	☐	☐	☐
03	Ich kann heute oft nicht abschalten und muss häufig an Risiken und Gefahren denken, die ich im Einsatz erlebt habe.	☐	☐	☐	☐	☐
04	Ich mache mir manchmal Vorwürfe weil ich denke, dass ich im Einsatz nicht immer alles richtig gemacht habe.	☐	☐	☐	☐	☐
05	Ich denke heute nicht mehr viel über die Gefahren nach, die ich im Einsatz erlebt habe.	☐	☐	☐	☐	☐
01	Mit meiner Familie rede ich über die Gefahren, die ich im Einsatz erlebt habe.	☐	☐	☐	☐	☐
01	Nur im Kameradenkreis rede ich über die Gefahren und Risiken, die ich im Einsatz erlebt habe.	☐	☐	☐	☐	☐

35 **Was hat Sie nach der Rückkehr aus dem Einsatz belastet und was empfinden heute noch als belastend? Kreuzen Sie bitte – falls zutreffend – an, wie belastend für Sie folgende Punkte**

A) nach der Rückkehr aus dem Einsatz waren
B) heute für Sie sind.

1 = sehr hohe Belastung; 2 = hohe Belastung; 3 = teils/teils; 4 = geringe Belastung; 5 = gar keine Belastung

		A) Nach Rückkehr					B) Heute				
		1	2	3	4	5	1	2	3	4	5
01	Bürokratie im Dienstalltag	☐	☐	☐	☐	☐	☐	☐	☐	☐	☐
02	Hohes Arbeitsaufkommen	☐	☐	☐	☐	☐	☐	☐	☐	☐	☐
03	Berufliche Unsicherheit	☐	☐	☐	☐	☐	☐	☐	☐	☐	☐
04	Das Gefühl, von Kameraden oder Vorgesetzten nicht akzeptiert zu werden.	☐	☐	☐	☐	☐	☐	☐	☐	☐	☐
05	Körperliche Erkrankungen/Verwundungen	☐	☐	☐	☐	☐	☐	☐	☐	☐	☐
06	Schlechtes Dienstklima	☐	☐	☐	☐	☐	☐	☐	☐	☐	☐
07	Psychische Beeinträchtigungen (wie chronische Schlaflosigkeit, Alpträume etc.)	☐	☐	☐	☐	☐	☐	☐	☐	☐	☐
08	Extrem belastende Einsatzerlebnisse (Töten, Tod, Verwundung etc.)	☐	☐	☐	☐	☐	☐	☐	☐	☐	☐
09	Zu wenig Zeit für meine Familie.	☐	☐	☐	☐	☐	☐	☐	☐	☐	☐
10	Das Gefühl, in meinem Alltag fremd zu sein	☐	☐	☐	☐	☐	☐	☐	☐	☐	☐
11	Zu wenig Zeit für meine Freunde	☐	☐	☐	☐	☐	☐	☐	☐	☐	☐
12	Konflikte und Spannungen mit meiner Familie	☐	☐	☐	☐	☐	☐	☐	☐	☐	☐
13	Häufige berufsbedingte Abwesenheiten von der Familie	☐	☐	☐	☐	☐	☐	☐	☐	☐	☐
14	Konflikte mit Kameradinnen/Kameraden	☐	☐	☐	☐	☐	☐	☐	☐	☐	☐
15	Konflikte mit Vorgesetzten	☐	☐	☐	☐	☐	☐	☐	☐	☐	☐
16	Falls zutreffend: Konflikte und Spannungen mit meiner Partnerin/ meinem Partner	☐	☐	☐	☐	☐	☐	☐	☐	☐	☐
17	Falls zutreffend: Probleme mit Kind/Kindern	☐	☐	☐	☐	☐	☐	☐	☐	☐	☐

36 **Gibt es andere Punkte, die Sie seit der Rückkehr aus Ihrem Einsatz mit dem 22. Kontingent persönlich als besonders belastend empfinden?** ***(Bitte max. drei Nennungen)***

37 **Inwieweit treffen die folgenden Aussagen auf Sie persönlich zu?**

1 = trifft voll und ganz zu 2 = trifft eher zu 3 = teils/teils 4 = trifft eher nicht zu 5 = trifft überhaupt nicht zu

		1	2	3	4	5
01	Ich finde es schwer, mit jemandem über meine Erlebnisse im Einsatz zu sprechen.	☐	☐	☐	☐	☐
02	Ich habe niemandem erzählt, was ich alles genau im Einsatz erlebt habe.	☐	☐	☐	☐	☐
03	Ich möchte meine Partnerin/mein Partner, meine Familie/Freunde nicht belasten, indem ich ihnen von meinen Erlebnissen im Einsatz berichte.	☐	☐	☐	☐	☐
04	Die Erlebnisse im Einsatz muss ich mit mir selbst ausmachen.	☐	☐	☐	☐	☐
05	Es hilft mir, wenn ich über meine Erlebnisse im Einsatz erzähle.	☐	☐	☐	☐	☐
06	Nur im Kameradenkreis rede ich offen über meine Erlebnisse im Einsatz.	☐	☐	☐	☐	☐

38 **In welchem Umfang hat sich Ihr Leben durch den Einsatz verändert?** ***(Bitte nur eine Nennung)***

☐ Ich musste mein Leben ganz neu ordnen.

☐ Einige Dinge haben sich in meinem Leben geändert.

☐ In meinem Leben hat sich durch den Einsatz eher nichts verändert.

39 **Was meinen Sie, wie sich der Einsatz im 22. Kontingent auf Sie persönlich und Ihr Leben ausgewirkt hat?**

1 = stimme voll und ganz zu 2 = stimme eher zu 3 = teils/teils 4 = stimme eher nicht zu 5 = stimme überhaupt nicht zu

		1	2	3	4	5
01	Die Erfahrung hat mich selbstbewusster gemacht.	☐	☐	☐	☐	☐
02	Ich habe mich schnell in mein altes Leben wieder eingefunden.	☐	☐	☐	☐	☐
03	Ich bin gelassener geworden und rege mich nicht mehr so schnell über Alltäglichkeiten auf.	☐	☐	☐	☐	☐
04	Ich habe weniger Antrieb und Spaß an den Dingen.	☐	☐	☐	☐	☐
05	Ich bin ernster geworden.	☐	☐	☐	☐	☐
06	Ich habe mich alles in allem nicht verändert.	☐	☐	☐	☐	☐
07	Ich weiß das Leben jetzt mehr zu schätzen.	☐	☐	☐	☐	☐
08	Ich habe mich mehr von meinem privaten Umfeld zurückgezogen.	☐	☐	☐	☐	☐
09	Ich bin aktiver geworden	☐	☐	☐	☐	☐
10	Ich bin aggressiver geworden.	☐	☐	☐	☐	☐
11	Ich habe das Gefühl, richtige Freundschaft nur noch bei meinen Kameraden zu finden.	☐	☐	☐	☐	☐
12	Ich bin leichter genervt.	☐	☐	☐	☐	☐
13	Ich habe lange gebraucht, mich an mein altes Leben zu gewöhnen.	☐	☐	☐	☐	☐
14	Ich fühle mich immer noch fremd in meinem Leben hier.	☐	☐	☐	☐	☐

40 **Und was meinen Sie, wie hat sich Ihr Einsatz im 22. Kontingent auf Folgendes ausgewirkt?**

1 = sehr positiv 2 = positiv 3 = weder noch 4 = negativ 5 = sehr negativ

		1	2	3	4	5
01	Ihre Beziehung zu Angehörigen (Eltern, Geschwister etc.)	☐	☐	☐	☐	☐
02	Der Kontakt zu Ihren Freunden und Bekannten	☐	☐	☐	☐	☐
03	Ihre Freizeitgestaltung, Hobbys, Interessen	☐	☐	☐	☐	☐

40 **Und was meinen Sie, wie hat sich Ihr Einsatz im 22. Kontingent auf Folgendes ausgewirkt?**

1 = sehr positiv 2 = positiv 3 = weder noch 4 = negativ 5 = sehr negativ

		1	2	3	4	5
04	Ihren Dienst-/Berufsalltag	☐	☐	☐	☐	☐
05	Falls zutreffend: Ihre Partnerschaft	☐	☐	☐	☐	☐
06	Falls zutreffend: Die Beziehung zu Ihrem Kind/Ihren Kindern	☐	☐	☐	☐	☐

41 **Wie zufrieden sind Sie alles in allem mit der Unterstützung, die Sie und Ihre Familie nach dem Einsatz erhalten haben durch...?**

A) Geben Sie bitte für jeden Punkt an, ob Sie zufrieden oder nicht zufrieden mit der Unterstützung sind.

B) Falls Sie mehr Unterstützung aus dem jeweiligen Bereich wünschen, kreuzen Sie bitte zusätzlich für jeden Punkt das vorletzte Kästchen an.

C) Falls Sie die jeweiligen Angebote bisher nicht genutzt haben, kreuzen Sie bitte letzte Kästchen an.

1 = zufrieden 2 = teils/teils 3 = unzufrieden 4 = wünsche mir mehr Unterstützung 5 = keine Unterstützung genutzt

		1	2	3	4	5
1	Verband/Teileinheit	☐	☐	☐	☐	☐
2	Vorgesetzte	☐	☐	☐	☐	☐
3	Kameradinnen/Kameraden	☐	☐	☐	☐	☐
	Familienbetreuungsorganisation	☐	☐	☐	☐	☐
	Bundeswehrsozialwerk	☐	☐	☐	☐	☐
4	Bundeswehrverwaltung (etwa im Rahmen einer WDB)	☐	☐	☐	☐	☐
5	Peers (in psychologischer Ersthilfe geschulte Feldwebeldienstgrade bzw. Offiziere)	☐	☐	☐	☐	☐
7	Truppenpsychologen	☐	☐	☐	☐	☐
8	Truppenärzte	☐	☐	☐	☐	☐
9	Zivile Ärzte oder Psychologen	☐	☐	☐	☐	☐
9	Militärseelsorge	☐	☐	☐	☐	☐
10	Sozialdienst	☐	☐	☐	☐	☐
11	Freunde, Bekannte und Verwandte	☐	☐	☐	☐	☐
12	Private Hilfsorganisationen oder Initiativen	☐	☐	☐	☐	☐

42 **Welche Angebote zur Unterstützung für Einsatzrückkehrer bzw. für Veteranen und ihre Familien würden Sie sich von der Bundeswehr wünschen?** ***(Bitte nennen Sie bis zu drei Angebote, die Ihnen besonders wichtig sind)***

43 **Wie war Ihr Familienstand während des Einsatzes im 22. Kontingent?** *(Bitte entscheiden Sie sich für eine Antwort.)*

01	☐	ledig (ohne feste Beziehung)	04	☐	in Trennung lebend
02	☐	Partnerschaft/Lebensgemeinschaft	05	☐	geschieden
03	☐	verheiratet/eingetragene Lebensgemeinschaft	06	☐	verwitwet

44 **Wie ist Ihr derzeitiger Familienstand?** *(Bitte entscheiden Sie sich für eine Antwort.)*

01	☐	ledig (ohne feste Beziehung)	04	☐	in Trennung lebend
02	☐	Partnerschaft/Lebensgemeinschaft	05	☐	geschieden
03	☐	verheiratet/eingetragene Lebensgemeinschaft	06	☐	verwitwet

45 **Leben Sie mit Ihrer Partnerin/Ihrem Partner zusammen?**

ja	nein	habe keine/n Partnerin/Partner
☐	☐	☐

46 **Sind Sie noch mit der gleichen Partnerin/dem gleichen Partner zusammen wie während des Einsatzes im 22. Kontingent?**

ja	nein	hatte keine/n Partnerin/Partner
☐	☐	☐

47 **Welche der folgenden Lebensereignisse treffen auf Sie in den vergangenen zwei Jahren (seit Rückkehr aus Ihrem Einsatz im 22. Kontingent) zu?**

1 = ja, trifft zu | 2 = nein, trifft nicht zu

		1	2
01	Bin mit meiner Partnerin/Partner zusammengezogen.	☐	☐
02	Bin Vater/Mutter geworden	☐	☐
03	Habe eine/n neue/n Lebenspartner/in kennengelernt	☐	☐
04	Habe geheiratet	☐	☐
05	Wurde geschieden.	☐	☐
06	Haben uns getrennt	☐	☐

48 **Wenn bei Ihnen <u>Trennung oder Scheidung</u> seit Rückkehr aus dem Einsatz zutrifft, gab es für die Trennung von Ihrem Partner Gründe, die mit Ihrem Dienst oder dem Einsatz zusammenhängen?**
Welche Gründe sind das? *(Bitte max. drei Nennungen)*

49 **Wie sehen Sie folgende Aussagen?**

1 = trifft voll und ganz zu | 2 = trifft eher zu | 3 = teils/teils | 4 = trifft eher nicht zu | 5 = trifft überhaupt nicht zu

		1	2	3	4	5
02	Seit der Rückkehr aus dem Einsatz ist mir die Zeit mit meiner Familie wichtiger geworden.	☐	☐	☐	☐	☐
03	Bei der Planung von Einsätzen und Lehrgängen wird auf meine privaten Belange Rücksicht genommen.	☐	☐	☐	☐	☐
04	Aufgrund meiner beruflichen Situation fällt es mir schwer, mein Leben langfristig zu planen.	☐	☐	☐	☐	☐
04	Meine beruflichen Belastungen haben schon einmal zu einer Trennung von einem Partner geführt.	☐	☐	☐	☐	☐
05	Meine häufigen dienstlichen Abwesenheiten (Einsätze, Lehrgänge etc.) führen immer wieder zu Spannungen im Privat- und Familienleben.	☐	☐	☐	☐	☐
06	Weil ich oft umziehen muss, macht es kaum noch Sinn, neue Freundschaften zu schließen.	☐	☐	☐	☐	☐
07	<u>Falls kein Partner vorhanden:</u> Aufgrund meiner beruflichen Situation, fällt es mir schwer einen neuen Partner kennenzulernen.	☐	☐	☐	☐	☐
08	<u>Falls keine Familie vorhanden:</u> Aufgrund meiner beruflichen Situation fällt es mir schwer eine Familie zu gründen.	☐	☐	☐	☐	☐
09	Ich würde auch gegen den Willen meiner Partnerin/meines Partners oder meiner Familie erneut in den Auslandseinsatz gehen.	☐	☐	☐	☐	☐
10	<u>Falls zutreffend:</u> Mein Partner/meine Partnerin hat nur wenig Verständnis für meine dienstlichen Belastungen.	☐	☐	☐	☐	☐
11	Meine Partnerin/mein Partner und ich sind nach dem Einsatz enger zusammengewachsen.	☐	☐	☐	☐	☐
12	Meine Partnerin/mein Partner kommt mit meiner häufigen Abwesenheit nicht klar.	☐	☐	☐	☐	☐

50 **Haben Sie Kinder?** *(Mehrfachnennungen möglich)*

☐ ja, im eigenen Haushalt ☐ nein

☐ ja, nicht im eigenen Haushalt ☐ noch nicht, aber wahrscheinlich in den nächsten Jahren

Wenn Sie keine Kinder haben, weiter mit Frage 53.

51 **In welchem Alter sind Ihre Kinder?** *(Mehrfachnennungen möglich)*

unter 2 Jahren	2 bis 6 Jahre	6 bis 11 Jahre	12 bis 17 Jahre	18 Jahre und älter
☐	☐	☐	☐	☐

52 **Sind Sie alleinerziehend?**

☐ ja ☐ nein

53 **Inwieweit können Sie Ihren Dienst mit Ihrem Privat- und Familienleben vereinbaren?**

sehr gut	eher gut	teils/teils	eher schlecht	sehr schlecht
☐	☐	☐	☐	☐

54 **Wie belastend wirken sich die folgenden Punkte – falls zutreffend - auf Ihr Privat- und Familienleben aus?**

1 = sehr belastend | 2 = eher belastend | 3 = teils/teils | 4 = eher nicht belastend | 5 = überhaupt nicht belastend

		1	2	3	4	5
01	Tägliche Pendeln zur Arbeit	☐	☐	☐	☐	☐
02	Wochenendpendeln	☐	☐	☐	☐	☐
03	Arbeiten unter großem Zeit- und Leistungsdruck	☐	☐	☐	☐	☐
04	Häufige Dienstreisen/Lehrgänge	☐	☐	☐	☐	☐
05	Häufige Auslandseinsätze (einschließlich Abwesenheiten durch Einsatzvorbereitung und -nachbereitung)	☐	☐	☐	☐	☐
07	Wochenendarbeit	☐	☐	☐	☐	☐
08	Überstunden	☐	☐	☐	☐	☐
09	Schlechtes Dienstklima	☐	☐	☐	☐	☐
10	Häufige dienstbedingte Umzüge	☐	☐	☐	☐	☐
11	Häufige Standortwechsel	☐	☐	☐	☐	☐
12	Die Gefährlichkeit des Dienstes	☐	☐	☐	☐	☐
13	Aktuelle Umstrukturierungen meiner Dienststelle	☐	☐	☐	☐	☐

55 **Wenn Sie an das Verhältnis von Ihrem Dienst zu Ihrem Privat- und Familienleben denken, überwiegt dann aus Ihrer Sicht einer der Bereiche oder besteht ein Gleichgewicht?**

Mein Dienst überwiegt deutlich	Mein Dienst überwiegt eher	Es besteht ein Gleichgewicht zwischen meinem Dienst und meinem Privat- und Familienleben	Mein Privat- und Familienleben überwiegt eher	Mein Privat- und Familienleben überwiegt deutlich
☐	☐	☐	☐	☐

56 **Inwiefern treffen die folgenden Aussagen zur Vereinbarkeit von Familie und Beruf auf Sie zu?**

1 = trifft voll und ganz zu | 2 = trifft eher zu | 3 = teils/teils | 4 = trifft eher nicht zu | 5 = trifft überhaupt nicht zu

		1	2	3	4	5
01	Ich trete beruflich etwas kürzer, um mehr Zeit für meine Familie zu haben.	☐	☐	☐	☐	☐
02	Im Großen und Ganzen bin ich mit der Vereinbarkeit von Familie und Beruf zufrieden	☐	☐	☐	☐	☐
03	Ich strebe eine Dienstzeitverkürzung an, um mehr Zeit für die Familie zu haben.	☐	☐	☐	☐	☐
04	Ich verzichte häufiger auf Freizeitaktivitäten, um mehr Zeit für die Familie zu haben.	☐	☐	☐	☐	☐
05	Angehörige/Freunde unterstützen uns/mich.	☐	☐	☐	☐	☐
06	Ich würde gerne in Teilzeit arbeiten, um mehr Zeit für die Familie zu haben.	☐	☐	☐	☐	☐
07	Ich wünsche mir ein Telearbeitsplatz, um Beruf und Familie besser vereinbaren zu können.	☐	☐	☐	☐	☐
08	<u>Falls zutreffend:</u> Mein Partner/meine Partnerin tritt beruflich kürzer, um sich um die Familie zu kümmern.	☐	☐	☐	☐	☐
09	Meine Partnerin/Mein Partner und ich können uns die Betreuung und Erziehung des Kindes/der Kinder so aufteilen, wie wir uns das wünschen.	☐	☐	☐	☐	☐
10	Ich kann die Betreuung und Pflege von Angehörigen schlecht mit dem Dienst vereinbaren.	☐	☐	☐	☐	☐

57 **Was für Angebote würden Sie sich von der Bundeswehr zur Vereinbarkeit von Familie und Beruf wünschen?** *(Bitte max. drei Nennungen)*

Wir möchten Ihnen nun einige Fragen zu Ihrer Dienstzufriedenheit stellen. Falls Sie derzeit nicht berufstätig sind, bitte weiter mit Frage 60.

58 **Wenn Sie an Ihr derzeitiges dienstliches Umfeld denken, wie zufrieden sind Sie persönlich mit ...?**

1 = zufrieden | 2 = eher zufrieden | 3 = teils/teils | 4 = eher unzufrieden | 5 = unzufrieden

		1	2	3	4	5
01	Ihrem Dienst (in der Bundeswehr)	☐	☐	☐	☐	☐
02	Ihrem unmittelbaren Vorgesetzten	☐	☐	☐	☐	☐
03	Ihrem nächsthöheren Vorgesetzten	☐	☐	☐	☐	☐
04	Höheren Vorgesetzten	☐	☐	☐	☐	☐
05	Kameradinnen/Kameraden bzw. Kolleginnen/Kollegen	☐	☐	☐	☐	☐
06	Ihnen unterstellten Soldatinnen und Soldaten (nur falls zutreffend)	☐	☐	☐	☐	☐
07	Ihrer Personalführung insgesamt	☐	☐	☐	☐	☐

59 **Wie schätzen Sie Ihre derzeitige Tätigkeit ein?**

1 = trifft voll und ganz zu | 2 = trifft eher zu | 3 = teils/teils | 4 = trifft eher nicht zu | 5 = trifft überhaupt nicht zu

		1	2	3	4	5
01	Mit meinem Dienst komme ich gut zurecht.	☐	☐	☐	☐	☐
02	Ich fühle mich durch meinen Dienst überlastet.	☐	☐	☐	☐	☐
03	Mein Dienst belastet mein Familienleben.	☐	☐	☐	☐	☐
04	Ich habe das Gefühl, dass mein Dienst meine Gesundheit beeinträchtigt.	☐	☐	☐	☐	☐
05	Mein Dienst macht mir Freude.	☐	☐	☐	☐	☐
06	Ich arbeite so viel, dass kaum noch Zeit für Freizeit bleibt.	☐	☐	☐	☐	☐
07	Mein Dienst ermöglicht es mir, dass ich mich auch persönlich weiterentwickeln kann.	☐	☐	☐	☐	☐
08	Die Bezahlung ist für die von mir verrichtete Tätigkeit angemessen.	☐	☐	☐	☐	☐

60 **Wenn Sie Ihre Erfahrungen mit Vorgesetzten und Kameraden einmal insgesamt betrachten, wie bewerten Sie die Zusammenarbeit in Ihrer Teileinheit? (Gemeint ist das Org.-Element, dem Sie angehören bzw. in Ihrer Zeit als Soldat/-in zuletzt angehörten)**

1 = trifft voll und ganz zu | 2 = trifft eher zu | 3 = teils/teils | 4 = trifft eher nicht zu | 5 = trifft überhaupt nicht zu

		1	2	3	4	5
01	In meiner Teileinheit wird mit Fehlern und Kritik offen umgegangen.	☐	☐	☐	☐	☐
02	Probleme im Dienstablauf werden schnell behoben.	☐	☐	☐	☐	☐
03	In meiner Teileinheit herrscht ein gutes Dienstklima.	☐	☐	☐	☐	☐
04	In meiner Teileinheit fühle ich mich als Person respektiert.	☐	☐	☐	☐	☐
05	Bei wichtigen Fragen gibt es für alle ein Mitspracherecht.	☐	☐	☐	☐	☐
06	Es gibt gute Kameradschaft und Teamwork.	☐	☐	☐	☐	☐
07	In meiner Teileinheit werden Informationen offen und direkt weiter gegeben.	☐	☐	☐	☐	☐
08	Die Anforderungen an mich sind problemlos umsetzbar.	☐	☐	☐	☐	☐
09	Meine Kameraden/meine Kameradinnen unterstützen mich, wenn ich einmal dienstliche Probleme habe.	☐	☐	☐	☐	☐
10	Es wird von Vorgesetzten vorgelebt, dass bei Fehlern Verantwortung übernommen werden muss.	☐	☐	☐	☐	☐

60 **Wenn Sie Ihre Erfahrungen mit Vorgesetzten und Kameraden einmal insgesamt betrachten, wie bewerten Sie die Zusammenarbeit in Ihrer Teileinheit? (Gemeint ist das Org.-Element, dem Sie angehören bzw. in Ihrer Zeit als Soldat/-in zuletzt angehörten)**

1 = trifft voll und ganz zu | 2 = trifft eher zu | 3 = teils/teils | 4 = trifft eher nicht zu | 5 = trifft überhaupt nicht zu

		1	2	3	4	5
11	Die Anerkennung, die ich von meinen Vorgesetzten für meine Leistungen erhalte, ist angemessen.	☐	☐	☐	☐	☐
12	Viele Auflagen und Regeln schränken die schnelle Erfüllung meiner Aufgaben oft ein.	☐	☐	☐	☐	☐

Im Folgenden haben wir noch einige Fragen aus dem Bereich der Gesundheit an Sie.

61 **Wie würden Sie alles in allem Ihren gegenwärtigen Gesundheitszustand beschreiben?**

sehr gut	gut	teils/teils	schlecht	sehr schlecht
☐	☐	☐	☐	☐

62 **Wie viele Stunden arbeiten Sie zurzeit durchschnittlich in der Woche? Bitte rechnen Sie auch regelmäßig anfallende Überstunden ein.**

Anzahl Stunden in der Woche: ☐

63 **Wie haben Sie sich in den letzten vier Wochen gefühlt? Während der letzten vier Wochen war ich ...**

1 = immer | 2 = meistens | 3 = etwas mehr als die Hälfte der Zeit | 4 = etwas weniger als die Hälfte der Zeit | 5 = ab und zu | 6 nie

		1	2	3	4	5	6
01	ruhig und gelassen.	☐	☐	☐	☐	☐	☐
02	voller Energie.	☐	☐	☐	☐	☐	☐
03	froh und guter Laune.	☐	☐	☐	☐	☐	☐
04	beim Aufwachen frisch und ausgeruht.	☐	☐	☐	☐	☐	☐
05	war mein Alltag voller Dinge, die mich interessierten.	☐	☐	☐	☐	☐	☐

64 **Sind Sie aus dem Einsatz des 22. Kontingents repatriiert worden?** *(Bitte nur eine Nennung)*

- ☐ nein.
- ☐ ja, aufgrund einer Verwundung.
- ☐ ja, aufgrund einer psychischen Erkrankung.
- ☐ ja, wegen anderer Gründe.

65 **Sind Sie seit Ihrer Rückkehr aus dem Einsatz durch ein gesundheitliches Problem oder durch Verwundung bei Tätigkeiten des normalen Alltagslebens eingeschränkt?**

ja, stark eingeschränkt	ja, etwas eingeschränkt	nein, nicht eingeschränkt
☐	☐	☐

66 **Wie wirkt sich Ihr derzeitiger Gesundheitszustand auf folgende Lebensbereiche aus?**

1 = sehr positiv | 2 = positiv | 3 = weder noch | 4 = negativ | 5 = sehr negativ

		1	2	3	4	5
01	Ihre Kontakte zu anderen Menschen (Besuche bei Freunden, Verwandten usw.)	☐	☐	☐	☐	☐
02	Ihre Partnerschaft	☐	☐	☐	☐	☐
03	Ihr Familienleben	☐	☐	☐	☐	☐
04	Ihre berufliche Leistungsfähigkeit	☐	☐	☐	☐	☐
05	Ihre Freizeitaktivitäten	☐	☐	☐	☐	☐

67 **Haben Sie sich nach der Rückkehr aus Ihrem Einsatz wegen einer akuten und/oder chronischen Erkrankung in medizinische oder psychotherapeutische Behandlung begeben?**

☐ nein ☐ ja

68 **Sind Sie derzeit wegen einer akuten und/oder chronischen Erkrankung in medizinischer oder psychotherapeutischer Behandlung?**

☐ nein ☐ ja

69 **Haben Sie nach Ihrer Rückkehr aus dem Einsatz an einer Präventivkur teilgenommen?**

☐ ja.
☐ nein, hatte kein Interesse.
☐ nein, habe davon noch nichts gehört.
☐ nein, wegen:

70 **Falls ja, wie sehr hat die Kur zu Ihrem körperlichen und seelischen Wohlbefinden beigetragen?**

sehr stark	stark	teils/teils	gering	gar nicht
☐	☐	☐	☐	☐

71 **Falls die Kur nicht zu Ihrem Wohlbefinden beigetragen hat, was waren hierfür die Gründe?**

72 **Die meisten Menschen haben einen oder mehrere Risikofaktoren, die die Gesundheit beeinträchtigen können. Sind folgende Risikofaktoren bei Ihnen seit Ende des Einsatzes stärker oder schwächer ausgeprägt als vor dem Einsatz? Wenn die Risikofaktoren bei Ihnen überhaupt nicht vorliegen, kreuzen Sie bitte das letzte Kästchen an**

1 = viel stärker 2 = etwas stärker 3 = genau gleich 4 = etwas schwächer 5 = deutlich schwächer 6 = liegt gar nicht vor

		1	2	3	4	5	6
01	Rauchen	☐	☐	☐	☐	☐	☐
02	Übergewicht	☐	☐	☐	☐	☐	☐
03	Schlechte Ernährung	☐	☐	☐	☐	☐	☐
04	Bewegungsmangel	☐	☐	☐	☐	☐	☐
05	Alkoholkonsum	☐	☐	☐	☐	☐	☐
06	Drogenkonsum	☐	☐	☐	☐	☐	☐
07	Stress und Hektik	☐	☐	☐	☐	☐	☐

73 **Wie viele Zigaretten rauchen Sie etwa pro Tag?**

Ich bin Nichtraucher/-in	Ich bin Gelegenheitsraucher/-in	1 bis 5	6 bis 10	11 bis 20	mehr als 21
☐	☐	☐	☐	☐	☐

74 **Bitte geben Sie an, wie sehr Sie in den letzten sieben Tagen (einschließlich heute) durch folgende Probleme beeinträchtigt wurden:**

		0 nie	1	2	3	4	5	6 immer
01	Schlafprobleme	☐	☐	☐	☐	☐	☐	☐
02	Albträume vom Einsatz	☐	☐	☐	☐	☐	☐	☐
03	Schreckhaftigkeit, d. h. ich erschrecke leicht, wenn ich plötzlich Geräusche höre oder plötzliche Bewegungen wahrnehme	☐	☐	☐	☐	☐	☐	☐
04	Depressionen, fühle mich bedrückt	☐	☐	☐	☐	☐	☐	☐
05	das Bedürfnis, mich von anderen zurückzuziehen	☐	☐	☐	☐	☐	☐	☐
06	Gereiztheit, d. h. ich werde schnell gereizt oder ärgere mich	☐	☐	☐	☐	☐	☐	☐
07	Stimmungsschwankungen	☐	☐	☐	☐	☐	☐	☐
08	Ein schlechtes Gewissen, mache mir Selbstvorwürfe, habe Schuldgefühle	☐	☐	☐	☐	☐	☐	☐

74 **Bitte geben Sie an, wie sehr Sie in den letzten sieben Tagen (einschließlich heute) durch folgende Probleme beeinträchtigt wurden:**

		0 nie	1	2	3	4	5	6 immer
09	Angst vor Stellen und Situationen, die mich an den Einsatz erinnern können	☐	☐	☐	☐	☐	☐	☐
10	Muskelverspannungen	☐	☐	☐	☐	☐	☐	☐

75 **Wie zufrieden sind Sie zurzeit mit Ihrem Leben und mit einzelnen Aspekten Ihres Lebens? Geben Sie bitte bei den einzelnen Punkten an wie zufrieden Sie derzeit in den einzelnen Lebensbereichen sind.**

1 = sehr zufrieden 2 = eher zufrieden 3 = teils/teils 4 = eher unzufrieden 5 = sehr unzufrieden 6 = keine Angabe/entfällt

		1	2	3	4	5	6
01	Meine Gesundheit allgemein	☐	☐	☐	☐	☐	☐
02	Meine körperliche Gesundheit	☐	☐	☐	☐	☐	☐
03	Meine seelische Gesundheit	☐	☐	☐	☐	☐	☐
04	Mein Dienst/meine Arbeit	☐	☐	☐	☐	☐	☐
06	Meine Freizeit	☐	☐	☐	☐	☐	☐
07	Meine Partnerschaft	☐	☐	☐	☐	☐	☐
08	Mein Privat- und Familienleben	☐	☐	☐	☐	☐	☐
10	Meine Fähigkeiten/Fertigkeiten	☐	☐	☐	☐	☐	☐
12	Mein persönliches Einkommen/Sold	☐	☐	☐	☐	☐	☐
14	Meine Kontakte zu Freunden und Bekannten	☐	☐	☐	☐	☐	☐
15	Mein Leben insgesamt	☐	☐	☐	☐	☐	☐

Zum Abschluss nur noch ein paar kurze Fragen für die Statistik:

76 **Welcher Dienstgradgruppe gehören Sie an bzw. mit welchem Dienstgrad haben Sie die Bundeswehr verlassen?**

Mannschaften	Unteroffiziere o. P.	Unteroffiziere m. P.	Offiziere	Stabsoffiziere oder höher
☐	☐	☐	☐	☐

77 **Welcher Dienstgradgruppe gehörten Sie im Einsatz des 22. Kontingents an?**

Mannschaften	Unteroffiziere o. P.	Unteroffiziere m. P.	Offiziere	Stabsoffiziere oder höher
☐	☐	☐	☐	☐

78 **Welchem Organisationsbereich gehören Sie jetzt an bzw. gehörten Sie beim Verlassen der Bundeswehr an?**

Heer	Luftwaffe	Marine	Streitkräftebasis	Zentraler Sanitätsdienst	Bundeswehrverwaltung	BMVg
☐	☐	☐	☐	☐	☐	☐

79 **Welcher Teilstreitkraft gehören Sie an bzw. gehörten Sie beim Verlassen der Bundeswehr an?**

Heer	Luftwaffe	Marine	keiner
☐	☐	☐	☐

80 **Wie alt sind Sie?**

bis 25 Jahre	26–30 Jahre	31–35 Jahre	36–40 Jahre	41–45 Jahre	46–50 Jahre	über 50 Jahre
☐	☐	☐	☐	☐	☐	☐

81 **Wie alt waren Sie während Ihres Einsatzes im 22. Kontingent?**

bis 25 Jahre	26–30 Jahre	31–35 Jahre	36–40 Jahre	41–45 Jahre	46–50 Jahre	über 50 Jahre
☐	☐	☐	☐	☐	☐	☐

T T T

82 **Geschlecht**

☐ Männlich ☐ weiblich

83 **Welcher Statusgruppe gehören Sie an, bzw. gehörten Sie beim Verlassen der Bundeswehr an?**

FWDL	SaZ	BS	Wehrübende/Reservistin Wehrübender/Reservist
☐	☐	☐	☐

84 **Welcher Statusgruppe gehörten Sie im Einsatz des 22. Kontingents an?**

FWDL	SaZ	BS	Wehrübende/Reservistin Wehrübender/Reservist
☐	☐	☐	☐

85 **Falls Sie heute nicht mehr Soldat/-in der Bundeswehr sind, üben Sie derzeit eine Erwerbstätigkeit aus? Was trifft für Sie zu?** *(Bitte nur eine Nennung)*

☐ Voll erwerbstätig
☐ In Teilzeitbeschäftigung
☐ In betrieblicher Ausbildung oder Umschulung
☐ Geringfügig oder unregelmäßig erwerbstätig
☐ In Altersteilzeit
☐ Nicht erwerbstätig
☐ Arbeitssuchend

86 **Ergänzende Bemerkungen:**

An dieser Stelle haben Sie Gelegenheit, uns Sachverhalte und Beobachtungen mitzuteilen, die nicht im Fragebogen abgefragt wurden, von denen Sie aber glauben, dass wir sie wissen sollten.

Ihr persönlicher Code

Um eventuelle Veränderungen in den Einstellungen nachverfolgen und gleichzeitig Ihre Anonymität wahren zu können, möchten wir Sie bitten, das nachfolgende rechte Kästchen mit einem selbsterstellten Code zu versehen.

Der Code soll sich zusammensetzen aus Daten, die nur Ihnen bekannt sind und folgende Elemente enthalten (Beispiele in Klammern): 1. und 2. Stelle des **Vornamens Ihres Vaters** (Anton→ AN), 1. und 2. Stelle des **Vornamens Ihrer Mutter** (Gerda → GE), Ihr eigener Geburtstag (06.04.1980 → 06) (**Nicht Geburtsjahr!**).
Falls Ihnen Vater oder Mutter nicht bekannt sind, tragen Sie bitte VV (für den unbekannten Vater) oder MM (für die unbekannte Mutter) ein.

Beispiel

A	N	G	E	0	6

Ihr eigener Code

T 10 T

9 Literaturverzeichnis

Apelt, Maja (Hrsg.) (2010): Forschungsthema: Militär. Militärische Organisationen im Spannungsfeld von Krieg, Gesellschaft und soldatischen Subjekten. Wiesbaden: VS Verlag für Sozialwissenschaften.

Bach, Alois/Sauer, Walter (Hrsg.) (2016): Schützen – Retten – Kämpfen. Dienen für Deutschland. Berlin: Miles-Verlag.

Badura, Bernhard/Schröder, Helmut/Klose, Jochim/Macco, Katrin (Hrsg.) (2010): Fehlzeiten-Report 2009. Arbeit und Psyche: Belastungen reduzieren – Wohlbefinden fördern. Zahlen, Daten, Analysen aus allen Branchen der Wirtschaft. Berlin/Heidelberg: Springer.

Barre, Klaus Michael/Biesold, Karl-Heinz (2002): Diagnostik einsatzbedingter psychischer Störungen bei Soldaten der Bundeswehr. In: Wehrmedizin und Wehrpharmazie 1/2002, 28–32.

Bech, Per (2004): Measuring the Dimension of Psychological General Well-being by the WHO-5. In: Quality of Life Newsletter 2004: 32, 15–16.

Berger, Peter A./Hradil, Stefan (1990): Lebenslagen, Lebensläufe, Lebensstile. Soziale Welt Sonderband 7. Göttingen: Otto Schwartz.

Berndt, Christina (2016): Zufriedenheit. Wie man sie erreicht und warum sie lohnender ist als das flüchtige Glück. München: Deutscher Taschenbuch-Verlag.

Biehl, Heiko (2011): Einsatzmotivation und Kampfmoral. In: Leonhard/Werkner (Hrsg.) 2011: 447–474.

Biehl, Heiko/Keller, Jörg (2009): Hohe Identifikation und nüchterner Blick. Die Sicht der Bundeswehrsoldaten auf ihre Einsätze. In: Jaberg/Biehl/Mohrmann/Tomforde (Hrsg.) 2009: 122–141.

Biehl, Heiko/Keller, Jörg/Tomforde, Maren (2005): „Den eigentlichen Einsatz fährt meine Frau zu Hause ...“. Aspekte der Trennung von Bundeswehr-Soldaten und ihren Familien während des Auslandseinsatzes. In: Kümmel (Hrsg.) 2005: 79–107.

Biehl, Heiko/Keller, Jörg/Kozielski, Peter Michael/Reinholz, Carola/Tomforde, Maren (2004): Einsatzmotivation im 7. und 8. Einsatzkontingent SFOR. Unveröffentlichter Ergebnisbericht. Strausberg: Sozialwissenschaftliches Institut der Bundeswehr.

Biehl, Heiko/Mackewitsch, Reinhard (2002): Auslandseinsätze der Bundeswehr im Rahmen von KFOR – Endbericht. Strausberg: Sozialwissenschaftliches Institut der Bundeswehr.

Bock, Martin/Klein, Paul/Seiffert, Anja (2000): Begleituntersuchung zum SFOR-Einsatz. Unveröffentlichter Endbericht. Strausberg: Sozialwissenschaftliches Institut der Bundeswehr.

Bohnert, Marcel/Schreiber, Björn (Hrsg.) (2016): Die unsichtbaren Veteranen: Kriegsheimkehrer in der deutschen Gesellschaft. Berlin: Miles-Verlag.

Böhnke, Petra/Kohler, Ulrich (2010): Well-Being and Inequality. In: Immerfall/Therborn (Hrsg.) 2010: 629–666.

Brinkmann, Sascha/Hoppe, Joachim (Hrsg.) (2010): Generation Einsatz: Fallschirmjäger berichten ihre Erfahrungen aus Afghanistan. Berlin: Miles-Verlag.

Bulmahn, Thomas (2012): Wahrnehmung und Bewertung des Claims „Wir. Dienen. Deutschland.“, Image der Bundeswehr sowie Haltungen zum Umgang mit Veteranen. Ergebnisse der Bevölkerungsumfrage 2012. Kurzbericht. Strausberg: Sozialwissenschaftliches Institut der Bundeswehr.

Bulmahn, Thomas/Henning, Jana/Höfig, Chariklia/Wanner, Meike (2014): Ergebnisse der repräsentativen Bundeswehrumfrage zur Vereinbarkeit von Dienst und Privat- bzw. Familienleben. Forschungsbericht 107. Potsdam: Zentrum für Militärgeschichte und Sozialwissenschaften.

Bulmahn, Thomas/Wanner, Meike (2013): Ergebnisse der Bevölkerungsumfrage 2013 zum Image der Bundeswehr sowie zur Wahrnehmung und Bewertung des Claims „Wir. Dienen. Deutschland.“. Forschungsbericht. Potsdam: Zentrum für Militärgeschichte und Sozialwissenschaften der Bundeswehr.

Bulmahn, Thomas/Fiebig, Rüdiger/Hilpert, Carolin (2010): Sicherheits- und verteidigungspolitisches Meinungsklima in der Bundesrepublik Deutschland. Ergebnisse der Bevölkerungsbefragung 2010 des Sozialwissenschaftlichen Instituts der Bundeswehr. Forschungsbericht 94. Strausberg: Sozialwissenschaftliches Institut der Bundeswehr.

Bundesministerium für Familie, Senioren, Frauen und Jugend (2012): Zeit für Familie. Familienzeitpolitik als Chance einer nachhaltigen Familienpolitik. Achter Familienbericht. In: Deutscher Bundestag: Drucksache 17/9000. URL: <www.bmfsfj.de/blob/Achter%20Familienbericht_gesamt-pdf> (letzter Zugriff am 19.7.2017).

Bundesministerium der Verteidigung (2008): Zentrale Dienstvorschrift A-2600/1, in der Fassung vom 28.1.2008. Berlin: Bundesministerium der Verteidigung.

Bundeswehr (2016): Posttraumatische Belastungsstörungen (PTBS): Neuerkrankungen im Jahr 2015 gestiegen. URL: <www.bundeswehr.de/portal/a/bwde/start/einsaetze/ueberblick/belastungsstoerungen/> (letzter Zugriff am 20.7.2017).

Bundeswehr (2017): Webseite der Bundeswehr. URL: <www.bundeswehr.de> (letzter Zugriff am 2.3.2017).

Bundeswehr (2018): Webseite der Bundeswehr. URL: <www.bundeswehr.de> (letzter Zugriff am 5.1.2018).

Caforio, Giuseppe (Hrsg.) (2006): Handbook of the Sociology of the Military. New York: Springer US.

Chiari, Bernhard (Hrsg.) (2012): Auftrag Auslandseinsatz: Neueste Militärgeschichte an der Schnittstelle von Geschichtswissenschaft, Politik, Öffentlichkeit und Streitkräften. Freiburg i.Br./Berlin/Wien: Rombach.

Cornelißen, Waltraud (2005): Gender-Datenreport. 1. Datenreport zur Gleichstellung von Frauen und Männern in der Bundesrepublik Deutschland. München: Bundesministerium für Familie, Senioren, Frauen und Jugend.

Daxner, Michael (2014a): Veteranen. In: Wissenschaft & Frieden 2014: 4, 24–26.

Daxner, Michael (2014b): Gefallene und Veteranen. Die Wiederkehr. In: Daxner, Michael (Hrsg.): Deutschland in Afghanistan, Oldenburg, 249–258.

Daxner, Michael (Hrsg.) (2014c): Deutschland in Afghanistan. Oldenburg: BIS-Verlag der Carl von Ossietzky Universität Oldenburg.

Demmer, Ulrike (2010): Schlacht um Shahabuddin. In: Der Spiegel, 11.10.2010, 34–36.

Der Spiegel (2010): Guttenberg spricht von Krieg in Afghanistan. In: Der Spiegel, 4.4.2010. URL: <www.spiegel.de/politik/ausland/tabu-bruch-guttenberg-spricht-von-krieg-in-afghanistan-a-687235.html> (letzter Zugriff am 10.8.2017).

Deutscher Bundestag (2001): Stenografischer Bericht der 210. Sitzung des Deutschen Bundestages vom 22. Dezember 2001. URL: <dipbt.bundestag.de/doc/btp/14/14210.pdf> (letzter Zugriff am 2.3.2017).

Deutscher Bundestag (2004): Gesetz zur Gleichstellung von Soldatinnen und Soldaten der Bundeswehr (Soldatinnen- und Soldatengleichstellungsgesetz – SGleiG). Zuletzt geändert durch Art. 11 G v. 21.7.2012. URL: <www.gesetze-im-internet.de/sgleig/BJNR382210004.html> (letzter Zugriff am 2.3.2017).

Deutscher Bundestag (2010): Antrag der Bundesregierung zur Mandatsverlängerung von ISAF. BT-Drucksache 17/654 vom 9. Februar 2010. URL: <dip21.bundestag.de/dip21/btd/17/006/1700654.pdf> (letzter Zugriff am 2.3.2017).

Diener, Ed/Lucas, Richard E./Schimmack, Ulrich/Helliwell, John F. (2009): Well-being for Public Policy. Oxford: Oxford University Press.

Dörfler-Dierken, Angelika/Kümmel, Gerhard (Hrsg.) (2016): Am Puls der Bundeswehr. Militärsoziologie in Deutschland zwischen Wissenschaft, Politik, Bundeswehr und Gesellschaft. Wiesbaden: Springer VS.

Dunker, Sibylle B. (2009): Prognose und Verlauf der Posttraumatischen Belastungsstörung bei Soldaten der Bundeswehr. Längsschnittstudie zur Neuvalidierung des Kölner Risikoindex-Bundeswehr (KRI-Bw). Dissertation. Universität zu Köln.

Ebner, Georg (Hrsg.) (2013): Interkulturelle Kompetenz und deren Notwendigkeit für Einsatz und Führung. Wien: Republik Österreich/Bundesminister für Landesverteidigung und Sport.

Eisen, Susan V./Schultz, Mark R./Vogt, Dawne/Glickman, Mark E./Elwy, A. Rani/Drainoni, Mari-Lynn/Osei-Bonsu, Princess E./Martin, James (2012): Mental and Physical Health Status and Alcohol and Drug Use Following Return From Deployment to Iraq or Afghanistan. In: American Journal of Public Health 102: 1, 66–73.

Exner, Ulrich/Hollstein, Miriam/Meyer, Simone (2013): Die Bundeswehr, Deutschlands ungeliebte Armee. In: Die Welt, 16.6.2013. URL: <www.welt.de/politik/ausland/article117156165/Die-Bundeswehr-Deutschlands-ungeliebte-Armee.html> (letzter Zugriff am 2.3.2017).

Fiebig, Rüdiger (2012): Die Deutschen und ihr Einsatz – Einstellungen der Bevölkerung zum ISAF-Einsatz. In: Seiffert/Langer/Pietsch (Hrsg.) 2012: 187–204.

Franciskovic, Tanja/Stevanovic, Alexandra/Klaric, Miro (2014): Combat-Related Posttraumatic Stress Disorder and Families. In: MacDermid Wadsworth/Riggs (Hrsg.) 2014: 281–292.

Friederichs, Hauke (2010): Der Krieg um die Worte geht zu Ende. In: Die Zeit, 10.2.2010. URL: <www.zeit.de/politik/deutschland/2010-02/westerwelle-steinmeier-afghanistan> (letzter Zugriff am 2.3.2017).

Georg, Werner (1998): Soziale Lage und Lebensstil. Eine Typologie. Opladen: Leske + Budrich.

Gerlach, Knut/Stephan, Gesine (2001): Lebenszufriedenheit und Erwerbsstatus: Ost- und Westdeutschland im Vergleich. In: Mitteilungen aus der Arbeitsmarkt- und Berufsforschung 34: 4, 515–529.

Gerster, Livia (2014): Kampf um Anerkennung. In: Der Tagesspiegel, 26.3.2014. URL: <www.tagesspiegel.de/politik/soldaten-nach-dem-einsatz-kampf-um-anerkennung/9670396.html> (letzter Zugriff am 2.3.2017).

GESIS – Leibniz-Institut für Sozialwissenschaften (2010): ALLBUS 2010. Die Allgemeine Bevölkerungsumfrage der Sozialwissenschaften. Studien-Nr. 4610. URL: <www.gesis.org/allbus/inhalte-suche/studienprofile-1980-bis-2016/2010> (letzter Zugriff am 9.6.2017).

Gewirtz, Abigail/Davis, Laurel (2014): Parenting Practices and Emotion Regulation in National Guard and Reserve Families: Early Findings from the After Deployment Adaptive Parenting Tools/ADAPT Study. In: MacDermid Wadsworth/Riggs (Hrsg.) 2014: 111–132.

Gewirtz, Abigail H./Erbes, Christopher R./Polusny, Melissa A./Forgatch, Marion S./DeGarmo, David S. (2011): Helping Military Families through the Deployment Process: Strategies to Support Parenting. In: Professional Psychology: Research and Practice 42: 1, 56– 62.

Gewirtz, Abigail H./Polusny, Melissa A./DeGarmo, David S./Khaylis, Anna/Erbes, Christopher R. (2010): Posttraumatic Stress Symptoms among National Guard Soldiers Deployed to Iraq: Associations with Parenting Behaviors and Couple Adjustment. In: Journal of Consulting and Clinical Psychology 78: 5, 599–610.

Glatz, Rainer (2015): International Security Assistance Force (ISAF) – Erfahrungen im Afghanistan-Einsatz. In: Glatz/Tophoven (Hrsg.) 2015: 60–77.

Glatz, Rainer/Tophoven, Rolf (Hrsg.) (2015): Am Hindukusch – und weiter? Die Bundeswehr im Auslandseinsatz: Erfahrungen, Bilanzen, Ausblicke. Bonn: Bundeszentrale für politische Bildung.

Gorman, Lisa/Blow, Adrian/Kees, Michelle/Valenstein, Marcia/Jarman, Chris/Spira, Jim (2014): The Effects of Wounds of War on Family Functioning in a National Guard Sample: An Exploratory Study. In: MacDermid Wadsworth/Riggs (Hrsg.) 2014: 241–258.

Gößwald, A./Lange, M./Kamtsiuris, P./Kurth B.-M. (2012): DEGS: Studie zur Gesundheit Erwachsener in Deutschland. Bundesweite Quer- und Längsschnittstudie im Rahmen des Gesundheitsmonitorings des Robert Koch-Instituts. In: Bundesgesundheitsblatt 55: 6, 775–780.

Grewer, Hans Günter/Matthäi, Ingrid/Reindl, Josef (2007): Der innovative Ältere. Warum die Entwickleruhr länger als sieben Jahre tickt. München: Rainer Hampp Verlag.

Grossarth-Maticek, Ronald (2003): Selbstregulation, Autonomie und Gesundheit. Krankheitsfaktoren und soziale Gesundheitsressourcen im sozio-psycho-biologischen System. Berlin: De Gruyter.

Grossman, David A. (1995): On Killing: The Psychological Cost of Learning to Kill in War and Society. Boston: Little, Brown and Company.

Hammerich, Helmut R./Hartmann, Uwe/von Rosen, Claus (Hrsg.) (2010): Jahrbuch Innere Führung 2010. Die Grenzen des Militärischen. Berlin: Miles-Verlag.

Hansen, Dieter (2001): Belastung, Beanspruchung, Stress, Stressoren. In: Puzicha/ Hansen/Weber (Hrsg.) 2001: 58–64.

Hennig, Jana/Keller, Jörg/Menke, Iris (2008): EUFOR RD CONGO. Unveröffentlichtes Gutachten. Strausberg: Sozialwissenschaftliches Institut der Bundeswehr.

Herzog, Joseph R./Everson, R. Blaine/Whitworth, James D. (2011): Do Secondary Trauma Symptoms in Spouses of Combat-Exposed National Guard Soldiers Mediate Impacts of Soldiers' Trauma Exposure on their Children? In: Child and Adolescent Social Work Journal 28: 6, 459–473.

Heß, Julius (2013): Zur Wirksamkeit und Ausprägung Interkultureller Kompetenz im Einsatz – Empirische Ergebnisse. In: Ebner (Hrsg.) 2013: 305–332.

Heß, Julius/Seiffert, Anja/Steinbrecher, Markus (i.E.): Einsatz und Trauma. Eine sozialwissenschaftliche Studie psychischer Erkrankungen in Auslandseinsätzen der Bundeswehr: ISAF und KFOR von 2002 bis 2010. Potsdam: Zentrum für Militärgeschichte und Sozialwissenschaften der Bundeswehr.

Heß, Julius/Seiffert, Anja/Zimmermann, Peter (2013): Die Auslandseinsätze der Bundeswehr und psychisch bedingte Repatriierungen – ISAF und KFOR 2002 bis 2010. Unveröffentlichter Bericht. Strausberg: Sozialwissenschaftliches Institut der Bundeswehr.

Hett, Julia (2005): Provincial Reconstruction Teams in Afghanistan. Das amerikanische, britische und deutsche Modell. ZIF Analyse 04/05. Berlin: Zentrum für Internationale Friedenseinsätze.

Hoffmeister, Hans/Bellach, Bärbel M. (1995): Die Gesundheit der Deutschen. Ein Ost-West-Vergleich von Gesundheitsdaten. Auswertung der Daten des Surveys Neue Bundesländer 1991/92 im Vergleich mit den Daten des 3. Durchgangs (t2) des Nationalen Gesundheitssurveys der DHP (1990/91). Berlin: Robert Koch-Institut.

Hoyer, Jürgen/Beesdo, Katja/Becker, Eni S./Wittchen, Hans-Ulrich (2003): Epidemiologie und nosologischer Status der Generalisierten Angststörung. In: Zeitschrift für Klinische Psychologie und Psychotherapie 32: 4, 267–275.

Hurrelmann, Klaus (1988): Sozialisation und Gesundheit. Somatische, psychische und soziale Risikofaktoren im Lebenslauf. Weinheim: Juventa.

Hurrelmann, Klaus (2010): Gesundheitssoziologie. Weinheim: Juventa.

Icasualties (2017): Coalition Deaths by Nationality. URL: <icasualties.org/OEF/ Nationality.aspx?hndQry=Germany> (letzter Zugriff am 2.3.2017).

Immerfall, Stefan/Therborn, Göran (Hrsg.) (2010): Handbook of European Societies. Social Transformations in the 21st Century. New York: Springer-Verlag.

Inglehart, Ronald (1990): Culture Shift in Advanced Industrial Society. Princeton, NJ: Princeton University Press.

Jaberg, Sabine/Biehl, Heiko/Mohrmann, Günter/Tomforde, Maren (Hrsg.) 2009: Auslandseinsätze der Bundeswehr. Sozialwissenschaftliche Analysen und Perspektiven. Berlin: Duncker & Humblot.

Johannsen, Margret/Schoch, Bruno/Hauswedell, Corinna/Debiel, Tobias/Fröhlich, Christiane (Hrsg.) (2011): Friedensgutachten 2011. Berlin/Münster: LIT.

Jöns, Ingela/Hodapp, Markus/Weiss, Katharina (2005): Kurzskala zur Erfassung der Unternehmenskultur. URL: <hdl.handle.net/20.500.11780/349> (letzter Zugriff am 2.3.2017).

Juncke, David (2005): Betriebswirtschaftliche Effekte familienbewusster Personalpolitik. Forschungsstand. Arbeitspapier 1/2005. Münster: Forschungszentrum familienbewusste Personalpolitik.

Jureit, Ulrike (2010): Generation, Generationalität, Generationenforschung. Version: 1.0. In: Docupedia-Zeitgeschichte, 11.2.2010. URL: <https://docupedia.de/zg/Jureit_generation_v1_de_2010> (letzter Zugriff am 8.2.2019).

Keller, Jörg (2007): Team Hotel. Belastungen der am Standort verbliebenen Soldaten während des Einsatzes des Truppenteils. Unveröffentlichtes Gutachten. Strausberg: Sozialwissenschaftliches Institut der Bundeswehr.

Keller, Jörg/Kozielski, Peter Michael/Reinholz, Carola/Tomforde, Maren/Biehl, Heiko (2008): Stimmungslage im 8. Einsatzkontingent KFOR nach dem Einsatz. Unveröffentlichter Ergebnisbericht. Strausberg: Sozialwissenschaftliches Institut der Bundeswehr.

Kline, Anna/Falca-Dodson, Maria/Sussner, Bradley/Ciccone, Donald S./Chandler, Helena/Callahan, Lanora/Losonczy, Miklos (2010): Effects of Repeated Deployment to Iraq and Afghanistan on the Health of New Jersey Army National Guard Troops. Implications for Military Readiness. In: American Journal of Public Health 100: 2, 276–283.

Knobloch, K. Leanne/Theiss, Jennifer A. (2012): Experiences of U.S. Military Couples During the Post-Deployment Transition: Applying the Relational Turbulence Model. In: Journal of Social and Personal Relationships 29: 4, 423–450.

Knobloch, K. Leanne/Theiss, Jennifer A. (2014): Relational Turbulence Within Military Couples During Reintegration Following Deployment. In: MacDermid Wadsworth/Riggs (Hrsg.) 2014: 37–60.

Königshaus, Hellmut/Nachtwei, Winfried (2015): Bericht der Kommission zur Untersuchung des Einsatzes des G36-Sturmgewehres in Gefechtssituationen. Berlin: Kommission zur Untersuchung des Einsatzes des G36-Sturmgewehrs in Gefechtssituationen.

Kowalski, Jens T./Hauffa, Robin/Jacobs, Herbert/Höllmer, Helge/Gerber, Wolf Dieter/Zimmermann, Peter (2012): Einsatzbedingte Belastungen bei Soldaten der Bundeswehr. In: Deutsches Ärzteblatt 109: 35–36, 569–575.

Kuhn, Karl (2010): Psychische Gesundheit am Arbeitsplatz aus europäischer Sicht. In: Badura/Schröder/Klose/Macco (Hrsg.) 2010: 41–50.

Kümmel, Gerhard (Hrsg.) (2005): Diener zweier Herren. Soldaten zwischen Bundeswehr und Familie. Frankfurt a.M.: Verlag Peter Lang.

Lamnek, Siegfried (1999): Theorie abweichenden Verhaltens. Einführung für Soziologen, Psychologen, Pädagogen, Juristen, Politologen, Kommunikationswissenschaftler und Sozialarbeiter, 7.Aufl., München (1. Aufl. 1979): VS Springer.

Langer, Phil C. (2012): Erfahrungen von „Fremdheit" als Ressource verstehen – Herausforderungen interkultureller Kompetenz im Einsatz. In: Seiffert/Langer/Pietsch (Hrsg.) 2012: 123–141.

Langer, Phil C. (2016): „Ist das jetzt auch jetzt noch das Original?" – Zur kollektiven Aushandlung von (Be-)Deutungen erfahrener Gewalt im Einsatz. In: Dörfler-Dierken/Kümmel (Hrsg.) 2016: 207–233.

Leonhard, Nina/Werkner, Ines-Jaqueline (Hrsg.) (2011): Militärsoziologie. Eine Einführung. Wiesbaden: VS Verlag für Sozialwissenschaften.

MacDermid Wadsworth, Shelley/Riggs, David S. (Hrsg.) 2014: Military Deployment and its Consequences for Families. New York: Springer.

Maercker, Andreas/Langner, Robert (2001): Persönliche Reifung (Personal Growth) durch Belastungen und Traumata: Validierung zweier deutschsprachiger Fragebogenversionen. In: Diagnostica 47: 3, 153–162.

Maercker, Andreas (Hrsg.) (2003): Therapie der posttraumatischen Belastungsstörungen. Berlin/Heidelberg: Springer.

Mannheim, Karl (1964): Das Problem der Generationen. In: Wolff (Hrsg.) 1964: 509–565.

McChrystal, Stanley A./Hall, Michael T. (2009): ISAF Commanders Counterinsurgency Guidance. URL: <www.nato.int/isaf/docu/official_texts/counterinsurgency_guidance.pdf> (letzter Zugriff am 2.3.2017).

McCreary, Donald R./Paech, Jennifer M./Blais, Ann-Renee/Fikretoglu, Deniz (2014): Towards a Better Understanding of Post-Deployment Reintegration. In: MacDermid Wadsworth/Riggs (Hrsg.) 2014: 173–192.

McFarlane, Alexander C. (2009): Military Deployment: the Impact on Children and Family Adjustment and the Need for Care. In: Current Opinion in Psychiatry 22: 4, 369–373.

Mehlum, Lars (1995): Positive and Negative Consequences of Serving in a UN Peacekeeping Mission: A Follow-up Study. In: International Review of the Armed Forces Medical Services 68, 289–295.

Münch, Philipp (2015): Die Bundeswehr in Afghanistan. Militärische Handlungslogik in internationalen Interventionen. Freiburg i.Br./Berlin/Wien: Rombach.

Münkler, Herfried (2001): Sind wir im Krieg? Über Terrorismus, Partisanen und die neuen Formen des Krieges. In: Politische Vierteljahresschrift 42: 4, 581–589.

Nachtwei, Winfried (2012): Der Afghanistaneinsatz der Bundeswehr – Von der Friedenssicherung zur Aufstandsbekämpfung. In: Seiffert/Langer/Pietsch (Hrsg.) 2012: 33–48.

Nachtwei, Winfried (2015): Die Politik und Afghanistan. Persönliche Bilanz und Ausblick eines politischen Auftraggebers. In: Glatz/Tophoven (Hrsg.) 2015: 311–325.

Nachtwei, Winfried (2016): Was lässt sich aus dem Afghanistaneinsatz für zukünftige Einsätze lernen? In: Bach/Sauer (Hrsg.) 2016: 281–293.

Naci, Huseyin/Ioannidis, John P.A. (2015): Evaluation of Wellness Determinants and Interventions by Citizen Scientists. In: JAMA 314: 2, 121–122.

Neurohr, Dagmar/Jöns, Ingela (2004): Kulturelle und individuelle Veränderungen nach der Fusion zweier mittelständischer Energieversorger: Eine Längsschnittstudie. In: Mannheimer Beiträge zur Wirtschafts- und Organisationspsychologie, Themenheft 2, 43–52.

Peukert, Rüdiger (2008): Familienformen im sozialen Wandel. Wiesbaden: VS Verlag für Sozialwissenschaften.

Pietrzak, R.H./Goldstein, M.B./Malley, J.C./Rivers, A.J./Johnson, D.C./Morgan, C.A./Southwick, S.M. (2010): Posttraumatic Growth in Veterans of Operations Enduring Freedom and Iraqi Freedom. In: Journal of Affective Disorders 126: 1–2, 230–235.

Pietsch, Carsten (2012): Zur Motivation deutscher Soldatinnen und Soldaten für den Afghanistaneinsatz. In: Seiffert/Langer/Pietsch (Hrsg.) 2012: 101–122.

Puzicha, Klaus J./Hansen, Dieter/Weber, Wolfgang W. (Hrsg.) (2001): Psychologie für Einsatz und Notfall. Internationale truppenpsychologische Erfahrungen mit Auslandseinsätzen, Unglücksfällen, Katastrophen. Bonn: Bernard & Graefe.

Reinkober Drummet, Amy/Coleman, Marilyn/Cable, Susan (2003): Military Families Under Stress: Implications for Family Life Education. In: Family Relations 52: 3, 279–287.

Reuter, Christoph (2011): Rezept für den Bürgerkrieg. In: Der Spiegel, 5.12.2011.

Richter, Aljoscha (2014): Zur subjektiven Lebenszufriedenheit der Deutschen im Kontext von tagesspezifischen und regionalen Einflussfaktoren. SOEPpapers on Multidisciplinary Panel Data Research, 726/2014. Berlin: DIW.

Saß, Henning/Wittchen, Hans-Ulrich/Zaudig, Michael/Houben, Isabel (Dt. Bearb.) (2003): Diagnostische Kriterien des Diagnostischen und Statistischen Manuals Psychischer Störungen DSM-IV-TR. Göttingen: Hogrefe.

Schetter, Conrad/Prinz, Janosch (2011): Kriegs- oder Friedensperspektiven? Die Intervention in Afghanistan. In: Johannsen/Schoch/Hauswedell/Debiel/Fröhlich (Hrsg.) 2011: 208–222.

Schnurr, Paula/Spiro III, Avron (1999): Combat Exposure, Posttraumatic Stress Disorder Symptoms, and Health Behaviors as Predictors of Self-Reported Physical Health in Older Veterans. In: Journal of Nervous & Mental Disease 187: 6, 353–359.

Schok, M.L./Kleber, R.J./Elands, M./Weerts, J.M.P. (2008): Meaning as a Mission: A Review of Empirical Studies on Appraisals of War and Peacekeeping Experiences. In: Clinical Psychology Review 28: 3, 357–365.

Schreyögg, Georg (2008): Organisation. Grundlagen moderner Organisationsgestaltung. Mit Fallstudien. Wiesbaden: Gabler.

Segal, David R./Segal, Mady Wechsler (1993): Peacekeepers and their Wives. American Participation in the Multinational Force and Observers. Westport, CA: Greenwood Press.

Seiffert, Anja (2005): Soldat der Zukunft. Wirkungen und Folgen von Auslandseinsätzen auf das soldatische Selbstverständnis. Berlin: Verlag Dr. Köster.

Seiffert, Anja (2012): „Generation Einsatz“ – Einsatzrealitäten, Selbstverständnis und Organisation. In: Seiffert/Langer/Pietsch (Hrsg.) 2012: 79–100.

Seiffert, Anja (2013): Generation Einsatz – Einsatzrealitäten, Selbstverständnis und Organisation. In: Aus Politik und Zeitgeschichte 63: 44, 11–17.

Seiffert, Anja (2014): Aus der Einsatzrealität zurück in den Alltag. In: Reader Sicherheitspolitik 2014: 2.

Seiffert, Anja (2015): „Willkommen in meiner Welt“ – Einsatzsoldaten und Heimatgesellschaft. In: Glatz/Tophoven (Hrsg.) 2015: 235–247.

Seiffert, Anja (2016a): „Das Problem, wieder hier anzukommen“ – Einsatzrückkehrer und Gesellschaft. In: Bohnert/Schreiber (Hrsg.) 2016: 125–138.

Seiffert, Anja (2016b): Aus der empirischen Feldforschung – Wofür riskieren Soldaten ihr Leben? In: Bach/Sauer (Hrsg.) 2016: 213–226.

Seiffert, Anja/Heß, Julius (2012): Afghanistan: Ein Einsatz verändert die Bundeswehr. In: IF – Zeitschrift für Innere Führung 2/2012, 20–24.

Seiffert, Anja/Heß, Julius (2014): Der Einsatz, die Liebe, der Dienst und die Familie: Ausgewählte Ergebnisse der sozialwissenschaftlichen Langzeitbegleitung des 22. Kontingents ISAF. Forschungsbericht 101. Potsdam: Zentrum für Militärgeschichte und Sozialwissenschaften der Bundeswehr.

Seiffert, Anja/Langer, Phil C./Pietsch, Carsten (Hrsg.) (2012): Der Einsatz der Bundeswehr in Afghanistan. Sozial- und politikwissenschaftliche Perspektiven. Wiesbaden: VS Verlag für Sozialwissenschaften.

Seiffert, Anja/Langer, Phil C./Pietsch, Carsten/Krause, Bastian (2010a): ISAF 2010. Ausgewählte Ergebnisse der sozialwissenschaftlichen Begleitung des 22. Kontingents ISAF vor dem Einsatz. Unveröffentlichter Bericht. Strausberg: Sozialwissenschaftliches Institut der Bundeswehr.

Seiffert, Anja/Langer, Phil C./Pietsch, Carsten/Krause, Bastian (2010b): ISAF 2010. Ausgewählte Ergebnisse der sozialwissenschaftlichen Begleitung des 22. Kontingents ISAF im Einsatz. Unveröffentlichter Bericht. Strausberg: Sozialwissenschaftliches Institut der Bundeswehr.

Seiffert, Anja/Langer, Phil C./Pietsch, Carsten/Krause, Bastian (2011a): ISAF 2010. Ausgewählte Ergebnisse der sozialwissenschaftlichen Begleitung des 22. Kontingents ISAF nach dem Einsatz. Unveröffentlichter Bericht. Strausberg: Sozialwissenschaftliches Institut der Bundeswehr.

Seiffert, Anja/Langer, Phil C./Pietsch, Carsten/Krause, Bastian (2011b): ISAF 2010. Sozialwissenschaftliche Aspekte von Posttraumatischen Belastungsstörungen. Ausgewählte Ergebnisse der sozialwissenschaftlichen Begleitung des 22. Kontingents ISAF nach dem Einsatz. Unveröffentlichtes Gutachten. Strausberg: Sozialwissenschaftliches Institut der Bundeswehr.

Seng, Gesine Friederike/Seiffert, Anja (2016): Zurück aus Afghanistan – Zwischen posttraumatischem Wachstum und einsatzbedingtem Benefit. Eine explorative Studie mit Soldaten der Bundeswehr. In: Trauma und Gewalt 10: 4, 328–341.

Shay, Jonathan (1998): Achill in Vietnam. Kampftrauma und Persönlichkeitsverlust. Hamburg: Hamburger Edition.

Smith, Rupert (2006): The Utility of Force. The Art of War in the Modern World. London: Penguin Books.

Soeters, Joseph/Winslow, Donna J./Weibull, Alisa (2006): Military Culture. In: Caforio, (Hrsg.) 2006: 237–254.

Statistisches Bundesamt (2011): Bevölkerung und Erwerbstätigkeit. Haushalte und Familien. Ergebnisse des Mikrozensus. Wiesbaden: Statistisches Bundesamt. URL: <www.deststis.de/DE/Publikatione/thematisch/Bevoelkerung/HaushalteMikrozensus/HaushalteFamilien2010300117004.pdf?_blob=publicationFile> (letzter Zugriff am 9.6.2017).

Steinberg, Guido/Wörmer, Nils (2010): Eskalation im Raum Kunduz. Wer sind die Aufständischen in Nordostafghanistan? SWP-Aktuell 84. Berlin: SWP.

Szembritzki, Jared (2016): Kampfmoral und Führen mit Auftrag – Entscheidende Voraussetzungen für das Bestehen im Gefecht? In: Bach/Sauer (Hrsg.) 2016: 207–212.

Szydlik, Marc (2000): Lebenslange Solidarität? Generationenbeziehungen zwischen erwachsenen Kindern und Eltern. Opladen: Leske + Budrich.

Tedeschi, Richard G./Calhoun, Lawrence G. (1996): Posttraumatic Growth Inventory. Measuring the Positive Legacy of Trauma. In: Journal of Traumatic Stress 9: 3, 455–471.

Tegtmeier, Catri/Tegtmeier, Michael A. (2011): PTBS – das unsichtbare Leid. Posttraumatische Belastungsstörung. Handbuch für Einsatzkräfte und deren Angehörige. Regensburg: Walhalla Verlag.

Tettweiler, Falk (2010): Afghanistanstrategie auf dem Prüfstand. Die aktuelle Evaluationsdebatte greift zu kurz. SWP-Arbeitspapier 2010: Nr. 6. Berlin: SWP.

Toblin, Robin L./Riviere, Lyndon A./Thomas, Jeffrey L./Adler, Amy B./Kok, Brian C./ Hoge, Charles W. (2012): Grief and Physical Health Outcomes in U.S. Soldiers Returning from Combat. In: Journal of Affective Disorders 136: 3, 469–475.

Tomforde, Maren (2006): Einsatzbedingte Trennung. Erfahrungen und Bewältigungsstrategien. Forschungsbericht 78. Strausberg: Sozialwissenschaftliches Institut der Bundeswehr.

Tomforde, Maren (2010): Neue Militärkultur(en). Wie verändert sich die Bundeswehr durch die Auslandseinsätze? In: Apelt (Hrsg.) 2010: 193–219.

Tomforde, Maren (2016): Mein neuer Stamm? Ein ethnologischer Blick auf die Bundeswehr. In: Dörfler-Dierken/Kümmel (Hrsg.) 2016: 235–256.

Ungerer, Jörn/Zimmermann, Peter (2010): Psychische Grenzbelastungen am Hindukusch: Wie geht die Bundeswehr damit um? – Standortbestimmung und Perspektiven. In: Hammerich/Hartmann/von Rosen (Hrsg.) 2010: 109–119.

Ungerer, Jörn/Weeke, Anna/Zimmermann, Peter/Petermann, Franz/Kowalski, Jens T. (2013): Akute psychische Störungen deutscher Soldatinnen und Soldaten in Afghanistan. In: Zeitschrift für Psychiatrie, Psychologie und Psychotherapie 61: 4, 1–5.

Vanderploeg, Rodney D./Belanger, Heather/Horner, Ronnie/Spehar, Andrea M./Powell-Cope, Gail/Luther, Stephen L./ Scott, Steven G. (2012): Health Outcomes Associated with Military Deployment. Mild Traumatic Brain Injury, Blast, Trauma, and Combat Associations in the Florida National Guard. In: Archives of Physical Medicine and Rehabilitation 93: 11, 1887–1895.

Vollmer, Jörg (2015): Erfahrungen als zweimaliger Kommandeur des Regionalkommandos Nord in den Jahren 2009 und 2013/2014. In: Glatz/Tophoven (Hrsg.) 2015: 78–92.

Wanner, Meike (2016): The Discrepancy Between Personal Attitude and the Perception of the Climate of Opinion. Vortrag im Rahmen der Jahrestagung der Eastern Sociological Society in Boston am 18.3.2016.

Wanner, Meike/Bulmahn, Thomas (2013): Sicherheits- und verteidigungspolitisches Meinungsklima in der Bundesrepublik Deutschland. Ergebnisse der Bevölkerungsumfrage 2012. Forschungsbericht 104. Potsdam: Zentrum für Militärgeschichte und Sozialwissenschaften der Bundeswehr.

Wendl, Peter (2005): Herausforderung Fernbeziehung? Partnerschaft auf Distanz von Soldaten und deren Partnern bei Auslandseinsätzen. In: Kümmel (Hrsg.) 2005: 123–147.

Wendl, Peter (2013): Soldat im Einsatz – Partnerschaft im Einsatz. Praxis und Arbeitsbuch für Paare und Familien in Auslandseinsatz und Wochenendbeziehung. Freiburg i.Br. et al.: Herder.

Werber, Laura/Schaefer, Agnes Gereben/Osilla, Karen Chan/Wilke, Elisabeth/Wong, Anny/Breslau, Joshua/Kitchens, Karin E. (2013): Support for the 21st Century Reserve Force. Insights on Facilitating Successful Reintegration for Citizen Warriors and Their Families. Santa Monica, CA: RAND National Defense Research Institute.

WHO (2017): Webseite der World Health Organization. URL: < www.who.int/en/> (letzter Zugriff am 2.3.2017).

Wieker, Volker (2012): Afghanistan: Eine Bestandsaufnahme aus militärpolitischer Sicht – Ziele, Strategie und Perspektive des ISAF-Einsatzes. In: Seiffert/Langer/Pietsch (Hrsg.) 2012: 23–32.

Wittchen, Hans-Ulrich/Schönfeld, Sabine (2011): Traumatische Ereignisse, PTBS und andere psychische Störungen bei Soldaten. In: Wehrmedizin und Wehrpharmazie 2011: 2. URL: <www.wehrmed.de/article/1956-TRAUMATISCHE_96 EREIGNISSE_ PTBS_UND_ANDERE_PSYCHISCHE_STOeRUNGEN_BEI_SOLDATEN.html> (letzter Zugriff am 2.3.2017).

Wittchen, Hans-Ulrich/Schönfeld, Sabine/Kirschbaum, Clemens/Thurau, Christin/Trautmann, Sebastian/Steudte, Susann/Klotsche, Jens/Höfler, Michael/Hauffa, Robin/Zimmermann, Peter (2012): Traumatische Ereignisse und posttraumatische Belastungsstörungen bei im Ausland eingesetzten Soldaten. Wie hoch ist die Dunkelziffer? In: Deutsches Ärzteblatt, 109: 35–36, 559–568.

Wittchen, Hans-Ulrich/Trautmann, Sebastian (2013): Prävalenz, Inzidenz und Determinanten von traumatischen Ereignissen, PTBS und anderen psychischen Störungen bei Soldaten mit und ohne Auslandseinsatz. Presseinformation Institut für Klinische Psychologie und Psychotherapie, Technische Universität Dresden zur Pressekonferenz in Berlin am 26.11.2013.

Wolff, Kurt H. (Hrsg.) (1964): Wissenssoziologie. Auswahl aus dem Werk. Neuwied: Luchterhand.

Wothe, K./Siepmann, K. (2003): Soldaten nach militärischen Einsätzen. In: Maercker (Hrsg.) 2003: 247–266.

Zimmermann, Peter (2011): Erste Gespräche im psychosozialen Netzwerk. In: Zimmermann/Eisenlohr (Hrsg.) 2011: 157–166.

Zimmermann, Peter/Eisenlohr, Volker (Hrsg.) (2011): Psychosoziale Belastungen. Eine Orientierungshilfe für Mitglieder des Psychosozialen Netzwerks der Bundeswehr. Berlin: Psychotraumazentrum Bundeswehrkrankenhaus Berlin.

Zimmermann, Peter/Hahne, Hans-Heiner/Ströhle, Andreas (2009): Psychiatrische Erkrankungen bei Bundeswehrsoldaten. Veränderungen in der Inanspruchnahme medizinischer Versorgungssysteme im Vergleich der Jahre 2000 und 2006. In: Trauma und Gewalt 3: 4, 316–327.

Zimmermann, Peter/Jacobs, Herbert/Kowalski, Jens T. (2012): ISAF und die Seele – Zwischen Schädigung und Wachstum. In: Seiffert/Langer/Pietsch (Hrsg.) 2012: 143–152.

Zimmermann, Peter/Seiffert, Anja/Herr, Kerstin/Radunz, Nancy/Leonhard, Robert/Gallinat, Jürgen/Heß, Julius (2015): Risk Factors for Mental Health Aeromedical Evacuation Among German Armed Forces Soldiers Deployed to Afghanistan. In: Military Behavorial Health 3: 1, 23–28.